Handexemplar

Das Bayerische Malzaufschlaggesetz

vom 18. März 1910

mit Ausführungsbestimmungen und Erläuterungen

von

Heinrich Zapf,

K. b. Oberregierungsrat,
Reichsbevollmächtigter für Zölle und Steuern in Köln a. Rh.

1911.

München und Berlin.

J. Schweitzer Verlag (Arthur Sellier).

Inhaltsverzeichnis.

Verzeichnis der Abkürzungen.

A. A. d. G. d. Z. .	=	Allgemeines Ausschreiben der K. B. Generaldirektion der Zölle und indirekten Steuern.
AB.	=	Ausführungsbestimmungen.
ABl.	=	Amtsblatt der K. b. Generaldirektion der Zölle und indirekten Steuern.
AG.	=	Ausführungsgesetz.
Art.	=	Artikel.
Begr.	=	Begründung zum Entwurf eines Malzaufschlaggesetzes.
BGB.	=	Bürgerliches Gesetzbuch.
E.	=	Entscheidungen des Reichsgerichts in Strafsachen.
FMBl. . . .	=	Finanzministerialblatt.
GBl.	=	Gesetzblatt für das Königreich Bayern.
GebG.	=	Bayerisches Gesetz über das Gebührenwesen in der Fassung vom 13. Juli 1910.
GesSlg. . . .	=	Gesetzessammlung.
GVBl.	=	Gesetz- und Verordnungsblatt für das Königreich Bayern.
HGB.	=	Handelsgesetzbuch.
JMBl.	=	Justizministerialblatt.
MAG.	=	Malzaufschlaggesetz.
MAAusfB. . .	=	Ausführungbestimmungen zum Malzaufschlaggesetze.
OLG.	=	Oberlandesgericht München.
ObLG.	=	Bayerisches Oberstes Landesgericht.
RegBl.	=	Regierungsblatt für das Königreich Bayern.
RGBl.	=	Reichsgesetzblatt.
RStPO. . . .	=	Reichsstrafprozeßordnung.
Slg	=	Sammlung von Entscheidungen in Strafsachen.
Verh. d. K. d. Abg.	=	Verhandlungen der Kammer der Abgeordneten.
Verh. d. K. d. RR.	=	Verhandlungen der Kammer der Reichsräte.
VGHS. . . .	=	Sammlung von Entscheidungen des Verwaltungsgerichtshofes.
VO.	=	Verordnung.
ZBl.	=	Zentralblatt für das deutsche Reich.

Allgemeine Bemerkungen.

I. Entwicklung der Bierbesteuerung in Bayern bis zum Jahre 1910.

Die Besteuerung des Bieres in den Gebieten, die heute das Königreich Bayern bilden, hat ihren Anfang schon vor Jahrhunderten genommen; sie diente dazu, um Bayern von den Schulden zu entlasten, die durch Kriegskosten entstanden waren. Eine kurze Darstellung der früheren geschichtlichen Entwicklung der Bierbesteuerung in Bayern enthält der Bericht, den der Abgeordnete v. Morett zu dem Entwurf eines Gesetzes, den Malzaufschlag betreffend (Beilage 57 zu den Verhandl. der Kammer der Abgeordneten 1866/67), namens des für die Beratung dieses Entwurfs gewählten besonderen Ausschusses erstattet hat (Beilage 119 zu den Verhandl. d. K. d. Abg. von 1868). Eine sehr eingehende Behandlung der Frage findet sich in dem Kommentar zum Gesetze über den Malzaufschlag vom 16. Mai 1868 mit den Änderungen bis zum Jahre 1883 von Ludwig v. May, damals Generaldirektor der Zölle und indirekten Steuern (Verlag von Palm u. Enke, Erlangen). Aus diesen Darstellungen sei hier kurz hervorgehoben, daß eine Abgabe vom Bier in Bayern zunächst nur in einzelnen Gebieten und nur in besonderen Bedarfsfällen erhoben wurde. Die erste Einführung einer allgemeinen Landesbiersteuer erfolgte, als durch einen kaiserlichen Freiheitsbrief vom 19. Dezember 1543 den Ständen des Herzogtums Bayern der Bieraufschlag zu 2 Kreuzer vom Münchener Eimer bis zur Ablösung der vom Türkenkriege stammenden Schuld von 600 000 Gulden zugestanden wurde. Dieser Aufschlag wurde zunächst nur von ein- und ausgeführten Bieren erhoben, jedoch schon im Jahre 1572 auf das im Inland erzeugte und verbrauchte Bier ausgedehnt. Im Jahre 1612 erschien eine bayerische Bieraufschlaginstruktion, nach welcher vom Eimer Bier 17 Kreuzer 1 Heller Bieraufschlag zu entrichten war; zugleich war vorgeschrieben, daß zu einem Sud Bier 5 Münchener Schäffel eingesprengten Gerstenmalzes genommen und daraus 16 Eimer Bier gebraut werden sollten. Damals wurde auch neben der Fabrikatsteuer für den Pflichtigen wahlweise die Erhebung des Aufschlags nach dem Maßgehalte des Malzes auf der Mühle zugelassen. An die Stelle der bisherigen Systeme trat im Jahre 1620 durch ein Generalmandat die Erhebung von sogenannten Kompositionen (Pauschalbeträgen) von den Brauerinnungen. Nach einer inzwischen erfolgten Rückkehr zur Fabrikatsteuer wurde im Mandat vom 3. Februar 1751 allgemein die Erhebung des Malzaufschlages nach dem Maße des zur Mühle gebrachten eingesprengten Malzes bestimmt und die Erholung der Malzpoletten, die Visitationen der landschaftlichen Aufschläger in den Mühlen und gemeinsam mit der Obrigkeit in den Bräuhäusern und Kellern angeordnet und Strafen für die Müller wegen unterlassenen Messens des Malzes oder Nichtangabe eines Übermaßes und für Brauer wegen Defraudationen bestimmt. Zugleich wurde ein Biersatz festgesetzt und eine Strafe für dessen Überschreitung ausgesprochen. Geringes Bier mußte im Preise um 1 bis 4 Pfennige herabgesetzt und gesundheitsschädliches Bier auf öffentlichem Platze auslaufen gelassen werden. Wenn im Jahre 1753 bereits neben der Besteuerung des Malzes nach dem Maße auch die sogenannten Kompositionen wieder zugelassen wurden, so erhielt sich das System der Maßbesteuerung doch dauernd, bis durch das jetzt geltende Malzaufschlaggesetz vom 18. März 1910 der Übergang zur Gewichtssteuer erfolgte. Durch das Mandat vom 28. Juli 1807 (Regierungsblatt S. 1273 ff.) wurde die Grundlage der jetzigen Bierbesteuerung in Bayern geschaffen und es wurden hierbei im allgemeinen die Grundsätze des Mandats vom 3. Februar 1751, mithin die Besteuerung des zur Bierbereitung bestimmten Malzes nach dem Hohlmaße in den sämtlichen damaligen Bestandteilen Bayerns eingeführt. Durch das Gesetz vom 13. März 1818 erfolgte die Einführung des Malzaufschlags auch im Untermainkreise. Der Malzaufschlag wurde nicht nur von dem zur Bierbereitung bestimmten Malze erhoben, sondern auch von dem Malze, das zum Branntweinbrennen, zum Essig- und Germsieden bestimmt war. Polizeiliche Bestimmungen über Bierbereitung und Bierpreis enthielt das genannte Mandat nicht. Diese Verhältnisse waren geregelt durch die Verordnung vom 25. April 1811, die Regulierung des Biersatzes im Königreich Bayern und die Verhältnisse der Brauer zu den Wirten sowohl unter sich als zu dem Publikum betreffend (Regierungsblatt S. 617 ff.). Durch das Gesetz „das Schuldenwesen des Reichs betreffend" vom 22. Juli 1819 (Gesetzblatt S. 248) wurde der Malzaufschlag zur Tilgung und Verzinsung der Staatsschuld bestimmt. Verschiedene Mängel, welche die Verordnung vom 26. Juli 1807 aufwies, sollten durch einen Malzaufschlaggesetzentwurf, der im Jahre 1827 dem Landtage vorgelegt wurde, beseitigt werden. Durch die Kammer der Abgeordneten und der Reichsräte erhielt der Entwurf so wesentliche Abänderung, daß die Krone dem Gesamtbeschlusse des Landtags vom 9. August 1828 im Landtagsabschiede vom 15. August 1828 (Gesetzblatt S. 24) die Sanktion versagte. Durch das Gesetz vom 10. November 1848 (Gesetzblatt S. 397) ist die Aburteilung von Aufschlagdefraudationen, die nach dem Mandate vom Jahre 1807 den Aufschlagämtern in erster Instanz übertragen war, den Gerichten zugewiesen worden. Da durch dieses Gesetz die auf dem Gebiete des Malzaufschlagstrafwesens hervorgetretenen Mängel nicht vollständig behoben wurden, erbat ein Gesamtbeschluß des Landtags vom 8. März 1856 eine Revision der Strafnormen für Aufschlaghinterziehungen und Regelung des hierbei einzuhaltenden Verfahrens durch Vorlage eines Gesetzentwurfs. Nachdem in verschiedenen Landtagsabschieden, erstmals im Landtagsabschied vom 1. Juli 1856 (Gesetzblatt S. 127), diesbezügliche Zusicherungen gegeben worden waren, erfolgte die Vorlage des Entwurfs eines Gesetzes: „den Malzaufschlag betreffend" an den Landtag am 30. September 1867 (Beilage 57 zu den Verhandl. der Kammer der Abg. 1867), der unter dem 16. Mai 1868 Gesetz wurde (Gesetzblatt S. 462 ff.). Dieses Gesetz gründete sich im allgemeinen auf das Mandat vom Jahre 1807, doch brachte es außer einer Erhöhung des Malzaufschlagsatzes auf

5 Gulden 12 Kreuzer für den bayerischen Schäffel (= 222 Liter) hauptsächlich eine steuertechnische Verbesserung durch die Einführung von selbsttätigen Malzmeßvorrichtungen; es enthielt Strafbestimmungen nach neueren Grundsätzen und gab erstmals Vorschriften für die Rückvergütung des gemeindlichen Malzaufschlags im Falle der Ausfuhr von Bier aus dem Gemeindebezirk. Durch die Gründung des Deutschen Reiches war eine Änderung der bayerischen Malzaufschlaggesetzgebung nicht veranlaßt, denn nach Artikel 35 Abs. 2 der Reichsverfassung blieb in Bayern, Württemberg und Baden die Besteuerung des inländischen Branntweins und Bieres der Landesgesetzgebung vorbehalten; nach Artikel 78 Abs. 2 der Reichsverfassung ist eine Abänderung dieser Bestimmung nur mit Zustimmung des beteiligten Bundesstaates angängig. Auf Grund des durch Artikel 40 der Reichsverfassung aufrecht erhaltenen Zollvereinigungsvertrages vom 8. Juli 1867 (Gesetzblatt S. 103) bestehen indessen verschiedene Einschränkungen des Bayern auf dem Gebiete der Bierbesteuerung zustehenden Sonderrechts, die bei den Erläuterungen zu den Artikeln 9, 11 und 68 des Malzaufschlaggesetzes vom 18. März 1910 näher erörtert sind. Eine der hauptsächlichsten Einschränkungen des Zollvereinigungsvertrages, nämlich die Beschränkung des Höchstsatzes der in den einzelnen Staaten vom Biere erhobenen Steuer (Artikel 5 II § 2 Abs. 2 des Vertrages) ist nunmehr durch Artikel IV des Gesetzes vom 15. Juli 1909 wegen Änderung des Brausteuergesetzes (RGBl. S. 695) aufgehoben worden.

Durch das Gesetz, die metrischen Maße im Aufschlagwesen betreffend, vom 18. Februar 1871 (Gesetzblatt S. 337) trat an die Stelle des Satzes von 5 Gulden 12 Kreuzer für den bayerischen Schäffel der Satz von 2 Gulden 20 Kreuzer für 1 Hektoliter Malz, der am 1. Januar 1876 mit der Einführung der Markwährung in Bayern auf 4 Mark für einen Hektoliter Malz umgerechnet wurde.

Änderungen in den Strafbestimmungen des Malzaufschlaggesetzes vom 16. Mai 1868 sind eingetreten durch das Gesetz vom 26. Dezember 1871, den Vollzug der Einführung des Strafgesetzbuches für das Deutsche Reich in Bayern betreffend (Gesetzblatt S. 99 ff.), und durch das Ausführungsgesetz zur Reichsstrafprozeßordnung vom 18. August 1879 (GVBl. S. 792 ff.)

Durch das Finanzgesetz vom 10. März 1878 (GVBl. S. 117) wurde mit Wirkung vom 1. Juli 1878 ab der Geltungsbereich des Gesetzes über den Malzaufschlag auch auf die Rheinpfalz ausgedehnt, nachdem diese bisher auf Grund des Finanzgesetzes vom 25. Juli 1850 (Gesetzblatt S. 473) mit Rücksicht auf die Nichterhebung des Malzaufschlags einen jährlichen Steuerbeischlag von 100000 Gulden aus Kreisfonds zu entrichten hatte.

Im Jahre 1879 legte die K. Staatsregierung dem Landtage einen Gesetzentwurf vor, durch den eine Erhöhung des Malzaufschlagsatzes für das zur Bierbereitung bestimmte Malz von 4 auf 5 Mark für einen Hektoliter durchgeführt und einige Mißstände, welche sich durch die Einführung des Malzaufschlags in der Pfalz für die dortige Hefenfabrikation ergeben hatten, beseitigt werden sollten. Ferner sah der Gesetzentwurf vor, daß die Rückvergütung des staatlichen Malzaufschlags nicht wie bisher auf die Ausfuhr von Bier in Gebinden beschränkt bleiben, sondern mit Rücksicht auf die Interessen des bayerischen Biererportes auch bei der Ausfuhr von Bier in Flaschen gewährt werden sollte. Schließlich sollten noch Erleichterungen für die Haltung von Futterschrotmühlen ohne Kontrollapparat zugelassen und der Aufschlagverwaltung die Möglichkeit gewährt werden, nicht nur bei drohender Überschuldung des Pflichtigen, sondern auch in anderen Fällen drohender Verlustgefahr entweder ausreichende Sicherstellung oder sofortige Einzahlung des verfallenen Malzaufschlags fordern zu können (Beilage 295 zu den Verhandl. d. Kammer der Abg. von 1979). Der Gesetzentwurf erfuhr im Ausschusse der Kammer der Abgeordneten nur bezüglich der Erhöhung des Malzaufschlagsatzes Widerspruch. Man war dort der Meinung, daß sich zur Zeit der Beratung der notwendige Umfang der Erhöhung noch nicht genau beurteilen lasse. Der Antrag des Ausschusses (Beilage 301 zu den Verhandl. d. Kammer der Abg. von 1879) ging daher dahin, zunächst den bisherigen Malzaufschlag von 4 Mark für 1 Hektoliter Malz fortzuerheben, die Feststellung dagegen, ob und inwieweit eine Erhöhung des Malzaufschlags für das zur Bierbereitung bestimmte Malz eintreten solle, im Finanzgesetze für die XV. Finanzperiode zu bestimmen. Dem gegenüber beantragte die K. Staatsregierung (Beilage 302 zu den Verhandl. d. Kammer der Abg. von 1879) mit Rücksicht auf die Finanzlage eine Erhöhung des Malzaufschlags für das zur Bierbereitung bestimmte Malz nicht bloß auf 5 Mark, sondern sogar auf 6 Mark für 1 Hektoliter Malz eintreten zu lassen. Der Landtag stimmte dieser Erhöhung schließlich zu, bewilligte sie aber nur bis zum 1. Januar 1882 mit der Begründung, daß sich bis dahin beurteilen lassen werde, ob für die fernere Beibehaltung des Malzaufschlags in dieser Höhe eine Notwendigkeit bestehe oder nicht (Stenographischer Bericht zu den Verhandl. d. Kammer der Abg. von 1879, Bd. IV Nr. 106 und 107). Die Kammer der Reichsräte schloß sich dieser Auffassung an und so blieb im Gesetze vom 31. Oktober 1879, den Malzaufschlag betreffend — GVBl. S. 1475 —, die Erhöhung des Malzaufschlags für das zur Bierbereitung bestimmte Malz von 4 auf 6 Mark für 1 Hektoliter auf die Zeit bis zum 1. Januar 1882 beschränkt.

Durch Artikel 61 des Gesetzes vom 25. Februar 1880 über den Branntweinaufschlag (GVBl. S. 37 ff.) sind die Vorschriften des Gesetzes über den Malzaufschlag vom 16. Mai 1868, soweit sie die Aufschlagpflichtigkeit des Brenn- und Hefenmalzes und des zur Grünmalzbereitung bestimmten Getreides, sowie die Branntwein- und Hefenerzeugung als malzaufschlagpflichtige Geschäfte betrafen, außer Geltung getreten.

Im Hinblick auf den Ablauf der im Gesetze vom 31. Oktober 1879 für die Erhebung des Malzaufschlagsatzes von 6 Mark für einen Hektoliter Malz bewilligten Zeitraumes (1. Januar 1882) brachte die K. Staatsregierung im Jahre 1881 neuerlich einen Gesetzentwurf an den Landtag (Beil. 4 zu den Verhandl. d. Kammer der Abg. von 1881), in dem die dauernde Beibehaltung dieses Satzes beantragt wurde. Dies wurde jedoch nicht erreicht. Durch Gesetz vom 15. Dezember 1881 (GVBl. S. 1348) wurde vielmehr die Erhöhung des Malzaufschlags von 4 auf 6 Mark vom Hektoliter des zur Bierbereitung bestimmten Malzes zunächst nur auf die Monate Januar, Februar und März 1882 und durch Gesetz vom 28. März 1882 (GVBl. S. 112) auf den Rest der XVI. Finanzperiode (1. April 1882 mit 31. Dezember 1883) verlängert. Bemerkenswert ist, daß bei Beratung des von der Regierung vorgelegten Gesetzentwurfs ein Promemoria von den Abg. v. Gise und Ponschab vorgelegt wurde, in dem an Stelle des bisherigen einheitlichen Malzaufschlagsatzes abgestufte Sätze (von 1—300 hl 5 Mk., von 301—600 hl 5,50 Mk., von 601—9000 hl 6 Mk. und von 9001 hl und darüber 6,50 Mk. für jeden Hektoliter) beantragt worden sind (zu vgl. Beil. 30 zu den Verhandl. d. K. d. Abgeordneten von 1881). Die Erhebung des erhöhten Malzaufschlagsatzes wurde verlängert durch § 9 Abs. 2 des Finanzgesetzes für die XVII. Finanzperiode vom 21. April 1884 (GVBl. S. 135) für die Jahre 1884 und 1885, durch Gesetz vom 5. Dezember 1885 (GVBl. S. 712/3) für die XVIII. Finanzperiode (1886 und 1887) und durch Gesetz vom 4. Nov. 1887 (GVBl. S. 639 bis 640) für die XIX. Finanzperiode (1888 und 1889). Die K. Staatsregierung hatte durch Vorlage von zwei Gesetzentwürfen (Beilage 265 zu den Verhandl. d. K. d. Abg. von 1885 und Beilage 7 zu den Verhandl. d. K. d. Abg. von 1887/8) versucht, die dauernde Erhöhung dieses Satzes zu erreichen, jedoch ohne Erfolg.

Im Jahre 1889 brachte die K. Staatsregierung dem Landtage einen Gesetzentwurf (Beilage 348 zu den Verhandl. d. K. d. Abg. von 1889) in Vorlage, worin neben der Gleichstellung des Steuersatzes für Brau- und Essigmalz der Satz von 6 Mark für 1 Hektoliter Malz als die Regel aufgestellt war. In Berücksichtigung der Verhältnisse der kleinen und mittleren Brauereien sowie des wirtschaftlichen Übergewichts, das die Großbrauereien infolge der ihnen zur Verfügung stehenden Mittel und verbesserten Betriebseinrichtungen besitzen, war vorgeschlagen, daß für Brauereien, die im Jahre 1888 nicht mehr als 6000 Hektoliter Malz verarbeitet haben, für die ersten 300 Hektoliter je 1 Mk. und für die weiteren 2700 Hektoliter je 50 Pfg. vom regelmäßigen Satze nachgelassen werden, wogegen neu entstehende Brauereien, dann Brauereien, die im Jahre 1888 mehr als 6000 Hektoliter Malz verarbeitet hatten, für die ersten 10000 Hektoliter je 6 Mark, für die folgenden 30000 Hektoliter je 6,25 Mark und für die 40000 Hektoliter überschießende Menge je 6,50 Mk. für den Hektoliter zu bezahlen haben sollten. Die Anwendung der ermäßigten Malzaufschlagsätze von 5 Mark und 5,50 Mk. sollte für die betreffende Betriebsstätte erlöschen, sobald sie in einem Jahre mehr als 7000 Hektoliter verwendet hatte, sollte jedoch wieder neu bewilligt werden, sobald der Malzverbrauch des betreffenden Betriebes in einem Jahre auf 5000 Hektoliter zurückgegangen war. Durch die Beschlüsse der beiden Kammern des Landtags erfuhr dieser Gesetzentwurf insofern eine Abänderung, als an die Stelle von zwei gegenüber dem Normalsatz von 6 Mark für einen Hektoliter ermäßigten Sätzen nur ein ermäßigter Malzaufschlagsatz von 5 Mark für 1 dz und zwar für die ersten 2000 Hektoliter des in einem Jahre verwendeten Malzes. Hiermit wurde die im Entwurfe vorgesehene Begünstigung der Kleinbetriebe mit einem Malzverbrauche bis zu 300 Hektolitern im Jahre beseitigt und zwar, wie in der Kammer der Abgeordneten hervorgehoben wurde, weil diese kleinen Betriebe fast ihr gesamtes Erzeugnis im eigenen Ausschank verwerten und daher in einer günstigeren Lage seien, als die Mittelbrauer, welche ihr Bier in der Hauptsache an Wirte abgeben müssen und nur von einem geringeren Teil ihres Erzeugnisses den Schanknutzen haben. Die durch den Regierungs-Entwurf und die hiezu ergangenen Beschlüsse des Landtags veranlaßten Änderungen des Malzaufschlaggesetzes vom 16. Mai 1868 sind im Gesetze vom 8. Dezember 1889 (GVBl. S. 585) enthalten. Auf Grund der in Artikel V Abs. 2 dieses Gesetzes erteilten Ermächtigung wurde der Text des Gesetzes über den Malzaufschlag vom 16. Mai 1768, wie er sich infolge der inzwischen ergangenen Abänderungen ergeben hat, mit Bekanntmachung vom 10. Dez. 1889 im GVBl. S. 599 veröffentlicht. Seit dieser Zeit sind bis zum Erlasse des Malzaufschlaggesetzes vom 18. März 1910 wesentliche Änderungen des Malzaufschlaggesetzes vom 16. Mai 1868 nicht eingetreten. Es wurde lediglich durch das Gesetz vom 24. Mai 1896 (GVBl. S. 237) eine Erleichterung für die Zulassung zum ermäßigten Malzaufschlage für Braustätten gewährt, die im Jahre 1888 zwar vorhanden, jedoch nicht im Betrieb waren und endlich brachte Artikel 155 des Ausführungsgesetzes zum Bürgerlichen Gesetzbuche einige Änderungen des Malzaufschlaggesetzes vom $\frac{\text{16. Mai 1868}}{\text{10. Dez. 1889}}$ bezüglich der Haftung für Strafe und Kosten, sowie des Verhältnisses des Betriebsberechtigten zum Pächter.

II. Das Malzaufschlaggesetz vom 18. März 1910.

Die Veranlassung zu diesem Gesetze gab die Erhöhung der norddeutschen Brausteuer.

Für das im Deutschen Reiche, jedoch mit Ausschluß der Königreiche Bayern und Württemberg, des Großherzogtums Baden und Elsaß-Lothringens, bereitete Bier wird auf Grund von Artikel 35 Abs. 1 der Reichsverfassung die Brausteuer erhoben, deren Erträgnis gemäß Art. 38 Abs. 1 der Reichsverfassung in die Reichskasse fließt. Die Besteuerung des inländischen Bieres in Bayern, Württemberg und Baden ist durch Artikel 35 Abs. 2 der Reichsverfassung und in Elsaß-Lothringen durch § 4 des Gesetzes, betreffend die Einführung der Verfassung des Deutschen Reichs in Elsaß-Lothringen, vom 25. Juni 1873 — RGBl. S. 161 — der Landesgesetzgebung vorbehalten. Diese Bundesgebiete vereinnahmen die Erträgnisse ihrer inneren Biersteuern in die Landeskassen; an die Reichskasse haben sie im Verfolge der Bestimmung in Artikel 38 Abs. 4 der Reichsverfassung und § 4 Abs. 2 des vorerwähnten Gesetzes vom 25. Juni 1873 an Stelle der Reichsbrausteuer Ausgleichungsbeträge zu entrichten. Die Höhe der Ausgleichungsbeträge bemißt sich für die einzelnen in Betracht kommenden Bundesgebiete nach der matrikularmäßigen Bevölkerung und der auf den Kopf der Bevölkerung in der Brausteuergemeinschaft treffenden Brausteuerbelastung. Eine Erhöhung dieser Belastung hat daher auch eine Erhöhung der Ausgleichungsbeträge für die Bundesgebiete mit selbständiger Bierbesteuerung zur Folge. Erhöhungen der norddeutschen Brausteuer sind eingetreten durch die Gesetze wegen Änderung des Brausteuergesetzes vom 3. Juni 1906 — RGBl. S. 622 ff. — und vom 15. Juli 1909 — RGBl. S. 695 ff. — Die Brausteuererhöhung im Jahre 1906 hat jedoch zufolge der Bestimmung in § 6 des Gesetzes, betreffend die Ordnung des Reichshaushalts und die Tilgung der Reichsschuld, vom 3. Juni 1906 — RGBl. S. 620 ff. —, eine Erhöhung der Ausgleichungsbeträge erst vom Reichsrechnungsjahre 1909 an zur Folge gehabt. Das Gesetz vom 15. Juli 1909 bewirkte die Erhöhung der Ausgleichungsbeträge zum vollen Betrage erst vom Reichsrechnungsjahre 1910 an; für das Rechnungsjahr 1909 waren die Ausgleichungsbeträge keinesfalls in höheren Beträgen zu entrichten, als sie sich nach der Einnahme an Brausteuer in der Brausteuergemeinschaft für das Jahr 1908 ergeben (Artikel VII Abs. 2 des Gesetzes wegen Änderung des Brausteuergesetzes vom 15. Juli 1909).

Die Erhöhung der Ausgleichungsbeträge hatte gegenüber der Finanzperiode 1908/1909 in der Finanzperiode 1910/1911 eine Mehrung der

Ausgaben um rund 11 700 000 Mk. und bei der vollen Wirkung der Brausteuer-Erhöhung auf die Ausgleichungsbeträge von rund 12 700 000 Mk. zur Folge. Die Deckung dieses Mehraufwandes aus allgemeinen Staatsmitteln im Wege der Erhöhung der direkten Staatssteuern erschien nicht angängig, weshalb von der K. Staatsregierung eine entsprechende Mehrbelastung des Bieres in Aussicht genommen wurde.

Am 28. September 1909 legte die K. Staatsregierung dem Landtage, und zwar zunächst der Kammer der Abgeordneten, den Entwurf eines Malzaufschlaggesetzes (Beilage 675 zu den Verhandl. d. K. d. Abg. von 1909) zur verfassungsmäßigen Beschlußfassung vor, in dem nicht nur lediglich eine Erhöhung der Sätze des damals geltenden Gesetzes, sondern vielmehr eine völlige Neugestaltung der Malzaufschlaggesetzgebung in Vorschlag gebracht war.

Der Gesetzentwurf wurde von der Kammer der Abgeordneten an einen besonderen (21.) Ausschuß verwiesen. Nachdem der als Referent aufgestellte Abgeordnete Speck einen schriftlichen Bericht (Anlage 1 zur Beilage der Verhandl. d. K. d. Abg. 1909/1910) erstattet hatte, wurde der Gesetzentwurf im Ausschusse einer eingehenden Erörterung unterstellt und zunächst in erster Lesung in der aus Anlage 21 zur Beilage 803 ersichtlichen Fassung am 12. Januar 1910 mit 13 gegen 7 Stimmen angenommen. In zweiter Lesung im Ausschusse der Kammer der Abgeordneten ergaben sich wesentliche Änderungen dieser Beschlüsse namentlich hinsichtlich der Steuersätze; es ergab sich hierbei die aus der Anlage 23 zur Beilage 308 ersichtliche Fassung des Gesetzentwurfs. Es folgte nunmehr die Beratung des Gesetzentwurfs im Plenum der Kammer der Abgeordneten in den Sitzungen vom 11., 12., 14. und 15. Februar 1910. In der Sitzung vom 16. Februar 1910 wurde der Entwurf mit 82 gegen 42 Stimmen in der aus der Anlage zur Beilage 825 der Verhandl. d. K. d. Abg. 1909/10 ersichtlichen Fassung angenommen.

In der Kammer der Reichsräte wurde nach einem schriftlichen Bericht des Reichsrates Grafen v. Moy der Gesetzentwurf im 2. Ausschusse der Kammer in den Sitzungen vom 26., 28. Februar, 1. und 2. März 1910 in zwei Lesungen und im Plenum der Kammer der Reichsräte in der Sitzung vom 11. März 1910 beraten. In dieser Sitzung wurde der Gesetzentwurf mit 51 gegen 8 Stimmen in der Fassung der Beschlüsse der Kammer der Abgeordneten jedoch mit wesentlichen aus der Beilage 861 der Verhandl. d. K. d. A. 1909/10 ersichtlichen Abänderungen, die hauptsächlich die Steuersätze, die sogenannte Kontingentierung und die Maßnahmen gegen die Bierverdünnung betrafen, angenommen. Hiezu stellte der besondere (21.) Ausschuß der Kammer der Abgeordneten den in der Beilage 866 a. a. O. abgedruckten Antrag, der im Plenum der Kammer in der Sitzung vom 15. März 1910 angenommen worden ist (Beilage 868 a. a. O.). Noch war in der Frage der sogenannten Kontingentierung eine Übereinstimmung der beiden Kammern des Landtags nicht erzielt worden. Es folgte daher eine nochmalige Beratung im 2. Ausschusse der Kammer der Reichsräte am 16. März 1910 und in der Plenarsitzung dieser Kammer am 17. März 1910 wurde dem Abänderungsbeschlusse der Kammer der Abgeordneten vom 15. März 1910 (Beilage 868) mit 54 gegen 8 Stimmen die Zustimmung erteilt. Der Gesamtbeschluß der beiden Kammern vom 17. März 1910 ist in der Beilage 889 zu den Verhandl. der Kammer der Abgeordneten 1909/10 enthalten. Alsbald erfolgte nach der Einvernahme des Staatsrats die

Allerhöchste Sanktion und bereits am 18. März 1910 wurde das Gesetz durch Veröffentlichung im Gesetz- und Verordnungsblatte S. 113 ff. verkündet.

Das Malzaufschlaggesetz vom 18. März 1910 unterscheidet sich von dem Gesetze vom $\frac{\text{16. Mai 1868}}{\text{8. Dez. 1899}}$ hauptsächlich dadurch, daß an die Stelle der Besteuerung des Malzes nach dem Hohlmaße die Besteuerung nach dem Gewichte getreten ist. Ferner enthält das Gesetz vom 18. März 1910 eine weitergehende Staffelung der Malzaufschlagsätze und eine Erhöhung der Spannung zwischen dem höchsten und dem niedrigsten Steuersatze. Hierbei nehmen die Brauereien, welche wegen ihres erhöhten Malzverbrauches erhöhten Malzaufschlagsätzen unterliegen, an den Sätzen, die für einen geringeren Malzverbrauch vorgesehen sind, nicht teil (Grundsatz der Nichtdurchstaffelung). Für neue Brauereien, die nach dem 1. März 1910 in Betrieb genommen werden, sowie für Brauereien, die mehr als zwei Jahre geruht haben, ist in Art. 5 Abs. 4 eine Erhöhung der regelmäßigen Malzaufschlagsätze vorgesehen. Neu ist ferner die Einführung einer sogenannten Kontingentierung, d. h. die Bestimmung, daß Brauereien, wenn sie den Durchschnittsmalzverbrauch der Jahre 1907, 1908 und 1909 um mehr als 10 v. H. oder 5 v. H. überschreiten, für die den Durchschnittsmalzverbrauch überschreitende Malzmenge einen Zuschlag von 10 v. H. zu den regelmäßigen Sätzen des Art. 5 Abs. 1 zu entrichten haben (Artikel 5 Abs. 3). Das Gesetz vom 18. März 1910 sieht eine steuerliche Begünstigung der Hausbrauer (Art. 5 Abs. 5) sowie die Beschränkung des Malzaufschlages auf das zur Bierbereitung bestimmte Malz vor, von der im früheren Gesetze enthaltenen Besteuerung des zur Essigbereitung bestimmten Malzes ist im neuen Gesetze abgesehen worden. Im übrigen steht das nunmehrige Gesetz, abgesehen von Verbesserungen, die sich nach den im Laufe der Zeit gemachten Wahrnehmungen als erwünscht erwiesen haben und die bei den einzelnen Artikeln näher erörtert sind, im allgemeinen auf dem Boden des früheren Gesetzes; im geltenden Gesetze ist jedoch die Aneinanderreihung der einzelnen Vorschriften eine übersichtlichere und zweckentsprechendere. Zu den hauptsächlichsten Unterschieden, die das geltende Malzaufschlaggesetz gegenüber dem früheren Gesetze enthält, ist zu bemerken:

1. Gewichtssteuer.

Wie in der Begründung zum Entwurfe des geltenden Gesetzes hervorgehoben ist, hat die Frage, ob der Malzaufschlag nach dem Hohlmaße oder nach dem Gewichte des zur Bierbereitung bestimmten Malzes zu erheben sei, den Landtag und die K. Staatsregierung schon wiederholt beschäftigt. Bereits im Jahre 1862 wurden die sieben rechtsrheinischen Regierungsfinanzkammern zu einer gutachtlichen Äußerung hierüber aufgefordert; fünf Regierungen haben sich damals für die Beibehaltung der Raumsteuer und zwei Regierungen für die Einführung der Gewichtssteuer ausgesprochen. In einem Gutachten vom 11. März 1863 — abgedruckt als Beilage I zur Denkschrift vom Jahre 1887, betreffend die Erhebung des Malzaufschlags nach dem Gewichte, Verhandl. der Kammer der Abgeordneten 1887/88 BeilBd. I Seite 277 — hat der vormalige Zentralverwaltungs-Ausschuß des Polytechnischen Vereins bei Abwägung der Vorteile der beiden Besteuerungsarten der Besteuerung nach dem

Gewichte zwar den Vorzug gegeben, den Übergang zu dieser Besteuerungsart aber nicht als veranlaßt erachtet. Auf Grund dieser Gutachten hat sich die K. Staatsregierung in dem der Kammer der Abgeordneten am 30. September 1867 vorgelegten Entwurf eines Gesetzes, betreffend den Malzaufschlag, für die Beibehaltung der Raumsteuer entschieden (Verh. der Kammer der Abg. 1866/68 BeilBd. II S. 40) und der Landtag ist diesem Standpunkte beigetreten (Verh. der Kammer der Abg. BeilBd. III S. 468 und 484, Stenogr. Ber. Bd. III, S. 164 und 172, dann Verhandlung der Kammer der Reichsräte 1867/68 Beil.Bd. III, S. 356, 492 u. 506 und Prot. Bd. V, S. 18/20). Für die damalige Stellungnahme des Landtags und der Regierung war mitbestimmend, daß zu jener Zeit eine selbsttätige Wägevorrichtung, deren Verwendung dem Braugewerbe ähnliche Erleichterungen zu bieten vermochte wie die damals eben erfundene selbsttätige Meßvorrichtung, noch nicht bekannt war.

Von neuem angeregt wurde die Frage der Einführung der Gewichtsbesteuerung durch eine an die Kammer der Abgeordneten gerichtete, der K. Staatsregierung durch Beschluß dieser Kammer vom 19. Februar 1884 (Stenogr. Ber. Bd. II S. 589) zur Würdigung überwiesene Petition mehrerer Landwirte aus Aidenbach und Umgebung vom 7. Januar 1884. Über das Ergebnis der hierauf gepflogenen Erhebungen hat die K. Staatsregierung im Jahre 1887 dem Landtag eine Denkschrift vorgelegt (Verh. der Kammer der Abg. 1887/88 BeilBd. I S. 273 ff.). In dieser Denkschrift ist die Gewichtsbesteuerung zwar als die gerechtere anerkannt, eine zwingende Notwendigkeit zum Übergange zu dieser Besteuerungsart aber als gegeben nicht erachtet worden. Der Landtag hat sich auch damals der Auffassung der K. Staatsregierung angeschlossen.

Im Jahre 1902 und im Jahre 1904 ist in der Kammer der Abgeordneten neuerlich der Wunsch nach Einführung der Gewichtssteuer zum Ausdruck gekommen (Stenogr. Ber. der Kammer der Abg. 1901/02 Bd. VIII S. 1142/43 und 1903/04 Bd. XIII S. 710 ff.).

Im Verfolge dieser Anregungen legte die K. Staatsregierung dem Landtag am 10. Dezember 1905 abermals eine Denkschrift über die Erhebung des Malzaufschlags nach dem Gewichte vor (Verh. der Kammer der Abg. 1905/06 BeilBd. I S. 853 ff.), die auf Grund umfangreicher Erhebungen die Gewichtsbesteuerung namentlich hinsichtlich ihrer Wirkung auf die Landwirtschaft und auf die Klein- und Mittelbrauer eingehend würdigte. Die Denkschrift kam zu dem Ergebnis, daß aus der Einführung der Gewichtsbesteuerung der Landwirtschaft sowie den Klein- und Mittelbrauern weder Vorteile noch Nachteile erwachsen würden, daß aber vom Standpunkte des Steueraufkommens und der Steueraufsicht aus die Gewichtsbesteuerung wegen ihrer gleichmäßigeren Wirkung zweifellos den Vorzug vor der Maßsteuer verdiene. Insoweit die Interessen der Landwirtschaft sowie der Klein- und Mittelbrauer in Frage kamen, glaubte die K. Staatsregierung damals eine Abänderung des bayerischen Gesetzes über den Malzaufschlag hinsichtlich der Besteuerungsart nicht als geboten erachten zu sollen, es wurde jedoch vorbehalten, den Übergang zur Gewichtsbesteuerung wiederholt in Erwägung zu ziehen, sobald aus anderen Gründen an eine Änderung des Malzaufschlaggesetzes herangetreten werden sollte. Eine Erörterung der Denkschrift im Landtage ist nicht erfolgt.

Zur neuerlichen Prüfung der Angelegenheit bestand Anlaß, als mit Rücksicht auf die bevorstehende Erhöhung der Ausgleichungsbeträge die

K. Staatsregierung sich vor die Notwendigkeit gestellt sah, eine Erhöhung der Malzaufschlagsätze in Aussicht zu nehmen. Es haben damals eingehende Erörterungen der Frage mit Sachverständigen aus den Kreisen der Großbrauer, der Klein- und Mittelbrauer sowie der Landwirtschaft stattgefunden.

Wenn auch die Meinung der Vertreter des Braugewerbes über die Zweckmäßigkeit des Überganges zur Gewichtssteuer eine geteilte war, so hat sich doch die überwiegende Mehrheit, insbesondere der Vertreter der Klein- und Mittelbrauer, für die Gewichtssteuer ausgesprochen, jedoch unter der Voraussetzung, daß die Kosten für die Anbringung von selbsttätigen Wägevorrichtungen vom Staate übernommen werden. Die Vertreter der Landwirtschaft erklärten übereinstimmend, daß von dem Übergange zur Gewichtsbesteuerung für den bayerischen Landwirt weder Vorteile noch Nachteile zu erwarten seien. Die Befürchtung, es möchte durch den Übergang ein Sinken der inländischen Gerstenpreise oder eine Förderung der Einfuhr ausländischer Gersten eintreten, ist von den einvernommenen Sachverständigen nicht geteilt worden; auch haben diese sich dahin ausgesprochen, daß die derzeitigen Bestrebungen zur Förderung des Gerstenbaues in Bayern durch die Einführung der Gewichtssteuer in keiner Weise eine Beeinträchtigung erfahren dürften. An den Besprechungen haben auch die Vorstände der bayerischen Brauerei-Versuchsanstalten zu München, Nürnberg und Weihenstephan teilgenommen; diese haben sich übereinstimmend für die Gewichtssteuer erklärt, und zwar hauptsächlich deshalb, weil diese als die gerechtere Besteuerungsart zu erachten sowie geeignet sei, auf die Klein- und Mittelbrauer erzieherisch einzuwirken. Es wurde von diesen Sachverständigen hervorgehoben, daß bei der Raumsteuer die Klein- und Mittelbrauer über das tatsächliche Gewicht des von ihnen verwendeten Malzes und deshalb auch über die Ausbeuteverhältnisse in ihren Betrieben vielfach im unklaren seien. Die Besteuerung des Malzes nach dem Gewichte gebe diesen Brauern die Möglichkeit und auch den Anreiz, die Ausbeuteverhältnisse in ihren Betrieben genauer zu prüfen. Dies werde in vielen Fällen zur Beseitigung bisher nicht wahrgenommener Mängel sowie zu zweckentsprechender Betriebsführung Anlaß geben (Begründung zum Gesetzentwurf, allg. Teil).

Was die Beurteilung der Gewichtssteuer vom Standpunkte der Steuerverwaltung aus anlangt, so bemerkt die Begründung zum Gesetzentwurf, daß bereits in der Denkschrift vom 5. Dezember 1905 darauf hingewiesen worden ist, daß die Gewichtssteuer vom steuerlichen Standpunkt aus den Vorzug verdient. Die Gewichtssteuer trifft zweifellos den Gehalt an Extraktstoffen im Malze besser als die Raumsteuer. Durch die Verwiegung kann die steuerliche Menge des Malzes mit größerer Genauigkeit und Sicherheit ermittelt werden, als durch die Vermessung; bei der letzteren kann je nach der Art der Befüllung des Hohlmaßes ein nicht unbedeutender Einfluß auf das Messungsergebnis und damit auch auf das Steueraufkommen geübt werden. Angestellte Versuche haben ergeben, daß durch die Befüllung eines Hektolitermaßes auf verschiedene Art für ein und dasselbe Malz Hektolitergewichte von 53,6 bis 57,1 Kilo erzielt werden können. Außerdem kann die Befüllung des Hohlmaßes der zurzeit an den Mahlmühlen angebrachten Meßvorrichtungen auch durch einen verschiedenen Gang der Antriebsmaschine beeinflußt werden.

Bei den selbsttätigen Wägevorrichtungen dagegen ist nur eine gleichmäßige und einheitliche Gewichtsermittelung möglich. Ferner kommt in

Betracht, daß nicht nur im Getreidehandel sondern auch im Brauereibetriebe schon seit längerer Zeit das Gewicht als Maßstab allgemein üblich geworden ist; durch die Gewichtssteuer werden daher den Brauern die Betriebs- und Geschäftsberechnungen wesentlich erleichtert, bei der Verarbeitung von Malz auf den nicht mit einem selbsttätigen Zählwerk versehenen öffentlichen Mühlen endlich bietet die Gewichtssteuer den Vorteil einer einfacheren, schnellen und sicheren Gewichtsermittelung gegenüber der bisherigen umständlichen ungleichmäßigen Vermessung. Die Überwachung des gebrochenen Malzes durch die Steuerbeamten ist bei der Gewichtssteuer wesentlich erleichtert, nachdem das Gewicht des gebrochenen und ungebrochenen Malzes das gleiche ist, während der Rauminhalt des Malzes durch das Brechen eine bedeutende Veränderung erfährt. Durch die Einführung der Gewichtssteuer in Bayern ist zudem auch die wünschenswerte Übereinstimmung hinsichtlich der Art der Bierbesteuerung in sämtlichen Brausteuergebieten des Deutschen Reichs herbeigeführt worden.

Was schließlich den bei den Vorbesprechungen von einer Seite erhobenen Einwand anlangt, es werde der Übergang zur Gewichtssteuer eine erhöhte Verwendung außerbayerischer Gersten und damit auch eine Beeinträchtigung der Eigenart des bayerischen Bieres zur Folge haben, so steht dieser Befürchtung die Anschauung der Vertreter der Landwirtschaft gegenüber, welche von der Einführung der Gewichtssteuer eine Förderung der Einfuhr ausländischer Gersten nicht erwarten. Außerdem darf angenommen werden, daß das bayerische Brauereigewerbe schon in seinem eigensten Interesse auch in Zukunft und ohne Rücksicht auf die zur Anwendung kommende Besteuerungsart an der bewährten Eigenart des bayerischen Bieres festhalten wird.

Der Umstand, daß nach Prüfung aller in Betracht kommenden Verhältnisse von der Gewichtssteuer Nachteile für die in Betracht kommenden Erwerbskreise nicht zu befürchten sind, und die Erwägung, daß für die Steuererhebung und das Steueraufkommen die Gewichtssteuer zweifellose Vorteile bietet, haben die K. Staatsregierung veranlaßt, im Gesetzentwurfe von der in Bayern seit dem Jahre 1751 bestehenden Besteuerung des zur Bierbereitung bestimmten Malzes nach dem Hohlraum abzugehen und die Einführung der Gewichtssteuer in Vorschlag zu bringen. Da der Übergang zur Gewichtssteuer vorwiegend im steuerlichen Interesse erfolgt, erachtete es die K. Staatsregierung für billig, die Kosten, welche durch die erstmalige Beschaffung von selbsttätigen Wägevorrichtungen an Stelle der vorhandenen Meßvorrichtungen entstehen, auf die Staatskasse zu übernehmen.

Bei Beratung des Gesetzentwurfs im besonderen Ausschusse der Kammer der Abgeordneten wurde die Frage, ob die bisherige Besteuerungsart nach dem Hohlmaße beizubehalten oder der Übergang zur Gewichtssteuer veranlaßt sei, eingehend erörtert (zu vergl. den Bericht des Ausschusses Beil. 803 zu den Verh. der Kammer der Abg. 1910/11). Hiebei sind gegen die Einführung der Gewichtssteuer verschiedene Bedenken erhoben worden. Es wurde hievon eine Begünstigung der Verwendung leichter Auslandsgerste zum Nachteile der schwereren bayerischen Gersten und unter Umständen auch eine Veränderung des Charakters des bayerischen Bieres mit Rücksicht darauf befürchtet, daß die Gewichtssteuer einen Anreiz zur Verwendung leichter stickstoffarmer Gersten bieten könne. Weiter wurde vorgebracht, die Gewichtssteuer sei für die kleineren und mittleren

Brauer, die minderwertige Gerste ihrer Kundschaft abnehmen müßten, nachteilig, auch mache sich bei der Gewichtssteuer die Eigenschaft des Malzes, bei längerem Lagern Wasser aufzunehmen, für die Klein- und Mittelbrauer, die zum Lagern des Malzes keine geeigneten Vorrichtungen besäßen, ungünstig bemerkbar. Diesen Bedenken gegenüber wies der K. Staatsminister der Finanzen an der Hand der Gutachten der Sachverständigen sowie auf Grund reichen Zahlenmaterials überzeugend nach, daß die bayerische Landwirtschaft von der Einführung der Gewichtssteuer keinerlei Nachteile zu befürchten habe; er fand hiebei auch die Zustimmung von Mitgliedern der Kammer der Abgeordneten. Bezüglich der behaupteten nachteiligen Wirkung der Gewichtssteuer auf Klein- und Mittelbrauer, wurde von seiten der K. Staatsregierung darauf hinwiesen, daß die Verwendung minderwertigen oder feuchten Malzes bei jeder Art der Besteuerung, also auch bei der Raumsteuer, unwirtschaftlich sei und die Güte des Erzeugnisses nachteilig beeinflusse. Eine entsprechende Lagerung des Malzes lasse sich auch in den kleinsten Betrieben ohne besondere Kosten ermöglichen und schließlich erklärte die K. Staatsregierung sich bereit, für die Beschaffung von Malzkästen Zuschüsse aus Staatsmitteln an Kleinbrauer zu gewähren (vgl. § 89 der MAAB.). Die eingehenden Darlegungen des K. Staatsministers der Finanzen sowie die Überzeugung, daß die Gewichtssteuer zweifellos die gerechtere Steuerform sei und vom steuerlichen Standpunkte aus den Vorzug verdiene, führten dazu, daß die Kammer der Abgeordneten sich in ihrer Mehrheit mit dem Übergange zur Gewichtssteuer einverstanden erklärte. Bestimmend war hiefür auch der Umstand, daß der K. Staatsminister der Finanzen den Übergang zur Gewichtssteuer auch deshalb für notwendig erklärte, um auf eine anderweite, den Wünschen des bayerischen Braugewerbes entsprechende Regelung der norddeutschen Übergangsabgabe hinwirken zu können. Auch die Kammer der Reichsräte sprach sich nach dem Antrage ihres Referenten für die Gewichtssteuer aus; es wurden zwar auch dort Bedenken gegen diese Besteuerungsart erhoben, doch fanden sie keine Mehrheit.

Bei der Beratung des Gesetzentwurfs wurde auch die etwaige Einführung einer Bierfabrikatsteuer in Bayern in den Kreis der Erörterungen gezogen. Der Abgeordnete Speck hatte in seinem an den Ausschuß der Kammer der Abgeordneten erstatteten Berichte eine Würdigung dieser Frage angeregt. Der K. Staatsminister der Finanzen bemerkt hierauf, daß die K. Staatsregierung sich eingehend mit der Frage befaßt habe, ob nicht das in Österreich-Ungarn oder in den Vereinigten Staaten von Amerika bestehende System der Bierbesteuerung zur Einführung gelangen solle, daß aber nach dem Ergebnisse dieser Prüfung keine der beiden Besteuerungsarten für die Einführung in Bayern sich eigne (Ausschußbericht S. 18/20).

2. Höhe und Gliederung der Steuersätze.

In Artikel 5 Abs. 1 und 2 des Gesetzentwurfs waren folgende Bestimmungen in Vorschlag gebracht:

Der Malzaufschlag beträgt für einen Doppelzentner des in einem Brauereibetriebe steuerbar gewordenen ungebrochenen Malzes bei einem Gesamtmalzverbrauch innerhalb eines Kalenderjahres

bis zu 1000 Doppelzentnern 15 Mk.,
von mehr als 1000 Doppelzentnern bis zu 2000 Doppelzentnern 16 Mk.,

von mehr als 2000 Doppelzentnern	bis zu 3000	Doppelzentnern	17 Mk.,
„ „ „ 3000 „	„ „ 4000	„	18 „
„ „ „ 4000 „	„ „ 5000	„	19 „
„ „ „ 5000 „	. . . .		20 „

Übersteigt der Malzverbrauch in einem Brauereibetrieb innerhalb eines Kalenderjahres eine der Staffeln des Abs. 1 um nicht mehr als 10 vom Hundert, so ist nur für die überschreitende Menge der Malzaufschlagsatz der höheren Staffel zu entrichten.

Hiezu ist zu bemerken:

Das Gesetz vom $\frac{\text{16. Mai 1868}}{\text{10. Dez. 1889}}$ ging in Artikel 8 von einem allgemeinen Steuersatz von 6 Mk. für den Hektoliter Malz aus. Dieser Satz war für die Brauereien mit einem jährlichen Malzverbrauch von mehr als 10000 Hektolitern für die dieser Menge folgenden 30000 Hektoliter Malz auf 6 Mk. 25 Pfg. und für das die Menge von 40000 Hektolitern übersteigende Malz auf 6 Mk. 50 Pfg. für den Hektoliter erhöht. Für Brauereien, die im Jahre 1888 vorhanden waren und in diesem Jahre nicht mehr als 6000 Hektoliter Malz verwendet haben, trat für die ersten 2000 Hektoliter des in einem Jahre verwendeten Malzes eine Ermäßigung des vorerwähnten allgemeinen Satzes auf 5 Mk. ein, solange der jährliche Malzverbrauch der Brauerei 7000 Hektoliter nicht überstiegen hat. Hienach betrug früher der Unterschied in der Steuerbelastung bei denjenigen Brauereien, welche an dem ermäßigten Malzaufschlagsatze von 5 Mk. nicht teilnehmen, höchstens 45 Pfg. für den Hektoliter Malz oder, den Hektoliter Malz zu 52,50 Kilo gerechnet, 86 Pfg. für den Doppelzentner Malz; der Unterschied zwischen der Steuerbelastung einer lediglich dem ermäßigten Malzaufschlagsatze unterliegenden Brauerei und der Höchstbelastung einer Brauerei beträgt etwa 1 Mk. 45 Pfg. für den Hektoliter oder 2 Mk. 76 Pfg. für den Doppelzentner Malz.

Wie in dem allgemeinen Teil der Begründung zum Gesetzentwurf hervorgehoben ist, ist diese Spannung sowie die bestehende Abstufung der Malzaufschlagsätze im Landtag wiederholt als ungenügend für den Ausgleich des Unterschieds in den Betriebskosten der Klein-, Mittel- und Großbrauer bezeichnet worden. Auch bei Beratung der norddeutschen Brausteuergesetze im Jahre 1906 und 1909 ist auf die Notwendigkeit einer weitergehenden Staffelung der Brausteuer hingewiesen worden; diese Notwendigkeit ist in den Gesetzen wegen Änderung des Brausteuergesetzes vom 3. Juni 1906 und vom 15. Juli 1909 durch entsprechende Bemessung der Steuersätze und Steuerstufen anerkannt worden. Die Biersteuergesetze in Württemberg, Baden und Elsaß-Lothringen gewähren den Klein- und Mittelbrauern ebenfalls einen größeren Schutz als das geltende bayerische Malzaufschlaggesetz. Wenn nun auch die Verhältnisse des Braugewerbes in Bayern in verschiedener Hinsicht wesentlich anders gelagert sind, als in den übrigen deutschen Bundesstaaten, so dürfte doch der Unterschied in den Betriebskosten der Klein-, Mittel- und Großbrauer in Bayern kaum geringer sein, als in den übrigen deutschen Brausteuergebieten. Der Wunsch nach einer weitergehenden Staffelung des bayerischen Malzaufschlags war daher als berechtigt anzuerkennen und ist dementsprechend im Entwurfe berücksichtigt worden. Hiebei ist zunächst davon ausgegangen worden, daß kein Anlaß mehr besteht, Brauereien mit einem jährlichen Malzverbrauche von mehr als 10000 Hektolitern oder 5000 Doppelzentnern in bezug auf die Höhe des Steuersatzes unter sich verschieden zu behandeln. Diese Brauereien stehen hinsichtlich der Betriebseinrichtungen und der Betriebsführung einander gleich; sie erfordern daher auch keine unterschiedliche steuerliche Behandlung. Der Entwurf schlug deshalb vor, den höchsten Malzaufschlag in gleicher Weise wie in den übrigen deutschen Brausteuergebieten bei einem jährlichen Malzverbrauch von mehr als 5000 Doppelzentnern beginnen zu lassen. Als Höchstsatz war der Betrag von 20 Mk. für 1 Doppelzentner Malz vorgesehen; der niedrigste Satz sollte 15 Mk. für 1 Doppelzentner Malz betragen. Die Spannung zwischen dem höchsten und dem niedrigsten Malzaufschlagsatze sollte sonach künftig von 2 Mk. 76 Pfg. auf 5 Mk. für 1 Doppelzentner Malz erweitert werden.

Der Entwurf hat davon abgesehen, jene Brauereien, welche wegen ihres erhöhten Malzverbrauchs erhöhten Malzaufschlagsätzen unterliegen, an den Sätzen, welche für einen geringeren Malzverbrauch vorgesehen sind, teilnehmen zu lassen. Die Festsetzung höherer Malzaufschlagsätze für einen höheren Malzverbrauch erfolgte mit Rücksicht auf die Vorteile, welche der Großbetrieb gegenüber dem Klein- und Mittelbetriebe bietet. Die Vorteile des Großbetriebs machen sich bei der Verarbeitung jeden Doppelzentners Malz, der in der Brauerei zur Bierbereitung verwendet wird, in gleichem Maße geltend. Es dürfte daher kein Anlaß bestehen, von dem jährlichen Gesamtmalzverbrauche einer Brauerei einen Teil zu niederen und einen Teil zu höheren Malzaufschlagsätzen zu versteuern und dadurch die Wirkung der Spannung zwischen den einzelnen Steuerstaffeln abzuschwächen. Dieser Standpunkt fand sich, allerdings in unvollkommener Weise, bereits im früheren Gesetz insofern, als an dem ermäßigten Malzaufschlagsatze von 5 Mk. für 1 Hektoliter Malz Brauereien, deren Malzverbrauch 7000 Hektoliter im Jahre überschreitet, nicht mehr teilnehmen. Der Entwurf nahm in Aussicht, jede Brauerei nach Maßgabe ihres Gesamtmalzverbrauchs im Kalenderjahre nur einem einzigen Malzaufschlagsatze zu unterstellen. Zur Vermeidung von Härten und mit Rücksicht auf den alljährlich wechselnden Extraktgehalt der Gerste sollte bei Überschreitungen einer Steuerstaffel um nicht mehr als 10 von Hundert lediglich die überschreitende Menge, nicht aber der Gesamtmalzverbrauch der Brauerei dem betreffenden höheren Steuersatz unterliegen.

Für die Festsetzung der einzelnen Malzaufschlagsätze war neben der Rücksicht auf den gebotenen Ausgleich der Verschiedenheit der Betriebskosten auch die Rücksicht auf die Möglichkeit einer angemessenen Abwälzung der Malzaufschlagerhöhung auf den Verbrauch maßgebend. Die K. Staatsregierung erachtete es nicht als billig, dem Braugewerbe die in Aussicht genommene Mehrbelastung aufzubürden. Die Möglichkeit einer Abwälzung auf den Verbrauch glaubte aber die K. Staatsregierung in Frage gestellt, wenn ein Teil der Brauer durch steuerliche Maßnahmen so begünstigt würde, daß für diese Brauer zu einer Bierpreiserhöhung ein Anlaß nicht besteht. Zu diesem Behuf ist als unterste Staffel der Satz von 15 Mk. für 1 Doppelzentner Malz gewählt worden. Hiemit trat auch für den kleinsten Brauer eine Erhöhung des Malzaufschlags ein, die sich für den Hektoliter Bier auf etwa 1 Mk. 10 Pfg. berechnete. Hinsichtlich des Betriebsumfanges, bis zu welchem der niedrigste Malzaufschlagsatz von 15 Mk. für 1 Doppelzentner Malz zugebilligt werden soll, ist mit 1000 Doppelzentnern, das ist rund 2000 Hektolitern, die Grenze beibehalten worden, bis zu welcher nach dem früheren Gesetze der ermäßigte Malzaufschlag von 5 Mk. für 1 Hektoliter Malz gewährt wurde.

Eine steuerliche Begünstigung von Brauereien mit einem jährlichen Malzverbrauch bis zu 250 Doppelzentnern, wie sie sich in den übrigen deutschen Brausteuergebieten findet, war im Entwurfe nicht vorgesehen, nachdem diese Brauereien aus dem größten Teile ihres Erzeugnisses außer dem Braunutzen auch noch durch Eigenausschank den Schanknutzen ziehen. Gepflogene Erhebungen hatten ergeben, daß in Bayern Brauereien mit einem jährlichen Malzverbrauche bis zu 500 Hektolitern in der weitaus überwiegenden Mehrzahl ihr Erzeugnis ganz oder mindestens zur Hälfte selbst ausschenken. Diese Brauereien befinden sich zweifellos gegenüber Brauereien mit einem jährlichen Malzverbrauche von mehr als 250 bis 1000 Doppelzentnern im Vorteile, nachdem letztere Brauereien von ihrem Erzeugnisse nur den geringeren Teil selbst ausschenken und daher von dem größten Teile nur den Braunutzen haben. Eine Steuerbegünstigung der Brauereien mit einem jährlichen Malzverbrauche bis zu 250 Doppelzentnern würde daher den übrigen Brauern mit einem jährlichen Malzverbrauche bis zu 1000 Hektolitern den Wettbewerb bedeutend erschweren.

Im Ausschusse der Kammer der Abgeordneten wurde gegen den Vorschlag der K. Staatsregierung bezüglich der Anwendung nur eines einzigen Steuersatzes auf den gesamten Malzverbrauch eines Brauereibetriebes im Kalenderjahre (Nichtdurchstaffelung) verschiedene Bedenken erhoben. Es wurde hiebei insbesondere betont, daß eine derartige Maßnahme die weitere Entwicklung, namentlich der Mittelbrauer, hemme; die Steuerbelastung steige hiebei sprungweise und nicht stetig fortschreitend wie bei der sogenannten Durchstaffelung. Auch wurde es als eine große Härte bezeichnet, wenn bei erheblicher Überschreitung einer Steuerstufe der Pflichtige infolge Anwendung des höheren Steuersatzes auf seinen gesamten Malzverbrauch erhebliche Nachzahlungen zu leisten habe. Diesen Bedenken gegenüber bemerkt der K. Staatsminister der Finanzen, daß die Durchstaffelung innerlich nicht berechtigt und deren Belassung bei den in Bayern bestehenden wirtschaftlichen Verhältnissen nicht geboten sei. Denn bei dem bayerischen Braugewerbe handle es sich jetzt in erster Linie um die Erhaltung des Bestehenden, nämlich des Absatzgebietes für die einzelnen Brauereien. Es sollten für die Folge ungesunde Wettbewerbverhältnisse vermieden werden und in dieser Hinsicht sei die Nichtdurchstaffelung mehr geeignet günstig zu wirken, als die Durchstaffelung, weil sie durch die Anwendung des höheren Satzes auf den gesamten Jahresmalzverbrauch doch eine allzu große Betriebsausdehnung erschweren würde. Die kontingentierende Wirkung der Nichtdurchstaffelung veranlaßte auch hauptsächlich die Mehrheit des Ausschusses bei der Beratung des Gesetzentwurfs in erster Lesung sich in dieser Hinsicht mit dem Vorschlage der K. Staatsregierung einverstanden zu erklären.

Bezüglich der einzelnen Steuersätze erachtete der Ausschuß der Kammer der Abgeordneten bei Beratung des Gesetzentwurfs in erster Lesung eine Erweiterung der im Regierungsentwurfe vorgesehenen Spannung nach der Richtung für geboten, daß einerseits für kleinere Brauereien bis zu 250 Doppelzentnern Malzverbrauch im Kalenderjahre ein Steuersatz von 14,50 Mk., anderseits für Brauereien mit einem Malzverbrauch von mehr als 10000 Doppelzentnern ein Satz von 20,50 Mk. für 1 Doppelzentner zur Anwendung kommen sollte. Zugleich wurden noch mehr Zwischenstufen, als sie der Regierungsentwurf vorgesehen hatte, eingefügt. Art. 5 Abs. 1 des Entwurfs erhielt nach den Beschlüssen des besonderen Ausschusses der Kammer der Abg. in erster Lesung folgende Fassung:

Der Malzaufschlag beträgt für einen Doppelzentner des in einem Brauereibetriebe steuerbar gewordenen ungeschroteten Malzes bei einem Gesamtmalzverbrauch innerhalb eines Kalenderjahres

					bis	zu	250	Doppelzentn.	14,50 Mk.,
von	mehr	als	250	Doppelzentn.	„	„	1 000	„	15,— „
„	„	„	1 000	„	„	„	1 500	„	15,50 „
„	„	„	1 500	„	„	„	2 000	„	16,— „
„	„	„	2 000	„	„	„	2 500	„	15,50 „
„	„	„	2 500	„	„	„	3 000	„	17,— „
„	„	„	3 000	„	„	„	3 500	„	17,50 „
„	„	„	3 500	„	„	„	4 000	„	18,— „
„	„	„	4 000	„	„	„	4 500	„	18,50 „
„	„	„	4 500	„	„	„	5 000	„	19,— „
„	„	„	5 000	„	„	„	6 000	„	19,50 „
„	„	„	6 000	„	„	„	10 000	„	20,— „
„	„	„	10 000	„	. . .	. . .	. . .	. . .	20,50 „

Zugleich wurde Artikel 5 Abs. 2 des Entwurfs in folgender Weise geändert:

„Übersteigt der Malzverbrauch in einem Brauereibetrieb innerhalb eines Kalenderjahrs eine der beiden ersten Staffeln des Abs. 1 um nicht mehr als 50 Doppelzentner oder eine der übrigen Staffeln um nicht mehr als 100 Doppelzentner, so ist nur für die überschreitende Menge der Malzaufschlag nach dem Satz der höheren Staffel zu entrichten."

Bei der zweiten Lesung des Gesetzentwurfs im Ausschusse der Kammer der Abgeordneten wurden neuerlich Anträge eingebracht, die auf eine weitgehende Begünstigung der Mittelbrauer durch Einführung der Durchstaffelung abzielten. Der K. Staatsminister machte zwar Bedenken wegen der finanziellen und wirtschaftlichen Wirkung dieser Anträge geltend; es gelangte jedoch schließlich im Ausschusse in zweiter Lesung folgende Bestimmung zur Annahme:

Der Malzaufschlag beträgt:

1. für Brauereien mit einem Malzverbrauche von nicht mehr als 250 Doppelzentner im Kalenderjahre 14 Mk. 50 Pfg. für 1 Doppelzentner,
2. für Brauereien mit einem Malzverbrauche von mehr als 250 Doppelzentner, aber nicht mehr als 6000 Doppelzentner im Kalenderjahre

für die ersten	1000	Doppelztr.	im Kalenderjahre	15	Mk.	für	1	Doppelztr.
„ „ folgenden	1000	„	„	„	16	„	„	1	„
„ „ „	1000	„	„	„	17	„	„	1	„
„ „ „	1000	„	„	„	18	„	„	1	„
„ „ „	1000	„	„	„	19	„	„	1	„
und für den Rest	. . .	. . .	. . .	. . .	20	„	„	1	„

3. für Brauereien mit einem Malzverbrauche von mehr als 6000 Doppelzentner, aber nicht mehr als 6000 Doppelzentner im Kalenderjahre

für die ersten	1000	Doppelztr.	im Kalenderjahre		16	Mk	für	1	Doppelztr.
„ „ folgenden	1000	„	„	„	17	„	„	1	„
„ „ „	1000	„	„	„	18	„	„	1	„
„ „ „	1000	„	„	„	19	„	„	1	„
und für den Rest	. . .	. . .	. . .	. . .	20	„	„	1	„

4. für Brauereien mit einem Malzverbrauche von mehr als 8000 Doppelzentner, aber nicht mehr als 10000 Doppelzentner im Kalenderjahre

für die ersten	1000 Doppelztr. im Kalenderjahre	17 Mk.	für	1	Doppelztr.
„ „ folgenden	1000 „ „ „	18 „	„	1	„
„ „ „	1000 „ „ „	19 „	„	1	„
und für den Rest	. . . .	20 „	„	1	„

Im Plenum der Kammer der Abgeordneten brachte die K. Staatsregierung hinsichtlich der Steuersätze gegenüber den Ausschußbeschlüssen einen Antrag ein, der den im Entwurfe vorgesehenen Grundsatz der Nichtdurchstaffelung wieder zum Ausdruck brachte und im übrigen den Steuersätzen, wie sie der Ausschuß in erster Lesung beschlossen hatte, nahe kam. Nach diesem Antrage der K. Staatsregierung sollten folgende Steuersätze bestimmt werden:

	bis zu	250 dz	Jahresmalzverbrauch	14,50 Mk.	für	1	dz
von mehr als 250	„ „	1000 „	„	15,—	„	1	„
„ „ „ 1000	„ „	1500 „	„	15,50	„	1	„
„ „ „ 1500	„ „	2000 „	„	16,—	„	1	„
„ „ „ 2000	„ „	2500 „	„	16,50	„	1	„
„ „ „ 2500	„ „	3000 „	„	17,—	„	1	„
„ „ „ 3000	„ „	3500 „	„	17,50	„	1	„
„ „ „ 3500	„ „	4000 „	„	18,—	„	1	„
„ „ „ 4000	„ „	4500 „	„	18,50	„	1	„
„ „ „ 4500	„ „	5000 „	„	19,—	„	1	„
„ „ „ 5000	„ „	6000 „	„	19,50	„	1	„
„ „ „ 6000		„	„	20,-	„	1	„

Dieser Antrag wurde von der Kammer der Abgeordneten abgelehnt und es gelangte folgende Fassung des Art. 5 Abs. 1 zur Annahme:

Der Malzaufschlag beträgt:

1. für Brauereien mit einem Malzverbrauch von nicht mehr als 250 Doppelzentnern im Kalenderjahre 14 Mk. 50 Pfg. für 1 Doppelzentner,

2. für Brauereien mit einem Malzverbrauch von mehr als 250, aber nicht mehr als 4000 Doppelzentnern im Kalenderjahre

für die ersten	1000 Doppelztr. im Kalenderjahre	15 Mk.	für	1	Doppelztr.
„ „ folgenden	1000 „ „ „	16 „	„	1	„
„ „ „	1000 „ „ „	18 „	„	1	„
„ den Rest	. . . .	19 „	„	1	„

3. für Brauereien mit einem Malzverbrauch von mehr als 4000, aber nicht mehr als 8000 Doppelzentnern im Kalenderjahre

für die ersten	1000 Doppelztr. im Kalenderjahre	16 Mk.	für	1	Doppelztr.
„ „ folgenden	1000 „ „ „	17 „	„	1	„
„ „ „	1000 „ „ „	18 „	„	1	„
„ „ „	1000 „ „ „	19 „	„	1	„
„ den Rest	. . . .	20 „	„	1	„

4. für Brauereien mit einem Malzverbrauch von mehr als 8000, aber nicht mehr als 10000 Doppelzentnern im Kalenderjahre

für die ersten	1000 Doppelztr. im Kalenderjahre	17 Mk.	für	1	Doppelztr.
„ „ folgenden	1000 „ „ „	18 „	„	1	„
„ „ „	1000 „ „ „	19 „	„	1	„
„ für den Rest	. . . .	20 „	„	1	„

5. für Brauereien mit einem Malzverbrauch von mehr als 10000 Doppelzentnern im Kalenderjahre

für jeden Doppelzentner im Kalenderjahre . . . . 20 Mk.

Ein Antrag „Saffer und Genossen", Brauereien mit einem Malzverbrauche von nicht mehr als 150 Doppelzentnern im Kalenderjahre 14 Mk. zuzubilligen, fand im Plenum der Kammer der Abgeordneten keine Mehrheit.

Die Kammer der Reichsräte ging bei Würdigung der Steuersätze von der Anschauung aus, daß durch deren Bemessung in erster Linie eine allgemeine Abwälzung der Malzaufschlagerhöhung auf den Verbrauch dem Braugewerbe ermöglicht werden müsse. Von diesem Gesichtspunkte aus und, um sich tunlichst an die längst bestehenden Verhältnisse anzupassen, brachte der Referent der Kammer der Reichsräte, Graf v. Moy, eine Erhöhung der bestehenden Sätze um 67 v. H. in Vorschlag. Hienach hätten Brauereien mit einem Malzverbrauch von nicht mehr als 3500 Doppelzentnern für die ersten 1000 Doppelzentner im Kalenderjahre 15,60 Mk., für die folgenden 2500 Doppelzentner 18,70 Mk. für 1 Doppelzentner, und die übrigen Brauereien für die ersten 5000 Doppelzentner im Kalenderjahre 18,70 Mk., für die folgenden 15000 Doppelzentner 19,50 Mk. und für den Rest 20,25 Mk. für 1. Doppelzentner zu entrichten gehabt (Protokoll des zweiten Ausschusses der Kammer der Reichsräte vom 28. Februar 1910 S. 2). Dem gegenüber wiederholte die K. Staatsregierung ihren im Plenum der Kammer der Abgeordneten eingebrachten Antrag. Hiebei verhehlte der K. Staatsminister der Finanzen nicht, daß eine Begünstigung der Kleinbrauer, wie sie die erste Stufe der beantragten Steuerstaffel von 14,50 Mk. für 1 Doppelzentner enthält, an sich nicht in den bestehenden Verhältnissen begründet sei; denn die Kleinbrauer würden nach dem Ergebnisse der gepflogenen Erhebungen einerseits fast ihr ganzes Erzeugnis selbst zum Ausschank bringen und daher hievon auch den Schanknutzen ziehen, anderseits würden sie auch vielfach leichteres Bier herstellen. Die Mehrheit im Ausschusse der Kammer der Reichsräte stimmte dem von der Regierung vorgeschlagenen Grundsatze der Nichtdurchstaffelung wegen dessen kontingentierender Wirkung zu; hiebei wurde jedoch von verschiedenen Seiten eine Erhöhung der unteren Sätze des Regierungsantrages für wünschenswert bezeichnet, um auch für die kleineren Brauereien eine Steuererhöhung zu schaffen, die diese nötigen würde, sich der notwendigen allgemeinen Bierpreiserhöhung anzuschließen. Schließlich wurde der Regierungsantrag jedoch unter Streichung der ersten Steuerstufe von 14,50 Mk. für 1 Doppelzentner angenommen. Der Beschluß des Ausschusses der Kammer der Reichsräte fand die Zustimmung des Plenums der Kammer der Reichsräte. Die Abgeordnetenkammer stimmte dem Plenarbeschlusse der Kammer der Reichsräte in dieser Richtung ebenfalls zu.

3. Kontingentierung (Art. 5 Abs. 3 des Gesetzes).

Im Gesetzentwurf war lediglich vorgeschlagen, daß nach dem 1. Oktober 1909 neu entstehende Brauereibetriebe dem höchsten Malzaufschlagsatze unterliegen sollten. Damit sollte die Errichtung neuer Brauereien im Interesse der bereits vorhandenen Betriebe erschwert werden. Für die vor dem 1. Oktober 1909 bereits vorhandenen Brauereien war eine

Erhöhung des Malzaufschlags bei Überschreitung eines gewissen Betriebsumfanges nur insoweit vorgesehen, als sie sich gemäß Art. 5 Abs. 1 des Entwurfs bei Überschreitung einer Steuerstufe ergeben würde. Im Ausschusse der Kammer der Abgeordneten wurde indessen die sogenannte Nichtdurchstaffelung noch nicht als eine ausreichende Maßnahme erachtet, um einen entsprechenden Schutz des bisherigen Absatzgebietes der einzelnen Brauereien gegen ungesunden Wettbewerb zu schaffen; man hielt es vielmehr für notwendig, eine Bestimmung in das Gesetz aufzunehmen, wonach für die einzelnen Brauereien bei Überschreitung ihres bisherigen Malzverbrauchs Steuerzuschläge eintreten sollten. Hiemit sollte verhindert werden, daß einzelne Brauereien auf Kosten der übrigen ihren Absatz zu sehr ausdehnen. Zunächst war diese Kontingentierung als eine dauernde gedacht (Ausschußbericht S. 158) und zwar sollte sie neben der von der Regierung vorgeschlagenen Nichtdurchstaffelung eintreten. Als bei der zweiten Lesung des Gesetzentwurfs die Nichtdurchstaffelung abgelehnt und der im bisherigen Gesetz enthaltene Grundsatz der Durchstaffelung wieder aufgenommen wurde, glaubte die Kammer der Abgeordneten, um so mehr gegen übermäßige Betriebsausdehnung Vorsorge treffen zu müssen. Zu diesem Zwecke wurde in das Gesetz eine Bestimmung aufgenommen, wonach bei Überschreitung des Durchschnittsmalzverbrauches der Jahre 1907, 1908 und 1909 in einem Brauereibetriebe um mehr als 10 v. H. für die überschreitende Menge eine Erhöhung der Sätze des Art. 5 Abs. 1 um 10 v. H. eintreten sollte. Es wurde indessen mit Rücksicht darauf, daß die Kontingentierung in erster Linie die bestehenden Verhältnisse in der Übergangszeit nach dem Inkrafttreten des Gesetzes schützen sollte, dieser Bestimmung eine Wirksamkeit nur bis zum 31. Dezember 1918 beigelegt (Ausschußbericht S. 276 ff.). Außerdem glaubte man auch dem Umstande Rechnung tragen zu sollen, daß sich nach Ablauf mehrerer Jahre entsprechend der Zunahme der Bevölkerung die Notwendigkeit einer erhöhten Produktion ergeben könnte (Stenogr. Bericht zu den Verhandl. d. Kammer der Abg. vom Jahre 1910 Bd. 9 S. 405). Der K. Staatsminister der Finanzen machte gegen die vorgeschlagene Kontingentierung verschiedene Bedenken geltend. Er wies zunächst darauf hin, daß auch in der Brausteuergemeinschaft von der Einführung einer derartigen Maßnahme abgesehen worden sei (Ausschußbericht S. 159), und wandte sich später im Plenum der Kammer der Abgeordneten gegen die Befristung der fraglichen Bestimmung, wobei er bemerkte, daß die Festsetzung eines Zuschlages von 10 v. H. nur für die den Durchschnittsmalzverbrauch der Jahre 1907/09 überschreitenden Malzmenge keine wirksame Maßnahme sei (Stenogr. Bericht a. a. O. S. 407). Die von der Kammer der Abg. beschlossene Kontingentierungsvorschrift wurde von der Kammer der Reichsräte, nachdem diese sich für die Einführung der Nichtdurchstaffelung entschieden hatte, gestrichen (Prot. des zweiten Ausschusses der Kammer der Reichsräte vom 28. Februar 1910 S. 9, Stenogr. Bericht zu den Verhandl. der Kammer der Reichsräte, II. Band 1910, Sitzung vom 11. März 1910 S. 88). Der Referent der Kammer der Reichsräte hatte bereits in seinem Berichte vom 22. Februar 1910 an den zweiten Ausschuß im Anschlusse an die vom K. Staatsminister der Finanzen im Plenum der Kammer der Abg. geäußerten Bedenken auf die Mängel der fraglichen Vorschrift hingewiesen. Gegenüber den Beschlüssen der Kammer der Reichsräte glaubte indessen die Kammer der Abg. die Notwendigkeit, gegen Betriebsausdehnungen Maßnahmen zu treffen, auch dann als vorhanden anerkennen zu müssen, wenn im Gesetze der Grundsatz der Nichtdurchstaffelung, wie er in den Beschlüssen der Kammer der Reichsräte Anerkennung gefunden hatte, durchgeführt werden sollte. Trotz des Widerspruches der K. Staatsregierung stellte sie daher ihren früheren Beschluß wieder her, jedoch mit der Abänderung, daß für Brauereien mit einem Malzverbrauch von mehr als 6000 Doppelzentnern im Kalenderjahre schon eine Überschreitung des Durchschnittsmalzverbrauches um mehr als 5 v. H. eine Erhöhung der regelmäßigen Malzaufschlagsätze um 10 v. H. zur Folge haben sollte. Dies geschah mit Rücksicht darauf, daß bei einem Malzverbrauche von 6000 Doppelzentnern und darüber ein Spielraum von 10 v. H. schon eine so erhebliche Malzmenge darstellt, daß auch bei einer Überschreitung des Durchschnittsmalzverbrauches innerhalb der Grenze von 10 v. H. eine Betriebsausdehnung erfolgen kann, die genügt, um anderen Brauern empfindliche Nachteile zuzufügen (Stenogr. Bericht zu den Verhandl. der Kammer der Abg. 1910, Bd. X S. 57 und Beilage 868 zu den Verhandl. der Kammer der Abg. 1909/10). Diesem Beschlusse stimmte schließlich auch die Kammer der Reichsräte zu (Stenogr. Bericht zu den Verhandl. der Kammer der Reichsräte, II. Bd., Sitzung vom 17. März 1910 S. 15), so daß es bei der von der Kammer der Abg. beschlossenen Kontingentierung blieb.

4. Steuerliche Begünstigung der Hausbrauer.

In der Kammer der Abgeordneten ist die Frage einer steuerlichen Begünstigung der Hausbrauer, d. i. derjenigen Brauer, die Bier nur für ihren Hausbedarf bereiten, bereits früher wiederholt erörtert worden. Schon bei Beratung des dem Landtage im Jahre 1879 vorgelegten Entwurfs eines Gesetzes, den Malzaufschlag betreffend, hat der Abg. Sellner den Antrag eingebracht, „die Regierung zu ermächtigen, Rückvergütung des Malzaufschlags bei solchen Kommunbrauereien zu bewilligen, in welchen Bier ausschließlich für den Haustrunk der Brauberechtigten erzeugt werde“. Er begründete damals seinen Antrag damit, daß es in Unterfranken ein althergebrachtes Recht und Sitte sei, daß sich Bauern und Handwerker als sogenannten Haustrunk ein geringhaltiges Bier selbst bereiteten. Die Erhöhung des Malzaufschlags von 4 auf 6 Mk., wie sie damals in Aussicht genommen war, könnten diese Brauer nicht tragen. Die Staatsregierung verhielt sich diesem Antrage aus finanziellen und wirtschaftlichen Gründen ablehnend und der Antrag Sellner gelangte nicht zur Annahme (Stenogr. Bericht zu den Verhandl. der Kammer der Abgeordneten 1879, Bd. IV S. 64/65). Bei Beratung des Entwurfs eines Gesetzes, den Malzaufschlag betreffend, vom Jahre 1889, kam die Angelegenheit in der Kammer der Abgeordneten neuerlich zur Erörterung. Der Abg. Reichert hielt eine Ermäßigung des Steuersatzes für Kommunbrauer, die sich den Haustrunk selbst bereiten, von 5 auf 4 Mk. für einen Hektoliter in den wirtschaftlichen Verhältnissen dieser Brauer begründet. Es fand sich aber damals schon im Ausschusse der Kammer der Abgeordneten für diesen Antrag keine Mehrheit, so daß ihn der Antragsteller zurückzog (Stenogr. Bericht zu den Verhandl. der Kammer der Abg. 1889, Bd. IV S. 101). Im Jahre 1899 richteten verschiedene christliche Bauernvereine eine Petition an den Landtag, in der gebeten wurde, die Kammer der Abgeordneten wolle beschließen, daß für die ersten fünf in einem Betriebsjahre versottenen Hektoliter Malz kein Malzaufschlag, für die weiteren fünf in einem Betriebsjahre versottenen Hektoliter ein solcher von 2,50 Mk. zur Erhebung komme, daß der volle Betrag von 5 Mk. aber dann entrichtet werden muß, wenn der einzelne Brauberechtigte mehr als 10 Hektoliter Malz versiedet. Zur Begründung dieses Antrages wurde die Notwendigkeit, für die landwirtschaftlichen Arbeitskräfte einen Haustrunk zu bereiten, betont und auf die Geringwertigkeit des in Betracht kommenden Erzeugnisses hingewiesen. Die Petition erfuhr im Plenum der Kammer der Abgeordneten eine eingehende Erörterung (Stenogr. Bericht I. Bd. S. 874 ff.). Hiebei fehlte es nicht an Stimmen, die sich namentlich vom moralischen Standpunkte aus gegen eine steuerliche Begünstigung des zur Bereitung von Bier zum Hausbedarf bestimmten Malzes aussprachen, weil sie hievon eine weitere Verbreitung des Haustrunkes und der damit verbundenen Unsitten befürchteten. Nachdem auch der K. Staatsminister eingehend sich gegen die Petition ausgesprochen hatte, wurde diese der K. Staatsregierung zur Würdigung hinübergegeben.

Der Gesetzentwurf vom Jahre 1909 hatte eine steuerliche Begünstigung der Hausbrauer nicht in Aussicht genommen. Im Ausschusse der Kammer der Abgeordneten wurde indessen der Antrag eingebracht, für Personen, die Bier nur für ihren Hausbedarf bereiten und hiefür in einem Rechnungsjahre nicht mehr als 10 Doppelzentner verwenden, die Steuer auf 10 Mk. zu ermäßigen. Zur Begründung dieses Antrages wurde auf die in einem Teile Unterfrankens bestehende Übung der Landwirte und Handwerker, sich selbst Bier für den Haustrunk in Gemeindebrauhäusern zu bereiten, hingewiesen und hervorgehoben, daß in den diesen Gegenden benachbarten außerbayerischen Bezirken, in denen die gleichen Verhältnisse vorlägen, eine steuerliche Begünstigung der Hausbrauer nach den Bestimmungen des norddeutschen Brausteuergesetzes stattfinde. Von seiten der K. Staatsregierung wurden die bereits in früheren Fällen gegen eine Steuerbegünstigung des zur Herstellung von Bier zum Hausbedarf bestimmten Malzes erhobenen Bedenken neuerlich geltend gemacht, in der Kammer der Abgeordneten wurde jedoch unter Einschränkung der steuerbegünstigten Menge auf fünf Doppelzentner der Antrag angenommen.

In der Kammer der Reichsräte wurde zunächst die in Betracht kommende Bestimmung wieder gestrichen, weil eine Begünstigung der Hausbrauer weder begründet noch vom Standpunkte der Ermöglichung der Abwälzung des erhöhten Malzaufschlags aus zweckmäßig erscheine (Protokoll des zweiten Ausschusses der Kammer der Reichsräte vom 28. Februar 1910 S. 9/10); bei der zweiten Lesung des Gesetzentwurfs im zweiten Ausschusse der Kammer der Reichsräte wurde indessen mit Rücksicht auf ein tunlichst baldiges Zustandekommen des Gesetzes der Beschluß der Kammer der Abgeordneten wieder hergestellt (Protokoll des zweiten Ausschusses vom 2. März 1910).

5. Maßnahmen gegen die Verdünnung des Bieres.

Bei der Beratung des Gesetzentwurfs im Landtage spielte die Frage eine große Rolle, ob und gegebenenfalls welche Maßnahmen gegen eine bereits eingetretene oder künftig eintretende Verdünnung des Bieres im Wege der Gesetzgebung zu treffen wären. Im Gesetzentwurfe waren diesbezügliche Bestimmungen nicht vorgesehen. Der Abg. Speck erachtete indessen in seinem Bericht (Anlage 1 zur Beilage 803 der Verhandl. der

Kammer der Abg. 1909/10 S. 340 ff.) den Erlaß derartiger Bestimmungen für geboten. Er gab der Befürchtung Ausdruck, es möchten die von der Steuer stärker erfaßten Großbetriebe, vielleicht auch eine Anzahl kleinerer Betriebe danach streben, die durch das neue Malzaufschlaggesetz eintretende Mehrbelastung statt durch eine entsprechende Erhöhung des Bierpreises auf andere Weise, namentlich durch Erzielung einer möglichst großen Ausbeute aus dem Malze, wieder auszugleichen. Hiedurch würde nicht nur das Steueraufkommen, sondern auch der gute Ruf des bayerischen Bieres und damit die bayerische Bierausfuhr beeinträchtigt werden. Als gesetzliche Maßregel gegen die Gefahr der Bierverdünnung glaubte der Abg. Speck die Festsetzung eines Mindestextraktgehaltes der Stammwürze des Bieres nicht vorschlagen zu können, da es nicht anginge, den Geschmack der Verbraucher in einer derartigen Weise zu beeinflussen. Dagegen empfahl er die gesetzliche Festlegung einer Deklarations-Pflicht in der Weise, daß dem Wirte die Verpflichtung auferlegt wird, auf Grund einer ihm vom Brauer übermittelten Bestätigung den Extraktgehalt des zum Ausschank gelangenden Bieres an der Ausschankstelle auf eine für den Käufer sichtbare Weise anzuschlagen. Im Ausschusse der Kammer der Abgeordneten wurden neben diesem Vorschlage noch folgende gesetzliche Maßnahmen in Erwägung gezogen: 1. Die Erhebung von Zuschlägen zu den regelmäßigen Malzaufschlagsätzen in solchen Betrieben, die erfahrungsgemäß eine erhebliche Ausbeute erzielen; 2. die amtliche Untersuchung von Bierproben, die von den Steuerbehörden an den Ausschankstellen entnommen würden und die Veröffentlichung dieses Ergebnisses in der Tagespresse unter namentlicher Bezeichnung der beteiligten Brauerei und der Ausschankstelle sowie unter Angabe der Biersorte und des Bierpreises; 3. Festsetzung einer Verpflichtung für die Wirte, den durchschnittlichen Extraktgehalt des in ihren Betrieben zum Ausschank gelangenden Bieres in einer allgemein ersichtlichen Weise an der Ausschankstelle bekannt zu geben (vgl. Ausschußbericht S. 65 f. 256 und 299 ff.). Hiebei fehlte es nicht an Stimmen, die auf das Bedenkliche der angeregten gesetzlichen Maßnahmen hinwiesen. Es wurde insbesondere betont, daß sowohl die Verbraucher wie auch die Konkurrenz unter den Brauern selbst dafür sorgen würden, daß eine weitergehende Bierverdünnung nicht aufkomme; die Gegner der Kontingentierung erachteten es vielmehr für besser, wenn durch eine entsprechende Abstufung der Steuersätze in Verbindung mit einer Kontingentierung der Bierverdünnung entgegengetreten werden würde. Der K. Staatsminister gab diesen Anregungen gegenüber zu (Ausschußbericht S. 69), daß die Ausbeute aus dem Malze im Laufe der Zeit gestiegen sei; während man noch im Jahre 1868 von der Annahme ausgegangen sei, daß aus 1 Schäffel Malz 5 Eimer Bier, das wäre etwa aus 1 Hektoliter Malz 168 bis 180 Liter, gewonnen werden, sei bereits im Jahre 1876 die Ausbeute aus 1 Hektoliter Malz auf 200 Liter berechnet worden. Nach den im Jahre 1884 gepflogenen Erhebungen habe sich eine Steigerung der Ausbeute auf 250 Liter feststellen lassen und nach den Angaben der amtlichen Statistik über die Biererzeugung und Malzverwendung würde sich für 1890 eine Ausbeute aus dem Hektoliter Malz von 222 Litern berechnen, im Jahre 1895 von 225 Litern, im Jahre 1900 von 235 Litern und in den letzten Jahren 1905, 1906, 1907 und 1908 von 250 Litern bis sukzessive ansteigend auf 267 Liter. Das zeige, daß in den letzten 45 Jahren die Ausbeute an Bier aus 1 Hektoliter Malz gestiegen sei. Zum großen Teil sei diese Steigerung der Ausbeute jedoch auf die Fortschritte der Technik zurückzuführen und es sei kein Zweifel, daß jetzt trotz gleicher Biergüte aus einem Hektoliter Malz eine ungleich größere Quantität Bier erzeugt werde, als dies bei der weniger fortgeschrittenen Technik noch vor 40 oder 50 Jahren der Fall war. Der Fortschritt der Technik habe sich nicht bloß bei den Großbrauereien gezeigt, sondern auch wenigstens bei einem Teil der mittleren und selbst schon der Kleinbrauereien.

Gegen eine Erhöhung der Ausbeute infolge der verbesserten Technik werde sich keine Erinnerung erheben lassen. Etwas anderes wäre es aber, wenn die verstärkte Ausbeute auf eine wesentliche Verdünnung des Bieres zurückzuführen wäre. Nach den Ergebnissen der Statistik sei nun nicht anzunehmen, daß zurzeit eine allgemeine Ermäßigung des Extraktgehaltes der Stammwürze beim Bier in Bayern eingetreten sei. Schon vor etwa 40 Jahren habe man Bier mit einem Extrakt der Stammwürze von 12 Prozent als ein Normalbier bezeichnet. Es ergebe sich dies aus einer Abhandlung in dem „Bayerischen Bierbrauer" von 1867, in der hervorgehoben sei: „Daß das den Ruf der bayerischen Brauindustrie begründende Bier mit einer Konzentration von 12 Prozent eingebraut ist." Nun ergebe sich nach der Statistik für das Jahr 1908 eine durchschnittliche Ausbeute aus dem Hektoliter Malz von 267 Litern Bier, und das entspreche nach dem heutigen Stand der Technik einer gut geleiteten Brauerei ebenfalls einer Konzentration von annähernd 12 Prozent; hieraus sei der Schluß berechtigt, daß von einer wesentlichen Minderung des Extraktgehaltes des Bieres in Bayern nicht gesprochen werden könne. Diese Annahme wird auch bestätigt durch die Bieruntersuchungen, die die städtische Untersuchungsanstalt für Nahrungs- und Genußmittel in Nürnberg vorgenommen habe. Bis zum Jahre 1908 ergebe sich aus diesen Untersuchungen fast stets ein Stammwürzegehalt der Biere von mehr als 12 Prozent. Vereinzelt seien auch schon geringere Extraktgehalte festgestellt worden und es lasse sich auch nicht leugnen, daß das Bestreben, Biere mit geringerer Stammwürze herzustellen, im allgemeinen in Zunahme begriffen ist. Im Jahre 1909 habe sich zum ersten Male eine nicht unbeträchtliche Minderung der Stammwürze gegenüber dem Vorjahre von durchschnittlich fast ½ Prozent ergeben.

Um für die Beurteilung der für das bayerische Braugewerbe so wichtigen Frage eingehende Grundlagen zu erhalten, ließ die K. Staatsregierung während der Beratung des Gesetzentwurfs zahlreiche Bieruntersuchungen vornehmen, deren Ergebnis der K. Staatsminister der Finanzen im Ausschusse der Kammer der Abgeordneten (Ausschußbericht S. 302/3) mitteilte.

Er führte aus: „Ich darf wohl annehmen, daß es die Herren interessieren wird, das nunmehr abgeschlossene, wenn auch noch nicht vollkommen verarbeitete Resultat der Untersuchungen zu erfahren, die in den letzten Wochen vorgenommen wurden. Im ganzen wurden 957 Untersuchungen von Bierproben angestellt, die von sämtlichen Hauptzollämtern des ganzen Königsreichs an den im voraus festgesetzten Terminen hieher nach München eingesandt worden sind; jede einzelne Probe ist einer Ausschankstelle entnommen. Ich sehe von e i n e r Bierprobe ab, weil das Bier für einen ganz bestimmten Zweck ausnahmsweise leicht eingebraut worden ist; wenn ich diese Probe abziehe, so bleiben noch 956 Untersuchungen.

Von diesen haben

2	einen	Extraktgehalt	zwischen	7	und	8	Prozent
20	"	"	"	8	"	9	"
90	"	"	"	9	"	10	"
247	"	"	"	10	"	11	"
357	"	"	"	11	"	12	"
200	"	"	"	12	"	13	"
35	"	"	"	13	"	14	" und

5 noch einen Extraktgehalt über 14 Prozent.

Die Behauptung, die ich neulich aufgestellt habe, daß die ohne jede Voreingenommenheit angestellten Untersuchungen ein ganz erfreuliches Bild von dem guten Stand unserer bayerischen Brauerei geben, hat sich nach dem Abschluß dieser Untersuchungen vollinhaltlich bestätigt. Nur etwas über 11 Prozent (11,81) Prozent aller Proben haben einen Extraktgehalt von weniger als 10 Prozent ergeben und nur 37,62 Prozent aller Proben einen solchen unter 11 Prozent, mithin haben 62,38 Prozent aller Proben einen Extraktgehalt von über 11 Prozent ergeben. Es hat sich also gezeigt, daß das bayerische Bier allen Erfordernissen, die man an ein Bier zu stellen berechtigt ist, entspricht. Es hat sich aber weiter noch ergeben, daß, wie ich auch früher schon sagte, die schwächsten Biere in der Regel in den kleinsten Brauereien hergestellt werden. Die beiden Fälle, in denen das Bier nur einen Extraktgehalt von 7 bis 8 Prozent ergeben hat, haben sich in einer Brauerei mit einem jährlichen Malzverbrauch von 100 bis 200 Hektolitern und in einer solchen mit einem jährlichen Malzverbrauch von 700 bis 1000 Hektolitern ergeben. Die 20 Fälle, in welchen Bier mit einem Extraktgehalt von 8 bis 9 Prozent hergestellt wurde, haben sich bei Ausschankstellen ergeben, die ihr Bier aus Brauereien bezogen haben mit einem jährlichen Malzverbrauch zwischen 1000 und 2000 Hektolitern. Bei den Bierproben, die einen Extraktgehalt von 9 bis 10 Prozent ergaben, verteilte sich dieses Ergebnis auf sämtliche Brauereien mit Ausnahme der ganz großen Brauereien; aber auch hier wieder in der Weise, daß weitaus die Mehrzahl der Untersuchungen mit einem Extraktgehalt von nur 9 bis 10 Prozent von Ausschankstellen herrühren, die ihr Bier aus Brauereien bis zu 2000 Hektoliter jährlichen Malzverbrauch entnommen haben. Von da ab werden die Verhältnisse etwas gleichmäßiger. Biere mit einem Extraktgehalt der Stammwürze von 10 bis 11 Prozent wurden bei sämtlichen Brauereigruppen mit Ausnahme der ganz großen gefunden; doch auch hier überwiegen noch die kleineren Brauereien. Erst bei einem Stammwürzegehalt von 11 bis 12 Prozent und von 12 bis 13 Prozent — von den höhergradigen Bieren nicht zu reden — überwiegen die mittleren und die Großbrauereien. Im allgemeinen wird man also auf Grund dieser Untersuchungen feststellen können, daß von den größeren Brauereien stärkere Biere gebraut werden."

Von den erörterten Maßnahmen gegen die Bierverdünnung bezeichnete der K. Staatsminister der Finanzen die Festsetzung eines Mindestextraktgehaltes für das in Bayern zum Ausschank gelangende Bier vom wirtschaftlichen Standpunkt aus als sehr bedenklich, weil dann alle Brauereien, die bisher Bier mit einem geringeren als den gesetzlich festgelegten Extraktgehalt herstellen, entweder ihren Betrieb einstellen oder unter erhöhten Produktionskosten Bier mit einem höheren Extraktgehalte als bisher herstellen müßten. Außerdem sei es bedenklich, den Geschmack der Verbraucher in einer derartigen Weise zu beeinflussen. Gegen die Durchführbarkeit der Deklarationspflicht hegte der K. Staatsminister der Finanzen erhebliche Bedenken. Man könne den Wirt nicht strafen, wenn ihm der Brauer eine unrichtige Angabe über den Extraktgehalt des gelieferten Bieres gemacht habe. Anderseits würde es im gegebenen Falle schwierig sein, festzustellen, ob das Bier vom Brauer schwächer geliefert oder erst vom Wirt verdünnt worden sei. Den Steuerbehörden werde es unmöglich sein, die entsprechende Durchführung der Deklarationspflicht zu überwachen. Dazu komme noch, daß durch das Malzaufschlaggesetz außerbayerischen Brauern eine Verpflichtung, ihren bayerischen Wirten den Extraktgehalt der Stammwürze des gelieferten Bieres mitzuteilen, nicht auferlegt werden könne. Hieraus würde eine Benachteiligung des einheimischen Braugewerbes entstehen. Eine Regelung auf der Grundlage, daß durch Steuerbehörden Untersuchungen des Bieres auf den Extraktgehalt der Stammwürze vorgenommen und das Ergebnis dieser Untersuchungen veröffentlicht werden sollte, bezeichnete der K. Staatsminister als das kleinere von den vorgeschlagenen Übeln (Stenogr. Bericht zu den Verhandl. der Kammer der Abg. 1910 Bd. IX S. 439). Der K. Staatsminister der Finanzen erachtete es am zweckmäßigsten, wenn zunächst von irgendwelchen Maßnahmen in der bezeichneten Richtung überhaupt abgesehen und die Entwicklung der Dinge abgewartet werde. Durch die Einführung des Sudbuches werde der Steuerbehörde die Möglichkeit gegeben, sich in der Frage vollständige Klarheit zu verschaffen und es würden sich dann die Verhältnisse viel besser und richtiger beurteilen lassen (Ausschußbericht S. 73). Im übrigen regte der K. Staatsminister an, es möchten die Brauer im Wege der freiwilligen Vereinbarung sich zur Veröffentlichung des Extraktgehaltes der von ihnen hergestellten Biere entschließen (Stenogr. Bericht a. a. O.).

Schließlich wurde von der Kammer der Abgeordneten als Artikel 44 folgende Bestimmung in das Gesetz aufgenommen:

Artikel 44.

„[1] Die Steuerbehörde ist befugt, das Ergebnis der Untersuchung von Bierproben unter namentlicher Bezeichnung der Brauerei, von welcher das untersuchte Bier stammt und der Ausschankstelle, von welcher die Probe entnommen worden ist, öffentlich bekannt zu geben.

[2] Schankberechtigte Brauer, Bierwirte und Bierhändler haben das Ergebnis der Untersuchung von Bierproben, die in ihren Betrieben von der Steuerbehörde entnommen worden sind, in den Ausschank- oder Verkaufsräumlichkeiten durch Anschlag ersichtlich zu machen.

[3] Vor der Veröffentlichung (Abs. 1) ist dem Brauer von dem Ergebnis der betreffenden Untersuchung Kenntnis zu geben. Binnen einer Frist von 14 Tagen kann der Brauer die Untersuchung einer weiteren Probe beantragen. In diesem Falle ist mit der Veröffentlichung zuzuwarten, bis das Ergebnis der zweiten Untersuchung feststeht.

[4] Soferne die Veröffentlichung unter Namensangabe erfolgt, ist mit dem Untersuchungsergebnis auch der an der betreffenden Schankstelle festgesetzte Bierpreis und in den Gegenden, wo zwischen Sommer- und Winterbier unterschieden wird, sowie, wenn es sich um besondere Arten von Bieren handelt, auch die Art des untersuchten Bieres bekannt zu geben.

[5] Bierwirte und Bierhändler haben der Steuerbehörde auf Verlangen Auskunft darüber zu erteilen, von welcher Brauerei das zur Untersuchung bestimmte Bier stammt.

[6] Die näheren Anordnungen werden von der Steuerwaltung erlassen. (Beilage 825 zu den Verhandl. der Kammer der Abg.)"

Der Referent der Kammer der Reichsräte, Graf v. Moy, erkannte in seinem Berichte an den zweiten Ausschuß dieser Kammer an, daß die Besorgnis, es möge die Abwälzung des erhöhten Malzaufschlags auf dem Wege der Bierverdünnung erfolgen, nicht unbegründet sei. Die im Beschlusse der Kammer der Abgeordneten enthaltene Lösung der Frage erachtete er indessen in verschiedener Hinsicht als bedenklich und er gab schließlich im Anschlusse an die vom K. Staatsminister der Finanzen in der Kammer der Abgeordneten gegebene Anregung zur Erwägung, ob nicht dem Wirte die gesetzliche Verpflichtung aufzuerlegen sei, auf Wunsch des Brauers den Extraktgehalt der Stammwürze des zum Ausschank kommenden Bieres durch Anschlag bekannt zu geben. Die Kammer der Reichsräte war der Anschauung, daß durch die von der Kammer der Abgeordneten vorgeschlagene Maßnahme der gewollte Zweck nicht erreicht werde und nachdem der K. Staatsminister der Finanzen neuerlich darauf hingewiesen hatte, daß hier ein Fall vorliege, in dem das Gewerbe sich selbst helfen müsse, wurde der von der Kammer der Abg. beschlossene Artikel 44 gestrichen (III. Protokoll des zweiten Ausschusses der Kammer der Reichsräte vom 1. März 1910 S. 2/5, Stenogr. Bericht vom 11. März 1910, II. Bd. S. 91). Hiebei verblieb es.

III. Zusammenstellung

der in den übrigen deutschen Brausteuergebieten geltenden Bestimmungen über die Staffelung der Biersteuer.

A. Brausteuergemeinschaft.

(Brausteuergesetz vom 15. Juli 1909 in der Fassung der Bekanntmachung des Reichskanzlers vom 21. Juli 1909 — zu vergleichen Reichsgesetzblatt 1909 Seite 773 ff.).

§ 6.

Erhebungssätze der Brausteuer.

Die Steuer beträgt für jeden Doppelzentner des nach § 5 Abs. 3 [1]) berechneten Gesamtgewichts der in einem Brauereibetrieb innerhalb eines Rechnungsjahres steuerpflichtig gewordenen Braustoffe

von den ersten	250	Doppelzentnern . . .	14 Mk.
„ „ folgenden	1250	„ . . .	15 „
„ „ „	1500	„ . . .	17 „
„ „ „	2000	„ . . .	18 „
„ dem Reste		. . . .	20 „

[1]) Siehe die Fußnote auf nächster Seite.

Für neue Brauereien, welche nach dem 1. August 1909 in Betrieb genommen werden und mit deren Bau nicht bereits vor dem 1. Januar 1909 begonnen war, sowie für Brauereien, welche nach dem 1. August 1909 wieder in Betrieb genommen werden, nachdem sie mehr als zwei Jahre außer Betrieb waren, erhöhen sich die Steuersätze des Abs. 1 in der Zeit bis zum 31. März 1915 um 50 v. H., in der Zeit vom 1. April 1915 bis 31. März 1918 um 25 v. H.

Für die vor dem 1. Oktober 1908 betriebsfähig hergerichteten Brauereien wird, sofern in ihnen im Durchschnitte der Rechnungsjahre 1906, 1907 und 1908 nicht mehr als 150 Doppelzentner Malz verarbeitet worden sind, die Steuer von den ersten 150 Doppelzentnern des in einem Rechnungsjahre verwendeten Malzes auf 12 Mk. für den Doppelzentner ermäßigt. Diese Vergünstigung erlischt mit dem Ablaufe des Rechnungsjahrs, in dem die Brauerei mehr als 150 Doppelzentner Malz verwendet hat. Die verwendete Zuckermenge und das verwendete Weizenmehl sind nach den Vorschriften des § 5[1]) als Malz anzurechnen.

Für Personen, die obergäriges Bier nur für ihren Hausbedarf bereiten, wird, wenn das Gesamtgewicht der steuerpflichtigen Braustoffe — § 5 Abs. 3[1]) — in einem Rechnungsjahre nicht über 5 Doppelzentner beträgt, die Steuer für den Doppelzentner auf 4 Mk. ermäßigt. Es ist verboten, Bier, das unter Inanspruchnahme der Steuerermäßigung hergestellt ist, an nicht zum Haushalte gehörige Personen gegen Entgelt abzugeben. Bierverkäufer haben auf die Ermäßigung keinen Anspruch.

Für Malz, das zur Bereitung von Essig verwendet wird (§ 4), beträgt die Steuer drei Zehntel der in Abs. 1 bezeichneten Sätze.

Mehrere Brauereien, die für Rechnung einer und derselben Person oder Gesellschaft betrieben werden, sind im Sinne des Abs. 1 als ein Brauereibetrieb anzusehen. Sind mehrere zur Zeit des Inkrafttretens dieses Gesetzes für Rechnung einer und derselben Person oder Gesellschaft betriebene Brauereien bisher steuerlich getrennt behandelt worden, so sind sie auch nach Inkrafttreten dieses Gesetzes getrennt zu behandeln.

Wurde eine Braustätte von mehreren für eigene Rechnung brauenden Personen gemeinsam benutzt, so ist für die Höhe des Steuersatzes nicht die in der Brauerei insgesamt verbrauchte Menge an Braustoffen, sondern die Menge entscheidend, die jede einzelne dieser Personen zur Bierbereitung verwendet. Neu errichtete Brauereien dieser Art erhalten diese Vergünstigung nicht.

---

[1]) § 5 Abs. 3 lautet:

Bei der Feststellung des für die Höhe der Steuer (§ 6) maßgebenden Gesamtgewichts der verwendeten steuerpflichtigen Brausteuer ist ein Doppelzentner Zucker gleich eineinhalb Doppelzentner Malz und ein Doppelzentner Weizenmalz gleich vier Fünftel Doppelzentner Gerstenmalz zu rechnen. Dabei wird jedoch insoweit, als zur Herstellung obergäriger Biere auf 100 Doppelzentner Malz nicht mehr als 25 Doppelzentner Zucker verwendet werden, der Zucker, welcher auf die ersten 150 Doppelzentner des Jahresverbrauchs an Malz entfällt, außer Ansatz gelassen, der auf die folgenden 100 Doppelzentner Malz entfallende Zucker wird nur mit der Hälfte, der auf die weiteren 100 Doppelzentner Malz entfallende nur mit dem Einfachen seines Gewichts in Rechnung gestellt.

B. Württemberg.

(Gesetz, betr. die Biersteuer, vom 4. Juli 1900 — zu vergleichen Regierungsblatt für das Königreich Württemberg 1900 S. 542 ff. —, abgeändert durch das Gesetz, betreffend die Änderung des Biersteuergesetzes vom 4. Juli 1900, vom 16. August 1909 — zu vergleichen Regierungsblatt für das Königreich Württemberg 1909 S. 149 ff. —).

Betrag der Malzsteuer.

Artikel 7.

Der Steuersatz wird durch das Finanzgesetz [1]) bestimmt.

Die Steuer beträgt von der in einem Brauereibetrieb innerhalb eines Rechnungsjahrs steuerpflichtig gewordenen Malzmenge

für die ersten	250	Doppelzentner . . .	65 Prozent
„ „ folgenden	1250	„ . . .	80 „
„ „ „	1500	„ . . .	90 „
„ „ „	2000	„ . . .	95 „
und für den Rest		. . . .	100 „

des Steuersatzes.

Mehrere Brauereien, die für Rechnung einer und derselben Person oder Gesellschaft betrieben werden, sind im Sinne des Abs. 2 als ein Brauereibetrieb anzusehen, wenn sie innerhalb derselben Gemeinde oder nicht weiter als 5 km in der Luftlinie voneinander entfernt liegen.

Bei Personen, welche Bier nur zum eigenen Bedarf im Haushalte bereiten (Privatbrauer), beträgt die Steuer für die ersten 5 Doppelzentner Malz 20 Prozent des Steuersatzes. Denselben ist untersagt, das zum eigenen Bedarf bereitete Bier an nicht zum Haushalte gehörige Personen gegen Entgelt abzugeben. Bierverkäufer haben auf die Berechnung der Malzsteuer mit 20 Prozent des Steuersatzes keinen Anspruch.

C. Baden.

(Biersteuergesetz vom 30. Juni 1896 — Gesetzes- und Verordnungsblatt für das Großherzogtum Baden 1896 S. 153 ff.; Gesetze die Abänderung des Biersteuergesetzes betreffend vom 2. Juli 1904 und vom 25. Januar 1910 — GVBl. 1904 S. 202 und 1910 S. 55).

Artikel 7.

Die Steuer beträgt für je 100 kg ungebrochenen oder gebrochenen Malzes, die bei einem Brauereigeschäft in einem Kalenderjahr steuerbar werden,

---

[1]) Artikel 3 Ziff. 6 Abs. II des Finanzgesetzes vom 18. August 1909 (Regierungsblatt für das Königreich Württemberg 1909 S. 153) lautet:

Für das vom 1. Oktober 1909 an zur Bierbereitung verwendete Malz ist die Steuer nach dem Gesetze vom 16. August (Reg.-Bl. S. 149), betr. die Änderung des Biersteuergesetzes vom 4. Juli 1900, zu erheben; der Höchstbetrag des Steuersatzes wird auf 22 Mk. für den Doppelzentner ungeschrotenes Malz festgesetzt.

für die ersten	250	Doppelzentner . . .	15,— Mk.
„ „ folgenden	1250	„ . . .	17,50 „
„ „ „	1500	„ . . .	20,— „
„ „ „	2000	„ . . .	21,— „
„ „ „		Doppelzentner	22,— „

Für die vor dem 1. August 1900 betriebsfähig hergerichteten Brauereien wird, sofern in ihnen im Durchschnitt der Jahre 1907, 1908 und 1909 nicht mehr als 150 Doppelzentner Malz steuerbar geworden sind, die Steuer von den ersten 150 Doppelzentnern des in einem Kalenderjahr steuerbar gewordenen Malzes auf 13 Mk. für den Doppelzentner ermäßigt. Diese Vergünstigung erlischt dauernd mit dem Ablauf des Jahres, in welchem in der Brauerei mehr als 150 Doppelzentner steuerbar geworden sind.

Mehrere Brauereien, die für Rechnung einer und derselben Person oder Gesellschaft betrieben werden, sind im Sinne des Absatzes 1 als ein Brauereigeschäft anzusehen, wenn sie innerhalb derselben Gemarkung oder nicht weiter als 5 km in der Luftlinie voneinander entfernt liegen.

Für diejenigen, die obergäriges Bier nur zum eigenen Bedarf im Haushalt bereiten und hiezu in einem Kalenderjahr nicht mehr als fünf Doppelzentner Malz verwenden, beträgt die Steuer für 100 kg 4 Mk. Diesen Brauereien ist untersagt, solches Bier an nicht zum Haushalt gehörige Personen gegen Entgelt abzugeben.

Malzmengen unter 1 kg bleiben außer Berechnung.

Die Steuer wird vom Nettogewicht des Malzes erhoben. Für Malz in Säcken kommt als Tara 2 Prozent des Bruttogewichts in Abzug.

Hat das Malz durch eine andere Bearbeitung als durch Reinigen oder Brechen (z. B. Enthülsen) eine wesentliche Gewichtsverminderung erfahren, so ist diese nach näherer Anordnung der Steuerwaltung dem steuerpflichtigen Gewichte zuzurechnen.

D. Elsaß-Lothringen.

(Biersteuergesetz in der Fassung vom 20. Juli 1910 — Gesetzblatt für Elsaß-Lothringen 1910 S. 87 ff.)

§ 6.

Erhebungssätze der Biersteuer.

Die Steuer beträgt für jeden Doppelzentner des nach § 5 Abs. 3 berechneten Gesamtgewichts der in einem Brauereibetrieb innerhalb eines Rechnungsjahres steuerpflichtig gewordenen Braustoffe

von den ersten	250	Doppelzentnern . . .	15 Mk.
„ „ folgenden	1250	„ . . .	17 „
„ „ „	1500	„ . . .	19 „
„ „ „	2000	„ . . .	21 „
„ dem Reste		. . . .	23 „

Für neue Brauereien, welche nach dem 1. August 1909 in Betrieb genommen werden und mit deren Bau nicht bereits vor dem 1. Januar 1909 begonnen war, sowie für Brauereien, welche nach 1. August 1909 wieder in Betrieb genommen werden, nachdem sie mehr als zwei Jahre außer Betrieb waren, erhöhen sich die Steuersätze des Abs. 1 in der Zeit bis zum 31. März 1915 um 50 v. H., in der Zeit vom 1. April 1915 bis 31. März 1918 um 25 vom Hundert.

Für Personen, die obergäriges Bier nur für ihren Hausbedarf bereiten, wird, wenn das Gesamtgewicht der steuerlichen Braustoffe (§ 5 Abs. 3) in einem Rechnungsjahre nicht über 5 Doppelzentner beträgt, die Steuer für den Doppelzentner auf 10 Mk. ermäßigt. Es ist verboten, Bier, das unter Inanspruchnahme der Steuerermäßigung hergestellt ist, an nicht zum Haushalte gehörige Personen gegen Entgelt abzugeben. Bierverkäufer haben auf die Ermäßigung keinen Anspruch.

Für Malz, das zur Bereitung von Essig verwendet wird (§ 4), beträgt die Steuer drei Zehntel der im Abs. 1 bezeichneten Sätze.

Mehrere Brauereien, die für Rechnung einer und derselben Person oder Gesellschaft betrieben werden, sind im Sinne des Abs. 1 als ein Brauereibetrieb anzusehen. Dasselbe gilt, wenn mehrere Brauereien, die verschiedenen Personen gehören, ein wirtschaftlich zusammengehöriges Unternehmen bilden oder wesentliche Betriebs- oder Verwaltungs-Einrichtungen gemeinschaftlich benutzen. Die Bestimmungen finden auch Anwendung, wenn eine oder mehrere von den Brauereien außerhalb Elsaß-Lothringens betrieben werden. In diesem Falle sind die nach Absatz 1 in den einzelnen Staffeln steuerpflichtigen Malzmengen auf die Brauereien nach Maßgabe ihres Jahresverbrauchs an Malz zu verteilen. Die Brauer sind verpflichtet, den Malzverbrauch in den außerhalb Elsaß-Lothringens betriebenen Brauereien nach näherer Bestimmung des Ministeriums anzumelden.

Malzaufschlaggesetz

vom 18. März 1910.

Im Namen seiner Majestät des Königs.
Luitpold,
von Gottes Gnaden Königlicher Prinz von Bayern,
Regent.

Wir haben nach Vernehmung des Staatsrats mit Beirat und Zustimmung der Kammer der Reichsräte und der Kammer der Abgeordneten beschlossen was folgt:

1. Abschnitt.

Allgemeine Bestimmungen.

Gegenstand des Malzaufschlags. **Art. 1.**

¹ Dem Malzaufschlag unterliegt das zur Bierbereitung innerhalb Bayerns bestimmte, in Bayern geschrotete Malz.

² Der Malzaufschlag kann auch von dem zur Bereitung bierähnlicher Getränke bestimmten Malze erhoben werden. Die Herstellung solcher Getränke kann unter Steueraufsicht gestellt werden. Die näheren Bestimmungen werden im Verwaltungsweg erlassen.

³ Unter Malz wird alles künstlich zum Keimen gebrachte Getreide verstanden.

AusfB. zu Art. 1 Abs. 2 und Art. 2 Abs. 3.

Bierähnliche Getränke.

§ 1. ¹ Malz, das zur Bereitung bierähnlicher Getränke verwendet wird, unterliegt dem Malzaufschlage.

² Als bierähnlich im Sinne des Gesetzes sind diejenigen Getränke anzusehen, welche als Ersatz für Bier in den Handel gebracht oder genossen zu werden pflegen.

³ Die Verwendung von Ersatzstoffen jeder Art für Malz bei der Herstellung bierähnlicher Getränke ist verboten.

⁴ Die Herstellung bierähnlicher Getränke unterliegt den gleichen Überwachungsvorschriften wie die Herstellung von Bier.

AusfB. zu Art. 1 Abs. 3.

Spitzmalz.

§ 2. Angekeimtes Getreide, bei dem die Keimung so zeitig unterbrochen worden ist, daß die gebildete Diastase ohne Hinzunahme anderen Malzes zur Verzuckerung der Maische nicht ausreicht — Spitzmalz u. dgl. —, ist nicht als Malz im Sinne des Gesetzes anzusehen.

Bemerkungen: Zu Art. 1 Abs. 1.

1. Der Malzaufschlag ist eine auf das Bier und bierähnliche Getränke gelegte Aufwandsteuer, die von dem zur Bierbereitung hauptsächlich verwendeten Rohstoffe, dem Malze, beim Hersteller des Bieres erhoben und von diesem in der Form eines Preiszuschlages auf den Abnehmer abgewälzt wird. Dies ist im Gesetze selbst durch die Bestimmungen in Art. 1, 7 und 75 zum Ausdruck gebracht.

2. Über den Begriff „Bier" im Sinne des MAG. enthält das Urteil des K. B. Obersten Landesgerichts vom 3. April 1909 — abgedruckt im ABl. 1909 S. 180 — folgende Ausführungen:

„Die Wissenschaft und die Rechtsprechung bezeichnen übereinstimmend das Bier als ein durch weinige Gärung ohne Destillation erzeugtes Getränke, zu dessen Herstellung ausschließlich Malz, Hopfen, Hefe und Wasser verwendet werden dürfen (vgl. von May, Das Gesetz über den Malzaufschlag, in Dollmann's Gesetzgebung des Königr. Bayern Teil II Bd. 10 S. 172 Note 6 und Erk. d. RG. i. d. Slg. Bd. 11 S. 296). Dabei wird unter Bier jedes Getränke verstanden, ‚das als Bier sich darstellt, sonach sowohl das Weiß- als Braunbier, das einfache und Doppelbier, das sogenannte Germbier wie auch das Nachbier und dergl.' (May a. a. O. S. 171)."

Diese unter der Herrschaft des MAG. vom 16. Mai 1868 / 8. Dezbr. 1889 gegebene Begriffsbestimmung gilt auch für das MAG. vom 18. März 1910, nachdem durch letzteres Gesetz eine Änderung des Begriffs „Bier" weder herbeigeführt worden ist, noch herbeigeführt werden wollte. Die Herstellung durch Gärung ist hienach die hauptsächlichste Voraussetzung für den Begriff „Bier". Ein Getränk, zu dessen Herstellung z. B. Malz und Hopfen verwendet worden sind, bei dem jedoch die gehopfte Würze durch Pasteurisieren oder Sterilisieren keimfrei gemacht worden ist, so daß eine Gärung nicht entstanden ist, wäre als „Bier" im Sinne des Malzaufschlaggesetzes nicht zu erachten, wohl aber unter Umständen als bierähnliches Getränk nach § 1 Abs. 2 MAAusfB. Für den Begriff „Bier" ist es nicht erforderlich, daß zu dessen Herstellung tatsächlich nur Malz, Hopfen, Hefe und Wasser verwendet worden ist; es genügt, daß das Getränk durch Gärung entstanden ist und sich nach Aussehen, Geschmack oder Bezeichnung als Bier darstellt. Ein derartiges unter Verwendung von anderen als den zulässigen Stoffen hergestelltes Getränk würde indessen unter das Verbot des Artikel 2 fallen. Die wesentlichen Bestandteile des Bieres sind: Wasser, Alkohol, Kohlensäure und Extrakt (nicht flüchtiger, unvergorener Anteil). Daß das Getränk tatsächlich auch Alkohol enthält, ist für den Begriff „Bier" nicht bestimmend. Wäre es z. B. möglich, durch irgend ein Verfahren dem fertigen Biere nachträglich den Alkohol wieder zu entziehen, ohne daß die sonstigen Eigenschaften des Getränkes eine erhebliche Änderung erfahren, so wäre ein derartiges Getränk trotz des fehlenden Alkoholgehaltes als „Bier" im Sinne des MAG. zu betrachten. Auch der Vergärungsgrad spielt für den Begriff „Bier" im Sinne des Malzaufschlaggesetzes keine Rolle. Wenn auch die bayerischen Biere außer durch Reinheit im Sinne des Artikel 2 Abs. 1 des Malzaufschlaggesetzes noch durch eine entsprechende Reife charakterisiert sind, und wenn auch der Vergärungsgrad das hauptsächlichste Erkennungsmerkmal für die Beurteilung der Reife eines Bieres bildet, so kann er gleichwohl nur vom gesundheitlichen Standpunkte aus in Betracht kommen.

3. Die Bierbereitung im Sinne des Artikel 1 des Malzaufschlagsgesetzes beginnt sobald das Malz für den Zweck der Erzeugung von Bier zum Schroten in die Mühle eingebracht wird. Erst von diesem Zeitpunkte an ist das Malz Gegenstand der Besteuerung (Art. 3 Abs. 1 des Gesetzes). Die Bierbereitung ist erst dann beendet, wenn das Bier zum Genusse an den Verbraucher abgegeben wird; sie endet mithin noch nicht mit der Verbringung des Bieres in den Lagerkeller, oder mit dem Abfüllen des Bieres aus dem Lagerfasse in die einzelnen Gebinde, auch nicht mit der Abgabe des Bieres aus der Brauerei, sondern erst mit der Abgabe an den Verbraucher, sei es, daß diese Abgabe in der Brauerei, in einem Ausschank der Brauerei oder durch einen Abnehmer der Brauerei, den Wirt, erfolgt. Dieser Standpunkt ist auch in dem Urteil des Reichsgerichts vom 31. März 1884 — E. 10, 270 — und des OLG. München vom 20. November 1894 — Slg. 8, 151; ABl. 1895 S. 51 — eingenommen. In beiden Entscheidungen ist ausgesprochen, daß unter einer verbotswidrigen Verwendung von Ersatzstoffen bei der Bierbereitung im Sinne des Artikel 7 des Malzaufschlaggesetzes vom $\frac{\text{16. Mai 1868}}{\text{8. Dezbr. 1889}}$ jede stoffliche Beimischung zu verstehen sei, durch welche dem Biere „vor dessen Genusse durch den Konsumenten" eine andere als die gesetzliche Beschaffenheit verliehen werde. Daß diese Auffassung auch dem geltenden Malzaufschlaggesetz entspricht, ergibt sich aus der Bestimmung in Artikel 51 Abs. 1, wonach derjenige, welcher andere als die nach Artikel 2 zulässigen Stoffe zur Bereitung von Bier verwendet oder dem fertigen zum Absatze bestimmten Biere zusetzt in eine Geldstrafe von 50 bis 10 000 Mk. verfällt. Hieraus folgt, daß unter Bereitung von Bier im Sinne des Malzaufschlaggesetzes nicht nur die Behandlung des Bieres in der Brauerei, sondern auch außerhalb derselben bis zum Absatze an den Verbraucher zu verstehen ist. Die in einem neueren Urteil des Reichsgerichts vom 19. Februar 1906 — E. 38, 357 — im Hinblick auf Art. 37 des Württembergischen Biersteuergesetzes vom 4. Juli 1900 vertretene Anschannng, daß das Bier dann fertig sei, wenn das Erzeugnis von dem Bierbrauer als zum Genuß reif hinausgegeben wird, sei es durch den Verkauf an den Zwischenhändler (Wirt) oder durch eigenen Ausschank, ist auf dem Gebiet des bayerischen Malzaufschlaggesetzes schon wegen der Bestimmung in Art. 51 Abs. 1 nicht zutreffend. Abgesehen davon, dürfte kein Grund vorliegen, eine Behandlung, die das Bier nach Abgabe aus der Brauerei in deren eigenen Ausschank erfährt, als Bierbereitung anzusehen, die gleiche Behandlung jedoch, wenn sie nach Abgabe des Bieres an den Zwischenhändler bei diesem erfolgt, nicht mehr als Bierbereitung zu erachten; außerdem darf schon, wie das letzt-

1*

erwähnte Urteil selbst hervorhebt, im Interesse einer nicht allzuweit gehenden Einschränkung der Wirkung des Verbotes der Verwendung unzulässiger Ersatz- und Zusatzstoffe der Begriff der Bierbereitung nicht allzuenge ausgelegt werden. Sowohl im Interesse der Sicherung des Steueraufkommens als vor allem auch der Aufrechterhaltung der Reinheit und des guten Rufes des inländischen Bieres wird die im Malzaufschlaggesetz zum Ausdruck gekommene Auffassung, daß die Bereitung des Bieres erst mit dessen Absatz an den Verbraucher beendet ist, den Vorzug verdienen. Eine verbotswidrige Behandlung des Bieres beim Zwischenhändler wird wohl in den meisten Fällen auch unter die Strafbestimmungen in § 10 des Nahrungsmittelgesetzes fallen, allein es erscheint aus den vorerwähnten Gründen notwendig, Zusätze zum Biere, die nicht vom letzteren Gesetze getroffen werden, auch wenn sie beim Zwischenhändler erfolgen, bestrafen zu können und zu diesem Zwecke ist die Bestimmung in Artikel 51 Abs. 1 vorgesehen. Schließlich darf darauf hingewiesen werden, daß in § 1 der AusfB. zum Reichsbrausteuergesetze vom 15. Juli 1909 — ZBl. 1909 S. 413 — über den Begriff der Bierbereitung sich folgende Bestimmung findet: „Die Ausdrücke ‚Bereitung von Bier' und ‚Bierbereitung' im Brausteuergesetze sind im weitesten Sinne zu verstehen. Sie umfassen alle Teile der Herstellung und Behandlung des Bieres in der Brauerei selbst wie außerhalb dieser — beim Bierverleger, Wirt u. dgl. — bis zur Abgabe des Bieres an den Verbraucher." Als Verbraucher ist anzusehen, wer das Bier zum Genusse für sich oder seinen Hausbedarf erwirbt. Ein Zusatz von Zucker, den ein Haushaltungsvorstand dem von ihm an seine Dienstboten abgegebenen Biere macht, würde daher nicht mehr unter das Verbot des Art. 2 Abs. 1 fallen, weil die Bierbereitung mit der Abgabe des Bieres durch den Wirt an den Haushaltungsvorstand beendet ist.

4. Im Malzaufschlaggesetz ist im allgemeinen nur die Besteuerung des zur Bereitung von Bier und bierähnlichen Getränken bestimmten Malzes vorgesehen. Eine Besteuerung des zur Essigbereitung bestimmten Malzes findet nicht mehr statt. In der Begründung zum Gesetzentwurf ist hiezu bemerkt:

„Der vorliegende Gesetzentwurf weicht von dem geltenden Malzaufschlaggesetz — abgesehen von dem Übergange zur Gewichtssteuer — auch insofern ab, als er eine Besteuerung des zur Essigbereitung bestimmten Malzes nicht mehr vorsieht. Die Bereitung des Essigs erfolgt schon seit längerer Zeit zum weitaus überwiegenden Teile auf kaltem Wege ohne Verwendung von Malz und kann als solche durch Besteuerung des Malzes nicht erfaßt werden. Da auch Branntwein, welcher zur Herstellung von Essig verwendet wird, gemäß § 3 Abs. 1 Ziff. 2 des Branntweinsteuergesetzes vom 15. Juli 1909 von der Branntweinverbrauchsabgabe befreit ist, erscheint es billig, auch das Malz, welches zur Bereitung von Essig bestimmt ist, vom Malzaufschlage frei zu lassen. Der Ausfall, der hiedurch für das Steueraufkommen entstehen wird, ist äußerst gering. Die einzige, zurzeit in Bayern vorhandene Essigsiederei hatte im Durchschnitt der Jahre 1905, 1906 und 1907 einen Malzverbrauch von 21 Hektolitern und entrichtete hiefür durchschnittlich einen Malzaufschlag im Betrage von 105 Mk.; im Jahre 1908 gelangte zur Essigbereitung bestimmtes Malz überhaupt nicht zur Versteuerung."

Das zur Essigbereitung bestimmte Malz ist nach dem geltenden MAG. wie Malz zu aufschlagfreien Zwecken (Art. 4) zu behandeln. Eine

Besteuerung von Malz, das nicht zur Bierbereitung bestimmt ist, tritt gemäß Art. 4 Abs. 3 ein, wenn bei der Verwendung von Malz zu aufschlagfreien Zwecken die von der Steuerverwaltung erlassenen Vorschriften nicht beachtet werden.

5. Der Geltungsbereich des Malzaufschlaggesetzes umfaßt das Königreich Bayern sowie folgende außerbayerische Gebietsteile:

a) Das Großherzogliche Vordergericht Ostheim, d. i. Amtsgericht Ostheim mit Ausnahme der Orte Melpers, Birx und Frankenheim; dieses Gebiet ist durch den Vertrag zwischen dem Königreich Bayern und dem Großherzogtum Sachsen-Weimar vom 17. Juli 1843 — RegBl. 1843 S. 539 ff. — an das in Bayern hinsichtlich der Zölle und der übrigen indirekten Abgaben bestehende Gesetzgebungs- und Verwaltungssystem angeschlossen worden. Der Vertrag, der im Hinblick auf Art. 35 der Reichsverfassung nur mehr für den Malzaufschlag und die Übergangsabgabe Bedeutung hat, vereinbart die Gemeinschaft der Gesetzgebung und des Ertrags. Der Ertrag des im Vordergerichte Ostheim anfallenden Malzaufschlags wird mit dem Ertrage dieser Abgabe im Königreich Bayern zusammengeworfen und der Anteil der Großherzoglich Sächsischen Regierung an diesem Gesamtbetrage nach Abzug der für ausgeführtes Bier geleisteten Steuervergütungen im Verhältnisse der Bevölkerung des Vordergerichts Ostheim zu der Bevölkerung des Königreichs Bayern festgestellt. Strafgelder und eingezogene Gegenstände verbleiben der Regierung, in deren Gebiete sie anfallen. Eine förmliche Verwaltungsgemeinschaft besteht nicht, doch haben die vertragschließenden Teile sich gegenseitig die Befugnis eingeräumt, von der richtigen Erhebung und Kontrolle des Malzaufschlags im anderen Gebiet Einsicht zu nehmen und Beamte zu diesem Zwecke abzuordnen. Der Vertrag läuft vom 31. Dezember 1853 an je auf zwölf Jahre; er gilt als verlängert, wenn er nicht spätestens neun Monate vor Ablauf einer zwölfjährigen Geltungsdauer gekündigt wird. Das MAG. vom 18. März 1910 ist im Bezirk des Vordergerichts Ostheim durch die VO. vom 14. April 1910 — RegBl. für das Großherzogtum Sachsen S. 61, ABl. S. 506 — eingeführt worden.

b) Der Herzoglich Sächsische Amtsgerichtsbezirk Königsberg in Franken. Dieses Gebiet ist durch Staatsvertrag zwischen dem Königreiche Bayern und dem Herzogtum Sachsen-Koburg-Gotha vom 27. Mai 1891 — GVBl. S. 375, ABl. S. 282 — an das System der Besteuerung der inneren Erzeugnisse im Königreich Bayern angeschlossen. Die Verhältnisse der Vertragsteile zueinander sind in ähnlicher Weise geregelt wie im Vertrage zwischen Bayern und dem Großherzogtum Sachsen-Weimar vom 17. Juli 1843 jedoch mit der Maßgabe, daß der Anteil der Herzoglich Sächsischen Regierung nach dem Verhältnisse der Bevölkerung des Amtsgerichtsbezirks Königsberg und des Hauptzollamtsbezirkes Schweinfurt berechnet wird. Der Vertrag läuft vom Ende des Jahres 1896 ab je auf fünf Jahre weiter, wenn er nicht neun Monate vor Ablauf einer fünfjährigen Geltungsdauer gekündigt wird. Das MAG. vom 18. März 1910 ist im Bezirk des Amtsgerichts Königsberg durch Gesetz vom 4. Juli 1910 eingeführt worden — GesSlg. für das Herzogtum Koburg Jahrg. 1910 S. 63 ff., ABl. S. 1058 —. Das Gesetz hat rückwirkende Kraft vom 18. März 1910 an erhalten, nachdem bereits durch eine Verordnung des Koburgischen Staatsministeriums vom 31. März 1910 — RegBl. für das Herzogtum Koburg S. 127, ABl. S. 445 — die Grundlagen für die nachträgliche Erhebung des Malzaufschlags nach Maßgabe des neuen Gesetzes geschaffen waren.

c) Die zu Vorarlberg gehörige österreichische Gemeinde Mittelberg. Durch Vertrag zwischen dem Deutschen Reiche und Österreich-Ungarn vom 2. Dezember 1890 — RGBl. 1891 S. 59, ABl. 1891 S. 41 — ist diese Gemeinde an das Zollsystem des Deutschen Reiches angeschlossen worden. Gemäß Art. 4 dieses Vertrags ist hinsichtlich des gleichzeitig erfolgenden Anschlusses an das im Königreiche Bayern bestehende System der Besteuerung des Bieres und Essigs unterm 2. Dezember 1890 ein besonderes Übereinkommen zwischen Bayern und Österreich-Ungarn abgeschlossen worden — GVBl. 1891 S. 145, ABl. 1891 S. 58 —, durch welches alle Bestimmungen, welche hinsichtlich des Zollanschlusses vereinbart sind, auf diesen Anschluß anwendbar erklärt wurden. Besonders wurde in dem Übereinkommen noch bestimmt — Art. II —, daß das Erträgnis des in der Gemeinde Mittelberg anfallenden Malzaufschlags sowie die dort zur Erhebung gelangende Übergangsabgabe von Malz und Bier nach Abzug von 15 v. H. für Erhebungs- und Verwaltungskosten in die österreichische Staatskasse fließen soll. Die Erhebung und Verwaltung des Malzaufschlags in Mittelberg erfolgt durch die bayerischen Zoll- und Steuerbehörden. Das bayerische MAG. vom 18. März 1910 samt Ausführungsbestimmungen ist in der Gemeinde Mittelberg verlautbart worden — ABl. 1910 S. 1046 —.

d) Der Geltungsbereich des MAG. erstreckt sich auch auf die zu Vorarlberg gehörige österreichische Gemeinde Jungholz insoferne, als diese Gemeinde durch Vertrag zwischen Bayern und Österreich-Ungarn vom 3. Mai 1868 — RegBl. S. 1241 — dem bayerischen Zoll- und indirekten Steuersystem angeschlossen ist. Der Malzaufschlag ist zwar gemäß Art. 4 des Vertrags nicht eingeführt, weil in dem genannten Gebietsteil Malz weder erzeugt noch verbraucht wird, auch ist dort die Erzeugung oder der Verbrauch von Malz gemäß Ziff. 2 Abs. 2 des Schlußprotokolles verboten, es besteht jedoch zwischen Bayern und dem fraglichen Gebietsteil ein freier Verkehr mit Bier, da aus Bayern Bier nach Jungholz ohne Rückvergütung des Malzaufschlags ausgeführt werden kann. Für das etwa aus anderen deutschen Brausteuergebieten nach Jungholz eingeführte Bier wäre ebenso wie für das in Bayern eingeführte Bier die Übergangsabgabe zu entrichten. Auf einen Anteil an den Erträgnissen der Übergangsabgaben in Bayern hat Österreich-Ungarn für Jungholz verzichtet.

6. Alles zur Bierbereitung innerhalb Bayerns bestimmte Malz unterliegt der Besteuerung, und zwar dem Malzaufschlage, soferne es in Bayern geschrotet wird, der Übergangsabgabe, wenn es außerhalb Bayern geschrotet worden ist (Art. 11). Das Malz ist zur Bierbereitung bestimmt, sobald es für den Zweck der Erzeugung von Bier zum Schroten in die Mühle eingebracht wird (Art. 3). Das über die Landesgrenze eingeführte geschrotete Malz unterliegt, wenn es zur Bereitung von Bier bestimmt ist, der Übergangsabgabe. Die Worte „in Bayern geschrotetes Malz“ in Art. 1 Abs. 1 beziehen sich lediglich auf den örtlichen Geltungsbereich des Gesetzes und keineswegs auf den Umfang der Steuerpflicht. Es unterliegt jegliches zur Bierbereitung innerhalb Bayerns bestimmte Malz der Besteuerung, und zwar wie sich aus der Bestimmung in Artikel 5 Abs. 1 und Artikel 6 Abs. 1 ergibt, das **ungeschrotete Malz** — zu vgl. die Bemerkung 2 zu Artikel 3 Abs. 1.

Zu Art. 1 Abs. 2.

1. Diese Vorschrift ist der Bestimmung in § 3 Abs. 1 des norddeutschen Brausteuergesetzes nachgebildet; sie soll ermöglichen, auch die in neuerer Zeit immer mehr auftauchenden Bierersatzgetränke zum Malzaufschlag heranzuziehen. Die K. Staatsregierung hat von der ihr in Artikel 1 Abs. 2 des Malzaufschlaggesetzes erteilten Ermächtigung in § 1 der MAAusfB. Gebrauch gemacht.

2. Der Begriff „**bierähnliche Getränke**" wird nicht durch die Art der Herstellung oder Zusammensetzung dieser Getränke bestimmt, sondern lediglich danach, ob das Getränke nach seiner Anpreisung oder seinem Verwendungszweck Bier ersetzen soll (§ 1 Abs. 2 MAAusfB.). Ob für die Herstellung des Getränkes Malz verwendet worden ist oder nicht, ist daher für die Entscheidung der Frage, ob ein bierähnliches Getränk vorliegt, belanglos. Lediglich die Verwendung von Malzersatzstoffen zur Herstellung bierähnlicher Getränke ist verboten (§ 1 Abs. 3 MAAusfB.), nicht aber auch die Verwendung anderer Stoffe als Hopfen, Hefe und Wasser. Als Malzersatzstoffe gelten alle zum Ersatze für gemälztes Getreide dienenden Stoffe z. B. Malzauszüge (Extrakte), Würze, Zuckerkouleur (vgl. auch die Bemerkung 5 zu Artikel 2 Abs. 1 und zu Artikel 2 Abs. 3). Die Herstellung eines Getränkes, das als Ersatz für Bier in den Handel gebracht oder genossen zu werden pflegt, ohne Verwendung von Malz oder Malzersatzstoffen dürfte wohl kaum möglich sein; die Bestimmung in § 1 Abs. 3 der MAAusfB. kommt hienach praktisch einer Vorschrift gleich, daß zur Herstellung von bierähnlichen Getränken in Bayern Malz verwendet werden muß. Zu bemerken ist, daß nach einem Urteile des RG. vom 24. Februar 1891 E. 21, 346 **Met**, ein Getränk, das aus Honig und Wasser nach Beigabe von Hefe oder Gewürz durch Kochen und darauf folgende Gärung hergestellt ist, als Honigwein und nicht als eine Unterart von Bier anzusehen ist. Auch der sog. Maltonwein, ein Erzeugnis aus Malz, Rohrzucker und Hefe ist nicht als Bier oder bierähnliches Getränk zu erachten, da er nach Bezeichnung und Geschmack dem Wein näher steht als dem Biere (zu vgl. die Begründung zu Nr. 183 zum Entwurf des Zolltarifs, Reichstagsdrucksache Nr. 373 A 1900/02 S. 143).

Zu Art. 1 Abs. 3.

1. Unter „**Keimen**" im Sinne des Malzaufschlaggesetzes ist ein Vorgang zu verstehen, der die Diastase im Getreidekorn bis zu dem Grade entwickelt, daß die gebildete Diastase die Lösung und Verzuckerung der Malzstärke beim Maischen zu bewirken vermag. In neuerer Zeit ist zum Zwecke der Stoffersparung versucht worden, Malz zur Bierbereitung zu verwenden, bei welchem die Keimung erst bis zur Bildung der Würzelchen durch das Vordringen der Wurzelscheide an der Basis des Korns vorgeschritten ist, während am Blattkeim ein Wachsen noch kaum wahrnehmbar ist und die für die Bierbereitung so wichtigen chemischen Vorgänge, Bildung der Diastase usw., erst eingeleitet sind. Derartiges Malz, **Spitzmalz** genannt, steht seiner ganzen Beschaffenheit der Rohfrucht näher als dem Malze und kann daher als Malz im Sinne des MAG. nicht erachtet werden. Hat Getreide durch künstliches Keimen einmal eine

Beschaffenheit erreicht, daß es das Vermögen der Selbstaufschließung (Auflösung der Zellulose in den Endospermzellen) besitzt, was z. B. bereits beim Grünmalz der Fall ist, dann ist es als Malz im Sinne des MAG. zu erachten, auch wenn durch eine spätere Behandlung des Malzes die Eigenschaft der Selbstaufschließung wieder beseitigt werden sollte; dies tritt ein bei fehlerhafter Darrung oder beim Rösten des Malzes zum Zwecke der Herstellung von Farbmalz. Farbmalz aus vollständig gekeimter Gerste ist daher, obwohl es keine Diastase mehr enthält, als Malz im Sinne des MAG. zu erachten. Während das Farbmalz, ähnlich wie gerösteter Kaffee, in trockenem Zustande aus Darrmalz in Farbmalzröstern hergestellt wird, bereitet man sogenanntes Karamelmalz entweder aus Grünmalz oder stark durchfeuchtetem Darrmalz. Dieses wird vor dem eigentlichen Rösten in der Rösttrommel gelinde erhitzt, um die Malzstärke teilweise zu verzuckern. Bei dem darauf folgenden Rösten, das bei niedrigerer Temperatur als wie bei Bereitung gewöhnlichen Farbmalzes vorgenommen wird, verwandelt sich ein Teil des Zuckers in Karamel oder in einen karamelartigen Stoff, dem das Malz seine besonderen Eigenschaften und seine Bezeichnung verdankt. Das trocken geröstete gewöhnliche Farbmalz enthält zwar auch karamelartige Stoffe, daneben aber auch andere beim Rösten sich bildende Stoffe (Assamar usw.), die den Farbmalzauszügen den bitteren Geschmack verleihen. Karamelmalz unterscheidet sich schon äußerlich von dem gewöhnlichen Farbmalz. Beim Karamelmalz sind die Spelzen noch hell und es besteht der das Korn nur teilweise ausfüllende Inhalt aus einer bräunlichen nach Karamel schmeckenden malzartigen Masse, während das gewöhnliche Farbmalz dunkelbraun gefärbt ist und einen ebenso farbigen mehr oder weniger zerreibbaren Kern besitzt. Das karamelisierte Farbmalz ist ein dem gewöhnlichen Farbmalz nahestehendes Erzeugnis; es unterscheidet sich von demselben durch eine glänzend braune Hülle, die dadurch gewonnen wird, daß beim Rösten des Darrmalzes dieses in einem bestimmten Zeitpunkte mit Wasserdampf in Berührung gebracht wird. Sogenanntes Farbmalz, das aus gebrannter Gerste, die nicht oder in ungenügender Weise gekeimt ist (Rohfrucht, Spitzmalz), hergestellt ist, kann nicht als Malz im Sinne des MAG. angesehen werden. Ein sicheres Erkennungsmerkmal für derartiges Farbmalz ist die Länge des im Korne enthaltenen Blattkeimes. Ergibt sich durch mikroskopische Untersuchung, daß der Blattkeim nicht mehr wie ein Drittel der Kornlänge ausmacht, dann hat ein Keimungsprozeß nicht stattgefunden und es liegt lediglich geröstete Rohfrucht vor. Ist der Blattkeim nur bis zur Hälfte der Kornlänge entwickelt, so ist das Farbmalz aus nicht genügend gekeimter Gerste (Spitzmalz) hergestellt. Bei der Prüfung ist zu berücksichtigen, daß auch in einem guten, reifen Malze ein geringer Anteil von ungekeimten Körnern vorhanden sein kann, weshalb die Bestimmung der Blattkeimlänge an einer möglichst großen Zahl von Körnern (50—200) vorzunehmen sein wird. Auch das Fehlen eines malzartigen Geschmackes kann für die Beurteilung, ob Farbmalz aus Rohfrucht hergestellt worden ist, dienen, jedoch nur bei hellen Malzen und nur bei besonderer Übung und Erfahrung.

2. Die Keimung muß eine künstliche sein, d. h. durch eine bestimmte, auf die Herbeiführung der Keimung abzielende Behandlung des Getreides herbeigeführt sein. Getreide, das durch zufällige Einflüsse zum

Keimen gebracht worden ist, kann nicht als Malz im Sinne des MAG. gelten.

3. Zum Getreide gehören nach Nr. 1 mit 7 des Zolltarifs insbesondere Roggen, Weizen, Spelz, Gerste, Buchweizen, Hirse, Mais und Dari. Reis ist kein Getreide.

4. Nach Artikel 2 Abs. 1 darf zur Bereitung von Bier nur Dörr- oder Luftmalz verwendet werden. Daraus ergibt sich, daß unter Malz im Sinne des Malzaufschlaggesetzes nur Dörr- oder Luftmalz, nicht auch Grünmalz zu verstehen ist.

Verbot der Verwendung von Ersatzstoffen.

Art. 2.

[1] Zur Bereitung von Bier dürfen andere Stoffe als Malz (Dörr- oder Luftmalz), Hopfen, Hefe und Wasser nicht verwendet werden.

[2] Zur Bereitung von untergärigem Biere darf nur aus Gerste bereitetes Malz verwendet werden.

[3] Für die Herstellung bierähnlicher Getränke kann die Verwendung von Malzersatzstoffen verboten werden.

[4] Zur Herstellung von Bier oder bierähnlichen Getränken bestimmte Zubereitungen dürfen nicht in den Verkehr gebracht werden.

[5] Der Zusatz von Wasser zum Biere durch Brauer nach Feststellung des Extraktgehalts der Stammwürze im Gärkeller oder durch Bierhändler und Wirte ist untersagt.

AusfB. zu Art. 2 Abs. 1.

Ersatzstoffe.

§ 3. [1] Bei der Bereitung von Bier ist nicht nur die Verwendung von Malzersatzstoffen aller Art sondern auch die Verwendung aller Hopfenersatzstoffe sowie aller Zutaten irgendwelcher Art, auch wenn sie nicht unter den Begriff der Malz- oder Hopfenersatzstoffe gebracht werden können, verboten.

[2] Die Verwendung von Farbebier, das der Bestimmung in Art. 2 Abs. 1 und 2 des Gesetzes entsprechend innerhalb Bayerns hergestellt ist, fällt nicht unter das Verbot der Verwendung von Ersatzstoffen bei der Bierbereitung.

[3] Die Verwendung von Bierklärmitteln, die rein mechanisch wirken und vollständig wieder ausgeschieden werden, verstößt nicht gegen das Verbot der Verwendung von Ersatz- und Zusatzstoffen bei der Bierbereitung. Dagegen ist die Verwendung von Bierklärmitteln, die nur unvollständig wieder ausgeschieden werden, bei der Bierbereitung nicht zulässig.

AusfB. zu Art. 2 Abs. 2.

Ober- und untergäriges Bier.

§ 4. Als untergärig gelten die mit untergäriger, ausschließlich zu Boden gehender Hefe bereiteten, als obergärig die mit obergäriger, Auftrieb gebender Hefe hergestellten Biere.

AusfB. zu Art. 2 Abs. 3.
(siehe oben zu Art. 1 Abs. 2.)

AusfB. zu Art. 2 Abs. 4.

Verbotene Zubereitungen.

§ 5. Das Verbot des Art. 2 Abs. 4 des Gesetzes bezieht sich auf Zubereitungen, die nach ihrer Bezeichnung, Gebrauchsanweisung oder Anpreisung usw. zur Herstellung von Bier oder von bierähnlichen Getränken bestimmt sind.

AusfB. zu Art. 2 Abs. 5.

Zusatz von Wasser zum Bier.

§ 6. [1] Die Feststellung des Extraktgehalts der Stammwürze im Gärkeller (Anstellwürze) hat durch den Brauer für jede Sud entweder im Sammelbottich oder, wo ein solcher fehlt, in den Gärbottichen spätestens in 10 Stunden nach der Befüllung zu erfolgen.

[2] Unter das Verbot des Art. 2 Abs. 5 des Gesetzes fällt nicht ein Zusatz von Wasser zur Bierwürze oder zum Bier, der in der Brauerei während des Brauverfahrens lediglich aus Gründen des Betriebs und nicht zum Zwecke der Verdünnung erfolgt.

Bemerkungen: Zu Art. 2 Abs. 1.

1. Diese Bestimmung bringt den Rechtszustand, wie er bisher von den Gerichten für die Auslegung der Vorschrift in Artikel 7 Abs. 1 des MAG. vom $\frac{\text{16. Mai 1868}}{\text{8. Dezbr. 1889}}$ festgehalten worden ist, zum Ausdruck. Nach dem Wortlaute dieser Vorschrift war nämlich nur die Verwendung von Malzersatzstoffen verboten. Die Rechtsprechung ist jedoch davon ausgegangen, daß nach der Absicht des früheren MAG. jeder Zusatz von anderen Stoffen als Malz, Hopfen, Hefe und Wasser bei der Bereitung von bayerischem Biere unzulässig sei — Urt. d. RG. vom 15. Dezember 1884, E. 11, 296 — (Begr. zu Art. 2 des Gesetzentwurfs). Hiemit wird ein in Bayern seit mehr als drei Jahrhunderten bestehender Rechtszustand aufrecht erhalten, dessen Bestehen zur Entwicklung der bayerischen Bierindustrie in hohem Grade beigetragen hat.

2. Wegen der Auslegung der Begriffe „Bereitung von Bier" und „Bier" wird auf die Bemerkungen Ziffer 2 und 3 zu Artikel 1 Abs. 1 Bezug genommen. Da die Bereitung von Bier im Sinne des MAG. erst beginnt, wenn das Malz für den Zweck der Bereitung von Bier zum Schroten in die Mühle eingebracht wird, so fällt ein Zusatz, welcher den zur Bierbereitung erlaubten Stoffen vor diesem Zeitpunkte beigegeben wird, nur dann unter das Verbot des Art. 2 Abs. 1, wenn der Zusatz bei dem Stoffe bleibt und mit diesem zur Bierbereitung verwendet wird. So hat z. B. das RG. im Urteil vom 30. November 1875 — E. 13, 97 — ausgesprochen, daß ein Zusatz von Salizyl, der während der Malzbereitung der im Weichwasser befindlichen Gerste zum Zwecke der Verhütung von Schimmel- und Pilzbildung beigegeben wird, dann nicht verbotswidrig ist, wenn das Salizyl aus dem Malze vor dessen Verwendung zur Bierbereitung durch wiederholtes Einweichen der Gerste in reinem Wasser wieder vollständig entfernt worden ist. Anderseits würde die Verwendung von mit Zuckerlösung glasiertem Farbmalz zur Bierbereitung unzulässig sein, weil der vor der Bierbereitung dem Farbmalze zugesetzte Stoff (Zuckerlösung) bei diesem auch während der Bierbereitung verbleiben und mit ihm zur Bierbereitung verwendet werden würde. Wann der Zusatz eines fremden Stoffes während der Bierbereitung erfolgt, ist belanglos. Es sind daher alle Zusätze vom Beginn der Steuerpflicht des Malzes an bis zur Abgabe des fertigen Bieres an den Verbraucher verboten, mithin nicht nur unzulässige Zusätze die in der Brauerei selbst erfolgen, sondern auch Zusätze die zum Biere nach dessen Abgabe aus der Brauerei, beim Wirt oder Bierverleger gemacht werden. Mit der Abgabe des Bieres an den Verbraucher ist die Bereitung des Bieres im Sinne des MAG. vollendet; es fällt daher der Zusatz eines fremden Stoffes zum Biere durch den Verbraucher selbst nicht unter das Verbot des Artikel 2 Abs. 1. Es ist belanglos, ob die unzulässigen Stoffe dem Biere oder der Würze selbst zugesetzt werden, oder ob dies auf andere Weise geschieht. Wenn beim Reinigen der Braugeschirre oder der Hefe mit Salizylsäure ein Teil dieses Stoffes zurückbleibt und in das Bier übergeht, so ist dies eine unzulässige Beimischung anderer Stoffe. Urt. d. OLG. München vom 4. August 1885, Slg. 3, 495. Es ist nicht erforderlich, daß mit der Beigabe des fremden Stoffes eine Hinterziehung des Malzaufschlags beabsichtigt oder vollendet war. Ein Zusatz von Salizyl, der erfolgt, um die Schimmelbildung beim Biere oder den sog. Faßgeschmack zu vermeiden, ist daher strafbar. Urt. d. RG. vom 30. November 1885, E. 13, 97. Das Gesetz macht bezüglich des Verbotes der Verwendung von Ersatzstoffen bei der Bierbereitung keinen Unterschied, ob eine tatsächliche Verwendung des Bieres zum menschlichen Genuß erfolgt oder nicht, ob das herzustellende Bier zur Verwendung als Haustrunk oder zur Weiterveräußerung bestimmt ist — s. Urt. d. ObLG. vom 3. April 1909, ABl. 1909 S. 80 — auch nicht, ob das Bier in Bayern oder außerhalb Bayerns in ein Gebiet abgesetzt werden soll, in dem besondere Vorschriften für die Bierbereitung nicht bestehen. Das Verbot gilt sowohl für obergäriges als auch für untergäriges Bier — RG. 10, 266 —. Eine Möglichkeit für die Bereitung besonderer Biere sowie von Bier, das nachweislich zur Ausfuhr bestimmt ist, Ausnahmen von diesem Verbot zuzulassen, wie sie in § 1 Abs. 2 des Reichsbrausteuergesetzes vorsieht, kennt das bayerische MAG. nicht. Bier, das außerhalb des örtlichen Geltungsbereiches des MAG. — s. Bemerkung 5 zu Artikel 1 Abs. 1 — hergestellt ist, unterliegt dem Verbot des Artikel 2 Abs. 1 selbstverständlich nicht. Es kann daher vom Standpunkte des MAG. aus Bier, das dessen Bestimmungen nicht entspricht, in Bayern eingeführt und in Verkehr gebracht werden. Doch wird im Falle des Ausschanks derartigen Bieres in Bayern unter Umständen auf Grund des Gesetzes betr. den Verkehr mit Nahrungsmitteln usw. vom 14. Mai 1879 vorgegangen werden können. Würde dagegen derartiges außerhalb Bayerns gebrautes und nach Bayern eingeführtes Bier in Bayern vor dem Absatz an den Verbraucher einer weiteren Behandlung unterstellt, so würde sich dies als eine Bierbereitung darstellen, die unter Verwendung unzulässiger Stoffe erfolgt.

3. Als „anderer Stoff" im Sinne des Artikel 2 Abs. 1 ist nach der bisherigen Rechtsprechung jeder Stoff zu erachten, der mit den zur Bierbereitung zulässigen Stoffen nicht identisch ist (OLG. Urt. vom 20. November 1894 Slg. 8, 150). In welchen Mengen derartige andere Stoffe bei der Bierbereitung verwendet werden, ist für die Beurteilung

der Frage, ob eine Zuwiderhandlung gegen das Verbot des Artikel 2 Abs. 1 vorliegt, belanglos — OLG. Urt. vom 4. August 1885 Slg. 3, 496 und vom 21. Dezember 1889 Slg. 5, 458; — es genügt die Feststellung der Tatsache, daß ein derartiger Stoff bei der Bierbereitung zugesetzt worden ist. Es bedarf auch keiner Feststellung darüber, aus was der verwendete unzulässige Stoff bestanden hat, wenn nur der Nachweis erbracht ist, daß der verwendete Stoff ein anderer als die im Gesetz als zulässig bezeichneten Stoffe war — OLG. Urt. vom 21. Oktober 1880 Slg. 1, 203. Die im Gesetze als zulässig bezeichneten Stoffe müssen in einer Beschaffenheit verwendet werden, in der ihnen die im Gesetze gewählte Bezeichnung zukommt. Die Verwendung anderer als der in Artikel 2 Abs. 1 bezeichneten Stoffe zur Bierbereitung ist selbst dann verboten, wenn es sich um Stoffe handelt, die sich auch im ordnungsgemäß bereiteten Biere vorfinden, z. B. Alkohol und Kohlensäure. Endlich dürfen auch Zubereitungen nicht verwendet werden, die zwar aus den zulässigen Grundstoffen, aber nicht im Wege der Bierbereitung und nicht innerhalb Bayerns erzeugt worden sind. Es ist daher die Verwendung von Malz- und Hopfenauszügen verboten, soferne die Gewinnung dieser Auszüge aus den zulässigen Stoffen sich nicht als ein notwendiger Bestandteil der Bierbereitung innerhalb des betreffenden Brauereibetriebes darstellt. Von diesem Gesichtspunkt aus ist das sogenannte „Aufkräusen" des Bieres zur Herbeiführung einer wiederholten Nachgärung, bei welchem dem Biere im Lagerfasse oder im Transportgebinde Würze vom ersten Stadium der Hauptgärung zugesetzt wird, nicht als verbotener Zusatz zu betrachten, soferne diese Würze in der gleichen Brauerei wie das damit versetzte Bier im ordnungsgemäßen Bierbereitungsverfahren hergestellt worden ist. Ebenso erscheint das Vermischen einer Würze, die im Gärbottich bereits den Hefezusatz erfahren hat, angestellte Würze, mit noch nicht angestellten Würzen aus späteren Suden nicht als Zuwiderhandlung gegen Artikel 2 Abs. 1 des MAG. In gleicher Weise ist auch der Zusatz von Vorderwürze, d. i. von der beim Abläutern zunächst ablaufenden Würze, zum Weißbier zur Erzielung einer entsprechenden Nachgärung zulässig. Unzulässig dagegen wäre es, wenn zu derartigen Zusätzen Würzen verwendet würden, die nicht in der betreffenden Brauerei hergestellt sind. Auch ein Zusatz von Würze zum Biere außerhalb der Brauerei beim Wirte oder Bierverleger, wie es z. B. beim Abfüllen von Weißbier, das in Fässern geliefert wurde, auf Flaschen möglich wäre, würde nicht mehr zum ordnungsgemäßen Verfahren der Bierbereitung gehören und deshalb nicht statthaft sein. Dazu kommt, daß die Abgabe derartiger Würzen von Seite der Brauerei an Dritte gegen Artikel 2 Abs. 3 des MAG. verstoßen würde, weil hiemit zur Bereitung von Bier bestimmte Zubereitungen in Verkehr gebracht würden. Die Vermischung von Bier mit Bier, sofern es sich lediglich um Bier handelt, das in Bayern nach der Vorschrift in Artikel 2 Abs. 1 hergestellt worden ist, stellt sich nicht als die Verwendung eines anderen Stoffes bei der Bierbereitung dar. Dies ergibt sich auch aus der Bestimmung in § 3 Abs. 2 der MAAusfB., wonach die Verwendung von Farbebier, das der Bestimmung in Artikel 2 Abs. 1 und 2 des Gesetzes entsprechend im ordnungsgemäßen Sud- und Gärverfahren innerhalb Bayerns, und zwar, gleichviel von welcher Brauerei, hergestellt ist, nicht unter das Verbot der Verwendung von Ersatzstoffen bei der Bierbereitung fällt. Die Vermischung von Bier, das in Bayern ordnungsgemäß hergestellt worden ist, mit Bier, das außerhalb Bayern hergestellt worden ist, wäre dagegen nicht zulässig. In dem Urteil des RG. vom 19. Februar 1906, E. 38, 355, ist unter Hinweis auf die mit Artikel 2 Abs. 1 des bayerischen MAG. übereinstimmende Vorschrift des Artikel 3 Abs. 1 des württembergischen Biersteuergesetzes vom 4. Juli 1900 (RegBl. S. 542) und unter Bezugnahme auf die Bestimmungen des bayerischen MAG. bemerkt, daß ein „außerhalb des Bierbereitungsverfahrens" aus Malz und Hopfen hergestellter „Färbebierextrakt" nicht mehr als Malz oder Hopfen im Sinne des Gesetzes erachtet werden kann. Gegen die Zulässigkeit der Verwendung von Färbebier, das nach den für die Bierbereitung geltenden gesetzlichen Bestimmungen hergestellt ist, und damit gegen die Zulässigkeit der Vermischung von Bier mit Bier, wird dieses Urteil schon deshalb nicht angeführt werden können, weil es sich bei dem diesem Urteil zugrunde liegenden Tatbestand um ein außerhalb des Brauereibetriebes hergestelltes Erzeugnis handelt und weil ein allgemeines Verbot der Vermischung von Bier mit Bier schon im Hinblick auf die Anforderungen des Brauereibetriebes nicht durchführbar und daher vom MAG. auch nicht gewollt sein kann. Inwieweit die Vermengung von Bier mit Bier — z. B. von Starkbier oder Lagerbier mit Nachbier — vom Standpunkt des Nahrungsmittelgesetzes oder des Artikel 53 Ziffer 4 MAG. strafbar ist, wird je nach Lage des einzelnen Falles zu beurteilen sein.

4. Zu den mechanisch wirkenden Bierklärmitteln, die bei der Bierbereitung wieder völlig ausgeschieden werden und deren Verwendung daher gemäß § 3 Abs. 3 der MAAusfB. zulässig ist, gehören insbesondere die Klärspäne, frisch ausgeglühte Holzkohlen und Hausenblase. — Urt. d. RG. vom 5. Juli 1883, E. 8, 434. — Die Verwendung der Hausenblase, d. i. getrockneter Schwimmblasen verschiedener Fische, insbesondere des Hausen, s. a. Anleitung für die Zollabfertigung Teil III Ziffer 17, erfolgt in der Weise, daß sie in Wasser gelöst und dann dem Biere beigegeben wird: die gelöste Hausenblase bildet auf der Oberfläche ein Netz mit feinen Maschen, senkt sich dann allmählich auf den Boden und nimmt hiebei die Hefezellen mit auf den Grund. Die Hausenblase wird mit den Hefezellen aus dem Biere dann wieder vollständig ausgeschieden. Wird Hausenblase in Weinsteinsäure gelöst, so ist deren Verwendung zur Bierbereitung nur dann zulässig, wenn aus der gelösten Hausenblase die Weinsteinsäure durch Waschen mit frischem, reinem Wasser völlig wieder entfernt worden ist. Würde die Weinsteinsäure nicht wieder völlig aus der gelösten Hausenblase entfernt werden, so würde die Säure wohl auch in das Bier mit übergehen, und infolge dessen einen verbotenen Zusatz bilden. Zu den mechanisch wirkenden, wieder ausscheidenden Klärmitteln gehören auch die sog. Filtriermassen aus Papier. Deren Verwendung zur Bierbereitung ist zulässig, wenn ihnen nicht Stoffe beigemengt sind, die bei Anwendung der Filtriermassen zur Bierklärung in das Bier übergehen. Sind derartigen Massen zum Zwecke ihrer Erhaltung bis zur Verwendung andere Stoffe, z. B. Salizyl, beigegeben, so müssen diese Stoffe vor dem Ge-Gebrauch der Masse zur Bierklärung durch Waschen mit Wasser usw. völlig aus der Masse entfernt worden sein. Gelatine, ein feiner Leim aus Knorpel, Knochen oder Hautabfällen, scheidet bei der Verwendung zum Bierklären nicht wieder vollständig aus, sondern verbleibt teilweise im Biere — RGE. 8, 639 —; die Anwendung dieses

Stoffes bei der Bierbereitung würde daher gegen Artikel 2 Abs. 1 des MAG. verstoßen.

5. Das Malz darf nur als Dörrmalz oder als Luftmalz verwendet werden. Luftmalz, auch Schwelkmalz genannt, ist Grünmalz, das entweder bei gewöhnlicher Temperatur an der Luft oder in der Sonne, meist jedoch auf den sogenannten Schwelkhorden der Darren bei Temperaturen zwischen 20 und 30° R getrocknet worden ist. Luft- oder Schwelkmalz wird bei dem heutigen Stande der Technik in der Bierbereitung wenig mehr Verwendung finden. Hiezu findet jetzt fast ausschließlich das Darrmalz Anwendung, das aus Grünmalz oder Luftmalz durch die zweckmäßig geleitete Einwirkung allmählich steigender Temperaturen — bis zu 80° R und darüber — hergestellt wird. Grünmalz, d. i. Getreide, das künstlich zum Keimen gebracht, jedoch nach dem Keimen eine weitere Behandlung durch Trocknen oder Darren nicht erfahren hat, darf zur Bierbereitung nicht verwendet werden (s. auch Bemerkung 4 zu Artikel 1 Abs. 3). Als Malzersatzstoffe kommen in Betracht insbesondere stärke- oder zuckerhaltige Stoffe, wie ungemälztes Getreide, Reis, grüne Stärke, Stärkemehl, Kartoffelmehl, Dextrin, Zuckersyrup, gebrannter Zucker, Farbstoffe, die dem Bier eine dunklere Farbe geben — ausgenommen ordnungsgemäß hergestelltes Farbebier — Süßholz — s. hiewegen Urt. d. RG. vom 18. Dezember 1882, E. 7, 314 —, Malzauszüge; ferner Süßstoff (§ 1 des Süßstoffgesetzes vom 7. Juli 1902 — RGBl. S. 253), dessen Verwendung zur Bierbereitung im übrigen auch durch § 2 des Süßstoffgesetzes verboten ist. Alkohol und Kohlensäure sind keine Malzersatzstoffe. Obwohl diese Stoffe bei der Bierbereitung entstehen, würde doch ein Zusatz von Alkohol und Kohlensäure zum Biere unter das Verbot des Artikel 2 Abs. 1 fallen, wenn die zugesetzten Stoffe außerhalb des Brauereiverfahrens gewonnen werden. Das OLG. München hat im Urteil vom 20. November 1894 Slg. 8, 150 ausgesprochen, daß künstliche flüssige Kohlensäure, die zum Zwecke der Herstellung von sogenanntem Champagnerbier fertigem schenkreifen Biere mittels eines hiezu konstruierten Apparates durch Einpumpen zugeführt wird, als fremder Stoff zu betrachten sei, weil sie nicht ein Produkt aus dem zur Bereitung des betreffenden Bieres verwendeten Malze, sondern ein durch ein von der Bierbereitung völlig verschiedenes Verfahren aus ganz anderen Stoffen gewonnenes Erzeugnis sei. Die Verwendung von Kohlensäure, die im Brauereibetriebe durch die Gärung der Würze entsteht, würde nur dann zulässig erscheinen, wenn die Gewinnung und Verwendung der Kohlensäure im Wege des ordnungsgemäßen Brauereiverfahrens geschieht. Dies wird z. B. nicht der Fall sein bei dem in Amerika üblichen Karbonisieren des Bieres an Stelle des Kräusenzusatzes. Dort wird nämlich das Bier vor dem Verlassen der Brauerei unter Kohlensäuredruck gelegt und unter Kohlensäuredruck abgezogen und filtriert. Die hiezu benötigte Kohlensäure wird im Brauereibetriebe aus den Gärbottichen gewonnen. Die Gewinnung der Kohlensäure aus den Gärbottichen erfordert bestimmte Vorrichtungen und ein bestimmtes Verfahren, das nicht mehr als ein Teil des Brauereibetriebes, d. h. der Erzeugung von Bier aus Malz, Hopfen, Hefe und Wasser betrachtet werden kann. Es wird daher die auf diese Weise gewonnene Kohlensäure als ein „anderer Stoff“ im Sinne des Artikel 2 Abs. 1 zu betrachten sein. Außerdem wird die Beigabe von Kohlensäure, auch wenn sie in der Brauerei selbst gewonnen ist, zum Biere beim Abziehen nicht den in Bayern als ordnungsgemäß anerkannten Brauverfahren entsprechen. Der entsprechende Kohlensäuregehalt der bayerischen Biere wird durch richtige Gärführung und die Anwendung von Spundapparaten, die das Entweichen der Kohlensäure aus den Lagerfässern und gleichzeitig ein überspunden des Bieres verhindern, erzielt. In manchen Gegenden werden zum Ausschank des Bieres sogenannte „Bierpressionen“ verwendet, d. s. Vorrichtungen, durch die das Bier aus dem Schankfasse vermittels Luft- oder Kohlensäuredruck durch den Schankhahn herausgedrückt wird. Da diese Behandlung des Bieres noch vor dessen Abgabe an den Verbraucher erfolgt, fällt sie noch unter den Begriff „Bierbereitung“. Bei Anwendung von Luftdruck werden derartige Vorrichtungen vom Standpunkte des MAG. aus nicht zu beanstanden sein, bei Anwendung von Kohlensäuredruck dann, wenn hiebei Kohlensäure in das Bier übergeht. Dies wird dann eintreten, wenn das zum Ausschank gelangende Bier kohlensäurearm oder wenn der Kohlensäuredruck ein zu starker ist.

6. Als Hopfenersatzstoffe kommen in Betracht Hopfenauszüge, Hopfenöl, Hopfenmehl, Pflanzen, die Bitterstoffe und Alkaloide enthalten, Aloe und Pikrinsäure. Auch Zusätze zur Hefe sind unzulässig. Im Urteil des OLG. München vom 21. Dezember 1889, Slg. 5, 456 ist der Zusatz von einem Gläschen Arrak zur Hefe, der zur Erhöhung der Gärkraft erfolgt ist, für strafbar erklärt. Den Zusatz von Salizylsäure zur Hefe behandeln die Urt. des OLG. München vom 7. Juli 1884, Slg. 3, 289 und des RG. vom 15. Dezember 1885, E. 11, 295. Verboten sind alle Zusätze fremder Stoffe, die erfolgen, um dem Biere eine größere Haltbarkeit zu verleihen, als solche kommen in Betracht Alkohol, Salizylsäure und deren Salze, schwefelige Säure und Borsäure. Unter das Verbot des Artikel 2 Abs. 1 fällt auch das sogenannte „Eckardtsche Brauverfahren“. Dem Kammerrat a. D. Eckardt in Dt.-Willmersdorf ist ein Patent auf ein Brauverfahren erteilt worden, wonach behufs Steigerung der Malzausbeute, Verwendbarmachung eiweißreicher Gersten und Veredelung des Bieres basische oder kohlensaure Alkalien oder dergleichen Erdalkalien der Biermaische zugesetzt, demnächst aber durch Zusatz von Mineralsäuren wieder neutralisiert würden. Angestellte Versuche haben ergeben, daß bei diesem Verfahren fremde Stoffe in das Bier übergehen; zu vgl. Nr. 362 der Reichstagsdrucksachen von 1909/10. In Bayern ist dieses Verfahren durch Ausschreiben der K. Generaldirektion der Zölle vom 15. April 1903 — ABl. S. 231 — ausdrücklich als unzulässig erklärt worden, da es sich hiebei um die Verwendung von Stoffen zur Bierbereitung handelt, die im Zeitpunkte ihrer Verwendung mit Malz, Hopfen und Wasser nicht identisch sind. Die Brauer sind in diesem Ausschreiben von der Anwendung des Eckardt'schen Sudverfahrens besonders gewarnt worden.

Zu Art. 2 Abs. 2.

Bereits in § 26 Nr. 2 Abs. 4 des Landtagsabschieds vom 10. November 1861 — RegBl. 1861 S. 76 — war bestimmt, daß die Verwendung anderer Stoffe als Gerstenmalz zur Bereitung von Braunbier verboten bleibe. Diese Vorschrift ist zur Erhaltung des Wesens des bayerischen Bieres erlassen worden — zu vgl. Verh. d. Kamm. d. Abg. 1859/61, Sten. Ber. Bd. 2 S. 201 — und ist aus den gleichen Erwägungen in Art. 7 des MAG. vom 16. Mai 1868 übergegangen — zu vgl. die Begr. zu Art. 10 des Entwurfs eines Gesetzes „den Malzaufschlag betreffend", Verh. d. Kamm. d. Abg. 1866/69 BeilBd. 2 S. 19ff. — Im nunmehrigen Gesetze ist entsprechend der bisherigen Auslegung der fraglichen Bestimmung der Ausdruck „Braunbier" durch „untergäriges Bier" ersetzt. In einem Urteil des K. Obersten Gerichtshofes vom 5. Oktober 1877 — Slg. 7, 446 — ist ausgesprochen, daß Gerstenmalz, das infolge mangelhafter Reinigung noch von der Ernte der Gerste her mit Wicken und Haferkörnern vermischt ist, zur Bereitung von Braunbier verwendet werden darf, wenn das Malz nach dem Verhältnis der Gerste zu den Wicken und Haferkörnern sich noch als Gerstenmalz darstellt. Derartige Beimengungen werden indessen in sinngemäßer Anwendung der Bestimmung in Ziffer 9 der Vorbemerkungen zum Warenverzeichnisse zum Zolltarife keinesfalls mehr wie 10 v. H. des Gemenges betragen und nicht absichtlich vorgenommen sein dürfen. Die Mitverwendung der Kerne von Vesen (Dinkel) zur Erzeugung von Braunbier ist durch Beschluß des OLG. München vom 24. Februar 1882 — Slg. 2, 177 — als ein Vergehen nach § 10 Ziff. 1 des Gesetzes vom 14. Mai 1879, den Verkehr mit Nahrungsmitteln usw. betr. und als eine Übertretung nach Art. 7 des MAG. vom 16. Mai 1868 erachtet worden. Für die Bereitung von obergärigem Biere besteht eine Einschränkung hinsichtlich der Art des zu verwendenden Darr- oder Luftmalzes nicht. Es kann hiezu daher Malz (Dörr- oder Luftmalz) aus jeglicher Art Getreide — s. Bem. 3 zu Art. 1 Abs. 3 — verwendet werden. Dies hat auch seinerzeit der K. Staatsminister der Finanzen bei Beratung des Entwurfs zum Gesetze vom 16. Mai 1868 im Ausschusse der Kammer der Abgeordneten ausdrücklich bemerkt — Verh. d. Kamm. d. Abg. 1866/69 BeilBd. 3 S. 483.

Zu Art. 2 Abs. 3.

Wegen des Begriffs „bierähnliche Getränke" s. die Bemerkung 2 zu Artikel 1 Abs. 2. Das durch Artikel 2 Abs. 3 des MAG. und § 1 Abs. 3 der MAAusfB. für die Herstellung bierähnlicher Getränke begründete Surrogatverbot ist nicht so weitgehend, wie das für die Bereitung von Bier geltende Verbot des Artikel 2 Abs. 1. Während für die Bierbereitung die Stoffe genau bestimmt sind, die verwendet werden dürfen, ist für die Bereitung bierähnlicher Getränke lediglich angegeben, welche Stoffe nicht verwendet werden dürfen, nämlich die Malzersatzstoffe. Über den Begriff „Malzersatzstoffe" s. die Bemerkung 5 zu Artikel 2 Abs. 1. Die Verwendung von Malzersatzstoffen bei der Bereitung bierähnlicher Getränke ist verboten, gleichviel ob diese Stoffe neben Malz oder ohne gleichzeitige Malzverwendung gebraucht werden. Die Verwendung anderer Stoffe als von Malzersatzstoffen ist bei der Herstellung bierähnlicher Getränke nicht verboten; es können daher derartigen Getränken z. B. Alkohol und Kohlensäure zugesetzt werden. Für die Frage, wann die Herstellung bierähnlicher Getränke beginnt, und wann sie beendet ist, ist im Hinblick auf § 1 Abs. 4 der MAAusfB. nach den gleichen Grundsätzen zu beurteilen, wie sie für den Begriff „Bierbereitung" gelten — s. Bemerkung 3 zu Artikel 1 Abs. 1.

Zu Art. 2 Abs. 4.

1. Diese Bestimmung ist im Hinblick auf die Vorschrift in § 3 Abs. 2 des norddeutschen Brausteuergesetzes auch in das MAG. aufgenommen worden, nachdem auch in Bayern die Wahrnehmung gemacht worden ist, daß Bier unter Umgehung der Steuerpflicht durch Verwendung von Zubereitungen hergestellt wird. Unter „Zubereitung" ist im Gegensatz zum Rohstoff ein einheitliches Erzeugnis zu verstehen, das aus mehreren Rohstoffen durch Verarbeitung gewonnen wurde, so daß die Rohstoffe hiebei ihre natürliche Eigenart verloren haben. Eine Mischung von Rohstoffen, bei der jedem die natürliche Eigenart verbleibt, z. B. ein Gemenge von trockenem Malz und trockenem Hopfen, ist keine Zubereitung im Sinne des Gesetzes; diese Mischung würde jedoch zu einer Zubereitung werden, wenn sie einen Zusatz von Wasser erhalten und durch Abkochen die Eigenschaft eines Auszuges annehmen würde. Urt. d. RG. vom 13. April 1908, E. 41, 247. Sind die Zubereitungen nach ihrer Bezeichnung, Gebrauchsanweisung, Anpreisung usw. zur Herstellung von Bier oder bierähnlichen Getränken bestimmt (§ 5 MAAusfB.), dann werden sie von dem Verbot des Artikel 2 Abs. 4 betroffen, gleichviel ob sie zu dem angegebenen Verwendungszweck geeignet sind oder nicht. Es ist gleichgültig, ob die Zubereitungen für die Bereitung von Bier zum Hausbedarf oder von Verkaufsbier bestimmt sind, das Verbot des Artikel 3 Abs. 4 gilt für Bier allgemein. Ferner ist es unerheblich, ob von dem zur Herstellung derartiger Zubereitungen verwendetem Malze bereits der Malzaufschlag erhoben war; auch in diesem Fall würde das Verbot des Inverkehrbringens Platz greifen. Urt. d. RG. vom 21. Mai 1909, E. 42, 353.

2. Inverkehrbringen im Sinne des Artikel 2 Abs. 4 ist jedes Überlassen an dritte Personen. Das Verbot des Artikel 2 Abs. 4 bezieht sich nur auf den Verkehr innerhalb Bayerns, ein Verbot der Einfuhr ist hiemit nicht gegeben. Die Einfuhr von derartigen Zubereitungen verstößt daher nicht gegen das MAG. — zu vgl. das AA. d. G. D. d. Z. vom 13. März 1907 Nr. 9922. — Wohl aber wäre deren Verwendung zur Bierbereitung und, insoweit sie Malzersatzstoffe sind, auch zur Herstellung bierähnlicher Getränke innerhalb Bayern gemäß Artikel 2 Abs. 1 unzulässig.

Zu Art. 2 Abs. 1 mit 4.

Die Strafbestimmungen für die Verwendung unzulässiger Stoffe bei der Bereitung von Bier und bierähnlichen Getränken finden sich in Artikel 51. Diese Bestimmungen sind gemäß Artikel 61 anzuwenden, gleichviel ob die Handlung vorsätzlich oder fahrlässig begangen wurde. Zu bemerken ist, daß die Strafe des Artikel 51 gemäß Abs. 2 a. a. O. schon dann verwirkt ist, wenn unzulässige Ersatz- oder Zusatzstoffe in eine unter Steueraufsicht stehende Räumlichkeit (Art. 49 Abs. 1) eingebracht oder darin vorgefunden werden, sofern nicht nachgewiesen wird, daß diese Stoffe ausschließlich zu anderen Zwecken als zur Bierbereitung bestimmt sind und verwendet werden.

Zu Art. 2 Abs. 5.

1. Diese Bestimmung war im Regierungsentwurfe nicht enthalten; sie wurde eingefügt bei Beratung des Gesetzentwurfs in der Kammer der Abgeordneten, und zwar wurde sie dort zunächst beantragt und beschlossen im Zusammenhange mit Bestimmungen über den Verkehr mit Bier — zu vgl. Ausschußbericht Beil. 803 zu den Verh. d. K. d. Abg. 1909/10 S. 65, 94, 187, 463 und 485 und Beil. 825 S. 13. Schon bei der Erörterung seines diesbezüglichen Antrages regte der Referent der Kammer der Abgeordneten an, ob nicht mit Rücksicht auf den Ruf und die Qualität des bayerischen Bieres ein Verbot des Wasserzusatzes zum Biere nach Abschluß des Brauverfahrens in das Gesetz aufzunehmen sei, gleichviel ob über den Verkehr mit Bier besondere Bestimmungen getroffen würden oder nicht — Ausschußbericht S. 94. Die von der Kammer der Abgeordneten über den Verkehr mit Bier beschlossenen Bestimmungen — Artikel 44 des Gesetzentwurfs nach den Beschlüssen der K. d. Abg. Beil. 825 1909/10 — sind von der Kammer der Reichsräte gestrichen worden — s. Beil. 861 1909/10 Ziffer V. Vgl. hiezu auch die allgemeinen Bemerkungen am Eingange über Maßnahmen gegen die Verdünnung des Bieres —, die Vorschrift in Artikel 2 Abs. 5 über das Verbot des Wasserzusatzes zum Biere verblieb indessen im Gesetz.

2. Ein Zusatz von Wasser zum Biere durch den B r a u e r ist nur dann verboten, wenn er nach der Feststellung des Extraktgehaltes der Stammwürze im Gärkeller erfolgt. Dieser Zeitpunkt wurde mit Rücksicht darauf gewählt, daß der Brauer gemäß Artikel 45 den Extraktgehalt der Anstellwürze im Sudbuch zu vermerken hat. § 6 Abs. 1 der MAAusfB. setzt fest, wann die Feststellung des Extraktgehaltes der Anstellwürze zu erfolgen hat. Die Führung eines Sudbuches ist in Artikel 45 nur gewerblichen Brauern auferlegt; nicht gewerbliche Brauer, d. i. Brauer, die Bier nur für ihren Hausbedarf bereiten und gegen Entgelt an nicht zum Haushalte gehörige Personen nicht abgeben, haben kein Sudbuch zu führen und demgemäß auch keine gesetzliche Verpflichtung den Extraktgehalt der Anstellwürze im Gärkeller festzustellen. Daraus folgt, daß die Bestimmung in Artikel 2 Abs. 5 des Gesetzes und in § 6 der MAAusfB. nur für gewerbliche Brauer gilt und nicht auch für Brauer, die Bier ausschließlich für ihren Hausbedarf bereiten. Es dürfte auch kein Anlaß vorliegen, das Verbot des Artikel 2 Abs. 5 auf Hausbrauer auszudehnen. Diese werden vielmehr in gleicher Weise zu behandeln sein, wie die Bierverbraucher, für die ein Verbot des Wasserzusatzes zum Biere nicht besteht — zu vgl. Bemerkung 4 unten.

3. Ein geringer Wasserzusatz zur Bierwürze oder zum Biere kann in der Brauerei nach Feststellung des Extraktgehaltes der Anstellwürze im Gärkeller aus Gründen des Betriebs notwendig werden, z. B. um Bierwürze oder Bier aus Rohrleitungen völlig herauszudrücken; bei Anwendung von Luftdruck würde hiebei eine übermäßige Schaumbildung stattfinden. Ferner bei der Nachgärung des Bieres, beim sogenannten N a c h s t e c h e n; bei der Nachgärung wird nämlich beim Spundloch des Lagerfasses Schaum ausgestoßen; der hiedurch im Fasse entstehende Leerraum wird mit Wasser ausgefüllt (nachgestochen). Endlich ist es bei Anwendung von Filterpressen notwendig, die Filter zunächst mit Wasser zu sättigen; das nach Beendigung des Filtrierens noch in den Filtern befindliche Bier wird ebenfalls mit Wasser ausgedrückt. Derartige Maßnahmen fallen, wenn sie nur aus Gründen des Betriebs, nicht zum Zwecke der Verdünnung, erfolgen und wenn hiebei ein über den Betriebszweck hinausgehender Wasserzusatz nicht stattfindet, nicht unter das Verbot des Artikel 2 Abs. 5 — zu vgl. die Erklärung des K. Staatsministers der Finanzen bei Beratung des Gesetzentwurfs im Ausschusse der K. d. Abg., Ausschußbericht S. 99. Liegt die Absicht der Bierverdünnung vor, dann stellt sich auch ein Wasserzusatz, der sonst lediglich aus Betriebsgründen erfolgt, als verboten dar. So würde z. B. ein Wasserzusatz, der erfolgt, um Rohrleitungen oder Filter leer zu drücken, dann verbotswidrig sein, wenn hiebei der besonders mit Wasser gesättigte Vor- und Nachlauf eigens abgefangen wird, um eine dünnere Biersorte zu erhalten.

4. Der Zusatz von Wasser zum Biere ist nur verboten, sofern er durch Brauer, Bierhändler oder Bierwirte erfolgt. Privaten ist ein Wasserzusatz zum Biere nicht verboten. Zu den Privaten sind auch Haushaltungsvorstände zu rechnen, soferne sie das Bier an Personen abgeben, die zu ihrem Haushalt gehören. Es ist daher vom Standpunkte des Artikel 2 Abs. 5 aus zulässig, daß z. B. Institutsvorstände ihren Zöglingen oder Arbeitgeber Arbeitern und Dienstleuten, die sie im Haushalte verköstigen — § 10 Abs. 3 d. MAAusfB. —, Bier verabreichen, das sie vorher mit Wasser verdünnt haben. — Zu vgl. Verh. d. K. d. RR. 1909/10 BeilBd. 5 S. 266. — Aus der Fassung „durch" Brauer, Bierhändler oder Wirte ergibt sich, daß der Wasserzusatz von diesen Personen selbst oder von Bediensteten, für die sie verantwortlich sind (Art. 63 MA.), vorgenommen sein muß, um unter Artikel 2 Abs. 5 zu fallen. Würde ein Wasserzusatz beim Brauer, Bierhändler oder Wirt, ohne deren Wissen durch dritte Personen erfolgen, für die der Betriebsinhaber nicht verantwortlich ist, so würde weder die betreffende Person noch der Betriebsinhaber wegen Zuwiderhandlung gegen die fragliche Gesetzesbestimmung bestraft werden können.

5. Zuwiderhandlungen gegen das durch Artikel 2 Abs. 5 erlassene Verbot unterliegen der allgemeinen Strafbestimmung des Artikel 60 — Verh. d. K. d. Abg. Ausschußbericht S. 187 und Sten. Ber. 1909/10 IX. Bd. S. 385.

Eintritt der Steuerpflicht.

Art. 3.

[1] Das Malz wird steuerbar, sobald es für den Zweck der Erzeugung von Bier zum Schroten in die Mühle eingebracht wird.

[2] Das Malz gilt als in die Mühle eingebracht

1. **bei einer öffentlichen Malzmühle, sobald es in ein zu dem Mühlanwesen gehöriges Gebäude oder in dessen unmittelbare Umgebung gebracht ist;**
2. **bei einer eigenen Malzmühle, sobald es das Wägegefäß der selbsttätigen Wägevorrichtung durchlaufen hat;**
3. **bei einer anderen zum Schroten von Malz benützbaren Vorrichtung, sobald es in den Raum, in welchem sich diese Vorrichtung befindet, oder, falls die Vorrichtung im Freien aufgestellt ist, in deren unmittelbare Umgebung gebracht ist.**

AusfB. zu Art. 3.

§ 7. Unter Schroten ist jede Art der Zerkleinerung zu verstehen, welche das Malz zur Bierbereitung tauglich macht, z. B. Quetschen, Brechen, Mahlen.

Bemerkungen: Zu Art. 3 Abs. 1.

1. Artikel 3 bestimmt den Zeitpunkt, in dem die Verpflichtung entsteht, für das zur Bierbereitung innerhalb Bayerns bestimmte und daher gemäß Artikel 1 dem Malzaufschlag unterliegende Malz den Malzaufschlag zu entrichten. Durch den Eintritt der Steuerpflicht wird ein im öffentlichen Recht begründetes Forderungsrecht des Staates gegenüber dem Steuerpflichtigen geschaffen; es entsteht hiedurch weder ein dingliches Recht des Staates am aufschlagpflichtigen Malz oder an den dem Brauereibetrieb dienenden Gebäuden, noch eine Haftung des Malzes für den Aufschlag. Die Person des Steuerpflichtigen bestimmt Artikel 7, den Betrag des zu entrichtenden Malzaufschlags Artikel 5 und den Zeitpunkt, in dem der Malzaufschlag zu entrichten ist, Artikel 8. Die einmal begründete Steuerpflicht bleibt bestehen unabhängig davon, ob das steuerbare Malz tatsächlich zur Bierbereitung verwendet wird oder nicht; eine etwaige Verwendung des steuerbaren Malzes zu aufschlagfreien Zwecken würde daher die bereits entstandene Steuerpflicht nicht wieder aufheben. Dies ergibt sich insbesondere daraus, daß in Artikel 10 der Steuerbehörde die Möglichkeit gegeben ist, für steuerbar gewordenes Malz den Malzaufschlag in bestimmten Fällen zu erlassen oder zu erstatten, in denen eine lohnende Verwendung dieses Malzes zu steuerpflichtigen Zwecken nicht stattfindet oder nicht stattfinden kann.

2. Über die Frage, ob die Steuerpflicht gegeben ist, entscheiden die Finanzbehörden, nicht die Strafgerichte. Zu vgl. Bayerisches Staatsrecht von Max von Seydel 2. Aufl. 2. Bd. S. 495: „Der Strafrichter ist allerdings seinerseits", sagt von Seydel, „bei Beurteilung der Frage, ob eine strafbare Zuwiderhandlung gegen das Gesetz vorliege, nicht an die Entscheidung der Finanzbehörden über die Aufschlagpflicht gebunden, und infolgedessen kann sachlich ein Widerspruch zwischen der verwaltungsrechtlichen und strafgerichtlichen Entscheidung sich ergeben." Wie von Seydel a. a. O. ferner hervorhebt „ist die Entscheidung der Finanzbehörde an sich eine verwaltungsrechtliche, allein es ist für dieselbe kein Rechtsweg eröffnet, sondern sie ist den Behörden der Gefällsverwaltung (Hauptzollämter, Generaldirektion der Zölle und indirekten Steuern, Staatsministerium der Finanzen) übertragen. Daraus ergibt sich der Widerspruch, daß der Rechtsschutz des Pflichtigen beim gemeindlichen Malzaufschlag größer ist (Gesetz vom 8. August 1878 den Verwaltungsgerichtshof betreffend Art. 8 Ziffer 11) als beim staatlichen". (Zu vgl. Erkenntnis des bayer. Gerichtshofs für Kompetenzkonflikte vom 10. Juni 1886 — GVBl. 1886 Beil. I.)

3. Das Malzaufschlaggesetz setzt entsprechend dem heutigen Stande der Technik voraus, daß eine Bereitung von Bier aus Malz ohne Zerkleinerung des Malzes nicht möglich ist. Als eine Zerkleinerung stellt sich jede Zerlegung des ursprünglichen Malzkornes in mehrere Bestandteile dar, gleichviel, durch welche Vorgänge sie bewirkt wurde. Das Entfernen der Spelzen oder das Auflösen durch Kochen würde hienach als eine Zerkleinerung (Schroten) im Sinne des Artikel 3 des Gesetzes und des § 7 der MAAusfB. zu erachten sein. Die Verwendung von Malz zur Bierbereitung ohne vorgängige Zerkleinerung wird mit Erfolg wohl nie möglich sein. Sollte indessen nicht zerkleinertes (ungeschrotetes) Malz zur Bierbereitung in Bayern tatsächlich verwendet werden, so würde dieses Malz gleichwohl dem Malzaufschlag unterliegen, da nach Artikel 1 alles zur Bierbereitung innerhalb Bayerns bestimmte Malz den Malzaufschlag zu entrichten hat. Denn der **Grund** für die Steuerpflicht ist die Bestimmung des Malzes zur Bierbereitung, der Betriebsvorgang des Schrotens bildet lediglich aus steuertechnischen und betriebstechnischen Ursachen die Grundlage für den **zeitlichen** Eintritt der Steuerpflicht. Die Verwendung ungeschroteten Malzes zur Bierbereitung ohne Entrichtung des Malzaufschlags wäre hienach ein Vorenthalten des Malzaufschlags, das zur Nachzahlung des vorenthaltenen Steuerbetrags verpflichten (Art. 54 Abs. 4) und beim Vorliegen der subjektiven Voraussetzungen die Strafe der Hinterziehung (Art. 54) nach sich ziehen würde.

4. **Mühle** im Sinne des Artikel 3 Abs. 1 ist jede zum Zerkleinern von Malz benutzbare Vorrichtung, gleichviel ob ein Schroten von Malz auf dieser Vorrichtung stattfinden darf oder nicht. Als Vorrichtungen, auf denen Malz geschrotet werden darf, sind in Artikel 16 die öffentlichen und die eigenen Malzmühlen bezeichnet.

Zu Art. 3 Abs. 2.

1. Hier ist mit Rücksicht auf die bei den einzelnen Mühlarten vorliegenden besonderen Verhältnisse genau bestimmt, wann das Malz als in die Mühle eingebracht anzusehen ist — s. Begr. zu Art. 3 d. Gesetzentwurfs. Hiemit ist sonach nicht eine widerlegbare gesetzliche Vermutung, sondern eine gesetzliche Auslegung des Begriffs „**in die Mühle bringen**“ gegeben.

2. Das frühere Gesetz hat bezüglich der Festsetzung des Zeitpunktes, in dem die Steuerpflicht eintritt nicht unterschieden, auf welcher Art von Malzmühlen das Malz geschrotet werden sollte; es bestimmte allgemein: „steuerbar wir das Malz, sobald es für den Zweck der Erzeugung von Bier zum Brechen zur Mühle gelangt“. In der Praxis wie in der Rechtsprechung — Erk. d. Ob. bayer. Gerichtshofes vom 20. Februar 1869, abgedruckt im ABl. 1876 S. 385. Urt. d. OLG. München vom 13. März 1889 Slg. 6, 58 — ist hiebei anerkannt worden, daß mit dem Ausdruck „zur Mühle bringen“ das Zuführen des Malzes in die die Mühle bildenden (äußeren) Räumlichkeiten ausgedrückt werden wollte. Dieser Grundsatz ist im MAG. vom 18. März 1910 in Artikel 3 Abs. 2 Ziff. 1 nur für **öffentliche Malzmühlen** beibehalten worden. Nach der Fassung des geltenden Gesetzes gilt Malz schon dann in eine öffentliche Malzmühle eingebracht, wenn es in die unmittelbare Nähe irgendeines zum Mühlanwesen gehörigen Gebäudes gebracht ist, gleichviel, ob sich in diesem Gebäude die öffentliche Malzmühle befindet oder nicht, und gleichviel, ob die öffentliche Malzmühle mit einer selbsttätigen Wägevorrichtung (Art. 24) versehen ist oder nicht. Bei den **eigenen Malzmühlen** ist der Zeitpunkt für den Eintritt der Steuerpflicht dann gegeben, wenn das Malz das Wägegefäß der selbsttätigen Wägevorrichtung durchlaufen hat. Diese Erleichterung ist mit Rücksicht darauf zugestanden worden, daß eigene Malzmühlen gemäß Artikel 34 und 24 des Gesetzes stets mit selbsttätigen Wägevorrichtungen versehen sein müssen.

3. Die Begriffe „öffentliche Malzmühle“ und „eigene Malzmühle“ sind in Artikel 16 Abs. 1 und 2 des Gesetzes näher bestimmt.

4. Das Malz hat das Wägegefäß der selbsttätigen Wägevorrichtung dann „durchlaufen“, wenn es auf dem Wege zum Mühlwerke, mit dem gemäß Artikel 24 die Wägevorrichtung in fester und steuersicherer Verbindung sein muß, das Wägegefäß verlassen hat. Bei der Prüfung der selbsttätigen Wägevorrichtung sind nach der hiefür gegebenen Anleitung (Anlage B zu den MAAusfB. I. Abschn.) die zur Prüfung der einzelnen Füllungen verwendeten Malzmengen nach dem Verlassen des Wägegefäßes, jedoch noch bevor sie auf das Mühlwerk kommen, mittels des sogenannten Prüfungsschiebers in ein neben der Wage aufzustellendes Gefäß abzuleiten. Dieses Malz ist, obwohl es die Wägevorrichtung durchlaufen hat, nicht steuerbar geworden, weil es nicht zum Schroten zum Zweck der Erzeugung von Bier, sondern lediglich aus Gründen der Steueraufsicht in die Mühle eingebracht worden ist. Es werden diese Malzmengen auch nicht in das Mühlbuch (Art. 36 des Gesetzes und Muster 16 zu den MAAusfB.) förmlich eingetragen, sondern es ist nach Ziff. I Abs. 15 der vorerwähnten Anleitung nur der am Schlusse der Prüfung festgestellte Stand des Zählwerks der selbsttätigen Wägevorrichtung im Mühlbuche vorzumerken — zu vgl. auch den Vortrag in Muster 18 zu den MAAusfB. Malz, das zwar in das Wägegefäß der selbsttätigen Vorrichtungen einer eigenen Malzmühle gelangt ist, dieselbe aber nicht durchlaufen hat, sondern in dem Wägegefäß verblieben oder aus dem Wägegefäß durch die Gosse wieder entfernt worden ist, ist nicht steuerbar geworden. Darf eine eigene Malzmühle wegen Beschädigung der Wägevorrichtung mit besonderer Genehmigung der Steuerbehörde ohne die Wägevorrichtung fortbenutzt werden (Art. 39), so ist sie wie eine öffentliche Malzmühle ohne selbsttätige Wägevorrichtung zu behandeln (§ 59 Abs. 6 der MAAusfB.); der Eintritt der Steuerpflicht für das in diese Mühle gebrachte Malz bemißt sich daher nach Artikel 3 Abs. 2 Ziff. 1.

5. Artikel 3 Abs. 2 Ziff. 3 bezieht sich auf Vorrichtungen, die zum Schroten von Malz nicht zugelassen sind (Art. 16). Malz, das auf derartigen Vorrichtungen verbotswidrig geschrotet wird, unterliegt dem Malzaufschlag entweder auf Grund des Artikel 1 oder des Artikel 4 Abs. 2. Für den Fall der mißbräuchlichen Verwendung einer derartigen Vorrichtung zum Schroten von Malz zur Bierbereitung bestimmt Artikel 3 Abs. 2 Ziff. 3 den Zeitpunkt, in dem das Malz steuerbar geworden ist. Die Entscheidung darüber, ob eine Vorrichtung zum Schroten von Malz geeignet erscheint, trifft gemäß Artikel 41 des Gesetzes und § 61 der MAAusfB. das zuständige Hauptzollamt.

Befreiung vom Malzaufschlage. Art. 4.

[1] Dem Malzaufschlag unterliegt nicht Malz, welches unter Einhaltung der von der Steuerverwaltung erlassenen Vorschriften zu einem anderen Zwecke als zur Bierbereitung geschrotet und verwendet wird.

[2] Werden diese Vorschriften nicht beachtet, so unterliegt das Malz dem Malzaufschlage zu dem höchsten Steuersatze.

[3] Die Verwendung von aufschlagfreiem Malze zur Bierbereitung ist verboten.

AusfB. zu Art. 4.

Befreiung vom Malzaufschlage.

§ 8. [1] Wer Malz zu aufschlagfreien Zwecken schroten und verwenden will, hat hiefür beim zuständigen Hauptzollamte die Genehmigung zu erholen. Das Hauptzollamt kann eine genaue Beschreibung des Verwendungszwecks, der Art und Weise der Verwendung, des Ortes der Lagerung des Malzes und der daraus herzustellenden Erzeugnisse verlangen. Das Hauptzollamt setzt unter Berücksichtigung der Betriebsverhältnisse die erforderlichen Überwachungsmaßregeln fest. Im übrigen finden die Vorschriften des Gesetzes über das Schroten von Malz zum Zwecke der Bierbereitung entsprechende Anwendung.

[2] Der auf Grund von Art. 4 Abs. 2 des Gesetzes zu dem höchsten Satze zu entrichtende Malzaufschlag ist im Falle der Vermischung des Malzes mit anderen Stoffen vor dem Schroten von dem Gewichte des ganzen Gemisches zu erheben.

[3] Die Verwendung von aufschlagfreiem Malz zur Herstellung bierähnlicher Getränke ist verboten.

Bemerkungen: Zu Art. 4 Abs. 1.

1. Wie bereits in Bemerkung 2 zu Art. 3 Abs. 1 erwähnt, setzt das MAG. voraus, daß die Bereitung von Bier aus Malz ohne Schroten (Zerkleinern) des Malzes nicht möglich ist. Demgemäß unterliegt Malz, das zu anderen Zwecken als zur Bereitung von Bier und bierähnlichen Getränken verwendet werden soll, nur dann einer besonderen Überwachung, wenn es geschrotet werden soll. Die Verwendung von ungeschrotetem Malz zu aufschlagfreien Zwecken ist durch das MAG. Beschränkungen nicht unterworfen. Daß unter Malz im Sinne des MAG. nur Dörr- oder Luftmalz zu verstehen ist, ergibt sich aus der Bemerkung 4 zu Art. 1 Abs. 3.

2. Geschrotetes Dörr- oder Luftmalz findet außer zur Herstellung von Bier oder bierähnlichen Getränken hauptsächlich Verwendung zur Essigbereitung, zur Erzeugung von Branntwein, als Viehfutter, zur Herstellung von Kindernährmitteln, Malzextrakt und von Backhilfsmitteln.

3. Für die Befreiung vom Malzaufschlage ist Voraussetzung, daß die von der Steuerverwaltung erlassenen Vorschriften eingehalten werden. Diese Vorschriften sind in § 8 Abs. 1 der MAAusfB. näher bezeichnet. Hienach ist die Steuerfreiheit abhängig:

1. von der Genehmigung des zuständigen Hauptzollamtes;
2. von der entsprechenden Beachtung der Vorschriften des MAG. und der von der Steuerverwaltung erlassenen Vorschriften über das Schroten von Malz (insbesondere Artikel 16ff.);
3. von der Einhaltung der gegebenenfalls vom Hauptzollamte angeordneten besonderen Überwachungsmaßregeln.

Der Beschluß, mit welchem das Hauptzollamt die Genehmigung zum Schroten von Malz zu aufschlagfreien Zwecken erteilt, ist gemäß Artikel 201, 202 Abs. 1 Ziffer 3 und Artikel 204 des GebG. in der Fassung vom 13. Juli 1910 (s. auch § 4 der KBO. vom 23. Dezember 1899 GVBl. S. 1223) gebührenpflichtig. Für die Bemessung der Höhe der zu entrichtenden Gebühr kommt die MinBek. vom 12. August 1910 (FMBl. S. 183) in Betracht.

Zu Art. 4 Abs. 2.

1. Die hier bestimmte Steuerpflicht ist von der nach Artikel 1 gegebenen Steuerpflicht völlig verschieden. Während nämlich die Steuerpflicht in Artikel 1 durch die Bestimmung des Malzes zur Bereitung von Bier oder bierähnlichen Getränken begründet wird, bildet in Artikel 4 Abs. 2 das Nichteinhalten der Überwachungsvorschriften den Steuergrund. Deshalb tritt auch die in Artikel 4 Abs. 2 begründete Steuerpflicht nicht ein, wenn die in Artikel 3 bezeichneten Tatsachen vorliegen, sondern mit dem Zeitpunkte, in dem die von der Steuerverwaltung erlassenen Vorschriften nicht eingehalten werden. Der Eintritt der Steuerpflicht nach Art. 4 Abs. 2 ist keine Strafe; diese Bestimmung ist vielmehr getroffen worden, um auf die Einhaltung der Überwachungsvorschriften tunlichst hinzuwirken. Für den Eintritt dieser Steuerpflicht ist es daher belanglos, ob die Überwachungsvorschriften vorsätzlich oder fahrlässig unbeachtet geblieben sind, ferner, ob die Nichteinhaltung der Überwachungsvorschriften durch den Betriebsinhaber, durch dessen Angehörige oder Bedienstete, oder durch irgendwelche dritte Personen verschuldet worden ist. Neben der Steuerpflicht des Malzes kann eine Ordnungsstrafe nach Art. 55, 58 Ziffer 1, 2, 3 oder 15 oder Artikel 60 MAG. eintreten. Wegen der Steuerpflicht im Falle die Nichteinhaltung sich als Malzaufschlaghinterziehung darstellt s. die Bemerkung 1 zu Artikel 4 Abs. 3.

2. Der in Artikel 4 Abs. 2 erwähnte „höchste Steuersatz“ ist der Höchstsatz der regelmäßigen Steuerstaffel in Artikel 5 Abs. 1 von 20 Mk. für 1 dz. Die in Artikel 5 Abs. 3 und 6 vorgesehene Erhöhung der regelmäßigen Steuersätze gilt nur für die dort vorgesehenen besonderen Fälle und kann daher hier nicht Anwendung finden.

3. Wird in einem Brauereibetriebe mit Genehmigung des Hauptzollamtes Malz auch zu aufschlagfreien Zwecken geschrotet und würde für derartiges Malz eine Steuerpflicht nach Artikel 4 Abs. 2 eintreten, so wären die in Betracht kommenden Malzmengen bei dem nach Artikel 5 steuerpflichtigen Gesamtmalzverbrauch des Brauereibetriebes nicht einzurechnen, weil das Malz nicht „im Brauereibetrieb“ sondern in einem nebenher ausgeübten „Betriebe mit Malzverbrauch“ steuerbar geworden ist.

4. Für die Feststellung des steuerpflichtigen Gewichts des Malzes haben auch im Falle des Artikel 4 Abs. 2 die Bestimmungen in Artikel 6 Anwendung zu finden. Ist eine Ermittlung des Gewichts des ungeschroteten Malzes unterblieben, so ist das steuerpflichtige Gewicht aus dem geschroteten Malze zu ermitteln, erforderlichen Falles nach der Anmeldung zu bemessen (zu vgl. Bemerkung 5 zu Artikel 6 Abs. 1).

5. Wegen der Fälligkeit einer nach Art. 4 Abs. 2 begründeten Aufschlagschuld s. die Bemerkung 5 zu Artikel 8 Abs. 1.

Zu Art. 4 Abs. 3.

1. Wird aufschlagfreies Malz zur Bereitung von Bier oder bierähnlichen Getränken verwendet, so tritt neben der Strafe der Hinterziehung (Art. 53 Ziffer 3 und Art. 54 Abs. 1) die Verpflichtung zur

Nachentrichtung des vorenthaltenen Malzaufschlags nach Artikel 54 Abs. 4 ein. Da es sich in diesem Falle um ein zur Bierbereitung bestimmtes Malz handelt, bemißt sich dessen Steuerpflicht nicht nach Artikel 4 Abs. 2 sondern nach Artikel 1 und 3 sowie den in Artikel 5 vorgesehenen Sätzen. In gleicher Weise ist auch bei anderen Zuwiderhandlungen gegen für das Schroten von aufschlagfreiem Malz erlassenen Vorschriften zu verfahren, soferne sich diese als eine Malzaufschlaghinterziehung darstellen.

2. Der verbotswidrigen Verwendung von aufschlagfreiem Malz zur Bierbereitung ist es gleich zu achten, wenn das für einen malzaufschlagfreien Zweck geschrotete Malz an einen Dritten abgegeben wird (Artikel 53 Ziffer 3).

3. Die Möglichkeit von dem Verbote in Artikel 4 Abs. 3 Ausnahmen zuzulassen ist im Gesetze nicht gegeben. Es kann daher von der Steuerbehörde nicht gestattet werden, daß Malz, welches zu einem anderen Zweck als zur Bierbereitung geschrotet worden ist, nachträglich gegen Entrichtung des Malzaufschlags zur Bereitung von Bier oder bierähnlichen Getränken verwendet wird.

Betrag des Malzaufschlags.

Art. 5.

[1] Der Malzaufschlag beträgt für einen Doppelzentner des in einem Brauereibetrieb steuerbar gewordenen ungeschroteten Malzes bei einem Gesamtmalzverbrauch innerhalb eines Kalenderjahrs

				bis	zu	1000 dz	15,— *M*	für	1 dz
von	mehr	als	1000 dz	„	„	1500 dz	15,50 *M*	„	1 dz
„	„	„	1500 dz	„	„	2000 dz	16,— *M*	„	1 dz
„	„	„	2000 dz	„	„	2500 dz	16,50 *M*	„	1 dz
„	„	„	2500 dz	„	„	3000 dz	17,— *M*	„	1 dz
„	„	„	3000 dz	„	„	3500 dz	17,50 *M*	„	1 dz
„	„	„	3500 dz	„	„	4000 dz	18,— *M*	„	1 dz
„	„	„	4000 dz	„	„	4500 dz	18,50 *M*	„	1 dz
„	„	„	4500 dz	„	„	5000 dz	19,— *M*	„	1 dz
„	„	„	5000 dz	„	„	6000 dz	19,50 *M*	„	1 dz
„	„	„	6000 dz				20,— *M*	„	1 dz

[2] Übersteigt der Malzverbrauch in einem Brauereibetrieb innerhalb eines Kalenderjahres die erste Staffel des Abs. 1 um nicht mehr als 50 Doppelzentner oder eine der übrigen Staffeln um nicht mehr als 100 Doppelzentner, so ist nur für die überschreitende Menge der Malzaufschlag nach dem Satze der höheren Staffel zu entrichten.

[3] Übersteigt in der Zeit bis 31. Dezember 1918 der Malzverbrauch in einem Brauereibetrieb innerhalb eines Kalenderjahres den Durchschnittsverbrauch der Jahre 1907, 1908 und 1909 bei Betrieben bis zu 6000 Doppelzentner jährlichem Malzverbrauch

um mehr als 10 vom Hundert, bei Betrieben von mehr als 6000 Doppelzentner jährlichem Malzverbrauch um mehr als 5 vom Hundert, so erhöhen sich für die überschreitende Menge die Malzaufschlagsätze des Abs. 1 um 10 vom Hundert. Auf Betriebe, die noch keine drei Jahre bestehen, findet diese Bestimmung sinngemäße Anwendung.

4 Ergeben sich für einzelne Brauereien aus der Bemessung des Durchschnittsverbrauches nach den in den Jahren 1907, 1908 und 1909 verwendeten Malzmengen besondere Härten, so kann die Steuerverwaltung aus Billigkeitsgründen einen erhöhten Durchschnittsverbrauch festsetzen.

5 Für Personen, die Bier nur für ihren Hausbedarf bereiten und hiezu im Kalenderjahre nicht mehr als 5 Doppelzentner Malz verwenden, beträgt der Malzaufschlag 10 *M* für den Doppelzentner. Es ist verboten, Bier, das unter Inanspruchnahme der Steuerermäßigung hergestellt ist, an nicht zum Haushalte gehörige Personen gegen Entgelt abzugeben. Bierverkäufer haben auf Ermäßigung keinen Anspruch.

6 Für neue Brauereien, welche nach dem 1. März 1910 in Betrieb genommen werden, sowie für Brauereien, welche nach dem 1. März 1910 wieder in Betrieb genommen werden, nachdem sie mehr als zwei Jahre außer Betrieb waren, erhöhen sich die Malzaufschlagsätze des Abs. 1 um 25 vom Hundert. Von dieser Erhöhung können aus Gründen der Billigkeit befreit werden neue Brauereien, welche nach dem 1. März 1910 in Betrieb genommen werden, wenn die Verträge über den Bau des Brauereigebäudes sowie über die Lieferung der erforderlichen Maschinen und Brauereigeräte noch vor dem 1. Oktober 1909 rechtsverbindlich abgeschlossen worden sind.

7 Als neue Brauereien im Sinne des Abs. 6 sind nicht anzusehen diejenigen Brauereien, die zwar mehr als zwei Jahre außer Betrieb waren, für welche aber ein auf ein bestimmtes Grundstück eingetragenes Braurecht (Realrecht) besteht, das auch während der ganzen Zeit des Nichtbetriebes der Brauerei zur Gewerbsteuer veranlagt war. Soferne jedoch solche Brauereien nach dem 1. Januar 1910 durch Kauf den Besitzer gewechselt haben, unterliegen sie den Bestimmungen des Abs. 6.

8 Mehrere Braustätten, die für Rechnung einer und derselben Person oder Gesellschaft betrieben werden, sind im Sinne des Abs. 1 als ein Brauereibetrieb anzusehen, Sind mehrere, zur Zeit des Inkrafttretens dieses Gesetzes für Rechnung einer und derselben Person oder Gesellschaft betriebene Braustätten bisher

steuerlich getrennt behandelt worden, so sind sie auch nach dem Inkrafttreten dieses Gesetzes getrennt zu behandeln.

[9] Wird eine Braustätte von mehreren für eigene Rechnung brauenden Personen benutzt, so ist für die Höhe des Malzaufschlags die Menge des Malzes entscheidend, die jede einzelne dieser Personen zur Bierbereitung verwendet. Auf Braustätten, die erst nach dem 1. Oktober 1909 betriebsfähig hergerichtet worden sind, findet diese Bestimmung keine Anwendung.

AusfB. zu Art. 5 Abs. 1 mit 4.

Berechnung des Malzaufschlags.

§ 9. [1] Der für eine Brauerei anzuwendende Malzaufschlagsatz ist vorläufig nach dem Malzverbrauche des Kalenderjahrs, in dem zuletzt ein Betrieb der Brauerei stattgefunden hat, zu bemessen. Der für neu entstehende Brauereien im ersten Jahre des Betriebs vorläufig anzuwendende Malzaufschlagsatz wird vom Hauptzollamte nach Maßgabe der Betriebsverhältnisse der Brauerei bestimmt.

[2] Übersteigt der Malzverbrauch in einem Brauereibetrieb innerhalb eines Kalenderjahrs den der Malzaufschlagberechnung vorläufig zugrunde gelegten Malzverbrauch, so unterliegt bei Überschreitung der ersten Staffel des Art. 5 Abs. 1 des Gesetzes um mehr als 50 Doppelzentner oder bei Überschreitung einer anderen Staffel um mehr als 100 Doppelzentner der gesamte Malzverbrauch der Brauerei im Kalenderjahre dem zutreffenden höheren Malzaufschlagsatze; die erforderliche Nachzahlung ist bei der nächsten Aufschlagentrichtung zu leisten, soweit nicht die ordentliche Stundung eintritt. Bleibt der Malzverbrauch in einem Brauereibetrieb in einem Kalenderjahr unter dem Malzverbrauche zurück, der der Malzaufschlagberechnung vorläufig zugrunde gelegt war, so unterliegt der gesamte Malzverbrauch der Brauerei im Kalenderjahre nur demjenigen Satze, welcher der tatsächlichen Malzverwendung entspricht. Der Betrag, welcher durch die vorläufige Anwendung eines höheren Malzaufschlagsatzes zu Ungebühr erhoben worden ist, ist an der Aufschlagschuldigkeit in Abzug zu bringen oder, soweit eine solche nicht besteht, zu erstatten.

[3] Bei der Ermittlung des steuerpflichtigen Gesamtmalzverbrauchs eines Brauereibetriebs innerhalb eines Kalenderjahrs und des hienach anzuwendenden Steuersatzes sind diejenigen Malzmengen außer Ansatz zu lassen, für welche auf Grund des Artikel 10 des Gesetzes der Malzaufschlag nachgelassen oder vergütet worden ist.

[4] Der Durchschnittsmalzverbrauch der Jahre 1907, 1908 und 1909 (Artikel 5 Abs. 3 des Gesetzes) wird für jede Braustätte und für jede auf eigene Rechnung brauende Person durch die K. Generaldirektion der Zölle und indirekten Steuern festgesetzt. Die Festsetzung erfolgt nach dem Gewicht in der Weise, daß den in den Jahren 1907, 1908 und 1909 nach dem Hohlmaße versteuerten Malzmengen ein Hektolitergewicht von 53,5 kg zugrunde gelegt wird. Jedem Brauer ist der für ihn festgesetzte Durchschnittsmalzverbrauch bis spätestens 1. Juni 1910 mitzuteilen. Der festgesetzte Durchschnittsverbrauch ist

in den Brauereiverzeichnissen und in den jeweiligen Malzverbrauchbüchern vorzumerken. Die Festsetzung eines erhöhten Durchschnittsverbrauchs aus Billigkeitsgründen erfolgt durch das K. Staatsministerium der Finanzen.

AusfB. zu Art. 5 Abs. 5.

Bereitung von Bier für den Hausbedarf. (Hausbrauer.)

§ 10. [1] Wer die Ermäßigung des Malzaufschlags für das zur Bereitung von Bier für seinen Hausbedarf verwendete Malz (Artikel 5 Abs. 5 des Gesetzes) in Anspruch nimmt (Hausbrauer), hat dies bei der Erholung des ersten Malzscheins im Kalenderjahre der Hebestelle schriftlich anzuzeigen. Hiebei ist unter Anwendung eines Muster 1. amtlichen Vordrucks die Erklärung abzugeben, daß im Kalenderjahre nicht mehr als 5 Doppelzentner Malz verwendet und das unter Inanspruchnahme der Steuerermäßigung hergestellte Bier nur im Haushalte des Anmelders verbraucht oder unentgeltlich abgegeben werden soll, ferner daß der Anmelder nicht mit Bier handelt.

[2] Die Abgabe von Bier, das für den Hausbedarf unter Inanspruchnahme des ermäßigten Malzaufschlagsatzes hergestellt ist, an nicht zum Haushalte gehörige Personen gegen Entgelt oder der Handel mit Bier haben neben dem Verluste des Anrechts auf die Steuerermäßigung die Einleitung des Strafverfahrens zur Folge.

[3] Vorübergehend angenommene Arbeiter oder Dienstleute werden als zum Haushalte gehörig nur dann angesehen, wenn sie im Haushalte verköstigt werden.

[4] Hausbrauer haben über die Menge und den Verbrauch des Muster 2. von ihnen hergestellten Bieres Aufschreibungen nach Muster 2 zu führen.

[5] Wenn ein Hausbrauer im Laufe des Kalenderjahrs mehr als insgesamt 5 Doppelzentner Malz zur Bierbereitung verwenden oder Bier an nicht zum Haushalte gehörige Personen gegen Entgelt abgeben oder mit Bier handeln will, so hat er der Hebestelle vorher schriftlich Anzeige zu erstatten.

[6] Die Entziehung der Malzaufschlagermäßigung wegen Mißbrauchs oder, weil eine der gesetzlichen Voraussetzungen in Fortfall gekommen ist, erfolgt durch das Hauptzollamt. Wird die Malzaufschlagermäßigung während eines Kalenderjahrs entzogen, so unterliegt der gesamte Malzverbrauch in diesem Kalenderjahre den regelmäßigen Malzaufschlagsätzen.

AusfB. zu Art. 5 Abs. 6.

Neuerrichtung von Brauereien.

§ 11. Tritt ein Brauereibetrieb an die Stelle eines bestehenden Betriebs, so entscheidet im einzelnen Falle die K. Generaldirektion der Zölle und indirekten Steuern, ob dieser Betrieb als neu entstandene Brauerei anzusehen ist. Die Gewährung der durch Artikel 5 Abs. 6 Satz 2 des Gesetzes zugelassenen Erleichterung erfolgt durch das K. Staatsministerium der Finanzen.

AusfB. zu Art. 5 Abs. 8.

Behandlung von Brauereien, welche untergäriges und obergäriges Bier herstellen.

§ 12. Wird in einer Brauerei zugleich untergäriges und obergäriges Bier erzeugt, so sind beide Betriebe in Ansehung des Steuersatzes als ein Betrieb zu erachten. In den übrigen steuerlichen Beziehungen sind diese Brauereien als zwei für sich bestehende selbständige Betriebe zu behandeln.

Behandlung mehrerer zu einem Brauereibetriebe vereinigten Braustätten.

§ 13. [1] Eine Person oder Gesellschaft, für deren Rechnung mehrere Braustätten betrieben werden sollen, hat dies mindestens 8 Tage nach dem Besitzübergang oder mindestens 8 Tage vor Beginn des Betriebs den Steuerämtern, in deren Bezirk sich die betreffenden Braustätten befinden, anzuzeigen. In der Anzeige sind Bezeichnung und Ort sämtlicher Braustätten und die Steuerämter, in deren Bezirk sie liegen, anzugeben.

[2] Befinden sich die als ein Brauereibetrieb anzusehenden Braustätten in verschiedenen Steueramtsbezirken, so haben sich die für die einzelnen Braustätten zuständigen Steuerämter am Schlusse jeden Vierteljahrs den Malzverbrauch der in ihrem Bezirke gelegenen Braustätten und den angewendeten Steuersatz mitzuteilen.

[3] Die entsprechende Verständigung der beteiligten Steuerstellen erfolgt durch die Steuerämter.

§ 14. [1] Wird die Verbindung, wegen der mehrere Braustätten als ein Brauereibetrieb im Sinne des Art. 5 Abs. 8 anzusehen sind, aufgehoben, so ist für den fortgesetzten Betrieb der getrennt zu behandelnden Brauereien der Malzaufschlag nach derjenigen Malzmenge zu erheben, die in den einzelnen Brauereien während des Kalenderjahrs verbraucht wurde.

[2] Tritt eine solche Verbindung erst im Laufe eines Kalenderjahrs ein, so wird für den fortgesetzten Betrieb der vereinigten Brauereien der Malzaufschlag nach der Malzmenge berechnet, die in den nunmehr einen Brauereibetrieb bildenden Einzelbrauereien im Laufe des Jahres zusammen verwendet worden ist.

AusfB. zu Art. 5 Abs. 9.

Benützung einer Braustätte durch mehrere Personen.

§ 15. [1] Auf eigene Rechnung im Sinne des Artikel 5 Abs. 9 braut nur derjenige, der die Braustoffe auf eigene Rechnung beschafft, das Malz zum Schroten anmeldet, auf eigene Rechnung gesondert versiedet, das daraus hergestellte Bier gesondert lagert und auf eigene Rechnung verkauft.

[2] Geht eine Braustätte, die bisher von mehreren auf eigene Rechnung brauenden Personen benützt worden ist, während eines Kalenderjahrs in die alleinige Benützung einer Person oder einer Gesellschaft über, so ist für den Rest des Jahres der Aufschlagsatz nach derjenigen Malzmenge zu bemessen, welche während des Jahres von der Person oder Gesellschaft in der Braustätte verwendet worden ist.

Aushilfsweise Benützung einer anderen Braustätte durch Brauereibesitzer.

§ 16. Ist der Besitzer (Mitbesitzer, Brauberechtigte) einer Braustätte an deren Benützung verhindert, so kann ihm auf Antrag von der K. Generaldirektion der Zölle und indirekten Steuern vorübergehend die Benützung einer anderen Braustätte mit der Wirkung gestattet werden, daß diese Benützung hinsichtlich der Steuerberechnung als Fortsetzung des eigenen Betriebs anzusehen und der sonstige Betrieb der fremden Braustätte hievon unabhängig zu behandeln ist.

Bemerkungen:

Die allgemeinen Erörterungen über Gewichtsteuer, Abstufung des Malzaufschlags, Kontingentierung und Ermäßigung des Malzaufschlags für Hausbrauer finden sich in den einleitenden allgemeinen Bemerkungen.

Zu Art. 5 Abs. 1.

1. Ein Brauereibetrieb im Sinne des Artikel 5 Abs. 1 MAG. ist der Betrieb einer Braustätte zum Zwecke der Herstellung von Bier oder bierähnlichen Getränken. Die Braustätte ist die Betriebsstätte; sie besteht aus den zum Brauereibetrieb dienenden Gebäuden, dem Sudhaus, Gärkellern usw. (s. hiezu Bemerkung 1 zu Art. 5 Abs. 6). Der gesamte Betrieb in einer Braustätte bildet, abgesehen von den im Gesetze selbst vorgesehenen Ausnahmen einen einzigen Brauereibetrieb. Diese Ausnahmen sind:

a) der Betrieb der Hausbrauer (Art. 5 Abs. 5), hier führt jeder Hausbrauer für sich einen Brauereibetrieb;

b) der Betrieb mehrerer Braustätten für Rechnung einer und derselben Person oder Gesellschaft, soferne es sich nicht um Betriebe handelt, die vor dem Inkrafttreten des Gesetzes für Rechnung ein und derselben Person betrieben, jedoch steuerlich getrennt behandelt worden sind; gemäß Art. 5 Abs. 8 sind diese sämtlichen Brauereien als ein Brauereibetrieb im Sinne des Artikel 5 Abs. 1 anzusehen;

c) die Benützung einer vor dem 1. Oktober 1909 betriebsfähig hergerichteten Braustätte durch mehrere für eigene Rechnung brauende Personen; in diesem Falle ist gemäß Artikel 5 Abs. 9 MAG. für die Höhe des Malzaufschlags die Menge des Malzes entscheidend, die jede einzelne dieser Personen zur Bierbereitung verwendet; es bestehen sonach hier mehrere Brauerbetriebe in einer Braustätte.

2. Das ungeschrotete Malz ist steuerbar geworden, sobald es für den Zweck der Erzeugung von Bier zum Schroten in die Mühle eingebracht wird (Artikel 3).

3. Die Höhe des Malzaufschlags, welcher für das in einem Brauereibetrieb steuerbar gewordene ungeschrotete Malz zu entrichten ist, bemißt sich:

a) nach der Braustätte, in welcher der Brauereibetrieb stattfindet,

b) nach der Höhe des Gesamtmalzverbrauches im Brauereibetriebe innerhalb eines Kalenderjahres. Die Braustätte ist für die Höhe des Malzaufschlags insoferne von Einfluß, als die regelmäßigen Malzaufschlagsätze des Artikel 5 Abs. 1 dann nicht zur Anwendung kommen können, wenn der Betrieb in einer Braustätte erfolgt, die nach dem 1. März 1910 neu errichtet oder wieder in Betrieb genommen worden ist, nachdem sie mehr als zwei Jahre außer Betrieb war. Für das in einer derartigen Braustätte verwendete steuerpflichtige Malz würden sich gemäß Artikel 5 Abs. 6 die Malzaufschlagsätze des Artikel 5 Abs. 1 um 25 v. H. erhöhen. Der Umfang des Gesamtmalzverbrauches eines Brauereibetriebes im Kalenderjahre ist für die Höhe des Malzaufschlags deshalb von Bedeutung, weil Artikel 5 Abs. 1 für verschiedene Malzverbrauchsgruppen verschiedene Steuersätze enthält, und weil die in Artikel 5 Abs. 3 vorgesehene Erhöhung der Malzaufschlagsätze bzw. die in Artikel 5 Abs. 5 zugelassene Anwendung eines ermäßigten Malzaufschlagsatzes von dem Überschreiten bzw. Nichtüberschreiten eines bestimmten Malzverbrauchs innerhalb eines Brauereibetriebes im Kalenderjahre abhängig ist. Im Falle des Artikel 5 Abs. 5 ist die Höhe des für einen Brauereibetrieb anzuwendenden Satzes nur abhängig von der Erfüllung der besonderen dort vorgesehenen Voraussetzungen.

4. Die regelmäßigen Malzaufschlagsätze des Artikel 5 Abs. 1 sind nach der Höhe des Gesamtmalzverbrauches eines Brauereibetriebes innerhalb eines Kalenderjahres abgestuft. Die Anwendung der verschiedenen Malzaufschlagsätze erfolgt jedoch nicht wie nach dem früheren Malzaufschlaggesetze in der Weise, daß zu Beginn des Kalenderjahres jene Betriebe, die mit Rücksicht auf ihren erhöhten Malzverbrauch erhöhten Steuersätzen unterliegen, auch an den Sätzen, die für einen geringeren Malzverbrauch vorgesehen sind, teilnehmen (Grundsatz der Durchstaffelung), sondern es wird jeder Brauereibetrieb nach Maßgabe seines Gesamtmalzverbrauches im Kalenderjahre einem einzigen Malzaufschlagsatze unterstellt, soweit nicht die besonderen Ausnahmefälle des Artikel 5 Abs. 2 und 3 gegeben sind. Da der Gesamtmalzverbrauch eines Brauereibetriebes im Kalenderjahre zu Beginn dieses Jahres noch nicht feststeht, muß zunächst ein vorläufiger Malzaufschlagsatz zur Anwendung kommen, der sich gemäß § 9 Abs. 1 der MAAusfB. bei bestehenden Brauereien nach dem Malzverbrauche des Kalenderjahres bemißt, in dem zuletzt ein Betrieb stattgefunden hat. Nach der Begründung zum Malzaufschlaggesetzentwurfe war in Aussicht genommen, die Bemessung des für einen Brauereibetrieb zu Beginn eines Kalenderjahres vorläufig anzuwendenden Malzaufschlagsatzes nach einer Betriebserklärung zuzulassen (Beil. 675 zu den Verh. d. K. d. Abg. 1909/10 S. 687). Bei Beratung des Gesetzentwurfs im besonderen Ausschusse der Kammer der Abgeordneten ist jedoch die Einführung des Systems der Betriebserklärung für bedenklich erachtet und angeregt worden, den Malzaufschlagsatz zu Beginn eines Kalenderjahres vorläufig nach dem Malzverbrauch des vorhergegangenen Jahres zu bemessen. (Ausschußbericht S. 111, 112 und 156.) Der für einen Brauereibetrieb im Kalenderjahre endgültig anzuwendende Malzaufschlagsatz bemißt sich nach dem tatsächlichen Malzverbrauche in diesem Kalenderjahre; die Feststellung dieses Satzes kann erst erfolgen, wenn der Brauereibetrieb für ein Kalenderjahr abgeschlossen ist. Ergibt sich, daß der endgültige Malzaufschlagsatz ein von dem vorläufig angewendeten Malzaufschlag verschiedener ist, so hat ein Ausgleich nach Maßgabe der in § 9 Abs. 2 MAAusfB. gegebenen Anweisung zu erfolgen. Bei der Ermittlung der steuerpflichtigen Gesamtmalzmenge einer Brauerei und des hienach anzuwendenden Steuersatzes sind die Malzmengen, die auf einer nicht in Bayern gelegenen

Mühle geschrotet worden sind, mit in Ansatz zu bringen (§ 38 Abs. 4 MAAusfB.).

5. Da für den endgültigen Malzaufschlagsatz der Jahresmalzverbrauch im Brauereibetriebe maßgebend ist, kann ein während des Kalenderjahres eingetretener Wechsel in der Person des Betriebsinhabers hierauf nicht von Einfluß sein. Ist in einem derartigen Falle der am Ende des Jahres sich ergebende endgültige Malzaufschlagsatz höher oder niedriger als der vorläufig angewendete Malzaufschlagsatz, so hat der frühere Betriebsinhaber, soferne er mit dem Besitznachfolger keine anderweitige Vereinbarung getroffen hat, für die von ihm verwendete Malzmenge den treffenden Malzaufschlagbetrag nachzuentrichten oder die Erstattung des zu Ungebühr erhobenen Betrags zu beanspruchen. Dies ergibt sich daraus, daß der Steuerpflichtige, d. i. derjenige, für dessen Rechnung das Malz geschrotet wird (Artikel 6), gemäß Artikel 5 Abs. 1 den Malzaufschlag nach dem Gesamtmalzverbrauch des Brauereibetriebes im Kalenderjahre zu entrichten hat.

Beispiel: Für einen Brauereibetrieb wird der Malzaufschlag nach einem Malzverbrauch im vorhergegangenen Kalenderjahre von 2000 dz vorläufig mit 16 Mk. für 1 dz erhoben. Der Betriebsinhaber A verkauft am 1. Oktober, nachdem er bis dahin 1300 dz Malz verbraucht hat, die Brauerei an B. Eine Vereinbarung wegen Übernahme der Pflichten und Rechte in bezug auf die Entrichtung des Malzaufschlags wurde nicht getroffen. B verwendet in der Zeit vom 1. Oktober bis zum Schluß des betreffenden Kalenderjahres noch 900 dz, so daß der Gesamtmalzverbrauch des Brauereibetriebes im Kalenderjahre 1300 + 900 = 2200 dz ausmacht. Da in diesem Falle der endgültige Malzaufschlagsatz und zwar für den gesamten Malzverbrauch 16,50 Mk. für 1 dz beträgt, hat A für 1300 dz je 0,50 Mk. oder 650 Mk. nachzuentrichten. Würde B bis zum Schlusse des Kalenderjahres nur noch 200 dz Malz verwenden, so würde für eine Gesamtmalzverwendung im Kalenderjahre von 1500 dz ein endgültiger Malzaufschlagsatz von 15,50 Mk. zutreffen und demgemäß an A der Betrag von 650 Mk. zurückzuerstatten sein. Bei Veräußerung einer Brauerei im Laufe eines Kalenderjahres wird daher der Veräußerer, um sich vor unvermuteten Malzaufschlagnachzahlungen zu schützen, zweckmäßig vereinbaren, daß der Erwerber alle Verpflichtungen und Rechte übernimmt, die für den Veräußerer in bezug auf die Entrichtung des Malzaufschlags entstehen können. Ist der endgültig anzuwendende Malzaufschlagsatz niedriger als der vorläufig angewendete Malzaufschlagsatz, so kann bei einem innerhalb des Kalenderjahres eingetretenen Besitzwechsels der Braustätte eine Erstattung des treffenden Malzaufschlags für das auf Rechnung des Vorbesitzers geschrotete Malz an den Besitznachfolger nur dann erfolgen, wenn dieser die Übertragung der Ansprüche des Vorbesitzers auf seine Person entsprechend nachgewiesen hat. Übernimmt der Erwerber die Berichtigung der bestehenden Aufschlagschuld nicht, so ist ihm gemäß § 23 Abs. 3c MAAusfB. die ordentliche Stundung zu versagen.

6. Bei Beurteilung der Betriebsverhältnisse einer neu entstandenen Brauerei zum Zwecke der Festsetzung des im ersten Betriebsjahre vorläufig anzuwendenden Malzaufschlagsatzes (§ 9 Abs. 1 MAAusfB.) sind insbesonders in Betracht zu ziehen die Leistungsfähigkeit der Brauereieinrichtung und die Absatzverhältnisse — Zahl der Wirte, Höhe des Eigenausschankes, Bierausfuhr usw.

7. Eine Nachzahlung die notwendig wird, weil der endgültige Malzaufschlagsatz höher ist als der vorläufige, hat nach § 9 Abs. 2 MA.-AusfB. bei der nächsten Aufschlagentrichtung zu erfolgen, soweit nicht die ordentliche Stundung eintritt. Kommt eine Aufschlagentrichtung für den Pflichtigen künftig nicht mehr in Frage, was z. B. bei eingetretenem Besitzwechsel beim Vorbesitzer der Fall ist, dann hat die Nachzahlung jeweils sogleich dann zu erfolgen, wenn sie begründet ist, nämlich beim Überschreiten einer Steuerstaffel um mehr als 50 oder 100 dz. Die Bestimmungen über die ordentliche Stundung finden sich in Artikel 8 MAG. Da diese Stundung für die in den einzelnen Vierteljahren angefallenen Beträge eine verschiedene ist, muß dies auch bei der Nacherhebung berücksichtigt werden. Beispiel: In einem Brauereibetrieb, der die ordentliche Stundung genießt, wird der Malzaufschlag zu Beginn des Kalenderjahres auf Grund eines Malzverbrauchs von 2500 dz im Vorjahre vorläufig nach dem Satze von 16,50 Mk. für 1 dz erhoben. Der Malzverbrauch des Brauereibetriebes hat im ersten Viertel des Kalenderjahres 1700 dz und im zweiten Viertel 1000 dz betragen. Hiemit hat die Anwendung des Satzes von 17 Mk. für den gesamten bisherigen Malzverbrauch im betreffenden Kalenderjahre einzutreten und demgemäß für das im ersten Viertel steuerbar gewordene Malz eine Nachzahlung von 850 Mk. zu erfolgen. Hievon ist die erste Hälfte zu 425 Mk. mit der Aufschlagschuld für das zweite Kalenderviertel zu entrichten, während die zweite Hälfte im Hinblick auf die Bestimmung in Artikel 8 Abs. 1 Ziffer 1 erst in der Zeit vom 1. bis 15. Oktober des betreffenden Jahres zu entrichten ist.

8. Von der Regel, daß der steuerbar gewordene Gesamtmalzverbrauch eines Brauereibetriebes für die Bemessung des anzuwendenden Malzaufschlagsatzes entscheidend ist, läßt § 9 Abs. 3 MAAusfB. insoferne eine Ausnahme zu, als dort bestimmt ist, daß bei der Ermittlung dieses Gesamtmalzverbrauches jene Malzmengen außer Ansatz zu bleiben haben, für welche auf Grund von Artikel 10 des Gesetzes der Malzaufschlag nachgelassen oder vergütet worden ist. Dies erfolgt dann, wenn steuerbar gewordenes Malz nachweislich nicht geschrotet worden ist oder wenn versteuertes geschrotetes Malz zugrunde gegangen oder zur Bierbereitung unbrauchbar geworden ist, oder wenn ein aus versteuertem Malze hergestelltes Erzeugnis in der Braustätte zugrunde gegangen oder zur Verwertung als Bier unbrauchbar geworden ist. In allen diesen Fällen findet eine Verwendung des steuerbar gewordenen Malzes zu steuerpflichtigen Zwecken nicht statt und es erscheint daher billig, die in Betracht kommenden Malzmengen auch bei Berechnung des Gesamtmalzverbrauches eines Brauereibetriebes außer Ansatz zu lassen.

9. Beispiel für die Berechnung des Malzaufschlags bei Überschreitung verschiedener Steuerstufen sowie des Durchschnittsmalzverbrauches in einem Brauereibetrieb innerhalb eines Kalenderjahres s. Bemerkung 8 zu Artikel 5 Abs. 3.

Zu Art. 5 Abs. 2.

1. Um Härten zu vermeiden, die sich durch die sofortige Anwendung des höheren Malzaufschlagsatzes auf den gesamten Malzverbrauch bei nur geringfügiger Überschreitung des für eine Steuerstaffel maßgebenden Malzverbrauches ergeben könnten, und mit Rücksicht auf den alljährlich wechselnden Extraktgehalt der Gerste ist in Artikel 5 Abs. 2

vorgesehen, daß bei Überschreitung der ersten Staffel des Abs. 1 um nicht mehr als 50 dz und der übrigen Staffeln um nicht mehr als 100 dz nur die überschreitende Menge dem höheren Malzaufschlagsatz unterliegen soll. Es würden hienach von einem Gesamtmalzverbrauch im Kalenderjahre von 1050 dz 1000 dz dem Satze von 15 Mk. und 50 dz dem Satze von 15,50 Mk. für 1 dz unterliegen, bei einem Malzverbrauch von 2100 dz würden 2000 dz zum Satze von 16 Mk. und 100 dz zum Satze von 16,50 für 1 dz zu versteuern sein. Für einen Gesamtmalzverbrauch von 1051 dz bzw. 2101 dz wäre indessen der Malzaufschlag für die ganze Malzmenge zum Satze von 15,50 Mk. bzw. 16,50 Mk. für 1 dz zu entrichten.

2. Der Grundsatz des Artikel 5 Abs. 2 ist auch zu beachten für die Bestimmung des nach § 9 Abs. 1 MAAusfB. vorläufig anzuwendenden Malzaufschlagsatzes, so daß, wenn in einem Kalenderjahre der Malzverbrauch eines Brauereibetriebes 1050 dz oder 2100 dz betragen hat, im nächsten Kalenderjahre nicht ein vorläufiger Malzaufschlagsatz von 15,50 Mk. oder 16,50 Mk. sondern von 15 Mk. oder von 16 Mk. für 1 dz anzuwenden ist.

Zu Art. 5 Abs. 3.

1. Die Geltung der Bestimmung in Artikel 5 Abs. 3 ist zeitlich befristet; sie erlischt mit dem 31. Dezember 1918; eine etwaige Verlängerung dieser Geltungsdauer könnte nur im Wege der Gesetzgebung erfolgen.

2. Der Durchschnittsmalzverbrauch ist gemäß § 9 Abs. 4 MA.-AusfB. für die Braustätte festzusetzen, soferne sie nur von einer Person benutzt worden ist; hatte eine Benutzung der Braustätte durch mehrere Personen auf eigene Rechnung stattgefunden, so ist für jede auf eigene Rechnung brauende Person ein besonderer Durchschnittsmalzverbrauch festzusetzen (zu vergl. Bemerkung 1 zu Artikel 5 Abs. 1 über den Begriff „Brauereibetrieb"). Die Voraussetzungen, unter denen eine Person als auf eigene Rechnung brauend angesehen werden kann, sind in § 15 MAAusfB. angegeben. Die unbedingte Anwendung dieser letzteren Bestimmung auf die sogenannten Kommunbrauer oder Genossenschaftsbrauer (s. hiewegen die Bemerkung 3 zu Artikel 5 Abs. 9) begegnete erheblichen Schwierigkeiten. Es ist nämlich bei den Kommunbrauern vielfach üblich, daß mehrere Berechtigte gemeinsam einen Sud Bier in der Weise herstellen, daß zwar jeder derselben einen Teil Gerste oder Malz liefert, daß aber nur einer der Beteiligten das Sieden vornimmt und dann das gewonnene Bier an die einzelnen Berechtigten nach Maßgabe der gelieferten Gersten- oder Malzmengen abgibt. Auf eigene Rechnung im Sinne des § 15 MAAusfB. würde in diesem Falle nur der brauen, welcher den gemeinsamen Sud herstellt. Nach der bisherigen Regelung ist auch gemäß § 19 der Bestimmungen zum Vollzuge der Gesetze vom 8. Dezember 1889 und vom 24. Mai 1896 den Malzaufschlag betreffend, — Bekanntmachung des K. Staatsministeriums der Finanzen vom 21. Juli 1896 GVBl. S. 481 und ABl. S. 173 — in derartigen Fällen der Steuerbehörde gegenüber nur eine Person als Malzeigentümer und Malzaufschlagpflichtiger in Betracht gekommen, nämlich derjenige, der das Einschreibbuch übergeben hat, und auf den die Polette gelautet hat. Der Steuerbehörde gegenüber ist in derartigen Fällen daher nur eine Person in Erscheinung getreten. Würde nun der

Durchschnittsmalzverbrauch nach Maßgabe der in den Jahren 1907/09 versteuerten Malzmengen lediglich für diese Person festgesetzt werden, so wäre es in deren Belieben gelegen, entweder den gesamten Durchschnittsmalzverbrauch für sich allein auszunutzen, oder aber einzelne der früheren Beteiligten von einer Anteilnahme an dem festgesetzten Durchschnittsmalzverbrauch auszuschließen und an deren Stelle andere Kommunbrauer treten zu lassen. Um derartige Unzukömmlichkeiten zu vermeiden, hat das K. Staatsministerium der Finanzen mit Entschließung vom 13. Dezember 1910 Nr. 38206 verfügt, daß in derartigen Fällen der Durchschnittsmalzverbrauch der einzelnen Kommunbrauer nach Maßgabe der von ihnen im Durchschnitte der Jahre 1907/09 bei den gemeinsamen Suden tatsächlich verwendeten Malzmengen festgesetzt wird. Durch diese Regelung wird auch verhindert, daß Kommunbrauer oder Genossenschaftsbrauer, die in den Jahren 1907, 1908 und 1909 Malz zur Bierbereitung nicht verwendet haben, sich unter Ausnützung des einem anderen Kommunbrauer zugewiesenen Durchschnittsmalzverbrauches an einem gemeinsamen Sud beteiligen. Kommunbrauern, die in den genannten Jahren Malz zur Bierbereitung nicht verwendet haben, kann nämlich ein Durchschnittsmalzverbrauch nicht zugewiesen werden; sie haben daher, wenn sie nach dem Inkrafttreten des Malzaufschlaggesetzes vom 18. März 1910 wieder brauen wollen, gemäß Artikel 5 Abs. 3 des Malzaufschlaggesetzes die um 10 v. H. erhöhten Malzaufschlagsätze für die gesamte von ihnen verwendete Malzmenge zu entrichten (Entsch. d. K. Staatsministeriums der Finanzen vom 27. Juli 1910 Nr. 22143).

3. Bei Überschreitung des Durchschnittsmalzverbrauches um mehr als 10 v. H. oder 5 v. H. erhöhen sich lediglich die Sätze des Artikel 5 Abs. 1. Der in Artikel 5 Abs. 5 für Personen, die Bier nur für ihren Hausbedarf bereiten, vorgesehene ermäßigte Steuersatz von 10 Mk. für 1 dz erhöht sich auch dann nicht, wenn etwa innerhalb der zulässigen Malzverwendung von 5 dz eine Überschreitung des durchschnittlichen Malzverbrauches der Jahre 1907/09 stattfinden sollte. Die Festsetzung eines Durchschnittsmalzverbrauches auch für Hausbrauer, welche die Steuerbegünstigung des Artikel 5 Abs. 5 in Anspruch nehmen, erscheint jedoch mit Rücksicht darauf geboten, daß eine Entziehung der Malzaufschlagermäßigung im Falle des Mißbrauches oder beim Wegfall einer der gesetzlichen Voraussetzungen eintreten kann (§ 10 Abs. 6 MAAusfB.). Für neue Brauereien, für die sich nach Artikel 5 Abs. 6 MAG. die Sätze des Artikel 5 Abs. 1 um 25 v. H. erhöhen, kommt die Festsetzung eines Durchschnittsmalzverbrauches selbstverständlich überhaupt nicht in Betracht.

4. Die Erhöhung der regelmäßigen Malzaufschlagsätze nach Artikel 5 Abs. 3 tritt ein, gleichviel, ob das aus dem höher versteuerten Malze hergestellte Bier zum Absatze im Inlande oder im Auslande bestimmt ist. Den Interessen der Ausfuhrbrauereien ist jedoch dadurch Rechnung getragen, daß nach § 14 Abs. 3 der Malzaufschlagvergütungsordnung im Falle des Art. 5 Abs. 3 des Malzaufschlaggesetzes auch eine entsprechende Erhöhung der Malzaufschlagrückvergütung insoweit eintritt, als im betreffenden Brauereibetriebe Malz zum höheren Satze steuerbar geworden ist (zu vergl. die Bemerkungen zu § 14 MAVergütungsordnung).

5. Während bei Überschreitung einer Steuerstaffel des Artikel 5 Abs. 1 um mehr als 50 oder 100 dz der gesamte Malzverbrauch des Brauereibetriebes dem entsprechenden höheren Malzaufschlagsatze unterliegt, tritt die Erhöhung des Malzaufschlags um 10 v. H. gemäß Artikel 5 Abs. 3 im Falle der Überschreitung des einem Brauereibetrieb zugewiesenen Durchschnittsmalzverbrauches um mehr als 10 v. H. oder mehr als 5 v. H. nur für die den Durchschnittsmalzverbrauch überschreitende Malzmenge ein. Bei einer Überschreitung des Durchschnittsmalzverbrauches lediglich innerhalb des in Artikel 5 Abs. 3 vorgesehenen Spielraumes tritt eine Erhöhung der regelmäßigen Malzaufschlagsätze überhaupt nicht ein; wird aber diese Grenze überschritten, dann unterliegt die gesamte Malzmenge, die über den Durchschnittsmalzverbrauch hinaus steuerbar geworden ist, mithin auch die innerhalb der Grenze von 10 v. H. oder 5 v. H. befindliche Malzmenge dem Zuschlag. Beispiel: Der Durchschnittsmalzverbrauch ist für einen Brauereibetrieb auf 2700 dz festgesetzt worden; dieser Malzverbrauch kann um 10 v. H. d. i. 270 dz überschritten werden, ohne daß ein Zuschlag zu entrichten ist. Würde jedoch die Malzverwendung in diesem Brauereibetriebe mehr wie 2970 dz z. B. 2971 dz betragen, so würde sich für die den durch Durchschnittsmalzverbrauch von 2700 dz überschreitende Malzmenge von 271 dz der regelmäßige Malzaufschlag um 10 v. H. erhöhen. Es wären hienach zu entrichten für 2700 dz der Malzaufschlag nach dem Satze von 17 Mk. mit 45 900 Mk. und für 271 dz nach dem Satze von 17 + 1,70 = 18,70 Mk. mit 5067,70 Mk.

6. Für die Entscheidung der Frage, ob die Erhöhung der regelmäßigen Malzaufschlagsätze gemäß Artikel 5 Abs. 3 bei Überschreiten des Durchschnittsmalzverbrauches um mehr als 10 v. H. oder um nur mehr als 5 v. H. eintritt, ist nicht die Höhe des dem Brauereibetrieb zugewiesenen Durchschnittsmalzverbrauches sondern die Höhe des tatsächlichen Malzverbrauches im Brauereibetrieb während des in Betracht kommenden Kalenderjahres maßgebend. Würde z. B. für einen Brauereibetrieb der Durchschnittsmalzverbrauch 5800 dz, der tatsächliche Malzverbrauch in einem Kalenderjahre aber 6100 dz betragen, so würde, da es sich um einen Betrieb von mehr als 6000 dz im Kalenderjahre handelt, eine Erhöhung des regelmäßigen Malzaufschlagsatzes um 10 v. H. für die den Durchschnittsmalzverbrauch überschreitende Malzmenge schon bei Überschreiten des Durchschnittsmalzverbrauches um mehr als 5 v. H., mithin schon bei einem Malzverbrauche von 5800 + 291 = 6091 dz einzutreten haben.

7. Im Falle der Anwendbarkeit des Artikel 5 Abs. 2 tritt bei Überschreitung des Durchschnittsmalzverbrauchs eine nach Artikel 5 Abs. 3 veranlaßte Erhöhung in erster Linie für die höheren Staffelsätze ein. Beispiel: Für einen Brauereibetrieb ist der Durchschnittsmalzverbrauch auf 1800 dz festgesetzt worden; der Gesamtmalzverbrauch im Kalenderjahre hat 2100 dz betragen; es ergibt sich folgende Steuerberechnung: 1800 dz zu je 16 Mk. = 28 800 Mk., 200 dz zu je 16 + 1,60 = 17,60 Mk. = 3520 Mk. und 100 dz zu 16,50 + 1,65 = 18,15 Mk. = 1815 Mk., zusammen für das Kalenderjahr 34 135 Mk.

8. Beispiel für die Berechnung des Malzaufschlags bei Überschreitung verschiedener Steuerstufen sowie des Durchschnittsmalzverbrauches in einem Brauereibetrieb innerhalb eines Kalenderjahres: Eine Brauerei mit einem Durchschnittsmalzverbrauch von 2900 dz hat im Jahre 1910

3050 dz Malz zum Zwecke der Bierbereitung geschrotet. Im Jahre 1911 hat der Malzverbrauch der Brauerei betragen:

im 1. Viertel 1911: 1500 dz,
„ 2. „ „ 1500 „
„ 3. „ „ 1570 „
„ 4. „ „ 1490 „

Hiefür berechnet sich der Malzaufschlag:

a) 1. Viertel 1911: 1500 dz × 17 Mk. = 25 500 Mk.; hievon sind gemäß Artikel 8 Abs. 1 12 750 Mk. in der Zeit vom 1. bis 15. April 1911, 12 750 Mk. in der Zeit vom 1. bis 15. Oktober 1911 zu entrichten. Der vorläufig anzuwendende Malzaufschlagsatz von 17 Mk. für 1 dz ist anzuwenden, nachdem im Vorjahre die Steuerstufe von 3000 dz nur um 50 dz überschritten worden ist (zu vergl. Bemerkung 2 zu Artikel 5 Abs. 2).

b) 2. Viertel 1911: 1500 dz × 17 Mk. = 25 500 Mk. Dieser gesamte Betrag ist gemäß Artikel 8 Abs. 1 in der Zeit vom 1. bis 15. Juli 1911 zu entrichten. Die Überschreitung der Durchschnittsmalzverbrauches von 2900 dz um 100 dz bleibt, weil sie weniger als 10 v. H. des Durchschnittsmalzverbrauches beträgt, im 2. Viertel zunächst außer Betracht (Artikel 5 Abs. 3).

c) 3. Viertel 1911: 1500 dz × (18,50 + 1,85 =) 20,35 Mk. = 30 525 Mk.
70 dz × (19 + 1,90 =) 20,90 Mk. = 1 463 „
ferner Nachzahlung für
1. u. 2. Viertel: 2900 dz × 1,50 Mk. = 4 350 „
100 dz × (1,50 + 1,85 =) 3,35 Mk. = 335 „
Malzaufschlagschuld für das 3. Viertel 1911 = 36 673 Mk.

Dieser gesamte Betrag ist gemäß Artikel 8 in der Zeit vom 1. bis 15. Oktober 1911 zu entrichten. Zu dieser Berechnung ist zu bemerken: Am Schlusse des 3. Viertels hat der Gesamtmalzverbrauch der Brauerei 4570 dz betragen. Damit unterliegt der Malzverbrauch bis zu 4500 dz dem Satze von 18,50 Mk. für 1 dz, während der Rest von 70 dz gemäß Artikel 5 Abs. 2 dem Satze von 19 Mk. für 1 dz unterliegt. Im 3. Viertel ist auch der Durchschnittsmalzverbrauch von 2900 um mehr als 10. v. H. überschritten worden, so daß sich für die gesamte den Durchschnittsmalzverbrauch übersteigende Malzmenge die Malzaufschlagsätze des Artikel 5 Abs. 1 um 10 v. H. erhöhen. Da auf den Malzverbrauch in den früheren Vierteljahren nur ein vorläufiger Malzaufschlagsatz von 17 Mk. für 1 dz angewendet worden ist, ist der Unterschied zwischen diesem und dem nach dem Malzverbrauche am Schlusse des 3. Viertels zutreffenden Satze von 18,50 Mk. mit 1,50 Mk. für 1 dz für die im 1. und 2. Viertel geschroteten Malzmengen nachzuentrichten, wobei für die den Durchschnittsmalzverbrauch übersteigende Menge von 100 dz noch eine Erhöhung des Satzes von 18,50 um 10 v. H. mit 1,85 Mk. eintritt:

4. Viertel 1430 dz × (19,50 + 1,95 =) 21,45 Mk. = 30 673,50 Mk.
60 dz × (20 + 2 =) 22 Mk. = 1 320 „
ferner Nachzahlung für
den Malzverbrauch im
1. mit 3. Viertel 2900 dz × 1 Mk. = 2 900 „
1600 dz × (1 + 0,10 =) 1,10 Mk. = 1 760 „
70 dz × (0,50 + 0,05 =) 0,55 Mk. = 38,50 „
Malzaufschlagschuld für das 4. Viertel 1911 = 36 691 Mk.

Hievon ist der eine Hälftebetrag des Malzaufschlags der auf das im 4. Viertel 1911 geschrotete Malz entfällt, nämlich $\frac{30673,50 + 1320}{2}$ = 15 996,75 Mk. in der Zeit vom 1. bis 15. Januar 1911, der andere Hälftebetrag in der Zeit vom 1. bis 15. Juli 1912 zu entrichten. Die Nachzahlungen für den Malzverbrauch im 1. mit 3. Viertel sind, da hiefür eine ordentliche Stundung nicht mehr in Betracht kommt, im Betrage von 4698,50 Mk. in der Zeit vom 1. bis 15. Januar 1912 zu entrichten. Für die Berechnung des Malzaufschlags im 4. Viertel kommt in Betracht, daß der Gesamtmalzverbrauch der Brauerei im Jahre 1911: 6060 dz betragen hat. Hieraus ergibt sich gemäß Artikel 5 Abs. 1 und 2 ein endgültiger Malzaufschlagsatz von 19,50 Mk. für 6000 dz und von 20 Mk. für 60 dz. Für den gesamten, den Durchschnittsmalzverbrauch von 2900 dz übersteigenden Malzverbrauch erhöhen sich diese Sätze gemäß Artikel 5 Abs. 3 um 10 v. H. Soweit hienach in den ersten drei Vierteln des Jahres 1911 niedrigere Malzaufschlagsätze zur Anwendung gekommen sind, hat entsprechende Nachzahlung einzutreten.

Zu Art. 5 Abs. 4.

1. Diese Bestimmung ist bei der erstmaligen Beratung des Gesetzentwurfs im Plenum der Kammer der Abgeordneten durch einen Antrag „Mayer Regensburg I und Genossen" in das Gesetz eingefügt worden (StenB. zu den Verh. d. K. d. Abg. 1910 Bd. IX S. 404 ff.). Nach der vom Antragsteller gegebenen Begründung hat diese Bestimmung den Zweck, Härten, welche infolge der durch Artikel 5 Abs. 3 eingeführten sogenannten Kontingentierung eintreten könnten, zu mildern. Als eine derartige Härte ist insbesondere der Fall erwähnt worden, daß zwei Brauereibetriebe vor dem Inkrafttreten des gegenwärtigen Malzaufschlaggesetzes ganz oder teilweise vereinigt worden sind. Auch zeitweilige Betriebsstörung durch Brand oder andere Ereignisse sollte eine Erhöhung des Durchschnittsmalzverbrauchs aus Billigkeitsrücksichten begründen können. Von der Kammer der Reichsräte ist die sogenannte Kontingentierung — Artikel 5 Abs. 3 — zunächst abgelehnt worden (Beilage 861 zu den Verh. d. K. d. Abg. 1910); nachdem die Kammer der Abgeordneten auf ihrem diesbezüglichen Beschlusse bestehen blieb, hat auch die Kammer der Reichsräte in der Plenarsitzung vom 17. März 1910 zugestimmt (StenB. der Verh. d. K. d. RR. 1909/10 II. Bd. S. 114). Hiebei bemerkte der Referent Graf von Moy, daß er sich mit einer derartigen Bestimmung nur dann einverstanden erklären könne, wenn die Zusammenlegung von Brauereien nicht nur vor dem Inkrafttreten des Malzaufschlaggesetzes, sondern auch nach diesem Zeitpunkte von der Kontingentierung nicht betroffen werden würde. Der K. Staatsminister der Finanzen erklärte hierauf, daß die K. Staatsregierung bei Anwendung der Bestimmung in Artikel 5 Abs. 4 nach den vom Herrn Referenten entwickelten Grundsätzen verfahren werde. Außerdem hatte bereits in der Sitzung der Kammer der Abgeordneten vom 15. März 1910 (StenB. Bd. X S. 58) ein Regierungskommissär ohne Widerspruch zu finden bemerkt, daß wenn eine Brauerei durch Kauf, Erbgang usw. an eine andere übergegangen ist und der Malzverbrauch dieser beiden Brauereien zusammengelegt wird, ohne daß eine Überschreitung des bisherigen Durchschnittsverbrauchs beider Brauereien stattfindet, es dem Gedanken der Kontingentierung entsprechen dürfte, den Durchschnittsmalzverbrauch der zugegangenen Brauerei bei der anderen Brauerei in Ansatz zu bringen. Hienach wird, wenn ein Brauereibetrieb von einem anderen aufgekauft und außer Betrieb gesetzt worden ist, der Durchschnittsmalzverbrauch der erwerbenden Brauereien auf Antrag um den Durchschnittsmalzverbrauch der erworbenen Brauerei auf Grund des Artikel 5 Abs. 4 aus Billigkeitsrücksichten zu erhöhen sein. Ob und welche andere Gründe für eine Erhöhung des Durchschnittsmalzverbrauches in Betracht kommen können, ist je nach Lage der Verhältnisse und unter Berücksichtigung des Zwecks der Kontingentierung zu würdigen. Der Zweck der Kontingentierung, Festlegung der Biererzeugung auf den Durchschnitt der Jahre 1907/09 zur Verhinderung eines lebhaften Konkurrenzkampfes unter den Brauern, läßt jedenfalls eine Erhöhung des Durchschnittsmalzverbrauches wegen Betriebsverbesserung, Betriebsausdehnung, Gewinnung von neuen Bierabnehmern usw. nicht angängig erscheinen.

2. Der Ausdruck „Brauereien" in Artikel 5 Abs. 4 ist gleichbedeutend mit dem Ausdrucke „Brauereibetrieb" in Artikel 5 Abs. 1, 2 und 3.

Zu Art. 5 Abs. 5.

1. Für die Gewährung der in Artikel 5 Abs. 5 vorgesehenen Steuerbegünstigung ist lediglich Voraussetzung, daß das aus dem steuerbegünstigten Malze hergestellte Bier nur zum Hausbedarf der Person, welche die Steuerbegünstigung in Anspruch nimmt, verwendet wird, daß die zu diesem Zwecke von einer Person im Kalenderjahre verwendete Malzmenge nicht mehr als 5 dz beträgt, und daß der Hausbrauer kein Bierverkäufer ist. Von der Braustätte, in welcher das zum Hausbedarf bestimmte Bier hergestellt wird, ist die Vergünstigung nicht abhängig. Es ist daher beim Vorliegen der genannten Voraussetzungen die Vergünstigung des Artikel 5 Abs. 5 auch dann zu gewähren, wenn das zum Hausbedarf bestimmte Bier in einer nach dem 1. März 1910 neu errichteten oder nach zweijährigem Stillstand wieder in Betrieb gesetzten Brauerei (Artikel 5 Abs. 6) hergestellt wird. Für die Errichtung einer neuen Brauerei lediglich zur Bereitung von Bier zum Hausbedarf wird allerdings die Bestimmung in Artikel 46 MAG., wonach die Inhaber von nach dem 1. März 1910 entstandenen Brauereibetrieben verpflichtet sind, eigene Malzmühlen aufzustellen und zu benützen, erschwerend wirken. Auch die Bestimmung in Artikel 5 Abs. 9 MAG. findet auf Hausbrauer, welche die Begünstigung des Artikel 5 Abs. 5 genießen, keine Anwendung, da wie bereits erwähnt, diese Begünstigung von der benützten Braustätte und deren Malzverbrauch nicht abhängig ist. Würde daher ein steuerbegünstigter Hausbrauer eine nach dem 1. Oktober 1909 betriebsfähig hergerichtete Brauerei benützen, so würde für die Bemessung der steuerbegünstigten Malzmenge lediglich das von ihm verwendete Malz in Betracht zu kommen haben. Den übrigen Brauern, welche diese Braustätte benützen, wäre jedoch, soweit sie nicht selbst Hausbrauer sind, der steuerbegünstigte Malzverbrauch des Hausbrauers zuzurechnen, da für sie eine Ausnahme von der Bestimmung des Artikel 5 Abs. 9 nicht besteht. Wird einem Hausbrauer die Malzaufschlagermäßigung entzogen, so würde für die Bemessung des dann anzuwendenden Malzaufschlagsatzes die Bestimmungen in Artikel 5 Abs. 6 und 9 ebenso wie Artikel 5 Abs. 3 voll zur Anwendung zu kommen haben.

2. Unter Personen im Sinne des Artikel 5 Abs. 5 sind natürliche und juristische Personen zu verstehen. Die steuerbegünstigten Personen müssen das Bier für ihren Hausbedarf bereiten, d. h. auf eigene Rechnung bereiten. Der Begriff „auf eigene Rechnung brauen" ist in § 15 MAAusfB. näher erläutert. Bei den Hausbrauern herrscht in gleicher Weise wie bei den Kommunbrauern vielfach die Übung, daß mehrere Personen einen Sud Bier gemeinsam herstellen (s. Bemerkung 2 zu Artikel 5 Abs. 3). Wenn nun auch in derartigen Fällen die Gesamtheit der an einem gemeinsamen Sud beteiligten Personen als auf eigene Rechnung brauend hätte erachtet werden können, so wäre doch dann die Vergünstigung des Artikel 5 Abs. 5 MAG. vielen Hausbrauern mit Rücksicht darauf nicht zuteil geworden, daß in der Regel der Malzverbrauch einer derartigen Personengruppe im Kalenderjahre mehr als 5 dz betragen hätte. Eine derartige Erschwerung war nicht in der Absicht des Gesetzes gelegen. Das K. Staatsministerium der Finanzen hat daher mit Entschließung vom 7. Februar 1911 Nr. 2509 für die gemeinsame Herstellung von Bier zum Hausbedarfe durch Personen, welche die Steuervergünstigung des Artikel 5 Abs. 5 in Anspruch nehmen, bis auf weiteres unter dem Vorbehalte jederzeitigen Widerrufs folgende Bestimmungen erlassen:

„1. Die zur Herstellung eines gemeinsamen Biersuds verwendete steuerbegünstigte Malzmenge darf nicht mehr als 5 dz betragen:

2. jener Hausbrauer, der den gemeinsamen Sud herstellt, hat das Malz für sämtliche Beteiligte anzumelden und zu diesem Behuf im Einschreibebuche die Namen der an dem gemeinschaftlichen Biersude beteiligten Personen und die Anteile anzugeben, die vom angemeldeten Malze auf die einzelnen Beteiligten entfallen;

3. für das zu einem gemeinsamen Biersude bestimmte Malz wird nur ein Malzschein ausgestellt, der auf den anmeldenden Brauer „und Genossen" zu lauten hat; die Namen und Anteile der Genossen sind auf der Rückseite des Malzscheins von der Hebestelle zu vermerken;

4. die im Malzschein angegebene Malzmenge darf ungeteilt in die Mühle verbracht und dort auf einmal geschrotet werden; der Müller hat lediglich das steuerpflichtige Gewicht der gesamten Malzmenge festzustellen und diese im Malzschein einzutragen;

5. im Malzverbrauchbuch ist für jeden Beteiligten eine besondere Abteilung anzulegen;

6. die in Spalte 2 und 4 des Malzverbrauchbuchs einzutragenden Malzmengen sind aus der im Malzschein angemeldeten bzw. aus der durch Verwiegung ermittelten Gesamtmenge nach Maßgabe des auf der Rückseite des Malzscheins angegebenen Anteilsverhältnisses zu berechnen und für die einzelnen Subteilnehmer so auf- oder abzurunden, daß die Summe der Einzelanteile der Gesamtmenge entspricht;

7. die Aufschlagschuld ist für jeden Beteiligten gesondert zu berechnen; die Entrichtung des Malzaufschlags für die an einem gemeinsamen Biersude beteiligten Hausbrauer kann indessen durch denjenigen erfolgen, welcher den gemeinsamen Sud ausführt."

Die in § 15 MAAusfB. vorgeschriebene gesonderte Lagerung des fertigen Bieres ist den Hausbrauern nicht erlassen.

Mit dieser Maßgabe ist bei Benützung einer fremden Braustätte durch Hausbrauer auch in den Fällen des Artikel 5 Abs. 9 MAG. zu verfahren.

3. Das aus steuerbegünstigtem Malze hergestellte Bier darf vom Hausbrauer nur zum eigenen Bedarf in seiner Hauswirtschaft verwendet werden. Es darf an Personen, die zum Haushalte des Hausbrauers gehören, d. h. mit ihm in wohn- und hauswirtschaftlicher Gemeinschaft leben, allgemein abgegeben werden. Bezüglich vorübergehend angenommener Arbeiter und Dienstboten trifft § 10 Abs. 3 MAAusfB. besondere Regelung. Wenn die Abgabe an zum Haushalte gehörige Personen auch eine entgeltliche ist, wie z. B. bei Dienstboten, bei welchen der Haustrunk einen Bestandteil des Lohnes bildet, so wäre doch eine Abgabe von Bier an zum Haushalt gehörige Personen als Erwerbsquelle, z. B. der rentierliche Betrieb einer Dienstbotenkantine durch Hausbrauer, keine Verwendung zum Hausbedarf. An nicht zum Haushalt gehörige Personen darf das aus steuerbegünstigtem Malze hergestellte Bier nur unentgeltlich abgegeben werden.

4. Für den Begriff „Bierverkäufer" ist es gleichgültig, ob fremdes oder selbst hergestelltes Bier verkauft wird. Ein Bierwirt oder Flaschenbierhändler ist unter allen Umständen von der Begünstigung des Artikel 5 Abs. 5 ausgeschlossen.

5. Der Verlust der Steuerermäßigung, welcher wegen Mißbrauch oder wegen Fortfalles der gesetzlichen Voraussetzungen eintritt (§ 10 Abs. 2 und 6 MAAusfB.) erstreckt sich nur auf das betreffende Kalenderjahr. Wird daher einem Hausbrauer die Malzaufschlagermäßigung wegen entgeltlicher Abgabe von Bier an nicht zum Haushalte gehörige Personen entzogen, so kann er gleichwohl im nächsten Jahre die Ermäßigung wieder in Anspruch nehmen. Die Entziehung der Malzaufschlagermäßigung wirkt rückwirkend für das betreffende ganze Kalenderjahr (§ 10 Abs. 6 MAAusfB.).

6. Das Anrecht auf die Malzaufschlagermäßigung geht beim Wegfall der in Artikel 5 Abs. 5 bezeichneten Voraussetzungen unbedingt verloren; Ausnahmen hievon aus Billigkeitsgründen zuzulassen, ist gesetzlich nicht angängig. Das Hauptzollamt hat die Entziehung der Vergünstigung anzuordnen, wenn die Voraussetzungen hiezu vorliegen.

7. Das Braubuch (§ 10 Abs. 4 MAAusfB. und Muster 2 hiezu) haben Hausbrauer zu führen, gleichviel, ob sie die Vergünstigung des Artikel 5 Abs. 5 genießen oder nicht. „Hausbrauer" im Sinne des § 10 Abs. 4 MAAusfB. sind daher allgemein Personen, die Bier lediglich für ihren Hausbedarf bereiten, ohne Rücksicht auf die Menge des verwendeten Malzes. Die Führung eines Braubuches auch durch Hausbrauer, die nicht die Vergünstigung des Artikel 5 Abs. 5 genießen, erscheint notwendig, um festzustellen zu können, ob das erzeugte Bier lediglich zum Hausbedarf verwendet worden ist. Wäre das nicht der Fall, so würde ein gewerblicher Brauereibetrieb vorliegen, für den nach Artikel 45 MAG. ein Sudbuch zu führen wäre (zu vergl. Bemerkung 2 zu Artikel 45 Abs. 1). Durch Entschließung des K. Staatsministeriums der Finanzen vom 7. Februar 1911 Nr. 2509 ist bestimmt worden, daß das Braubuch in Jahresabschnitten zu führen und nach Ablauf eines Kalenderjahres der Hebestelle abzuliefern ist.

8. Hausbrauer, welche die Vergünstigung des Artikel 5 Abs. 5 nicht in Anspruch nehmen können oder wollen, haben eine Anmeldung nach § 10 Abs. 1 der MAAusfB. und Muster 1 hiezu nicht abzugeben.

9. Die unbefugte entgeltliche Abgabe von Bier an nicht zum Haushalte gehörige Personen durch steuerbegünstigte Hausbrauer wird nach Artikel 53 Ziffer 11 als Hinterziehung des Malzaufschlags bestraft, soferne nicht gemäß Artikel 55 die Strafe des Artikel 58 eintritt. Hat ein Hausbrauer gemäß § 10 Abs. 5 der MAAusfB. von der Absicht Bier gegen Entgelt an nicht zum Haushalte gehörige Personen abzugeben rechtzeitig Anzeige erstattet, so hat er hiemit aufgehört die Steuervergünstigung des Artikel 5 Abs. 5 in Anspruch zu nehmen, und er begeht mit dem Verkauf der ursprünglich aus steuerbegünstigtem Malz hergestellten Bieres selbstverständlich keine strafbare Handlung, muß aber den treffenden Malzaufschlagbetrag nachentrichten. Wenn ein steuerbegünstigter Hausbrauer entgegen der in der Anmeldung abgegebenen ausdrücklichen Erklärung mit Bier handelt, würde sich dies als eine Malzaufschlaghinterziehung darstellen, weil durch die unrichtige Angabe in der Anmeldung, daß ein Handel mit Bier nicht stattfindet, bewirkt worden ist, daß der Malzaufschlag zum niedrigeren Satze des Artikel 5 Abs. 5, statt zu den sonst zutreffenden höheren Sätzen des Artikel 5 Abs. 1 berechnet wurde (Artikel 53 Ziffer 9). Sonstige Zuwiderhandlungen gegen die Vorschriften über die Bereitung von Bier zum Hausbedarf unter Inanspruchnahme des ermäßigten Malzaufschlagsatzes nach Artikel 5 Abs. 5 werden nach Artikel 60 bestraft.

Zu Art. 5 Abs. 6.

1. „Brauereien" im Sinne dieser Bestimmung sind „Braustätten". Wie bereits zu Artikel 5 Abs. 1 bemerkt, versteht man hierunter die Betriebsstätte, d. i. die Gebäulichkeiten, in denen ein Brauereibetrieb ausgeübt wird, nämlich Sudhaus, Gär- und Lagerkeller. Das Vorhandensein einer Brauereieinrichtung (Sud- und Kühlvorrichtungen, Gärbottiche) ist nicht erforderlich. Diese Auffassung hat schon unter der Herrschaft des früheren Malzaufschlaggesetzes bestanden. Dies ergibt sich insbesondere aus § 6 Abs. 1 der Bestimmungen zum Vollzuge der Gesetze vom 8. Dezember 1889 und vom 24. Mai 1896 — ABl. 1896 S. 173. Nach dieser Bestimmung ist einer Bierbrauerei die Begünstigung des ermäßigten Malzaufschlagsatzes auch dann verblieben, wenn der Betrieb beliebige Zeit ausgesetzt wurde, „sofern wenigstens die Betriebsstätte fortbesteht" und nur als ruhend zu betrachten ist. Läßt schon der Wortlaut dieser Vorschrift ersehen, daß lediglich die Betriebsstätte, nicht auch die Brauereieinrichtung für den Begriff Brauerei maßgebend ist, so spricht auch noch der Umstand dafür, daß in der genannten Bestimmung die Worte „in betriebsfähigem Zustande", wie sie in § 2a Abs. 1 der Bestimmungen zum Vollzuge des Malzaufschlaggesetzes vom 8. Dezember 1889 — ABl. S. 394 — nach dem Worte „Betriebsstätte" enthalten waren, fehlen. Eine Brauerei besteht daher als solche solange, als nicht die Betriebsgebäude abgebrochen oder für ihren bestimmungsgemäßen Zweck dauernd unbrauchbar gemacht sind. Letzteres wird dann der Fall sein, wenn z. B. in ein Sudhaus Wohnräume oder Stallungen eingebaut werden. Die Entfernung der Brauereieinrichtung allein läßt die Brauerei als solche nicht aufhören, auch nicht die vorübergehende Benutzung eines Brauereigebäudes, aus dem die Einrichtung entfernt worden ist, zu anderen Zwecken, wie z. B. als Werkstätte oder Aufbewahrungsraum für Vorräte usw. Würde indessen in derartigen Fällen vom Betriebsberechtigten durch eine ausdrückliche Erklärung gegenüber der

Steuerbehörde die bestimmte Absicht kundgegeben, die Braustätte als solche dauernd aufzulassen, so würde hiemit die Brauerei als solche zu bestehen aufgehört haben und eine spätere Wiedereinrichtung und Wiederaufnahme des Betriebes in den fraglichen Gebäuden sich als die Errichtung einer neuen Brauerei darstellen. Aus vorstehendem ergibt sich auch, daß mit dem Erwerb einer Brauereieinrichtung noch nicht eine Braustätte erworben wird.

2. Die Verlegung einer bestehenden Braustätte an einen anderen Ort ist, auch wenn sie mit einer gleichzeitigen Betriebsvergrößerung verbunden ist, nicht als Neueinrichtung einer Brauerei aufzufassen (zu vgl. Ausschußbericht S. 165/166 und 281/2). Auch dann, wenn eine Betriebsstätte durch ein Naturereignis (Brand u. dgl.) oder durch sonstige Umstände (z. B. Baufälligkeit) zerstört und an dem nämlichen oder einem anderen Platze wieder aufgebaut wird, entsteht keine neue Brauerei im Sinne des Artikel 5 Abs. 6. Voraussetzung ist in allen diesen Fällen allerdings, daß sich die an die Stelle der früheren Brauerei getretene Braustätte lediglich als eine den Geschäftsverhältnissen der vormaligen Brauerei entsprechende Fortsetzung des bisherigen Betriebs, wenn auch vielleicht unter gleichzeitiger Ausdehnung, darstellt. Eine Fortsetzung des bisherigen Betriebes würde jedenfalls dann nicht vorliegen, wenn die neue Brauerei soweit von dem Platze der bisherigen Betriebsstätte entfernt errichtet wurde, daß der bisherige Kundenkreis nicht beibehalten werden kann. Auch dann, wenn an Stelle einer kleinen Brauerei mit geringem Malzverbrauche eine Brauerei mit einer unverhältnismäßig größeren Betriebseinrichtung erbaut wurde, könnte nicht mehr von einer Fortsetzung oder Erweiterung des bisherigen Betriebs gesprochen werden, sondern es würde eine neu errichtete Brauerei vorliegen. Die Entscheidung, ob ein Brauereibetrieb, der an die Stelle eines bestehenden tritt, als neuer Brauereibetrieb im Sinne des Artikel 5 Abs. 6 zu erachten ist, erfolgt durch die K. Generaldirektion der Zölle und indirekten Steuern (§ 11 MAAusfB.). Hiegegen steht lediglich die Beschwerde an das K. Staatsministerium der Finanzen offen. Die Beschreitung des Rechtsweges ist ausgeschlossen.

3. Geht eine Brauerei, die bisher nur obergäriges Bier erzeugt hat, zur Bereitung von untergärigem Bier an Stelle oder neben dem bisherigen Betriebe über, so ist dies nur eine Fortsetzung des bisherigen Betriebes der Braustelle. Diese Frage ist bereits im Jahre 1896 in der Kammer der Abgeordneten behandelt worden (Verh. d. K. d. Abg. 1896 Bd. 7 S. 10). Die K. Staatsregierung vertrat damals zunächst die strengere Auffassung, nämlich daß in derartigen Fällen zwei getrennte Betriebe, mithin die Neuerrichtung einer Brauerei vorliege, schloß sich aber dann der milderen Auffassung der Kammer der Abgeordneten an. Zu vgl. im übrigen auch § 12 der MAAusfB. Auch dann, wenn eine Brauerei an Stelle von Bier bierähnliche Getränke erzeugen würde, wäre dies nur als eine Fortsetzung des Betriebes der bereits vorhandenen Braustätte zu erachten.

4. Brauereien, die nach dem 1. März 1910 wieder in Betrieb genommen werden, nachdem sie mehr als zwei Jahre außer Betrieb waren, unterliegen der gleichen Malzaufschlagerhöhung, wie nach dem 1. März 1910 neu errichtete Brauereien. Hiebei ist es belanglos, ob die Brauerei vor oder nach dem 1. März 1910 mehr als zwei Jahre geruht hat. Die Ursachen, aus welchen die Brauerei geruht hat, sind auf den Eintritt der Malzaufschlagerhöhung ohne Einfluß. Eine Brauerei, die abgebrannt ist und wegen Mangel an Geldmitteln innerhalb zweier Jahre nicht wieder in Betrieb gesetzt wurde, unterliegt ebenso den erhöhten Malzaufschlagsätzen, wie eine Brauerei, die absichtlich mehr als zwei Jahre nicht betrieben wurde. Der Betriebsstillstand muß sich auf einen ununterbrochenen Zeitraum von zwei Jahren erstrecken. Bei jeder Betriebsaufnahme unterbricht die zweijährige Frist. Unter „Inbetriebnahme" ist die Herstellung von Bier in der Brauerei zu verstehen. Die Vornahme einzelner Betriebshandlungen genügt nicht, es muß wenigstens für eine Sud Bier ein vollständiger Brauereibetrieb durchgeführt worden sein.

5. Die Bestimmung des Artikel 5 Abs. 6 bezieht sich nur auf Braustätten, nicht auf den Brauereibetrieb einzelner Personen in bereits bestehenden Braustätten. Es unterliegen daher z. B. Kommunbrauer, die vor dem 1. März 1910 ihr Kommunbraurecht nicht ausgeübt haben, dasselbe nach diesem Zeitpunkte aber wieder ausüben, abgesehen von der Bestimmung in Artikel 5 Abs. 3, den regelmäßigen Sätzen des Artikel 5 Abs. 1, soferne sie eine bereits vor dem 1. März 1910 vorhandene, nicht mehr als zwei Jahre außer Betrieb gewesene Braustätte benutzen (s. Ausschußbericht S. 176). Anderseits unterliegt ein Kommunbrauer, der bisher auf Grund des ihm zustehenden Braurechts in einem Kommunbrauhaus gebraut hat, der Malzaufschlagerhöhung nach Artikel 5 Abs. 6, sobald er sich eine eigene Braustätte erbaut (Ausschußbericht S. 281) oder eine Braustätte benutzt, die den erhöhten Sätzen des Artikel 5 Abs. 6 unterliegt.

6. Aus Gründen der Billigkeit können von der Malzaufschlagerhöhung nur befreit werden neue Brauereien, bei welchen die Voraussetzungen des Artikel 5 Abs. 6, letzter Satz, vorliegen. In allen übrigen Fällen ist eine Befreiung von der nach Artikel 5 Abs. 6 eintretenden Malzaufschlagerhöhung gesetzlich ausgeschlossen.

Zu Art. 5 Abs. 7.

1. Diese Bestimmung ist bei Beratung des Gesetzentwurfs im besonderen Ausschusse der Kammer der Abgeordneten eingefügt worden, um eine Begünstigung derjenigen Braurechte herbeizuführen, welche jetzt schon als solche eingetragen sind und für welche tatsächlich Gewerbesteuer bezahlt wird. Im Ausschusse war man der Meinung, daß man solchen Braurechten auch in Zukunft die Begünstigung der bestehenden Brauereien nicht entziehen und sie nicht dem Steuerzuschlag für neu errichtete Brauereien unterstellen solle, wenn sie wieder ausgeübt werden (Äußerung des Berichterstatters im Plenum der Kammer der Abgeordneten, Sten. Ber. 1909/10 Bd. IX S. 409). Wie sich aus dem Wortlaute der Gesetzesbestimmung und aus den Verhandlungen im besonderen Ausschusse (Bericht S. 173 und 282 ff.) ergibt, handelt es sich um die an ein bestimmtes Grundstück gebundene Befugnis zur Ausübung des Braugewerbes um ein sogenanntes radiziertes Gewerberecht. Da nach Artikel 7 Abs. 2 des bayerischen Gesetzes vom 30. Januar 1868, das Gewerbswesen betr. (GesBl. 1866/69 S. 309 ff.), die Verleihung von Gewerben in realer oder radizierter Eigenschaft untersagt worden ist, können als Realrechte in Bayern nur diejenigen anerkannt werden, welche diese Eigenschaft am Tage des Inkrafttretens dieses Gesetzes, d. i. am 1. Mai 1868, bereits hatten. Wie im Bayerischen Zivilrecht von Paul Roth Bd. 3 S. 183 ausgeführt ist, sind Titel für die Begründung derartiger Rechte das Herkommen, die landesherrliche Verleihung und die unvordenkliche Verjährung, nicht aber auch die gewöhnliche Aquisitivverjährung. Die Feststellung der Rechte erfolgt durch die Zivilgerichte im Verfahren der freiwilligen Gerichtsbarkeit. Die praktische Bedeutung dieser Rechte bestand vor dem Inkrafttreten des bayerischen Gewerbegesetzes vom Januar 1868 darin, daß die Inhaber derartiger Rechte gemäß Artikel 4 Ziffer 2 und 4 des bayerischen Gesetzes vom 11. September 1825, die Grundbestimmungen für das Gewerbswesen betr. (Weber, Ges.- u. VOSlg. 2. Bd. S. 244) der in Artikel 1 und 2 dieses Gesetzes geforderten Konzession und Vorbedingung der Konzession zur Ausübung des betreffenden Gewerbes nicht bedurften. Reale Gewerberechte erlöschen nach dreißigjährigem Nichtgebrauch. Die Verjährung wird durch Ausübung des Rechtes unterbrochen. Über die die Frage, ob die bloße Versteuerung des Rechtes zur Unterbrechung der Verjährung genügt, sind die Meinungen geteilt. Während Roth a. a. O. S. 188 diese Frage verneint, ist sie im Kommentar zur Reichsgewerbeordnung von Landmann-Rohmer (Bd. 1, 94) bejaht. In Artikel 20 Abs. 1 des bayerischen Gewerbsteuergesetzes vom 9. Juni 1899 ist die Veranlagung dinglicher Gewerbe, welche zeitlich nicht ausgeübt werden, zur Gewerbsteuer im Falle der Anmeldung durch die Berechtigten zugelassen. In dem Kommentar von Klemm zu diesem Gesetze ist S. 70 bemerkt, daß diese Bestimmung im Gesetzgebungsausschusse der Kammer der Abgeordneten mit Rücksicht auf die Gefahr der Nichtanerkennung der Realrechte im Falle des gänzlichen Unterbleibens jeder Besteuerung eingefügt worden ist. Um den Besitzern solche Gewerbsrechte, führt Klemm aus, die Möglichkeit zu gewähren, durch Anmeldung zur Steuer das Realrecht zu konservieren, wurde die fragliche Bestimmung in das Gewerbesteuergesetz seinerzeit aufgenommen, „wodurch übrigens die Frage, ob und unter welchen Voraussetzungen ein Gewerbsrecht erlischt, nicht direkt berührt wird". Im Gewerbesteuergesetz vom 14. August 1910 ist eine derartige Besteuerung ruhender Realrechte nicht mehr vorgesehen und zwar wie in der Begründung ausgeführt ist, weil ein Anlaß hiezu nicht mehr besteht (Verh. d. K. d. Abg. 1907/08 Beil.-Bd. IV Beil. 555 S. 160).

2. Nach der Fassung: „Als neue ‚Brauereien' im Sinne des Abs. 6 sind nicht anzusehen diejenigen ‚Brauereien', die usw.", möchte man annehmen, daß die Bestimmung in Artikel 5 Abs. 7 sich auf „Braustätten" bezieht, die früher auf Grund eines Realrechts betrieben worden sind, dann aber geruht haben. Das Vorhandensein einer Betriebsstätte (Sudhaus, Gärkeller) wäre hienach Voraussetzung für die Anwendbarkeit dieser Bestimmung. Bei den Beratungen im besonderen Ausschusse der Kammer der Abgeordneten ist sowohl von Braustätten, die auf Grund eines Realrechts betrieben worden sind, als auch von Braurechten allgemein gesprochen worden. Aus der Erklärung des K. Staatsministers der Finanzen im Ausschusse (Bericht S. 175) und der oben erwähnten Äußerung des Berichterstatters im Plenum der Kammer der Abgeordneten kann aber gefolgert werden, daß die Begünstigung des Artikel 5 Abs. 7 den Inhabern von radizierten Braurechten gewährt werden soll, gleichviel ob auf dem berechtigten Grundstück eine Braustätte noch vorhanden ist oder nicht.

3. Voraussetzung für die Vergünstigung ist die Veranlagung der Brauerei — vielmehr des Brauereirechtes — während der ganzen Zeit des Nichtbetriebs zur Gewerbesteuer. Da, wie bereits erwähnt, im Gewerbesteuergesetz vom 14. August 1910 eine Veranlagung derartiger Rechte zur Gewerbesteuer nicht mehr vorgesehen ist, wird mit dem Inkrafttreten dieses Gesetzes, d. i. dem 1. Januar 1912, die Bestimmung in Artikel 5 Abs. 7 gegenstandslos.

4. Die Bestimmung im letzten Satze des Artikel 5 Abs. 7 will die Übertragbarkeit derartiger Realrechte einschränken (Ausschußbericht S. 283); die Vergünstigung soll daher bei einem Verkauf des Realrechts an Dritte erlöschen. Ein Besitzwechsel durch Erbgang, Übergabe, schließt die Begünstigung nicht aus. Die Bestimmungen des Artikel 5 Abs. 6 wäre jedoch auf derartige Realrechte im Falle des Verkaufs auch dann anzuwenden, wenn der Verkäufer von der Vergünstigung des Artikel 5 Abs. 7 bereits Gebrauch gemacht und auf Grund des ihm zustehenden Realrechtes einen Brauereibetrieb begonnen hätte. In diesem Falle würde die Brauerei vom Tage des Besitzwechsels an nicht mehr den allgemeinen Sätzen des Artikel 5 Abs. 1, sondern dem Zuschlage nach Abs. 6 unterliegen.

Zu Art. 5 Abs. 8.

1. Artikel 5 Abs. 8 ist der Vorschrift in § 6 Abs. 6 des Reichsbrausteuergesetzes vom 15. Juli 1909 (RGBl. S. 695, ABl. S. 387) nachgebildet; es soll damit verhindert werden, daß Brauer das Aufrücken in eine höhere Steuerstufe dadurch umgehen, daß sie ihren Betrieb auf mehrere Braustätten verlegen (Begründung zu Artikel 5 des Gesetzentwurfs). Für die Auslegung dieser Bestimmung erscheint die Entstehungsgeschichte der einschlägigen Vorschriften im Brausteuergesetze behelflich. Im Brausteuergebiet ist eine gesetzliche Vorschrift über die steuerliche Behandlung mehrerer in einer Hand befindlicher Brauereien zunächst durch § 6 Abs. 3 des Brausteuergesetzes vom 3. Juni 1906 — RGBl. S. 675 — geschaffen worden. Diese Bestimmung hat gelautet: „Mehrere in einer Hand befindliche Brauereien werden im Sinne des Abs. 1 als ein Brauereibetrieb angesehen, wenn sie ein wirtschaftlich zusammengehöriges Unternehmen bilden, oder wenn sie innerhalb derselben Gemeinde oder nicht weiter als 10 Kilometer voneinander entfernt sind." In der Begründung zum Gesetzentwurfe — Sten. Ber. zu d. Verh. d. Reichstags 1905/06 Anl. Bd. 2 S. 960 — ist bemerkt, daß solche örtlich getrennte Brauereien als ein Betrieb anzusehen sein werden, die sich, ganz abgesehen von ihrer Lage, nach Leitung, Einkauf usw. als ein wirtschaftlich zusammengehöriges Unternehmen darstellen oder bei denen schon aus ihrer Lage zueinander geschlossen werden kann, daß eine gewisse gegenseitige Abhängigkeit der einzelnen Braustätten besteht. Letzteres wird, wie in der Begründung weiter ausgeführt ist, von allen innerhalb derselben Gemeinde liegenden Betrieben ohne weiteres angenommen werden können, ebenso von anderen Brauereien, deren Entfernung voneinander so kurz ist, daß ein gegenseitiger Verkehr, insbesondere ein Verkehr mit Gespannen, ohne Schwierigkeit und ohne erheblichen Zeitaufwand möglich ist. Die fragliche Bestimmung hat bei Beratung des Gesetzentwurfs im Reichstage zu besonderen Erörterungen nicht geführt; sie fand in der Fassung des Entwurfs Annahme. Im Entwurfe eines Gesetzes wegen Änderung des Brausteuergesetzes vom 3. No-

vember 1908 — Verh. d. Reichstags 1908/09 Bd. 248 Nr. 995) ist die Behandlung mehrerer in einer Hand befindlicher Brauereien als ein Brauereibetrieb auf die Fälle beschränkt worden, in denen die betreffenden Brauereien innerhalb derselben Gemeinde oder nicht weiter als 10 km in der Luftlinie voneinander entfernt liegen. In der Begründung zu Artikel I Ziffer 6 ist bemerkt, daß die frühere Vorschrift, wonach diese Behandlung auch bei weiter auseinander liegenden Brauereien dann Platz zu greifen hat, wenn sie ein wirtschaftlich zusammengehöriges Unternehmen bilden, fallen gelassen worden sei, weil die Feststellung dieser Voraussetzung große Schwierigkeiten verursache, während der Vorschrift selbst eine erhebliche, ihre Aufrechterhaltung trotzdem rechtfertigende Bedeutung nicht innewohne. Bei den Beratungen des Gesetzentwurfs in der 32. Kommission des Reichstags wurde die vorliegende Frage eingehend erörtert. Nach dem Kommissionsbericht — Verh. d. Reichstags 1908/09 Bd. 256 Nr. 1451 — wurden die verschiedensten Vorschläge für eine zweckentsprechende Fassung der Bestimmung gemacht; hiebei wurde ausdrücklich betont, daß die Absicht des Gesetzes dahin gehe, daß alle diejenigen Betriebsstätten zusammen zu rechnen seien, bei denen eine Zerteilung in kleinere Betriebe nur eingetreten sei, um die niedere Steuer in Anspruch zu nehmen. Bezüglich des Betriebes mehrerer Brauereien durch eine Gesellschaft wurde noch besonders ausgeführt, daß Betriebe, die von derselben Aktiengesellschaft errichtet und betrieben werden, ein Ganzes und wirtschaftlich ein zusammenhängendes Unternehmen bildeten. Ein Kommissar des Bundesrats bemerkte hiezu, daß die in der Kommission bezüglich der Auslegung der in Frage stehenden Vorschrift deutlich zum Ausdruck gekommene Absicht, auch von der Rechtsprechung nicht unbeachtet bleiben könne, so daß die Schwierigkeiten sich wohl mindern würden. Die Kommission beschloß dann eine Fassung, wonach „mehrere Brauereien, die für Rechnung ein und derselben Person oder Gesellschaft betrieben werden, im Sinne des Abs. 1 als ein Betrieb anzusehen sind, wenn sie ein wirtschaftlich zusammengehöriges Unternehmen bilden". Bei der zweiten Beratung des Gesetzentwurfs im Plenum des Reichstags (Sten. Ber. z. d. Verh. d. Reichstags 1908/09 Bd. 237 S. 8908/9 und 8934) wurde dieser Beschluß dahin abgeändert, daß die Regierungsvorlage wiederhergestellt, dieser aber der Zusatz angefügt wurde: „oder wenn sie ein wirtschaftlich zusammengehöriges Unternehmen bilden". Hiemit sollte, wie der Abgeordnete Dr. Zehnter bemerkte, wenigstens eine Abgrenzung dessen, was erfaßt werden soll, nach der negativen Seite erfolgen. Bei der dritten Beratung des Gesetzentwurfs im Plenum des Reichstags (Sten. Ber. z. d. Verh. d. Reichstags Bd. 237 S. 9282) gelangte die Fassung zur Annahme, wie sie jetzt § 6 Abs. 6 des Brausteuergesetzes vom 15. Juli 1909 enthält. Die Gründe, aus welchen diese Änderung erfolgte, sind den einschlägigen Verhandlungen nicht zu entnehmen. Bei dieser Fassung, mit der auch Artikel 5 Abs. 8 des MAG. übereinstimmt, sind mehrere Braustätten dann als ein Brauereibetrieb zu behandeln, wenn sie für Rechnung ein und derselben Person oder Gesellschaft betrieben werden. Hienach muß aus den Geschäften der Brauereien eine und dieselbe Person unmittelbar berechtigt und rechtlich verpflichtet und dadurch in ihrem Vermögen beeinflußt sein. Diese Voraussetzung wird insbesondere dann gegeben sein, wenn die Brauereien ein wirtschaftlich zusammengehöriges Unternehmen bilden oder wesentliche Betriebs- oder Verwaltungseinrichtungen gemeinsam benutzen. Wird eine Person aus mehreren Brauereibetrieben nur mittelbar in ihrem Vermögen beeinflußt, was z. B. dann der Fall sein kann, wenn eine Person bei mehreren Brauereien Gesellschafter ist, oder wenn der Besitzer von zwei Brauereien eine selbst betreibt, die andere aber verpachtet hat, dann werden diese Brauereien als ein Betrieb im Sinne des Abs. 1 nur dann angesehen werden können, wenn nachgewiesen ist, daß eine Zerteilung in kleinere Betriebe lediglich zu dem Zwecke erfolgt ist, um eine niedere Steuer in Anspruch zu nehmen.

2. Unter den Begriff „Person" fallen sowohl die natürlichen als die juristischen Personen (BGB. §§ 1ff.). Zu den „Gesellschaften" gehören Gesellschaften im Sinne der §§ 705ff. BGB., ferner alle im HGB. vom 10. Mai 1897 (RGBl. S. 219f.) aufgeführten Arten von Handelsgesellschaften (offene Handelsgesellschaft, Aktiengesellschaft, Kommanditgesellschaft, Kommanditgesellschaft auf Aktien, stille Gesellschaft), wie nicht minder die Genossenschaften aller Art (Gesetz betr. die Erwerbs- und Wirtschaftsgenossenschaften RGBl. 1898 S. 170) und die Gesellschaften mit beschränkter Haftung (Gesetz betr. die Gesellschaften mit beschränkter Haftung, RGBl. 1898 S. 846). Auch Gemeinschaftsverhältnisse, namentlich familien- oder erbrechtliche Gesamtgutsverhältnisse können unter diesen Begriff fallen. Wenn z. B. Eheleute, die in allgemeiner Gütergemeinschaft (§§ 1437ff. BGB.), oder wenn mehrere Personen, die in Erbgemeinschaft (§§ 2032ff. BGB.) leben, mehrere zum Gesamtgut bzw. zum Nachlaß gehörige Brauereien betreiben, so liegt ein Brauereibetrieb im Sinne des Artikel 5 Abs. 8 vor.

3. Die Begünstigung der Brauereien, die zur Zeit des Inkrafttretens des MAG. bereits für Rechnung ein und derselben Person oder Gesellschaft betrieben, jedoch steuerlich getrennt behandelt worden sind, hat zur Voraussetzung, daß der Fortbetrieb dieser Brauereien nicht in einer Weise erfolgt, der sich schon nach dem früheren MAG. als eine Betriebsvereinigung dargestellt und demgemäß nach § 11 der Vollzugsbestimmungen zu den Gesetzen vom $\frac{\text{8. Dezbr. 1889}}{\text{24. Mai 1896}}$ eine Zusammenrechnung des Malzverbrauchs zur Folge gehabt hätte. Eine derartige Betriebsvereinigung würde z. B. dann vorliegen, wenn auch nur ein Teil des Betriebes für beide Brauereien vereinigt würde, z. B. Lagern des Bieres, das in zwei verschiedenen, jedoch einem Besitzer gehörigen Braustätten erzeugt worden ist, in einem gemeinsamen Lagerkeller.

4. Artikel 5 Abs. 8 handelt von mehreren Braustätten, die für Rechnung einer und derselben Person oder Gesellschaft betrieben werden. Hienach liegt eine Vereinigung im Sinne dieser Bestimmung dann nicht vor, wenn z. B. eine Braustätte von dem Besitzer einer anderen Braustätte aufgekauft, jedoch von diesem nicht weiter betrieben, sondern mit dem Zeitpunkt des Ankaufs völlig aufgelassen werden würde. Hienach wäre, falls der Ankauf der aufgelassenen Brauerei während eines Kalenderjahres erfolgt sein würde, die Bestimmung in § 14 Abs. 2 der MAAusfB. nicht anwendbar und demgemäß auch der Malzverbrauch der aufgelassenen Brauerei vor dem Ankauf und der Auflassung nicht dem Malzverbrauch der erwerbenden Brauerei zuzurechnen. Hat indessen nach dem Ankauf einer Brauerei durch den Besitzer einer anderen Brauerei in beiden Brauereien noch ein Betrieb stattgefunden, so ist dies als eine Verbindung mehrerer Braustätten im Sinne des Artikel 5 Abs. 8 und § 14 der MAAusfB. anzusehen. Als eine Aufhebung dieser Verbindung im Sinne des § 14 Abs. 1 der MAAusfB. wäre es nicht anzusehen, wenn nach der Vereinigung der Betrieb in beiden Braustätten zunächst fortgesetzt, später aber eine der Braustätten aufgelassen und der gesamte Betrieb beider Braustätten in nur eine derselben gelegt würde.

5. Die steuerliche Begünstigung der in Artikel 5 Abs. 8 Satz 2 bezeichneten Brauereien wird durch einen Wechsel in der Person oder Gesellschaft, auf deren Rechnung die Braustätten betrieben werden, nicht berührt. Die Begünstigung ist vielmehr nur daran geknüpft, daß die Brauereien auch künftig für Rechnung einer Person oder Gesellschaft betrieben werden. Würden derartige Brauereien an verschiedene Personen oder Gesellschaften veräußert und später wieder einmal in einer Hand vereinigt werden, dann könnten sie die Vergünstigung der getrennten steuerlichen Behandlung keinesfalls mehr in Anspruch nehmen.

6. Eine Erweiterung der Begünstigung für die bisher in einer Hand befindlichen und steuerlich getrennt behandelten Brauereien ist ausgeschlossen. Erwirbt daher eine Person oder Gesellschaft, auf deren Rechnung mehrere nach Artikel 5 Abs. 8 Satz 2 getrennt zu behandelnde Brauereien betrieben werden, hiezu noch eine weitere Brauerei, so wird hiemit zwar die getrennte steuerliche Behandlung der bereits vor dem Inkrafttreten des MAG. auf Rechnung der betreffenden Person betriebenen Brauereien, insoweit es sich um die Zusammenrechnung des Malzverbrauches dieser Brauereien handelt, nicht aufgehoben, anderseits kann aber auch eine getrennte steuerliche Behandlung der neu hinzuerworbenen Brauerei nicht eintreten. In diesem Fall ist vielmehr bei jeder der bereits bisher für Rechnung der betreffenden Person betriebenen, jedoch steuerlich getrennt behandelten Brauerei der Malzverbrauch der neu erworbenen Brauerei zum Zwecke der Bemessung des Steuersatzes zuzurechnen, während für die Berechnung des Steuersatzes für die neu erworbene Brauerei der Malzverbrauch der sämtlichen bisher getrennt behandelten Brauereien zuzurechnen wäre, da die Steuerbegünstigung dieser letzteren Brauereien nur darin besteht, daß eine Zusammenrechnung des Malzverbrauchs dieser Brauereien für die Bemessung des für diese Brauereien zutreffenden Malzaufschlaggesetzes nicht stattfindet. Für die Bemessung des Malzaufschlags für eine neu hinzuerworbene Brauerei kann daher die Vergünstigung nicht mehr wirken. Beispiel: Die Aktienbrauerei X besitzt am 1. April 1910 die bisher steuerlich getrennt behandelten Brauereien A, B, C und erwirbt am 1. Januar 1911 die Brauerei D hinzu. Wenn im Jahre 1911 der Malzverbrauch betragen hat in der Brauerei A 1000 dz, in der Brauerei B 1500 dz, in der Brauerei C 1800 dz und in der Brauerei D 2200 dz, so ist im Hinblick auf die Bestimmung in Artikel 5 Abs. 8 im Kalenderjahr 1911 für die Berechnung des Malzaufschlags ein Gesamtmalzverbrauch zugrunde zu legen

für die Brauerei A 1000 + 2200 (von D) = 3200 dz
" " " B 1500 + 2200 (von D) = 3700 "
" " " C 1800 + 2200 (von D) = 4000 " und
" " " D 2200 + 1000 (von A) + 1500 (von B) + 1800 (von C) = 6500 dz.

7. Wird die Verbindung, wegen der mehrere Brauereien als ein Brauereibetrieb im Sinne des Artikel 5 Abs. 8 anzusehen sind, im Laufe eines Kalenderjahres aufgelöst oder erst geschaffen, so sind wegen der steuerlichen Behandlung der getrennten Betriebe nach der Auflösung oder der vereinigten Betriebe nach der Vereinigung in § 14 Abs. 1 und 2 der MAAusfB. Anordnungen getroffen. Mit Rücksicht darauf, daß nach Artikel 5 Abs. 1 der Gesamtmalzverbrauch im Kalenderjahre für die Bemessung des Malzaufschlags für einen Brauereibetrieb maßgebend ist, und nach dem der für eine Brauerei zu Beginn des Jahres angewendete Malzaufschlagsatz gemäß § 9 Abs. 1 der MAAusfB. nur ein vorläufiger ist, äußert in derartigen Fällen auch der Malzverbrauch in den getrennten Betrieben nach der Auflösung der Vereinigung auf den früher vereinigten Betrieb und der Malzverbrauch der vereinigten Brauereibetriebe nach der Vereinigung auf den früher getrennten Betrieb der einzelnen Brauereien für die Bemessung des endgültigen Malzaufschlagsatzes seine Wirkung. Es bemißt sich hienach der endgültige Malzaufschlagsatz, der im Falle der Auflösung einer Vereinigung (§ 14 Abs. 1 der MAAusfB.) für das in den früher vereinigten Betrieben vor der Auflösung der Vereinigung verwendete Malz zu entrichten ist, nach dem gesamten Malzverbrauche, der in sämtlichen beteiligten Brauereien im ganzen Kalenderjahre sowohl vor als nach der Auflösung der Vereinigung stattgefunden hat. Werden zwei bisher steuerlich getrennt behandelte Braustätten im Laufe eines Kalenderjahres vereinigt (§ 14 Abs. 2 MAAusfB.), so bemißt sich der endgültige Malzaufschlagsatz, der auf den Malzverbrauch in den einzelnen Brauereien vor der Vereinigung anzuwenden ist, nach der Malzmenge, die in jeder der einzelnen Braustätten im ganzen Kalenderjahre und zwar sowohl vor als auch nach der Vereinigung, steuerbar geworden ist.

Beispiel a: Die Braustätten A und B werden im Jahre 1911 bis zum 1. Oktober für Rechnung ein und derselben Person betrieben, dann verkauft, und zwar an verschiedene Personen, so daß die Verbindung von diesem Zeitpunkte an aufgehoben wird. Zu Beginn des Jahres 1911 ist für die vereinigten Betriebe auf Grund eines Malzverbrauches im Jahre 1910 in der Brauerei A von 3000 dz, in der Brauerei B von 2000 dz, mithin eines gemeinsamen Malzverbrauches im Vorjahre von 5000 dz der Malzaufschlagsatz von 19 Mk. für 1 dz vorläufig angewendet worden. Der Malzverbrauch in den beiden Brauereien hat betragen: in der Brauerei A in der Zeit vom 1. Januar bis 31. September 1911 2000 dz, in der Zeit vom 1. Oktober bis 31. Dezember 1911 1400 dz, mithin im ganzen Kalenderjahre 3400 dz; in der Brauerei B in der Zeit vom 1. Januar bis 31. September 1911 1500 dz, in der Zeit vom 1. Oktober bis 31. Dezember 1911 1000 dz, mithin im ganzen Kalenderjahre 1911 2500 dz. Hienach ergeben sich folgende Malzaufschlagsätze: der endgültige Malzaufschlagsatz für das in den vereinigten Betrieben vom 1. Januar bis zum 31. September 1911 geschrotete Malz bemißt sich nach dem Gesamtverbrauch in beiden Betrieben im ganzen Kalenderjahre 1911 von $3400 + 2500 = 5900$ dz auf 19,50 Mk. für 1 dz; mithin ist für die in beiden Betrieben in der Zeit vom 1. Januar bis 31. September 1911 geschrotete Malz, nämlich $2000 + 1500 = 3500$ dz, der Unterschied zwischen dem vorläufigen und endgültigen Malzaufschlagsatze von 0,50 Mk. für 1 dz im Betrage von

1750 Mk. nachzuentrichten. Nach Aufhebung der Vereinigung ist für die Brauerei A auf Grund eines Malzverbrauches in dieser Brauerei im Jahre 1910 von 3000 dz zunächst ein vorläufiger Malzaufschlagsatz von 17 Mk. vom 1. Oktober 1910 ab anzuwenden. Der endgültige Malzaufschlag für das in der Brauerei A in der Zeit vom 1. Oktober bis 31. Dezember 1911 steuerbar gewordene Malz (1400 dz) bemißt sich nach dem Gesamtmalzverbrauche dieser Brauerei im Kalenderjahre 1911 von 3400 dz auf 17,50 Mk.; für die Brauerei B beträgt der vorläufige Malzaufschlagsatz vom 1. Oktober 1911 ab 16 Mk.; der endgültige Malzaufschlagsatz für das in der Zeit vom 1. Oktober bis 31. Dezember 1911 in der Brauerei B steuerbar gewordene Malz (1000 dz) beträgt bei einem Gesamtverbrauch dieses Brauereibetriebes im Kalenderjahre 1911 von 2500 dz 16,50 Mk. für 1 dz.

Beispiel b: Die Brauerei A wird von der Brauerei B am 1. November 1911 erworben; die beiden Betriebe sind vorher steuerlich getrennt behandelt worden. Die Brauerei A wird bis zum 1. Dezember 1911 weiter betrieben und dann aufgelassen. Die Brauerei B ist vertragsmäßig in sämtliche Rechte und Pflichten, die für die Brauerei A hinsichtlich der Entrichtung des Malzaufschlags bestehen, eingetreten. Der Malzverbrauch hat betragen in der Brauerei A im Jahre 1910 1500 dz, in der Zeit vom 1. Januar bis 31. Oktober 1911 1000 dz, im Monat November 1911 50 dz, mithin im ganzen Kalenderjahre 1911 1050 dz; in der Brauerei B im Jahre 1910 1600 dz, in der Zeit vom 1. Januar bis 31. Oktober 1911 1300 dz, in der Zeit vom 1. November bis 31. Dezember 1911 400 dz, mithin im ganzen Kalenderjahre 1911 1700 dz. Hienach ergibt sich: zu Beginn des Jahres 1911 war in der Brauerei A ein Malzaufschlagsatz von 15,50 Mk. vorläufig anzuwenden, bei einem Gesamtmalzverbrauch im Kalenderjahre von 1050 dz ergibt sich für die ersten 1000 dz ein endgültiger Malzaufschlagsatz von 15 Mk. für 1 dz, da die erste Staffel des Artikel 5 Abs. 1 um nicht mehr als 50 dz überschritten worden ist; der Unterschied zwischen dem vorläufigen und endgültigen Malzaufschlagsatze von 0,50 Mk. für 1 dz ist daher für die in der Zeit vom 1. Januar bis 31. Oktober 1911 in der Brauerei A steuerbar gewordene Malzmenge von 1000 dz mit 500 Mk. an die Brauerei B zurückzuerstatten. In der Brauerei B war zu Beginn des Jahres 1911 ebenfalls der für einen Malzverbrauch von 1500 dz zutreffende Malzaufschlagsatz von 15,50 Mk. für 1 dz vorläufig anzuwenden, nachdem die überschreitung der zweiten Steuerstaffel des Artikel 5 Abs. 1 um nicht mehr als 100 dz im Hinblick auf die Bestimmung in Artikel 5 Abs. 2 außer Betracht zu bleiben hat (vgl. auch die Bemerkung 2 zu Art. 5 Abs. 2); bei einem Gesamtmalzverbrauche von 1700 dz im Kalenderjahre ergibt sich ein endgültiger Malzaufschlagsatz von 16 Mk. für 1 dz, der auf den Malzverbrauch der Brauerei B in der Zeit vom 1. Januar bis 31. Oktober 1911 von 1300 dz anzuwenden ist. Für das in den beiden Brauereien nach der Vereinigung, d. i. vom 1. November 1911 ab steuerbar gewordene Malz, nämlich 50 + 400 = 450 dz, bemißt sich der Malzaufschlagsatz nach dem Malzverbrauche in beiden Brauereien im Jahre 1910 von 1500 + 1600 = 3100 dz vorläufig auf 17 Mk.; der endgültige Malzaufschlagsatz für die nach dem 1. November 1911 geschroteten 450 dz beträgt bei einem Malzverbrauche in beiden Brauereien im Jahre 1911 von 1050 + 1700 = 2750 dz ebenfalls 17 Mk. für 1 dz.

8. Wie bereits aus den unter 7. aufgeführten Beispielen hervorgeht, beziehen sich die Bestimmungen in § 14 der MAAusfB. auf die Festsetzung des endgültigen Malzaufschlagsatzes und nicht auf die Bemessung des vorläufig anzuwendenden Malzaufschlagsatzes. Der im Falle des § 14 Abs. 1 vom Zeitpunkte der Aufhebung der Vereinigung an für den fortgesetzten Betrieb jeder einzelnen Brauerei anzuwendende vorläufige Malzaufschlagsatz bemißt sich nach dem Malzverbrauch in dieser einzelnen Brauerei im vorhergegangenen Kalenderjahre; im Falle des § 14 Abs. 2 ist vom Zeitpunkte der Vereinigung an der Malzaufschlag für die vereinigten Betriebe vorläufig nach dem Malzverbrauche zu bemessen, der in beiden Betrieben zusammen im vorhergegangenen Kalenderjahre stattgefunden hat.

9. Durch die Vereinigung mehrerer bisher getrennt behandelter Brauereien oder durch die Trennung mehrerer bisher steuerlich als ein Betrieb behandelter Brauereien tritt eine Änderung des den einzelnen Brauereibetrieben zugewiesenen Durchschnittsmalzverbrauches nicht ein. Es erhöht sich daher, falls bei Verbindung mehrerer Brauereien in einer derselben der zugewiesene Durchschnittsmalzverbrauch um mehr als 10 bzw. 5 v. H. überschritten wird, für die in dieser Brauerei über den Durchschnittsmalzverbrauch hinaus verwendete Malzmenge der Steuersatz, wie er für die in beiden Brauereien im betreffenden Kalenderjahre verwendete Malzmenge zutrifft, um 10 v. H. Eine Zusammenrechnung des Durchschnittsmalzverbrauches der sämtlichen vereinigten Betriebe in der Weise, daß eine Malzaufschlagerhöhung um 10 v. H. erst dann eintritt, wenn der gesamte Durchschnittsmalzverbrauch der vereinigten Brauereien um 10 oder 5 v. H. überschritten ist, findet nicht statt, da der Durchschnittsmalzverbrauch gemäß Artikel 5 Abs. 3 dem einzelnen Brauereibetrieb zugewiesen worden ist, und nachdem mehrere Braustätten, die für Rechnung einer und derselben Person oder Gesellschaft betrieben werden, nur im Sinne des Artikel 5 Abs. 1 als ein Brauereibetrieb anzusehen sind.

Beispiel: Der Brauerei A ist ein Durchschnittsmalzverbrauch von 2500 dz, der Brauerei B ein Durchschnittsmalzverbrauch von 1500 dz nach § 9 Abs. 4 der MAAusfB. zugewiesen worden. Beide Brauereien werden vom 1. Januar 1911 an auf Rechnung einer Person betrieben. Der Malzverbrauch hat im Jahre 1911 betragen in der Brauerei A 1500 dz, in der Brauerei B 2500 dz. Der für beide Betriebe endgültig anzuwendende Malzaufschlagsatz beträgt bei dem Gesamtmalzverbrauch von 4000 dz im Jahre 1911 18 Mk. für 1 dz. Nachdem in der Brauerei B der Durchschnittsmalzverbrauch von 1500 dz um 1000 dz, d. i. um mehr als 10 v. H. überschritten ist, hat die Brauerei B für 1500 dz je 18 Mk. und für 1000 dz je 18 + 1,80 = 19,80 Mk. zu entrichten, während für die in der Brauerei A verwendete Malzmenge von 1500 dz nur der Satz von 18 Mk. zur Anwendung kommt. Würde sich aus der Bemessung des Durchschnittsmalzverbrauches für jeden einzelnen der Betriebe besondere Härten ergeben, so könnte jedoch auf Grund von Artikel 5 Abs. 4 des Malzaufschlaggesetzes ein den Betriebsverhältnissen nach der Vereinigung entsprechender Ausgleich geschaffen werden.

Zu Art 5. Abs. 9.

1. In der Begründung zu Artikel 5 Abs. 5 des Gesetzentwurfs ist darauf hingewiesen, daß das frühere Malzaufschlaggesetz eine Bestimmung darüber nicht enthalten hat, ob bei Benützung einer Braustätte durch mehrere Personen für die Höhe des anzuwendenden Steuersatzes die in der Brauerei als solcher insgesamt verwendete Malzmenge oder aber die von jedem einzelnen Brauberechtigten verwendete Malzmenge entscheidend sein soll. Durch die §§ 7, 8 und 9 der Bestimmungen zum Vollzuge der Gesetze vom 8. Dezember 1889 und vom 24. Mai 1896 war die Frage in der Hauptsache im letzteren Sinne geregelt. Nunmehr enthält das Gesetz selbst eine diesbezügliche Vorschrift. Hienach kann jede Person, die auf eigene Rechnung braut, eine fremde, vor dem 1. Oktober 1909 betriebsfähig hergerichtete Braustätte in der Weise benutzen, daß für die Höhe des zu entrichtenden Malzaufschlags lediglich die von ihr zur Bierbereitung verwendete Malzmenge entscheidend ist. Bei Beratung des Gesetzentwurfs im Ausschusse der Kammer der Abgeordneten bestand mit Rücksicht auf die schweren Schäden, die in manchen Gegenden in sittlicher und wirtschaftlicher Beziehung aus dem sogenannten Kommunbrauwesen sich herausgebildet haben, zunächst Geneigtheit, den Artikel 5 Abs. 5 des Regierungsentwurfs zu streichen und hiemit eine gesonderte steuerliche Behandlung derjenigen Personen, die in einer fremden Braustätte auf eigene Rechnung Bier brauen, auszuschließen. Über die Rechtsverhältnisse der Kommunbrauer enthält eine Abhandlung in den Blättern für administrative Praxis Bd. 37 S. 49 nähere Ausführungen. Das Wesen einer Kommunbrauerei liegt darin, daß die einem bestimmten Gemeindeverbande angehörigen, im Besitze des Bürgerrechts befindlichen Anwesensbesitzer in einem oder mehreren bestimmten, in der Regel der Gemeinde gehörigen Bräuhäusern Bier brauen und das in solchen Lokalitäten gewonnene Erzeugnis in ihrem Anwesen auf Grund von Artikel 9 b des bayer. Gesetzes vom 30. Januar 1868, betr. das Gewerbewesen, und des § 1 Abs. 2 des Gesetzes vom 12. Juni 1872, betr. die Einführung der Gewerbeordnung des Norddeutschen Bundes vom 12. Juni 1869 in Bayern, ausschänken dürfen (zu vgl. Regers Gewerbeordnung Bd. 2 S. 581). Bei der ersten Lesung des Gesetzentwurfs im Ausschusse wurde auch tatsächlich die fragliche Bestimmung des Entwurfs gestrichen (Ausschußbericht S. 185). Bei der zweiten Lesung entstanden jedoch wegen jener Kommunbrauer, die sich in gleicher Weise wie Privatbrauer als gewerbliche Brauer darstellen, Bedenken und es kam zu dem Beschlusse, die Regierungsvorlage wieder herzustellen, diese Bestimmung jedoch nur für diejenigen Personen anwendbar zu erklären, die das auf der gemeinschaftlichen Braustätte von ihnen hergestellte Bier entweder in einer gewerbsmäßig betriebenen Schankwirtschaft selbst ausschenken oder lediglich an Wirte abgeben. Man wollte hiemit jene Kommunbrauer von der Begünstigung der getrennten steuerlichen Behandlung ausschließen, die das von ihnen hergestellte Erzeugnis nicht in einer ständig betriebenen Wirtschaft, sondern vorübergehend und kurze Zeit in ihrem eigenen Anwesen zum Ausschank bringen (Ausschußbericht S. 285/292). Die Überzeugung, daß die Durchführung des Ausschußbeschlusses in zweiter Lesung mit erheblichen Schwierigkeiten verbunden sein würde, führte bei Beratung des Gesetzentwurfs im Plenum der Kammer der Abgeordneten zunächst zu Abänderungsvorschlägen und dann zur Annahme der Regierungsvorlage (Verh. d. K. d. Abg. StenB. Bd. 9 S. 410—423).

2. Die Benützung einer Braustätte durch mehrere Personen kann erfolgen

a) durch Kommunbrauer, die ein Kommunbrauhaus auf Grund eines ihnen zustehenden öffentlichen Rechtes benützen;

b) durch Genossenschaftsbrauer oder Gesellschaftsbrauer, die eine gemeinsame Braustätte auf Grund eines Zivilrechtsverhältnisses gemeinsam benützen;

c) durch Personen, denen zur Benutzung der fremden Braustätte kein Rechtstitel zur Seite steht, sondern die lediglich mit Genehmigung des Besitzers der fremden Braustätte in dieser die selbstbeschafften Stoffe auf eigene Rechnung versieden (Leihbrauer).

3. Voraussetzung für die Zulassung der steuerlich getrennten Behandlung ist, daß in der fremden Braustätte von der betreffenden Person auf eigene Rechnung gebraut wird. § 15 Abs. 1 der MAAusfB. trifft nähere Anordnung darüber, wer als auf eigene Rechnung brauend anzusehen ist. Liegt nur eine der in § 15 Abs. 1 geforderten Voraussetzungen nicht vor, so kann eine getrennte steuerliche Behandlung der betreffenden Person nicht eintreten. Wird daher eine Braustätte durch Personengruppen in der Weise benützt, daß jeweils mehrere Personen sich zu einer gemeinschaftlichen Betriebsführung vereinigen, indem sie entweder das gesamte Braugeschäft einem der Beteiligten überlassen, oder indem sie zwar das Malz auf eigene Rechnung beschaffen und getrennt zum Schroten anmelden, es aber gemeinsam versieden und das daraus hergestellte Bier gemeinsam lagern, so treffen die Voraussetzungen des § 15 Abs. 1 der MAAusfB. zwar nicht für die zu den einzelnen Gruppen gehörigen Personen, wohl aber für die einzelnen Gruppen selbst zu, und es bemißt sich hienach gemäß Artikel 5 Abs. 9 des MAG. der Malzaufschlagsatz für jede auf eigene Rechnung brauende Gruppe nach der Höhe ihres Malzverbrauches. Beteiligt sich eine Person innerhalb eines Kalenderjahres bei verschiedenen Gruppen gemeinsam Brauender, so ist für die Ermittelung des zutreffenden Malzaufschlagsatzes bei jeder Gruppe der gesamte Malzverbrauch des betreffenden Kommunbrauers in diesem Kalenderjahr in Rechnung zu stellen. Ebenso bemißt sich, falls ein Kommunbrauer im Laufe eines Kalenderjahres den Betrieb zunächst für sich allein ausübt, später aber einer gemeinsam brauenden Gruppe sich anschließt, der anzuwendende Malzaufschlag nach dem gesamten Malzverbrauche des Kommunbrauers und der Gruppe im betreffenden Kalenderjahre. (Entschl. d. K. StM. d. Finanzen vom 15. August 1910 Nr. 25601 und AA. der K. Gen.-Dir. d. Zölle vom 20. August 1910 Nr. 30907 I a.) Für die gemeinsame Herstellung von Bier durch mehrere Kommunbrauer hat die K. Generaldirektion der Zölle im AA.-Ausschreiben vom 26. August 1910 Nr. 31874 I folgende Anordnungen getroffen: „Es hat daher im Falle der Herstellung von Bier durch mehrere Kommunbrauer aus gemeinsamen Malzvorräten derjenige, der das Malz zum Schroten anmeldet, im Einschreibbuch die Namen der an dem gemeinschaftlichen Biersud beteiligten Personen und die Höhe des Anteils jeder einzelnen Person an dem Sude anzugeben. Dementsprechend ist auch der Malzschein auf die an dem gemeinschaftlichen Sude beteiligten Personen unter Angabe der einzelnen Anteile auszustellen. Im Malzverbrauchbuch ist für jeden einzelnen Beteiligten eine besondere Abteilung anzulegen, in Spalte 2 und 4 sind die auf den betreffenden Kommunbrauer nach der Höhe seines Anteils entfallenden Malzmengen vorzutragen und ist hieraus die Aufschlagschuld für den einzelnen Kommunbrauer gesondert zu berechnen. Um den nach Artikel 5 Abs. 1 des MAG. anzuwendenden Aufschlagsatz zutreffend ermitteln zu können, ist in Spalte 8 des Malzverbrauchsbuchs jeweils ein entsprechender Vermerk über die gemeinschaftliche Herstellung von Bier unter Angabe der übrigen beteiligten Personen aufzunehmen." Diese Anordnungen waren notwendig, um den Malzverbrauch für Kommunbrauer, die sich bei mehreren auf eigene Rechnung brauenden Gruppen beteiligen, festhalten zu können, sowie auch um feststellen zu können, ob von einem Kommunbrauer, der bei einer auf eigene Rechnung brauenden Gruppe beteiligt ist, nicht der ihm zugewiesene Durchschnittsmalzverbrauch (s. Bemerkung 2 zu Artikel 5 Abs. 3) überschritten wird.

4. Die Bestimmung in § 15 Abs. 2 der MAAusfB. trifft nur Anordnung über die steuerliche Behandlung der Malzmenge, die in einer bisher von mehreren auf eigene Rechnung benützten Braustätte von dem Zeitpunkte an verwendet wird, in dem diese Braustätte in die alleinige Benützung einer Person oder einer Gesellschaft übergegangen ist. Da hienach die von der Person oder Gesellschaft im ganzen Jahre in der Braustätte verwendete Malzmenge entscheidend ist, so kommen auch jene Malzmengen mit in Betracht, die von der Person oder Gesellschaft im betreffenden Jahre zu einer Zeit in der Braustätte verwendet worden sind, in der diese noch von mehreren Personen auf eigene Rechnung benützt worden ist. Hiebei ist auch für die letzteren Malzmengen der Malzaufschlag nach dem Satze zu entrichten, der für den gesamten Malzverbrauch der Person oder Gesellschaft im Kalenderjahre entspricht.

Beispiel: Das Kommunbrauhaus in N. war im Jahre 1911 zunächst von den Kommunbrauern A, B und C und sodann von einer gemeinsam brauenden Gruppe von sechs anderen Kommunbrauern je auf eigene Rechnung benutzt. Bis zum 1. Juli 1911 haben Malz verwendet A 50 dz, B 100 dz, C 150 dz und die gemeinsam brauende Gruppe 500 dz. Vom 1. Juli 1911 an wird die Braustätte von der gemeinsam brauenden Gruppe angekauft und von dieser als Genossenschaft allein auf gemeinsame Rechnung weiter betrieben. Der Malzverbrauch hat in der Zeit vom 1. Juli bis Ende des Jahres 1911 600 dz betragen. In diesem Falle bemißt sich der endgültige Malzaufschlagsatz für die gemeinsam brauende Gruppe nach deren gesamtem Malzverbrauche im Kalenderjahre, nämlich 500 + 600 = 1100 dz, so daß für die von der Gruppe sowohl vor als nach dem Erwerb der Braustätte in dieser verwendete Malzmenge der Satz von 15,50 Mk. für 1 dz in Anwendung zu bringen ist; die Kommunbrauer A, B und C haben den Malzaufschlag nach dem Satze von 15 Mk. für 1 dz zu entrichten, wie er der Malzverwendung jedes einzelnen dieser Brauer entspricht. Bezüglich des Durchschnittsmalzverbrauches, der den bei der gemeinsam brauenden Gruppe beteiligten sechs Kommunbrauern zugewiesen ist, tritt durch den Betrieb der Braustätte auf alleinige Rechnung dieser Gruppe eine Änderung nur dann ein, wenn dieser Gruppe auf Grund des Artikel 5 Abs. 4 des MAG. aus Gründen der Billigkeit ein einziger der Summe jener Malzmengen entsprechender Durchschnittsmalzverbrauch festgesetzt wird, die den einzelnen Kommunbrauern als Durchschnittsmalzverbrauch zugewiesen waren.

5. In der Bemerkung 1 zu Artikel 5 Abs. 5 ist bereits hervorgehoben, daß auf Hausbrauer, welche die Steuerbegünstigung nach Artikel 5 Abs. 5 genießen, die Bestimmung in Artikel 5 Abs. 9 keine Anwendung findet.

Steuerpflichtiges Gewicht.

Art. 6.

[1] Der Malzaufschlag wird vom Reingewichte des in die Mühle eingebrachten ungeschroteten Malzes erhoben. Bruchteile eines Kilogramms bleiben außer Ansatz.

[2] Bei der Verarbeitung von Weizenmalz wird ein Doppelzentner Weizenmalz gleich neun Zehntel Doppelzentner Gerstenmalz gerechnet.

[3] Hat das Malz durch eine andere Bearbeitung als Reinigen oder Schroten (z. B. Enthülsen) eine wesentliche Gewichtsverminderung erfahren, so ist diese nach näherer Anordnung der Steuerverwaltung dem steuerpflichtigen Gewichte zuzurechnen.

AusfB. zu Art. 6 Abs. 1.

Ermittelung des steuerpflichtigen Gewichts des Malzes.

§ 17. [1] Das Reingewicht des Malzes ist entweder durch Verwiegung des Malzes allein oder in der Weise zu ermitteln, daß das Rohgewicht festgestellt und davon das nach der Entleerung zu ermittelnde Gewicht der Umschließungen abgezogen wird.

[2] Wird das Reingewicht des mit einem Malzschein in die Mühle eingebrachten Malzes durch mehrere Einzelverwiegungen ermittelt, so haben Bruchteile eines Kilogramms lediglich bei dem ermittelten Gesamtgewicht außer Ansatz zu bleiben.

AusfB. zu Art. 6 Abs. 2.

§ 18. Wird die Vergünstigung des Artikel 6 Abs. 2 in Anspruch genommen, so ist das Weizenmalz gesondert anzumelden, zu verwiegen und zu schroten. Auf Gemische von Weizenmalz und anderem Malze findet die Bestimmung in Artikel 6 Abs. 2 keine Anwendung.

AusfB. zu Art. 6 Abs. 3.

Ermittelung des steuerpflichtigen Gewichts für Malz, das eine Gewichtsverminderung erfahren hat.

§ 19. [1] Gelangt Malz, das vor dem Schroten durch völliges oder teilweises Schälen, völliges oder teilweises Enthülsen oder durch eine sonstige Bearbeitung mit Ausnahme des Reinigens eine wesentliche Gewichtsverminderung erfahren hat, zur Verwendung, so sind dem nach § 17 zu ermittelnden Gewichte des ungeschroteten Malzes bis auf weiteres 10 vom Hundert zuzuschlagen.

[2] Das Polieren des Malzes (Entfernen von Staub, Keimen und abstehenden Spelzenteilen) ohne weitergehendes Enthülsen bedingt in der Regel einen Gewichtszuschlag nicht.

[3] Als eine wesentliche Gewichtsverminderung im Sinne des Artikel 6 Abs. 3 des Gesetzes ist eine Verminderung um mehr als 1 vom Hundert des Gewichts des entkeimten Malzes anzusehen.

4 Soll Malz, das eine wesentliche Gewichtsverminderung im Sinne der vorstehenden Bestimmungen erfahren hat, mit anderem Malze vermischt zur Verwendung gelangen, so sind die betreffenden Malzmengen gesondert anzumelden und zu schroten. Wird die Anmeldung unterlassen, so unterliegt, abgesehen von der etwa verwirkten Strafe, die gesamte zur Verarbeitung gelangte Malzmenge dem Gewichtszuschlage, welcher für das im Gewichte verminderte Malz vorgesehen ist.

Bemerkungen: Zu Art. 6 Abs. 1.

1. Das Reingewicht des ungeschroteten Malzes wird, wenn das Malz auf einer öffentlichen, nicht mit einer selbsttätigen Wägevorrichtung versehenen Malzmühle (Artikel 28), oder auf einer Malzmühle, deren Wägevorrichtung schadhaft oder unzuverlässig geworden ist (Artikel 39 und § 59 Abs. 6 MAAusfB.) geschrotet werden soll, durch Verwiegen auf einer geeigneten vorschriftsmäßigen Wage (Artikel 15 und § 32 MAAusfB.) ermittelt. Soll Malz auf einer mit einer selbsttätigen Wägevorrichtung versehenen öffentlichen oder eigenen Malzmühle geschrotet werden, so wird das Reingewicht des ungeschroteten Malzes durch die an der Malzmühle angebrachte Wägevorrichtung ermittelt; die Anzeige der Wägevorrichtung ist, soweit sie nicht als unrichtig festgestellt werden kann, für das steuerpflichtige Gewicht des Malzes entscheidend. (Artikel 32 Abs. 2 und Artikel 38.)

2. Die Bestimmung in § 17 der MAAusfB. bezieht sich nur auf die Fälle, in welchen eine Ermittelung des Reingewichtes durch Verwiegen des Malzes auf der Wage stattfindet. Ebenso kann sich die Bestimmung in Artikel 6 Abs. 1, daß Bruchteile eines Kilogramms außer Ansatz zu bleiben haben, nur auf derartige Fälle, nicht auch auf die Feststellung des steuerpflichtigen Gewichtes des Malzes durch selbsttätige Wägevorrichtungen beziehen, da diese Vorrichtungen nur Mengen von 5, 10 oder 20 kg anzeigen. Insoweit eine in die selbsttätige Wägevorrichtung eingebrachte Malzmenge das zur Entleerung der Wage erforderliche Gewicht nicht erreicht, verbleibt sie im Wägegefäß bis das entsprechende Gewicht durch Auffüllen erreicht ist.

3. Die Ermittelung des Reingewichtes des Malzes durch Ermittelung des Rohgewichtes und Abzug einer Tara für die Umschließung ist nach den MAAusfB. nicht zugelassen.

4. Wann Malz als in die Mühle eingebracht gilt, bestimmt Artikel 3 Abs. 2.

5. Ist die Verwiegung des Malzes vor dem Schroten aus irgendeinem Grunde unterblieben und ist das Gewicht des geschroteten Malzes noch feststellbar, so ist letzteres der Berechnung des Malzaufschlags zugrunde zu legen; denn durch das Schroten tritt eine wesentliche Minderung des Gewichts des Malzes nicht ein. Kann das steuerpflichtige Gewicht des Malzes nicht mehr festgestellt werden, so bemißt sich das Gewicht nach der Anmeldung (§ 48 Abs. 2 der MAAusfB.).

6. Die Bestimmung, daß Bruchteile eines Kilogramms außer Ansatz zu bleiben haben, gilt lediglich für die Feststellung des steuerpflichtigen Gewichts, für andere Artikel des MAG. wie die Steuerpflicht (Artikel 1 Abs. 1) oder für das Verbot des Artikel 19 Abs. 2 kommt sie daher nicht in Betracht. Zu vgl. Urt. d. K. B. Obersten Landesgerichts vom

27. Februar 1874 — ABl. 1875 S. 62 — und vom 3. April 1909 — ABl. 1909 S. 180.

Zu Art. 6 Abs. 2.

1. Diese Bestimmung war im Regierungsentwurfe nicht enthalten; sie wurde bei Beratung des Gesetzentwurfs im besonderen Ausschusse der Kammer der Abgeordneten mit Rücksicht darauf eingefügt, daß bisher bei der Raumbesteuerung das Weizenmalz wegen seines höheren Hektolitergewichts (nach den von der K. Staatsregierung angestellten Ermittelungen wurde ein Hektolitergewicht des Weizenmalzes von 64,25 kg festgestellt, während für Gerstenmalz im Jahre 1905 ein durchschnittliches Hektolitergewicht von 53,47 kg ermittelt wurde) gegenüber dem Gerstenmalze etwas begünstigt war. Ursprünglich sollte ein Doppelzentner Weizenmalz gleich fünf Sechstel Doppelzentner Gerstenmalz gerechnet werden, auf Antrag der K. Staatsregierung wurden indessen bei der zweiten Lesung des Gesetzentwurfs im Ausschusse „fünf Sechstel" durch „neun Zehntel" ersetzt, um ein gerechteres Verhältnis zwischen der Besteuerung des Weizenmalzes und des Gerstenmalzes herbeizuführen. (Zu vgl. Ausschußbericht S. 160ff., 274ff., StenB. d. K. d. Abg. 1909/10 Bd. IX S. 423f. und Verh. d. K. d. RR. 1909/10 BeilBd. 5 S. 278.)

2. Wird die Vergünstigung nach Artikel 6 Abs. 2 in Anspruch genommen, so erfolgt die Ermittlung des steuerpflichtigen Gewichts des Weizenmalzes in der Weise, daß zunächst das tatsächliche Gewicht durch Verwiegung ermittelt wird und hievon 10 v. H. abgezogen werden. Auf den Malzscheinen und im Mühlbuch ist vom Müller lediglich das tatsächlich ermittelte Gewicht zu vermerken; der Gewichtsabzug erfolgt erst durch den Steuerbeamten beim Eintrag in die Spalten 5, 6 und 7 des Malzverbrauchbuches (Muster 3 zu den MAAusfB.). In Spalte 4 des Sudbuches (Muster 21 zu den MAAusfB.) dagegen ist das steuerpflichtige Gewicht des Weizenmalzes, d. i. das tatsächlich ermittelte Gewicht weniger 10 v. H. durch den Brauer einzutragen. Im Mühlbuche ist lediglich darauf hinzuweisen, daß steuerbegünstigtes Weizenmalz geschrotet worden ist (Muster 16 zu d. MAAusfB. Ziffer 3 der Gebrauchsanleitung).

3. Soll Weizenmalz unter Inanspruchnahme der Vergünstigung des Artikel 6 Abs. 2 geschrotet werden, so ist dies in Spalte 9 des Einschreibbuches besonders anzugeben (Ziffer 4 zur Anleitung zum Gebrauche des Einschreibbuches — Muster 14 zu den MAAusfB.).

4. Wird auf einer eigenen Malzmühle neben Gerstenmalz auch Weizenmalz geschrotet, so finden die für eigene Malzmühlen vorgesehenen Erleichterungen nicht in vollem Umfange Anwendung (§ 60 Abs. 1 der MAAusfB.).

5. Wenn eine malzaufschlagpflichtige Person in der Absicht, den treffenden Malzaufschlag vorzuenthalten im Einschreibbuche oder beim Schroten auf eigener Malzmühle in Spalte 8 des Mühlbuches Gerstenmalz wider besseres Wissen als Weizenmalz bezeichnet und hiefür die Vergünstigung des Artikel 6 Abs. 3 in Anspruch nimmt, so begeht er hiemit eine Hinterziehung des Malzaufschlags nach Artikel 52. Beim Schroten auf einer öffentlichen Malzmühle macht der Müller beim Vorliegen der subjektiven Voraussetzungen sich der Beihilfe hiezu schuldig, wenn er in Spalte 8 des Mühlbuches Gerstenmalz wider besseres Wissen als Weizenmalz bezeichnet, damit der betreffende Brauer die Begünstigung des Artikel 6 Abs. 2 erlangt. Sind die subjektiven Voraussetzungen beim Müller nicht erfüllt, so liegt im Hinblick auf die Bestimmungen in Artikel 26 Abs. 1 und § 42 Abs. 1 der MAAusfB. und Ziffer 3 der Anleitung zum Gebrauche des Mühlbuchs (Muster 16) eine Ordnungswidrigkeit vor, die nach Artikel 58 Ziffer 9 zu bestrafen ist.

6. Wird die Begünstigung des Artikel 6 Abs. 2 für Weizenmalz in Anspruch genommen, so findet sie gemäß Artikel 68 des Gesetzes auch für die Erhebung des gemeindlichen Malzaufschlags Anwendung.

Zu Art. 6 Abs. 3.

1. Diese Vorschrift soll einer Beeinträchtigung des Steueraufkommens vorbeugen, die dadurch hereigeführt werden kann, daß vor Feststellung des steuerpflichtigen Gewichts das Malz durch Enthülsen, Schälen usw. eine Gewichtsverminderung erfahren hat. Die Vorschrift entspricht der Bestimmung in § 5 Abs. 2 des Reichsbrausteuergesetzes vom 15. Juli 1909 und in Artikel I Ziffer 2 des württembergischen Gesetzes vom 16. August 1909, betr. die Änderung des Biersteuergesetzes vom 4. Juli 1900 — RegBl. für das Königreich Württemberg S. 150 (Begründung zu Artikel 6 des Gesetzentwurfs).

2. Für die Anwendbarkeit des Artikel 6 Abs. 3 ist es nicht erforderlich, daß das Enthülsen, Schälen usw. am Malze selbst vorgenommen worden ist, es genügt auch, wenn das Malz aus enthülster oder geschälter Gerste hergestellt ist.

3. Malz aus sogenannter nackter Gerste, d. i. einer Gerstenart, bei welcher die Spelzen von Natur aus fehlen (s. Anleitung für die Zollabfertigung Teil III Ziffer 1 Gerstenzollordnung Anlage A IV D), unterliegt nicht einem Gewichtszuschlag nach Artikel 6 Abs. 2, weil von dieser Gesetzesbestimmung nur ein künstliches Enthülsen, Schälen usw. getroffen wird.

4. Jede Verminderung des ursprünglichen Gewichts des entkeimten Malzes um mehr als 1 v. H. bedingt einen Gewichtszuschlag um 10 v. H., und zwar auch dann, wenn die Gewichtsverminderung durch übermäßiges Polieren des Malzes hervorgerufen worden ist. § 19 Abs. 2 der MAAusfB. ist in dieser Hinsicht durch § 19 Abs. 3 eingeschränkt.

5. Ein höherer Gewichtszuschlag als 10 v. H. (§ 19 Abs. 1 der MAAusfB.) würde auch dann nicht einzutreten haben, wenn tatsächlich eine höhere Gewichtsverminderung im Einzelfalle festgestellt werden würde. Es dürfte indessen eine höhere Gewichtsverminderung des Malzes als 10 v. H. durch Enthülsen, Schälen usw. kaum vorkommen, da hiedurch der Mehlkörper des Malzes zerfallen würde.

6. Die Bemerkungen in Ziffer 2 mit 5 zu Artikel 6 Abs. 2 gelten in sinngemäßer Weise auch für Malz, das einem Gewichtszuschlag nach Artikel 6 Abs. 3 unterliegt. Würde Weizenmalz, für das die Vergünstigung des Artikel 6 Abs. 2 in Anspruch genommen wird, einem Verfahren unterworfen worden sein, daß die Anwendung des Artikel 6 Abs. 3 des Gesetzes und des § 19 Abs. 1 der MAAusfB. rechtfertigt, so würden sich Abzug und Zuschlag gegenseitig ausgleichen, so daß in diesem Falle das steuerpflichtige Gewicht des Weizenmalzes mit dem tatsächlich festgestellten Gewicht übereinstimmen würde. Im Malzverbrauchbuche Spalte 5/6 wäre aber trotzdem in diesem Falle Abzug und Zuschlag zu vermerken.

Person des Malzaufschlagpflichtigen.

Art. 7.

Den Malzaufschlag hat derjenige zu entrichten, für dessen Rechnung das Malz geschrotet wird.

Bemerkungen: Zu Art. 7.

1. Artikel 9 des Malzaufschlaggesetzes vom $\frac{\text{16. Mai 1868}}{\text{8. Dezbr. 1889}}$ bezeichnete als steuerpflichtig denjenigen, auf welchen die Polette als Malzeigentümer gelautet hat. Da nach Artikel 3 des nunmehrigen MAG das Malz steuerbar wird, sobald es für den Zweck der Erzeugung von Bier zum Schroten in die Mühle eingebracht wird, und es hienach für die Steuerpflicht unwesentlich erscheint, ob der Steuerpflichtige auch Eigentümer des Malzes ist, wurde jene Person als malzaufschlagpflichtig bezeichnet, für deren Rechnung das Malz geschrotet wird (Begründung zu Artikel 7 des Entwurfs eines MAG.).

2. Die Person des Malzaufschlagpflichtigen kann eine natürliche Person oder eine juristische Person des privaten oder öffentlichen Rechts sein. Aber auch Gesellschaften und Genossenschaften können zur Entrichtung des Malzaufschlags verpflichtet sein. Ist die Malzaufschlagpflicht entstanden, so ist es bei natürlichen Personen gleichgültig, ob sie volljährig sind oder nicht, auch eine etwaige Entmündigung ist auf die Malzaufschlagpflicht ohne Einfluß. Das Malzaufschlaggesetz enthält hinsichtlich Malzaufschlagpflicht keine Ausnahme zugunsten irgendeiner Person. Es haben daher auch der Staat, Gemeinden, Stiftungen, Klöster, Anstalten und Vereine aller Art den Malzaufschlag zu entrichten, wenn steuerpflichtiges Malz auf ihre Rechnung geschrotet wird. Auch die privatrechtliche Persönlichkeit des Königs ist von der Malzaufschlagpflicht nicht befreit (Bayer. Staatsrecht von Seydel 2. Aufl. Bd. 1 S. 186).

3. Das Malz wird auf Rechnung desjenigen geschrotet, der das Malz zum Zwecke der Verwendung in seinem Geschäftsbetriebe schroten läßt.

4. Die Malzaufschlagpflicht kann gleichzeitig für mehrere Personen entstehen und zwar können hiefür sowohl rechtliche als auch tatsächliche Verhältnisse maßgebend sein. Durch rechtliche Verhältnisse entsteht eine Malzaufschlagpflicht gleichzeitig für mehrere Personen, wenn z. B. steuerpflichtiges Malz geschrotet wird auf Rechnung von Eheleuten, die in allgemeiner Gütergemeinschaft leben (§§ 1437 ff. BGB.); wird eine derartige Gütergemeinschaft nach dem Ableben eines Ehegatten von dem überlebenden Ehegatten mit den Kindern fortgesetzt (§§ 1483 ff.), so erscheint dieser Ehegatte mit den Kindern zur Entrichtung des Malzaufschlags verpflichtet. Ebenso verhält es sich mit den in Erbengemeinschaft lebenden Personen (§ 2032 BGB.). Eine tatsächliche Gemeinschaft liegt z. B. dann vor, wenn mehrere Personen aus gemeinsamen

Malzvorräten Bier herstellen (zu vgl. die Bemerkung 2 zu Art. 5 Abs. 5 und die Bemerkung 3 zu Art. 5 Abs. 9). In allen diesen Fällen haften die sämtlichen Beteiligten solidarisch für den Malzaufschlag und zwar auch dann, wenn etwa für einzelne Beteiligte aus besonderen Gründen eine gesonderte Behandlung einzutreten hätte. Dies wäre z. B. der Fall, wenn von mehreren gemeinsam brauenden Kommunbrauern einer wegen Überschreitung des ihm zugewiesenen Durchschnittsmalzverbrauchs gemäß Art. 5 Abs. 3 einen Zuschlag von 10 v. H. zu den regelmäßigen Malzaufschlagsätzen zu entrichten hätte, oder wenn von mehreren gemeinsam brauenden Hausbrauern, welche die Vergünstigung des Artikel 5 Abs. 5 in Anspruch nehmen, einer diese Vergünstigung nicht mehr beanspruchen oder wegen Bierverkaufs usw. verlieren würde.

5. Neben oder an Stelle der nach Artikel 7 malzaufschlagpflichtigen Person kann auf Grund eines besonderen Rechtsverhältnisses auch eine andere Person zur Entrichtung des Malzaufschlags verpflichtet sein; dies ist z. B. der Fall, wenn eine andere Person der Steuerbehörde gegenüber die Aufschlagschuld übernimmt (§§ 414 ff. BGB.) oder für deren Bezahlung Bürgschaft leistet (§§ 765 ff. BGB.). Stirbt der Aufschlagpflichtige, so geht die Aufschlagschuld kraft Gesetzes auf den oder die Erben über (§§ 1942 ff. und 1967 ff. BGB.). Die Übernahme einer Brauerei als solche verpflichtet den Übernehmer noch nicht zur Entrichtung des Malzaufschlags für das auf Rechnung seines Vorgängers geschrotete Malz, soferne er nicht diese Aufschlagschuld der Steuerbehörde gegenüber ausdrücklich übernommen hat.

6. Die Person des Malzaufschlagpflichtigen ist bei der Anmeldung zum Schroten durch Eintrag in das Einschreibebuch (Art. 17 Abs. 3 und § 34 MAAusfB.) oder in der Anzeige des Malzschrotens nach Artikel 37 (§ 56 MAAusfB.) anzugeben, sie ist im Malzschein (Muster 15 z. d. MAAusfB.) vom Steuerbeamten und im Mühlbuch (Muster 16 z. d. MAAusfB.) vom Müller einzutragen. Würde das Malz tatsächlich für Rechnung einer anderen Person geschrotet werden, als sie im Einschreibbuch, Malzschein oder in der Anzeige bezeichnet ist, so wäre diejenige Person zur Entrichtung des Malzaufschlags verpflichtet, auf deren Rechnung das Malz geschrotet wurde. Würde die Person, auf deren Rechnung das Malz geschrotet wurde, das geschrotete Malz an eine dritte Person zur Bierbereitung abgeben, so würde hiedurch eine Änderung in der Person des Malzaufschlagpflichtigen nicht eintreten. Es würde indessen für denjenigen, der dras geschrotete Malz abgegeben hat, soferne nicht eine Hinterziehung vorliegt, die Strafe des Artikel 58 Ziffer 15 und für den Abnehmer des geschroteten Malzes unter Umständen die Strafe der Hinterziehung nach Artikel 53 Ziffer 10 eintreten.

7. Artikel 7 bestimmt die Person der Malzaufschlagpflichtigen nicht nur für die Fälle, in denen die Steuerpflicht des Malzes durch Artikel 1 MAG. begründet ist, sondern auch dann, wenn eine Steuerpflicht nach Artikel 4 Abs. 2 entsteht. Es ist daher im letzteren Falle gleichgültig, durch wessen Verschulden die Steuerpflicht des ursprünglich aufschlagfreien Malzes eingetreten ist. Steuerpflichtig ist stets derjenige, auf dessen Rechnung das Malz geschrotet worden ist.

Erhebung und Stundung des Malzaufschlags.

Art. 8.

¹ Der Malzaufschlag ist zu entrichten:

1. für das zur Erzeugung von untergärigem Biere bestimmte Malz und zwar

   für Malz, welches im ersten Viertel eines Kalenderjahrs in die Mühle gebracht wird, zur Hälfte in der Zeit vom ersten bis fünfzehnten April, zur anderen Hälfte in der Zeit vom ersten bis zum fünfzehnten Oktober desselben Jahres;

   für Malz, welches im zweiten Viertel eines Kalenderjahrs in die Mühle gebracht wird, im ganzen Betrag in der Zeit vom ersten bis fünfzehnten Juli desselben Jahres;

   für Malz, welches im dritten Viertel eines Kalenderjahrs in die Mühle gebracht wird, im ganzen Betrag in der Zeit vom ersten bis fünfzehnten Oktober desselben Jahres;

   für Malz, welches im vierten Viertel eines Kalenderjahrs in die Mühle gebracht wird, zur Hälfte in der Zeit vom ersten bis fünfzehnten Januar, zur anderen Hälfte in der Zeit vom ersten bis fünfzehnten Juli des nächstfolgenden Kalenderjahrs;

2. für das zum Zweck der Erzeugung von obergärigem Biere innerhalb eines Kalendervierteljahrs in die Mühle gebrachte Malz in der Zeit vom ersten bis fünfzehnten des auf das Vierteljahr unmittelbar folgenden Monats.

² Die höhere Verwaltungsbehörde kann in besonderen Fällen eine weitergehende Stundung des Malzaufschlags ausnahmsweise zulassen.

³ Liegen Tatsachen vor, welche den Eingang des Malzaufschlags gefährdet erscheinen lassen, und leistet der Pflichtige nicht genügende Sicherheit, so kann die Steuerbehörde die sofortige Einbezahlung des angefallenen Malzaufschlags verlangen und die Ausstellung von Malzscheinen von der vorherigen Entrichtung abhängig machen.

AusfB. zu Art. 8.

Malzverbrauchbuch.

§ 20. ¹ Die Hebestellen haben Malzverbrauchbücher nach Muster 3 und der dort gegebenen Anleitung zu führen. Am Schlusse jeden Kalendervierteljahrs sind die Malzverbrauchbücher abzuschließen.

Muster 3.

² Hebestellen im Sinne der Ausführungsbestimmungen sind die Steuerämter, die ihnen gleichgestellten Steuerhebestellen und die Steuerstellen.

Einsendung der Bücher und Herstellung der Abrechnung.

§ 21. ¹ Die Steuerstellen haben bis längstens zum 5. des auf ein Vierteljahr folgenden Monats dem vorgesetzten Steueramte die Malzverbrauchbücher mit den dazu gehörigen Belegen, die Mühlbücher, die Braubücher der Hausbrauer und die Sudbücher einzusenden.

² Das Steueramt prüft die Bücher und Belege lediglich auf ihre Vollständigkeit, stellt über den gesamten Malzaufschlaganfall des Vierteljahrs eine Abrechnung nach Muster 4 auf und legt diese in zweifacher Ausfertigung mit den Büchern und Belegen sowie einer vergleichenden Übersicht nach Muster 5 bis zum 12. des auf das Vierteljahr folgenden Monats dem Hauptzollamte vor. Muster 4. Muster 5.

³ In der Abrechnung sind die Solleinnahmen an Malzaufschlag ausgeschieden nach dem Anfall an Aufschlag für

A) untergäriges Bier,
B) obergäriges Bier,
C) bierähnliche Getränke

vorzutragen. Unter die Solleinnahme (Spalte 16) sind auch jene Malzaufschlagbeträge einzurechnen, die schon vor dem ordentlichen Zahlungstermine zur Einzahlung gelangen. Sind hienach in die Abrechnung für das 1. oder 2. Vierteljahr auch gestundete Beträge aus dem 4. oder 1. Vierteljahre, die an sich erst für das 2. oder 3. Vierteljahr zur Sollstellung gelangen sollten, als Sollanfall einzustellen, so ist in die Abrechnungen für die betreffenden Vierteljahre eine erläuternde Bemerkung aufzunehmen.

⁴ Die Stundung (Spalte 12) ist von dem gesamten Aufschlaganfalle für das betreffende Vierteljahr (Spalte 11), also ohne Abzug etwaiger vorausbezahlter Beträge, zu berechnen und die Vorauszahlung daher lediglich auf die Schuld für das laufende Vierteljahr anzurechnen. Übersteigt die Vorauszahlung die für das betreffende Vierteljahr einzuzahlende Schuld, so tritt eine Kürzung der Stundung um den Mehrbetrag der Vorauszahlung ein.

⁵ Übersteigt der zurückzuzahlende Betrag (Spalte 15) den Aufschlaganfall für das betreffende Vierteljahr (Spalte 11), so wird von dem zurückzuzahlenden Betrage der gesamte Aufschlaganfall für das abgelaufene Vierteljahr, also ohne Berechnung einer Stundung, in Abzug gebracht und nur der hienach verbleibende Überschuß erstattet. Übersteigt der zurückzuzahlende Betrag nur den für das abgelaufene Vierteljahr sofort einzuzahlenden Betrag (Spalte 13), so ist die Stundung um den überschießenden Betrag zu kürzen, eine bare Hinauszahlung also nicht zu leisten.

⁶ Besitzt eine Person oder Gesellschaft mehrere Braustätten, die in Ansehung des Steuersatzes als ein Betrieb anzusehen sind, so ist in der Abrechnung bei jedem der zusammengehörigen Betriebe in den Spalten 5 und 6 der Malzverbrauch der übrigen Betriebe nachrichtlich mit roter Tinte vorzumerken und hieraus eine etwaige Nacherhebung oder Rückzahlung zu berechnen.

[7] Das Hauptzollamt prüft die Bücher und Belege lediglich auf
Muster 6 ihre Vollständigkeit, stellt eine vergleichende Übersicht nach Muster 6 her und legt diese bis spätestens 18. des auf das Vierteljahr folgenden Monats der K. Generaldirektion vor. Das Hauptzollamt fertigt ferner nach den Abrechnungen der Steuerämter eine Zusammen-
Muster 7. stellung nach Muster 7 aus und legt diese in einfacher Ausfertigung mit je einer Ausfertigung der Abrechnungen der Steuerämter sowie mit den Büchern und Belegen bis spätestens zum 20. des auf das Vierteljahr folgenden Monats der K. Generaldirektion vor.

[8] Nach dem Ergebnisse der Prüfung durch die K. Generaldirektion der Zölle und indirekten Steuern haben die Hauptzollämter und die Steuerämter ihre Abrechnungen zu berichtigen.

Einhebung des Malzaufschlags.

§ 22. [1] Die Steuerämter haben nach Feststellung der Aufschlagschuld in der Abrechnung (§ 21 Abs. 2) unverzüglich dem
Muster 8. Pflichtigen eine Mitteilung nach Muster 8 unter Anberaumung einer angemessenen Zahlungsfrist verschlossen zu übersenden.

[2] Der Pflichtige hat den Malzaufschlag innerhalb der Zahlungsfrist, spätestens aber am 15. des auf das Vierteljahr folgenden Monats und, wenn dieser Tag ein Sonn- oder Feiertag ist, am nächstfolgenden Werktage beim Steueramte kostenfrei einzubezahlen. Ist der Malzaufschlag vorauszubezahlen, so hat die Entrichtung bei der Hebestelle mit der Erholung des Malzscheins zu erfolgen.

[3] Über die geleistete Zahlung ist vorschriftsmäßige Quittung zu erteilen.

Stundung des Malzaufschlags.

§ 23. [1] Die ordentliche Stundung des Malzaufschlags ist in der Regel allen Pflichtigen zu gewähren; ausgenommen hievon sind die Hersteller von bierähnlichen Getränken, welche die angefallenen Malzaufschlagbeiträge jeweils bei Erholung des Malzscheins zu entrichten haben.

[2] Zur Gewährung einer weitergehenden Stundung im Sinne des Artikel 8 Abs. 2 des Gesetzes ist die K. Generaldirektion der Zölle und indirekten Steuern zuständig.

[3] Die ordentliche Stundung des Malzaufschlags ist zu versagen und die Ausstellung von Malzscheinen von der vorherigen Entrichtung des Aufschlags abhängig zu machen

a) wenn eine Brauerei durch Pächter oder Nichtangehörige des Deutschen Reichs betrieben wird;
b) wenn ein Aufschlagpflichtiger den Malzaufschlag nicht rechtzeitig entrichtet, solange er nicht den Ausstand berichtigt oder nach Maßgabe des Art. 8 Abs. 2 des Gesetzes weitergehende Stundung erlangt hat;
c) wenn eine Brauerei veräußert wird, ohne daß der Erwerber die Berichtigung der bestehenden Aufschlagschuld vertragsmäßig übernimmt;
d) wenn die Zwangsversteigerung einer Brauerei angeordnet wird;
e) wenn über das Vermögen eines Aufschlagpflichtigen das Konkursverfahren eröffnet wird;

f) wenn Tatsachen vorliegen, die einen Ausfall am schuldigen Aufschlage befürchten lassen, z. B. Tatsachen, welche die Gefahr der heimlichen Veräußerung einer Brauerei befürchten lassen, oder stattgefundener Besitzwechsel, solange im Grundbuche der Besitztitel auf den Erwerber des Anwesens nicht berichtigt ist usw.

⁴ Die Aufsichtsbeamten haben sich über die Vermögensverhältnisse der Aufschlagpflichtigen in geeigneter Weise zu vergewissern und über besondere Tatsachen, welche die Aufhebung der ordentlichen Stundung angezeigt erscheinen lassen, unverzüglich dem vorgesetzten Hauptzollamt Anzeige zu erstatten.

⁵ Die sofortige Einhebung des Malzaufschlags und die Verweigerung der Ausstellung eines Malzscheins ohne gleichzeitige Gefälleentrichtung kann durch Sicherheitsleistung abgewendet werden. Auf die Sicherheitsleistung finden die Vorschriften über die Bestellung von Sicherheit für gestundete Zollgefälle entsprechende Anwendung.

Vorauszahlung des Malzaufschlags.

§ 24. ¹ Freiwillige Vorauszahlungen des Malzaufschlags sind nur mit Genehmigung des Hauptzollamts zulässig.

² Ergibt sich bei der Vorauszahlung des Malzaufschlags (§ 23 Abs. 3 und § 24 Abs. 1), daß das ermittelte steuerpflichtige Gewicht des Malzes mit der angemeldeten Malzmenge nicht übereinstimmt, so hat der Ausgleich bei Erholung des nächsten Malzscheins, für das letztmalige Schroten von Malz in einem Kalendervierteljahr aber sowie bei Einstellung des Betriebs durch entsprechende Nacherhebung oder Rückzahlung zu erfolgen.

³ Über die Aufschlagpflichtigen, welche zur Vorauszahlung des Malzaufschlags verpflichtet sind, ist bei jeder Hebestelle ein Verzeichnis nach Muster 9 zu führen. Muster 9.

Rückstände des Malzaufschlags.

§ 25. ¹ Das Steueramt hat diejenigen Aufschlagpflichtigen, welche innerhalb der gesetzlichen Zahlungsfrist mit ihrer Malzaufschlagschuld im Rückstande geblieben sind, unter Angabe der Höhe des Rückstandes dem vorgesetzten Hauptzollamt unverzüglich zur Anzeige zu bringen.

² Das Hauptzollamt hat wegen des rückständigen staatlichen Malzaufschlags das Beitreibungsverfahren nach den für die Beitreibung von Staatsgefällen geltenden Vorschriften einzuleiten. Rückstände an gemeindlichem Malzaufschlage sind der beteiligten Gemeinde anzuzeigen, welcher auch die zwangsweise Beitreibung obliegt. Ebenso ist die beteiligte Gemeinde sofort zu verständigen, wenn ein Ausfall am Aufschlage zu befürchten ist.

Bemerkungen: Zu Art. 8 Abs. 1.

1. In der Begründung zum Gesetzentwurf ist hierüber bemerkt:

„Mit Rücksicht auf die in der Kammer der Abgeordneten bei Beratung des Etats der Verwaltung der Zölle und indirekten Steuern im Jahre 1908 ausgesprochenen Wünsche (Verh. d. K. d. Abg., StenB. Bd. V S. 143 und 147) ist geprüft worden, ob die Ursachen, welche seinerzeit für die in Artikel 43 des geltenden Malzaufschlaggesetzes zum Ausdrucke gekommene Art der Stundung maßgebend waren, noch als gegeben anzuerkennen sind. Es ist zuzugeben, daß von der überwiegenden Mehrzahl der Brauereien das Bier etwa innerhalb sechs bis acht Wochen nach Beendigung des Sudverfahrens dem Verbrauche zugeführt wird. Immerhin kommen nach Äußerung von Sachverständigen namentlich auf dem Lande die Fälle nicht selten vor, in welchen das für den Verbrauch im Sommer bestimmte Bier bereits in den Herbst- und Wintermonaten eingesotten wird. Für diese Brauereien rechtfertigt sich die Aufrechterhaltung des bestehenden Zustandes. Da es nicht angängig erscheint, die Stundung des Malzaufschlags für Klein-, Mittel- und Großbrauer nach verschiedenen Grundsätzen zu bemessen, und nachdem auch die sämtlichen einvernommenen Vertreter des Braugewerbes sich einstimmig für die Beibehaltung des bestehenden Zustandes ausgesprochen haben, glaubte die K. Staatsregierung von einer Änderung der in Artikel 43 des geltenden Malzaufschlaggesetzes enthaltenen Grundsätze absehen zu sollen."

Im besonderen Ausschusse der Kammer der Abgeordneten wurde dieser Auffassung beigepflichtet (Ausschußbericht S. 188).

2. Während Artikel 3 MAG. den Zeitpunkt bestimmt, in dem die Forderung des Staates auf Entrichtung des Malzaufschlags für das zur Bierbereitung bestimmte Malz gegenüber dem Aufschlagpflichtigen (Artikel 7) entsteht, gibt Artikel 8 den Zeitpunkt an, in dem diese Forderung fällig wird. Der Zeitpunkt der Fälligkeit des Malzaufschlags tritt nach dem Entstehen der Aufschlagpflicht ein, soweit Stundung gewährt wird; er tritt vor dem Entstehen der Aufschlagpflicht ein, soferne der Malzaufschlag gemäß Artikel 8 Abs. 3 bei Ausstellung des Malzscheines zu entrichten ist.

3. Die Stundung des Malzaufschlags ist entweder eine ordentliche, die, soweit nicht Artikel 8 Abs. 3 Anwendung findet, kraft Gesetzes und ohne Sicherheitsleistung gemäß Artikel 8 Abs. 1 eintritt, oder eine außerordentliche, die gemäß Artikel 8 Abs. 2 in besonderen Fällen von der K. Generaldirektion der Zölle und indirekten Steuern gewährt werden kann.

4. Die ordentliche Stundung wird nur für das zur Bierbereitung bestimmte Malz gewährt, sie ist eine verschiedene, je nachdem das steuerbar gewordene Malz zur Erzeugung von untergärigem oder von obergärigem Bier bestimmt ist. Die kürzere Stundungsfrist für Malz, das zur Herstellung von obergärigem Bier bestimmt ist, ist darin begründet, daß obergäriges Bier vom Zeitpunkt des Schrotens des Malzes an gerechnet, eher zum Ausstoß gebracht werden kann als untergäriges Bier.

5. Die ordentliche Stundung tritt nicht ein für Malz, das zur Bereitung bierähnlicher Getränke bestimmt ist (§ 23 Abs. 1 MAAusfB.); hiefür ist der Malzaufschlag bei Erholung des Malzscheines zu entrichten. Die ordentliche Stundung wird ferner nicht gewährt für Malz, das auf Grund von Artikel 4 Abs. 2 steuerbar geworden ist. Hier wird die Aufschlagschuld mit ihrem Entstehen fällig, d. i. mit dem Zeitpunkte, in dem die in Artikel 4 Abs. 1 erwähnten Vorschriften nicht beachtet werden.

6. Die Aufschlagschuld wird nicht beim Aufschlagpflichtigen an dessen Wohnsitz durch die Steuerbeamten eingehoben, sondern ist von diesem bei der zuständigen Hebestelle einzubezahlen. Die Einzahlung kann in Bar erfolgen oder mittels Postanweisung oder im Wege des Giroverkehrs (zu vgl. Muster 8 zu den MAAusfB. letzter Absatz). Soweit auf die Einzahlung Kosten entstehen, wie z. B. bei der Einzahlung durch Postanweisung, treffen sie den Aufschlagpflichtigen.

7. Die Bestimmung einer Zahlungsfrist nach § 22 der MAAusfB. gelegentlich der Mitteilung der Aufschlagschuld verfolgt lediglich den Zweck, dem Aufschlagpflichtigen die Zeit anzugeben, zu welcher der Steuerbeamte im Falle der Barzahlung den Malzaufschlag in Empfang nehmen kann. Eine Verpflichtung, vor Ablauf der in Artikel 8 Abs. 1 bezeichneten Zahlungsfristen den Malzaufschlag zu entrichten, entsteht hiedurch für den Aufschlagpflichtigen nicht.

8. Durch Entschließung des K. Staatsministeriums der Finanzen vom 22. Juni 1910 Nr. 18556 sind die Steuerstellen ermächtigt worden, auf Antrag der Pflichtigen Einzahlungen an Malzaufschlag auf Rechnung des vorgesetzten Steueramts entgegen zu nehmen. Der Pflichtige hat in diesen Fällen der Steuerstelle bei der Einzahlung die ihm gemäß § 22 Abs. 1 MAAusfB. zugegangene Mitteilung vorzulegen. Nähere Anordnungen hiezu hat die K. Generaldirektion der Zölle im allgemeinen Ausschreiben vom 30. Juni 1910 Nr. 23701 I erlassen.

9. Ist der Malzaufschlag bei Erholung des Malzscheines entrichtet worden (Artikel 8 Abs. 3) und ist das Malz, für welches der Malzaufschlag entrichtet wurde, überhaupt nicht steuerbar geworden, weil es nicht in die Mühle eingebracht wurde, so ist auf Antrag der zu Unrecht gezahlte Malzaufschlag zurückzuvergüten. (Vgl. hiezu die Bemerkung 3 zu Art. 10.)

Zu Art. 8 Abs. 2.

Wie sich aus der Fassung dieser Bestimmung ergibt, stellt sich die außerordentliche Stundung als eine Verlängerung der ordentlichen Stundung dar, sie ist daher nur in den Fällen zulässig, in denen die ordentliche Stundung Platz greifen kann. Die außerordentliche Stundung kann auch von der Bestellung einer Sicherheit abhängig gemacht werden.

Zu Art. 8 Abs. 3.

1. Bei der Beratung des Gesetzentwurfs im besonderen Ausschusse der Kammer der Abgeordneten wurde das Wort „Tatsachen" an Stelle des im Entwurfe enthaltenen Wortes „Gründe" gesetzt, um zum Ausdruck zu bringen, daß bestimmte Tatsachen vorliegen müssen, damit die Steuerbehörde Sicherheitsbestellung oder sofortige Einzahlung des Malzaufschlags verlangen kann (Ausschußbericht S. 188/190 und StenB. z. d. Verh. d. K. d. Abg. 1909/10 Bd. IX S. 426/7).

2. In § 23 Abs. 2 Buchstabe a mit e MAAusfB. ist eine Reihe von Tatsachen aufgeführt, bei deren Vorliegen stets eine Gefährdung des Malzaufschlags anzunehmen ist; in diesen Fällen haben die Steuerbehörden ohne weiteres die ordentliche Stundung außer Kraft treten zu lassen.

3. Bei Hinterziehung des Malzaufschlags (Artikel 52) liegt stets eine Tatsache vor, die nach § 23 Abs. 3 Buchstabe f die Entziehung der ordentlichen Stundung für den hinterzogenen Aufschlagbetrag zur Folge hat.

4. Für die ordentliche Stundung des Malzaufschlags, die gemäß Artikel 8 Abs. 1 ohne Sicherheitsleistung erfolgt, bildet die Grundlage das Vorrecht, welches dem Malzaufschlag bei der Zwangsvollstreckung in die dem Betriebe der Brauerei dienenden Brauhäuser, Malzhäuser, Gär- und Lagerkeller gesetzlich eingeräumt ist. Dieses Vorrecht wurde geschaffen durch Artikel 46 des bayerischen Gesetzes vom 29. Mai 1886, Änderungen der Bestimmungen über die Zwangsvollstreckung in das unbewegliche Vermögen betreffend (GVBl. 1886 S. 287). Hienach steht bei der Zwangsvollstreckung in die dem Betriebe der Bierbrauerei dienenden Brauhäuser, Malzhäuser, Gär- und Lagerkeller der Aerarial- und Lokalmalzaufschlag für das im letzten Jahre vor der Beschlagnahme steuerbar gewordene Malz den öffentlichen Lasten dieser Grundstücke gleich. Das Vorrecht erstreckt sich auf die Wohn-, Wirtschafts- und sonstigen Gebäude, die mit den dem Brauereibetriebe dienenden Grundstücken räumlich verbunden sind, und auf die dazu gehörigen Rechte. Wie in der Begründung zu dieser Gesetzesbestimmung (Verh. d. K. d. Abg. 1885/6 BeilBd. 9 S. 167) bemerkt ist, war diese dadurch veranlaßt, daß mit der am 1. Oktober 1879 erfolgten Einführung der Konkursordnung die Prioritätsordnung vom 1. Juni 1822 außer Wirksamkeit getreten ist, in welcher dem Aerarialmalzaufschlage des Vorzugsrecht der ersten Klasse in Ansehung aller Vermögensteile des Schuldners eingeräumt war. Das in der Konkursordnung (§ 54 Abs. 2) eingeräumte Vorrecht war nur gegenüber der Konkursmasse nicht aber auch gegenüber dem unbeweglichen Vermögen des Schuldners wirksam. Bei dieser Sachlage konnte die in Artikel 43 MAG. gewährte unbedingte Nachborge des Aufschlags nicht aufrecht erhalten bleiben. Durch Artikel 5 des Gesetzes vom 31. Oktober 1879, den Malzaufschlag betreffend, wurde deshalb der Aufschlagverwaltung die Befugnis erteilt, bei drohender Verlustgefahr entweder ausreichende Sicherheit oder Vorauszahlung des Malzaufschlags zu verlangen. Von dieser Befugnis mußte zur Verhütung von Verlusten für die Staatskasse ein umfassender Gebrauch gemacht werden, was in einzelnen Fällen wirtschaftliche Schäden für die betroffenen Brauer zur Folge hatte. Um die Wiedergewährung der unbedingten Nachborge zu ermöglichen, ist durch die erwähnte Gesetzesbestimmung dem Aufschlag das angegebene Vorzugsrecht eingeräumt worden. Dieses Vorrecht wurde aufrecht erhalten, als die Zwangsvollstreckung in das unbewegliche Vermögen durch das Gesetz über die Zwangsversteigerung und Zwangsverwaltung vom 24. März 1897 (RGBl. 1898 S. 713 ff.) reichsgesetzlich geregelt wurde. Durch § 4 Abs. 2 des Einführungsgesetzes zu diesem Gesetze (RGBl. 1898 S. 751) ist bestimmt worden, daß in denjenigen Bundesstaaten, in welchen die Besteuerung des inländischen Bieres der Landesgesetzgebung vorbehalten ist, auch die Vorschriften unberührt bleiben, nach welchen bei der Zwangsvollstreckung in ein der Brauerei dienendes Grundstück oder in ein mit diesem räumlich verbundenes Grundstück die zum Zwecke der Besteuerung des Bieres zu entrichtenden Abgaben den öffentlichen Lasten des Grundstückes gleichstehen. Demgemäß ist in Artikel 21 des

bayerischen Ausführungsgesetzes zur Grundbuchordnung und zu dem Gesetz über die Zwangsversteigerung und die Zwangsverwaltung vom 9. Juni 1899 (Beilage Nr. 28 zum GVBl. 1899 S. 129) die Bestimmung in Artikel 46 des bayerischen Gesetzes vom 29. Mai 1886 wörtlich übernommen worden (s. ABl. 1900 S. 2). Da nunmehr das Grundbuch im ganzen Königreich Bayern als angelegt anzusehen ist (zu vgl. die Abhandlung „Zur Geschichte der Anlegung des Grundbuchs in Bayern" von Staatsrat Dr. von Henle in der Zeitschrift für Rechtspflege in Bayern, 6. Jahrgang Nr. 18 und 19), so gründet sich gemäß Artikel 53 des genannten Ausführungsgesetzes das Vorrecht des Malzaufschlags jetzt ausschließlich auf Artikel 24 dieses Gesetzes. Die Gesetzesbestimmung lautet:

„Bei der Zwangsvollstreckung in die dem Betriebe der Bierbrauerei dienenden Brauhäuser, Malzhäuser, Gär- und Lagerkeller steht der Aerarial- und Lokalmalzaufschlag für das im letzten Jahre vor der Beschlagnahme steuerbar gewordene Malz (Art. 3 des Gesetzes über den Malzaufschlag) den öffentlichen Lasten dieser Grundstücke gleich.

Das Vorrecht erstreckt sich auf die Wohn-, Wirtschafts- und sonstigen Gebäude, die mit den dem Brauereibetriebe dienenden Grundstücken räumlich verbunden sind und auf die dazu gehörigen Rechte."

An die Stelle von Artikel 3 des Gesetzes über den Malzaufschlag vom 16. Mai 1868/8. Dezbr. 1899 ist nunmehr gemäß Artikel 76 MAG. vom 18. März 1910 Artikel 3 des letzteren Gesetzes getreten. Den Ansprüchen auf Entrichtung der öffentlichen Lasten des der Zwangsversteigerung oder Zwangsverwaltung unterliegenden Grundstücks ist in § 10 Abs. 1 des Zwangsversteigerungsgesetzes ein Recht auf Befriedigung aus den Grundstücken in der dritten Rangklasse eingeräumt. Der Malzaufschlag ist diesen Rechten lediglich gleichgestellt, es wird hiedurch nicht ein dinglicher Anspruch an den zum Brauereianwesen gehörigen Gebäuden im Sinne des Artikel 122 des bayerischen Ausführungsgesetzes zum Bürgerlichen Gesetzbuche vom 9. Juni 1899 (Beilage Nr. 28 zum GVBl. 1899 S. 31) geschaffen. Der Malzaufschlag ist, wie sich aus Artikel 3 ergibt, eine öffentlich-rechtliche Forderung des Staates gegenüber der Person des Aufschlagpflichtigen (s. Bemerkung 1 zu Artikel 3 Abs. 1), für die lediglich ein Recht auf vorzugsweise Befriedigung aus den dem Brauereibetrieb dienenden Gebäuden besteht. (Zu vgl. auch Ortenau-Henle, Kommentar z. bayer. Subhastationsordnung vom 23. Febr. 1879/29. Mai 1886 3. Aufl. S. 384 Anm. 2.) Daraus ergibt sich, daß das nach Artikel 24 des Ausführungsgesetzes zur Grundbuchordnung und zum Zwangsversteigerungsgesetz eingeräumte Vorrecht nur dann, wenn das Brauereianwesen sich im Zeitpunkte der Beschlagnahme im Eigentum des Aufschlagpflichtigen befindet, und nur zugunsten der Malzaufschlagbeträge geltend gemacht werden kann, die von der Person, der zur Zeit der Beschlagnahme das Eigentum an dem Brauereianwesen zusteht, geschuldet werden. Folge davon ist, daß, wenn z. B. der Aufschlagpflichtige nicht Eigentümer des Brauereianwesens ist oder die Veräußerung des ihm gehörigen Brauereianwesens beabsichtigt, oder solange der Erwerb des Eigentums an dem Brauereianwesen durch den Pflichtigen aus irgendeinem Grunde zweifelhaft erscheint, die Einbringlichkeit der Aufschlaggefälle bei Fortgewährung der ordentlichen Stundung gefährdet ist. In diesen Verhältnissen sind auch die Bestimmungen in § 23 Abs. 3 Buchst. a (bezüglich des Pächters), c und f, sowie in Artikel 14 des Gesetzes und § 31 MAAusfB. begründet. Das Vorrecht des Malzaufschlags ist beschränkt auf das Malz, das im letzten Jahre vor der Beschlagnahme steuerbar geworden ist. Die Beschränkung auf diesen Betrag erscheint ausreichend, nachdem die ordentliche Stundung des Malzaufschlags höchstens sich auf einen Zeitraum von 9 ½ Monaten erstreckt. Das Vorrecht besteht lediglich, wenn die Zwangsvollstreckung in die dem Betriebe der Brauerei dienenden Brauhäuser, Malzhäuser, Gär- und Lagerkeller, nicht aber auch wenn die Zwangsvollstreckung in andere Grundstücke des Malzaufschlagpflichtigen betrieben wird (Ortenau-Henle S. 384 Anm. 1). Das Vorrecht kann geltend gemacht werden, gleichviel ob die Zwangsvollstreckung in das dem Betriebe der Brauerei dienende Brauhaus usw. vom Staate oder von einem Dritten betrieben wird. Das Vorrecht nach Artikel 23 des AG. zum Zwangsversteigerungsgesetze erstreckt sich nur auf das im Betriebe der Brauerei verwendete Malz, nicht auch für Malz, das zur Bereitung bierähnlicher Getränke verwendet wird. Mit Rücksicht hierauf ist es gerechtfertigt, wenn in § 23 Abs. 1 MAAusfB. für Malz, das zu letzteren Zwecken bestimmt ist, die ordentliche Stundung versagt worden ist.

5. Ist über das Vermögen des Aufschlagpflichtigen das Konkursverfahren eröffnet worden, so besteht für den Malzaufschlag, der im letzten Jahre vor der Eröffnung des Verfahrens fällig geworden ist oder nach § 65 der Konkursordnung (RGBl. 1898 S. 612 ff.) als fällig gilt, insoferne ein Vorrecht, als die Forderung gemäß § 61 Ziffer 2 der Konkursordnung in der zweiten Rangklasse berichtigt wird. Neben der Konkursforderung kann auf Grund des Rechtes der vorzugsweisen Befriedigung aus dem Brauhause usw., das dem Malzaufschlag auf Grund des Artikel 24 des AG. zum Zwangsversteigerungsgesetz und des § 10 Ziffer 3 des letzteren Gesetzes zusteht, gemäß § 47 der Konkursordnung abgesonderte Befriedigung verlangt werden. Wird diese beansprucht, so kann gemäß § 64 a. a. O. für die Konkursforderung aus der Konkursmasse nur für den Betrag verhältnismäßige Befriedigung verlangt werden, zu welchem das Staatsärar auf abgesonderte Befriedigung verzichtet, oder mit welchem es bei der letzteren ausgefallen ist. Das Vorrecht nach § 61 Ziffer 2 der Konkursordnung erstreckt sich auf alle Malzaufschlaggefälle, gleichviel zu welchem Zweck das Malz steuerbar geworden ist.

6. Die Vorschriften über die Beitreibung der Staatsgefälle sind in der Bekanntmachung des K. Staatsministeriums der Finanzen vom 27. Dezember 1899 — GVBl. 1899 S. 401, FMBl. Nr. 31 von 1899, ABl. 1900 S. 8 ff. — enthalten. Die Beitreibung des rückständigen staatlichen Malzaufschlags erfolgt durch das Hauptzollamt. Hiebei ist im allgemeinen in folgender Weise zu verfahren: Erhält das Hauptzollamt durch das Steueramt davon Kenntnis, daß ein Aufschlagpflichtiger innerhalb der gesetzlichen Zahlungsfristen seine Schuldigkeit nicht oder nicht vollständig entrichtet hat, so ist sofort das Mahnverfahren einzuleiten. Da das MAG. besondere Vorschriften für die Beitreibung des Malzaufschlags nicht mehr enthält, ist § 8 der Vorschriften über

die Beurteilung der Staatsgefälle gegenstandslos geworden. Das Mahnverfahren für die Beitreibung des Malzaufschlags richtet sich nunmehr lediglich nach §§ 6 und 7 der Vorschriften. Hienach hat längstens eine Woche nach Ablauf des Erhebungstermines die Anmahnung des säumigen Pflichtigen durch Zustellung eines Rückstandverzeichnisses mit der Aufforderung, binnen einer Woche Zahlung zu leisten, zu erfolgen. Erfolgt die Zahlung der Aufschlagschuld innerhalb der gesetzten Frist nicht, so ist gegen den Aufschlagpflichtigen das Zwangsvollstreckungsverfahren einzuleiten (§ 9 a. a. O.). Voraussetzung für die Zwangsvollstreckung ist, daß das für vollstreckbar erklärte Ausstandsverzeichnis dem Schuldner zugestellt worden ist, oder gleichzeitig mit Einleitung des Vollstreckungsverfahrens zugestellt wird (§§ 11 und 15 der Vorschriften). Für die Art und Form der Zustellung sind die Anordnungen in den §§ 17—39 der Vorschriften, für die Vornahme der Zwangsvollstreckung die Bestimmungen in den §§ 40—59 der Vorschriften maßgebend. Die Zwangsvollstreckung kann sich in das bewegliche und in das unbewegliche Vermögen des Schuldners erstrecken. Die Zwangsvollstreckung in bewegliche Sachen des Schuldners erfolgt durch Pfändung (§§ 60—96 der Vorschriften und Bekanntmachung des K. Staatsministeriums der Finanzen vom 17. Mai 1900, die Beitreibung der Staatsgefälle, hier die Pfändung von Früchten und dem Betriebe der Landwirtschaft dienender Gegenstände betr. — FMBl. 1900 S. 283ff. —). Die Pfändung wird in der Regel durch Steuerbeamte vorzunehmen sein, unter Umständen kann auch das zuständige Rentamt um Vornahme der Pfändung ersucht oder ein Gerichtsvollzieher hiemit beauftragt werden. Hat die Zwangsvollstreckung in die bewegliche Habe des Schuldners zu einer Befriedigung des Staatsärars nicht geführt, so ist die Zwangsvollstreckung in andere allenfalls vorhandene Vermögensteile, z. B. eine dem Schuldner zustehende Forderung oder ein anderes nach den §§ 828 bis 863 ZPO. — RGBl. 1898 S. 410ff. — der Pfändung unterworfenes Vermögensrecht und in Ermangelung eines solchen in das unbewegliche Vermögen des Schuldners zu betreiben.

7. Die Zwangsvollstreckung in das unbewegliche Vermögen des Schuldners erfolgt, nachdem nunmehr das Grundbuch in Bayern als angelegt anzusehen ist, nach den Bestimmungen des Gesetzes vom 24. März 1897 über die Zwangsversteigerung und die Zwangsverwaltung — RGBl. 1898 S. 713 — (s. a. § 1 EG. hiezu — RGBl. 1898 S. 750) und zwar gemäß § 15 dieses Gesetzes durch den Antrag auf Anordnung der Zwangsversteigerung. Der Antrag ist beim zuständigen Amtsgericht in der durch die §§ 16 und 17 des erwähnten Gesetzes vorgeschriebenen Weise zu stellen und mit dem vollstreckbarem Ausstandsverzeichnisse sowie mit dem Nachweise der Zustellung desselben an den Schuldner zu belegen. Ordnet das Gericht hierauf die Zwangsversteigerung an, so gilt der Beschluß zugunsten des betreibenden Gläubigers als Beschlagnahme des Grundstücks (§§ 20 und 23 des Gesetzes). Das Verfahren kann mit Bewilligung des Gläubigers einstweilen eingestellt werden (§ 30 a. a. O.). Da gemäß § 31 des Gesetzes das Verfahren aufgehoben wird, wenn vom Gläubiger ein Antrag auf Fortsetzung des Verfahrens nicht binnen sechs Monaten nach der Einstellung gestellt wird, darf nach Anordnung der Zwangsversteigerung die Einstellung des Verfahrens, das wegen einer Aufschlagforderung betrieben wird, nicht über die Dauer von sechs Monaten gewährt werden. Der Antrag auf einstweilige Einstellung des Verfahrens ist an den Versteigerungsbeamten (Notar) (§ 1 des Zwangsversteigerungsgesetzes und Artikel 25 AG. hiezu) zu richten. Die Aufschlagforderung wird, soferne die Zwangsversteigerung eines Brauereianwesens durch die Steuerverwaltung beantragt worden ist, im gerichtlichen Verteilungsplane von Amts wegen berücksichtigt; eine weitere Anmeldung der Aufschlagforderung ist daher in diesem Falle nicht mehr erforderlich (§ 114 des Gesetzes). Wegen des Vorrechts, das dem Malzaufschlag bei der Zwangsvollstreckung in die dem Brauereibetrieb dienenden Brauhäuser usw. zusteht, vgl. die Bemerkung unter 4. Wird die Zwangsversteigerung des Anwesens eines Aufschlagpflichtigen nicht durch das Staatsärar sondern auf Antrag eines anderen Gläubigers durchgeführt, so ist die Aufschlagforderung unter Inanspruchnahme des dem Malzaufschlag zustehenden Vorrechts zur Berücksichtigung im Verteilungsplane rechtzeitig anzumelden. Hat das Hauptzollamt von der Beschlagnahme des Brauereianwesens erst einige Zeit nach Anordnung derselben Kenntnis erhalten und ist bis dahin die ordentliche Stundung des Malzaufschlags noch gewährt worden, so kann für die nach der Beschlagnahme steuerbar gewordenen Gefälle das Vorrecht des Artikel 24 AG. z. Grundbuchordnung usw. nicht beansprucht werden, so daß in diesem Falle der Malzaufschlag zumeist uneinbringlich sein wird. Um dies tunlichst zu vermeiden, sind die Amtsgerichte durch Bekanntmachung des K. Staatsministeriums der Justiz vom 28. März 1902 und vom 29. März 1910 — JMBl. 1902 S. 523 und 1910 S. 172 — angewiesen, eine Abschrift des Beschlusses, durch welchen die Zwangsversteigerung oder die Zwangsverwaltung eines dem Betriebe der Brauerei dienenden Grundstückes angeordnet wird, jeweils sofort nach seiner Erlassung, nicht erst nach seiner Zustellung oder Eintragung, dem zuständigen Hauptzollamte mitzuteilen. Wird die Zwangsversteigerung eines dem Betriebe der Brauerei dienenden Grundstückes, welche von einem dritten Gläubiger betrieben wird, eingestellt oder ist diese Einstellung zu erwarten, so ist, soferne nicht eine anderweitige Deckung oder Sicherstellung des Malzaufschlags erfolgt, zweckmäßig die weitere Beschlagnahme zugunsten der Aufschlagforderung gemäß §§ 15 und 27 des Gesetzes über die Zwangsversteigerung usw. zu beantragen.

8. Die Zwangsvollstreckung in das Vermögen des Aufschlagpflichtigen kann im Hinblick auf die Bestimmung in § 10 Abs. 3 MAG. auch dann betrieben werden, wenn der Pflichtige sich mit der Zahlung der Aufschlagschuld zwar nicht im Rückstande befindet, wenn aber Tatsachen vorliegen, welche den Eingang des Malzaufschlags gefährdet erscheinen lassen.

9. Unter Umständen kann es sich zur Sicherung des Malzaufschlags empfehlen, gleichzeitig mit der Einleitung des Mahnverfahrens beim Grundbuchamt die Eintragung einer Sicherungshypothek zugunsten der Aufschlagforderung gemäß Artikel 123 des bayer. AG. z. BGB. zu beantragen. Ein derartiger Antrag wird jedoch nur dann seinen Zweck erreichen können, wenn das Anwesen des Aufschlagpflichtigen nicht übermäßig mit Hypotheken belastet ist.

10. Wird über das Vermögen des Aufschlagpflichtigen der Konkurs eröffnet (§§ 110 und 111 der Konkursordnung — RGBl. 1898

S. 612 ff. —), so ist gemäß § 23 Abs. 3e MAAusfB. die ordentliche Stundung des Malzaufschlags zu versagen und der bereits vorhandene Ausstand beim Konkursgerichte unter Inanspruchnahme des dem Malzaufschlage gemäß § 61 Ziffer 2 der Konkursordnung zustehenden Vorrechtes anzumelden (§ 139 der Konkursordnung). Beim Prüfungstermine und nach Erfordernis auch bei den übrigen im Laufe des Konkursverfahrens stattfindenden Terminen hat sich der Hauptzollamtsvorstand oder ein von ihm bestimmter Beamter zur Vertretung der Steuerverwaltung zu beteiligen (Entschließung des K. Staatsministeriums der Finanzen vom 2. Oktober 1879 Nr. 14141 — ABl. 1879 S. 484).

11. Die Beitreibung der durch das Mahn- und Vollstreckungsverfahren entstandenen Kosten erfolgt nach Maßgabe der §§ 97—101 der Vorschriften über die Beitreibung der Staatsgefälle.

Rückvergütung des Malzaufschlags bei der Ausfuhr von Bier.

Art. 9.

[1] Bei der Ausfuhr von Bier, das in Bayern aus versteuertem Malze hergestellt worden ist, kann der Malzaufschlag rückvergütet werden.

[2] Die näheren Anordnungen, insbesondere über die Mindestmenge des Bieres, für welche bei der Ausfuhr eine Vergütung beansprucht werden kann, dann über die Höhe der Vergütung werden von der Steuerverwaltung erlassen.

AusfB. zu Art. 9.

Vergütung des Malzaufschlags bei der Ausfuhr von Bier.

§ 26. Die Bestimmungen über die Vergütung des Malzaufschlags bei der Ausfuhr von Bier sind in der Anlage A (Malzaufschlagvergütungsordnung) enthalten. Anlage A.

Bemerkungen: Zu Art. 9 Abs. 1.

1. Der Entwurf des MAG. hatte folgenden Wortlaut: „Bei der Ausfuhr von Bier, das usw., wird der Malzaufschlag zurückvergütet." Bei der Beratung des Gesetzentwurfs im Ausschusse der Kammer der Abgeordneten beantragte der Referent die Worte „wird zurückvergütet" durch „kann zurückvergütet werden" zu ersetzen. Dieser Antrag war mit der Möglichkeit einer anderweiten Regelung der Erhebung der Übergangsabgaben in den deutschen Brausteuergebieten begründet, die vielleicht in der Weise erfolgen könnte, daß die Rückvergütung der inneren Steuer bei der Ausfuhr von Bier nicht mehr dem Brauer gewährt, sondern an Stelle der Übergangsabgabe dem Einfuhrstaate überwiesen werde. Bei diesem Antrage war vorausgesetzt, das eine Rückvergütung des Malzaufschlags insolange aufrecht erhalten bleibe, als die bisherige Regelung der Übergangsabgabe bestehe (Ausschußbericht S. 191). Bei der Beratung des Gesetzentwurfs im Plenum der Kammer der Abgeordneten gab der K. Staatsminister der Finanzen hiewegen folgende Erklärung ab:

„Im Falle der Annahme des Art. 9 Abs. 1 nach dem Ausschußbeschluß in erster und zweiter Lesung wird die Staatsregierung die Bestimmung, daß der Malzaufschlag bei der Ausfuhr von Bier aus Bayern zurückvergütet werden kann, nicht dahin auslegen, daß es in das Belieben der Steuerverwaltung gestellt sein soll eine Rückvergütung des Malzaufschlags zu gewähren oder nicht zu gewähren, sondern die Staatsregierung wird auch bei dieser Fassung des Art. 9 Abs. 1 einen Rechtsanspruch der Brauer auf Rückvergütung des Malzaufschlags anerkennen und zwar für Bier, das aus Bayern über die Grenze des deutschen Zollgebiets ausgeführt wird, stets, für alle Zeiten, für Bier, das aus Bayern in das übrige deutsche Zollgebiet ausgeführt wird, insolange, als nicht im Wege einer anderweitigen Regelung der Erhebung der Übergangsabgabe für den Wegfall der Malzaufschlagvergütung ein zureichender Ausgleich geschaffen ist.

Ich glaube, daß diese Erklärung die etwaigen Befürchtungen, die aus dem Ersetzen des Wortes ‚wird' in ‚kann' sich ergeben, vollkommen zu zerstreuen geeignet sein wird." (StenB. z. d. Verh. d. K. d. Abg. 1909/10 Bd. IX S. 427.)

2. Eine Ausfuhr aus Bayern im Sinne des Artikel 9 Abs. 1 liegt nicht vor, wenn Bier in die an das bayerische Steuersystem angeschlossenen nichtbayerischen Gebietsteile (s. Bemerkung 5 zu Artikel 1 Abs. 1) ausgeführt wird. In diesen Fällen tritt eine Rückvergütung des Malzaufschlags selbstverständlich nicht ein.

3. Nicht nur bei der Ausfuhr von Bier sondern auch von bierähnlichen Getränken wird der Malzaufschlag zurückvergütet (§ 1 MAVO). Eine Rückvergütung des Malzaufschlags für geschrotetes Malz ist nicht vorgesehen.

4. Für die Bemessung der Rückvergütung des Malzaufschlags kommen noch in Betracht die Bestimmungen in Artikel 5 II §§ 4 und 5 des Zollvereinigungsvertrages vom 8. Juli 1867 (aufrecht erhalten durch Artikel 40 der Reichsverfassung). Hienach können diejenigen Staaten, die eine innere Steuer auf die Hervorbringung eines Verbrauchsgegenstandes gelegt haben, bei der Ausfuhr des Gegenstandes nach anderen Vereinsstaaten diese Steuer unerhoben lassen oder den gesetzlichen Betrag derselben ganz oder teilweise zurückerstatten. In keinem Falle darf mehr als der wirklich bezahlte Steuerbetrag erstattet werden und die Vergütung darf nicht die Natur und Wirkung einer Ausfuhrprämie erhalten. Die einzelnen Bundesregierungen haben dem Reichskanzler (Reichsschatzamte) über die Art und Weise, wie die Brausteuervergütung in ihren Gebieten geregelt ist, Mitteilung zu machen. Diese Grundsätze des Zollvereinigungsvertrages sind im Bundesratsbeschluß vom 1. Juni 1907 — ABl. S. 265 — neuerlich betont worden.

Zu Art. 9 Abs. 2.

Die hieher gehörigen Erläuterungen finden sich bei den einschlägigen Bestimmungen der Malzaufschlagvergütungsordnung (Anlage A zu den MAAusfB.).

Malzaufschlagnachlaß.

Art. 10.

[1] Der Malzaufschlag wird, abgesehen von der Bestimmung in Art. 9, dem Pflichtigen auf Ansuchen erlassen oder vergütet:

1. wenn das nach Art. 3 steuerbar gewordene Malz nachweislich nicht geschrotet worden ist;
2. wenn geschrotetes Malz, das dem Malzaufschlag unterlegen hat, zugrunde gegangen, verdorben oder so verändert worden ist, daß es zur Bierbereitung nicht mehr verwendet werden kann;
3. wenn das aus versteuertem Malze hergestellte Erzeugnis in der Braustätte, noch bevor es aus dem Lagerkeller entfernt ist, zugrunde gegangen, verdorben oder so verändert worden ist, daß die Verwertung des Erzeugnisses zum Genuß als Bier nicht möglich erscheint.

² Erlaß oder Vergütung des Malzaufschlags wird nur dann gewährt, wenn der Betrag desselben sich im einzelnen Falle auf mindestens 5 *M* berechnet und wenn die von der Steuerverwaltung erlassenen Vorschriften eingehalten worden sind.

³ Der Pflichtige hat nachzuweisen, daß die für den Erlaß oder die Vergütung geforderten Voraussetzungen zutreffen.

⁴ Die Steuerbehörde kann den Erlaß oder die Vergütung des Malzaufschlages davon abhängig machen, daß das Malz oder das daraus hergestellte Erzeugnis unter amtlicher Aufsicht vernichtet oder zur Herstellung von Bier oder zur Verwertung als solches unbrauchbar gemacht wird.

AusfB. zu Art. 10.

Malzaufschlagnachlaß.

§ 27. ¹ Zur Verbescheidung der Gesuche um Malzaufschlagnachlaß ist die K. Generaldirektion der Zölle und indirekten Steuern zuständig. Gegen deren Entscheid ist Beschwerde an das K. Staatsministerium der Finanzen zulässig.

² Für das aus steuerbar gewordenem Malze hergestellte Erzeugnis wird ein Nachlaß oder eine Vergütung des Malzaufschlags nur dann gewährt, wenn es in der Brauerei zugrunde gegangen oder zur Verwertung zum Genusse als Bier unbrauchbar geworden ist. Sobald daher das aus steuerpflichtigem Malze gewonnene Erzeugnis aus dem Lagerkeller der Brauerei entfernt ist, kann ein Nachlaß oder eine Vergütung des Malzaufschlags nicht mehr eintreten.

³ Wer Nachlaß oder Vergütung des Malzaufschlags auf Grund des Artikel 10 des Gesetzes beansprucht, hat den Tatbestand und die Ursachen des den Anspruch begründenden Ereignisses der Hebestelle so zeitig anzuzeigen, daß eine genaue Feststellung des Sachverhalts noch erfolgen kann. Der Antragsteller hat auch dafür zu sorgen, daß der Tatbestand bis zur Feststellung durch die Hebestelle unversehrt erhalten bleibt. Ist dies zur Verhütung eines erheblichen Schadens oder aus anderen Gründen nicht möglich, so ist der Tat-

bestand durch die Ortspolizeibehörde oder durch eine vertrauenswürdige Person, die zu dem Gesuchsteller weder in einem Verwandtschaftsverhältnisse noch in einem Dienstverhältnisse stehen darf, feststellen zu lassen.

[4] Der Steuerbeamte hat sogleich an Ort und Stelle den Tatbestand unter Zuziehung der Ortspolizeibehörde sowie der beteiligten Personen zu ermitteln. Hiebei ist insbesondere festzustellen Ort, Zeit und Ursache des Vorfalls, Umfang des erlittenen Schadens, Menge des für den etwaigen Malzaufschlagnachlaß in Betracht kommenden ungeschroteten Malzes. Ferner ist festzustellen, ob eine Verwendung des beschädigten Malzes, der verdorbenen Bierwürze oder des verdorbenen Bieres zur Bereitung von Bier oder zum Genuß als Bier noch möglich ist. Handelt es sich um verdorbene Bierwürze oder verdorbenes Bier, so ist zu prüfen, ob nicht eine Vermehrung durch Wasserzusatz stattgefunden hat. Erforderlichen Falles sind Sachverständige auf Kosten des Antragstellers beizuziehen.

[5] Erscheint eine Verwendung des Malzes oder der aus Malz hergestellten Erzeugnisse zur Bierbereitung oder zum Genuß als Bier möglich, so ist der Erlaß oder die Vergütung des Malzaufschlags von der Vernichtung des Malzes oder des daraus hergestellten Erzeugnisses abhängig zu machen. An die Stelle der Vernichtung kann auf Antrag des Pflichtigen die Unbrauchbarmachung treten. Die Unbrauchbarmachung erfolgt bei Malz durch Vermischung mit einer genügenden Menge Häcksel oder anderem ungemälzten Viehfutter, bei Würze oder Bier durch Ausgießen derselben über Viehfutter oder durch Vermischen mit Essig. Auch kann beschädigtes Malz, verdorbene Würze oder verdorbenes Bier unter entsprechender Überwachung zur Branntweinbereitung verwendet werden.

[6] Über das Ergebnis der Ermittlungen und die getroffenen Anordnungen ist eine Verhandlung aufzunehmen, welche von den Beteiligten zu unterzeichnen und dem vorgesetzten Hauptzollamte mit den einschlägigen Belegen (beglaubigte Abschriften des Malzscheins oder der Anzeige, beglaubigte Auszüge aus den Malzverbrauch-, Mühl- und Sudbüchern usw.) alsbald vorzulegen ist. Kommt auch ein Nachlaß von gemeindlichem Malzaufschlag in Frage, so ist zuvor die Erklärung der beteiligten Gemeinde zu erholen, ob sie mit der Nachlaßgewährung einverstanden ist.

[7] Das Hauptzollamt prüft die eingelaufenen Schriftstücke, veranlaßt gegebenenfalls deren Richtigstellung oder Ergänzung, fertigt sobann eine Nachweisung nach Muster 10, in welcher es sich über das Gesuch sowie über die allenfallsige Vernichtung und Unbrauchbarmachung des Malzes oder des daraus hergestellten Erzeugnisses (Artikel 10 Abs. 4 des Gesetzes) äußert, und legt diese Nachweisung in zweifacher Ausfertigung der Generaldirektion vor. Muster 10.

[8] Im Falle der Genehmigung des Nachlaßgesuchs hat das Hauptzollamt einen Nachlaßschein nach Muster 11 auszustellen und dem Aufschlagpflichtigen auszufolgen. Der Nachlaßschein kann bei der nächsten Aufschlagzahlung statt barer Zahlung in Anrechnung gebracht oder, sofern der Betrag des Nachlaßscheins den zu entrichtenden Malzaufschlagbetrag übersteigt, bar abgehoben werden. Muster 11.

Bemerkungen: Zu Art. 10 Abs. 1.

1. In der Begründung zu Artikel 10 des Gesetzentwurfs ist bemerkt: „Nach Artikel 10 Abs. I des geltenden Malzaufschlaggesetzes kann ein Nachlaß am Malzaufschlage nur dann gewährt werden, wenn eine Beschädigung des Malzes oder der daraus hergestellten Erzeugnisse durch „Zufall" herbeigeführt worden ist. Diese Vorschrift hat sich als zu eng erwiesen und vielfach zu Beschwerden Anlaß gegeben. Dem Wesen des Malzaufschlags als Verbrauchssteuer entspricht es, daß in denjenigen Fällen, in welchen eine lohnende Verwendung des steuerbar gewordenen Malzes zu steuerpflichtigen Zwecken nicht stattfindet oder nicht möglich ist, ein Erlaß oder eine Vergütung des Malzaufschlags eintritt. Für das aus steuerbar gewordenem Malze hergestellte Erzeugnis soll entsprechend dem bisherigen Zustand ein Erlaß oder eine Vergütung des Malzaufschlags nur dann eintreten, wenn es in der Brauerei zugrunde geht oder zur Verwendung als Bier unbrauchbar wird. Diese Bestimmung erscheint mit Rücksicht auf das Steueraufkommen geboten sowie auch gerechtfertigt, da mit dem Verlassen der Brauerei das Bier zum Verbrauch in den Verkehr gebracht wird und damit die Abwälzung des Malzaufschlags vom Brauer auf den Verbraucher als vollzogen erachtet werden kann. Sobald das aus steuerpflichtigem Malz gewonnene Erzeugnis aus dem Lagerkeller entfernt ist, kann daher ein Nachlaß oder eine Vergütung des Malzaufschlags nicht mehr gewährt werden und zwar gleichviel, ob das Erzeugnis zur Verwertung im eigenen Ausschanke des Brauers oder zur Abgabe an dritte Personen (Wirte) bestimmt ist."

2. Sind die Voraussetzungen des Artikel 10 erfüllt, so hat der Pflichtige einen Anspruch auf Erlaß oder Vergütung des Malzaufschlags. Die Möglichkeit, auch in anderen Fällen als den in Artikel 10 bezeichneten einen Erlaß oder eine Vergütung des Malzaufschlags aus Billigkeitsrücksichten zu gewähren, ist nach dem Malzaufschlaggesetze nicht gegeben.

3. Artikel 10 bezieht sich auf jene Fälle, in denen Malz steuerbar geworden ist, der geschuldete Malzaufschlag jedoch vergütet oder erlassen wird, weil eine lohnende Verwendung des Malzes zu steuerpflichtigen Zwecken nicht stattfindet oder nicht möglich ist. Eine Vergütung im Sinne des Artikel 10 liegt daher nicht vor, wenn ein zu Unrecht erhobener Malzaufschlagbetrag, z. B. wegen Anwendung eines unzutreffenden Steuersatzes zurückvergütet wird.

4. Die Person des Pflichtigen bestimmt sich nach Artikel 7 des Malzaufschlaggesetzes; der Pflichtige, der einen Erlaß oder eine Vergütung des Malzaufschlags nach Artikel 10 beansprucht, muß darum nachsuchen.

5. Artikel 10 Abs. 1 Ziffer 1 trifft namentlich dann zu, wenn Malz, das in eine öffentliche Mühle zum Schroten eingebracht ist (Artikel 3 Abs. 2 Ziffer 1), vor dem Schroten wieder aus der Mühle entfernt wird, oder dort z. B. durch Brand zugrunde geht, ferner, wenn Malz, das in eine Malzmühle mit selbsttätiger Wägevorrichtung eingebracht ist, infolge einer Störung der Mühle die Mahlvorrichtung (Schrotwalzen) ungeschrotet durchlaufen hat.

6. Artikel 10 Abs. 1 Ziffer 2 bezieht sich auf steuerbar gewordenes Malz, das zwar geschrotet, aber dann zugrunde gegangen oder zur Bierbereitung unbrauchbar geworden ist. Ob die Veränderung des Malzes absichtlich oder zufällig eingetreten ist, ist belanglos. Als Bierbereitung ist auch die Herstellung bierähnlicher Getränke zu erachten (zu vgl. Ausschußbericht S. 197).

7. Das aus versteuertem Malze hergestellte Erzeugnis (Artikel 10 Abs. 1 Ziffer 3) kann Maische, Würze oder Bier sein. Die Vergütung oder der Erlaß wird gewährt, wenn das Erzeugnis in der Braustätte zugrunde gegangen usw. ist. Zu der Braustätte gehört nach der ausdrücklichen Bestimmung in Artikel 10 Abs. 1 Ziffer 3 auch der Lagerkeller. Hienach ist der Begriff „Braustätte" nicht rein örtlich aufzufassen; es ist vielmehr anzunehmen, daß das Erzeugnis sich solange in der Braustätte befindet, als es nicht aus dem Lagerkeller entfernt ist. Es kann daher auch für Bier, das während der Verbringung aus dem Gärkeller der eigentlichen Braustätte in einen von dieser räumlich getrennten Lagerkeller zugrunde geht oder verdorben wird, der Erlaß oder die Vergütung des Malzaufschlags gewährt werden.

8. Mit dem staatlichen Malzaufschlage wird auch ein etwaiger gemeindlicher Malzaufschlag erlassen oder vergütet, und zwar ohne besonderen Antrag. Die rechtliche Grundlage für diesen Erlaß gibt Artikel 68 des Malzaufschlagsgesetzes. Wegen Einvernehmen der beteiligten Gemeinde in derartigen Fällen vgl. § 27 Abs. 6 MAAusfB. Der Erklärung der Gemeinde kommt lediglich die Bedeutung einer gutachtlichen Äußerung zu. Auch dann, wenn eine Gemeinde ihr Einverständnis mit dem Erlaß oder der Vergütung des gemeindlichen Malzaufschlags verweigern würde, kann die Generaldirektion den gemeindlichen Malzaufschlag erlassen, wenn sie die Voraussetzungen für den Erlaß des staatlichen Malzaufschlags gegeben erachtet. Eine Entscheidung in der Weise, daß für ein und dasselbe Malz zwar der staatliche, nicht aber auch der gemeindliche Malzaufschlag erlassen wird, wäre unzulässig.

9. Für die Verbescheidung von Gesuchen um Erlaß oder Vergütung des Malzaufschlags gemäß Artikel 10 werden gemäß Artikel 234 Ziffer 8 des Gebührengesetzes in der Fassung vom 13. Juli 1910 Gebühren nicht erhoben.

Zu Art. 10 Abs. 2.

1. Unter „von der Steuerverwaltung erlassenen Vorschriften" sind sowohl die Bestimmungen des § 27 MAAusfB. als auch die sonstigen Überwachungsvorschriften dieser Bestimmungen zu verstehen. Ferner ist es notwendig, daß auch die Bestimmungen des MAG. selbst eingehalten worden sind. Es kann daher z. B. für Malz, das zum Zwecke des Schrotens zur Bierbereitung verbotswidrig auf eine nicht als Malzmühle zugelassene Mühle eingebracht worden ist, nicht Erlaß oder Vergütung des Malzaufschlags beansprucht werden, weil das betreffende Malz nicht geschrotet worden sei, oder verlangt werden, daß der Malzaufschlag für Würze, die infolge eines entgegen dem Verbote des Artikel 2 Abs. 1 gemachten Zusatzes verdorben ist, vergütet werde.

2. Im Gesetzentwurfe war ein Mindestbetrag von 10 Mk. für den Erlaß oder die Vergütung des Malzaufschlags vorgesehen, um eine ungebührliche Inanspruchnahme der Steuerbehörden zu vermeiden. Bei Beratung im Ausschusse der Kammer der Abgeordneten wurde dieser

Betrag auf 5 Mk. ermäßigt, um den kleinen Verhältnissen der Haus- und Kommunbrauer entgegen zu kommen (Ausschußbericht S. 197).

Zu Art. 10 Abs. 3.

Nachdem der Pflichtige das Zutreffen der für die Vergütung oder den Erlaß geforderten Voraussetzungen zu erweisen hat, hat er auch die Kosten zu tragen, die bei der Erbringung dieses Nachweises, z. B. durch Einvernahme von Zeugen oder Sachverständigen entstehen (s. § 27 Abs. 4 MAAusfB.).

Zu Art. 10 Abs. 4.

Nach dem Gesetzentwurf war der Steuerbehörde nur die Befugnis eingeräumt, gegebenenfalls die Nachlaßgewährung von der vorherigen Vernichtung des Malzes oder des daraus hergestellten Erzeugnisses abhängig zu machen. Die nunmehrige Fassung des Artikel 10 Abs. 4 ist beschlossen worden, um zu ermöglichen, daß derartiges Malz oder das daraus hergestellte Erzeugnis noch zu anderen Zwecken als zur Bereitung von Bier oder bierähnlichen Getränken, z. B. zur Viehfütterung oder zur Branntweinbereitung verwendet wird (Ausschußbericht S. 196).

Übergangsabgabe.

Art. 11.

[1] **Von dem über die Landesgrenze eingeführten Biere und geschroteten Malze wird die Übergangsabgabe erhoben, soweit nicht für die Einfuhr über die Zollgrenze sowie für die Durchfuhr die reichsgesetzlichen Bestimmungen Platz greifen. Die Übergangsabgabe ist vom Einbringer zu entrichten.**

[2] **Der Übergangsabgabesatz für Bier und geschrotetes Malz wird durch Königliche Verordnung bestimmt.**

[3] **Eine Stundung der Übergangsabgabe findet nicht statt.**

[4] **Die Erhebung und Sicherung der Übergangsabgabe erfolgt nach den Bestimmungen für den Übergangsverkehr.**

AusfB. zu Art. 11.

§ 28. Die Bestimmungen über den Übergangsverkehr mit Bier und geschrotetem Malze sind in der Übergangsabgabeordnung enthalten.

Bemerkungen: Zu Art. 11 Abs. 1.

1. Für die Beurteilung der rechtlichen Natur der zurzeit in den einzelnen deutschen Brausteuergebieten von dem aus den übrigen deutschen Brausteuergebieten eingeführten Biere erhobenen Übergangsabgaben erscheint es notwendig, auf die Anfänge des deutschen Zollvereins zurückzugehen. In dem Zollvereinigungsvertrage vom 22. März 1833, in dem Preußen, Hessen, Bayern und Württemberg zu einem gemeinsamen Zoll- und Handelssysteme sich verbanden, wurde unter Artikel 11 in bezug auf diejenigen Erzeugnisse, bei welchen hinsichtlich der Besteuerung im Innern noch eine Verschiedenheit der Gesetzgebung unter den Vereinsstaaten bestand, verabredet, daß zur Vermeidung der Nachteile, die für die Produzenten des eigenen Staates im Verhältnisse zu den Produzenten in anderen Vereinsstaaten aus der ungleichen Besteuerung erwachsen würden, Ergänzungs- oder Ausgleichungsabgaben von Bier, Branntwein usw. erhoben werden sollen. Diese Ausgleichungsabgaben wurden nach dem Abstande der gesetzlichen Steuer im Lande der Bestimmung von der denselben Gegenstand treffenden Steuer im Lande der Herkunft bemessen und fielen gegenüber jenen Staaten weg, wo eine gleich hohe oder eine höhere Steuer auf das gleiche Erzeugnis gelegt war. Im Jahre 1841 wurde diese Art der Abgabenerhebung erlassen, an deren Stelle trat die Erhebung von Übergangsabgaben. In Artikel 3 des Vertrags vom 8. Mai 1841, Fortdauer des Zoll- und Handelsvereins betr., wurde den Vereinsstaaten die Besteuerung gewisser inländischer Verbrauchsgegenstände auf eigene Rechnung freigestellt, jedoch vereinbart, daß das Erzeugnis eines anderen Vereinsstaates unter keinem Vorwande höher oder in lästigerer Weise als das inländische besteuert werden darf. Die einzelnen Staaten sollten bei der Ausfuhr derartiger Verbrauchsgegenstände den Betrag der inneren Steuer ganz oder teilweise zurückerstatten, bei der Einfuhr dieser Gegenstände aus anderen Vereinsstaaten aber den Betrag der inneren Steuer voll erheben können. Diese Bestimmungen sind in alle späteren Verträge über die Fortdauer des Zoll- und Handelsvereins übergegangen und haben auch in Artikel 5 II § 2, 3 und 4 des Zollvereinigungsvertrags vom 8. Juli 1867, der durch Artikel 40 der Reichsverfassung aufrecht erhalten ist, Aufnahme gefunden. Ihrem Sinne entspricht es auch, wenn in Artikel 33 Abs. 2 der Reichsverfassung bestimmt ist: „Alle Gegenstände, welche im freien Verkehr eines Bundesstaats befindlich sind, können in jeden anderen Bundesstaat eingeführt und dürfen in letzterem einer Abgabe nur insoweit unterworfen werden, als daselbst gleichartige inländische Erzeugnisse einer inneren Steuer unterliegen." Durch die Reichsverfassung ist eine einheitliche Bierbesteuerung innerhalb des Deutschen Reiches nicht geschaffen worden. Nach Artikel 35 Abs. 2 der Reichsverfassung blieb vielmehr in Bayern, Württemberg und Baden die Besteuerung des inländischen Bieres der Landesgesetzgebung vorbehalten. Das gleiche geschah bezüglich Elsaß-Lothringen durch § 4 des Gesetzes vom 25. Juni 1873, betr. die Einführung der Verfassung des Deutschen Reichs in Elsaß-Lothringen. Von der in Artikel II des Gesetzes wegen Änderung des Brausteuergesetzes vom 15. Juli 1909 — RGBl. S. 695, ABl. S. 387 — eingeräumten Befugnis, Elsaß-Lothringen in den Geltungsbereich des Brausteuergesetzes einzubeziehen, hat der Bundesrat bis jetzt keinen Gebrauch gemacht. Hienach sind zurzeit im Deutschen Reiche fünf Gebiete mit selbständiger Bierbesteuerung vorhanden, nämlich Bayern, Württemberg, Baden, Elsaß-Lothringen und die Brausteuergemeinschaft bestehend aus den übrigen deutschen Bundesstaaten. Bei Bemessung der Übergangsabgaben für Bier in den einzelnen Brausteuergebieten ist lange Zeit insoferne nicht nach einheitlichen Grundsätzen verfahren worden, als für die Berechnung des Übergangsabgabesatzes, welcher der inneren Besteuerung des Bieres im Einfuhrlande entsprechen sollte, nicht in allen Brausteuergebieten die gleiche Malzverwendung für 1 Hektoliter Bier zugrunde gelegt worden ist. Die angenommene Malzverwendung war in einzelnen Brausteuergebieten im Vergleiche zur tatsächlichen Malzverwendung so hoch, daß der auf dieser Grundlage berechnete Übergangsabgabensatz eine schutzzollartige Wirkung ausübte. Die lebhaften Klagen namentlich des bayerischen Braugewerbes über diese Verhältnisse führten zur Vereinbarung einheitlicher Grundsätze für die Regelung der Übergangsabgabe für Bier und der Brausteuervergütung in sämtlichen deutschen Brausteuergebieten durch den Bundesratsbeschluß vom 1. Juni 1907 (ABl. S. 265). In diesen Grundsätzen ist ausgesprochen, 1. daß die Übergangsabgabe neben dem Ausgleiche der inneren Besteuerung einen Schutz für das einheimische Braugewerbe nicht enthalten dürfe, 2. daß die Übergangsabgabe in den einzelnen Brausteuergebieten für alle Biersorten in dem gleichen Satze erhoben werden solle, und 3. daß der Berechnung der Übergangsabgabe in den einzelnen Brausteuergebieten der Höchststeuersatz der in ihnen geltenden Steuerstaffel und eine Malzverwendung von 25 kg für 1 Hektoliter Bier zugrunde gelegt werden solle. Mit dieser Regelung gab sich indessen das bayerische Braugewerbe noch nicht zufrieden, es bekämpfte namentlich seit der Erhöhung der norddeutschen Übergangsabgabe infolge des Gesetzes wegen Änderung des Brausteuergesetzes vom 15. Juli 1909 auf 5 Mk. für 1 Hektoliter Bier die Annahme einer Malzverwendung von 25 kg für 1 Hektoliter Bier als den tatsächlichen Verhältnissen nicht entsprechend. Die Wünsche des Braugewerbes fanden lebhafte Unterstützung in beiden Kammern des Landtags bei Beratung des MAG. und in dem Gesamtbeschluß des Landtags vom 17. März 1910 (Beil. 889) wurde die K. Staatsregierung ersucht, auf entsprechende Abänderung des Bundesratsbeschlusses vom 1. Juni 1907 hinzuwirken. Diese Abänderung ist nunmehr erfolgt; s. hiewegen den Nachtrag am Schlusse vor dem alphabetischen Register.

2. Gemäß Artikel 5 I des Zollvereinigungsvertrages vom 8. Juli 1867 darf von den mit einem Einfuhrzoll mit mehr als 15 Groschen vom Zentner (3 Mk. für 100 kg) belegten Erzeugnissen, von welchen dargetan wird, daß sie als ausländisches Ein- oder Durchgangsgut die zollamtliche Behandlung bei einer Erhebungsbehörde des Vereins entweder bereits bestanden haben, oder derselben noch unterliegen, keine weitere Abgabe irgendwelcher Art, sei es für Rechnung des Staates oder für Rechnung von Kommunen oder Korporationen erhoben werden, jedoch — was das Eingangsgut betrifft — mit dem Vorbehalt derjenigen inneren Steuern, welche in einem Vereinsstaate auf die weitere Verarbeitung oder auf anderweite Bereitung aus solchen Erzeugnissen, ohne Unterschied des ausländischen, inländischen oder vereinsländischen Ursprungs, allgemein gelegt sind. Nach dem Reichsgesetz vom 27. Mai 1885 (RGBl. S. 109) findet diese Bestimmung auf Mehl und andere Mühlenfabrikate, desgl. auf Backwaren, Fleisch, Fleischwaren und Fett, sowie ferner, soweit es sich um die Besteuerung für Rechnung von Kommunen und Korporationen handelt, auf Bier und Branntwein keine Anwendung. Hieraus ergibt sich:

a) Die Übergangsabgabe darf für verzolltes geschrotetes Malz, das zur Bierbereitung in Bayern bestimmt ist, nicht aber auch von verzolltem ausländischem Biere erhoben werden. Die Erhebung des Malzaufschlags kommt für eingeführtes geschrotetes Malz nicht in Betracht, da der Malzaufschlag nur von dem innerhalb Bayerns zum Zwecke der Bierbereitung geschroteten Malze erhoben wird (Artikel 1 Abs. 1).

b) Soweit in einer bayerischen Gemeinde der gemeindliche Bieraufschlag eingeführt ist, kann er auch von dem aus dem Auslande eingeführten verzollten Biere erhoben werden. Würde verzolltes geschrotetes Malz in einer Gemeinde, in welcher der gemeindliche Malzaufschlag besteht, zur Bierbereitung verwendet, so würde dieses, und zwar nach dem Reingewichte, auch dem gemeindlichen Malzaufschlag unterliegen.

c) Aus dem Auslande eingeführtes ungeschrotetes Malz oder Malz, das im Inlande aus verzollter ausländischer Gerste hergestellt ist, unterliegt, sobald es zum Zwecke der Bierbereitung in Bayern geschrotet wird, dem Malzaufschlag, da dieser eine auf die Bereitung von Bier aus Malz allgemein gelegte Steuer ist.

3. Für die Einfuhr von Bier über die Zollgrenze gelten die §§ 1 und 3 des Vereinszollgesetzes vom 26. September 1869. Der Bierzoll ist durch Artikel V des Gesetzes wegen Änderung des Brausteuergesetzes vom 15. Juli 1909 (RGBl. S. 695, ABl. S. 387) auf 9,65 Mk. für 1 dz festgesetzt worden. Wie in der Begründung zu dem Gesetzentwurf (Verh. d. Reichstags Bd. 248 Nr. 995) hervorgehoben ist, ist dieser Zollsatz berechnet worden aus dem Zollschutze, wie er vor dem Jahre 1906 bestanden hatte, und dem vorgeschlagenen Höchststeuersatz von 20 Mk. für 1 dz. Hiebei war das Gewicht eines Hektoliters Bier mit Faß nach früheren Erhebungen auf 131,25 kg angenommen und mit Rücksicht auf die sehr stark eingebrauten Bierarten (Porter, Ale usw.) eine Malzverwendung von 30 kg für 1 Hektoliter ausländischen Bieres zugrunde gelegt worden. Vor dem Jahre 1906 betrug der Bierzoll auf Grund des Gesetzes vom 14. Juni 1900 (RGBl. S. 298, ABl. S. 219) 6 Mk. für 1 dz, d. i. bei einem Gewicht von 131,25 kg für 1 Hektoliter Bier mit Faß 7,875 Mk.; die Brausteuer betrug damals 2 Mk. für 1 Zentner Malz, mithin, den Hektoliter Bier zu 30 kg gerechnet, 1,20 Mk. für 1 Hektoliter Bier. Der Zollschutz für inländisches Bier berechnete sich daher damals auf 6,675 Mk. für 1 Hektoliter oder 5,08 Mk. für 100 kg. Bei dem Höchststeuersatz des Brausteuergesetzes vom 15. Juli 1909 von 20 Mk. für 1 dz Malz berechnet sich für 1 Hektoliter Bier mit einer Malzverwendung von 30 kg eine Inlandssteuer von 6 Mk., d. i. bei einem Gewicht von 1 Hektoliter Bier mit Faß von 131,25 kg 4,57 Mk. für 100 kg Bier. Aus der Inlandsbelastung von 4,57 Mk. und dem früheren Zollschutz von 5,08 Mk. berechnet sich hienach ein Zollsatz von 9,65 Mk. für 100 kg Bier. Durch Artikel V des Gesetzes wegen Änderung des Brausteuergesetzes vom 15. Juli 1909 ist ferner der Bundesrat ermächtigt worden, für Bier in amtlich geeichten Gefäßen, auf denen der Eichstempel, das Jahr der Eichung und der Raumgehalt nach Litern deutlich und dauerhaft angegeben sind, wenn seit der Eichung nicht mehr als fünf Jahre verflossen sind, die Verzollung nach dem Raumgehalte der Fässer zum Zollsatze von 12,70 Mk. für 1 Hektoliter Bier zuzulassen. Wie sich aus dem 17. Bericht der 32. Reichstagskommission (Verh. d. Reichstags Bd. 256 Nr. 1451 S. 74/75) ergibt, ist die Einfügung dieser Bestimmung in das Gesetz wegen Änderung des Brausteuergesetzes vom 15. Juli 1909 erfolgt, um einer von der österreichischen Regierung erhobenen Beschwerde Rechnung zu tragen. Diese Beschwerde richtete sich sowohl gegen die Annahme einer Malzverwendung von 30 kg, als auch eines Rohgewichtes von 131,25 kg für 1 Hektoliter Bier. Es wurde von der österreichischen Regierung bemerkt, daß die Malzverwendung für die österreichischen Biere erheblich geringer als 30 kg sei, und daß das Gewicht eines Hektoliters österreichischen Bieres nicht 131,25 kg, sondern 150 kg betrage. Von

Österreich wurde mit Rücksicht hierauf die Feststellung einer besonderen Biertara oder eine entsprechende Zollermäßigung verlangt. Wie der Vertreter des Reichsschatzamtes in der Kommission ausführte, konnte dem Wunsche der österreichischen Regierung nach Annahme einer Malzverwendung von 25 kg mit Rücksicht auf die schweren Importbiere, besonders aus England, nicht stattgegeben werden, doch sei eine Berücksichtigung durch Zulassung der Raumverzollung möglich. Der Zollsatz von 12,70 Mk. für 1 Hektoliter Bier berechnet sich aus dem Zollsatze von 9,65 Mk. für 100 kg und einem Rohgewicht von 131,25 kg für 1 Hektoliter Bier mit Faß. Der Bundesrat hat von der ihm erteilten Befugnis Gebrauch gemacht und durch Beschluß vom 24. Juli 1909 (ABl. S. 493) die Raumverzollung für Bier zugelassen. Wird Bier nach dem Gewichte verzollt, so ist gemäß § 3 Abs. 2 und 3 des Zolltarifgesetzes vom 25. Dezember 1902 das Reingewicht zugrunde zu legen, wobei jedoch das Gewicht der unmittelbaren Umschließungen (Fässer, Flaschen, Kruken u. dgl.) nicht in Abzug gebracht wird.

4. Für die Durchfuhr von Bier und geschrotetem Malz kommen folgende reichsgesetzliche Bestimmungen in Betracht:

a) §§ 1 und 6 des Vereinszollgesetzes vom 26. September 1869 für die Durchfuhr durch das Vereinszollgebiet; eine Abgabe wird hiebei nicht erhoben, das Verfahren regelt sich nach den §§ 33 und 35 des Vereinszollgesetzes.

b) Bei der Durchfuhr von Bier und geschrotetem Malz, das innerhalb des Vereinszollgebietes erzeugt ist, durch Bayern, sei es in das Zollausland, sei es in einen anderen Vereinsstaat, dürfen gemäß Artikel 5 II § 1 des Zollvereinigungsvertrages vom 8. Juli 1867 (aufrecht erhalten durch Artikel 40 der Reichsverfassung) innere Steuern weder für Rechnung des Staates noch für Rechnung von Kommunen oder Korporationen erhoben werden.

5. „Einbringer" im Sinne des Artikel 11 Abs. 1 ist derjenige, der im Zeitpunkte der Einfuhr der übergangsabgabepflichtigen Ware über die Landesgrenze die tatsächliche Gewalt über dieselbe ausübt; hiebei ist es gleichgültig, ob er die tatsächliche Gewalt für sich oder für einen andern ausübt, ob er ein Recht hiezu hat oder nicht. Einbringer kann z. B. der Fuhrmann sein, der für seinen Dienstherrn oder Auftraggeber Bier oder geschrotetes Malz über die bayerische Landesgrenze nach Bayern einführt.

6. Bierähnliche Getränke sind in bezug auf die Übergangsabgabe wie Bier zu behandeln (Entschl. des K. Staatsministeriums der Finanzen vom 24. März 1910 Nr. 9851 — ABl. S. 395).

Zu Art. 11 Abs. 2.

Durch die K. Verordnung vom 19. März 1910 (GVBl. S. 141 — ABl. S. 175) ist die Übergangsabgabe vom Hektoliter Bier auf 5 Mk. und vom Doppelzentner des zur Bierbereitung bestimmten geschroteten Malzes auf 20 Mk. festgesetzt. Der Übergangsabgabesatz für Bier berechnet sich auf 5 Mk. für 1 Hektoliter nach Maßgabe der Bestimmungen des Bundesratsbeschlusses vom 1. Juni 1907 bei Anwendung des Höchstsatzes der regelmäßigen Steuerstaffel des Artikel 5 Abs. 1 von 20 Mk. für 1 dz auf eine Malzverwendung von 25 kg für 1 Hektoliter Bier. Der Höchstsatz, der sich bei Anwendung der Bestimmungen in Artikel 3 und 6 des Malzaufschlaggesetzes ergeben würde, kann für die Bemessung des Übergangsabgabesatzes nicht zur Anwendung kommen (zu vgl. StenB. zu den Verh. des Reichstags 1908/09 Bd. 237 S. 9283).

Zu Art. 11 Abs. 4.

1. Die in § 28 der MAAusfB. erwähnte Übergangsabgabeordnung ist noch nicht erlassen. Nach der Entschließung des K. Staatsministeriums der Finanzen vom 24. März 1910 Nr. 9851 (ABl. S. 395) haben für die Erhebung und Überwachung der Übergangsabgaben bis auf weiteres die Anweisung vom 12. Juni 1882 (ABl. S. 219) und die hiezu erlassenen Vorschriften Anwendung zu finden.

2. Die Strafen für Verfehlungen gegen die Vorschriften über die Erhebung der Übergangsabgaben für Bier und geschrotetes Malz sind in Artikel 67 bestimmt.

Verjährung.

Art. 12.

Für die Verjährung des Anspruchs auf Zahlung und Nachzahlung von Malzaufschlag und Übergangsabgabe sowie des Anspruchs auf Erstattung zu viel oder zu Unrecht entrichteter Malzaufschlaggefälle oder Übergangsabgaben sind die Vorschriften der Artikel 124, 125 des Ausführungsgesetzes zum Bürgerlichen Gesetzbuche maßgebend.

Bemerkungen: Zu Art. 12.

1. Das frühere Malzaufschlaggesetz enthielt keine Bestimmungen über die Verjährung des Malzaufschlags; es fanden daher die allgemeinen Vorschriften über die aus Rechtsverhältnissen des öffentlichen Rechts entstandenen Ansprüche Anwendung (Artikel 125 und 126 des AG. z. BGB. vom 9. Juni 1899). Eine ausdrückliche Bestimmung hierüber ist nunmehr in das MAG. aufgenommen.

2. Für die Verjährung der Übergangsabgabe waren bisher die Bestimmungen des Vereinszollgesetzes maßgebend; nunmehr regelt sich die Verjährung der Übergangsabgabe nach den gleichen Grundsätzen, wie die Verjährung des Malzaufschlags.

3. Artikel 124 und 125 des AG. z. BGB. lauten:

Artikel 124.

„Die aus Rechtsverhältnissen des öffentlichen Rechts entstehenden Ansprüche des Staates, einer Gemeinde oder eines anderen Kommunalverbandes auf eine Geldzahlung erlöschen, soweit nicht ein anderes vorgeschrieben ist, mit dem Ablaufe von drei Jahren, wenn die Tatsachen festgestellt sind, auf welchen der Anspruch beruht. Die Frist beginnt mit dem Schlusse des Kalenderjahres, in welchem der Zeitpunkt eintritt, von dem an die Leistung auf Grund der festgestellten Tatsachen gefordert werden kann. Die Vorschriften über die Hemmung und Unterbrechung der Verjährung finden entsprechende Anwendung.

Der Lauf der Frist wird auch durch die im Beitreibungsverfahren an den Pflichtigen gerichtete Aufforderung zur Zahlung unterbrochen.

Besteht für den Anspruch ein Pfandrecht oder eine Hypothek, so wird durch das Erlöschen des Anspruchs die Geltendmachung des Rechtes, Befriedigung aus dem verhafteten Gegenstande zu suchen, nicht gehindert.

Artikel 125.

Die aus Rechtsverhältnissen des öffentlichen Rechts entstandenen Ansprüche gegen den Staat, eine Gemeinde oder einen anderen Kommunalverband auf eine Geldzahlung erlöschen, soweit nicht ein anderes vorgeschrieben ist, mit dem Ablaufe von drei Jahren. Die Frist beginnt mit dem Schlusse des Kalenderjahres, in welchem der Zeitpunkt eintritt, von dem an die Leistung gefordert werden kann. Die Vorschriften über die Hemmung und Unterbrechung der Verjährung finden entsprechende Anwendung.

Das Erlöschen ist ausgeschlossen, wenn der Empfangsberechtigte sich vor dem Ablaufe der Frist bei der Kasse, welche die Zahlung zu leisten hat, zum Empfange meldet.

Diese Vorschriften gelten insbesondere auch für die Ansprüche auf Rückerstattung mit Unrecht erhobener Abgaben oder Kosten eines Verfahrens."

Hiezu ist zu bemerken: a) Die aus dem Malzaufschlaggesetz entstehenden Ansprüche des Staates können bestehen in dem Anspruch auf Entrichtung von Malzaufschlag und Übergangsabgabe oder in dem Anspruch auf Rückzahlung zu Unrecht vergüteter Malzaufschlag- oder Übergangsabgabenbeträge. Die Tatsachen, auf welche sich der Anspruch auf Zahlung des nach Artikel 1 geschuldeten Malzaufschlags gründet, bestehen gemäß Artikel 3 in dem Einbringen des Malzes für den Zweck der Erzeugung von Bier zum Schroten in die Mühle. Für Malz, das nach Artikel 4 Abs. 2 steuerbar geworden ist, wird der Anspruch des Staates auf Entrichtung des Malzaufschlages begründet durch das Nichtbeachten der für die steuerfreie Verwendung des Malzes erlassenen Vorschriften. Die Tatsachen, auf welchen der Anspruch des Staates auf Zahlung von Malzaufschlag oder Übergangsabgabe beruht, sind festgestellt in dem Zeitpunkte, in welchem die Steuerbehörden in der Lage sind, den geschuldeten Malzaufschlag usw. ziffernmäßig zu berechnen. Dieser Zeitpunkt ist beim Malzaufschlag in der Regel dann gegeben, wenn der Steuerbeamte die erledigten Malzscheine an sich genommen (§ 46 Abs. 2 MAAusfB.) oder bei der Nachschau in einer eigenen Malzmühle gemäß § 57 Abs. 1 MAAusfB. und Ziffer 1 der Anleitung zum Gebrauche des Musters 18 die Menge des seit der letzten Nachschau geschroteten Malzes im Notizbuche vermerkt hat. Bei der Übergangsabgabe kommt der Zeitpunkt in Betracht, in dem die spezielle Revision stattfindet. Die Frage, wann in Fällen der Hinterziehung die Tatsachen, welche den Anspruch des Staates begründen, als festgestellt gelten können, ist jeweils nach Lage der tatsächlichen Verhältnisse zu entscheiden. Die Verjährung nach Artikel 124 des AG. z. BGB. beginnt erst mit dem Schlusse des Kalenderjahres, in welchem der Anspruch des Staates fällig wird. Die Fälligkeit des Malzaufschlags bemißt sich nach Artikel 8 des MAG., und zwar kommt hiefür nicht die gemäß § 22 Abs. 1 MAAusfB. vom Steueramt festgesetzte Zahlungsfrist, sondern die äußerste im Gesetze selbst bestimmte Zahlungsfrist in Betracht. Da gemäß Artikel 11 Abs. 3 des MAG. eine Stundung der Übergangsabgabe nicht stattfindet, ist für diese Abgabe der Zeitpunkt der Fälligkeit mit dem Zeitpunkte der Feststellung des Anspruchs gegeben. Für den gemeindlichen Malzaufschlag gilt im Hinblick auf Artikel 68 des MAG. das gleiche wie für den staatlichen Malzaufschlag. Die Frage, wann der Anspruch einer Gemeinde auf Entrichtung des Bieraufschlags als festgestellt gilt und fällig wird, ist nach den von den einzelnen Gemeinden für die Sicherung des Bieraufschlags erlassenen besonderen Vorschriften zu beurteilen.

b) Die Vorschriften über die Hemmung und Unterbrechung der Verjährung sind in den §§ 202, 203, 205, 206, 208 ff. des BGB. enthalten.

c) Ansprüche gegen den Staat können auf Grund der Artikel 9, 10, 32 Abs. 2 und 38 des MAG., ferner bei unrichtiger Berechnung des Malzaufschlags oder der Übergangsabgabe bestehen. Maßgebend für den Beginn der Verjährung ist der Zeitpunkt, von dem an die Leistung gefordert werden kann, also z. B. bei der Malzaufschlagrückvergütung der Zeitpunkt, in dem die Ausfuhr des Bieres stattgefunden hat. Die Verjährung beginnt hiemit nicht etwa erst mit dem Zeitpunkte, in welchem eine Anweisung zur Zahlung der vom Staate geschuldeten Beträge durch die zuständige Behörde erfolgt ist.

4. Artikel 12 regelt lediglich die Verjährung der Ansprüche auf Zahlung oder Erstattung des Malzaufschlags oder der Übergangsabgabe. Die Verjährung der Strafverfolgung von Zuwiderhandlungen, die im MAG. mit Strafe bedroht sind, richtet sich nach den Bestimmungen in Artikel 64 und 67 des Gesetzes.

2. Abschnitt.

Überwachungsvorschriften.

Bemerkung: Die Überwachungsvorschriften sind in folgender Weise eingeteilt:

1. allgemeine Bestimmungen Artikel 13 mit 15;
2. Bestimmungen über das Schroten von Malz, und zwar
   a) auf öffentlichen Malzmühlen, Artikel 17 mit 32,
   b) auf eigenen Malzmühlen, Artikel 33 mit 40,
   c) auf anderen zum Schroten von Malz geeigneten Vorrichtungen, Artikel 41/42;
3. Bestimmungen über den Verkehr mit geschrotetem Malze, Artikel 43;
4. Bestimmungen über den Betrieb von Bierbrauereien, Artikel 44 mit 46;
5. Bestimmungen über die Steueraufsicht, Artikel 47 mit 50.

I. Allgemeine Bestimmungen.

Vertretung der Gewerbetreibenden.

Art. 13.

[1] Inhaber von Betrieben, die nach dem Malzaufschlaggesetze der steuerlichen Aufsicht unterliegen, haben die ihnen durch das

Gesetz und die hiezu ergangenen Vorschriften auferlegten Verpflichtungen entweder selbst zu erfüllen oder einen geeigneten Vertreter aufzustellen.

[2] Die Aufstellung eines Vertreters muß erfolgen, wenn der Inhaber des Betriebs an der Erfüllung der Verpflichtungen verhindert ist.

[3] Von der Aufstellung eines Vertreters ist der Steuerbehörde Anzeige zu erstatten; die Steuerbehörde entscheidet über die jederzeit widerrufliche Zulassung des Vertreters.

[4] Wenn und solange der Forderung der Steuerbehörde zur Aufstellung eines geeigneten Vertreters nicht entsprochen wird, kann diese die Ausstellung eines Malzscheines verweigern oder die Genehmigung zum Betrieb einer Malzmühle zurücknehmen.

AusfB. zu Art. 13.

Vertretung der Gewerbetreibenden.

§ 29. [1] Die Aufstellung eines Vertreters ist namentlich dann erforderlich, wenn der unter Steueraufsicht stehende Betrieb von einer minderjährigen oder aus anderen Gründen unter Vormundschaft stehenden Person, einer juristischen Person, einer Gesellschaft, Genossenschaft oder einem Vereine betrieben wird, ferner dann, wenn der Betriebsinhaber häufig abwesend oder aus anderen Gründen an der Erfüllung der ihm obliegenden Verpflichtungen verhindert ist.

[2] Hält das Hauptzollamt die Aufstellung eines Vertreters für notwendig, so hat es hievon dem Betriebsinhaber schriftlich mit der Aufforderung Mitteilung zu machen, innerhalb einer bestimmten Frist einen Vertreter zu bezeichnen und die zur Bestätigung desselben erforderlichen Nachweise zu erbringen. Im Bedarfsfall ist diese Aufforderung zu wiederholen; bleibt sie auch dann erfolglos, so ist gemäß Artikel 13 Abs. 4 des Gesetzes zu verfahren.

[3] Die Personen, welche als Vertreter aufgestellt werden sollen, müssen einen guten Leumund haben, zur ordnungsmäßigen Erfüllung der ihnen obliegenden Verpflichtungen fähig sein. Von der Aufstellung eines Vertreters ist dem Hauptzollamt Anzeige zu erstatten und damit der Nachweis zu verbinden, daß der aufgestellte Vertreter zur ordnungsmäßigen Erfüllung der ihm obliegenden Verrichtungen bereit ist. Soll ein Vertreter nur bestimmte Geschäfte verrichten, z. B. nur das Mühlbuch oder nur das Sudbuch führen und die hiemit zusammenhängenden Geschäfte besorgen, so ist dies in der Anzeige zum Ausdrucke zu bringen.

[4] Über die Zulassung des Vertreters entscheidet das Hauptzollamt. Gegen die Entscheidung des Hauptzollamts ist die Beschwerde im Verwaltungswege zulässig.

Bemerkungen: Zu Art. 13 Abs. 1.

1. Im früheren Malzaufschlaggesetze war die Aufstellung eines Vertreters, für den Fall daß der Eigentümer oder Betriebsberechtigte den Betrieb nicht selbst leitete, in Artikel 31 nur für den Betrieb einer Malzmühle ohne Meßvorrichtung gefordert. Das geltende MAG. dagegen fordert die Aufstellung eines Vertreters in allen Fällen, in welchen die Inhaber von Betrieben, die nach dem MAG. der steuerlichen Aufsicht unterliegen, die ihnen zukommenden Verpflichtungen nicht selbst erfüllen können oder wollen. Hienach ist zu unterscheiden zwischen freiwilliger und notwendiger Stellvertretung.

2. Betriebe, die nach dem MAG. der steuerlichen Aufsicht unterliegen sind gemäß Artikel 47 Bierbrauereien, Betriebsstätten mit Malzverbrauch, Malzmühlen und unter Umständen auch sonstige zum Schroten von Malz geeignete Vorrichtungen.

3. Die Vertretung eines Gewerbetreibenden nach Artikel 13 ist zu unterscheiden von der strafrechtlichen Verantwortlichkeit nach Artikel 63. Ein nach Artikel 13 bestellter Vertreter wird nicht ohne weiteres strafrechtlich verantwortlich, sondern erst dann, wenn ihm die strafrechtliche Verantwortlichkeit gemäß Artikel 63 Abs. 4 ausdrücklich übertragen wird. Vertreter im Sinne des Artikel 63 Abs. 2 sind nicht auch zugleich Vertreter im Sinne des Artikel 13, sie werden es erst dann, wenn sie als solche gemäß Artikel 13 Abs. 3 zugelassen sind. Wird z. B. eine Brauerei von einer Aktiengesellschaft betrieben, so ist die Aufstellung eines Vertreters gemäß Artikel 13 Abs. 2 notwendig. Würde von der Aktiengesellschaft als Vertreter ein Vorstandsmitglied vorgeschlagen, so bedarf dieses, obwohl es nach § 231 HGB. als Vertreter der Aktiengesellschaft und damit ohne weiteres als strafrechtlich verantwortlich im Sinne des Artikel 63 Abs. 2 MAG. gilt, doch für die Zulassung als Vertreter im Sinne des Artikel 13 MAG. der Genehmigung des zuständigen Hauptzollamtes.

Zu Art. 13 Abs. 3.

1. Die Anzeige über die Aufstellung eines Vertreters ist sowohl in den Fällen der freiwilligen als auch der notwendigen Stellvertretung zu erstatten.

2. Die Steuerbehörde (Hauptzollamt) entscheidet in allen Fällen über die Zulassung eines Vertreters. Die Anforderungen, die im allgemeinen an die Person eines Vertreters zu stellen sind, bestimmt § 29 Abs. 3 MAAusfB.

3. Die Genehmigung der Steuerbehörde ist auch dann notwendig, wenn der gesetzliche Vertreter einer natürlichen Person (Vater, Mutter bzw. Beistand, Vormund, Pfleger) oder einer juristischen Person als Vertreter im Sinne des Artikel 13 aufgestellt werden soll.

4. Die Aufstellung eines Vertreters unterliegt soweit sie nicht stillschweigend, sondern durch förmlichen Beschluß des Hauptzollamtes genehmigt wird, ebenso wie der Beschluß auf Ablehnung eines Vertreters oder auf Widerruf der Zulassung eines Vertreters nach Artikel 201 und 202 Abs. 1 Ziffer 3 des Gebührengesetzes in der Fassung vom 13. Juli 1910 (GVBl. S. 233, ABl. S. 975) einer Gebühr von 2 bis 200 Mk. Für die Bemessung der Höhe der Gebühr kommt die Bestimmung in Artikel 284 des Gebührengesetzes in Betracht.

5. Gegen den Beschluß des Hauptzollamtes ist Beschwerde an die K. Generaldirektion der Zölle und indirekten Steuern und gegen

deren Entscheidung Beschwerde zum K. Staatsministerium der Finanzen zulässig.

Zu Art. 13 Abs. 4.

Die hier ausgesprochenen Zwangsmaßregeln kommen einer völligen Betriebssperre gleich, sie sind mithin wirksamer als die Zwangsmaßregeln des Artikel 62. Die Anwendung des Artikel 62 kommt in Hinblick auf die Bestimmungen im § 29 Abs. 2 MAAusfB. für Fälle der vorliegenden Art nicht in Betracht.

Anmeldepflichtige Betriebe. **Art. 14.**

Wer in den Besitz einer Brauerei oder einer Malzmühle gelangt, hat hierüber innerhalb acht Tagen nach der Besitzerlangung der Steuerbehörde Anzeige zu erstatten.

AusfB. zu Art. 14.

Anmeldepflichtige Betriebe.

§ 30. [1] Die in Artikel 14 des Gesetzes vorgeschriebene Anzeige ist der Hebestelle zu erstatten. Die Hebestellen haben über die in ihrem Bezirke befindlichen Brauereien ein Brauereiverzeichnis nach Muster 12, über die anmeldepflichtigen Mühlen ein Mühlenverzeichnis nach Muster 13 zu führen. (Muster 12. Muster 13.)

[2] Je eine Ausfertigung dieser Verzeichnisse ist dem Steueramte, dem Hauptzollamt und der Generaldirektion der Zölle und indirekten Steuern vorzulegen.

Besitzveränderungen.

§ 31. [1] Jeder Wechsel im Besitz eines anmeldepflichtigen Betriebs, z. B. durch Erbgang, Verkauf oder Verpachtung, ist der Hebestelle innerhalb 8 Tagen von dem neuen und in Fällen freiwilliger Besitzübertragung auch vom bisherigen Besitzer anzuzeigen.

[2] Sämtliche Anzeigen über vorgekommene Besitzveränderungen sind in eine fortlaufende Verhandlung aufzunehmen. Einkommende schriftliche Anzeigen sind in der Verhandlung vorzumerken und dieser als Beilagen anzureihen. In der Verhandlung sind auch jene Veränderungen in den überwachungspflichtigen Betrieben vorzutragen, welche bei dem Mangel einer Anzeigepflicht anderweitig wahrgenommen werden, sofern sie auf den Vortrag im Brauerei- oder Mühlverzeichnisse von Einfluß erscheinen.

[3] Auf Grund der eingekommenen Anzeigen ist die Berichtigung der Brauerei- und Mühlverzeichnisse alsbald vorzunehmen und hierüber in der Verhandlung entsprechender Vermerk zu machen. Bei Malzmühlen und bei sonstigen zum Schroten von Malz geeigneten Vorrichtungen, deren Besitz oder Benützung der Genehmigung bedarf, ist die Berichtigung der Verzeichnisse erst vorzunehmen, wenn die Genehmigung erteilt ist. Bei Änderungen im Besitze von Brauereien ebenso wie bei deren Neuerrichtung hat sich die Hebestelle davon Überzeugung zu verschaffen, daß die gesetzlichen Voraussetzungen zum Beginne des Geschäftsbetriebs bzw. zur Gewährung der ordentlichen Stundung des Aufschlags vorhanden

sind. Ebenso ist darauf zu achten, daß den gesetzlichen Vorschriften in betreff der Sicherung des angefallenen Malzaufschlags bei Veräußerung und Verpachtung von aufschlagpflichtigen Geschäften Genüge geschieht.

4 Die Verhandlung über die eingetretenen Besitzveränderungen ist vierteljährlich abzuschließen, dem Steueramte bis zum 5. des auf ein Vierteljahr folgenden Monats und von diesem nach Ergänzung seines Brauerei- und Mühlenverzeichnisses dem Hauptzollamte bis zum 12. des auf das Vierteljahr folgenden Monats mit den dazu gehörigen Beilagen vorzulegen. Das Hauptzollamt ergänzt die hauptamtlichen Brauerei- und Mühlenverzeichnisse und legt sodann die Verhandlung mit einem entsprechenden Vermerke versehen bis zum letzten des auf das Vierteljahr folgenden Monats der K. Generaldirektion der Zölle und indirekten Steuern vor.

Bemerkungen: Zu Art. 14.

1. Nach Artikel 23 des Gesetzes über den Malzaufschlag vom $\frac{\text{16. Mai 1868}}{\text{8. Dezbr. 1889}}$ bestand eine Anmeldepflicht für alle zum Schroten von Malz mit Vorteil verwendbaren Werkzeuge und Vorrichtungen, mithin auch für solche Vorrichtungen, die zum Schroten von Dörr- oder Luftmalz nicht bestimmt waren, wie z. B. Futterschrotmühlen und Grünmalzquetschmaschinen. Diese strenge Vorschrift ist schon auf Grund des Artikel 29 Abs. 3 des früheren MAG. durch die Bekanntmachung des K. Staatsministeriums der Finanzen vom 21. April 1899 (ABl. S. 55) versuchsweise erheblich gemildert worden. Nachdem die zugelassenen Erleichterungen zu einer Gefährdung der steuerlichen Interessen nicht geführt haben, ist im geltenden MAG. eine ausdrückliche Anzeigepflicht nur noch für Malzmühlen und Brauereien vorgesehen worden.

2. Nicht nur im Falle des Besitzwechsels, sondern auch bei Neuerrichtung oder Neuaufstellung einer Brauerei oder einer Malzmühle ist Anzeige nach Artikel 14 zu erstatten. Zu den Brauereien gehören auch Betriebsstätten, in denen bierähnliche Getränke erzeugt werden (§ 1 Abs. 4 MAAusfB.); über den Begriff „Malzmühlen" s. Artikel 16. Ein Wechsel im Besitz liegt auch dann vor, wenn von mehreren Besitzern einer ausscheidet, oder wenn ein Betrieb aus dem Besitz einer Person in den Besitz mehrerer Personen übergeht.

3. Von der Anzeigepflicht, die nach Artikel 14 für die Erlangung des Besitzes einer Brauerei besteht, ist die Verpflichtung zu unterscheiden, die gemäß Artikel 44 für die Anzeige der erstmaligen Inbetriebsetzung einer neuen Brauerei oder für die Wiederaufnahme des Betriebs in einer ruhenden Brauerei besteht.

4. Bei eigenen Malzmühlen muß gemäß Artikel 16 Abs. 1 Ziffer 2 und Artikel 58 Ziffer 12 mit der Anzeigeerstattung stets die Genehmigung zum Besitz erholt werden. Eine Genehmigung zur Benützung ist bei eigenen und öffentlichen Malzmühlen gleichzeitig mit der Erstattung der Anzeige über den erlangten Besitz nur dann zu erholen, wenn die Malzmühle innerhalb der Frist des Artikel 14 benützt werden soll.

5. Nach § 31 Abs. 2 und 3 MAAusfB. haben die Steuerbehörden ihre Aufmerksamkeit auch Veränderungen in den überwachungspflichtigen Betrieben zuzuwenden, für die eine Anzeigepflicht nicht besteht, sofern sie auf den Vortrag im Brauerei- oder Mühlverzeichnisse von Einfluß sind. Hier kommen hauptsächlich Vorrichtungen zum Schroten von Malz in Betracht, deren Benützung entweder nach Artikel 41 verboten oder gemäß Artikel 42 von der Genehmigung der Steuerbehörde abhängig ist. Ferner gehört hiezu insbesondere auch die Aufgabe des Betriebes einer Brauerei oder einer Malzmühle, wofür eine Anzeigepflicht nicht besteht.

6. Für die Verwendung von geschrotetem Malz zu aufschlagfreien Zwecken ergibt sich die Anzeigepflicht für den erstmaligen Betrieb aus Artikel 4 des Gesetzes und § 8 Abs. 1 MAAusfB. Die Verpflichtung zur Anzeige eines Wechsels im Besitze einer Betriebsstätte, in der geschrotetes Malz aufschlagfrei verwendet wird, ergibt sich daraus, daß nach § 8 a. a. O. die Genehmigung stets nur dem jeweiligen Betriebsinhaber erteilt wird („Wer" Malz zu aufschlagfreien Zwecken usw.).

7. Wegen der Anzeige über den Betrieb mehrerer Brauereien auf Rechnung ein und derselben Person oder Gesellschaft s. § 13 Abs. 1 MAAusfB.

8. Zuwiderhandlungen gegen die Bestimmungen des Artikel 14 werden gemäß Artikel 60 mit einer Ordnungsstrafe von 1 bis 150 Mk. belegt.

Wagen und Gewichte.

Art. 15.

[1] **Bierbrauer und Inhaber von Malzmühlen sind verpflichtet, zum Abwägen des Malzes geeignete, vorschriftsmäßige Wagen und Gewichte zu halten.**

[2] **Der Aufstellungsort der Wage wird im Einvernehmen mit der Steuerbehörde bestimmt.**

AusfB. zu Art. 15.

Wagen und Gewichte.

§ 32. [1] Alle zur steuerlichen Verwiegung von Malz dienenden Wagen und Gewichte müssen vorschriftsmäßig geeicht sein und sind stets in gebrauchsfähigem Zustande zu erhalten.

[2] Die Aufsichtsbeamten haben die Wägegeräte von Zeit zu Zeit zu prüfen. Ergeben sich hiebei Zweifel an der Richtigkeit der Geräte, so kann der Bezirksoberkontrolleur oder, falls ein solcher nicht vorhanden ist, der Steueramtsvorstand die sofortige Vornahme der eichamtlichen Nachprüfung fordern.

[3] Den Aufstellungsort der Wage bestimmt die Hebestelle im Einvernehmen mit dem Betriebsinhaber. Etwaige Beschwerden verbescheidet das Hauptzollamt. An dem von der Hebestelle bestimmten Aufstellungsorte muß sich die Wage nur dann befinden, wenn sie zu steuerlichen Zwecken benötigt wird.

Bemerkungen: Zu Art. 15 Abs. 1.

1. Hier handelt es sich nicht um die selbsttätigen Wägevorrichtungen im Sinne der Artikel 24 und 34 sondern um gewöhnliche

Wagen. Bei Malzmühlen mit selbsttätiger Wägevorrichtung werden diese Wagen von der Steuerbehörde benötigt, um eine etwaige Nachverwiegung des Mahlgutes oder eine Prüfung oder Nachprüfung der selbsttätigen Wägevorrichtung (vgl. Anlage B zu den MAAusfB. I Abs. 10) vornehmen zu können; auch im Falle des Artikel 39, wenn eine Malzmühle, deren Wägevorrichtung beschädigt ist, ohne diese weiter benützt werden soll, ist das Vorhandensein einer vorschriftsmäßig geeichten Wage notwendig, um das steuerpflichtige Gewicht des Malzes festzustellen (§ 59 Abs. 6b MAAusfB.). Bei Malzmühlen ohne selbsttätige Wägevorrichtung wird das steuerpflichtige Gewicht des Malzes stets durch Verwiegen auf einer Wage durch den Müller festgestellt (Art. 28).

2. Die Bestimmungen über die Eichung der Wagen und Gewichte sind in der K. Verordnung vom 27. Januar 1883, die Revision der Verordnung vom 23. November 1869 über die Normaleichungskommission usw. betreffend (GVBl. 1883 S. 61) und in der Eichordnung für das Königreich Bayern vom 1. August 1885 Beilage zu Nr. 30 des GVBl. von 1885 enthalten.

Zu Art. 15 Abs. 2.

1. Da die Tätigkeit der Wagen durch einen ungünstigen Aufstellungsort erheblich beeinträchtigt werden kann, ist bestimmt worden, daß der Aufstellungsort im Einvernehmen mit der Steuerbehörde zu wählen ist. An dem bestimmten Aufstellungsort muß die Wage mit den Gewichten sich nur dann befinden, wenn sie für steuerliche Zwecke benützt oder benötigt wird; während der übrigen Zeit kann sie der Betriebsberechtigte auch an andere Orte verbringen und dort benützen; er muß dann nur dafür sorgen, daß die Wage, wenn sie für steuerliche Zwecke benützt werden soll, gebrauchsfähig ist und an den bestimmten Aufstellungsort gebracht wird (vgl. Ausschußbericht S. 200).

2. Bestimmungen über das Austarieren der Wagen finden sich in der Anlage B I Abs. 10 zu den MAAusfB.

2. Bestimmungen über das Schroten von Malz.

Zugelassene Malzmühlen.

Art. 16.

[1] Malz darf nur geschrotet werden:

1. auf öffentlichen Malzmühlen, d. h. auf solchen öffentlichen feststehenden Mühlen, auf welchen gewerbsmäßig für Dritte Malz geschrotet wird und welche von der Steuerbehörde als öffentliche Malzmühlen zugelassen sind.
2. auf eigenen Malzmühlen, d. h. auf solchen zum Schroten von Malz geeigneten Mahleinrichtungen, deren Besitz und Benützung dem Inhaber für seine Person und für seinen Gebrauch zum Schroten von Malz besonders genehmigt worden ist.

² Es ist verboten, Malz in eine Mühle einzubringen, auf welcher Malz nicht geschrotet werden darf.

AusfB. zu Art. 16.

Zugelassene Malzmühlen.

§ 33. ¹ Die Zulassung einer Mühle als Malzmühle erfolgt durch das Hauptzollamt.

² Die Zulassung wird dem Inhaber der Mühle nur für seine Person erteilt. Wechselt die Mühle den Besitzer, so kann in unbedenklichen Fällen die Genehmigung zur vorläufigen Fortbenützung der Mühle von der Hebestelle erteilt werden.

Bemerkungen: Zu Art. 16 Abs. 1.

1. Unter Malz ist lediglich Dörr- oder Luftmalz zu verstehen (zu vgl. die Bemerkung 4 zu Artikel 1 Abs. 3). Das Quetschen von Grünmalz z. B. unterliegt nicht den Bestimmungen der Artikel 16 ff.: hiefür kommen lediglich unter Umständen die Bestimmungen in Artikel 41 und 42 in Betracht. Für Dörr- oder Luftmalz gelten die Vorschriften des Artikel 16, gleichviel ob das Malz zur Herstellung von Bier, bierähnlichen Getränken oder zu anderen Zwecken geschrotet werden soll.

2. Unter Schroten ist nach § 7 der MAAusfB. jede Art der Zerkleinerung zu verstehen.

3. Nach Artikel 30 Abs. 6 MAG. vom $\frac{\text{16. Mai 1868}}{\text{10. Dezbr. 1889}}$ war lediglich vorgeschrieben, daß der Besitzer einer neu errichteten öffentlichen Malzmühle vor Beginn des Betriebs der Steuerbehörde schriftliche Anzeige zu erstatten und hiebei den Betriebsbeginn anzuzeigen habe. Nach Artikel 16 Abs. 1 Ziffer 1 und nach Artikel 23 MAG. vom 18. März 1910 unterliegt nunmehr der Betrieb (nicht auch der Besitz f. Bem. 4 zu Artikel 23) einer öffentlichen Malzmühle der Genehmigung der Steuerbehörde. Der Grund hiefür liegt darin, daß bei öffentlichen Malzmühlen eine Gefährdung des Malzaufschlags durch heimliches Schroten von Malz leichter möglich ist als bei eigenen Malzmühlen. Die Genehmigungspflicht besteht nur für den Betrieb der öffentlichen Mühle als öffentliche Malzmühle, nicht aber auch für den sonstigen Mühlenbetrieb. Eine derartige Beschränkung des Gewerbebetriebs ist gemäß § 5 der Reichsgewerbeordnung in der Fassung vom 26. Juli 1900 (RGBl. S. 871 f.) angängig, da sie aus steuergesetzlichen Gründen erfolgt.

4. Die öffentliche Mühle muß feststehend, d. i. mit dem Grund und Boden unmittelbar oder mit den Mühlgebäuden so fest verbunden sein, daß sie nicht fortbewegt werden kann.

5. Gewerbsmäßig wird auf einer Mühle Malz geschrotet, wenn auf der Mühle fremdes, nicht dem Mühlbesitzer gehöriges Malz auf fremde Rechnung geschrotet wird, um hiedurch eine ständige, wenn auch nicht alleinige Erwerbsquelle zu erhalten. Ob hiebei das Entgelt in Barzahlung oder in anderen Leistungen besteht, ist gleichgültig. Wird auf einer Mühle lediglich dem Mühlbesitzer gehöriges Malz geschrotet, hierauf im gleichen Betriebe weiter, z. B. zu Backmehl, verarbeitet und dann vom Mühlbesitzer verkauft, so liegt nicht der Betrieb einer öffentlichen sondern einer eigenen Malzmühle vor.

6. Eine öffentliche Mühle wird erst mit der Zulassung durch die Steuerbehörde zur öffentlichen Malzmühle. Das MAG. enthält verschiedene Beschränkungen und zwar sowohl für die Benützung einer öffentlichen Malzmühle durch den Pflichtigen bezüglich der Verbringung des Malzes zu und von der Mühle (Artikel 19, 20 und 29) als auch für den Betriebsinhaber der Mühle bezüglich der Annahme (Artikel 27), Bearbeitung (Artikel 20, 28 und 29 Abs. 1) sowie Verabfolgung des fremden Malzes (Artikel 29 Abs. 2); außerdem darf der Inhaber einer öffentlichen Malzmühle ohne besondere Genehmigung der Steuerbehörde auf eigene Rechnung weder Malz aufbewahren, noch in seiner Mühle schroten, auch darf er innerhalb einer Entfernung von 35 km von der Mühle gewerbsmäßig weder Bier bereiten, noch für sich bereiten lassen (Artikel 25).

7. Öffentliche Malzmühlen müssen mit einer selbsttätigen Wägevorrichtung nur dann versehen sein, wenn sie mit Zylinderwalzen betrieben werden (Artikel 24).

8. Auf einer öffentlichen Malzmühle kann Malz zu aufschlagfreien Zwecken geschrotet werden, ohne daß es hiezu für den Müller einer besonderen Erlaubnis der Steuerbehörde bedarf. Für denjenigen, für dessen Rechnung das Malz geschrotet wird, gilt Artikel 4 MAG. und § 8 MAAusfB. Für die Benützung von eigenen Malzmühlen zum Schroten von aufschlagfreiem Malz bedarf es gemäß Artikel 35 außerdem hiefür der Genehmigung der Steuerbehörde.

9. Die Genehmigung zur Benützung einer öffentlichen Malzmühle und die Genehmigung zum Besitz und zur Benützung einer eigenen Malzmühle wird nur dem jeweiligen Inhaber für seine Person erteilt (Artikel 16, 23 und 33 des Gesetzes und § 33 Abs. 2 MAAusfB.). Diese Genehmigung ist jederzeit widerruflich (Artikel 23 Abs. 2 und Artikel 33 Abs. 3); bei jedem Besitzwechsel, gleichviel aus welcher Ursache er erfolgt (Kauf, Erbgang usw.) ist sie vom neuen Besitzer wieder einzuholen.

10. Wer in den Besitz einer Malzmühle (öffentliche oder eigene) gelangt, hat hierüber innerhalb acht Tagen nach der Besitzerlangung der Steuerbehörde Anzeige zu erstatten (Artikel 14).

11. Für eigene Malzmühlen ist sowohl der Besitz als die Benützung genehmigungspflichtig. Für die Einholung der Genehmigung zum Besitz ist die Frist des Artikel 14 einzuhalten, soferne nicht schon mit Rücksicht auf eine Benützung der eigenen Malzmühle vor Ablauf dieser Frist die Genehmigung zum Besitz und zur Benützung der Mühle erholt werden muß.

12. Die Zulassung einer Mühle als Malzmühle erfolgt durch das Hauptzollamt, in dessen Bezirk die Mühle gelegen ist (§§ 33 Abs. 1, 40 und 51 Abs. 6 MAAusfB.). Wechselt eine bereits zugelassene öffentliche oder eigene Malzmühle den Besitzer, so kann in unbedenklichen Fällen zur Vermeidung von Betriebsstörungen die Genehmigung zur vorläufigen Fortbenutzung der Mühle von der Hebestelle erteilt werden (§ 33 Abs. 2 MAAusfB.); die endgültige Genehmigung wird durch das Hauptzollamt erteilt. Für eine Mühle, die vom Hauptzollamte als Malzmühle überhaupt noch nicht zugelassen ist, kann von der Hebestelle eine vorläufige Benützungsbewilligung nicht erteilt werden.

13. Der Beschluß des Hauptzollamtes, durch welchen dem Inhaber einer öffentlichen Malzmühle die Benützung und dem Inhaber der eigenen Malzmühle für seine Person der Besitz und die Benützung der Mühle genehmigt wird, ist nach Art. 201 und 202 Abs. 1 Ziffer 3 des Gebührengesetzes in der Fassung vom 13. Juli 1910 (GVBl. S. 233, ABl. S. 975) mit einer Gebühr von 2 bis 200 Mk. zu belegen.

14. Die Bestimmung, daß Malz nur auf zugelassenen Malzmühlen geschrotet werden darf, bezieht sich nur auf Malz, das innerhalb des Geltungsbereichs des MAG. geschrotet wird. Wird Malz auf einer außerbayerischen Mühle geschrotet (Artikel 21), so kann hiezu, soferne die Gesetzgebung im betreffenden Gebiete nicht entgegensteht, jede Mühle benützt werden. Außerbayerisches Malz dagegen darf in Bayern nur auf zugelassenen Malzmühlen geschrotet werden.

Zu Art. 16 Abs. 2.

1. Wann Malz als in eine Mühle eingebracht anzusehen ist, bestimmt sich nach Artikel 3 des Gesetzes; als Mühle gilt jede zum Schroten von Malz geeignete Vorrichtung.

2. Zuwiderhandlungen gegen das Verbot des Artikel 16 Abs. 2 werden gemäß Art. 53 Ziffer 1 als Hinterziehung des Malzaufschlags angesehen und nach Artikel 54 oder 55 und 58 MAG. bestraft.

a) Das Schroten von Malz auf öffentlichen Malzmühlen.

Malzschein.

Art. 17.

¹ Wer Malz auf einer öffentlichen Malzmühle schroten lassen will, hat dies vor der Verbringung des Malzes in die Mühle bei der Steuerbehörde seines Wohnortes anzumelden und einen Malzschein zu erholen.

² Die Anmeldung und der Malzschein müssen enthalten:

1. Den Namen und Wohnort desjenigen, auf dessen Rechnung das Malz geschrotet werden soll,
2. die Bezeichnung der Mühle, auf welcher das Malz geschrotet werden soll,
3. den Tag, an dem das Malz in die Mühle eingebracht werden soll (Gültigkeitstag),
4. das Gewicht des Malzes,
5. die Art der beabsichtigten Verwendung des Malzes.

³ Der Malzschein muß außerdem Ort und Zeit der Ausstellung sowie die Unterschrift des ausstellenden Steuerbeamten enthalten.

⁴ Zu den Anmeldungen ist nach näherer Anordnung der Steuerverwaltung ein Einschreibbuch zu benützen; das Einschreibbuch ist den Steuerbeamten auf Verlangen jederzeit vorzulegen.

AusfB. zu Art. 17 und 18.

Einschreibbuch.

§ 34. [1] Wer Malz auf einer öffentlichen Malzmühle schroten lassen will, hat ein Einschreibbuch nach Muster 14 zu führen und dieses bei Erholung eines Malzscheins mit den vorgeschriebenen Eintragungen versehen der Hebestelle seines Wohnorts vorzulegen.

Muster 14.

[2] Die Einschreibbücher sind gegen Ersatz der Herstellungskosten von der Hebestelle zu beziehen.

Ausstellung des Malzscheins.

§ 35. [1] Die Hebestelle hat die Anmeldung auf ihre Vollständigkeit und Richtigkeit zu prüfen und sich dabei insbesondere darüber zu vergewissern, ob die Mühle, auf welcher das Malz geschrotet werden soll, als Malzmühle zugelassen ist. Gibt die Anmeldung zu einer Beanstandung keinen Anlaß, so ist sie in das Malzverbrauchbuch einzutragen und ein Malzschein nach Muster 15 auszustellen.

Muster 15.

[2] Für jeden einzelnen Sud ist ein besonderer Malzschein auszustellen. Die gleichzeitige Ausstellung mehrere Malzscheine ist zulässig, wenn die angewendeten Malzmengen innerhalb der nächsten 8 Tage, den Tag der Ausstellung nicht mitgerechnet, geschrotet werden.

[3] Soll Malz, welches eine wesentliche Gewichtsverminderung im Sinne des Artikel 6 Abs. 3 des Gesetzes erfahren hat, geschrotet werden, so ist dieses bei Erholung des Malzscheins anzugeben. Im Malzschein ist zu vermerken, auf wie viel vom Hundert der Gewichtszuschlag festgesetzt worden ist.

[4] Wird ein Malzschein zum Schroten von Malz auf einer nicht im Bezirke der Hebestelle gelegenen Mühle ausgestellt, so ist der Hebestelle, in deren Bezirk die Mühle liegt, hievon Mitteilung zu machen. In diesem Falle kann die Nachschau in der betreffenden Mühle auch von der Hebestelle ausgeübt werden, welche den Malzschein ausgestellt hat.

[5] Der Anmeldepflichtige hat vor der Verbringung des Malzes in die Mühle zu prüfen, ob die Einträge im Malzscheine mit der Anmeldung im Einschreibbuch übereinstimmen. Ergeben sich hiebei Beanstandungen, so hat er eine Berichtigung des Malzscheins zu veranlassen. Das Gleiche hat zu geschehen, wenn der Anmeldepflichtige eine Änderung des Malzscheins aus anderen Gründen herbeiführen will; in diesem Falle ist von der Hebestelle auch der Vortrag im Einschreibbuch entsprechend zu berichtigen oder durch einen neuen Vortrag zu ersetzen. Alle Änderungen sind in der Weise vorzunehmen, daß die ursprüngliche Niederschrift lesbar bleibt; sie sind durch Beifügung des Namenszugs des ändernden Beamten und des Tages der Änderung zu bescheinigen. Die Umschreibung des Malzscheins auf eine andere Person ist unzulässig.

Verlust des Malzscheins.

§ 36. [1] Geht ein Malzschein vor oder während der Verbringung des Malzes zur Mühle verloren, so hat derjenige, auf dessen Namen der Malzschein ausgestellt war, hievon die Hebestelle ohne Verzug zu benachrichtigen und die Ausfertigung einer Zweitschrift des Malzscheins zu beantragen. Die Hebestelle hat, wenn Bedenken nicht bestehen, einen neuen Malzschein auszustellen, welcher ausdrücklich als Zweitschrift zu bezeichnen ist. Bis zur Beibringung des neuen Malzscheins darf das Malz in die Mühlräume nicht eingebracht werden.

[2] Geht der Malzschein nach der Übergabe an den Müller, jedoch noch vor der Niederlegung des Verwiegungsergebnisses zu Verlust, so obliegt die in Abs. 1 vorgeschriebene Verpflichtung zur Anzeige und Erholung einer Zweitschrift dem Müller.

[3] Tritt der Verlust des Malzscheins nach der Niederlegung des Verwiegungsergebnisses, jedoch noch vor der Ablieferung an den Aufsichtsbeamten oder die Steuerbehörde ein, so hat der Müller sogleich Anzeige bei der Hebestelle zu erstatten und im Mühlbuche das Geeignete zu vermerken.

Bemerkungen: Zu Art. 17 Abs. 1.

1. Die Bestimmungen in Artikel 17 mit 22 beziehen sich fast ausschließlich auf die Verpflichtungen desjenigen, der Malz auf einer öffentlichen Malzmühle schroten lassen will.

2. Der Malzschein stellt sich als ein Erlaubnisschein dar, der einer bestimmten Person die Befugnis gewährt, in einer bestimmten Mühle, an einem bestimmten Tage eine bestimmte Menge Malz zu einem bestimmten Zweck schroten zu lassen.

3. Die Erholung eines Malzscheins ist für das Schroten von Malz auf öffentlichen Malzmühlen stets, für das Schroten von Malz auf eigenen Malzmühlen dagegen nur in besonderen Fällen (Artikel 40 des Gesetzes und § 60 MAAusfB.) notwendig.

4. Die Ausstellung eines Malzscheins ist nur zulässig für Malz, das geschrotet werden soll, nicht aber auch für Malz, das für andere Zwecke, z. B. Aufbewahrung in die Mühle eingebracht werden soll. Wegen der Folgerungen, die sich ergeben, vgl. die Bemerkung 2 zu Artikel 25 Abs. 1.

5. Die Ausstellung des Malzscheines ist vor der Verbringung des Malzes in die Mühle von demjenigen, der Malz schroten lassen will, durch Übergabe der Anmeldung im Einschreibbuche bei der Steuerbehörde seines Wohnortes zu beantragen. Bei der Einfuhr von Malz zum Schroten auf einer öffentlichen Mühle mit der Bestimmung der Wiederausfuhr ist der Malzschein vor der Einfuhr des Malzes zu erholen (Art. 22) und zwar bei der Hebestelle des Verwendungsortes § 38 Abs. 1 MAAusfB.

6. Für jeden Sud ist gemäß § 35 Abs. 2 MAAusfB. ein besonderer Malzschein zu beantragen und auszustellen. Diese Anordnung war mit Rücksicht darauf geboten, daß gemäß Artikel 45 des Gesetzes die Mengen des für die einzelnen Sude verwendeten Malzes usw. im Sudbuche vorzutragen sind.

7. Der Malzschein hat nicht die Eigenschaft eines Transportscheines, d. h. er muß bei der Verbringung des Malzes, für das er ausgestellt ist, zur Mühle nicht mitgeführt werden. Erst bei der Einbringung des Malzes in die Mühle muß der Malzschein beim Malze sich befinden und mit dem Malze dem Müller übergeben werden (Artikel 19

Abs. 3 und 4). Soll Malz auf einer außerbayerischen Mühle geschrotet werden, dann ist bei der Ausfuhr und Wiedereinfuhr der Malzschein mit dem Malze der zuständigen Zoll- oder Steuerbehörde vorzuführen (Artikel 21 Abs. 2). Der Inhaber einer öffentlichen Malzmühle darf Malz ohne gültigen Malzschein in der Mühle nicht übernehmen; wird Malz ohne gültigen Malzschein in die Mühle eingebracht, so hat er sogleich Anzeige bei der Steuerbehörde zu erstatten (Artikel 27 Abs. 1 und 4). Der Müller hat den Malzschein vor der Übernahme des Malzes nach § 43 MAAusfB. genau zu prüfen. Der Müller hat, wenn die öffentliche Malzmühle nicht mit einer selbsttätigen Wägevorrichtung versehen ist, auf dem Malzschein das Ergebnis der Verwiegung sofort und noch vor der Verbringung des Malzes auf den Mahlgang zu vermerken (Artikel 28 Abs. 4). In einer öffentlichen, mit einer selbsttätigen Wägevorrichtung versehenen Malzmühle hat der Müller sofort nach dem Schroten des Malzes die geschrotete Malzmenge nach der Anzeige der Wägevorrichtung auf dem Malzschein zu vermerken (Artikel 31 Abs. 2). Die Vorträge auf den Malzscheinen sind vom Müller sofort zu unterzeichnen (Artikel 28 Abs. 4 und Artikel 31 Abs. 2). Der Müller hat die erledigten Malzscheine sorgfältig aufzubewahren und dem Steuerbeamten bei dessen nächster Anwesenheit in der Mühle zu übergeben oder, falls vorher das Mühlbuch gemäß Artikel 26 Abs. 2 an die Steuerbehörde abzuliefern ist, mit dem Mühlbuch der Steuerbehörde zu übersenden (Artikel 30). Nur dann, wenn Malz, das zum Schroten auf einer öffentlichen Malzmühle nach Bayern eingeführt worden ist, nach der Bearbeitung wieder ausgeführt werden soll (Artikel 22), verbleibt der Malzschein nicht in der Mühle, sondern ist bei der Wiederausfuhr der Hebestelle, welche den Malzschein ausgestellt hat, vorzulegen (§ 38 Abs. 2 MAAusfB.). Der Steuerbeamte prüft beim Rückempfange der Malzscheine diese auf ihre Richtigkeit und Übereinstimmung mit dem Mühlbuche, ergänzt auf Grund der Malzscheine das Malzverbrauchbuch und fügt die Malzscheine als Belege dem Malzverbrauchbuche bei (§ 46 Abs. 3 und 5 MAAusfB.). Die Bestimmungen über die Einsendung der Malzscheine zur Abrechnung und Prüfung enthält § 21 Abs. 1 MAAusfB.

8. Die Ausstellung des Malzscheines erfolgt auf Grund der Angaben im Einschreibbuche. Sind diese unvollständig, oder enthalten sie Anträge, deren Genehmigung unzulässig ist oder nicht in der Befugnis der Hebestelle liegt, so ist die Ausstellung des Malzscheines zu verweigern. Derartige Anträge würden z. B. vorliegen, wenn Malz auf einer als Malzmühle nicht zugelassenen Mühle geschrotet werden soll (§ 35 Abs. 1 MAAusfB.), ferner wenn Malz auf einer öffentlichen Malzmühle zum eigenen Bedarf des Müllers, oder wenn auf einer eigenen Malzmühle aufschlagfreies Malz oder Malz, das nicht für den eigenen Bedarf des Betriebsberechtigten bestimmt ist, geschrotet werden soll, ohne daß die hiezu erforderliche Genehmigung des Hauptzollamtes oder der K. Generaldirektion vorliegt (Artikel 25 und 35 des Gesetzes, §§ 41 und 54 Abs. 2 MAAusfB.).

9. Die Ausstellung eines Malzscheines kann ferner verweigert werden, wenn der Antragsteller gemäß Artikel 8 Abs. 3 zur Vorauszahlung des Malzaufschlags verpflichtet ist und dieser Verpflichtung vor der Ausstellung des Malzscheines nicht nachkommt, oder wenn und solange der Forderung der Steuerbehörde zur Aufstellung eines geeigneten Vertreters nicht entsprochen wird (Artikel 13 Abs. 4). Wegen Nichtentrichtung rückständiger Malzaufschlaggefälle kann die Ausstellung eines Malzscheines nicht verweigert werden, soferne für die Malzmenge, für welche der Malzschein beantragt wird, der Malzaufschlag vorausbezahlt wird.

Zu Art. 17 Abs. 2.

1. Das Malz wird auf Rechnung desjenigen geschrotet, der das Malz zum Zwecke der Verwendung in seinem Geschäftsbetriebe schroten läßt (s. a. Artikel 7).

2. Wird das Malz auf Rechnung mehrerer Personen geschrotet, so sind diese im Malzscheine anzugeben (zu vgl. die Bemerkung 2 zu Artikel 5 Abs. 5 und die Bemerkung 3 zu Artikel 5 Abs. 9 wegen der Ausstellung von Malzscheinen für gemeinsam brauende Haus-, Kommun- oder Genossenschaftsbrauer).

3. Im Malzscheine darf im Hinblick auf die Bestimmung in Artikel 16 nur eine Mühle bezeichnet werden, die als Malzmühle zugelassen ist.

4. Im Malzscheine ist stets das tatsächliche Gewicht des Malzes anzugeben und zwar auch dann, wenn die Begünstigung des Artikel 6 Abs. 2 für Weizenmalz in Anspruch genommen wird, oder wenn für Malz ein Gewichtszuschlag nach Artikel 6 Abs. 3 einzutreten hat. Im Malzschein ist lediglich auf die Umstände hinzuweisen, welche die Anwendung der Bestimmungen in Artikel 6 Abs. 2 und 3 rechtfertigen, der erforderliche Abzug oder Zuschlag ist erst beim Eintrag im Malzverbrauchbuch oder im Sudbuch zu berücksichtigen.

5. Wie sich aus dem Vordruck in Muster 15 zu den MAAusfB. ergibt, ist auch die Gattung des Malzes (Gerstenmalz, Weizenmalz) im Malzschein und demgemäß auch in Spalte 9 des Einschreibbuches anzugeben. Ferner ist, wenn Malz, das eine wesentliche Gewichtsverminderung im Sinne des Artikel 6 Abs. 3 erfahren hat, der betreffende Gewichtszuschlag im Malzscheine zu vermerken (§ 35 Abs. 3 MAAusfB.).

6. Der Malzschein ist nur für den Tag, auf den er ausgestellt ist, und nur für die Person, die Mühle und die Art der Verwendung, auf die er lautet, gültig (Artikel 18). Eine Malzmenge, deren Gewicht das im Malzschein angegebene Gewicht um mehr als 5 v. H. übersteigt, darf nicht in die Mühle eingebracht werden (Artikel 19 Abs. 2). Diese Bestimmungen finden auch dann Anwendung, wenn die Angaben im Malzscheine mit den Angaben der Anmeldung im Einschreibbuche nicht übereinstimmen würden. Der Pflichtige hat sich nach den Angaben im Malzscheine auch dann zu richten, wenn sie versehentlich ein unzutreffendes Gewicht, eine andere Mühle usw. bezeichnen würden. Der Anmeldepflichtige hat gemäß § 35 Abs. 5 MAAusfB. vor der Verbringung des Malzes in die Mühle zu prüfen, ob die Angaben im Malzscheine mit der Anmeldung im Einschreibbuche übereinstimmen und gegebenenfalls die Berichtigung des Malzscheines zu veranlassen. Derartige Berichtigungen dürfen gemäß Artikel 18 Abs. 2 nur von Steuerbeamten vorgenommen werden. Nach der Verbringung des Malzes in die Mühle (vgl. hiewegen Artikel 3) ist eine Änderung des Malzscheines auch durch den Steuerbeamten nicht mehr angängig. Nimmt der Anmeldepflichtige die vorgeschriebene Prüfung des Malzscheines nicht vor und würde er z. B. infolge einer unzutreffenden Angabe des Malzgewichts im Malzscheine gegenüber dieser Angabe ein nach Artikel 19 Abs. 2 unzulässiges Übermaß in die Mühle verbringen, so würde ihn auch der Umstand nicht von Strafe befreien, daß er bei der Anmeldung im Einschreibbuche die in die Mühle verbrachte Malzmenge richtig angegeben hat. Es könnte hierin lediglich der Nachweis gefunden werden, daß eine Hinterziehung des Malzaufschlags nicht beabsichtigt war, und daher an Stelle der nach Artikel 53 Ziffer 2 begründeten Strafe der Hinterziehung gemäß Artikel 55 eine Ordnungsstrafe nach Artikel 58 verhängt werden.

Zu Art. 17 Abs. 4.

1. Aus der Anleitung zum Gebrauche des Einschreibbuches (Muster 14 MAAusfB.) ist hervorzuheben, daß bei gleichzeitigem Betrieb mehrerer malzverbrauchender Geschäfte für jedes Geschäft ein besonderes Einschreibbuch zu führen ist. Änderungen in den Vorträgen des Einschreibbuches dürfen vom Anmeldepflichtigen nur vor der Vollziehung der Anmeldung durch die Hebestelle vorgenommen werden. Der Vollzug der Anmeldung durch die Hebestelle wird durch die Einträge in Spalte 7 und 8 des Einschreibbuches nachgewiesen.

2. Die Benützung eines fremden Einschreibbuches, um einen niedrigeren Malzaufschlag zu erlangen, würde gemäß Artikel 53 Ziffer 9 oder 10 als Hinterziehung des Malzaufschlags zu bestrafen sein.

3. Eine Verweigerung der Vorlage des Einschreibbuches an den Steuerbeamten wäre gemäß Artikel 60 zu bestrafen; daneben können die Zwangsmaßregeln des Artikel 62 angewendet werden. Als Steuerbeamte kommen alle Beamte in Betracht, denen ein Recht zur Ausübung der Steueraufsicht (Artikel 47) zusteht.

Gültigkeit des Malzscheins.

Art. 18.

[1] **Der Malzschein ist nur für den Tag, auf den er ausgestellt ist, und nur für die Person, die Mühle und die Art der Verwendung, auf die er lautet, gültig.**

[2] **Änderungen am Malzscheine dürfen nur von Steuerbeamten vorgenommen werden.**

AusfB. zu **Art.** 18
(siehe oben bei Art. 17).

Bemerkungen: Zu Art. 18 Abs. 1.

1. Wegen des Verfahrens, wenn die Angaben im Malzscheine mit der Anmeldung nicht übereinstimmen, vgl. die Bemerkung 6 zu Artikel 17 Abs. 2.

2. Die Bestimmung, daß der Malzschein nur für die Person, auf die er lautet, gültig ist, will besagen, daß das im Malzscheine bezeichnete Malz nur auf Rechnung der im Malzscheine bezeichneten Person (s. auch Artikel 17 Abs. 2 Ziffer 1) geschrotet werden darf. Es ist selbstverständlich nicht erforderlich, daß die im Malzscheine bezeichnete Person das Malz selbst in die Mühle bringt.

3. Wird Malz in eine andere als die im Malzscheine bezeichnete Malzmühle oder an einem anderen als dem im Malzscheine angegebenen Tage in die Malzmühle eingebracht, so ist, soferne nicht eine Hinterziehung vorliegt, gemäß Artikel 58 eine Ordnungsstrafe von 1 Mk. bis 300 Mk. verwirkt. Die Benützung eines auf den Namen eines anderen lautenden Malzscheines durch einen Bierbrauer, um einen niedrigeren Malzaufschlag zu erwirken, ist soferne nicht der in Artikel 55 vorgesehene Nachweis erbracht wird, gemäß Artikel 53 Ziffer 9 als Hinterziehung des Malzaufschlags zu bestrafen. Wird Malz zu einem anderen als dem im Malzschein angegebenen Zwecke verwendet, so tritt entweder die Strafe der Hinterziehung (Art. 53 Ziffer 3), gegebenenfalls (Art. 55) die Strafe des Artikel 58 oder eine Ordnungsstrafe nach Artikel 60 ein.

Zu Art. 18 Abs. 2.

1. Diese Bestimmung bezieht sich nur auf Änderungen von Vorträgen, die im Malzscheine vom Steuerbeamten eingetragen worden sind (vgl. hiewegen Artikel 17 Abs. 2 und 3 des Gesetzes und § 35 MAAusfB.). Diese Änderungen müssen nicht unbedingt von dem gleichen Steuerbeamten, der den ursprünglichen Vortrag im Malzscheine gemacht hat, vorgenommen werden, sie können vielmehr auch durch einen anderen örtlich zuständigen Steuerbeamten erfolgen.

2. Änderungen von Vorträgen im Malzscheine, die schon ursprünglich vom Müller vorzunehmen sind, wie z. B. der Vermerk über das Ergebnis der Verwiegung (Artikel 28 Abs. 4 und 31 Abs. 2) sind, soferne sie notwendig werden, auch vom Müller vorzunehmen, wobei die Bestimmungen in § 35 Abs. 5 MAAusfB. sinngemäße Anwendung zu finden haben.

3. Mit Ausnahme der Umschreibung des Malzscheines auf eine andere Person, die in § 35 Abs. 5 MAAusfB. ausdrücklich als unzulässig erklärt ist, dürfen alle Vorträge im Malzschein abgeändert werden, jedoch nur solange das Malz nicht in die Mühle eingebracht ist. Hiebei ist es gleichgültig, ob der ursprüngliche Vortrag im Malzscheine nur unwesentlich unrichtig war, oder ob die Änderung durch eine ausdrückliche Änderung der ursprünglichen Anmeldung, durch Angabe eines anderen Gültigkeitstages, einer anderen Malzmühle, eines anderen Malzgewichtes oder eines anderen Verwendungszweckes veranlaßt ist.

4. Zuwiderhandlungen gegen Artikel 18 Abs. 2 sind, soferne sie nicht als Hinterziehung oder nach dem Reichsstrafgesetzbuche strafbar sind, gemäß Artikel 58 mit einer Geldstrafe von 1 Mk. bis 300 Mk. zu belegen.

Verbringung des Malzes in die Mühle.

Art. 19.

[1] **Die im Malzschein angegebene Malzmenge ist auf einmal und ohne Unterbrechung in die Mühle und ebenso von dort an den Verwendungsort zu bringen. Ausnahmen können von der Steuerbehörde zugelassen werden.**

[2] **Es ist verboten, eine Malzmenge, deren Gewicht das im**

Malzschein angegebene Gewicht um mehr als 5 vom Hundert übersteigt, in die Mühle zu verbringen.

[3] Ohne gültigen Malzschein darf Malz nicht in die Mühle eingebracht werden.

[4] Der Malzschein ist dem Müller mit dem Malze zu übergeben.

AusfB. zu Art. 19 und 20.

Verbringung des Malzes in die Mühle.

§ 37. Ausnahmen von der Bestimmung des Artikel 19 Abs. 1 und des Artikel 20 Abs. 1 des Gesetzes können für einzelne Fälle von der Hebestelle bewilligt werden; allgemeine Ausnahmen von diesen Vorschriften können nur vom Hauptzollamte zugelassen werden.

Bemerkungen: Zu Art. 19 Abs. 1.

1. Diese Bestimmung entspricht der Vorschrift in Artikel 19 des MAG. vom $\frac{\text{16. Mai 1868}}{\text{8. Dezbr. 1889}}$. Hiezu ist bereits im Kommentar von Generaldirektor Ludwig von May S. 253 bemerkt, daß die Worte „ohne Unterbrechung“ nicht wörtlich, sondern im weitesten Sinne aufzufassen seien und zwar lediglich als eine Verstärkung der Worte „auf einmal“.

2. Die Vorschrift in Artikel 19 Abs. 1 bezieht sich auf die Verbringung des Malzes vom Aufbewahrungsort in die Mühle (vgl. wegen des letzteren Begriffs Artikel 3) und von dort nach dem Schroten an den Verwendungsort, d. i. zu dem Orte, an dem das geschrotete Malz zu dem im Malzschein angegebenen Verwendungszweck weiterverarbeitet wird.

3. Nach Artikel 29 Abs. 1 ist das Malz nach dem Schroten in kürzester Frist aus der Mühle zu bringen.

4. Zuwiderhandlungen gegen die Vorschriften in Artikel 19 Abs. 1 werden nach Artikel 60 bestraft.

Zu Art. 19 Abs. 2.

1. Diese Vorschrift bezieht sich auf das Schroten von Malz in öffentlichen Malzmühlen allgemein, gleichviel ob diese mit einer selbsttätigen Wägevorrichtung versehen sind oder nicht.

2. Ein Übergewicht von 5 v. H. ist die äußerste Grenze, bis zu der mehr Malz als im Malzscheine angegeben ist, in die Mühle verbracht werden darf. Die Bestimmung in Artikel 6 Abs. 1, wonach bei der Ermittelung des steuerpflichtigen Gewichts des Malzes Bruchteile eines Kilogramms außer Ansatz zu bleiben haben, kann neben der Bestimmung des Artikel 19 Abs. 2 nicht angewendet werden. Es würde daher auch dann, wenn der in Artikel 19 Abs. 2 bezeichnete Spielraum nur um ein halbes Kilogramm überschritten wird, eine Bestrafung nach Artikel 53 Ziffer 2 und 54 bzw. 55 und 58 eintreten (zu vgl. das Urteil des K. Obersten Landesgerichts vom 27. Februar 1874 — ABl. 1875 S. 62 — dessen Ausführungen auch bei der gegenwärtigen Gesetzeslage zutreffen).

3. Darüber, daß die im Malzschein angegebene Malzmenge entscheidend ist, vgl. die Bemerkung 6 zu Artikel 17 Abs. 2.

Zu Art. 19 Abs. 3.

1. Ein Malzschein ist gültig, wenn er den Bestimmungen in Artikel 17 Abs. 2 und 3 entspricht, und wenn er von der im Malzschein bezeichneten Person an dem im Malzschein bestimmten Tage zum Schroten von Malz in der im Malzscheine bezeichneten Malzmühle benützt wird. Der Malzschein wird dadurch nicht ungültig, daß mehr Malz als im Malzschein angegeben und nach Artikel 19 Abs. 2 zulässig ist, in die Mühle eingebracht ist.

2. Es ist selbstverständlich und ergibt sich im übrigen auch aus der Bestimmung in Artikel 53 Ziffer 1, daß auch ohne Malzschein — also nicht bloß mit einem ungültigen Malzschein — Malz in eine Mühle nicht eingebracht werden darf.

3. Nach Artikel 19 Abs. 3 ist es verboten, Malz ohne Malzschein oder ohne gültigen Malzschein in eine öffentliche Malzmühle einzubringen. Zu welchem Zweck das Malz in die Mühle eingebracht werden soll, ist für dieses Verbot belanglos. Nach Artikel 15 Abs. 3 des MAG. vom $\frac{\text{16. Mai 1868}}{\text{10. Dezbr. 1889}}$ war es lediglich verboten, Malz ohne Malzschein „zur Bearbeitung" in die Mühlräume einzubringen. Hieraus hat das Urteil des Oberlandesgerichts München vom 29. Oktober 1892 (Slg. 7, 283) gefolgert, daß die Vorschriften des früheren MAG. in Ansehung der Zeit, zu der das Malz gemessen, bearbeitet und wieder weggebracht werden darf, nur Malz zum Gegenstande haben, das zur Bearbeitung auf die Mühle gelangt, nicht aber auch auf Malz, das zu anderem Zwecke in die Mühle kommt. Dieser, einer wirksamen Ausübung der Steueraufsicht sehr entgegentretenden Anschauung ist durch die Fassung des Artikel 19 Abs. 3 und 27 Abs. 3 im nunmehrigen Gesetze die Grundlage entzogen. Wegen der Ausnahmen vom Verbot des Artikel 19 Abs. 3 im Falle des Artikel 25 Abs. 2 vgl. die Bemerkung 3 zu Artikel 27 Abs. 1.

4. Wann Malz als in die Mühle eingebracht anzusehen ist, bestimmt sich nach Artikel 3 des Gesetzes.

5. Zuwiderhandlungen gegen das Verbot des Artikel 19 Abs. 3 stellen sich gemäß Artikel 53 Ziffer 1 beim Vorliegen der subjektiven Voraussetzungen als eine Hinterziehung des Malzaufschlags dar. Liegen die subjektiven Voraussetzungen nicht vor, so tritt gemäß Artikel 55 eine Strafe nach Artikel 58 ein. Die Zuwiderhandlung ist vollendet, sobald das Malz in die Mühle eingebracht ist (Artikel 3); es ist nicht erforderlich, daß dasselbe auch vom Müller förmlich übernommen worden ist (Urteil des K. Oberlandesgerichts München vom 3. Juli 1884 — Slg. 3 S. 149, ABl. 1885 S. 106).

Zu Art. 19 Abs. 4.

1. „Müller" ist der Inhaber einer öffentlichen Malzmühle (Artikel 25 Abs. 1). Handlungen, die nach dem Gesetz und den hiezu ergangenen Ausführungsbestimmungen vom Müller oder gegenüber dem Müller vorzunehmen sind, können auch von oder gegenüber einem nach Artikel 13 zugelassenen Vertreter des Müllers vorgenommen werden.

2. Was den Zeitpunkt anlangt, an dem der Malzschein dem Müller übergeben werden muß, so kommt in Betracht, daß nach Artikel 27 Abs. 1 Malz in einer öffentlichen Malzmühle ohne Malzschein nicht übernommen werden darf und daß gemäß Artikel 27 Abs. 2 Malz dann als übernommen gilt, wenn es in die Mühlräume eingebracht ist. Es ist daher das Malz und mit diesem der Malzschein spätestens in dem Zeitpunkte dem Müller zu übergeben, in dem es in die Mühlräume (im Gegensatz zur Mühle vgl. Art. 3) eingebracht wird, und zwar gleichviel, ob die betreffende Malzmühle mit einer selbsttätigen Wägevorrichtung versehen ist oder nicht. Einer etwaigen Übergabe des Malzscheines an den Müller vor der Übergabe des Malzes steht Artikel 19 Abs. 4 nicht entgegen. Der Malzschein muß nur im Zeitpunkte der Übergabe des Malzes dem Müller übergeben sein oder übergeben werden. Als Übergabe des Malzes ist die Bereitstellung des Malzes zur Übernahme zu erachten.

Art. 20.

[1] In der Zeit von 8 Uhr abends bis 6 Uhr morgens darf Malz in eine öffentliche Malzmühle weder eingebracht, noch dort bearbeitet oder von dort fortgebracht werden.

[2] Die Steuerbehörde kann Ausnahmen zulassen.

AusfB. zu Art. 20

(siehe oben bei Art. 19).

Bemerkungen: Zu Art. 20 Abs. 1.

1. Das Verbot, Malz in der Zeit von 8 Uhr abends bis 6 Uhr morgens in eine öffentliche Mühle einzubringen, ist ein unbedingtes. Es bezieht sich nicht lediglich auf Malz, das zur Bearbeitung in die Mühle eingebracht wird, sondern auch auf Malz, dessen Verbringung in die Mühle aus anderen Gründen erfolgt. Die im Urteil des Oberlandesgerichts München vom 29. Oktober 1892 (Slg. S. 283) vertretene Anschauung, das mit der vorliegenden Bestimmung fast gleichlautende Verbot des Artikel 20 Abs. 1 des MAG. vom 16. Mai 1868 / 10. Dezbr. 1889 beziehe sich nur auf Malz, das zum Zwecke der Bearbeitung in die Mühle eingebracht werde, findet im gegenwärtigen Malzaufschlaggesetze keine Stütze mehr, nachdem in Artikel 19 Abs. 3 und 27 Abs. 1 des geltenden Gesetzes die Worte „zur Bearbeitung", wie sie in Artikel 15 Abs. 3 und 32 Abs. 1 des MAG. vom 16. Mai 1868 / 10. Dezbr. 1889 enthalten waren, fehlen. Wann Malz in die Mühle eingebracht ist, bestimmt sich nach Artikel 3 des Gesetzes.

2. Die Zeitbeschränkung des Artikel 20 gilt lediglich für das Einbringen in die Mühle (s. hiewegen Artikel 3), für das Bearbeiten auf der Mühle und für das Fortbringen aus der Mühle. Für die Verbringung des Malzes von seinem Aufbewahrungsort bis zur Mühle — jedoch nicht soweit, daß es gemäß Artikel 3 Abs. 2 Ziffer 1 als eingebracht gelten kann — sowie für die Verbringung des aus der Mühle bereits entfernten Malzes zum Betriebsorte, besteht keine zeitliche Beschränkung.

Schroten von Malz auf einer außerbayerischen Mühle.

Art. 21.

¹ Wer Malz auf einer nicht in Bayern gelegenen Mühle schroten lassen will, hat die Vorschriften in Artikel 17, 18 und 19 Abs. 1 einzuhalten.

² Bei der Ausfuhr und Wiedereinfuhr ist das Malz mit dem Malzscheine der zuständigen Zoll- oder Steuerbehörde vorzuführen.

AusfB. zu Art. 21.

Schroten von Malz auf einer außerbayerischen Mühle.

§ 38. ¹ Wird Malz zum Schroten auf einer nicht in Bayern gelegenen Mühle angemeldet, so hat die Hebestelle, in deren Bezirk das geschrotete Malz verwendet werden soll, die Anmeldung in das Malzverbrauchbuch D unter besonderer Abteilung einzutragen und einen Malzschein auszustellen.

² Das Malz darf nur auf einer Übergangs- oder Zollstraße aus- und wiedereingeführt werden.

³ Bei der Ausfuhr des Malzes hat die Zoll- oder Übergangssteuerstelle die Ladung mit dem Malzscheine zu vergleichen und die Zahl der Säcke auf der Rückseite des Malzscheins vorzumerken. Bei der Wiedereinfuhr hat die Zoll- oder Übergangssteuerstelle das Gewicht des geschroteten Malzes zu ermitteln, wobei die Vorschriften der §§ 17 bis 19 entsprechende Anwendung finden, und die Übergangsabgabe zu erheben. Auf dem Malzschein ist hierüber Vermerk zu machen. Zu der Verwiegung des Malzes hat der Anmeldepflichtige gegebenenfalls vorschriftsmäßige Wagen und Gewichte zur Verfügung zu stellen und die erforderlichen Hilfsdienste zu leisten oder leisten zu lassen.

⁴ Bei der Ermittelung der steuerpflichtigen Gesamtmalzmenge einer Brauerei und des hienach anzuwendenden Steuersatzes sind die Malzmengen, welche auf einer nicht in Bayern gelegenen Mühle geschrotet worden sind, mit in Ansatz zu bringen. Im Malzverbrauchbuch sind diese Malzmengen geeignet vorzumerken.

⁵ Soll Malz auf einer im Zollauslande gelegenen Mühle geschrotet werden, so sind die zollgesetzlichen Bestimmungen zu beachten.

Bemerkungen: Zu Art. 21 Abs. 1.

1. Wer Malz auf einer außerbayerischen Mühle schroten lassen will, hat, gleichviel zu welchem Zweck das geschrotete Malz verwendet werden soll, vor der Ausfuhr des Malzes einen Malzschein nach Artikel 17 bei der Hebestelle zu erheben, in deren Bezirk das geschrotete Malz verwendet werden soll.

2. Die Bestimmungen in Artikel 18 Abs. 1 können nur in sinngemäßer Weise zur Anwendung kommen, d. h. nur insoweit die Einhaltung dieser Vorschriften von den bayerischen Steuerbehörden überwacht werden kann. Hienach ist der Malzschein nur gültig für das Schroten von Malz auf einer außerbayerischen Mühle und nur für die Person und die Art der Verwendung auf die er lautet. Ob das Schroten außerhalb Bayerns an dem Tag, auf den der Malzschein ausgestellt ist, und gerade in der Mühle erfolgt, auf die der Malzschein lautet, kann von der bayerischen Steuerbehörde nicht überwacht werden, auch gelten die Bestimmungen in Artikel 27 und 28 nicht für den außerbayerischen Müller.

3. Artikel 19 Abs. 1 bezieht sich naturgemäß im Falle des Artikel 21 Abs. 1 nur auf das Verbringen des Malzes bei der Ausfuhr vom inländischen Aufbewahrungsort bis zur Landesgrenze, bzw. bei der Wiedereinfuhr von der Landesgrenze bis zum Betriebsort.

4. Die Bestimmungen in Artikel 19 Abs. 2 bis 4 und Artikel 20 finden auf das Schroten von Malz auf einer außerbayerischen Mühle keine Anwendung. Es darf daher das Gewicht des wiedereingeführten geschroteten Malzes das im Malzschein angegebene Gewicht um mehr als 5 v. H. übersteigen.

Zu Art. 21 Abs. 2.

1. Das Malz wird erst steuerbar bei der Wiedereinfuhr und unterliegt dann der Übergangsabgabe und nicht dem Malzaufschlage. Für die Berechnung des Gesamtmalzverbrauches, der für den gemäß Artikel 5 Abs. 1 anzuwendenden Malzaufschlagsatz maßgebend ist, ist indessen das auf einer außerbayerischen Mühle geschrotete Malz, auch wenn der Malzaufschlag hievon nicht zu entrichten ist, in Betracht zu ziehen (§ 38 Abs. 4 MAAusfB.).

2. Die Erhebung der Übergangsabgabe beim Wiedereingange des geschroteten Malzes erfolgt bei der Eingangsstelle (§ 38 Abs. 3 MAAusfB.). Damit die übergangssteuerpflichtige Malzmenge bei der Ermittelung des steuerpflichtigen Gesamtmalzverbrauches der betreffenden Brauerei von der Hebestelle des Betriebsortes berücksichtigt werden kann, ist es notwendig, daß die Eingangsstelle den Malzschein, nachdem er mit dem Vermerk über das steuerpflichtige Gewicht des Malzes und über die Erhebung der Übergangsabgabe versehen ist, an die Hebestelle, von der er ausgestellt wurde, zurücksendet.

3. Wird das Malz auf einer im Zollausland gelegenen Mühle geschrotet, so ist beim Wiedereingange neben der Übergangsabgabe der treffende Eingangszoll nach Nr. 165 des Zolltarifs zu entrichten, sofern nicht auf Grund der Veredelungsordnung vom 5. April 1906 (ABl. S. 800) oder der Vereinbarungen in der Anlage C Ziffer 6 zum Handelsvertrage zwischen dem Deutschen Reiche und Österreich-Ungarn, bzw. der Anlage C § 2 Ziffer 2 zum Handelsvertrage zwischen dem Deutschen Reiche und der Schweiz zollfreie Wiedereinfuhr stattfinden kann. Im Falle das Schroten von Malz im Zollauslande außerhalb des kleinen Grenzverkehrs als ständiger Veredelungsverkehr betrieben werden wollte, müßte zunächst gemäß § 5 der Veredelungsordnung eine Äußerung des Bundesrats herbeigeführt werden, da ein derartiger Veredelungsverkehr bis jetzt noch nicht zugelassen ist.

Einfuhr von Malz zum Schroten mit der Bestimmung der Wiederausfuhr.

Art. 22.

Wer Malz zum Schroten auf einer öffentlichen Malzmühle mit der Bestimmung der Wiederausfuhr nach der Bearbeitung nach Bayern einführen will, hat vor der Einfuhr bei der Steuerbehörde des Eintrittsorts das Malz anzumelden und einen Malzschein zu erholen. Die Hinterlegung des Malzaufschlags im gesetzlich zulässigen Höchstbetrage kann gefordert werden.

AusfB. zu Art. 22.

Einfuhr von Malz zum Schroten mit der Bestimmung der Wiederausfuhr.

§ 39. [1] Wird Malz zum Schroten auf einer in Bayern gelegenen öffentlichen Malzmühle mit der Bestimmung der Wiederausfuhr nach der Bearbeitung angemeldet, so hat die Hebestelle des Eintrittsortes die Anmeldung in das Malzverbrauchbuch D unter besonderer Abteilung einzutragen und den hiefür treffenden Malzaufschlag nach dem höchsten Satze hinterlegen zu lassen. Von der Hinterlegung des Malzaufschlags kann in unbedenklichen Fällen mit Genehmigung des Hauptzollamts abgesehen werden.

[2] Bei der Wiederausfuhr ist das geschrotete Malz nebst dem mit den vorgeschriebenen Einträgen des Müllers versehenen Malzscheine der Hebestelle, welche den Malzschein ausgestellt hat, vorzuführen. Die Hebestelle prüft die Übereinstimmung der Ladung mit den Einträgen des Müllers und erstattet, wenn sich hiebei keine Beanstandung ergibt, nach erfolgter Ausfuhr den hinterlegten Malzaufschlag zurück.

[3] Die Einfuhr und Wiederausfuhr des Malzes darf nur auf Zoll- und Übergangsstraßen stattfinden.

[4] Wird im Falle des Abs. 1 Malz aus dem Zollausland eingeführt, so sind die zollgesetzlichen Bestimmungen zu beachten.

Bemerkungen: Zu Art. 22.

1. Die Vorschriften des Artikel 22 gelten nur für Malz, das zum Schroten mit der Bestimmung der Wiederausfuhr nach Bayern eingeführt werden soll, nicht aber auch für ungeschrotetes Malz, dessen Einfuhr zu anderen, z. B. zu Handelszwecken, erfolgt.

2. Wegen der Entrichtung des Eingangszolles für derartiges Malz gelten die Ausführungen in Bemerkung 3 zu Artikel 21 Abs. 2.

Genehmigungspflicht für öffentliche Malzmühlen.

Art. 23.

[1] Der Inhaber einer öffentlichen Mühle, welcher auf dieser Mühle gewerbsmäßig Malz für Dritte schroten will, hat vorher die Genehmigung der Steuerbehörde einzuholen.

[2] Die Genehmigung ist jederzeit widerruflich.

AusfB. zu Art. 23.

Genehmigungspflicht für öffentliche Malzmühlen.

§ 40. Die Genehmigung zum Besitz und zur Benützung einer öffentlichen Malzmühle erteilt das Hauptzollamt. Die Genehmigung ist zu widerrufen, wenn der Betriebsberechtigte sich einer Gefährdung des Malzaufschlags schuldig macht oder den für das Schroten von Malz auf öffentlichen Mühlen geltenden Vorschriften fortgesetzt zuwiderhandelt.

Bemerkungen: Zu Art. 23 Abs. 1.

1. Die Vorschriften in Artikel 23 mit 32 beziehen sich fast ausschließlich auf die Verpflichtungen des Inhabers einer öffentlichen Malzmühle (Müller), während die Verpflichtungen desjenigen, der auf der öffentlichen Malzmühle Malz schroten läßt in der Hauptsache in den Artikeln 17 mit 22 bestimmt sind.

2. Inhaber einer öffentlichen Mühle ist derjenige, der die Mühle auf seine Rechnung betreibt, also nicht nur der Eigentümer, sondern auch der Pächter. Wer die Mühle auf Rechnung einer anderen Person betreibt, was z. B. beim Mühlburschen der Fall sein kann, ist nicht Inhaber der Mühle.

3. Der Inhaber einer öffentlichen Mühle muß erst dann, wenn er auf dieser Mühle gewerbsmäßig für Dritte Malz schroten will, zur Benützung der öffentlichen Malzmühle die hauptamtliche Genehmigung einholen. Vorher hat er der Steuerbehörde gegenüber nur die Anzeige über die Besitzerlangung (Artikel 14) zu erstatten, soferne die Mühle bisher als Malzmühle zugelassen war.

4. Für öffentliche Malzmühlen ist nach dem Malzaufschlaggesetze nur die Benützung genehmigungspflichtig. Der Besitz einer öffentlichen Malzmühle verpflichtet nur zur Anzeige. Eine Genehmigung zum Besitz der öffentlichen Malzmühle ist bei dieser Anzeige weder zu erbitten noch zu erteilen. Dies ergibt sich aus Artikel 14 des Gesetzes, der allgemein die Anzeigepflicht für Malzmühlen und Brauereien vorschreibt, sowie aus Artikel 16 Abs. 1 Ziffer 1, welche Bestimmung im Gegensatz zu Artikel 16 Abs. 1 Ziffer 2 eine Genehmigung zum Besitz und zur Benützung einer öffentlichen Malzmühle nicht fordert. Auch Artikel 58 Ziffer 12 des Gesetzes bezieht sich nur auf eigene nicht auch auf öffentliche Malzmühlen. Hienach dürften in § 40 MAAusfB. die Worte „zum Besitz und" entbehrlich sein. Die Genehmigung zum Betriebe einer öffentlichen Malzmühle ist noch vor dem Zeitpunkt zu erholen, in dem die Malzmühle als solche in Betrieb genommen werden soll. Die Genehmigung wird nur dem jeweiligen Inhaber der Mühle persönlich erteilt, wechselt die Person des Inhabers, so ist von dem Besitznachfolger, gleichviel aus welchem Grunde der Besitzwechsel eingetreten ist, Anzeige gemäß Artikel 14 zu erstatten. Die Genehmigung zur Benützung einer öffentlichen Malzmühle erfolgt durch das Hauptzollamt, die Hebestelle kann bei Besitzwechsel in unbedenklichen Fällen die vorläufige Fortbenützung der Mühle gestatten (§ 33 MAAusfB.).

5. Die Genehmigung gilt nur für die Mühle und im Falle des Artikels 24 nur für den Mahlgang, wofür sie beantragt und erteilt worden ist. Will der Inhaber einer öffentlichen Malzmühle neben dieser oder statt dieser eine andere öffentliche Malzmühle betreiben, oder im Fall des Artikel 24 auf einem anderen als dem als Malzmühle genehmigten Mahlgange Malz schroten, so hat er hiefür besondere Genehmigung einzuholen.

6. Auf einer **nicht** als Malzmühle zugelassenen öffentlichen Mühle darf Malz für fremde Rechnung auch dann nicht geschrotet werden, wenn dies nur ausnahmsweise und nicht gewerbsmäßig erfolgen soll. Dies ergibt sich aus der Bestimmung in Artikel 16. Will der Inhaber einer öffentlichen Mühle für eigene Rechnung Malz schroten, so bedarf er auch dann, wenn die Mühle bereits als öffentliche Malzmühle zugelassen ist, hiezu gemäß Artikel 25 der besonderen Genehmigung.

Zu Art. 23 Abs. 2.

1. In den in § 40 MAAusfB. aufgeführten Fällen ist die Genehmigung zum Betriebe einer öffentlichen Malzmühle stets zu widerrufen. Die Aufzählung dieser Fälle ist indessen keineswegs erschöpfend, es ist vielmehr dem Ermessen des Hauptzollamtes bezüglich anderer Fälle freier Spielraum gelassen.

2. Die Genehmigung erlischt außer durch Widerruf auch durch den Untergang (durch Brand, Umbau u. dgl.) der Mühle oder durch ausdrückliche Verzichterklärung. Dadurch, daß in einer als öffentliche Malzmühle zugelassenen Mühle längere Zeit kein Malz geschrotet wird, geht die Eigenschaft einer öffentlichen Malzmühle für die betreffende Mühle nicht verloren. Der Betrieb in einer derartigen Mühle unterliegt hienach z. B. den Beschränkungen des Artikel 25 insolange, als die Mühle nicht als öffentliche Malzmühle abgemeldet wird.

3. Zuwiderhandlungen gegen die Bestimmungen in Artikel 23 werden, soferne nicht eine Hinterziehung vorliegt, nach Artikel 60 bestraft.

Selbsttätige Wägevorrichtungen an öffentlichen Malzmühlen. Art. 24.

[1] Öffentliche Malzmühlen, deren Mahlgänge mit Zylinderwalzen betrieben werden, müssen mit einer von der Steuerverwaltung genehmigten, selbsttätig das Ergebnis der Verwiegung anzeigenden Vorrichtung versehen sein. Die Wägevorrichtungen müssen mit den Malzmühlen in feste Verbindung gebracht und beide so eingerichtet sein, daß nach Anbringung des steueramtlichen Verschlusses ohne Anwendung erkennbarer Gewalt Malz zum Mühlwerke nur gelangen kann, nachdem es die Wägevorrichtung durchlaufen hat.

[2] Die Steuerverwaltung ist ermächtigt, auch andere Sicherheitsmaßnahmen anzuordnen.

Bemerkungen: Zu Art. 24 Abs. 1.

1. Die Bestimmung, daß öffentliche Malzmühlen, deren Mahlgänge mit Zylinderwalzen betrieben werden, mit einer selbsttätigen Wägevorrichtung versehen sein müssen, entspricht der Bestimmung in Artikel 30 Abs. 3 des früheren Gesetzes. Diese Anordnung ist seinerzeit getroffen worden mit Rücksicht darauf, daß eine mit Zylinderwalzen versehene Mühle gegenüber einer mit Steinen versehenen Mühle eine erhöhte Leistungsfähigkeit besitzt und damit auch die Notwendigkeit gegeben war, erhöhte Sicherheitsmaßregeln anzuordnen.

2. Gemäß Artikel 24 und 34 MAG. sind mit Entschließung des K. Staatsministeriums der Finanzen vom 19. März 1910 Nr. 9061 I folgende selbsttätige Wägevorrichtungen an Malzmühlen genehmigt worden:

1. Wägevorrichtung nach „System Riedinger" Modell 1910 der Maschinen- und Bronzewarenfabrik L. A. Riedinger A.-G. in Augsburg;
2. Wägevorrichtung nach „System Chronos" Modell 1909 der Hennefer-Maschinenfabrik C. Reuther & Reisert G. m. b. H. in Hennef a. d. Sieg (ABl. 1910 S. 396).

3. Es bedürfen lediglich die selbsttätigen Wägevorrichtungen einer Genehmigung durch die Steuerverwaltung. Für die Malzmühlen selbst ist eine derartige Genehmigung nicht erforderlich; die letzteren müssen lediglich so eingerichtet sein, daß die Wägevorrichtungen mit ihnen in feste Verbindung gebracht werden können, so daß nach Anlegung des steueramtlichen Verschlusses ohne Anwendung erkennbarer Gewalt Malz zum Mühlwerk nur gelangen kann, nachdem es die Wägevorrichtung durchlaufen hat. Sind diese Voraussetzungen erfüllt und bestehen nach eingehender amtlicher Prüfung gegen die Steuersicherheit keine Bedenken, so wird die Genehmigung zur Benützung der Malzmühle nach Artikel 23 des Gesetzes zu erteilen sein (Allg. Entschl. der K. Generaldirektion der Zölle vom 10. April 1910 Nr. 14342 I b). Hiebei ist jedoch Voraussetzung, daß insbesondere die Prüfung der Wägevorrichtung zu Beanstandungen keinen Anlaß gegeben hat.

4. Für die Einrichtung, Aufstellung, den Verschluß und die Prüfung und Reinigung der selbsttätigen Wägevorrichtungen sind die näheren Anordnungen in den §§ 49 mit 53 MAAusfB. getroffen. Die selbsttätigen Wägevorrichtungen werden lediglich von den Steuerbehörden geprüft und nach Bedarf richtig gestellt; eine amtliche Eichung dieser Vorrichtungen findet nicht statt, nachdem sie nicht zum Wägen im öffentlichen Verkehr, sondern ausschließlich zu steuerlichen Zwecken dienen.

5. Hat eine öffentliche Mühle in ein und demselben Mühlraume sowohl Steingänge als auch Mühlgänge mit Zylinderwalzen und will zum Schroten von Malz lediglich ein Steingang, und zwar ohne selbsttätige Wägevorrichtung benützt werden, so kann die Zulassung der Mühle als Malzmühle wegen des Vorhandenseins der Mühlgänge mit Zylinderwalzen nicht untersagt werden, die Steuerbehörde (Hauptzollamt) kann jedoch auf Grund des Artikel 41 die Benützung der Mühlgänge mit Zylinderwalzen gänzlich untersagen.

Zu Art. 24 Abs. 2.

1. Im Gesetzentwurfe war eine Ermächtigung der Steuerverwaltung, auch andere Sicherheitsmaßnahmen anzuordnen, nicht vorgesehen. Die Bestimmung im Artikel 24 Abs. 2 wurde eingefügt bei Beratung des Gesetzentwurfs im besonderen Ausschusse der Kammer der Abgeordneten (Ausschußbericht S. 204/6 und StenB. d. Verh. d. K. d. Abg. Bd. 9 S. 430), um die Möglichkeit technischer Fortschritte berücksichtigen zu können, welche vielleicht eine anderweite Anbringung der staatlichen Kontrollapparate notwendig machen könnten. Wie der Referent im Plenum der Kammer der Abgeordneten ausführte, hatte man im Ausschusse insbesondere die Möglichkeit im Auge, daß an die Stelle des Schrotens des Malzes ein Ausquetschen des vorher eingeweichten Malzes tritt. In diesem Falle könnte die Wägevorrichtung nicht unmittelbar mit der Mühle verbunden werden, da nach der Feststellung des steuerpflichtigen Gewichts zunächst ein Einweichen des Malzes in einem Quellstock erfolgen müßte. Die Anwendung eines derartigen Verfahrens, das nach Äußerung von Vertretern des Braugewerbes selbst als Fortschritt erscheinen würde, wäre nicht möglich, wenn nicht Ausnahmen von der Bestimmung in Artikel 24 Abs. 1 zugelassen werden könnten. Bei den Verhandlungen im Ausschusse ist hauptsächlich auf die anderweite Anbringung der Wägevorrichtung Bezug genommen worden. Die Möglichkeit an Stelle der Wägevorrichtungen im Falle des Bedürfnisses andere Sicherheitsmaßnahmen (amtliche Überwachung, Buchkontrolle) anzuordnen, ist bei der Beratung des Gesetzentwurfs nicht ausdrücklich erwähnt worden. Soll indessen die ganz allgemein gehaltene Bestimmung des Artikel 24 Abs. 2 ihren Zweck, technische Fortschritte im Braugewerbe gegebenenfalls zu ermöglichen, erfüllen, dann muß für die Steuerverwaltung auch die Befugnis bestehen, nicht nur neben sondern auch an Stelle der selbsttätigen Wägevorrichtung andere Sicherheitsmaßnahmen anzuordnen. Nach dem Wortlaut des Gesetzes kommt der Steuerverwaltung diese Befugnis zweifellos zu, da die Bestimmung in Artikel 24 Abs. 2 sich auf den ganzen ersten Absatz dieses Artikels bezieht, mithin auch auf die Anordnung im ersten Satze des Artikels 24 Abs. 1. Es ist selbstverständlich, daß die Gewährung von Ausnahmen auf Grund des Artikel 24 Abs. 2 nur bei einem zwingenden wirtschaftlichen Bedürfnisse gerechtfertigt wäre, nachdem die hauptsächlichste Überwachungsmaßnahme des MAG. in den Bestimmungen der Artikel 24 und 34, welche die Anbringung selbsttätiger Wägevorrichtungen an den Malzmühlen vorschreibt, beruht.

2. Die Ausführungsbestimmungen zum Malzaufschlagsgesetze enthalten über die Zuständigkeit, Ausnahmen nach Artikel 24 Abs. 2 zuzulassen, keine Vorschrift. Derartige Ausnahmen können daher im Hinblick auf Artikel 76 Abs. 4 des Gesetzes nur vom K. Staatsministerium der Finanzen bewilligt werden.

3. Für den Betrieb öffentlicher Malzmühlen, die mit einer selbsttätigen Wägevorrichtung versehen sind, haben Artikel 31 des Gesetzes und § 47 MAAusfB. Anordnungen getroffen.

Aufbewahren von Malz und Betrieb einer Brauerei durch den Inhaber einer öffentlichen Malzmühle.

Art. 25.

[1] Der Inhaber einer öffentlichen Malzmühle (Müller) darf auf eigene Rechnung weder geschrotetes noch ungeschrotetes

Malz aufbewahren. Er darf weder auf der Mühle Malz zum eigenen Bedarf schroten, noch innerhalb einer Entfernung von 35 km von der Mühle gewerbsmäßig Bier bereiten oder für seine Rechnung bereiten lassen.

[3] Ausnahmen können von der Steuerbehörde unter Anordnung der erforderlichen Überwachungsmaßnahmen zugelassen werden.

AusfB. zu Art. 25.

Aufbewahren von Malz und Betrieb einer Brauerei durch den Inhaber einer öffentlichen Malzmühle.

§ 41. Ausnahmen von der Vorschrift in Artikel 25 Abs. 1 Satz 1 des Gesetzes können vom Hauptzollamt, Ausnahmen von der Vorschrift in Satz 2 daselbst von der K. Generaldirektion der Zölle und indirekten Steuern zugelassen werden.

Bemerkungen: Zu Art. 25 Abs. 1.

1. Das Verbot, Malz auf eigene Rechnung aufzubewahren, bezieht sich nur auf die Inhaber öffentlicher Malzmühlen, trifft mithin nicht die Inhaber öffentlicher Mühlen, wenn diese Mühlen nicht als Malzmühlen zugelassen sind.

2. Während nach Artikel 32 Abs. 5 des Malzaufschlaggesetzes vom 16. Mai 1868 / 10. Dezbr. 1889 es dem Besitzer einer öffentlichen Mühle nur verboten war, gebrochenes oder ungebrochenes Malz in den Mühlräumen selbst aufzubewahren, verbietet Artikel 25 Abs. 1 des geltenden Malzaufschlaggesetzes es dem Müller allgemein auf eigene Rechnung geschrotetes oder ungeschrotetes Malz aufzubewahren. Es darf daher der Müller nunmehr auch nicht in einem ihm gehörigen Anwesen oder Gebäude, das nicht zum Mühlanwesen gehört, Malz auf eigene Rechnung aufbewahren. Auf fremde Rechnung darf der Inhaber einer öffentlichen Malzmühle Malz aufbewahren, soweit sich dies nicht als eine nach Artikel 19 Abs. 3 und 27 Abs. 1 verbotene Einbringung bzw. Übernahme des Malzes ohne Malzschein darstellt. Nach Artikel 17 Abs. 1 kann ein Malzschein nur ausgestellt werden für Malz, das geschrotet werden soll, nicht aber auch für Malz, das in einer öffentlichen Malzmühle lediglich aufbewahrt werden soll. Nach Artikel 19 Abs. 3 ist es allgemein verboten, ohne gültigen Malzschein Malz in eine öffentliche Mühle einzubringen und nach Artikel 27 Abs. 1 darf Malz in einer öffentlichen Malzmühle ohne gültigen Malzschein überhaupt nicht übernommen werden. Eingebracht und übernommen ist Malz in einer öffentlichen Malzmühle gemäß Artikel 3 Abs. 3 Ziffer 1 dann, wenn es in ein zu dem Mühlanwesen gehöriges Gebäude oder in dessen unmittelbare Umgebung gebracht ist. Daraus folgt, daß für Malz, das lediglich für fremde Rechnung von dem Inhaber einer öffentlichen Malzmühle aufbewahrt werden soll, ein Malzschein nicht ausgestellt werden kann, und daher derartiges Malz zum Aufbewahren weder in die zum Mühlanwesen gehörigen Gebäude, noch in dessen unmittelbare Umgebung gebracht werden darf. Ein Aufbewahren von Malz auf fremde Rechnung könnte daher auch durch den Inhaber einer öffentlichen Malzmühle nur an einem Orte erfolgen, der weder ein zum Mühlanwesen gehöriges Gebäude ist, noch zu dessen unmittelbarer Umgebung gehört. Die im Urteil des Oberlandesgerichts München vom 29. Oktober 1892 (Slg. 7, 283) zum Ausdruck gebrachte Anschauung, es sei dem Inhaber einer öffentlichen Malzmühle gestattet, Malz, das nicht zur Bearbeitung auf der Mühle bestimmt ist, für fremde Rechnung aufzubewahren, findet im geltenden Malzaufschlaggesetze keine Stütze mehr, da in Artikel 19 Abs. 3 und 27 Abs. 1 des geltenden Gesetzes die Worte „zur Bearbeitung", wie sie in Artikel 15 Abs. 3 und 32 Abs. 1 MAG. vom $\frac{\text{16. Mai 1868}}{\text{10. Dezember 1889}}$ enthalten waren, fehlen.

3. Dem Inhaber einer öffentlichen Malzmühle ist nur verboten, innerhalb einer Entfernung von 35 km von der Mühle gewerbsmäßig Bier zu bereiten oder für seine Rechnung bereiten zu lassen. Das Wort „gewerbsmäßig" bezieht sich auch auf die Bereitung von Bier durch Dritte auf Rechnung des Müllers, d. h. das für den Müller hergestellte Bier muß von diesem gewerbsmäßig verwertet werden. Auf die Herstellung von Bier zum Hausbedarf bezieht sich das Verbot des Artikel 25 Abs. 1 nicht; hiebei ist es gleichgültig, ob für das zum Hausbedarf bestimmte Bier die Begünstigung in Artikel 5 Abs. 5 in Anspruch genommen wird oder nicht.

4. Artikel 25 gilt für öffentliche Malzmühlen allgemein, mithin auch für solche, die mit einer selbsttätigen Wägevorrichtung versehen sind.

5. Zuwiderhandlungen gegen Artikel 25 Abs. 1 werden, soferne sie sich nicht als Hinterziehungen darstellen, nach Artikel 58 Ziffer 8 und 13 mit einer Geldstrafe von 1 Mk. bis 300 Mk. bestraft.

Mühlbuch.

Art. 26.

¹ Der Müller hat nach näherer Anordnung der Steuerverwaltung ein Mühlbuch zu führen, in welches jedes Schroten von Malz sogleich einzutragen ist.

² Der Müller hat das Mühlbuch sorgfältig an dem von der Steuerbehörde zu bestimmenden Orte aufzubewahren, den Steuerbeamten auf Verlangen jederzeit vorzulegen, zur bestimmten Frist abzuschließen und an die Steuerbehörde abzuliefern.

AusfB. zu Art. 26.

Mühlbuch.

§ 42. ¹ In öffentlichen Malzmühlen ist für jeden Mahlgang, der zum Schroten von Malz bestimmt ist, ein Mühlbuch nach Muster 16 und der dort gegebenen Gebrauchsanleitung in vierteljährigen Zeitabschnitten zu führen. Muster 16

² Den Aufbewahrungsort des Mühlbuchs bestimmt die Hebestelle. Hiebei ist darauf Rücksicht zu nehmen, daß sich das Mühlbuch in tunlichster Nähe der Mühle befindet.

³ Die Hebestelle hat die ihr nach Ablauf eines Vierteljahrs zurückgelieferten Mühlbücher mit den Einträgen auf den Malz-

scheinen und im Malzverbrauchsbuche genau zu vergleichen und etwaige Unterschiede zu beheben.

Bemerkungen: Zu Art. 26 Abs. 1.

1. Für jede Mühle und für jeden Mahlgang, der zum Schroten von Malz bestimmt ist, ist ein besonderes Mühlbuch zu führen. Solange die Malzmühle als solche zugelassen ist, muß das Mühlbuch geführt werden bzw. in der Mühle aufliegen, und zwar auch dann, wenn zeitweilig ein Betrieb der Malzmühle nicht stattfinden sollte.

2. Die Einträge im Mühlbuche erfolgen nach der zeitlichen Reihenfolge der Schrotungen durch den Müller oder dessen Vertreter. Den Zeitpunkt, in dem die einzelnen Spalten des Mühlbuches auszufüllen sind, bestimmt Artikel 28 Abs. 4, Artikel 31 Abs. 2 und Ziffer 2 der Anleitung zum Gebrauche des Mühlbuches (Muster 16 z. d. MAAusfB.). Hienach sind bei öffentlichen Malzmühlen ohne selbsttätige Wägevorrichtungen vor der Verbringung des Malzes auf den Mahlgang die Spalten 1 bis 4 des Mühlbuchs auf Grund der Angaben des Malzscheines und die Spalte 7 nach dem Ergebnisse der nach Artikel 28 des Gesetzes vorgenommenen Verwiegung des Malzes auszufüllen. Auf öffentlichen Malzmühlen, die mit einer selbsttätigen Wägevorrichtung versehen sind, hat der Müller vor der Verbringung des Malzes auf den Mahlgang die Spalten 1 bis 4 des Mühlbuchs nach den Angaben des Malzscheins auszufüllen und in Spalte 5 den Stand des Zählwerks der selbsttätigen Wägevorrichtung einzutragen; nach dem Schroten ist sofort der Stand des Zählwerks in Spalte 6 zu vermerken und die geschrotete Malzmenge, wie sie sich aus dem Stande des Zählwerks vor und nach dem Malzschroten berechnet, in Spalte 7 einzutragen. Die Einträge in Spalte 7 sind am Schlusse jeder Seite des Mühlbuches und am Schlusse jeden Vierteljahres aufzurechnen. In der Spalte 8 hat der Müller einen besonderen Vermerk einzustellen, wenn Malz geschrotet wird, für das die Begünstigung in Artikel 6 Abs. 2 in Anspruch genommen wird, oder das eine wesentliche Gewichtsverminderung im Sinne des Artikel 6 Abs. 3 erfahren hat (Ziffer 3 der Gebrauchsanleitung). Weiter hat der Müller gemäß Ziffer 4 der Gebrauchsanleitung über besondere Vorkommnisse, wie Verzögerungen im Zu- und Wegbringen des Malzes von der Mühle, und über Störungen der selbsttätigen Wägevorrichtung einen Vermerk in Spalte 8 des Mühlbuches einzutragen. Geht ein Malzschein in der Mühle nach der Niederlegung des Verwiegungsergebnisses, jedoch noch vor der Ablieferung an die Aufsichtsbeamten oder die Steuerbehörde verloren, so ist hiewegen gemäß § 36 Abs. 3 MAAusfB. unter gleichzeitiger Anzeigeerstattung im Mühlbuche das Geeignete zu vermerken. Eine ausdrückliche unterschriftliche Bestätigung der einzelnen Vorträge im Mühlbuch durch den Müller ist nicht erforderlich. Begründete Änderungen in den Vorträgen im Mühlbuche dürfen vom Müller vorgenommen werden, doch müssen die ursprünglichen Eintragungen hiebei lesbar bleiben (Ziffer 5 der Gebrauchsanleitung).

3. Die Steuerbeamten haben in Spalte 9 des Mühlbuchs gemäß § 77 MAAusfB. das Ergebnis der Nachschau in der Mühle einzutragen. Ferner haben die Steuerbeamten bei der Prüfung neu aufgestellter Wägevorrichtungen und bei der ordentlichen Nachprüfung der selbsttätigen Wägevorrichtungen den bei Beendigung der Prüfung festgestellten Stand des Zählwerks gemäß Ziffer I Abs. 15 und II Abs. 4 der Anlage B MAAusfB. im Mühlbuche zu vermerken. Außerdem ist das Ergebnis der Reinigungsprüfung einer selbsttätigen Wägevorrichtung nach der in Ziffer III Abs. 3 der vorerwähnten Anlage B gegebenen Anleitung vom Steuerbeamten im Mühlbuche einzutragen, wobei der Müller mit zu unterzeichnen hat.

4. Wird in einer öffentlichen Malzmühle in das Mühlbuch ein zu niedriges Gewicht für das geschrotete Malz eingetragen oder der Eintrag im Mühlbuch ganz unterlassen, so gilt dies gemäß Artikel 53 Ziffer 6 des Gesetzes als Hinterziehung des Malzaufschlags. Sonstige Zuwiderhandlungen gegen die Vorschriften über die Führung des Mühlbuches werden nach Artikel 58 Ziffer 9 bestraft.

Zu Art. 26 Abs. 2.

1. Die Anordnung, daß der Müller das Mühlbuch sorgfältig an dem von der Steuerbehörde bestimmten Orte aufzubewahren und zu einer bestimmten Frist an die Steuerbehörde abzuliefern hat, ist zur Erleichterung der Steueraufsicht getroffen worden.

2. Unter Steuerbeamten sind alle Beamten begriffen, denen das Recht der Nachschau in der Mühle zusteht.

3. Der Abschluß des Mühlbuches durch den Müller erfolgt in der Weise, daß nach dem letzten Vortrage im Mühlbuch Ort und Tag des Abschlusses mit der Unterschrift des Müllers gesetzt werden.

4. Mit dem Mühlbuche sind gemäß Artikel 30 die noch in der Mühle befindlichen erledigten Malzscheine der Steuerbehörde abzuliefern. Die Ablieferung hat spätestens an dem auf den Vierteljahresschluß folgenden Wochentage zu erfolgen (Ziffer 6 der Gebrauchsanleitung).

5. Zuwiderhandlungen gegen Artikel 26 Abs. 2 werden soweit es sich um den Abschluß des Mühlbuchs handelt nach Artikel 58 Ziffer 9, soweit es sich um die Aufbewahrung, Vorlage und Ablieferung des Mühlbuches handelt, nach Artikel 60 bestraft. Außerdem kann das Hauptzollamt die Beobachtung der auf Grund des Artikel 26 Abs. 2 des Gesetzes getroffenen Anordnungen gemäß Artikel 62 durch Androhung und Einziehung von Geldstrafen bis zum Betrage von 500 Mk. erzwingen.

6. Die Hebestelle hat das zurückgelieferte Mühlbuch mit den Einträgen auf den Malzscheinen und im Malzverbrauchbuche genau zu vergleichen und etwaige Unterschiede zu beheben (§ 42 Abs. 3 MAAusfB.); sodann ist, wenn auf der Mühle Malz zu verschiedenen Verwendungszwecken oder für verschiedene Personen geschrotet worden ist, der für jeden Verwendungszweck oder für jede Person treffende Gesamtmalzverbrauch in besonderer Ausscheidung festzustellen (Ziffer 7 der Gebrauchsanleitung zu Muster 16). Die Ausscheidung nach dem Verwendungszweck ist auf Grund der Malzscheine vorzunehmen. Die Einsendung des Mühlbuches zur Prüfung hat nach Maßgabe der Bestimmungen in § 21 MAAusfB. zu erfolgen.

Übernahme des Malzes durch den Müller.

Art. 27.

¹ In einer öffentlichen Malzmühle darf Malz ohne gültigen Malzschein nicht übernommen werden.

² Das Malz gilt als übernommen, wenn es in die Mühlräume eingebracht ist.

³ Es ist verboten, das im Malzscheine bezeichnete Malz in einer öffentlichen Malzmühle nur zu einem Teile, an einem anderen, als dem im Malzscheine bestimmten Tage oder zu der in Art. 20 bestimmten Zeit zu übernehmen.

⁴ Wird Malz ohne gültigen Malzschein in eine öffentliche Malzmühle gebracht, so hat der Müller sogleich Anzeige bei der Steuerbehörde zu erstatten. Vor Eintreffen des Steuerbeamten darf das Malz weder in die Mühlräume verbracht, noch verabfolgt werden.

AusfB. zu Art. 27 und 28.

Übernahme des Malzes durch den Müller.

§ 43. Vor der Übernahme des Malzes hat der Müller den Malzschein insbesondere dahin zu prüfen

1. ob der Malzschein vollständig ausgestellt ist;
2. ob derselbe auf seine Mühle und auf den Tag lautet, an welchem das Malz in die Mühle eingebracht wird;
3. ob etwaige Änderungen im Vortrag amtlich bescheinigt sind.

Bemerkungen: Zu Art 27 Abs. 1.

1. Unter Malz ist nur Dörr- oder Luftmalz zu verstehen (s. die Bemerkung 4 zu Artikel 1 Abs. 3).

2. Wegen des Begriffs „gültiger Malzschein" s. die Bemerkung 1 und 2 zu Artikel 19 Abs. 3.

3. Das Verbot des Artikel 27 Abs. 1 ist abgesehen von der unten in Bemerkung 3 erwähnten Ausnahme ein unbedingtes; es darf hienach Malz ohne Malzschein oder ohne gültigen Malzschein in einer öffentlichen Malzmühle überhaupt nicht übernommen werden, und zwar gleichviel, zu welchem Zwecke die Einbringung in die Mühle erfolgt. Auch dann, wenn das Malz zu einem Zweck in die Mühle eingebracht werden soll, für den die Ausstellung eines Malzscheines gemäß Artikel 17 gar nicht angängig ist, wie z. B. zur Aufbewahrung auf fremde Rechnung, greift das Verbot Platz. Diese allgemeine Wirkung des Verbots ergibt sich insbesondere auch daraus, daß die Worte „zur Bearbeitung", wie sie in dem der vorliegenden Bestimmung entsprechenden Artikel 32 Abs. 1 MAG. vom 16. Mai 1868 / 10. Dezember 1889 enthalten waren in Artikel 27 Abs. 1 des geltenden MAG. nicht mehr übernommen worden sind. Damit ist auch den Schlußfolgerungen, die im Urteil des Oberlandesgerichts München vom 29. Oktober 1892 (Slg. 7, 283) aus dem Wortlaute der in Betracht kommenden Bestimmungen des früheren

MAG. gezogen worden sind, die Grundlage genommen, so daß die Anschauung, die Bestimmungen des MAG. über das Einbringen, Übernehmen oder Aufbewahren von Malz in einer öffentlichen Malzmühle beziehen sich nur auf Malz, das zur Bearbeitung in die Mühle eingebracht werden soll, nach den Vorschriften des jetzigen MAG. nicht mehr begründet erscheint.

4. Eine Ausnahme von der Bestimmung in Artikel 27 Abs. 1 liegt vor, wenn dem Müller auf Grund von Artikel 25 Abs. 2 ausnahmsweise die Aufbewahrung von Malz gestattet ist. In diesem Falle kann Malz ohne Malzschein in die Mühle gebracht und dort ohne Malzschein übernommen werden.

Zu Art. 27 Abs. 2.

1. Artikel 27 Abs. 2 spricht aus, daß, falls eine förmliche Übernahme des Malzes durch den Müller nicht in einem früheren Zeitpunkte erfolgt, die Übernahme darin besteht, daß der Müller das Malz in die Mühlräume einbringen läßt. Hat der Müller das Malz in die Mühlräume einbringen lassen, ohne daß ihm gleichzeitig oder vorher der Malzschein übergeben worden ist, so hat er das Malz ohne gültigen Malzschein übernommen.

2. Unter „Mühlräume" ist nicht nur der Raum zu verstehen, in dem die Mühle aufgestellt ist, sondern der gesamte unter einem Dache befindliche Raum der Mühle, d. i. des Gebäudes, in dem die Malzmühle untergebracht ist.

3. Von dem Einbringen in die Mühlräume ist zu unterscheiden das Einbringen in die Mühle. Wann das Malz in die Mühle eingebracht ist, bestimmt sich nach Artikel 3 Abs. 2 des Gesetzes.

4. Wird Malz in einer öffentlichen Malzmühle zum Schroten ohne den vorgeschriebenen Malzschein übernommen, so liegt gemäß Artikel 53 Ziffer 6 eine Hinterziehung des Malzaufschlags vor, soferne nicht der Angeschuldigte gemäß Artikel 55 nach Artikel 58 zu bestrafen ist. Wird das Malz zu anderen Zwecken als zum Schroten übernommen, so tritt Bestrafung nach Artikel 60 ein.

Zu Art. 27 Abs. 3.

1. Die Bestimmung hat zur Voraussetzung, daß es sich um Malz handelt, für das ein gültiger Malzschein vorliegt, und das daher gemäß Artikel 27 Abs. 1 überhaupt übernommen werden darf. Artikel 27 Abs. 3 trifft für die Übernahme von Malz, das mit einem gültigen Malzschein in die Mühle eingebracht wird, insoferne Beschränkungen, als entsprechend den im Artikel 19 Abs. 1 und Artikel 20 dem Einbringer auferlegten Verpflichtungen, die gleichzeitige Übernahme der gesamten im Malzscheine bezeichneten Malzmenge geboten und die Übernahme zur Nachtzeit verboten ist. Da bezüglich des Einbringens des Malzes in die Mühle von den Vorschriften in Artikel 19 Abs. 1 und Artikel 20 Ausnahmen von der Steuerbehörde zugelassen werden können, so ergibt sich von selbst, daß derartige für das Einbringen des Malzes gewährte Ausnahmen zugleich auch auf die in Artikel 27 Abs. 3 für die Übernahme des Malzes gegebenen Vorschriften wirken, wenn auch eine ausdrückliche Bestimmung hierüber im Gesetze nicht enthalten ist. Handelt es sich um Malz, das auf Grund besonderer Erlaubnis (Artikel 25 Abs. 2) in der öffentlichen Malzmühle aufbewahrt und zu diesem Zweck in die Mühle eingebracht und dort übernommen werden darf, so bestehen hinsichtlich der Zeit des Einbringens und der Übernahme nur die Beschränkungen, die vom Hauptzollamte als besondere Überwachungsmaßnahmen festgesetzt sind.

2. Wird Malz in einer öffentlichen Malzmühle zur Nachtzeit (Artikel 20) oder an einem anderen als den im Malzscheine bezeichneten Tage zum Schroten übernommen, dann greifen die Strafbestimmungen des Artikel 58 Ziffer 5 und 6 Platz. Handelt es sich in derartigen Fällen um Malz, das nicht zum Schroten bestimmt ist, oder wird Malz in einer öffentlichen Mühle nur zum Teile angenommen, dann tritt Bestrafung nach Artikel 60 ein.

Zu Art. 27 Abs. 4.

1. Die hier bestimmte Anzeigepflicht besteht, gleichviel ob das Malz zum Schroten oder zu anderen Zwecken in die Mühle eingebracht wird. Sie besteht nur dann nicht, wenn dem Müller auf Grund von Artikel 25 Abs. 2 das Aufbewahren von Malz in der Mühle ausnahmsweise gestattet ist. In diesem Falle kann Malz ohne Malzschein in die Mühle eingebracht und dort übernommen werden.

2. Wegen des Begriffs „Mühlraum" s. Bemerkung 2 zu Artikel 27 Abs. 2.

3. Das ohne gültigen Malzschein zur Mühle gebrachte Malz darf nicht verabfolgt werden, d. h. der Müller darf nicht gestatten, daß das Malz wieder aus der Mühle entfernt wird.

4. Eine Anzeigepflicht nach Artikel 27 Abs. 4 besteht für den Müller nur dann, wenn für das Malz überhaupt kein Malzschein oder kein gültiger Malzschein beigebracht ist, nicht aber auch wenn etwa mit einem gültigen Malzscheine eine Malzmenge in die Mühle eingebracht worden wäre, die das im Malzscheine angegebene Gewicht um mehr als 5 v. H. übersteigt (Artikel 28 Abs. 3). In diesem Falle hat der Müller lediglich die durch Verwiegung ermittelte Malzmenge auf dem Malzschein und im Mühlbuche zu vermerken (Artikel 28 Abs. 4).

5. Wird die nach Artikel 27 Abs. 4 vorgeschriebene Anzeige unterlassen, dann ist soferne nicht eine Hinterziehung vorliegt, eine Ordnungsstrafe nach Artikel 58 Ziffer 4 auszusprechen. Wird Malz dem Verbote des Artikel 27 Abs. 4 entgegen in die Mühlräume verbracht oder verabfolgt, so tritt eine Ordnungsstrafe nach Artikel 60 ein.

Verwiegung des Malzes durch den Müller.

Art. 28.

[1] Nach der Übernahme hat in den nicht mit einer selbsttätigen Wägevorrichtung versehenen öffentlichen Malzmühlen der Müller das Gewicht des Malzes vor dem Schroten durch Verwiegung festzustellen.

[2] Mit dem Wiegen des Malzes darf erst begonnen werden, wenn die gesamte auf dem Malzscheine bezeichnete Malzmenge in die Mühlräume verbracht ist.

³ Übersteigt das bei dieser Verwiegung ermittelte Gewicht das im Malzscheine angegebene um mehr als 5 vom Hundert, so kann derjenige, auf dessen Rechnung das Malz geschrotet wird, oder sein Vertreter, solange mit dem Schroten des Malzes nicht begonnen ist, vom Müller eine neuerliche Verwiegung des Malzes verlangen.

⁴ Das Ergebnis der Verwiegung ist vom Müller sofort und noch vor Verbringung des Malzes auf den Mahlgang auf den Malzschein und im Mühlbuche zu vermerken. Der Vortrag auf dem Malzschein ist vom Müller sofort zu unterzeichnen.

AusfB. zu Art. 28

(siehe oben bei Art. 27).

AusfB. zu Art. 28.

Verwiegung des Malzes durch den Müller.

§ 44. ¹ Als Vertreter im Sinne des Artikel 28 Abs. 3 des Gesetzes ist derjenige zu erachten, welcher im Auftrage des Anmeldepflichtigen das Malz zur Mühle bringt.

² Der Müller hat das Ergebnis der Verwiegung auf dem Malzscheine deutlich mit Ziffern und unter Angabe der Zahl der verwogenen Säcke sowie des Tages des Schrotens vorzutragen und den Vortrag zu unterzeichnen. Wird das Malz in einzelnen Abteilungen verwogen, so ist das Ergebnis jeder einzelnen Verwiegung auf dem Malzscheine gesondert anzuschreiben.

Bemerkungen: Zu Art. 28 Abs. 1.

1. Die Bestimmungen des Artikel 28 beziehen sich nur auf den Betrieb öffentlicher nicht mit einer selbsttätigen Wägevorrichtung versehenen Malzmühlen. Für Malzmühlen mit selbsttätigen Wägevorrichtungen sind die Vorschriften über die Verwiegung des Malzes in den Artikeln 31 und 32 enthalten.

2. Die Übernahme des Malzes durch den Müller in einer öffentlichen Malzmühle gemäß Artikel 27 Abs. 2 ist erfolgt, wenn das Malz in die Mühlräume (s. hiewegen Bemerkung 2 zu Artikel 27 Abs. 2) verbracht ist.

3. Gemäß Artikel 6 des Gesetzes und § 17 MAAusfB. ist das Reingewicht des Malzes festzustellen; die Verwiegung hat auf der gemäß Artikel 15 Abs. 1 vom Müller bereitzustellenden, vorschriftsmäßig geeichten Wage zu erfolgen.

4. Die Verwiegung muß vor dem Schroten stattfinden, d. h. vor der Verbringung des Malzes auf den Mahlgang; sie muß an dem Orte erfolgen, der von der Steuerbehörde gemäß Artikel 15 Abs. 2 für die Aufstellung der Wage bestimmt ist.

5. Die Unterlassung der Verwiegung stellt sich gemäß Artikel 53 Ziffer 5 als eine Hinterziehung des Malzaufschlags dar, soferne nicht gemäß Artikel 55 die Strafe des Artikel 58 einzutreten hat.

Zu Art. 28 Abs. 2.

Wegen des Begriffs „Mühlräume“ s. Bemerkung 2 zu Artikel 27 Abs. 2.

Zu Art. 28 Abs. 3.

1. Im allgemeinen ist derjenige, auf dessen Rechnung Malz geschrotet wird, nach den Bestimmungen des MAG. nicht berechtigt, eine wiederholte Verwiegung des von ihm zum Schroten in die Mühle eingebrachten Malzes zu verlangen. Artikel 28 Abs. 3 läßt von diesem Grundsatze nur für den Fall eine Ausnahme zu, daß bei der erstmaligen Verwiegung des Malzes durch den Müller ein das im Malzschein angegebene Gewicht um mehr als 5 v. H. übersteigendes Gewicht ermittelt wird. Diese Ausnahme ist zugunsten des Pflichtigen im Hinblick auf die Bestimmung in Artikel 19 Abs. 2 und die Strafbestimmung in Artikel 53 Ziffer 2 eingeräumt. Der Müller hat die Verpflichtung, eine wiederholte Verwiegung in diesem Falle vorzunehmen nur dann, wenn derjenige, der das Malz auf eigene Rechnung schroten läßt, bzw. derjenige, welcher im Auftrage des Anmeldepflichtigen das Malz zur Mühle gebracht hat, einen diesbezüglichen Antrag stellt. Diesem Antrage braucht vom Müller nur insolange stattgegeben zu werden als mit dem Schroten des Malzes nicht begonnen ist, d. h. solange nicht ein Teil des gewogenen Malzes bereits auf den Mahlgang der Malzmühle gebracht ist. Der Müller ist nur verpflichtet, e i n e neuerliche Verwiegung auf Antrag vorzunehmen. Ergibt diese neuerliche Verwiegung ebenfalls ein Gewicht, welches das im Malzscheine angegebene Gewicht um mehr als 5 v. H. übersteigt, so ist der Müller nicht verpflichtet, eine weitere Verwiegung des Malzes vorzunehmen. Kommt der Müller einem berechtigten Antrage auf neuerliche Verwiegung nicht nach, dann ist er gemäß Artikel 60 zu bestrafen; außerdem wird ihn der Anmeldepflichtige für etwaige Nachteile, die letzterem aus dem Unterlassen der wiederholten Verwiegung entstanden sind, unter Umständen zivilrechtlich haftbar machen können.

2. Eine wiederholte Verwiegung des vom Müller bereits gewogenen Malzes kann aus Gründen der Steueraufsicht gemäß § 73 Abs. 3 MA.-AusfB. auch von den Aufsichtsbeamten veranlaßt werden. Die Anordnung derartiger Nachverwiegungen treffen die Aufsichtsbeamten nach freiem Ermessen, der Anmeldepflichtige hat kein Recht, zu verlangen, daß vom Aufsichtsbeamten eine Nachverwiegung des bereits verwogenen Malzes angeordnet wird.

Zu Art. 28 Abs. 4.

Es muß das Ergebnis der Verwiegung der g e s a m t e n in die Mühle gebrachten Malzmenge noch vor dem Zeitpunkte auf dem Malzschein und im Mühlbuche vermerkt werden, in dem auch nur ein Teil des Malzes auf den Mahlgang gebracht wird. Es wäre nicht angängig, von dem im Malzscheine bezeichneten Malze zunächst nur einen Teil zu verwiegen, das Ergebnis dieser Verwiegung im Malzscheine und im Mühlbuche zu vermerken und dann diesen Teil des Malzes zu schroten. Denn nach Artikel 58 Ziffer 7 ist es strafbar, in einer öffentlichen Malzmühle ohne selbsttätige Wägevorrichtung mit dem Schroten des Malzes zu beginnen, bevor die Verwiegung des Malzes vollständig beendet ist. Nach der gleichen Bestimmung wird auch die nicht rechtzeitige Eintragung des Verwiegungsergebnisses bestraft, während ein völliges Unterlassen des Eintrages oder die Angabe eines zu niedrigen Gewichtes für das geschrotete Malz auf dem Malzschein oder im Mühlbuch nach Artikel 53 Ziffer 6 sich als Hinterziehung des Malzaufschlags darstellt.

Schroten des Malzes.

Art. 29.

[1] Das Malz ist sogleich nach dem Verwiegen zu schroten und nach dem Schroten in kürzester Frist aus der Mühle zu bringen.

[2] Das geschrotete Malz darf nur in seiner Gesamtmenge verabfolgt werden, auch darf dasselbe in der Zeit von 8 Uhr abends bis 6 Uhr morgens nicht von der Mühle fortgebracht werden.

AusfB. zu Art. 29.

Schroten des Malzes.

§ 45. Von besonderen Ausnahmefällen abgesehen, ist das Malz an dem Tage, an welchem es zur Mühle kommt, auch von da wieder zurückzubringen. Treten wegen besonderer Umstände im Schroten oder im Zurückbringen des Malzes von der Mühle Verzögerungen ein, so hat der Müller hierüber unter Angabe des Grundes auf dem Malzschein und im Mühlbuche Vormerkung zu machen.

Bemerkungen: Zu Art. 29 Abs. 1.

1. Mit dem Schroten des Malzes darf nicht eher begonnen werden, bis die gesamte mit einem Malzschein in eine öffentliche Malzmühle ohne selbsttätige Wägevorrichtung eingebrachte Malzmenge verwogen und der Eintrag im Malzscheine und Mühlbuche vollzogen ist (Artikel 58 Ziffer 7).

2. Die Auslegung des Begriffes „in kürzester Frist" ist in § 45 MAAusfB. gegeben.

3. In der Zeit von 8 Uhr abends bis 6 Uhr morgens darf Malz in einer öffentlichen Malzmühle gemäß Artikel 20 Abs. 1 nicht geschrotet werden.

Zu Art. 29 Abs. 2.

1. Von der Bestimmung, daß geschrotetes Malz in einer öffentlichen Malzmühle in der Zeit von 8 Uhr abends bis 6 Uhr morgens nicht von der Mühle fortgebracht werden darf, können gemäß Artikel 20 Abs. 2 und § 37 MAAusfB. Ausnahmen vom Hauptzollamte zugelassen werden.

2. Zuwiderhandlungen gegen Artikel 29 Abs. 1 und 2 werden nach Artikel 60 bestraft.

Aufbewahrung des Malzscheins durch den Müller.

Art. 30.

Der Müller hat die erledigten Malzscheine sorgfältig aufzubewahren und dem Steuerbeamten bei dessen nächster Anwesenheit in der Mühle zu übergeben oder der Steuerbehörde mit dem Mühlbuch einzuliefern (Artikel 26 Abs. 2).

AusfB. zu Art. 30.

Aufbewahrung des Malzscheins durch den Müller.

§ 46. [1] Die erledigten Malzscheine sind beim Mühlbuch aufzubewahren.

[2] Der Steuerbeamte hat bei jeder Nachschau in der Mühle die erledigten Malzscheine an sich zu nehmen und hierüber auf der letzten Seite des Mühlbuchs Empfangsbescheinigung zu erteilen.

[3] Der Steuerbeamte hat beim Rückempfange der Malzscheine diese auf ihre Richtigkeit und Übereinstimmung mit den Vorträgen im Mühlbuche zu prüfen und vorgefundene Unrichtigkeiten, insofern sie lediglich auf Versehen beruhen, sogleich berichtigen zu lassen.

[4] Ist Malz, welches eine wesentliche Gewichtsverminderung im Sinne des Artikel 6 Abs. 3 des Gesetzes erfahren hat, in der Mühle geschrotet worden, so ist auf der Rückseite des erledigten Malzscheins die aufschlagpflichtige Gesamtmalzmenge durch Hinzurechnung des Zuschlags festzustellen.

[5] Auf Grund der Malzscheine hat die Hebestelle das Malzverbrauchbuch jeweils sofort zu ergänzen und die Malzscheine als Belege dem Malzverbrauchbuche beizufügen.

Bemerkungen: Zu Art. 30.

1. Den Aufbewahrungsort des Mühlbuches bestimmt gemäß Artikel 26 Abs. 2 die Steuerbehörde.

2. Das Mühlbuch ist mit den noch in der Malzmühle vorhandenen Malzscheinen vierteljährlich und zwar spätestens an dem auf den Vierteljahrsschluß folgenden Wochentage der Hebestelle abzuliefern. (Artikel 26 Abs. 2 des Gesetzes, § 42 Abs. 1 MAAusfB. und Ziffer 7 der Anleitung zum Gebrauche des Mühlbuches — Muster 16 zu den MAAusfB.)

3. Befinden sich die erledigten Malzscheine ordnungsgemäß beim Mühlbuche (§ 46 Abs. 1 MAAusfB.), dann ist eine besondere Übergabe der Malzscheine an den Steuerbeamten seitens des Müllers nicht mehr notwendig.

4. Die Anordnungen über die Einsendung der Malzscheine und Mühlbücher zur Prüfung sind in § 21 MAAusfB. getroffen.

5. Zuwiderhandlungen gegen die Bestimmungen des Artikels 30 werden nach Artikel 60 bestraft. Die Beachtung der auf Grund dieses Artikels sowie § 46 MAAusfB. getroffenen Anordnungen kann gemäß Artikel 62 durch Androhung und Einziehung von Geldstrafen bis zum Betrage von 500 Mk. erzwungen werden.

Bestimmungen über den Betrieb öffentl., mit einer selbsttätigen Wägevorrichtung versehener Malzmühlen.

Art. 31.

[1] In öffentlichen Malzmühlen, die mit einer selbsttätigen Wägevorrichtung versehen sind, darf mit dem Schroten des Malzes erst begonnen werden, wenn die gesamte auf dem Malzscheine bezeichnete Malzmenge in die Mühlräume verbracht ist.

[2] In den mit einer selbsttätigen Wägevorrichtung versehenen öffentlichen Malzmühlen hat der Müller sofort nach dem Schroten des Malzes die geschrotete Malzmenge nach der Anzeige der Wägevorrichtung auf dem Malzschein und im Mühlbuche zu vermerken. Der Vortrag auf dem Malzschein ist vom Müller sofort zu unterzeichnen.

[3] Die Bestimmungen in Artikel 39 finden auch auf öffentliche mit einer selbsttätigen Wägevorrichtung versehene Malzmühlen Anwendung.

AusfB. zu Art. 31.

Bestimmungen über den Betrieb öffentlicher, mit einer selbsttätigen Wägevorrichtung versehener Malzmühlen.

§ 47. [1] Auf die Zulassung und den Betrieb öffentlicher Malzmühlen mit selbsttätiger Wägevorrichtung finden die Vorschriften in den §§ 49 bis 53 und 59 entsprechende Anwendung. Die Genehmigung zum Besitz oder zur Benützung (§ 51 Abs. 6) erteilt in allen Fällen das Hauptzollamt.

[2] Wird Malz auf einer öffentlichen Malzmühle mit selbsttätiger Wägevorrichtung geschrotet, so hat der Müller auf dem Malzscheine den Stand des Zählwerkes vor und nach dem Schroten deutlich mit Ziffern vorzutragen, hieraus das Ergebnis der Verwiegung zu berechnen und den Vortrag unter Angabe des Tages des Schrotens zu unterzeichnen. Wenn während des Schrotens das Zählwerk seinen höchsten Stand erreicht hat, so ist auf dem Malzschein als Stand des Zählwerkes nach dem Schroten zwar die wirklich angezeigte Ziffer vorzutragen, bei der Ermittlung des Verwiegungsergebnisses aber dem Stande des Zählwerkes nach dem Schroten die Ziffer des erreichten Höchststandes beizuzählen.

Bemerkungen: Zu Art. 31 Abs. 1.

1. Nach Artikel 30 Abs. 3 in Verbindung mit Artikel 25 Abs. 3 und 4 MAG. vom 16. Mai 1868 / 10. Dezember 1889 sind verschiedene für den Betrieb eigener Malzmühlen mit Meßvorrichtung zugebilligte Erleichterungen auch für den Betrieb einer öffentlichen, mit einer Meßvorrichtung versehenen Malzmühle gewährt gewesen. Diese Erleichterungen bestanden insbesondere in der Zulassung einer Überschreitung der auf der Polette angegebenen Malzmenge und in dem Verzicht auf die ungeteilte Verbringung und Annahme des Malzes in der Mühle. Wie in der Begründung zu Artikel 32 des Gesetzentwurfs bemerkt ist, haben gepflogene Erhebungen ergeben, daß die vorhandenen öffentlichen Malzmühlen mit Meßvorrichtung fast durchgehends außer dem zum Brechen von Malz bestimmten, mit einer Meßvorrichtung versehenen Mahlgange noch einen oder mehrere Mahlgänge ohne Meßvorrichtung besitzen, auf welchen das nicht in Malzbrechen bestehende übrige Mühlgeschäft betrieben wird. In einigen öffentlichen Mühlen sind sogar zum Schroten von Malz neben dem mit einer Meßvorrichtung versehenen Mahlgange noch andere, nicht mit einer Meßvorrichtung versehene Mahlgänge in Benützung. Da hienach bei den meisten mit einer Meßvorrichtung versehenen öffentlichen Malzmühlen die Möglichkeit einer Malzaufschlaghinterziehung durch heimliches Brechen von Malz im gleichen Maße gegeben ist wie bei öffentlichen Malzmühlen ohne Meßvorrichtung, so bestand schon mit Rücksicht auf den Anreiz zur Steuerhinterziehung, der infolge der Erhöhung des Malzaufschlags in manchen Fällen zu erwarten war, kein Anlaß mehr, die bestehenden Erleichterungen für öffentliche Malzmühlen, die mit einer selbsttätigen Wägevorrichtung versehen sind, aufrecht zu erhalten. Die steuerliche Überwachung dieser Mühlen gestaltet sich bei dem Wegfalle der Erleichterungen wesentlich wirksamer und einfacher. Artikel 31 enthält gegenüber den Bestimmungen über den Betrieb öffentlicher, mit einer selbsttätigen Wägevorrichtung nicht versehener Malzmühlen nur insoferne Abweichungen als diese durch die besondere Art der Gewichtsermittelung vermittels der selbsttätigen Wägevorrichtung bedingt sind. Für das Einbringen, die Übernahme, Bearbeitung, das Verabfolgen und Fortbringen des Malzes gelten die gleichen Vorschriften für alle öffentlichen Malzmühlen, gleichviel ob sie mit selbsttätigen Wägevorrichtungen versehen sind oder nicht.

2. Die Bestimmung in Artikel 31 Abs. 1 entspricht der Vorschrift in Artikel 28 Abs. 2. Wegen des Begriffs „Mühlräume" s. die Bemerkung zu Artikel 28 Abs. 2. Das Schroten des Malzes beginnt mit dessen Verbringung in die Gosse, die oberhalb der selbsttätigen Wägevorrichtung angebracht ist.

3. Zuwiderhandlungen gegen Artikel 31 Abs. 1 sind nach Artikel 60 strafbar.

Zu Art. 31 Abs. 2.

1. Während bei öffentlichen Malzmühlen ohne selbsttätige Wägevorrichtung die Einträge im Mühlbuche und im Malzschein nach Maßgabe des Ergebnisses der Verwiegung auf der Dezimalwage noch **vor** dem Schroten zu erfolgen haben (Artikel 28 Abs. 4), sind diese Einträge bei öffentlichen Malzmühlen mit selbsttätigen Wägevorrichtungen erst nach dem Schroten und zwar nach der Anzeige des Zählwerks der Wägevorrichtung vorzunehmen. Diese Bestimmung ist darin begründet, daß die Anzeige des Zählwerks in dem Augenblick erfolgt, in dem das Malz aus dem Wägegefäß der Wägevorrichtung auf die eigentliche Mühle gelangt.

2. Die Eintragung im Mühlbuche hat sofort, wenn das im Malzschein bezeichnete Malz geschrotet ist, und unter allen Umständen noch vor dem Zeitpunkte zu erfolgen, in dem Malz, das mit einem anderen Malzschein in die Mühle eingebracht worden ist, geschrotet wird.

3. Wird im Mühlbuche oder auf dem Malzschein ein zu niedriges Gewicht des geschroteten Malzes eingetragen oder der Eintrag ganz unterlassen, dann liegt gemäß Artikel 53 Ziffer 6 eine Hinterziehung des Malzaufschlags vor.

Zu Art. 31 Abs. 3.

Die Bestimmungen in Artikel 39 treffen Anordnungen über das Verfahren, das bei Beschädigung der Malzmühle oder der auf der Malzmühle angebrachten selbsttätigen Wägevorrichtung einzuhalten ist.

Feststellung des steuerpflichtigen Gewicht des Malzes.

Art. 32.

¹ Das steuerpflichtige Gewicht des Malzes bemißt sich, sofern das Malz auf einer öffentlichen, nicht mit einer selbsttätigen Wägevorrichtung versehenen Malzmühle geschrotet worden ist, nach dem Ergebnisse der Verwiegung in der Mühle.

² Ist das Malz auf einer öffentlichen, mit einer selbsttätigen Wägevorrichtung versehenen Malzmühle geschrotet worden, so ist für das steuerpflichtige Gewicht des Malzes die Anzeige der Wägevorrichtung ausschließlich maßgebend, soweit nicht diese Anzeige als unrichtig festgestellt werden kann.

AusfV. zu Art. 32.

Feststellung des steuerpflichtigen Gewichts des Malzes.

§ 48. ¹ Auf die Feststellung des steuerpflichtigen Gewichts von Malz, das auf einer öffentlichen mit einer selbsttätigen Wägevorrichtung versehenen Malzmühle geschrotet worden ist, finden die Vorschriften in § 58 entsprechende Anwendung.

² Kann das in der Mühle gemäß Artikel 32 Abs. 1 des Gesetzes ermittelte steuerpflichtige Gewicht des Malzes wegen besonderer Umstände (z. B. Brand) nicht mehr in anderer Weise festgestellt werden, so bemißt sich das steuerpflichtige Gewicht nach der Anmeldung (Artikel 17 des Gesetzes). Die Entscheidung erfolgt durch die K. Generaldirektion der Zölle und indirekten Steuern.

Bemerkungen: Zu Art. 32 Abs. 1.

1. In einer öffentlichen nicht mit einer selbsttätigen Wägevorrichtung versehenen Malzmühle erfolgt die Feststellung des steuerpflichtigen Gewichts des Malzes durch den Müller gemäß Artikel 28. Maßgebend ist das tatsächliche Ergebnis der Verwiegung und falls eine Nachverwiegung des ungeschroteten Malzes, sei es auf Antrag des Pflichtigen (Artikel 28 Abs. 3) oder auf Veranlassung des Steuerbeamten, stattgefunden hat, das Ergebnis der letzteren. Würde von dem Müller im Mühlbuche und im Malzscheine ein mit dem tatsächlichen Verwiegungsergebnisse nicht übereinstimmendes Malzgewicht vorgetragen, so würde sich das steuerpflichtige Gewicht nach dem tatsächlichen Verwiegungsergebnisse bemessen, sofern dies einwandfrei festgestellt erscheint. Ist das Ergebnis der Verwiegung ein unzutreffendes, z. B. wegen mangelhafter Beschaffenheit der Wage oder wegen fehlerhaften Austarierens der Wage, so könnte eine Richtigstellung dieses Gewichts nur insolange erfolgen als mit dem Schroten des Malzes nicht begonnen worden ist. Nach diesem Zeitpunkt wäre eine derartige Richtigstellung nicht mehr angängig, da die Berücksichtigung einer unrichtigen Anzeige der Wage, wie sie in Artikel 32 Abs. 2 bei der selbsttätigen Wägevorrichtung vorgesehen ist, im Falle des Artikel 32 Abs. 1 nicht zugelassen ist. Es müßte also in derartigen Fällen das Gewicht des Malzes, wie es sich nach dem Ergebnisse der Verwiegung in der Mühle darstellt, der Steuerberechnung zugrunde gelegt werden.

2. Die Bestimmung in § 48 Abs. 2 MAAusfB. will nicht eine Ausnahme von dem in Artikel 32 Abs. 1 aufgestellten Grundsatze schaffen, sondern nur Anordnungen für den Fall treffen, daß das bereits ermittelte steuerpflichtige Gewicht sich infolge besonderer Umstände nicht mehr feststellen laßt.

Zu Art. 32 Abs. 2.

1. Zeigt das Zählwerk einer selbsttätigen Wägevorrichtung nachweislich eine zu hohe oder zu niedere Malzmenge an, so würde es zu Härten oder zu einer Benachteiligung des Steueraufkommens führen, wenn der Besteuerung nicht das festgestellte tatsächliche Gewicht des Malzes zugrunde gelegt werden könnte. Hiezu bietet die Bestimmung am Schlusse des Artikels 32 Abs. 2 die Möglichkeit. Die Feststellung des tatsächlichen Malzgewichts kann erfolgen durch Verwiegen des geschroteten Malzes oder auch, falls dies nicht mehr möglich ist, unter Umständen durch Vergleich der im Sudbuche für den betreffenden Sud einwandfrei berechneten Sudhausausbeute mit den Ausbeuten früherer Sude, bei welchen eine richtige Anzeige der selbsttätigen Wägevorrichtung nicht zweifelhaft ist.

2. Die Berechnung des Malzaufschlags nach einem anderen Malzgewicht, als es vom Zählwerk angegeben wird, nach Artikel 32 Abs. 2, stellt sich, sofern es sich um eine Mehranzeige des Zählwerks handelt, nicht als ein Erlaß oder eine Vergütung des Malzaufschlags im Sinne des Artikel 10 des Gesetzes dar, sondern lediglich als die Berichtigung einer unzutreffenden Anzeige des Zählwerks.

3. Ist bei einer öffentlichen mit einer selbsttätigen Wägevorrichtung versehenen Malzmühle die Wägevorrichtung wegen Beschädigung oder Unzuverlässigkeit außer Betrieb gesetzt und die einstweilige Fortbenützung der Malzmühle ohne die Wägevorrichtung unter sichernden Maßnahmen von der Steuerbehörde gestattet worden (Artikel 31 Abs. 3 und Artikel 39), so bemißt sich das steuerpflichtige Gewicht des geschroteten Malzes nach der in der Mühle unter amtlicher Aufsicht vorgenommenen Verwiegung (§ 59 Abs. 6 Buchstabe b MAAusfB.).

b) Das Schroten von Malz auf eigenen Malzmühlen.

Genehmigungspflicht.

Art. 33.

[1] **Wer Malz auf einer eigenen Malzmühle schroten will, hat die Genehmigung der Steuerbehörde einzuholen.**

[2] Die Einholung der Genehmigung hat bei Neuaufstellung einer Mühle vor der Aufstellung, in anderen Fällen vor Beginn des Betriebs zu erfolgen.

[3] Die erteilte Genehmigung ist jederzeit widerruflich.

Selbsttätige Wägevorrichtungen.

Art. 34.

Die in Art. 24 bezüglich der öffentlichen Malzmühlen, deren Mahlgänge mit Zylinderwalzen betrieben werden, gegebenen Vorschriften haben auch auf die eigenen Malzmühlen Anwendung zu finden.

AusfB. zu Art. 33 und 34.

Einrichtung und Aufstellungsort der Malzmühlen mit selbsttätiger Wägevorrichtung.

§ 49. [1] Das K. Staatsministerium der Finanzen bestimmt, welche Arten von selbsttätigen Wägevorrichtungen zugelassen werden.

[2] Die Malzmühlen mit selbsttätiger Wägevorrichtung sind wagrecht und an einem Orte aufzustellen, welcher Beschädigungen der Einrichtung durch dritte Personen oder andere auf den Gang der Wägevorrichtung schädlich wirkende Einflüsse (z. B. Eindringen von Dampf aus der Brauerei, Einwirkung der Witterung u. dgl.) ausschließt. Der Aufstellungsort ist so zu wählen, daß das Zählwerk sowie nach Abnahme des Verschlusses auch die einzelnen Teile der Wägevorrichtung genau beobachtet werden können. Der Unterbau für die Wage und die mit ihr verbundene Malzmühle muß fest und tunlichst erschütterungsfrei sein.

[3] Es müssen Vorkehrungen getroffen sein, die ein gleichmäßiges Einfließen des Malzes und die Beseitigung von Fremdkörpern, die den richtigen Gang der Wägevorrichtung stören können, bewirken.

Amtlicher Verschluß.

§ 50. [1] Der amtliche Verschluß der Umschlußdeckel der selbsttätigen Wägevorrichtung geschieht durch Steuerschlösser; die übrigen Teile der Wägevorrichtung und die dazu gehörige Malzmühle werden, soweit erforderlich, durch Anlegung von Steuerbleien verschlossen.

[2] Die Steuerschlösser werden von der Steuerverwaltung geliefert und bleiben im Eigentume der Steuerverwaltung.

Verfahren bei der Aufstellung von Malzmühlen mit selbsttätiger Wägevorrichtung.

§ 51. [1] Wer eine Malzmühle mit selbsttätiger Wägevorrichtung neu aufstellen will, hat dies mindestens 14 Tage vorher der Hebestelle, in deren Bezirk die Mühle aufgestellt werden soll, anzuzeigen und um die Genehmigung zum Besitz und zur Benützung nachzusuchen. Hiebei ist die Art (System) der aufzustellenden Wägevorrichtung sowie der Tag, an welchem die Aufstellung erfolgen soll, anzugeben. Die Hebestelle hat das Gesuch sofort dem Oberkontrolleur und in Bezirken, welche keinem Oberkontrolleur zugeteilt sind, dem Steueramtsvorstande vorzulegen.

² Der Oberkontrolleur bzw. der Steueramtsvorstand bestimmt im Einvernehmen mit dem Betriebsinhaber den Aufstellungsort der Mühle.

³ Die Aufstellung der Malzmühle mit selbsttätiger Wägevorrichtung hat im Beisein des Mühlbesitzers durch einen Monteur der Fabrik, welche die Wägevorrichtung hergestellt hat, zu geschehen. Die Wägevorrichtung muß vor ihrer Absendung aus der Fabrik amtlich geeicht sein; der Eichschein muß der Wägevorrichtung beigegeben werden.

⁴ Der Oberkontrolleur und die übrigen Beamten, welchen die Aufsicht über die Mühle obliegt, haben der Aufstellung der Mühle anzuwohnen und sich davon zu überzeugen, ob die Wägevorrichtung mit der amtlichen Beschreibung und Zeichnung übereinstimmt.

⁵ Haben sich bei der Aufstellung der Mühle und der Wägevorrichtungen Beanstandungen nicht ergeben und ist die Wägevorrichtung von dem Monteur für prüfungsreif erklärt, so hat der Oberkontrolleur oder, falls ein solcher nicht vorhanden ist, der Steueramtsvorstand die Prüfung vorzunehmen. Die Prüfung hat
Anlage B. nach der in Anlage B gegebenen Anleitung zu erfolgen.

⁶ Hat die Prüfung zu einer Beanstandung keinen Anlaß gegeben oder sind die erhobenen Beanstandungen beseitigt worden, so legt die Hebestelle die aufgenommenen Verhandlungen nebst dem Gesuche des Mühlbesitzers dem Hauptzollamte vor. Die Genehmigung zur Benützung erteilt das Hauptzollamt. Die erteilte Genehmigung ist zu widerrufen, wenn der Betriebsberechtigte sich einer Gefährdung des Malzaufschlags schuldig macht oder den für das Schroten von Malz auf eigenen Mühlen geltenden Vorschriften fortgesetzt zuwiderhandelt.

Verfahren bei Veränderungen im Besitze von Malzmühlen mit selbsttätiger Wägevorrichtung.

§ 52. ¹ Tritt ein Wechsel im Besitz einer Malzmühle mit selbsttätiger Wägevorrichtung ein, so kann die Genehmigung zur Benützung ohne vorherige Prüfung der Wägevorrichtung erteilt werden. Die Hebestelle hat jedoch bei Vorlage des Gesuchs unter Beifügung der letzten Prüfungsverhandlung ausdrücklich zu bemerken, daß die Mühle und die damit verbundene Wägevorrichtung in steuerlicher Hinsicht zu Bedenken keinen Anlaß geben.

² Der neue Besitzer hat die Mühle mit jenem Stande des Zählwerkes zu übernehmen, mit welchem er sie vom Vorbesitzer übernommen hat.

Reinigung und Prüfung der Malzmühlen mit selbsttätiger Wägevorrichtung.

§ 53. ¹ Jede im Betriebe befindliche selbsttätige Wägevorrichtung ist im Jahre mindestens einmal von einem Oberkontrolleur und mindestens einmal vom Steueramtsvorstand einer eingehenden Prüfung zu unterziehen (ordentliche Prüfung). Die Prüfung hat nach der in der Anlage B gegebenen Anleitung zu erfolgen.

² Nach Anordnung des Bezirksoberkontrolleurs oder, falls ein

solcher nicht vorhanden ist, des Steueramtsvorstandes hat der Inhaber einer Malzmühle mit selbsttätiger Wägevorrichtung von Zeit zu Zeit die inneren Teile der Wägevorrichtung und der Mühle von dem sich ansammelnden Staube unter amtlicher Aufsicht reinigen zu lassen. Bei Wägevorrichtungen, die täglich arbeiten, hat diese Reinigung mindestens einmal monatlich zu erfolgen. Mit jeder Reinigung ist eine Nachprüfung der Tätigkeit der Wägevorrichtung zu verbinden (Reinigungsprüfung), wobei nach der in Anlage B gegebenen Anleitung zu verfahren ist.

Bemerkungen: Zu Art. 33 Abs. 1.

1. Diese Bestimmung bezieht sich auf die allgemeine Genehmigung zum Besitz und zur Benützung einer eigenen Malzmühle, nicht auf die Genehmigung für das jeweilige Malzschroten. Für das Schroten von Malz auf einer genehmigten eigenen Malzmühle ist in der Regel eine besondere Einzelgenehmigung nicht erforderlich, es genügt die Anzeige (Artikel 37).

2. Eine „eigene Malzmühle" ist gemäß Artikel 16 Abs. 2 eine zum Schroten von Malz geeignete Mahleinrichtung, deren Besitz und Benützung dem Inhaber für seine Person und für seinen Gebrauch besonders genehmigt ist. Auf der eigenen Malzmühle soll nach Artikel 35 nur steuerpflichtiges Malz geschrotet werden, das für den eigenen Bedarf des Betriebsberechtigten bestimmt ist. Ausnahmen hiervon können in Einzelfällen von der Hebestelle, dauernd vom Hauptzollamte bewilligt werden. (Artikel 35 Abs. 2 des Gesetzes und § 54 Abs. 2 MAAusfB.). Werden derartige Ausnahmen bewilligt, so haben gemäß Artikel 40 die für das Schroten von Malz auf eigenen Malzmühlen vorgesehenen Erleichterungen ganz oder teilweise außer Wirksamkeit zu treten.

3. Eigene Malzmühlen müssen gemäß Artikel 34 stets mit einer von der Steuerverwaltung genehmigten, selbsttätig das Ergebnis der Verwiegung anzeigenden Vorrichtung versehen sein.

4. Inhaber der nach dem 1. März 1910 entstandenen Brauereibetriebe sind verpflichtet, zum Schroten des in der Brauerei zur Bierbereitung bestimmten Malzes eigene Malzmühlen aufzustellen und zu benützen (Artikel 46 des Gesetzes).

Zu Art. 33 Abs. 2.

1. Wer in den Besitz einer eigenen Malzmühle gelangt, hat hierüber nach Artikel 14 des Gesetzes und § 30 MAAusfB. innerhalb acht Tagen bei der Steuerbehörde (Hebestelle) Anzeige zu erstatten und die Genehmigung zum Besitze der Mühle (Artikel 16 Abs. 1 Ziffer 2) zu erholen.

2. Die Genehmigung zur Benützung einer eigenen Malzmühle ist, wenn es sich um eine Mühle handelt, die neu oder an einem anderen Orte aufgestellt werden soll, 14 Tage vor der Aufstellung, bei einer bereits aufgestellten Mühle vor Beginn des erstmaligen Betriebs zu beantragen.

3. Die Genehmigung zum Besitz und zur Benützung einer eigenen Malzmühle erteilt gemäß § 33 Abs. 1 des MAAusfB. das Hauptzollamt. Wird zum Besitz einer eigenen Malzmühle nicht die vorgeschriebene Genehmigung eingeholt, dann ist eine Ordnungsstrafe nach Artikel 58

Ziffer 12 verwirkt. Wird eine eigene Malzmühle zum Schroten von Malz benutzt, ohne daß hiezu die Genehmigung erholt wurde, so würde sich dies gemäß Artikel 53 Ziffer 1 als eine Hinterziehung des Malzaufschlags darstellen, die nach Artikel 54 oder bei Vorliegen der Voraussetzungen des Artikel 55 nach Artikel 58 zu bestrafen ist.

Zu Art. 33 Abs. 3.

1. Die Widerruflichkeit der Genehmigung zum Schroten von Malz auf einer eigenen Malzmühle in der Allgemeinheit, wie sie nunmehr das MAG. vorsieht, war im früheren MAG. nicht enthalten. Nach Artikel 58 des MAG. vom $\frac{\text{16. Mai 1868}}{\text{10. Dezember 1889}}$ konnte diese Maßnahme nur auf Grund richterlichen Urteils verhängt werden. Wie in der Begründung zu den Artikeln 34 mit 37 des Entwurfs zum geltenden MAG. ausgeführt ist, erscheint es folgerichtig und auch im Interesse der Steueraufsicht gelegen, daß die Behörde, welche die Genehmigung zur Benützung einer eigenen Malzmühle erteilt, diese Genehmigung im Bedarfsfall auch ohne weiteres zurücknehmen kann. Diese Begründung hat bei der Beratung des Gesetzentwurfs im Ausschusse der Kammer der Abgeordneten zu der Anfrage Anlaß gegeben, wann dieser Bedarfsfall gegeben sei, ob hier auch Verhältnisse in Frage kommen könnten, die außerhalb des Interesses der Steuerverwaltung und der Einhebung der Steuer lägen. Von seiten der K. Staatsregierung wurde hierauf erklärt, daß für die Entziehung der Genehmigung zum Besitz und zur Benützung einer eigenen Malzmühle nur Gründe in Betracht kommen, die mit der Erhebung des Malzaufschlags in unmittelbarem Zusammenhang stünden, d. h. daß die Genehmigung nur dann widerrufen werden soll, wenn der Eingang des Malzaufschlags gefährdet erscheint. (Ausschußbericht S. 204 und StenB. z. d. Verh. d. K. der Abgeordneten Bd. IX S. 432.) Hienach hat die Bestimmung in § 40 MAAusfB. auch auf eigene Malzmühlen sinngemäße Anwendung zu finden.

Zu Art. 34.

1. Die Fassung dieser Bestimmung ist im Ausschusse der Kammer der Abgeordneten beschlossen worden (Ausschußbericht S. 299). Im Gesetzentwurf (Artikel 35) war unmittelbar zum Ausdruck gebracht, daß eigene Malzmühlen stets mit einer selbsttätigen Wägevorrichtung versehen sein müssen. Nunmehr geschieht dies durch den Hinweis auf Artikel 24.

2. Die Bemerkungen 2, 3 und 4 zu Artikel 24 Abs. 1 sowie die Bemerkungen 1 und 2 zu Artikel 24 Abs. 2 gelten auch für eigene Malzmühlen.

Umfang der Benützung. **Art. 35.**

[1] Auf einer eigenen Malzmühle darf nur steuerpflichtiges Malz, welches für den eigenen Bedarf des Betriebsberechtigten bestimmt ist, geschrotet werden.

[2] Ausnahmen können von der Steuerbehörde unter den erforderlichen Überwachungsmaßregeln zugelassen werden.

AusfB. zu Art. 35.

Umfang der Benützung.

§ 54. [1] Der Inhaber einer eigenen Malzmühle darf neben dieser Mühle eine andere Malzmühle nicht benützen.

[2] Ausnahmen hievon sowie von der Bestimmung des Artikel 35 Abs. 1 können für einzelne Fälle von der Hebestelle bewilligt werden, dauernde Ausnahmen können nur vom Hauptzollamte zugelassen werden.

[3] Die von der Hebestelle zugelassenen Ausnahmen sind im Malzverbrauchbuche, die vom Hauptzollamte zugelassenen Ausnahmen im Mühlenverzeichnisse zu vermerken.

Bemerkungen: Zu Art. 35 Abs. 1.

1. Auf einer eigenen Malzmühle darf abgesehen von dem Falle des Artikel 35 Abs. 2 nur Malz im Sinne des MAG., d. i. Dörr- oder Luftmalz (vgl. die Bemerkung 4 zu Artikel 1 Abs. 3 und Bemerkung 5 zu Artikel 2 Abs. 1) nicht aber auch Grünmalz oder ungemälztes Getreide geschrotet werden.

2. Steuerpflichtiges Malz im Sinne dieser Bestimmung ist nur Malz, das gemäß Artikel 1 des Gesetzes infolge seiner Bestimmung zur Bereitung von Bier oder bierähnlichen Getränken steuerpflichtig wird, nicht aber auch Malz, das an sich zu aufschlagfreien Zwecken verwendet werden soll, aber wegen Nichteinhaltung der von der Steuerverwaltung erlassenen Vorschriften gemäß Artikel 4 Abs. 2 dem Malzaufschlag unterliegt.

3. Betriebsberechtigter ist die Person, der die Genehmigung zum Besitz und zur Benützung der eigenen Malzmühle erteilt worden ist.

4. Das auf einer eigenen Malzmühle geschrotete Malz muß in der Regel für den eigenen Bedarf des Betriebsberechtigten d. h. dafür bestimmt sein, in dessen Betriebe, auf dessen Rechnung verwendet zu werden.

Zu Art. 35 Abs. 2.

Wird von der Steuerbehörde genehmigt, daß auf einer eigenen Malzmühle außer aufschlagpflichtigem Malze auch aufschlagfreies Malz geschrotet wird oder wird eine eigene Malzmühle mit Genehmigung der Steuerbehörde von verschiedenen Personen auf eigene Rechnung benützt, so finden gemäß Artikel 40 des Gesetzes und § 60 MAAusfB. die Erleichterungen, die für das Schroten von Malz auf eigenen Malzmühlen vorgesehen sind, ganz oder teilweise keine Anwendung. Insbesondere hat in derartigen Fällen an die Stelle der nach Artikel 37 zugelassenen Anzeige des jeweiligen Malzschrotens die Erholung eines Malzscheines nach Artikel 17 des Gesetzes zu treten. Es ist selbstverständlich, daß auch dann, wenn die Benützung einer eigenen Malzmühle sowohl zum Schroten von steuerpflichtigem Malz als auch zum Schroten von aufschlagfreiem Malz oder durch mehrere Personen auf eigene Rechnung ohne Genehmigung der Steuerbehörde erfolgt, die Erleichterung des Artikel 37 des Gesetzes nicht Platz greifen kann. Es wurde daher, falls in derartigen Fällen auf einer eigenen Malzmühle das Schroten von aufschlagfreiem oder von fremden Malz nur auf Grund einer Anzeige nach Artikel 37 erfolgen sollte ein Einbringen von Malz ohne den vorgeschriebenen Malzschein in eine Malzmühle vorliegen, das sich nach Artikel 53 Ziffer 1 des Gesetzes als eine Hinterziehung des Malzaufschlags darstellt.

Mühlbuch.

Art. 36.

[1] Der Inhaber einer eigenen Malzmühle hat nach näherer Anordnung der Steuerverwaltung ein Mühlbuch zu führen, in welches sofort nach jedem Schroten von Malz der Stand des Zählwerkes der Wägevorrichtung einzutragen ist.

[2] Das Mühlbuch ist sorgfältig an dem von der Steuerbehörde bestimmten Orte aufzubewahren, den Steuerbeamten auf Verlangen jederzeit vorzulegen, zur bestimmten Frist abzuschließen und an die Steuerbehörde abzuliefern.

AusfB. zu Art. 36.

Mühlbuch.

§ 55. [1] Das Mühlbuch ist nach Muster 16 und der dort gegebenen Gebrauchsanleitung in vierteljährigen Zeitabschnitten zu führen.

[2] Den Aufbewahrungsort des Mühlbuchs bestimmt die Hebestelle, wobei darauf Rücksicht zu nehmen ist, daß sich das Mühlbuch in tunlichster Nähe der Mühle befindet.

[3] Die Hebestelle hat die ihr am Vierteljahrsschlusse zurückgelieferten Mühlbücher mit den Einträgen im Notizbuche (§ 57) bzw. auf den Malzscheinen und im Malzverbrauchbuche genau zu vergleichen und etwaige Mißstimmungen zu beheben.

Bemerkungen: Zu Art. 36.

Die Bemerkungen zu Artikel 26 gelten auch für Artikel 36.

Anzeige des jeweiligen Malzschrotens.

Art. 37.

Will der Inhaber einer genehmigten eigenen Malzmühle Malz schroten, so hat er der Steuerbehörde jeweilig rechtzeitig schriftlich Anzeige nach näherer Anordnung der Steuerverwaltung zu erstatten.

AusfB. zu Art. 37.

Anzeige des jeweiligen Malzschrotens.

§ 56. [1] Die nach Artikel 37 des Gesetzes vorgeschriebene Anzeige hat zu enthalten:

1. Name und Wohnort des Inhabers der eigenen Malzmühle;
2. den Tag, an welchem das Malz geschrotet werden soll;
3. das Gewicht des Malzes, welches für jeden einzelnen Biersud gesondert anzugeben ist;
4. die Art der beabsichtigten Verwendung des Malzes.

Soll Malz, welches eine wesentliche Gewichtsverminderung im Sinne des Artikel 6 Abs. 3 des Gesetzes erfahren hat, geschrotet werden, so ist dies in der Anzeige zu bemerken.

² Die Anzeige ist so zeitig zu erstatten, daß der Aufsichtsbeamte der Malzschrotung beiwohnen kann. Die Anzeige kann sich auf einen Zeitraum von 8 Tagen erstrecken.

³ Zur Anzeige sind von der Hebestelle zu beziehende Anmeldezettel nach Muster 17 zu benützen; die Anzeigen können auch mit einer Freimarke versehen als Postkarte der Hebestelle zugesendet werden. Muster 17.

⁴ Die Hebestelle hat die eingelaufenen Anmeldezettel auf ihre Vollständigkeit zu prüfen. Gibt die Anzeige zu einer Beanstandung keinen Anlaß, so ist sie in das Malzverbrauchbuch einzutragen und diesem Buche als Beleg beizufügen.

Notizbuch über das Schroten von Malz auf eigenen Malzmühlen.

§ 57. ¹ Über das Schroten von Malz auf eigenen Malzmühlen ohne Malzschein ist für jede Mühle bei der Hebestelle ein Notizbuch nach Muster 18 in vierteljährigen Zeitabschnitten zu führen. Muster 18.

² Dieses Notizbuch haben die Aufsichtsbeamten bei der Nachschau in der Mühle mit sich zu führen.

³ Die Hebestelle hat auf Grund der Einträge im Notizbuche das Malzverbrauchbuch zu ergänzen.

⁴ Die erledigten Notizbücher bilden Belege zum Malzverbrauchbuche.

Bemerkungen: Zu Art. 37.

1. Wie in der Begründung zu Artikel 38 und 41 des Gesetzentwurfs ausgeführt ist, ist entsprechend einem von Brauern mehrfach geäußerten Wunsche den Inhabern von eigenen Malzmühlen die Erholung eines Malzscheines zum Schroten von Malz im geltenden MAG. in der Regel erlassen. Der Inhaber einer eigenen Malzmühle hat der Steuerbehörde von dem beabsichtigten Schroten von Malz lediglich eine Anzeige nach Muster 17 zu den MAAusfB. zu erstatten. Diese Erleichterungen werden jedoch den Inhabern eigener Malzmühlen nur solange gewährt, als nicht die Voraussetzungen des Artikel 40 Abs. 1 vorliegen oder die Steuerbehörde auf Grund des Artikel 40 Abs. 2 dem Inhaber einer eigenen Malzmühle die Erfüllung von Vorschriften auferlegt, die für das Schroten von Malz auf einer öffentlichen mit einer selbsttätigen Wägevorrichtung versehenen Malzmühle gelten. Die im Artikel 37 vorgesehenen Erleichterungen könnten den Inhabern eigener Malzmühlen unbedenklich gewährt werden, solange auf der Mühle nur steuerpflichtiges Malz für den eigenen Bedarf des Betriebsberechtigten geschrotet wird, weil die auf der Malzmühle geschrotete steuerpflichtige Malzmenge durch die selbsttätige Wägevorrichtung angezeigt wird.

2. Nach dem MAG. und den hiezu ergangenen Ausführungsbestimmungen ist es zulässig, daß auch dann, wenn eine eigene Malzmühle auf Grund einer nach Artikel 35 Abs. 2 erteilten Genehmigung nur zum Schroten von aufschlagfreiem Malze benützt wird, die Erleichterungen des Artikel 37 gewährt werden. Ob hiezu eine Veranlassung besteht, hat das Hauptzollamt bei Festsetzung der nach Artikel 35 Abs. 2 anzuordnenden Überwachungsmaßnahmen zu würdigen und zu entscheiden.

3. Die Anzeige nach Artikel 37 hat in erster Linie den Zweck, den Aufsichtsbeamten davon Kenntnis zu geben, wann ein Schroten von Malz beabsichtigt ist, um ihnen Gelegenheit zu einer geeigneten Überwachung des Betriebes zu geben. Der Betriebsberechtigte ist nicht verpflichtet, sämtliche Angaben, die er auf der Anzeige gemacht hat, auch einzuhalten; er kann vielmehr an einem anderen Tage als dem angegebenen oder eine andere als die angegebene Menge Malz schroten oder zu einem Sud Bier eine andere als die angegebene Malzmenge verwenden. Eine andere Verwendung des Malzes, als in der Anzeige angegeben, darf jedoch nicht stattfinden, da die Erleichterungen des Artikel 37 nur insolange gewährt werden, als auf der betreffenden eigenen Malzmühle nur Malz für ein und denselben Verwendungszweck geschrotet wird.

4. Die im § 56 Abs. 1 MAAusfB. getroffene Anordnung wegen des Schrotens von Malz, das eine wesentliche Gewichtsverminderung im Sinne des Artikel 6 Abs. 3 des Gesetzes erfahren hat, bezieht sich nur auf den Fall, daß lediglich derartiges Malz auf der eigenen Malzmühle geschrotet wird. Würde derartiges Malz neben Malz, das eine Gewichtsverminderung nicht erfahren hat, auf einer eigenen Malzmühle geschrotet werden, so würde von der Steuerbehörde auf Grund von Artikel 40 Abs. 2 des Gesetzes für das jeweilige Malzschroten die Erholung eines Malzscheines zu fordern sein, um feststellen zu können, auf welchen Teil der von der selbsttätigen Wägevorrichtung angezeigten Malzmenge der in Artikel 6 Abs. 3 des Gesetzes und § 19 Abs. 1 MAAusfB. vorgesehene Gewichtszuschlag zur Anwendung zu bringen ist.

5. Ein Unterlassen der nach Artikel 37 vorgeschriebenen jeweiligen Anzeige des Malzschrotens ist nach Artikel 60 des Gesetzes strafbar; außerdem kann bei wiederholter Nichtbeachtung dieser Vorschrift auch die Anwendung des Artikel 40 Abs. 2 des Gesetzes in Erwägung gezogen werden.

6. Das von den Steuerbeamten zu führende Notizbuch über das Schroten von Malz auf eigenen Malzmühlen dient dazu, um schon vor der Rücklieferung des Mühlbuches an die Steuerbehörde (Artikel 36 Abs. 2) die Malzmengen festzuhalten, die auf der eigenen Malzmühle nach der Anzeige des Zählwerks der selbsttätigen Wägevorrichtung geschrotet worden sind. Würde das Notizbuch nicht geführt, dann würde z. B. im Falle der Vernichtung der Mühle und des Mühlbuchs durch Brand, das tatsächlich steuerpflichtige Gewicht des geschroteten Malzes nur mit Schwierigkeiten festgestellt und meist wohl nur nach der Anzeige (Artikel 37) bemessen werden können. Da aber der Betriebsberechtigte die auf der Anzeige über die Menge des zu schrotenden Malzes gemachten Angaben nicht einzuhalten braucht, können diese Anzeigen eine zuverlässige Grundlage für die Festsetzung des steuerpflichtigen Gewichts des geschroteten Malzes nicht bilden.

7. Für das Einbringen, Bearbeiten und Fortbringen des Malzes bestehen für eigene Malzmühlen keine besonderen Anordnungen, soferne sie nicht etwa auf Grund des Artikel 40 verfügt werden.

Feststellung des steuerpflichtigen Gewichts des Malzes.

Art. 38.

Das steuerpflichtige Gewicht des auf einer eigenen Malzmühle geschroteten Malzes bemißt sich vorbehaltlich der Bestimmung in Art. 39 ausschließlich nach der Anzeige der Wägevorrichtung, soweit nicht diese Anzeige als unrichtig festgestellt werden kann.

AusfB. zu Art. 38.

Feststellung des steuerpflichtigen Gewichts des Malzes.

§ 58. [1] Besteht Grund zur Annahme, daß das Zählwerk der Wägevorrichtung unrichtig angezeigt hat, so hat die Hebestelle den Sachverhalt unter Einvernahme des Inhabers der Mühle genau festzustellen und dem Steueramte zur Vorlage an das Hauptzollamt hierüber zu berichten.

[2] Ist eine unrichtige Anzeige des Zählwerkes einwandfrei nachgewiesen, so ist die zu viel oder zu wenig angezeigte Malzmenge nach erholter Genehmigung der Generaldirektion der Zölle und indirekten Steuern im Malzverbrauchbuch an der steuerpflichtigen Malzmenge ab- oder zuzusetzen.

[3] Kann das in der Mühle gemäß Artikel 38 des Gesetzes ermittelte steuerpflichtige Gewicht des Malzes wegen besonderer Umstände (z. B. Brand) nicht mehr in anderer Weise festgestellt werden, so bemißt sich das steuerpflichtige Gewicht nach der Anmeldung (Artikel 37 des Gesetzes). Die Entscheidung erfolgt durch die K. Generaldirektion der Zölle und indirekten Steuern.

Bemerkungen: Zu Art. 38.

1. Diese Vorschrift entspricht der Bestimmung, wie sie in Artikel 32 Abs. 2 für öffentliche Malzmühlen, die mit einer selbsttätigen Wägevorrichtung versehen sind, getroffen ist; auf die Bemerkungen 1 und 2 zu Artikel 32 Abs. 2 wird Bezug genommen.

2. Artikel 39 betrifft den Fall, daß eine schadhafte oder unzulässige Wägevorrichtung außer Betrieb gesetzt und die Fortbenutzung der Mühle ohne die Wägevorrichtung von der Steuerbehörde unter sichernden Maßnahmen gestattet worden ist. In diesem Falle bemißt sich das steuerpflichtige Gewicht des Malzes nach dem Ergebnisse der unter amtlicher Aufsicht vorgenommenen Verwiegung (§ 59 Abs. 6 Buchst. b MAusfB.).

Beschädigungen der Malzmühle oder der Wägevorrichtung.

Art. 39.

Von Beschädigungen der Malzmühle oder der selbsttätigen Wägevorrichtung, welche die Benützung unterbrechen oder die Sicherheit mindern, von Unregelmäßigkeiten in der Tätigkeit der Wägevorrichtung sowie von Verletzungen des amtlichen Verschlusses haben die Inhaber eigener Malzmühlen sofort und jedenfalls binnen 12 Stunden nach gemachter Wahr-

nehmung der Steuerbehörde Anzeige zu erstatten. Bis zum Eintreffen des Steuerbeamten darf die Mühle nicht benützt werden. Der Steuerbeamte setzt die schadhafte oder unzuverlässige Wägevorrichtung außer Betrieb und gewährt zur Ausbesserung oder Neuaufstellung sowie zur Wiederherstellung der beschädigten Malzmühle eine angemessene Frist. Die einstweilige Benützung der Malzmühle ohne die Wägevorrichtung kann unter sichernden Maßnahmen von der Steuerbehörde gestattet werden.

AusfB. zu Art. 39.

Beschädigung der Malzmühle oder der Wägevorrichtung.

§ 59. [1] Die Anzeige über die Beschädigung einer Malzmühle usw. ist der Hebestelle zu erstatten. Der Stand des Zählwerkes ist vom Inhaber der Mühle sofort nach Wahrnehmung der Beschädigung im Mühlbuch und gegebenenfalls auch auf dem Malzscheine vorzumerken.

[2] Sofort nach Eintreffen der Anzeige bei der Hebestelle, spätestens aber innerhalb 24 Stunden ist der Sachverhalt amtlich an Ort und Stelle zu ermitteln.

[3] Handelt es sich nur um eine Störung im Gange des Mühlwerkes, welche sofort behoben werden kann, ist z. B. ein fremder Körper durch die Einlaufgosse in die Mühle gekommen, so ist die Störung zu beseitigen und die Mühle nach Wiederanlegung der abgenommenen amtlichen Verschlüsse sogleich wieder zur Benützung freizugeben.

[4] Hat das Mühlwerk eine derartige Beschädigung erlitten, daß es einer nicht sofort ausführbaren Ausbesserung unterzogen werden muß oder ist eine Störung oder eine Beschädigung der selbsttätigen Wägevorrichtung eingetreten, so ist das Triebwerk unter Verschluß zu legen.

[5] Über den auf Grund der eingelaufenen Anzeige festgestellten Sachverhalt und die hienach getroffenen Maßnahmen ist eine von allen Beteiligten, insbesondere auch von dem Inhaber der Mühle zu unterzeichnende Verhandlung aufzunehmen und dem Oberkontrolleur oder, wenn ein solcher nicht vorhanden ist, dem Steueramtsvorstande vorzulegen, welcher dieselbe nachprüft, gegebenenfalls ihre Richtigstellung oder Ergänzung veranlaßt und hierauf an das Hauptzollamt einsendet. Hat sich bei der Beschädigung auch eine unrichtige Anzeige des Zählwerkes ergeben, so sind die erforderlichen Feststellungen in die Verhandlungen mit aufzunehmen.

[6] Für den Fall einer unabsichtlichen Beschädigung darf die Mühle innerhalb der zur Behebung der Beschädigung festgesetzten Frist nach den für öffentliche Malzmühlen ohne selbsttätige Wägevorrichtung geltenden Vorschriften (Artikel 17 bis 20, 27 bis 31 und 32 Abs. 1 des Gesetzes) sowie unter den nachstehenden weiteren Bedingungen fortbenützt werden:

a) Auf die Mühle oder das Zwischenstück zwischen Mühle und Wägevorrichtung ist eine Einschüttgosse aus Eisen oder Holz fest von innen aufzuschrauben; die Gosse muß einen mit Steuerschloß verschließbaren Deckel haben und so eingerichtet sein, daß ein Einbringen von Malz nach Anlegung des amtlichen Verschlusses ausgeschlossen ist; bei hölzernen Gossen sind daher die einzelnen Bretter von innen mit eisernen Bändern zu verschrauben.

b) Alles zum Schroten bestimmte Malz muß unter amtlicher Aufsicht verwogen und in die Gosse verbracht werden.

c) Der Aufsichtsbeamte hat das Ergebnis der Verwiegung auf dem Malzscheine mit zu unterzeichnen und auf der Rückseite zu bestätigen, daß die verwogene Malzmenge nach Abnahme des unverletzten Verschlusses unter seiner Aufsicht in die Gosse verbracht und diese sogleich wieder amtlich verschlossen wurde.

⁷ Im Falle des Abs. 4 hat die Ausbesserung der beschädigten Wägevorrichtung in der Regel durch einen Monteur der Fabrik, welche die Wage hergestellt hat, zu geschehen. Erfordert die Ausbesserung eine gänzliche oder teilweise Abtragung der Wägevorrichtung, so haben die Aufsichtsbeamten nach Vorschrift des § 51 Abs. 4 der Wiederaufstellung anzuwohnen. Ist eine Ausbesserung der eigentlichen Teile der Wägevorrichtung erfolgt, so ist die Wägevorrichtung nach Vorschrift des § 51 Abs. 5 und der Anlage B Ziffer 1 zu prüfen (außerordentliche Prüfung). Hat die Prüfung zu einer Beanstandung keinen Anlaß gegeben oder sind die erhobenen Beanstandungen behoben worden, so ist die Mühle sogleich zur Weiterbenützung freizugeben. Die über die Prüfung aufgenommene Verhandlung ist dem Hauptzollamte vorzulegen, das Hauptzollamt prüft die Verhandlung und gibt sie an das Steueramt zurück.

⁸ Einer Beschädigung ist es gleich zu achten, wenn wegen Veränderung des Standorts oder aus sonstigen Gründen eine gänzliche oder teilweise Abtragung und Wiederaufstellung der Mühle stattfindet oder wenn Zweifel über die richtige Tätigkeit der Wägevorrichtung entstehen, ohne daß eine Beschädigung wahrnehmbar wäre (vgl. Anlage B Ziffer I).

Bemerkungen: Zu Art. 39.

1. Die Bestimmungen in Artikel 39 finden gemäß Artikel 31 Abs. 3 auch auf öffentliche mit einer selbsttätigen Wägevorrichtung versehene Malzmühlen Anwendung.

2. Wird eine Malzmühle mit selbsttätiger Wägevorrichtung in ihrer regelmäßigen Tätigkeit absichtlich derart gestört, oder wird auf eine derartige Malzmühle absichtlich so eingewirkt, daß das Gewicht des zum Schroten auf die Mühle gebrachten Malzes vom Zählwerk entweder gar nicht oder zu gering angegeben wird, so stellt sich dies gemäß Artikel 53 Ziffer 7 als eine Hinterziehung des Malzaufschlags dar. Das gleiche ist gemäß Artikel 53 Ziffer 8 des Gesetzes der Fall, wenn eine Malzmühle mit selbsttätiger Wägevorrichtung, deren Zählwerk das Gewicht des Malzes nicht oder zu niedrig angibt, ohne Genehmigung der Steuerbehörde zum Schroten von Malz benutzt wird, obwohl dieser Umstand bekannt war. Wird der amtliche Verschluß einer

Malzmühle mit selbsttätiger Wägevorrichtung eigenmächtig abgenommen oder fahrlässig verletzt, oder wird eine durch Zufall eingetretene Störung einer selbsttätigen Wägevorrichtung oder eine durch Zufall eingetretene Verletzung des an einer Malzmühle mit selbsttätiger Wägevorrichtung angebrachten Verschlusses nicht nach Vorschrift angezeigt, so ist, soferne nicht eine Hinterziehung des Malzaufschlags vorliegt, gemäß Artikel 58 Ziffer 10 und 11 eine Geldstrafe von 1 Mk. bis 300 Mk. verwirkt.

3. Die Genehmigung zur einstweiligen Fortbenützung der Malzmühle ohne die Wägevorrichtung wird von der örtlich zuständigen Hebestelle erteilt. Ob diese Bewilligung erteilt werden will oder nicht, liegt im Ermessen dieser Stelle; der Betriebsberechtigte hat keinen Anspruch darauf, daß ihm diese Bewilligung erteilt werde, er kann jedoch gegen einen ablehnenden Bescheid den Beschwerdeweg betreten.

4. Liegt im Falle des § 59 Abs. 4 MAAusfB. nur eine Störung oder Beschädigung der selbsttätigen Wägevorrichtung vor, die bei Öffnung des Verschlusses der Wägevorrichtung sofort ohne Veränderung der Wägevorrichtung behoben werden kann, so wird der Steuerbeamte, nachdem er sich vom richtigen Gang der Wägevorrichtung überzeugt und den Verschluß wieder angelegt hat, die Mühle ohne weiteres zur Benützung freigeben können.

Ausnahmen von den für eigene Malzmühlen vorgesehenen Erleichterungen.

Art. 40.

[1] Ist der Inhaber einer eigenen Malzmühle zur Vorausbezahlung des Malzaufschlags verpflichtet oder wird auf einer eigenen Malzmühle mit Genehmigung der Steuerbehörde außer aufschlagpflichtigem Malze auch aufschlagfreies Malz geschrotet oder wird eine eigene Malzmühle mit Genehmigung der Steuerbehörde von verschiedenen Personen auf eigene Rechnung benutzt, so haben nach näherer Anordnung der Steuerverwaltung ganz oder teilweise die Bestimmungen zur Anwendung zu kommen, welche für das Schroten von Malz auf öffentlichen mit einer selbsttätigen Wägevorrichtung versehenen Malzmühlen gelten.

[2] Die Steuerbehörde kann auch in anderen Fällen dem Inhaber einer eigenen Malzmühle die Erfüllung von Vorschriften auferlegen, welche für das Schroten von Malz auf öffentlichen mit einer selbsttätigen Wägevorrichtung versehenen Malzmühlen gelten.

AusfB. zu Art. 40.

Ausnahmen von den für eigene Malzmühlen vorgesehenen Erleichterungen.

§ 60. [1] Ist der Inhaber einer eigenen Malzmühle zur Vorausbezahlung des Malzaufschlags verpflichtet oder wird auf einer eigenen Malzmühle mit Genehmigung der Steuerbehörde außer aufschlagpflichtigem Malze auch aufschlagfreies Malz geschrotet oder wird eine eigene Malzmühle mit Genehmigung der Steuerbehörde von verschiedenen Personen auf eigene Rechnung benützt oder wird auf einer eigenen Malzmühle neben Gerstenmalz auch Weizenmalz geschrotet oder ist das Malz zur Herstellung bierähnlicher Getränke bestimmt, so finden die Vorschriften der Artikel 17, 18, 19 Abs. 3 und 4, 27, 30 und 31 Abs. 2 des Gesetzes entsprechende Anwendung. Im Falle der Verpflichtung zur Vorausbezahlung des Malzaufschlags hat auch Artikel 19 Abs. 2 des Gesetzes Anwendung zu finden.

² Für den Fall der dauernden Benützung einer eigenen Malzmühle durch verschiedene Personen auf eigene Rechnung (Genossenschaftsmühlen usw.) kann das Hauptzollamt die Beobachtung der sämtlichen für die Benützung öffentlicher Malzmühlen mit selbsttätiger Wägevorrichtung geltenden Vorschriften anordnen.

Bemerkungen: Zu Art. 40.

1. Ist der Betriebsberechtigte zur Vorauszahlung des Malzaufschlags verpflichtet oder werden Ausnahmen von der Bestimmung in Artikel 35 Abs. 1 zugelassen, so kann auf die Erholung eines Malzscheines nicht verzichtet werden, um die Vorauszahlung des Malzaufschlags zu sichern, oder um feststellen zu können, welcher Teil der von dem Zählwerk der Wägevorrichtung angezeigten Malzmenge aufschlagpflichtig oder aufschlagfrei ist, bzw. welche Malzmengen auf eigene Rechnung der verschiedenen Personen geschrotet worden sind. In diesen Fällen haben kraft Gesetzes ganz oder teilweise die Vorschriften für das Schroten von Malz auf öffentlichen mit einer selbsttätigen Wägevorrichtung versehenen Malzmühlen zur Anwendung zu kommen.

2. Der Umfang, in welchem diese Vorschriften anzuwenden sind, ist in § 60 MAAusfB. angegeben. Hienach ist für das Malz ein Malzschein nach Artikel 17 zu erholen, dessen Gültigkeit sich nach Artikel 18 bemißt. Ohne gültigen Malzschein darf das Malz nicht in die Mühle eingebracht und dort nicht vom Müller übernommen werden (Artikel 19 Abs. 3 und Artikel 27). Der Malzschein ist dem Müller mit dem Malze zu übergeben (Artikel 19 Abs. 4). Der Müller hat die Malzscheine sorgfältig aufzubewahren, dem Steuerbeamten zu übergeben oder sie rechtzeitig einzuliefern (Artikel 30); ferner hat der Müller die geschrotete Malzmenge sofort nach dem Schroten auf dem Malzscheine unterschriftlich zu vermerken (Artikel 31 Abs. 2). Im Falle der Verpflichtung zur Vorauszahlung des Malzaufschlags gilt auch die Bestimmung in Artikel 19 Abs. 2 des Gesetzes, wonach es verboten ist, eine Malzmenge, deren Gewicht das im Malzschein angegebene Gewicht um mehr als 5 v. H. übersteigt, in die Mühle einzubringen. Die übrigen für das Schroten von Malz auf öffentlichen, mit einer selbsttätigen Wägevorrichtung versehenen Malzmühlen haben nur dann Anwendung zu finden, wenn dies im Falle des § 60 Abs. 2 MAAusfB. vom zuständigen Hauptzollamte besonders verfügt wird. Diese Bestimmungen betreffen das Verbot des teilweisen Verbringens des Malzes zu und von der Mühle (Artikel 19 Abs. 1), die zeitlichen Beschränkungen für das Einbringen, Fortbringen und Bearbeiten des Malzes (Artikel 20) sowie über das Schroten des Malzes (Artikel 29). Daraus, daß die Bestimmungen in Artikel 19 Abs. 1 und 20 in den vorliegenden Fällen nur auf besondere Anordnung des Hauptzollamtes Platz greifen, ergibt sich, daß auch die Vorschrift in Artikel 27 Abs. 3, die mit diesen Bestimmungen in unmittelbarem Zusammenhange steht, auf eigene Malzmühlen ebenfalls nur auf besondere Anordnung des Hauptzollamtes Anwendung zu finden hat.

2. Aus dem Zweck der Vorschrift in Artikel 40 Abs. 1 (vgl. oben Bem. 1) ergibt sich, daß diese Bestimmung auch bei freiwilliger Vorauszahlung des Malzaufschlags anzuwenden ist.

Zu Art. 40 Abs. 2.

In § 60 Abs. 1 MAAusfB. sind bereits neben den Fällen des Artikel 40 Abs. 1 zwei Fälle erwähnt, in denen die Erfüllung der Vorschriften, wie sie für des Schroten von Malz auf öffentlichen mit einer selbsttätigen Wägevorrichtung versehenen Malzmühlen gelten, von dem Inhaber einer eigenen Malzmühle gefordert werden kann. Es betrifft dies das Schroten von Weizenmalz unter Inanspruchnahme der Begünstigung des Artikel 6 Abs. 2 neben Gerstenmalz und das Schroten von Malz zur Herstellung bierähnlicher Getränke. In diesen Fällen hat die Anwendung der in § 60 Abs. 1 a. a. O. angeführten Vorschriften ohne weiteres einzutreten. Es kann aber auch in anderen Fällen, z. B. wenn auf einer eigenen Malzmühle neben ungeschältem Malze auch Malz geschrotet wird, das eine wesentliche Gewichtsverminderung im Sinne des Artikel 6 Abs. 3 erfahren hat, oder wenn den Vorschriften in Artikel 37 des Gesetzes und § 56 MAAusfB. über die Anzeige des jeweiligen Malzschrotens fortgesetzt zuwidergehandelt wird, die Anwendung der für das Schroten von Malz auf öffentlichen Malzmühlen geltenden Bestimmungen verfügt werden.

c) Andere zum Schroten von Malz geeignete Vorrichtungen.

Umfang der Benützung.

Art. 41.

[1] **Die Benützung von Vorrichtungen, die zum Schroten von Malz geeignet sind, kann von der Steuerbehörde untersagt werden, wenn das Malzaufschlaggefälle gefährdet erscheint.**

[2] **Darüber, ob eine Vorrichtung zum Schroten von Malz geeignet erscheint, entscheidet die Steuerbehörde.**

AusfB. zu Art. 41.

§ 61. In den Fällen des Artikel 41 entscheidet das Hauptzollamt.

Bemerkungen: Zu Art. 41.

1. Nach Artikel 23 des MAG. vom $\frac{\text{16. Mai 1868}}{\text{10. Dezember 1889}}$ bestand eine Anmeldepflicht für alle zum Schroten von Malz mit Vorteil verwendbaren Werkzeuge und Vorrichtungen mithin auch für jene Vorrichtungen, die zum Schroten von Malz nicht bestimmt sind, wie Futterschrotmühlen und Grünmalzquetschmaschinen. Diese strenge Vorschrift war bereits auf Grund des Artikel 29 Abs. 3 des erwähnten Gesetzes durch die Bekanntmachung des K. Staatsministeriums der Finanzen vom 21. April 1899 — ABl. S. 55 — versuchsweise erheblich gemildert worden. Nachdem die zugelassenen Erleichterungen zu einer Gefährdung der steuerlichen Interessen nicht geführt haben, ist im geltenden MAG. davon abgesehen worden, für Futterschrotmühlen, Hausmühlen, Grünmalzquetschmaschinen und ähnliche Vorrichtungen, allgemein eine Anmelde- und Genehmigungspflicht zu bestimmen. Eine Ausnahme hierin ist aus Gründen der Gefällssicherheit in Artikel 42 nur für jene Futterschrotmühlen oder sonstigen zum Schroten von Malz geeigneten Vorrichtungen gemacht worden, deren Besitzer Inhaber von Brauereibetrieben sind (Begründung zu Artikel 14 und 42 des Gesetzentwurfs).

2. Erscheint das Malzaufschlaggefälle gefährdet, so kann die Benützung von Vorrichtungen, die zum Schroten von Malz geeignet sind, vom Hauptzollamt verboten werden. Ist ein derartiges Verbot ausgesprochen, dann darf die betreffende Vorrichtung auch zu anderen Zwecken als zum Schroten von Malz nicht mehr benützt worden. Würde z. B. dem Inhaber einer öffentlichen Mühle auf Grund des Artikel 41 verboten, neben dem mit einer selbsttätigen Wägevorrichtung versehenen, als öffentliche Malzmühle zugelassenen Mahlgange andere in der Mühle befindliche nicht als Malzmühlen zugelassene Mahlgänge zu benützen, dann dürften diese letzteren Mahlgänge auch nicht mehr zum Schroten von Getreide benützt werden.

3. Wird entgegen einem auf Grund des Artikel 41 erlassenen Verbote eine zum Schroten von Malz geeignete Vorrichtung benützt, so tritt, sofern nicht eine Hinterziehung des Malzaufschlags vorliegt, Bestrafung nach Artikel 60 ein.

4. Der Eintritt der Steuerpflicht für Malz, das auf einer zum Schroten von Malz benützbaren Vorrichtung geschrotet werden soll, bemißt sich nach Artikel 3 Abs. 3 des Gesetzes.

Zu Art. 41 Abs. 2.

Hat das zuständige Hauptzollamt eine Vorrichtung als zum Schroten von Malz geeignet erklärt und deren Benützung auf Grund des Artikel 41 Abs. 1 verboten, so ist, für den Fall Zuwiderhandlungen gegen dieses Verbot gerichtlich abgeurteilt werden, das Gericht bezüglich der Frage, ob eine zum Schroten von Malz benützbare Vorrichtung vorliegt oder nicht, an die Entscheidung der Steuerbehörde nicht gebunden. Der Strafrichter entscheidet vielmehr hierüber nach seiner freien aus dem Inbegriffe der Verhandlung geschöpften Überzeugung (§§ 260, 261 RStPO., zu vgl. auch Entsch. des RG. 3, 1; 7, 21 und 32, 330).

Art. 42.

Inhaber von Brauereibetrieben dürfen innerhalb einer Entfernung von 5 km vom Betriebsort ohne Genehmigung der Steuerbehörde eine Futterschrotmühle oder sonstige zum Schroten von Malz geeignete Vorrichtungen weder besitzen noch benützen. Die Genehmigung kann von der Anlage eines steueramtlichen

Verschlusses oder von der Anbringung einer geeigneten Sicherungsvorrichtung abhängig gemacht werden.

AusfB. zu Art. 42.

Andere zum Schroten von Malz geeignete Vorrichtungen.

§ 62. [1] Inhaber von Brauereien, welche in den Besitz einer Grünmalzquetschmaschine, Futterschrotmühle, Hausmühle oder einer sonstigen zum Schroten von Malz geeigneten Vorrichtung gelangen, haben, sofern der Aufstellungsort der Vorrichtung von dem Betriebsorte 5 km oder weniger entfernt ist, der Hebestelle innerhalb acht Tagen nach der Besitzerlangung Anzeige zu erstatten und um die Genehmigung zum Besitz und zur Benützung nachzusuchen. Die Genehmigung wird vom Hauptzollamt unter Anordnung der erforderlichen Überwachungsmaßnahmen in widerruflicher Weise erteilt; die Vorschriften in §§ 30, 31 und 33 finden entsprechende Anwendung.

[2] Grünmalzquetschmaschinen dürfen nur zur Bearbeitung von Grünmalz, Futterschrot — und Hausmühlen nur zum Schroten oder Mahlen von Getreide, Hülsenfrüchten u. dergl. — mit Ausschluß jedoch von Malz — für den eigenen Bedarf des Besitzers benützt werden. Die Hebestelle kann vorübergehend, das Hauptzollamt dauernd Ausnahmen zulassen; Malz (Luft- oder Dörrmalz) darf auf derartigen Vorrichtungen keinesfalls geschrotet werden.

[3] Bei Quetschmaschinen sind während der betriebslosen Zeit die Quetschwalzen oder das Antriebsrad amtlich zu verschließen, Futterschrot- und Hausmühlen sind mit einem von der Staatsregierung genehmigten Probensammler (Kontrollapparat, § 63) zu versehen.

Probensammler.

§ 63. [1] Die K. Generaldirektion der Zölle und indirekten Steuern bestimmt, welche Arten (Systeme) von Probensammlern zugelassen werden.

[2] Der Probensammler muß mit der Mühle derartig in Verbindung gebracht werden können, daß von jeder auf der Mühle bearbeiteten Frucht einzelne Körner im unbearbeiteten Zustande abgesondert und einem an der Mühle angebrachten amtlich verschlossenen Raume (Sammelkasten) zugeführt werden. Der Probensammler ist durch Steuerbleie amtlich zu verschließen; der Verschluß ist so anzulegen, daß ohne Verletzung desselben ein Eingriff in die Probenabsonderungsvorrichtung und in den Sammelkasten ausgeschlossen ist.

[3] Soll eine Futterschrot- oder Hausmühle mit Probensammler aufgestellt werden, so ist der Probensammler durch die Hebestelle einer Prüfung zu unterziehen. Die Prüfung hat sich insbesondere darauf zu erstrecken, ob der Probensammler in allen seinen Teilen mit der amtlichen Beschreibung übereinstimmt sowie ob er den in Abs. 2 gestellten Anforderungen entspricht. Über die Prüfung des
Muster 19. Probensammlers ist eine Verhandlung nach Muster 19 aufzunehmen,

welche die Hebestelle mit dem Gesuche des Mühlbesitzers dem Hauptzollamte zur Verbescheidung vorlegt.

[4] Bei jedem zugelassenen Probensammler hat von Zeit zu Zeit eine Entleerung des Sammelkastens unter amtlicher Aufsicht stattzufinden. Der Zeitraum, innerhalb dessen eine solche Entleerung zu erfolgen hat, ist nach der Größe des Sammelkastens und nach dem mehr oder minder starken Gebrauche der Mühle zu bemessen. Keinesfalls darf damit solange zugewartet werden, bis der Sammelkasten in einer Weise gefüllt ist, daß er keine weiteren Körner mehr aufzunehmen vermag. Die Aufsichtsbeamten haben sorgfältig zu untersuchen, ob der Sammelkasten keine Malzkörner enthält. Die einzelnen Prüfungen sind in ein Verzeichnis nach Muster 20 niederzulegen. Muster 20.

[5] Bei Verletzungen des steueramtlichen Verschlusses oder bei Beschädigungen von Futterschrot- und Hausmühlen mit Probensammler finden die Vorschriften in § 59 sinngemäße Anwendung.

Bemerkungen: Zu Art. 42.

1. Diese Vorschrift ist, wie bereits in der Bemerkung 1 zu Artikel 41 erwähnt aus Gründen der Steuersicherheit getroffen worden.

2. Brauereibetrieb ist jeder Betrieb einer Braustätte zum Zwecke der Erzeugung von Bier oder bierähnlichen Getränken (s. Bemerkung 1 zu Artikel 5 Abs. 1); Inhaber eines Brauereibetriebs ist diejenige Person, auf deren Rechnung der Betrieb erfolgt. Es sind daher als Inhaber von Brauereibetrieben im Sinne des Artikel 42 nicht nur Personen zu verstehen, die eine eigene Braustätte besitzen und betreiben, sondern auch Personen, die in einer fremden Braustätte Bier oder bierähnliche Getränke auf eigene Rechnung erzeugen und daher zur Entrichtung des Malzaufschlags verpflichtet sind (Kommunbrauer, Gesellschaftsbrauer, Genossenschaftsbrauer, Leihbrauer und Hausbrauer).

3. Wird der Brauereibetrieb nur zeitweilig ausgeübt, so gilt die Vorschrift in Artikel 42 und § 62 Abs. 3 MAAusfB. auch für die Zeit, in der ein Brauereibetrieb nicht stattfindet. Es wäre daher nicht angängig in einem derartigen Falle eine Grünmalzquetschmaschine, die der Betriebsinhaber besitzt, etwa während der Ausübung des Brauereibetriebes unter Verschluß zu legen und während der betriebslosen Zeit zur Benützung freizugeben.

4. Im Falle des Artikel 42 ist sowohl für den Besitz als auch für die Benützung einer Futterschrotmühle oder einer sonstigen zum Schroten von Malz geeigneten Vorrichtung die Genehmigung der Steuerbehörde (Hauptzollamt) erforderlich. Der Inhaber eines Brauereibetriebes darf daher auch eine fremde Futterschrotmühle oder Vorrichtung, die in einer Entfernung von nicht mehr als 5 km vom Betriebsorte aufgestellt ist, nicht ohne Genehmigung der Steuerbehörde benützen. Der Besitzer der fremden Futterschrotmühle oder Vorrichtung bedarf, sofern er selbst nicht Inhaber eines Brauereibetriebes ist, weder für den Besitz und die eigene Benützung, noch dafür eine Genehmigung, daß er die Futterschrotmühle oder die Vorrichtung durch den Inhaber eines nicht mehr als 5 km entfernten Brauereibetriebes benützen läßt.

5. Die Bestimmungen in §§ 62 und 63 MAAusfB. beziehen sich nur auf den Fall, daß der Inhaber eines Brauereibetriebes selbst Besitzer einer Futterschrotmühle oder einer zum Schroten von Malz geeigneten Vorrichtung ist. Es ist daher nur in diesem Fall die Einhaltung der in § 62 Abs. 2 u. 3 MAAusfB. gegebenen Vorschriften notwendig. Will der Inhaber eines Brauereibetriebes eine fremde Futterschrotmühle oder Vorrichtung benützen, die in einer Entfernung von nicht mehr als 5 km vom Betriebsorte aufgestellt ist, so entscheidet das Hauptzollamt nach freiem Ermessen, ob und gegebenenfalls welche Sicherheitsmaßnahmen gemäß Artikel 42 bei Genehmigung der Benützung dieser Vorrichtung durch den Inhaber des Brauereibetriebes anzuordnen sind. Die Anordnung der Maßnahmen, die in §§ 62, 63 MAAusfB. vorgesehen sind, kann in diesem Falle zwar erfolgen, muß aber nicht geschehen. Es könnte daher dem Inhaber eines Brauereibetriebes die Benützung einer fremden, nicht mehr als 5 km vom Betriebsorte entfernten Futterschrotmühle auch dann gestattet werden, wenn diese Mühle nicht mit einem von der Staatsregierung genehmigten Probesammler versehen ist. Ist dagegen der Inhaber eines Brauereibetriebes Besitzer einer in einer Entfernung von nicht mehr als 5 km vom Betriebsorte aufgestellten Futterschrotmühle, dann kann das Hauptzollamt Ausnahmen von den in §§ 62, 63 MAAusfB. angeordneten Maßnahmen nicht zulassen.

6. Die Entfernung ist mangels einer anderweiten Bestimmung nach der Luftlinie zu bemessen.

7. Unter Betriebsort ist der Ort zu verstehen, an dem sich die zum Betriebe der Brauerei benützten Gebäude und Räume befinden, mithin auch der Ort, an dem sich der Lagerkeller befindet.

8. Darüber, ob eine Vorrichtung zum Schroten von Malz geeignet ist, entscheidet nach Artikel 41 Abs. 2 die Steuerbehörde.

9. Zuwiderhandlungen gegen Artikel 42 werden, soferne nicht eine Hinterziehung vorliegt, nach Artikel 58 Ziffer 12 bestraft.

3. Verkehr mit geschrotetem Malze.

Art. 43.

[1] Geschrotetes Malz darf nicht in Verkehr gebracht werden.

[2] Ausnahmen können von der Steuerbehörde unter den erforderlichen Überwachungsmaßnahmen zugelassen werden.

[3] Wer geschrotetes Malz nach Bayern einführt, hat die hiefür von der Steuerverwaltung getroffenen Anordnungen zu beachten.

AusfB. zu Art. 43.

Verkehr mit geschrotetem Malze.

§ 64. Ausnahmen im Sinne des Artikel 43 Abs. 2 des Gesetzes werden in einzelnen Fällen vom Hauptzollamte, sonst von der K. Generaldirektion der Zölle und indirekten Steuern zugelassen.

Bemerkungen: Zu Art. 43 Abs. 1.

1. Malzmehle, die nicht mehr sämtliche Bestandteile des ungebrochenen Malzes enthalten, sondern nur aus dem gemahlenen, von Spelzen und Keimlingen größtenteils befreiten Mehlkörper des Malzes bestehen, sind nicht als geschrotetes Malz im Sinne des Artikel 43 Abs. 1 zu erachten. Derartige meist zu Backzwecken Verwendung findende Mehle stellen sich vielmehr als ein aus Malz hergestelltes Erzeugnis dar, das den Bestimmungen des Artikel 43 nicht unterliegt.

2. Inverkehrbringen im Sinne des Artikel 43 Abs. 1 ist jedes Überlassen an dritte Personen, gleichviel ob es entgeltlich oder unentgeltlich erfolgt. Das Verbot des Artikel 43 Abs. 1 bezieht sich nur auf den Verkehr innerhalb Bayerns; ein Verbot der Einfuhr von geschrotetem Malz nach Bayern besteht daher nicht. Dagegen darf nach Bayern eingeführtes geschrotetes Malz nach der Einfuhr innerhalb Bayerns an dritte Personen nicht mehr abgegeben werden.

3. Für das Verbot des Artikel 43 Abs. 1 ist es belanglos, ob das geschrotete Malz dem Malzaufschlag unterlegen hat oder nicht.

4. Wer geschrotetes Malz dem Verbote des Artikel 43 Abs. 1 zuwider durch Abgabe an dritte Personen in Verkehr bringt, wird, soferne nicht eine Hinterziehung vorliegt, nach Artikel 58 Ziffer 15 des Gesetzes bestraft. Der Bezug geschroteten Malzes von seiten des Abnehmers ist nur im Falle des Artikel 53 Ziffer 10 strafbar.

Zu Art. 43 Abs. 2.

Während nach Artikel 22 Abs. 4 MAG. vom $\frac{\text{16. Mai 1868}}{\text{10. Dezember 1889}}$ Ausnahmen von dem Verbot des Verkehrs mit geschrotetem Malze nicht zugelassen werden konnten, können diese nach dem geltenden Gesetze unter Anordnung der erforderlichen Überwachungsmaßnahmen durch die Steuerbehörde (Hauptzollamt) zugelassen werden. Diese Bestimmung ist getroffen worden, um es unter Umständen auch bayerischen Fabrikanten zu ermöglichen, geschrotetes Malz unmittelbar an den bayerischen Verbraucher abzugeben (Begründung zu Artikel 43 des Gesetzentwurfs).

Zu Art. 43 Abs. 3.

1. Geschrotetes Malz, das mit der Bestimmung zur Bierbereitung nach Bayern eingeführt wird, unterliegt gemäß Artikel 11 Abs. 1 des Gesetzes und nach der K. VO. vom 19. März 1910 (GVBl. S. 141) einer Übergangsabgabe von 20 Mk. für 1 dz.

2. Für Malz das aus Bayern in ungeschrotetem Zustande ausgeführt, auf einer außerbayerischen Mühle geschrotet und dann wieder nach Bayern zurückgebracht wird, gelten die Bestimmungen in Artikel 21 des Gesetzes und in § 38 MAAusfB. Sonstige Anordnungen über die Einfuhr von geschrotetem Malze in Bayern enthalten das MAG. und die hiezu ergangenen Ausführungsbestimmungen nicht. Es kommen daher lediglich die Bestimmungen über den Übergangsverkehr mit geschrotetem Malze in Betracht.

4. Bierbrauereien.

Anmeldepflicht.

Art. 44.

[1] Wer Bier brauen will, hat vor Beginn des Betriebs Anzeige bei der Steuerbehörde zu erstatten und den Beginn des Betriebs anzuzeigen.

[2] Vor Erstattung der Anzeige darf mit dem Betriebe nicht begonnen werden.

AusfB. zu Art. 44.

Anmeldepflicht.

§ 65. Die in Artikel 44 des Gesetzes vorgeschriebene Anzeige ist der Hebestelle zu erstatten. Die Anzeige ist nur erforderlich, wenn eine neu errichtete Brauerei erstmals in Betrieb gesetzt oder wenn eine ruhende Brauerei wieder in Betrieb gesetzt wird.

Bemerkungen: Zu Art. 44.

1. Diese Bestimmung bezieht sich auch auf die Herstellung bierähnlicher Getränke.

2. Artikel 44 regelt die Anmeldepflicht für die erstmalige Benützung einer neu errichteten Brauerei und für die erstmalige Wiederbenützung einer ruhenden Brauerei; hievon zu unterscheiden ist die jeweilige Anzeige des Malzschrotens nach Artikel 37 bzw. die Verpflichtung zur Erholung eines Malzscheines für jeden einzelnen Sud nach Artikel 17. Die Anmeldepflicht für die Besitzerlangung einer Brauerei bemißt sich nach Artikel 14.

3. Der erstmaligen Inbetriebnahme einer neu errichteten Brauerei ist es gleich zu achten, wenn jemand, der bisher nicht auf eigene Rechnung Bier gebraut hat, erstmals eine fremde Braustätte auf eigene Rechnung benützen will.

4. Das Brauen von Bier im Sinne des MAG. beginnt mit dem Zeitpunkte, in dem das Malz zur Erzeugung von Bier zum Schroten in die Mühle eingebracht wird (s. Bemerkung 3 zu Artikel 1 Abs. 1). Da gemäß Artikel 17 bzw. 37 vor der Verbringung des Malzes zur Mühle bzw. vor dem Malzschroten ein Malzschein zu erholen bzw. Anzeige zu erstatten ist, ergibt sich, daß die in Artikel 44 vorgeschriebene Anzeige spätestens gleichzeitig mit der Erholung des Malzscheines oder der Erstattung der Anzeige des Malzschrotens zu erfolgen hat.

5. Zuwiderhandlungen gegen Artikel 44 werden nach Artikel 60 bestraft.

Sudbuch.

Art. 45.

[1] Gewerbliche Bierbrauer haben nach näherer Anordnung der Steuerverwaltung ein Sudbuch zu führen, in welchem die Mengen des für die einzelnen Sude verwendeten Malzes und der daraus gewonnenen Bierwürze sowie deren Extraktgehalt vorzutragen sind.

² Das Sudbuch ist an dem von der Steuerbehörde bestimmten Platze sorgfältig aufzubewahren, den Steuerbeamten auf Verlangen jederzeit vorzulegen und der Steuerbehörde zur bestimmten Frist einzuliefern.

AusfB. zu Art. 45.

Sudbuch.

§ 66. ¹ Gewerbliche Bierbrauer haben ein Sudbuch nach Muster 21 und der daselbst gegebenen Gebrauchsanleitung in vierteljährigen Zeitabschnitten zu führen. Wird eine Brauerei von mehreren für eigene Rechnung brauenden Personen gemeinsam benützt, so ist für jeden Brauer eine eigene Abteilung im Sudbuch einzurichten. Muster 21.

² Für jede Biersorte ist im Sudbuch eine Unterabteilung zu eröffnen.

³ Im Sudbuche sind Tag und Stunde der Einmaischung jeder einzelnen Malzschüttung (Menge des zu einem Sude verwendeten Malzes, das steuerpflichtige Gewicht des für jeden Sud eingemaischten Malzes in Kilogramm, die Menge der Ausschlagwürze in Hektolitern, der Extraktgehalt der Ausschlag- und Anstellwürze in Hundertteilen des Gewichts der Würze (ganze und Zehntel Prozent) sowie die Extraktausbeute (Sudhausausbeute) in ganzen und Zehntel Prozent nach vorheriger Feststellung durch den Brauer anzugeben. Die Angabe der Sudhausausbeute im Sudbuche kann vom Hauptzollamt erlassen werden. Hievon ist im Sudbuche Vermerk zu machen.

⁴ Die Einträge im Sudbuche haben so bald als möglich, jedenfalls aber am Tage der Ermittlung zu erfolgen.

⁵ Die Aufsichtsbeamten haben bei jeder Nachschau in der Brauerei die Einträge im Sudbuch auf ihre Vollständigkeit zu prüfen und über die vorgenommene Prüfung in die Bemerkungsspalte des Sudbuchs einen entsprechenden Vermerk aufzunehmen.

⁶ Die Hebestelle hat die ihr am Vierteljahresschlusse zurückgelieferten Sudbücher zu prüfen und erforderlichen Falles richtig zu stellen. Sodann sind in den Sudbüchern die Einträge in den Spalten 4 mit 6 und 8 aufzurechnen und in den Spalten 6 und 8 der durchschnittliche Extraktgehalt in der Weise zu ermitteln, daß die Summe durch die Zahl der Vorträge geteilt wird. Außerdem ist in jeder Abteilung des Sudbuchs unter Anwendung des für die betreffende Brauerei festgestellten Schwundsatzes die aus der Würzemenge (Spalte 5) sich berechnende Menge des Schwundes und sodann unter Abzug desselben von der Gesamtausschlagwürze die Gesamtmenge des fertigen Bieres zu ermitteln. Ferner ist noch die für das Vierteljahr durchschnittlich zutreffende Malzverwendung für 1 Hektoliter Bier in der Weise zu berechnen, daß die Gesamtmenge des verwendeten Malzes (Spalte 4) durch die Gesamtmenge des erzeugten Bieres geteilt wird. Über die vierteljährigen Sudbuchabschlüsse sind von den Hebestellen, Steuerämtern und Hauptzollämtern Anschreibungen nach Muster 22 zu führen. Die Hebestellen haben das Ergebnis der Sudbuchabschlüsse den beteiligten Brauern auf Verlangen mitzuteilen. Muster 22.

Bemerkungen: Zu Art. 45 Abs. 1.

1. Die Feststellung der Menge des in einem Brauereibetrieb aus dem versteuerten Malze gewonnenen Erzeugnisses durch den Steuerbeamten ist früher mangels einer ausreichenden Gesetzesvorschrift vielfach auf Schwierigkeiten gestoßen. Diese Feststellung erscheint jedoch sowohl zur Sicherung der Malzaufschlaggefälle als auch deshalb geboten, um für die Bemessung der Rückvergütung des staatlichen und gemeindlichen Malzaufschlags für das von einer Brauerei ausgeführte Bier einwandfreie Grundlagen zu haben. Zur Ermöglichung dieser Feststellungen ist den gewerblichen Brauern die Führung des Sudbuchs auferlegt worden. (Begründung zu Artikel 45 des Gesetzentwurfs.) Wie sich aus § 4 der Malzaufschlagvergütungsordnung sowie aus § 84 Abs. 3 MAAusfB. ergibt, bemißt sich insbesondere die Rückvergütung, welche bei der Ausfuhr von Bier für den staatlichen und gemeindlichen Malzaufschlag gewährt wird, nach den aus dem Sudbuche ermittelten Ergebnissen. Die Rückvergütung erfolgt nämlich nach der Malzverwendung, die im Sudbuche für das vorhergegangene Vierteljahr für einen Hektoliter der ausgeführten Biersorte festgestellt worden ist. Die Sicherung des Steueraufkommens ist durch die Einführung des Sudbuches insoferne erhöht, als aus dem Sudbuche ein genauer Einblick in die Betriebsverhältnisse des einzelnen Brauereibetriebes gewonnen und auch aus der gewonnenen Würze und deren Extraktgehalt festgestellt werden kann, ob die für den einzelnen Sud versteuerte Malzmenge der für die betreffende Biersorte regelmäßig verwendeten Malzmenge entspricht. Wie in der Begründung zu Artikel 45 des Gesetzentwurfs ausgeführt und bei der Beratung im Landtage wiederholt hervorgehoben worden ist, soll die Einführung des Sudbuches auf jene Kleinbrauer, die sich bisher über die Ausbeuteverhältnisse in ihrem Betrieb im Unklaren waren, erzieherisch wirken und zwar insoferne als diese Brauer nunmehr durch das Gesetz gezwungen sind, die Grundlagen zu einer eingehenden Prüfung der Betriebsverhältnisse festzustellen. Schließlich dient das Sudbuch der Steuerverwaltung auch dazu, um prüfen zu können, ob und inwieweit im Laufe der Zeit eine Verdünnung der Biere stattfindet. Diese für das Steueraufkommen, das bayerische Braugewerbe und die bayerische Landwirtschaft so wichtige Frage ist bei Beratung des Gesetzentwurfs im Landtage eingehend erörtert worden, und der K. Staatsminister der Finanzen hat hiebei wiederholt darauf hingewiesen, daß die Steuerverwaltung durch die Einführung des Sudbuches in die Lage versetzt werde, sich Gewißheit darüber zu verschaffen, ob gesetzliche Maßnahmen gegen eine weitergehende Verdünnung des Bieres zu treffen sind oder nicht. Die erforderlichen statistischen Grundlagen sollen durch die Übersicht nach Muster 31 geschaffen werden. Aus dem Gesagten ergibt sich, daß das Sudbuch sowohl für die Steuerbehörde als auch für den Brauer selbst von erheblicher Bedeutung ist und daß daher der ordnungsgemäßen Führung des Sudbuches besondere Sorgfalt zugewendet werden muß.

2. Zur Führung des Sudbuches sind nur g e w e r b l i c h e Brauer verpflichtet, d. h. Brauer die gewerbsmäßig gegen Entgelt Bier an nicht zu ihrem Haushalte gehörige Personen abgeben. Hausbrauer, die Bier ausschließlich für ihren Hausbedarf herstellen und dieses an nicht zum Haushalte gehörige Personen gegen Entgelt nicht abgeben, haben kein Sudbuch zu führen; hiebei ist es ohne Belang, ob derartige

Brauer einen Jahresmalzverbrauch von mehr als 5 dz haben oder nicht, ob sie die Vergünstigung des Artikel 5 Abs. 5 MAG. in Anspruch nehmen oder nicht. Es ist davon abgesehen worden, derartigen Hausbrauern die Führung des Sudbuches aufzuerlegen, nachdem hier einerseits nur geringe Malzmengen und Biermengen in Frage kommen, anderseits eine Ausfuhr von Bier seitens derartiger Brauer nicht in Betracht kommen wird. Wie bereits in der Bemerkung 7 zu Artikel 5 Abs. 5 hervorgehoben ist, haben Hausbrauer allgemein an Stelle des Sudbuchs das in § 10 Abs. 2 MAAusfB. vorgeschriebene Braubuch (Muster 2) zu führen. Gibt ein Hausbrauer Bier an nicht zum Haushalte gehörige Personen gegen Entgelt ab, so wird er ein gewerblicher Brauer und hat als solcher die Verpflichtung zur Führung eines Sudbuches.

3. Im Sudbuche ist zunächst Tag und Stunde der Einmaischung, d. i. der Vermischung des geschroteten Malzes mit Wasser, vorzutragen.

4. Im Sudbuche ist das steuerpflichtige Gewicht des für den betreffenden Biersud verwendeten Malzes anzugeben. Das steuerpflichtige Gewicht des Malzes weicht von dem tatsächlich ermittelten Gewicht des Malzes dann ab, wenn die Vergünstigung des Artikel 6 Abs. 2 in Anspruch genommen und ein Doppelzentner Malz gleich neun Zehntel Doppelzentner Gerstenmalz gerechnet wird, oder wenn gemäß Artikel 6 Abs. 3 des Gesetzes und § 19 Abs. 1 MAAusfB. Malz, das eine wesentliche Gewichtsverminderung erfahren hat, einen Gewichtszuschlag von 10 v. H. erhält. Die Eintragung des steuerpflichtigen Gewichtes im Sudbuch erscheint notwendig, um eine der tatsächlichen Steuerleistung entsprechende Rückvergütung des Malzaufschlags bemessen zu können. Würde nämlich stets das durch Verwiegung tatsächlich ermittelte Malzgewicht im Sudbuche eingetragen werden, so würde im Falle des Artikel 6 Abs. 2 sich eine höhere Malzmenge, als der Versteuerung zugrunde gelegt wurde, und damit eine zu hohe Rückvergütung des staatlichen und gemeindlichen Malzaufschlags ergeben, während im Falle des Artikel 6 Abs. 3 dem Brauer ein geringerer Steuerbetrag, als er ihn tatsächlich für das ausgeführte Bier entrichtet hat, vergütet werden würde.

5. Es ist sowohl für die Ausschlagwürze als auch für die Anstellwürze der Extraktgehalt vom Brauer für jeden Biersud zu ermitteln und im Sudbuche festzustellen. Unter Ausschlagwürze ist die heiße Würze zu verstehen, wie sie aus der Sudpfanne zum Ausschlagen, d. i. zum Ablassen auf das Kühlschiff usw. kommt. Anstellwürze ist die gekühlte, von Hopfen und von Trub befreite Würze, wie sie im Gärkeller zum Anstellen, d. i. Versetzen mit Hefe, kommt. Der Vergleich des Extraktgehaltes der Ausschlag- und der Anstellwürze bietet den besten Anhaltspunkt zur Beurteilung des Schwundes, d. i. des Verlustes an Würze, der beim Abkühlen der Ausschlagwürze durch Verdunstung entsteht. In welcher Weise der Verdunstungsschwund aus der Menge der Ausschlagwürze und dem Extraktgehalt der Ausschlag- und Anstellwürze zu berechnen ist, ist im allgemeinen Ausschreiben der K. Generaldirektion der Zölle vom 6. Mai 1910 Nr. 18093 I (abgedruckt als Anhang I) näher angegeben. Die Bestimmung des Extraktgehaltes der Würze durch den Brauer hat gemäß Ziffer 4 der Anleitung zum Gebrauche des Sudbuches (Muster 21 zu den MAAusfB. mit Hilfe eines amtlich geeichten Saccharometers nach Balling bei einer Temperatur der Würze von + 17,5 ° C (+ 14 ° R) zu erfolgen. Das im Brauereibetriebe allgemein verwendete Ballingsche Saccharometer ist ein Gewichtsprozentaräometer, das bei + 17,5 ° C angibt, wie viele Gramm Zucker in 100 g reiner Rohrzuckerlösung enthalten sind. Die Anwendung eines Aräometers für Rohrzuckerlösungen zur Bestimmung des Extraktgehaltes von Bierwürze gründet sich darauf, daß die Extraktbestandteile der Bierwürze annähernd das gleiche spezifische Gewicht wie Rohrzucker haben. Amtlich geeichte Saccharometer sind solche, die von der K. Normaleichungskommission amtlich geeicht worden sind. Ursprünglich waren gemäß Ziffer 4 der erwähnten Gebrauchsanleitung zur Feststellung des Extraktgehaltes der Würze durch den Brauer an Stelle von amtlich geeichten Saccharometern auch Saccharometer zugelassen, die von bestimmt bezeichneten Brauereiversuchsanstalten geprüft waren; die Steuerbehörden dagegen hatten für ihre gemäß § 70 Abs. 6 MAAusfB. vorzunehmenden amtlichen Ermittlungen nur amtlich geeichte Saccharometer zu verwenden. Dadurch, daß für die Feststellung des Extraktgehaltes der Würze von den Steuerbeamten und den Brauern Saccharometer verwendet worden sind, deren Richtigkeit nicht von ein und derselben Stelle geprüft worden ist, haben sich Unstimmigkeiten ergeben, deren Beseitigung sowohl im Interesse der Brauer als auch der Steueraufsicht geboten erschien. Zur Herbeiführung gleichheitlicher Feststellungen hat daher das K. Staatsministerium der Finanzen mit Entschl. vom 17. Februar 1911 Nr. 5220 (ABl. S. 87/8) folgendes verfügt: „Zur Herbeiführung gleichheitlicher Feststellungen erscheint es dringend geboten, daß für die Feststellung des Extraktgehaltes der Würze nicht nur die Steuerbeamten (§ 70 Abs. 6 MAAusfB.) sondern auch die Brauer (Ziffer 4 der Anleitung zum Gebrauche des Sudbuchs, Muster 21 zu den MAAusfB.) nur Saccharometer benützen, die von der K. Normaleichungskommission amtlich geeicht sind. Mit Rücksicht hierauf und nachdem an diesen Saccharometern eine Anleitung zur Berechnung der Saccharometeranzeige nicht angebracht ist, sind Satz 2 und 3 in Ziff. 4 der Anleitung zum Gebrauche des Sudbuchs zu streichen. Die Steuerbehörden haben diese Streichung in den an die Brauer hinauszugebenden Sudbuchformblättern durchzuführen.

Insoweit Brauer noch im Besitze von Saccharometern sind, die von den in Ziff. 4 der Anleitung zum Gebrauche des Sudbuchs erwähnten Brauereiversuchsanstalten geprüft wurden, können diese unter Anwendung der bisher in Satz 2 a. a. O. gegebenen Bestimmung unter folgenden Bedingungen fortbenützt werden. Die Steueroberkontrolleure haben die Anzeigen dieser Saccharometer mit den Anzeigen eines amtlich geeichten Saccharometers zu vergleichen. Ergeben sich hiebei Unterschiede von mehr als 0,1 v. H., so sind diese festzustellen und im Sudbuche zu vermerken. Nach Maßgabe dieser Feststellung ist bei den Einträgen im Sudbuche die Saccharometeranzeige zu berichtigen. Soweit den Brauern die Angabe der Sudhausausbeute im Sudbuche nach § 66 Abs. 2 MAAusfB. vom Hauptzollamt erlassen ist, können sie bei Fortbenützung eines nicht amtlich geeichten Saccharometers den Einträgen in Spalte 6 und 8 des Sudbuchs die Anzeigen dieses Saccharometers auch dann zugrunde legen, wenn diese Anzeigen von den Anzeigen eines amtlich geeichten Saccharometers um mehr als 1 v. H. abweichen. Die nach den Feststellungen des Steueroberkontrolleurs gebotene Berichtigung ist von der Hebestelle und zwar lediglich bei dem gemäß § 66 Abs. 6 MAAusfB. ermittelten durchschnittlichen Extraktgehalte vorzunehmen."

Die Streichung der ursprünglichen Bestimmung in Satz 2 der Ziffer 4 der mehrerwähnten Gebrauchsanleitung, wonach bei einer anderen Temperatur der Würze als der Normaltemperatur + 17,5° C (+ 14° R) die an der Spindel angebrachte Anleitung zur Berichtigung der Saccharometeranzeige zu berücksichtigen ist, wurde angeordnet, da nach den für die amtliche Eichung von Saccharometern geltenden Bestimmungen an diesen derartige Anleitungen nicht angebracht werden können. Die für die Steuerbeamten bereits durch allgemeines Ausschreiben der K. Generaldirektion der Zölle usw. vom 8. August 1910 Nr. 29007 I b getroffene Anordnung, bei Benützung amtlich geeichter Saccharometer darauf zu achten, daß bei Ablesung der Saccharometeranzeige die zu spindelnde Probe stets die durch einen roten Querstrich auf der Thermometerskala der Spindel gekennzeichnete Normaltemperatur von + 17,5° C aufweist, gilt daher nunmehr auch für die Brauer. Außer auf die Einhaltung dieser Normaltemperatur muß beim Spindeln der Würze auch darauf geachtet werden, daß das Saccharometer sich in völlig reinem und trockenem Zustande befindet und in die Flüssigkeit nicht tiefer eingetaucht wird als erforderlich ist. Wird das Saccharometer zu tief eingetaucht, dann beeinflußt die über der Benutzungsgrenze am Saccharometer anhaftende Flüssigkeit dessen Gewicht und damit auch die Anzeige. Das Ablesen des Saccharometers hat mit der größten Sorgfalt zu geschehen. Die Angabe des Saccharometers ist an der Linie abzulesen, in welcher der Flüssigkeitsspiegel die Spindel schneidet. Die Ermittlung dieser Schnittlinie ist dadurch erschwert, daß um die Spindel ein kleiner, die Schnittlinie verdeckender Flüssigkeitswulst sich bildet. Um die Schnittlinie zu erkennen, ist das Auge in eine Stellung dicht unterhalb des Flüssigkeitsspiegels zu bringen, und zwar so, daß man an der Stelle, über welcher der Flüssigkeitswulst liegt, einen Strich, nicht eine länglich runde Fläche erblickt. Dieser Strich gibt die Schnittlinie. Würde man statt des Striches eine länglich runde Fläche erblicken, so wäre die Haltung des Auges zu tief unter dem Flüssigkeitsspiegel und müßte gehoben werden, bis die Fläche sich zu einem Strich zusammenzieht. Die Anwendung einer besonderen Sorgfalt beim Ablesen der Saccharometeranzeige ist mit Rücksicht darauf geboten, daß ein Unterschied in dieser Anzeige um nur 0,1 v. H. das Ergebnis der Ausbeuteberechnung um rund 0,6 v. H. beeinflußt. Die Ermittlung des Extraktgehaltes der Ausschlagwürze hat unmittelbar vor dem Ablassen aus der Sudpfanne, des Extraktgehaltes der Anstellwürze entweder im Sammelbottich oder, wo ein solcher fehlt, in den Gärbottichen spätestens in 10 Stunden nach der Befüllung zu geschehen (Ziffer 4 der Anleitung zum Gebrauche des Sudbuches). Befindet sich die gesamte bei einem Sud gewonnene Anstellwürze in einem Sammelgefäß, so hat der Probenahme ein längeres, gründliches Umrühren der Würze vorherzugehen. Ist die Würze eines Sudes auf mehrere Gärbottiche verteilt worden, so ist eine zweckentsprechende Extraktermittlung nur in der Weise möglich, daß von jedem einzelnen Bottich eine Probe saccharometrisch geprüft und nach der Hektoliterzahl und dem Extraktgehalt der Würze der einzelnen Bottiche für die gesamte Würzemenge ein einheitlicher

Extraktgehalt berechnet wird. Dieses Verfahren ist notwendig, weil die Dichte der Würze in den einzelnen Bottichen eine verschiedene ist.

6. Die Menge ist lediglich bei der Ausschlagwürze zu ermitteln und zwar in ganzen Hektolitern. Im Hinblick auf die für die amtlichen Sudaufnahmen in §§ 70 und 71 MAAusfB. gegebene Vorschrift haben auch die Brauer die Menge der Würze durch Vermessung mittels des amtlichen Maßstabes zu ermitteln, wobei nach § 70 Abs. 6 zu verfahren ist und Bruchteile eines Hektoliters für einen ganzen Hektoliter zu rechnen sind (§ 71 Abs. 1). Die Anordnung, daß die Würzemenge auf ganze Hektoliter aufzurunden ist, wurde getroffen, weil namentlich bei größeren Sudpfannen die Abstände zwischen den Teilstrichen für je 1 Hektoliter an den Maßstäben sehr gering sind, weil der Würzespiegel beim Messen nie völlig ruhig ist und weil die Kapillarität des Holzes ein auf den Millimeter genaues Ablesen der tatsächlichen Benetzungsgrenze ausschließt.

7. Die Extraktausbeute (Sudhausausbeute) stellt die in der Ausschlagwürze vorhandenen Extraktmengen dar, sie gibt Aufschluß über die Ergiebigkeit des Malzes, die Zweckmäßigkeit der Sudhauseinrichtung und des Sudverfahrens. Von der Befugnis, die Angabe der Sudhausausbeute für jeden einzelnen Sud im Sudbuche dem Brauer zu erlassen, wird in der Regel vom Hauptzollamt nur dann Gebrauch zu machen sein, wenn dem Brauer diese Berechnung besondere Schwierigkeiten bereiten würde. Die Berechnung der Sudhausausbeute durch den Brauer wird zweckmäßig in der in § 71 Abs. 2 MAAusfB. vorgeschriebenen Weise erfolgen.

8. Bei der Nachschau in der Brauerei haben die Aufsichtsbeamten das Ergebnis der Prüfung, mithin auch der amtlichen Würze- und Bierermittlungen §§ 70 und 71 MAAusfB., in die Bemerkungsspalte des Sudbuches einzutragen.

9. Durch den vierteljährigen Abschluß des Sudbuches stellt die Hebestelle das durchschnittliche Ergebnis für jede Biersorte, wie es sich aus den vom Brauer gemachten Einträgen ergibt, rechnerisch fest und zwar unter Anwendung des für die betreffende Brauerei gemäß § 71 Abs. 3 MAAusfB. festgesetzten Schwundsatzes.

10. Wird in einer Brauerei das Sudbuch nicht nach Vorschrift geführt, so tritt, soferne nicht eine Hinterziehung des Malzaufschlags vorliegt, Bestrafung nach Artikel 58 Ziffer 14 ein. Als eine Hinterziehung des Malzaufschlags würde sich eine unrichtige Führung des Sudbuches dann darstellen, wenn hiemit eine unrechtmäßige Vergütung des Malzaufschlags erwirkt werden wollte. In diesem Falle hätte Bestrafung nach Artikel 53 Ziffer 4 und 54 zu erfolgen.

Zu Art. 45 Abs. 2.

1. Durch diese Bestimmung soll das Sudbuch der Steuerbehörde jederzeit zugänglich gemacht sein.

2. Zuwiderhandlungen gegen Artikel 45 Abs. 2 werden nach Artikel 60 bestraft; außerdem kann die Beachtung der auf Grund dieser Bestimmung von der Steuerbehörde getroffenen Anordnungen nach Maßgabe des Artikel 62 durch Verhängung von Zwangsmaßregeln erzwungen werden.

Eigene Malzmühlen für neu entstehende Brauereien.

Art. 46.

[1] Die Inhaber der nach dem 1. März 1910 entstandenen Brauereibetriebe sind verpflichtet, in ihrer Brauerei selbst oder doch in räumlicher Verbindung mit ihr zum Schroten des in der Brauerei zur Bierbereitung bestimmten Malzes eigene Malzmühlen aufzustellen und zu benützen.

[2] Ausnahmen können von der Steuerbehörde zugelassen werden.

AusfB. zu Art. 46.

Eigene Malzmühlen für neu entstehende Brauereien.

§ 67. Das Hauptzollamt kann den in Art. 46 Abs. 1 des Gesetzes bezeichneten Brauern in Ausnahmefällen die Benützung einer anderen als der eigenen Malzmühle vorübergehend gestatten.

Bemerkungen: Zu Art. 46 Abs. 1.

1. Vom Standpunkt der Steueraufsicht aus erscheint es dringend erwünscht, daß tunlichst jeder Brauer das in seinem Betriebe verwendete Malz auf einer eigenen Malzmühle schroten läßt. Es ist im Gesetze davon abgesehen, vorhandenen Brauern, die noch nicht im Besitz einer eigenen Malzmühle sind, die Beschaffung einer solchen zur Pflicht zu machen. Neu entstehenden Brauereien ist jedoch diese Verpflichtung auferlegt worden (s. Begründung zu Artikel 46 des Gesetzentwurfs).

2. Während im Texte des Artikel 46 Abs. 1 von Inhabern der nach dem 1. März 1910 entstandenen Brauereibetriebe die Rede ist, spricht die Beischrift zu diesem Artikel von neu entstehenden Brauereien. Nach der Begründung zu Artikel 46 des Gesetzentwurfs (s. Bemerkung 1) und nachdem es nicht in der Absicht des Gesetzes gelegen sein kann, auch neu entstehenden Brauereibetrieben, die eine fremde Braustätte benützen, wie z. B. Hausbrauern, die Aufstellung und Benützung einer eigenen Malzmühle vorzuschreiben, sind als neu entstehende Brauereien im Sinne des Artikel 46 ebenso wie in Artikel 5 Abs. 6 neu entstehende Braustätten zu verstehen. Auf ruhende Braustätten, die nach dem 1. März 1910 wieder in Betrieb genommen werden, findet die Bestimmung in Artikel 46 Abs. 1 auch dann keine Anwendung, wenn diese Brauereien mehr als zwei Jahre außer Betrieb waren und daher gemäß Artikel 5 Abs. 6 einem Zuschlag von 25 v. H. zu den regelmäßigen Malzaufschlagsätzen des Artikel 5 Abs. 1 unterliegen.

3. Als eine Aufstellung der Malzmühle in räumlicher Verbindung mit der Brauerei wird es zu erachten sein, wenn die Malzmühle zwar nicht im Brauereigebäude selbst, wohl aber in einem zum Brauereianwesen gehörigen Gebäude untergebracht ist.

4. Wollen Inhaber von Braustätten, die nach dem 1. März 1910 entstanden sind, keine eigenen Malzmühlen aufstellen, sondern das zur Verwendung in ihrem Betriebe bestimmte Malz dauernd auf einer öffentlichen oder einer, einer dritten Person gehörigen eigenen Malzmühle schroten, so darf hiefür ein Malzschein von der Hebestelle nicht ausgestellt werden.

Zu Art. 46 Abs. 2.

Diese Bestimmung ist bei Beratung des Gesetzentwurfs im besonderen Ausschusse der Kammer der Abgeordneten angefügt worden, damit in besonderen Ausnahmefällen dem Inhaber einer neu entstandenen Braustätte die Benützung einer öffentlichen oder einer fremden eigenen Malzmühle gestattet werden kann (Ausschußbericht S. 212/3 und 316). Die Befugnis, derartige Ausnahmen vorübergehend zu gestatten, ist in § 67 MAAusfB. dem Hauptzollamte übertragen worden.

5. Steueraufsicht.

Gegenstand der Steueraufsicht.

Art. 47.

¹ Bierbrauereien und andere Betriebsstätten mit Malzverbrauch, Malzmühlen sowie sonstige zum Schroten von Malz geeignete Vorrichtungen, deren Besitz und Betrieb nach Art. 42 der Genehmigung bedarf, unterliegen der Steueraufsicht.

² Zum Schroten von Malz geeignete Vorrichtungen, deren Besitz und Betrieb einer Genehmigung nicht bedarf, können unter Steueraufsicht gestellt werden.

Umfang der Steueraufsicht.

Art. 48.

¹ Die Steuerbeamten sind befugt, in den zum Betrieb einer Brauerei benützten Räumen sowie in denjenigen Betrieben, in welchen Malz zu aufschlagfreien Zwecken verwendet wird, in den Räumen einer öffentlichen Malzmühle, bei den eigenen Malzmühlen und den unter Steueraufsicht stehenden, zum Schroten von Malz geeigneten Vorrichtungen, Nachschau zu halten. Die Steuerbeamten sind insbesondere berechtigt, die zum Wiegen des Malzes bestimmten Wagen und Gewichte zu prüfen und im Bedarfsfalle deren Richtigstellung zu veranlassen, das in der Mühle befindliche oder an den Bestimmungsort zurückgebrachte Malz nachzuwiegen, die zum Betriebe einer Brauerei verwendeten Geräte zu vermessen und die erzeugten Würze- oder Biermengen sowie deren Extraktgehalt festzustellen.

² Den Steuerbeamten müssen die in Abs. 1 bezeichneten Betriebe, solange in ihnen gearbeitet wird, jederzeit, außerdem aber von morgens 6 Uhr bis abends 8 Uhr zugänglich sein; die Zeitbeschränkung fällt weg, wenn Gefahr im Verzug ist. Es dürfen keine Einrichtungen getroffen werden, welche die Ausübung der Nachschau erschweren oder verhindern.

Haussuchungen.

Art. 49.

Ist begründeter Verdacht vorhanden, daß Malzaufschlaggefälle hinterzogen oder daß bei der Bierbereitung andere als die nach Art. 2 zulässigen Stoffe verwendet werden, so dürfen die Steuerbeamten auch in anderen als in den in Artikel 48 Abs. 1 bezeichneten Räumen unter Beachtung der für Haussuchungen gesetzlich vorgeschriebenen Formen Nachschau halten.

Hilfsdienste.

Art. 50.

In Betrieben, in denen eine Aufsichtshandlung vorgenommen wird, sind den Aufsichtsbeamten unentgeltlich die Hilfsdienste zu leisten, die erforderlich sind, um die den Beamten obliegenden Geschäfte in den vorgeschriebenen Grenzen zu vollziehen. Ferner müssen die zu diesem Zweck erforderlichen Aufschlüsse erteilt, die benötigten Hilfsmittel beschafft, auch muß für ausreichende Beleuchtung gesorgt werden.

AusfB. zu Art. 47, 48 und 50.

Nachschau in Brauereien.

§ 68. [1] Bei der Nachschau in Brauereien und in den diesen gleichgestellten Betrieben haben sich die Aufsichtsbeamten eine möglichst eingehende Kenntnis der Betriebsverhältnisse zu verschaffen; sie haben insbesondere sich davon zu überzeugen

a) ob zur Herstellung von Bier oder bierähnlichen Getränken keine unzulässigen Ersatzstoffe verwendet werden;
b) ob nicht unversteuertes Malz verwendet wird;
c) ob die erzeugten Biermengen zu den versteuerten Malzmengen im richtigen Verhältnisse stehen und das Sudbuch vorschriftsmäßig geführt wird;
d) ob nicht etwa geschrotetes Malz an Dritte abgegeben oder von Dritten bezogen wird.

[2] Die Nachschaubefugnis der Aufsichtsbeamten erstreckt sich auf alle Räume, welche zum Brauereibetriebe benutzt werden (Sudhaus, Gär- und Lagerkeller usw.) oder mit dem Brauereibetrieb in Verbindung stehen.

Vermessung der Sudpfannen.

§ 69. [1] In den Brauereien sind die Sudpfannen von den Steueramtsvorständen amtlich zu vermessen. Der Brauer hat der Vermessung beizuwohnen.

[2] Die Vermessung der Sudpfannen erfolgt durch nasse Vermessung mit geeichten Gefäßen und Verwiegung des Wasserinhalts der Sudpfanne. Die nasse Vermessung kann durch Auswägen des einzufüllenden Wassers ersetzt werden, wobei für 100 kg ein Hektoliter anzusetzen ist.

[3] Bei der Vermessung ist darauf zu achten, daß die Sudpfanne völlig leer ist, sowie daß sämtliche Ablauföffnungen und gegebenenfalls die Dampfventile der Sudpfannen geschlossen sind. Die Vermessung hat in der Weise zu erfolgen, daß mittels einer von der Steuerbehörde zu beschaffenden amtlich geeichten Zwanzigliterkanne oder mittels einer vom Brauer beschafften amtlich geprüften Eich-

vorrichtung kaltes Wasser (nicht über + 15° C) je in der Menge von einem Hektoliter ohne Verlust in die Sudpfanne übergefüllt wird. Nach Einfüllen je eines Hektoliters ist die vollständige Beruhigung des Wasserspiegels abzuwarten und sodann der Stand des Wasserspiegels an einem vom Brauereibesitzer zu liefernden Meßstab genau und deutlich einzukerben. Der Abstand jedes einzelnen Teilstrichs vom unteren Ende des Meßstabs oder, wenn ein Teilstrich vorhergeht, von diesem ist in Millimetern genau abzumessen. Die Einteilung des Meßstabs kann auch von einer im oberen Teile desselben angebrachten Marke aus erfolgen. Der Meßstab muß aus hartem Holze gefertigt, mit einer besonderen Vorrichtung zum Einhängen am oberen Rande der Sudpfanne versehen und am unteren Ende beschlagen sein. Der Meßstab ist stets an der gleichen Stelle einzuführen, welche am Rande der Sudpfanne durch eine Marke (Steuerblei) zu kennzeichnen ist. Nötigenfalls ist zum Zwecke einer stets gleichmäßigen Einführung des Meßstabs an der Sudpfanne eine Führungsklammer anbringen zu lassen. Ist wegen der Form der Sudpfanne die Anwendung eines geraden Meßstabs nicht möglich, so hat der Brauereibesitzer einen der Form der Sudpfanne genau angepaßten Meßstab zu beschaffen. Ist die Sudpfanne so mit Wasser befüllt, daß sie einen weiteren vollen Hektoliter nicht mehr zu fassen vermag, so ist die Vermessung zu beenden.

4 Zur Nachprüfung der Vermessung ist der Wasserinhalt der Sudpfanne in der Weise zu verwiegen, daß auf die Brücke einer vorher geprüften Dezimalwage ein tunlichst großes Gefäß (Faß, Schaff usw.) gestellt und die Wage mit dem Gefäße genau austariert wird. Das in die Sudpfanne eingemessene Wasser ist mit einem Schlauche, einer Rohrleitung oder dgl. in das auf die Wage gestellte Gefäß zu leiten. Jede Füllung des Gefäßes ist genau auszuwiegen. Vor jeder neuen Befüllung haben die Beamten sich zu überzeugen, daß das Gefäß vollständig leer ist und die Wage genau einspielt. Aus den Einzelverwiegungen ist das Gesamtgewicht des eingemessenen Wassers aufzurechnen und mit dem Ergebnisse der Vermessung zu vergleichen, wobei ein Kilogramm gleich einem Liter zu setzen ist. Weicht das Ergebnis der Verwiegung um mehr als 3 vom Hundert von dem Ergebnisse der Vermessung oder der ersten Verwiegung ab, so hat eine weitere Vermessung oder Verwiegung stattzufinden, deren Ergebnis endgültig ist. Über das Vermessungsgeschäft ist eine vom
Muster 23. Brauer mit zu unterzeichnende Verhandlung nach Muster 23 in doppelter Ausfertigung aufzunehmen und dem Hauptzollamte vorzulegen. Das Hauptzollamt prüft die Verhandlung und gibt beide Verhandlungen mit dem Prüfungsvermerke versehen an die Hebestelle, in deren Bezirk die Brauerei liegt. Eine Ausfertigung der Verhandlung ist zu den Akten der Hebestelle zu nehmen, die zweite Ausfertigung ist dem Brauereibesitzer zuzustellen und von diesem beim Sudbuch aufzubewahren.

5 Der Brauereibesitzer hat den Meßstab binnen einer vom Steueramtsvorstande zu bemessenden kurzen Frist mit einer den amtlichen Einkerbungen genau entsprechenden und deutlichen Hektolitereinteilung zu versehen, diese Einteilung und das am Meßstab anzubringende Steuerblei stets unversehrt zu erhalten und den Meß-

stab an dem vom Steueramtsvorstande bestimmten Platze aufzubewahren.

6 Der Brauereibesitzer ist verpflichtet, jede Änderung des Raumgehalts einer vermessenen Sudpfanne der Hebestelle anzuzeigen. Haben vermessene Sudpfannen eine Änderung ihres Raumgehalts erfahren oder besteht die Vermutung einer solchen Änderung, so ist eine neue Vermessung vorzunehmen.

Amtliche Würze- und Bierermittlung.

§ 70. 1 In den an der Bierausfuhr beteiligten Brauereien haben in jedem Vierteljahr, in den übrigen Brauereien in jedem Jahre mindestens zwei Sudaufnahmen stattzufinden, von denen eine im Vierteljahr bzw. im Jahre ein Oberkontrolleur, die übrigen der Steueramtsvorstand vorzunehmen hat. Die Sudaufnahme hat den Zweck, für einen Biersud festzustellen

1. die aus der Malzschüttung gewonnene Ausschlagwürze und Biermenge;
2. die erzielte Extraktausbeute (Sudhausausbeute);
3. die zur Herstellung eines Hektoliters Bier verwendete Malzmenge in Kilogramm.

2 Außer den Sudaufnahmen ist von den Beamten der Hebestellen monatlich mindestens zweimal die Menge der Ausschlagwürze und der Extraktgehalt für die Ausschlag- und Anstellwürze zu ermitteln.

3 Die Sudaufnahmen und Würzeermittelungen haben unvermutet zu erfolgen. Dem Brauer ist hiebei Gelegenheit zu geben, den Ermittlungen beizuwohnen. Bei den Sudaufnahmen haben die Beamten (der Oberkontrolleur bzw. Steueramtsvorstand) sich so rechtzeitig einzufinden, daß sie sich davon überzeugen können, ob die gesamte aus der betreffenden Malzschüttung gewonnene Würze sich in der Sudpfanne (Hopfenkessel) befindet.

4 Die Menge der aus einer Malzschüttung erzeugten Ausschlagwürze, d. i. der in der Sudpfanne befindlichen heißen Würze, ist unmittelbar vor dem Ablassen aus der Sudpfanne (Ausschlagen) mittels des amtlichen Meßstabs zu ermitteln.

5 Das Abmessen der Würze darf erst unmittelbar vor dem Pfannenausschlage dann vorgenommen werden, wenn das Sieden beendigt ist und der Würzespiegel sich beruhigt hat. Der Meßstab ist stets an der besonders gekennzeichneten Stelle einzuführen.

6 Zur Feststellung des Extraktgehalts der Aufschlag- oder der Anstellwürze haben sich die Beamten stets des zu diesem Zwecke mitzuführenden Saccharometers zu bedienen.

7 Die zur Ermittlung des Extraktgehalts der Ausschlagwürze erforderliche Probe ist aus der Sudpfanne unmittelbar vor dem Pfannenausschlage mittels eines Metallzylinders, sofern ein solcher in der Brauerei vorhanden ist, oder mittels einer vorher gründlich zu reinigenden, zu erwärmenden und mit der Würze auszuspülenden Bierflasche zu entnehmen. Der Metallzylinder oder die Bierflasche sind sorgfältig zu verschließen und sodann in einem mit kaltem Wasser gefüllten Gefäße bis auf annähernd + 17,5° C (+ 14° R) abzukühlen. Zum Zwecke der Spindelung ist ein von dem Brauereibesitzer zu beschaffendes, gut gereinigtes und ausgetrocknetes Stand-

glas senkrecht aufzustellen und fast bis zum Rande mit der abgekühlten und vorher abgeseihten Würze zu befüllen. Bezüglich der Einführung und des Ablesens der Saccharometerspindel sind die Vorschriften in § 11 der Alkoholermittlungsordnung mit der Maßgabe zu beachten, daß, sofern die Temperatur nicht die Normaltemperatur (+ 17,5° C) ist, die an der Spindel angebrachte Anleitung zur Berichtigung der Saccharometeranzeige zu berücksichtigen ist.

[8] Behufs Feststellung des Extraktgehalts der Anstellwürze ist im allgemeinen ebenfalls nach vorstehender Anleitung zu verfahren mit der Maßgabe, daß die zu untersuchende Probe entweder aus dem Sammelgefäß oder, sofern dies nicht möglich ist, aus den Gärbottichen spätestens in 10 Stunden nach der Befüllung zu entnehmen ist. Letzteren Falles ist darauf zu sehen, daß die Probe der durchschnittlichen Beschaffenheit der Anstellwürze entspricht.

§ 71. [1] Bei der Sudaufnahme ist die Menge der Ausschlagwürze in Hektolitern durch Vermessung festzustellen; Bruchteile eines Hektoliters sind für einen ganzen Hektoliter zu rechnen.

[2] Die Extraktausbeute (E) ist zu berechnen aus:
der Malzschüttung in Kilogramm (M),
der Menge der Ausschlagwürze in Litern (L),
der Saccharometeranzeige der Ausschlagwürze nach Balling bei + 17,5° C (S) und dem dieser Saccharometeranzeige entsprechenden spezifischen Gewichte bei + 17,5° C (D) nach folgender Formel:

$$E = \frac{L \times 0{,}96 \times S \times D}{M}.$$

Bei dieser Formel ist durch Einfügung der Zahl 0,96 die Zusammenziehung der heißen Würze durch Abkühlung sowie die Würzeverdrängung durch den Hopfen berücksichtigt.

Anlage C. Das Produkt 0,96 × S × D ist auf der Tafel (Anlage C) zu entnehmen und zur Vereinfachung der Berechnung als F in die Formel einzusetzen, so daß diese lautet:

$$E = \frac{L \times F}{M}.$$

[3] Die Menge des gewonnenen Bieres ist aus der festgestellten Menge der Ausschlagwürze (Abs. 1) durch Abzug des Schwundes festzustellen. Für jede Brauerei ist der zutreffende Schwund, d. i. der Gesamtverlust vom Ausschlagen der Würze aus der Sudpfanne bis zum Abfüllen des Bieres im Lagerkeller, zu ermitteln. Dieser Schwund wird nach dem entsprechend zu begründenden Antrage des Bezirksoberkontrolleurs oder, wo ein solcher nicht vorhanden ist, des Steueramtsvorstandes vom Hauptzollamte nach gewissenhafter Prüfung der einschlägigen Betriebsverhältnisse nach 100 Teilen der Ausschlagwürze festgesetzt. Sofern die Betriebsverhältnisse einer Brauerei hiezu nicht früher Anlaß bieten, hat in jeder Brauerei alle drei Jahre die Festsetzung des Schwundes neu zu erfolgen. Der für eine Brauerei vom Hauptzollamte festgesetzte Schwund ist dem Brauereibesitzer schriftlich mitzuteilen.

[4] Die zur Herstellung eines Hektoliters Bier verwendete Malz-

menge ist aus der berechneten Biermenge und der Malzschüttung zu berechnen.

Beispiel: Zu einem Sude sind 860 kg Malz verwendet worden. Die bei der Vermessung der Ausschlagwürze in der Sudpfanne am Meßstab abgelesene Benetzungsgrenze liegt zwischen Teilstrich 49 und 50 des Meßstabs. Der Extraktgehalt der Ausschlagwürze wurde zu 12,4 vom Hundert Balling bei 17,5° C ermittelt. Der für die Brauerei zutreffende Schwund wurde vom Hauptzollamte zu 17 vom Hundert festgesetzt.

Hieraus berechnet sich:

1. die Menge der Ausschlagwürze zu 50 hl = 5000 l;

2. die Extraktausbeute (Sudhausausbeute) wie folgt: bei der wahren Saccharometeranzeige von 12,4 ist nach der Hilfstafel (Anlage C) F = 12,51;

$$\text{sohin } E = \frac{L \times F}{M} = \frac{5000 \times 12{,}51}{860} = 72{,}7\,;$$

3. die aus dem Sude gewonnene Biermenge zu 5000 — (50 × 17) = 5000 — 850 = 4150 l;

4. die zur Herstellung eines Hektoliters Bier verwendete Malzmenge nach dem Verhältnisse 4150 : 860 = 100 : x

$$x = \frac{860 \times 100}{4150} = 20{,}72 \text{ kg}.$$

Nachschau in Betrieben, in welchen Malz zu aufschlagfreien Zwecken verwendet wird.

§ 72. In Betrieben, in welchen Malz zu aufschlagfreien Zwecken verwendet wird, hat sich die Nachschau hauptsächlich darauf zu erstrecken, ob das Malz ausschließlich zu dem in der Betriebsbeschreibung (§ 8) angegebenen Zwecke verwendet und nicht etwa an Dritte abgegeben wird, sowie ob die vom Hauptzollamt erlassenen besonderen Überwachungsvorschriften genau eingehalten werden.

Nachschau in den Malzmühlen.

§ 73. ¹ Die Nachschau in den Malzmühlen hat sich insbesondere darauf zu erstrecken,

a) ob das Schroten des Malzes in Übereinstimmung mit den jeweiligen Anmeldungen (Artikel 17 des Gesetzes) geschieht;

b) ob die Einträge im Mühlbuch und gegebenenfalls auch auf den Malzscheinen nach Vorschrift erfolgen.

² Bei der Nachschau in öffentlichen Malzmühlen ist außerdem noch besonders darauf zu achten,

a) ob nicht Malz ohne Malzschein in der Mühle vorhanden ist oder vom Inhaber der Mühle ohne Erlaubnis auf eigene Rechnung aufbewahrt wird;

b) ob das Malz auf einmal und ohne Unterbrechung in die Mühle gebracht und ebenso von dort alsbald nach dem Schroten wieder entfernt wird;

c) ob die erforderlichen Wagen und Gewichte in vorschriftsmäßigem Zustande vorhanden sind;

d) ob das zur Mühle gebrachte Malz das auf dem Malzschein angegebene Gewicht nicht in unzulässiger Weise übersteigt;

e) ob das Schroten von Malz innerhalb der in Artikel 20 des Gesetzes vorgeschriebenen Zeit stattfindet;

f) in öffentlichen Malzmühlen ohne selbsttätige Wägevorrichtung außerdem, ob die Verwiegung des zur Mühle gebrachten Malzes nach Vorschrift des Artikel 28 des Gesetzes erfolgt.

Um sich zu überzeugen, ob nicht mehr Malz zur Mühle gebracht wird, als auf dem Malzschein angegeben ist, haben die Aufsichtsbeamten bereits verwogenes Malz zeitweilig nachwiegen zu lassen. Die Nachwiegung kann auch erfolgen, wenn das Malz bereits geschrotet und an den Verwendungsort zurückgebracht ist.

³ Bei der Nachschau in Malzmühlen mit selbsttätiger Wägevorrichtung ist insbesondere darauf zu achten, ob die Wägevorrichtung die geschroteten Malzmengen richtig anzeigt und ob die amtlichen Verschlüsse an der Wägevorrichtung und an der Malzmühle unverletzt sind.

Überwachung der sonstigen zum Schroten von Malz geeigneten Vorrichtungen.

§ 74. Bei den sonstigen zum Schroten von Malz geeigneten Vorrichtungen, welche unter Steueraufsicht stehen, hat sich die Nachschau hauptsächlich darauf zu erstrecken, ob diese Vorrichtungen nur zu dem genehmigten Zwecke und nicht auch zum Schroten von Dörr- oder Luftmalz verwendet werden. Bei Futterschrot- und Hausmühlen ist auch darauf zu achten, ob der Probensammler richtig funktioniert und die amtlichen Verschlüsse unverletzt sind.

Nachschau in ruhenden Betrieben.

§ 75. In ruhenden Betrieben hat sich die Nachschau darauf zu erstrecken, ob keine das Steueraufkommen gefährdende Handlungen vorgenommen werden sowie ob etwaige amtliche Verschlüsse unverletzt sind.

Zahl und Zeitpunkt der Kontrollen.

§ 76. ¹ Bierbrauereien und Betriebe, in welchen bierähnliche Getränke hergestellt werden, sowie Malzmühlen sind, solange sie im Betriebe stehen, vom Oberkontrolleur oder, sofern ein solcher nicht vorhanden ist, vom Steueramtsvorstande monatlich mindestens einmal, von den Beamten der Hebestelle monatlich mindestens viermal zu besuchen.

² Die Nachschau bei den sonstigen zum Schroten von Malz geeigneten, unter Steueraufsicht stehenden Vorrichtungen (§ 74) ist mit der Nachschau in den dazu gehörigen malzaufschlagpflichtigen Betrieben zu verbinden. Ruhende Betriebe sind von den Beamten der Hebestelle mindestens einmal vierteljährlich zu besuchen. Für Betriebe, in welchen Malz zu aufschlagfreien Zwecken verwendet wird, bestimmt das Hauptzollamt, wie oft die Nachschau auszuüben ist.

³ Die Nachschau muß unvermutet und möglichst zu verschiedenen Stunden und in ungleichen Zwischenräumen erfolgen.

Eintragung des Prüfungsbefundes.

§ 77. Die Aufsichtsbeamten haben das Ergebnis der Nachschau in die im betreffenden Betrieb aufliegenden Bücher einzutragen.

Geheimhaltung der Betriebsverhältnisse.

§ 78. Die Aufsichtsbeamten sind verpflichtet, über alle infolge ihrer dienstlichen Tätigkeit zu ihrer Kenntnis gelangten Verhältnisse der unter Steueraufsicht stehenden Betriebe das Amtsgeheimnis strengstens zu wahren.

Bemerkungen: Zu Art. 47 Abs. 1.

1. Bierbrauereien sind Betriebsstätten, in denen Bier oder bierähnliche Getränke hergestellt werden.

2. Betriebsstätten mit Malzverbrauch im Sinne des Artikel 47 Abs. 1 sind nur solche, in denen Malz geschrotet (zerkleinert) wird. Betriebsstätten, in denen Malz verarbeitet wird, ohne daß eine Zerkleinerung desselben stattfindet, fallen nicht unter das MAG. und daher auch nicht unter die Steueraufsicht. Unter Malz ist nur Dörr- oder Luftmalz zu verstehen. Vgl. auch die Bemerkung 1 zu Artikel 4 Abs. 1.

3. Malzmühlen sind gemäß Artikel 16 nur solche öffentliche oder eigene Mühlen, die von der Steuerbehörde ausdrücklich als Malzmühlen zugelassen sind.

4. Der Besitz oder die Benützung von zum Schroten von Malz geeigneten Vorrichtungen bedarf nach Artikel 42 dann der Genehmigung der Steuerbehörde, wenn der Besitz oder die Benützung durch Inhaber von Brauereibetrieben innerhalb einer Entfernung von 5 km vom Betriebsorte erfolgt.

Zu Art. 47 Abs. 2.

1. Grundsätzlich unterliegen der Steueraufsicht nach dem MAG. nur die Betriebsstätten bzw. Betriebswerkzeuge, die in Artikel 47 Abs. 1 bezeichnet sind. In Artikel 47 Abs. 2 ist die Möglichkeit gegeben, auch andere Betriebswerkzeuge, soferne sie zum Schroten von Malz geeignet sind, unter Steueraufsicht zu stellen. Von dieser Befugnis wird insbesondere dann Gebrauch zu machen sein, wenn die Benützung derartiger Vorrichtungen auf Grund des Artikel 41 Abs. 1 untersagt worden ist. Darüber, ob eine Vorrichtung zum Schroten von Malz geeignet erscheint, entscheidet gemäß Artikel 41 Abs. 2 die Steuerbehörde (Hauptzollamt).

2. Die Ausführungsbestimmungen zu Artikel 47 ff. enthalten keine ausdrückliche Vorschrift darüber, welche Behörde im Falle des Artikel 47 Abs. 2 die Stellung unter Steueraufsicht zu verfügen hat. Nachdem die Entscheidung der Frage, ob eine Vorrichtung zum Schroten von Malz geeignet ist oder nicht, gemäß § 61 MAAusfB. dem Hauptzollamt übertragen ist, hat auch im gegebenen Falle das Hauptzollamt zu verfügen, daß eine derartige Vorrichtung gemäß Artikel 47 Abs. 2 unter Steueraufsicht zu stellen sei.

Zu Art. 48 Abs. 1.

1. Die Verwaltung des Malzaufschlags ist durch § 2 der K. VO. vom 9. Juni 1874, die Verwaltung der Malzaufschlags- und Stempelgefälle betr. — GVOBl. S. 334, ABl. S. 120 — den Behörden der Zollverwaltung übertragen. Als Steuerbeamte kommen zunächst in Betracht die Steuerrevisoren, Steuerverwalter, Steueroberkontrolleure und

Steuerinspektoren; im Grenzbezirk auch die Grenzwache und die Grenzoberkontrolleure. Von den Hauptzollämtern können, wie sich aus der Fassung „Oberkontrolleur" in dem § 70 Abs. 1 und 3 sowie § 76 MAAusfB. ergibt, an Stelle der Steueroberkontrolleure auch Zolloberkontrolleure mit der Überwachung der unter das MAG. fallenden Betriebe betraut werden. Die näheren Anordnungen über die Dienstesaufgaben der Steuerkontrolleure enthält die für diese Beamten erlassene Dienstanweisung vom 22. Januar 1911 — ABl. S. 53 abgedruckt als Anhang I. Außer den bereits erwähnten Beamten nehmen an der Ausübung der Steueraufsicht über die unter das MAG. fallenden Betriebe auch teil die Vorstände der Hauptzollämter oder deren Stellvertreter und die Visitationskommissäre der K. Generaldirektion der Zölle und indirekten Steuern.

2. Bei der Prüfung der nach Artikel 15 des Gesetzes vom Betriebsinhaber zu beschaffenden Wagen und Gewichte ist insbesonders auch zu prüfen, ob sie vorschriftsmäßig geeicht und nachgeeicht sind.

3. Im Falle der Nachverwiegung des in der Mühle befindlichen oder an den Bestimmungsort zurückgebrachten Malzes sowie beim Vermessen der zum Betrieb einer Brauerei verwendeten Geräte sind den Aufsichtsbeamten gemäß Artikel 50 die erforderlichen Hilfsdienste unentgeltlich zu leisten.

Zu § 68 Abs. 1c der MAAusfB.

Für die Prüfung, ob die erzeugten Biermengen zu den versteuerten Malzmengen in einem richtigen Verhältnisse stehen, kann die Berechnung der Malzverwendung auf Grund der Ausbeuteformel gute Dienste leisten. S. die Bemerkung 2 zu § 71 Abs. 2 MAAusfB.

Zu § 69 Abs. 3 der MAAusfB.

1. Darauf, daß sämtliche Dampfventile bei Dampfsudpfannen vor der Vermessung geschlossen sind, muß deshalb geachtet werden, weil durch das Anwärmen des Wassers, wie es beim Einströmen des Dampfes durch die nicht geschlossenen Ventile stattfinden würde, und durch die Kondensation des Wasserdampfes das Vermessungsergebnis erheblich beeinflußt werden könnte.

2. Es muß darauf geachtet werden, daß die zur Vermessung verwendeten amtlich geeichten Zwanzigliterkannen sich stets in einem zweckentsprechenden Zustande befinden und insbesondere nicht durch Veränderungen ihrer äußeren Form (Eindrücke, Ausbuchtungen) eine Veränderung ihres Fassungsvermögens erhalten haben.

Zu § 69 Abs. 5 der MAAusfB.

Die Verpflichtung zur Lieferung eines entsprechenden Meßstabes ergibt sich für den Brauereibesitzer aus Artikel 50 des Gesetzes. Wird der Meßstab vom Brauer nicht, oder in nicht entsprechender Weise geliefert, so können die Zwangsmaßregeln des Artikel 62 angewendet, oder es kann auf Grund dieser Bestimmung der Meßstab auf Kosten des Pflichtigen von der Steuerbehörde beschafft werden.

Zu § 69 Abs. 6 der MAAusfB.

Die Vermutung einer Änderung des Raumgehaltes einer Sudpfanne ist begründet, sobald Ausbesserungen oder Änderungen irgendwelcher

Art an der Pfanne vorgenommen worden sind. Wird die vorgeschriebene Anzeige von der Änderung des Raumgehaltes einer Sudpfanne unterlassen, so tritt Bestrafung nach Artikel 60 ein. Möglicherweise, namentlich bei Ausfuhrbrauereien, kann eine Hinterziehung vorliegen.

Zu § 70 Abs. 1 und 2 der MAAusfB.

Die amtlichen Würze- und Bierermittelungen haben den Zweck, nachzuprüfen, ob die vom Brauer im Sudbuche gemachten Einträge richtig sind.

Zu § 70 Abs. 6 und 7 der MAAusfB.

1. Auf die Bemerkung 5 zu Artikel 45 Abs. 1 wird Bezug genommen.

2. Die Verpflichtung zur Beschaffung des zur Spindelung zu benützenden Standglases ergibt sich für den Brauer aus Artikel 50 des Gesetzes; im übrigen gilt die Bemerkung zu § 69 Abs. 5 MAAusfB. auch für die Beschaffung der Standgläser.

3. Der letzte Satz in § 70 Abs. 1 wird ebenso wie die gleichlautende Bestimmung in Ziffer 4 der Anleitung zum Gebrauche des Sudbuchs (Muster 21) durch die Entschließung des K. Staatsministeriums der Finanzen vom 17. Februar 1911 Nr. 5220 (ABl. S. 87/8, s. auch Bemerkung 5 zu Artikel 45 Abs. 1) insoferne beeinflußt, als eine auf der Spindel angebrachte Anleitung zur Berichtigung der Saccharometeranzeige nicht mehr berücksichtigt werden darf.

Zu § 71 Abs. 1 der MAAusfB.

Die Anordnung, daß bei Ermittelung der Würzemenge Bruchteile eines Hektoliters für einen ganzen Hektoliter zu rechnen sind, wurde getroffen, weil namentlich bei größeren Sudpfannen die Abstände zwischen den Teilstrichen für je 1 Hektoliter an den Meßstäben sehr gering sind, weil der Würzespiegel beim Messen nie völlig ruhig ist und weil die Kapillarität des Holzes ein auf den Millimeter genaues Ablesen der tatsächlichen Benetzungsgrenze ausschließt.

Zu § 71 Abs. 2 der MAAusfB.

1. Ableitung der Extraktausbeuteformel. Jede Saccharometeranzeige S entspricht einem bestimmten spezifischen Gewicht D, wie es in Spalte 2 der Anlage C ausgewiesen ist, d. h. 1 Liter Würze von S $^0/_0$ Balling wiegt D kg; die gemessene Menge Ausschlagwürze in Litern L wiegt also $L\times D$ kg. Anderseits ergibt sich aus der Saccharometeranzeige, daß 100 kg Würze S kg Extrakt enthalten; in $L\times D$ kg Würze sind somit $\frac{L\times D\times S}{100}$ kg Extrakt enthalten. Diese Extraktmenge wurde aus M kg Malz gewonnen; 100 kg Malz geben demnach $\frac{L\times D\times S\times 100}{100\times M} = \frac{L\times D\times S}{M}$.
Die Würze nimmt in dem heißen Zustande, wie sie vor dem Ausschlagen vermessen wird, einen größeren Raum ein, als bei der Normaltemperatur von 17,5° C; ferner verdrängt der in der Würze befindliche Hopfen einen gewissen Raum; für das Zusammenziehen (Kontraktion) der Würze durch Abkühlen auf die Normaltemperatur und für die Würzeverdrängung durch den Hopfen sind rund 4 v. H. des Würzevolumens in Ab-

zug zu bringen, mit anderen Worten: statt L Liter sind L×0,96 Liter in die Ausbeuteformel einzusetzen, so daß diese lautet: Extraktausbeute $E = \frac{L \times 0{,}96 \times D \times S}{M}$. Das Produkt 0,96×D×S ist für jede einzelne Saccharometeranzeige eine feststehende Zahl F und kann aus der Tafel Anlage C entnommen werden; hiedurch vereinfacht sich die Ausbeuteformel auf $E = \frac{L \times F.}{M}$

2. Die Extraktausbeuteformel ermöglicht es, die regelmäßige Malzverwendung für einen Sud der gleichen Biersorte festzustellen und hiedurch zu prüfen, ob die gewonnene Würze zu der versteuerten Malzmenge in einem richtigen Verhältnis steht. Aus der Formel $E = \frac{L \times F}{M}$ folgt: $M = \frac{L \times F.}{E}$ Als E ist die durchschnittliche Extraktausbeute, als F der der Saccharometeranzeige der Ausschlagwürze entsprechende Faktor aus der Anlage C einzusetzen.

3. Die Extraktausbeuteformel kann auch zur Vorausberechnung der aus einer bestimmten Malzmenge zu erhaltenden Würzemenge von bestimmter Saccharometeranzeige dienen: $L = \frac{E \times M.}{F}$

Zu § 71 Abs. 3 der MAAusfB.

1. Für die Festsetzung des für die einzelnen Brauereien zutreffenden Schwundsatzes ist von der K. Generaldirektion der Zölle und indirekten Steuern mit Entschließung vom 6. Mai 1910 Nr. 18093[1] die als Anhang II abgedruckte eingehende Anleitung erlassen worden.

2. Zur Erläuterung der in der vorerwähnten Anleitung für den Verdunstungsschwund eingesetzten Ziffern ist zu bemerken: durch die Verdunstung geht kein Extrakt sondern nur Wasser verloren; es müssen daher die Extraktmengen eine Würze vor und nach der Verdunstung gleich sein:

$\frac{L_1 \times 0{,}96 \times S_1 \times D_1}{M}$ (Extraktausbeute vor der Verdunstung) = $\frac{L_2 \times D_2 \times S_2}{M}$ (Extraktausbeute nach der Verdunstung).

$$L_1 \times \underbrace{0{,}96 \times S_1 \times D_1} = L_2 \times \underbrace{S_2 \times D_2}$$

$$L_1 \times 0{,}96 \times S_1 \times D_1 = L_2 \times S_2 \times D_2 \frac{0{,}96}{0{,}96}$$

$$L_1 \times F_1 = \frac{L_2 \times F_2}{0{,}96}$$

$0{,}96\, L_1 \times F_1 = L_2 \times F_2$. Wird in diese Formel $L_2 = 0{,}96\, \frac{L_1 \times V}{100}$ eingesetzt, so ist $0{,}96\, L_1 \times F_1 = 0{,}96\, L_1 \times F_2 - \frac{L_1 \times V \times F_2}{100}$

$$\frac{V \times F_2}{100} = 0{,}96 \times F_2 - 0{,}96\, F_1$$

$$V = 96 \times \frac{F_2 - F_1}{F_2}.$$

3. Der Schwund umfaßt den Gesamtverlust an Würze bei der Herstellung und Behandlung des Bieres in der Brauerei, also auch den Verlust, der beim Abfüllen des Bieres aus den Lagerfässern in die Transportfässer entsteht. Der Verlust, der beim Abgeben des Bieres an den Verbraucher (Ausschank) entsteht, z. B. Tropfbier, kann nicht mit eingerechnet werden, weil das Ausschänken des Bieres nicht mehr zum Brauereibetrieb im Sinne des MAG. gehört.

4. Wird von einer Brauerei gegen die nach § 71 Abs. 3 erfolgte Festsetzung des Schwundes mit Erfolg Einspruch erhoben, so ist für die Frage, von welchem Zeitpunkte an die verfügte anderweite Festsetzung des Schwundes für die Brauerei wirksam sein soll, der Zeitpunkt entscheidend, in dem die Ermittlungen gepflogen worden sind, auf die sich die anderweite Festsetzung gründet.

Zu § 77 der MAAusfB.

Aus dieser Bestimmung ergibt sich, daß auch das Ergebnis der amtlichen Würze- und Bierermittlungen in der Bemerkungsspalte des Sudbuches vorzutragen sind.

Zu Art. 48 Abs. 2.

1. Unter Einrichtungen, welche die Ausübung der Nachschau erschweren, sind sowohl Handlungen (z. B. Verschließen der Türen) als auch Unterlassungen (Nichtanhängen eines bissigen Hundes) zu verstehen. Werden derartige Einrichtungen getroffen, so ist die Strafe des Artikel 59 Abs. 2 verwirkt. Die Steuerbehörde hat das Recht, die Beseitigung derartiger Einrichtungen anzuordnen; wird dieser Anordnung keine Folge geleistet, können gemäß Artikel 62 Geldstrafen bis zum Betrage von 500 Mk. angedroht und eingezogen werden. Die Möglichkeit, eine Einrichtung, die zur Erschwerung oder Verhinderung der Nachschau getroffen worden ist, auf Kosten des Pflichtigen beseitigen zu lassen, sieht das MAG. nicht vor.

Zu Art. 49.

Unter den in Artikel 49 angegebenen Voraussetzungen darf der Steuerbeamte auch in anderen als den in Artikel 48 Abs. 1 bezeichneten Räumen Nachschau halten. Diese Nachschau ist keine Haussuchung; infolgedessen kann sie der Steuerbeamte auch von sich aus ohne richterliche Anordnung und ohne Beiziehung von Sicherheitsbeamten oder anderen Hilfsorganen der Staatsanwaltschaft vornehmen; er muß aber die für Haussuchungen vorgeschriebenen Formen einhalten. Die für Haussuchungen vorgeschriebenen Formen sind in den §§ 102—111 der Reichsstrafprozeßordnung enthalten. Die wichtigeren hier in Betracht kommenden Bestimmungen hievon lauten:

§ 104. Zur Nachtzeit dürfen die Wohnung, die Geschäftsräume und das befriedete Besitztum nur bei Verfolgung auf frischer Tat oder bei Gefahr im Verzuge oder dann durchsucht werden, wenn es sich um die Wiederergreifung eines entwichenen Gefangenen handelt.

Diese Beschränkung findet keine Anwendung auf Wohnungen von Personen, welche unter Polizeiaufsicht stehen, sowie auf Räume, welche zur Nachtzeit jedermann zugänglich oder welche der Polizei als Herbergen oder Versammlungsorte bestrafter Personen, als Niederlagen von Sachen, welche mittels strafbarer Handlungen erlangt sind, oder als Schlupfwinkel des Glücksspiels oder gewerbsmäßiger Unzucht bekannt sind.

Die Nachtzeit umfaßt in dem Zeitraume vom ersten April bis dreißigsten September die Stunden von neun Uhr abends bis vier Uhr morgens und in den Zeitraume vom ersten Oktober bis einunddreißigsten März die Stunden von neun Uhr abends bis sechs Uhr morgens.

§ 105. Wenn eine Durchsuchung der Wohnung, der Geschäftsräume oder des befriedeten Besitztums ohne Beisein des Richters oder Staatsanwalts stattfindet, so sind, wenn dies möglich, ein Gemeindebeamter oder zwei Mitglieder der Gemeinde, in deren Bezirk die Durchsuchung erfolgt, zuzuziehen. Die als Gemeindemitglieder zugezogenen Personen dürfen nicht Polizei- oder Sicherheitsbeamte sein.

Die in vorstehenden Absätzen angeordneten Beschränkungen der Durchsuchung finden keine Anwendung auf die im § 104 Abs. 2 bezeichneten Wohnungen und Räume.

Durchsuchungen in militärischen Dienstgebäuden erfolgen durch Ersuchen der Militärbehörde, und auf Verlangen der Zivilbehörde (Richter, Staatsanwaltschaft) unter deren Mitwirkung. Des Ersuchens der Militärbehörde bedarf es jedoch nicht, wenn die Durchsuchung von Räumen vorzunehmen ist, welche in militärischen Dienstgebäuden ausschließlich von Zivilpersonen bewohnt werden.

§ 106. Der Inhaber der zu durchsuchenden Räume oder Gegenstände darf der Durchsuchung beiwohnen. Ist er abwesend, so ist, wenn dies möglich, sein Vertreter oder ein erwachsener Angehöriger, Hausgenosse oder Nachbar zuzuziehen.

Dem Inhaber oder der in dessen Abwesenheit zugezogenen Person ist in den Fällen des § 103 Abs. 1 der Zweck der Durchsuchung vor deren Beginn bekannt zu machen. Diese Vorschrift findet keine Anwendung auf die Inhaber der im § 104 Abs. 2 bezeichneten Räume.

§ 107. Den von der Durchsuchung Betroffenen ist nach deren Beendigung auf Verlangen eine schriftliche Mitteilung zu machen, welche den Grund der Durchsuchung (§§ 102, 103) sowie im Falle des § 102 die strafbare Handlung bezeichnen muß. Auch ist demselben auf Verlangen ein Verzeichnis der in Verwahrung oder in Beschlag genommenen Gegenstände, falls aber nichts Verdächtiges gefunden wird, eine Bescheinigung hierüber zu geben.

Zu Art. 50.

1. Diese Bestimmung ist insbesondere mit Rücksicht darauf getroffen worden, daß bei den heutigen Betriebsverhältnissen, namentlich in Großbrauereien, die steueramtlichen Ermittlungen der in einer Brauerei aus dem versteuerten Malze erzeugten Würze und Biermengen zu keinem vollkommen zuverlässigen Ergebnis führen können, wenn nicht die Betriebsberechtigten durch Hilfsdienste und wahrheitsgemäße Aufschlüsse über die Betriebs- und Ausbeuteverhältnisse den Steuerbeamten an die Hand gehen (Begründung zu Artikel 47 mit 50 des Gesetzentwurfs).

2. Die Notwendigkeit, den Aufsichtsbeamten bei Ausübung der ihnen obliegenden Geschäfte Hilfsdienste zu leisten, kann sich insbesondere ergeben beim Vermessen der Sudpfannen (Befüllung der Pfanne mit Wasser, Entleeren derselben und Rückverwiegung des Wassers — § 69

MAAusfB.), zum Zwecke der Feststellung des Extraktgehaltes der Anstellwürze (Umrühren oder sonstiges Durcheinandermengen der im Sammelbottich befindlichen Würze), beim Nachverwiegen des Malzes (§ 73 Abs. 2 MAAusfB.) sowie bei der Abfertigung der zur Ausfuhr bestimmten Biersendungen, um die Menge und Art des ausgeführten Bieres feststellen zu können. Der Pflichtige kann die Hilfsdienste entweder selbst leisten oder durch geeignete dritte Personen leisten lassen.

3. Die für steuerliche Zwecke erforderlichen Aufschlüsse müssen den Steuerbeamten sowohl vom Betriebsinhaber als auch von den im Betriebe beschäftigten Personen gegeben werden. Wie bei der Beratung des Gesetzentwurfs in der Kammer der Abgeordneten hervorgehoben wurde (Ausschußbericht S. 214/17 und StenB. Bd. 9 S. 443) ist es die Absicht dieser Bestimmung, daß der Steuerbeamte sich seine Auskünfte in erster Linie bei dem Betriebsinhaber erholt und bei dessen Abwesenheit vom Betriebsleiter (Braumeister) oder sonst einer vertrauenswürdigen Person. Aufschlüsse über die Betriebsverhältnisse einer Brauerei werden hauptsächlich für eine entsprechende Festsetzung des Schwundes (§ 71 Abs. 3 MAAusfB.) seitens der Steuerbeamten eingeholt werden müssen. Es liegt im eigensten Interesse der Brauer, den Steuerbeamten in derartigen Fällen entgegenzukommen und ihnen den gebotenen Einblick in die Betriebsverhältnisse zu gewähren. Die Steuerbeamten haben gemäß § 78 MAAusfB. über die ihnen erteilten Aufschlüsse das Amtsgeheimnis strengstens zu wahren.

4. Als Hilfsmittel, die von den Brauern beschafft werden müssen, kommen hauptsächlich in Betracht Meßstäbe, Führungsklammern an den Sudpfannen zum Einführen der Meßstäbe (§ 69 Abs. 3), Wasser zum Vermessen der Sudpfannen (§ 69 Abs. 2), Gefäße zum Nachprüfen des Wasserinhaltes der Sudpfanne (§ 69 Abs. 4), Metallzylinder oder Bierflaschen zur Entnahme der Proben von der Ausschlagwürze, Gefäße zur Abkühlung dieser Proben, und Standgläser (§ 70 Abs. 7 MAAusfB.). Ferner hat der Betriebsberechtigte für die Prüfung der selbsttätigen Wägevorrichtung das erforderliche Malz sowie Gefäße bereit zu stellen, in welche das Malz von der Wägevorrichtung mittels des Prüfungsschiebers abgeleitet werden kann (Anlage B zu den MAAusfB. I Abs. 5).

5. Von den Steuerbeamten dürfen nur solche Hilfsdienste, Hilfsmittel oder Auskünfte verlangt werden, die mit ihren Dienstesaufgaben zusammenhängen. Darüber hinausgehende Anforderungen können vom Betriebsberechtigten abgelehnt werden.

6. Leistet der Pflichtige die zur Ausübung der Steueraufsicht erforderlichen Hilfsdienste nicht, oder stellt er die hiezu benötigten Hilfsmittel nicht zur Verfügung, so können die in Artikel 62 vorgesehenen Zwangsmaßregeln angewendet und die Hilfsdienste oder Hilfsmittel auf Kosten des Pflichtigen beschafft werden. Außerdem kann Bestrafung nach Artikel 59 Abs. 2 eintreten.

III. Abschnitt.

Strafbestimmungen.

Allgemeine Bemerkungen.

Die Strafbestimmungen des MAG. vom 18. Mai 1910 sind im allgemeinen den strafrechtlichen Grundsätzen der deutschen Zoll- und Steuergesetzgebung angepaßt. Das MAG. vom 16. Mai 1868 / 10. Dezember 1889 bedrohte in Artikel 67/68 die schwereren Zuwiderhandlungen und in Artikel 80/81 die leichteren Verfehlungen gegen das Gesetz einzeln mit Strafe, wobei für die schwereren Zuwiderhandlungen eine verhältnismäßig hohe Mindeststrafe und eine verhältnismäßig niedere Höchststrafe festgesetzt und daher dem richterlichen Ermessen eine enge Schranke gezogen war. Das geltende MAG. faßt die einzelnen Verfehlungen je nach ihrem Grade zusammen und unterscheidet demgemäß zwischen Verfehlungen gegen Artikel 2 des Gesetzes (Artikel 51), dann zwischen Malzaufschlaghinterziehungen (Artikel 52 mit 57) und Ordnungswidrigkeiten (Artikel 58 mit 60). In bezug auf das Strafausmaß gewährt das geltende MAG. dem richterlichen Ermessen einen weiteren Spielraum.

Die allgemeinen Bestimmungen des Strafgesetzbuchs für das Deutsche Reich vom 15. Mai 1871 (§§ 1 mit 79) sind für die Zuwiderhandlungen gegen das MAG. vom 18. März 1910 in letzterem Gesetz nicht ausdrücklich für anwendbar erklärt worden. Gleichwohl sind auf Grund des § 2 des Einführungsgesetzes zum „Strafgesetzbuch für den Norddeutschen Bund" (jetzt „Strafgesetzbuch für das Deutsche Reich"), welches in Bayern durch das Gesetz vom 22. April 1871, die Einführung norddeutscher Bundesgesetze in Bayern betreffend, mit Wirkung vom 1. Januar 1872 Geltung erlangte und auf Grund des bayerischen Gesetzes zur Ausführung der Reichsstrafprozeßordnung vom 18. August 1879 (Artikel 4) die allgemeinen Vorschriften des Reichsstrafgesetzbuchs auf dem Gebiete des bayerischen Malzaufschlagstrafwesens insoweit anwendbar, als das MAG. selbst keine diesbezüglichen eigenen Bestimmungen enthält.

Hieraus ergibt sich folgendes:

1. Zuwiderhandlungen gegen Artikel 51 mit 54, 56, 58, 59 und 70 MAG. sind Vergehen, weil die höchste nach diesen Bestimmungen jeweils angedrohte Strafe 150 Mk. übersteigt; als Übertretungen stellen sich lediglich die Zuwiderhandlungen gegen Artikel 60 dar. (Vgl. § 1 des Reichsstrafgesetzbuchs.) Artikel 5 des bayerischen Gesetzes zur Ausführung der Reichsstrafprozeßordnung vom 18. August 1879, der für das bisherige MAG. von Bedeutung war, kommt nicht mehr in Betracht, da er sich nur auf solche Gesetze bezieht, die am 1. Januar 1872 bereits in Geltung waren.

2. Gelangt eine unter der Herrschaft des früheren MAG. begangene Zuwiderhandlung nach dem Inkrafttreten des MAG. vom 18. März 1910 zur Aburteilung, so ist dasjenige Gesetz anzuwenden, welches das mildere ist (vgl. § 2 Abs. 2 des Reichsstrafgesetzbuchs).

3. § 3 des Reichsstrafgesetzbuchs bezieht sich nur auf Strafgesetze des Deutschen Reichs, nicht auf solche der Einzelstaaten. Jedoch hat das dort vertretene Territorialitätsprinzip auf dem Gebiet des Malzaufschlagstrafwesens sinngemäße Anwendung zu finden und zwar in ausdehnender Weise insofern als die Strafbestimmungen des MAG. nicht nur anwendbar sind, wenn der Täter ein Ausländer (Nichtdeutscher) sondern auch dann, wenn er Angehöriger eines anderen deutschen Bundesstaates ist. Anderseits ist die Begehung einer Zuwiderhandlung gegen das MAG. außerhalb Bayerns unmöglich; wohl aber ist die Strafverfolgung wegen einer in Bayern begangenen Zuwiderhandlung gegen das MAG. außerhalb Bayerns zulässig und im Gebiet des Deutschen Reichs im Weg der Rechtshilfe möglich. Zu beachten bleibt jedoch, daß die Tatsache, daß eine Person sich außerhalb Bayerns aufhält, die Begehung einer Zuwiderhandlung gegen das MAG. in Bayern noch nicht ausschließt. Beispielsweise kann Beihilfe zu einem Vergehen nach Artikel 51 MAG. vorliegen, wenn eine außerhalb Bayerns wohnende Person nach Bayern Stoffe versendet, die zur Bierbereitung nicht verwendet werden dürfen. (Vgl. das Urteil des Bayer. Obersten Landesgerichts vom 3. April 1909 [Amtsblatt 1909 S. 180ff.])

4. § 27 des Reichsstrafgesetzbuchs ist für das Malzaufschlagstrafwesen nicht anwendbar. Im Gegensatz zu § 27 des Reichsstrafgesetzbuchs läßt das MAG. auch bei Vergehen eine Mindeststrafe von 1 Mk. zu.

5. Wegen Umwandlung einer uneinbringlichen Geldstrafe in eine Freiheitsstrafe ist in Artikel 66 MAG. selbst auf §§ 28, 29 des Reichsstrafgesetzbuchs verwiesen.

6. Anzuwenden ist ferner § 30 des Reichsstrafgesetzbuchs, wonach in den Nachlaß eine Geldstrafe nur dann vollstreckt werden darf, wenn das Urteil bei Lebzeiten des Verurteilten rechtskräftig geworden ist. Rechtskräftige Strafbescheide der Verwaltungsbehörden dürften in dieser Beziehung den Urteilen gleichstehen, es dürfte also auch auf Grund eines zu Lebzeiten des Bestraften rechtskräftig gewordenen Strafbescheides der Steuerbehörde die Vollstreckung in den Nachlaß zulässig sein.

7. Die §§ 40 bis 42 des Reichsstrafgesetzbuchs sind für das Malzaufschlagstrafwesen nicht anwendbar, da das MAG. bezüglich der Einziehung in Artikel 51 Abs. 3, 54 Abs. 3 selbst Bestimmungen trifft.

8. § 43 des Reichsstrafgesetzbuchs, der den strafrechtlichen **Versuch** behandelt, würde an sich auf das Malzaufschlagstrafwesen Anwendung finden. Inwieweit er für einzelne Strafbestimmungen schon deshalb außer Betracht bleibt, weil der dort zugrunde gelegte strafrechtliche Tatbestand den Versuch in sich begreift, darüber vgl. die Bemerkungen zu Artikel 51, 52, 70.

Im übrigen ist aber gemäß § 43 des Reichsstrafgesetzbuchs der Versuch eines Vergehens nur dann strafbar, wenn das betreffende Strafgesetz ausdrücklich den Versuch unter Strafe stellt. Da dies im MAG. nirgends der Fall ist, da ferner das MAG. strafbare Handlungen, die sich gemäß § 1 des Reichsstrafgesetzbuchs als Verbrechen darstellen, nicht kennt und der Versuch einer Übertretung stets straflos bleibt, so ist ein strafbarer Versuch einer Zuwiderhandlung gegen das MAG. nicht denkbar. Daher sind auch die §§ 44, 45, 46 des Reichsstrafgesetzbuchs für das MAG. gegenstandslos.

9. Dagegen sind die Vorschriften des Reichsstrafgesetzbuchs über die **Teilnahme** (§§ 47 bis 50) für das Malzaufschlagstrafwesen anwendbar, jedoch mit einer Einschränkung, die sich aus Artikel 63 MAG. ergibt. Nach Artikel 63 sind nämlich Inhaber der unter das MAG. fallenden Betriebe für die von ihren Angehörigen oder Bediensteten begangenen Übertretungen des Gesetzes und der zum Vollzuge des Gesetzes erlassenen und öffentlich oder den Beteiligten besonders bekannt gemachten Vorschriften strafrechtlich verantwortlich; wird der Betriebsinhaber bestraft, so ist die Mitwirkung der Angehörigen oder der Bediensteten nicht strafbar. Es ist daher, wenn bei Begehung irgend einer Zuwiderhandlung gegen das MAG., gleichviel ob sich diese als Vergehen oder als Übertretung darstellt, der Betriebsinhaber und ein Angehöriger oder Bediensteter desselben als Teilnehmer im Sinne der §§ 47 bis 49 des Reichsstrafgesetzbuchs in Betracht kommen, der Betriebsinhaber stets als Täter zu bestrafen, gleichviel ob er nach seiner persönlichen Anteilnahme an der Zuwiderhandlung nach dem Reichsstrafgesetzbuch als Täter, Mittäter, Anstifter oder Gehilfe zu erachten wäre, während anderseits der Angehörige oder Bedienstete in diesem Falle stets straflos bleibt, mag er als Täter, Mittäter, Anstifter oder Gehilfe mitgewirkt haben. Dagegen hat in allen jenen Fällen der Teilnahme, bei denen Artikel 63 MAG. nicht zutrifft, die Bestrafung der Teilnehmer nach Maßgabe der Vorschriften in §§ 47 bis 49 des Reichsstrafgesetzbuchs zu erfolgen. Hienach sind Vorsatz und Beihilfe nur strafbar, wenn sie vorsätzlich begangen sind. Artikel 61 MAG. ändert hieran nichts, kommt vielmehr nur für die strafrechtliche Beurteilung des Täters bzw. der Täter in Betracht. § 50 des Reichsstrafgesetzbuchs bestimmt, daß, wenn das Gesetz die Strafbarkeit einer Handlung nach den persönlichen Eigenschaften oder Verhältnissen desjenigen, welcher dieselbe begangen hat, erhöht oder vermindert, diese besonderen Tatumstände dem Täter oder demjenigen Teilnehmer (Mittäter, Anstifter, Gehilfe) zuzurechnen seien, bei welchem sie vorliegen. Für das MAG. kommen als Eigenschaften oder Verhältnisse, die die Strafbarkeit erhöhen, lediglich die Rückfälligkeit bei der Hinterziehung und als Eigenschaften oder Verhältnisse, die die Strafbarkeit mindern können, lediglich jugendliches Alter in Betracht. Für die Straferhöhung wegen Malzaufschlaghinterziehung begangen im Rückfall bestimmt Artikel 57 Abs. 3 MAG., daß Teilnehmer an einer Malzaufschlaghinterziehung der Straferhöhung wegen Rückfall nur soweit unterliegen, als sie sich selbst eines Rückfalls schuldig gemacht haben. Dagegen enthält das MAG. eigene Bestimmungen darüber, inwiefern jugendliches Alter die Strafbarkeit mindert, nicht. Infolgedessen ist hiefür die Bestimmung in § 57 des Reichsstrafgesetzbuchs anzuwenden.

Darüber, ob in Fällen, in denen gemäß Artikel 63 MAG. der Betriebsinhaber für eine von seinen Angehörigen oder Bediensteten begangene Hinterziehung strafrechtlich verantwortlich ist, die Straferhöhung wegen Rückfalls und die Strafminderung wegen jugendlichen Alters dann einzutreten haben, wenn die Voraussetzungen hiefür in der Person des Betriebsinhabers oder dann, wenn sie in der Person des Angehörigen oder Bediensteten vorliegen, enthält das MAG. eine ausdrückliche Vorschrift nicht. Da jedoch die strafrechtliche Verantwortlichkeit des Betriebsinhabers usw. auf die gesetzliche Vermutung gegründet ist, daß der Betriebsinhaber usw. die

Zuwiderhandlung selbst als Täter oder Mittäter begangen habe (vgl. Bemerkung zu Artikel 63), so kann die Straferhöhung wegen Rückfalls und die Strafminderung wegen jugendlichen Alters auch für die nach Art. 63 MAG. strafrechtlich verantwortliche Person nur dann eintreten, wenn die Voraussetzungen hiefür in ihrer eigenen Person, nicht aber dann, wenn sie lediglich in der Person eines beteiligten Angehörigen oder Bediensteten oder im Fall des Artikel 63 Abs. 4 des Gesetzes in der Person des strafrechtlich Vertretenen vorliegen.

10. Anwendbar sind ferner die Vorschriften über den Ausschluß der Strafbarkeit wegen Unzurechnungsfähigkeit (§ 51 RStrGB.), Nötigung (§ 52 RStrGB.), Notwehr (§ 53 RStrGB.), Notstand (§ 54 RStrGB.), voller und teilweiser Strafunmündigkeit (§§ 55 und 56 RStrGB.), Taubstummheit (§ 58 RStrGB.) sowie die Vorschriften über Strafminderung wegen jugendlichen Alters (vgl. oben die Bemerkung unter Ziffer 9); anwendbar ist weiterhin die wichtige Bestimmung in § 59 des Reichsstrafgesetzbuchs, wonach Tatumstände, die zum gesetzlichen Tatbestande gehören oder die Strafbarkeit erhöhen, dem Beschuldigten nicht zuzurechnen sind, wenn er ihr Vorhandensein bei Begehung der strafbaren Handlung nicht kannte. Diese Bestimmung gilt jedoch bei fahrlässig begangenen Handlungen nur insoweit, als die Unkenntnis selbst nicht durch Fahrlässigkeit verschuldet ist (vgl. hiezu insbesondere Artikel 61 MAG.); endlich sind anwendbar die Bestimmungen in § 60 über Anrechnung der Untersuchungshaft, § 66 über Ausschluß der Strafverfolgung und Strafvollstreckung durch Verjährung, § 68 über Unterbrechung der Verjährung der Strafverfolgung, wobei zu bemerken ist, daß im Verwaltungsstrafverfahren der Erlaß eines Strafbescheids die Verjährung unterbricht, und zwar selbst dann, wenn der Strafbescheid nachträglich wieder zurückgenommen wird (vgl. das Urteil des Bayer. Obersten Landesgerichts vom 26. März 1907, Amtsblatt 1907 S. 281 ff.), § 69 über das Ruhen der Verjährung der Strafverfolgung und § 72 über die Unterbrechung der Verjährung der Strafvollstreckung. Die Verjährung der Strafverfolgung selbst ist in Artikel 64 MAG. geregelt, während die Verjährung der Strafvollstreckung auch für Zuwiderhandlungen gegen das MAG. sich nach § 70 des Reichsstrafgesetzbuchs bemißt.

Die Gründe, welche nach dem Reichsstrafgesetzbuch die Strafe ausschließen, sind teils solche, welche der Handlung den Deliktscharakter nehmen (§§ 51, 52, 53 Abs. 1, 54 und [unter Umständen] 59 des Reichsstrafgesetzbuchs), teils solche, bei denen zwar eine strafbare Handlung vorliegt, eine Bestrafung des Täters aber kraft Gesetzes nicht einzutreten hat (§§ 53 Abs. 3, 55, 56, 58 RStrGB.). In den ersteren Fällen, in denen eine strafbare Handlung überhaupt nicht vorliegt, ist im Gegensatz zu den letzteren nicht nur eine Teilnahme im Sinne des Reichsstrafgesetzbuchs (Mittäterschaft, Anstiftung, Beihilfe) begrifflich unmöglich, sondern es ist auch im Falle einer dieser Gründe bei dem Angehörigen oder Bediensteten des Betriebsinhabers vorliegt, der ohne Mitwirkung des letzteren eine Zuwiderhandlung gegen das MAG. begangen hat, die strafrechtliche Verantwortlichkeit des Betriebsinhabers gemäß Artikel 63 des Gesetzes ausgeschlossen, da diese eine Zuwiderhandlung gegen das MAG. seitens des Angehörigen oder Bediensteten voraussetzt, eine solche aber im geschilderten Fall aus dem angegebenen Grund nicht vorliegt. Wohl aber kann im letzteren Falle nach den allgemeinen Grundsätzen des Strafrechts der Betriebsinhaber, wenn er bei der Zuwiderhandlung insofern mitgewirkt hat, daß er sich des Angehörigen oder Bediensteten als Werkzeug bedient hat, als (mittelbarer) Täter strafbar sein.

11. Die Bestimmung in § 73 des Reichsstrafgesetzbuchs über Idealkonkurrenz (rechtliches Zusammentreffen) haben auf dem Gebiete des Malzaufschlagstrafwesens Anwendung zu finden.

Rechtliches Zusammentreffen ist möglich zwischen den einzelnen Strafbestimmungen des MAG. unter sich und zwischen einzelnen Strafbestimmungen dieses Gesetzes mit strafrechtlichen Bestimmungen anderer Gesetze. In letzterer Beziehung kommen hauptsächlich in Betracht das Nahrungsmittelgesetz, das Süßstoffgesetz und die besonderen Bestimmungen (§§ 80 ff.) des Reichsstrafgesetzbuchs. Im folgenden sollen nur die wesentlichsten Fälle einer Idealkonkurrenz des MAG. mit anderen Gesetzen hervorgehoben werden:

a) Zuwiderhandlungen gegen das in Artikel 2 Abs. 1 MAG. ausgesprochene Verbot der Verwendung anderer Stoffe als Malz (Dörr- oder Luftmalz), Hopfen, Hefe und Wasser treffen meistens rechtlich zusammen mit einer Zuwiderhandlung gegen das Nahrungsmittelgesetz vom 14. Mai 1879 (RGBl. S. 147). Dies ist bereits unter der Herrschaft des früheren MAG. durch Rechtsprechung anerkannt worden. (Vgl. die Urteile des Reichsgerichts Slg. 7 S. 314; 11 S. 294; 12 S. 94; 13 S. 97.)

Trifft ein Vergehen nach Art. 51 MAG. mit einer Zuwiderhandlung gegen das Nahrungsmittelgesetz zusammen, so ist letzteres anzuwenden, da es die schwerere Strafart androht. Dabei ist der Richter nicht gehindert, unter die niederste Strafgrenze des Artikel 51 MAG. (50 Mk.) im Strafausspruch herunterzugehen, da das Gesetz, welches die schwerere Strafart androht, ausschließlich anzuwenden ist (vgl. RG. Slg. 18 S. 193 und 8 S. 18).

Fraglich erscheint es, ob im Fall rechtlichen Zusammentreffens eines Vergehens nach Artikel 51 mit einer Zuwiderhandlung gegen das Nahrungsmittelgesetz Artikel 51 Abs. 3 MAG. anwendbar ist. Da die Anwendbarkeit des Nahrungsmittelgesetzes als desjenigen Gesetzes, welches die schwerere Strafart androht, sich zweifellos nur auf die Strafen bezieht, hängt die Entscheidung dieser Frage davon ab, ob die im Artikel 51 Abs. 3 MAG. angeordnete Einziehung den Charakter einer Strafe besitzt oder nicht. Im Hinblick darauf, daß die Einziehung nach Artikel 51 Abs. 3 MAG. ohne Rücksicht auf die Eigentumsverhältnisse statthaft ist, kann sie als polizeiliche Präventivmaßregel ohne Strafcharakter aufgefaßt werden (vgl. die Entscheidungen des Reichsgerichts Bd. 12 S. 223, Bd. 14 S. 161). Anderseits spricht das Urteil des Reichsgerichts in der „Rechtsprechung des Reichsgerichts" Bd. 8 S. 330 gegen die Zulässigkeit der Einziehung nach Artikel 51 Abs. 3 MAG., falls die Strafe aus dem Nahrungsmittelgesetz zu entnehmen ist.

b) Ein Vergehen nach Artikel 51 MAG. kann rechtlich zusammentreffen mit einem Vergehen gegen § 7 des Süßstoffgesetzes vom 7. Juli 1902 (RGBl. S. 253). Dies ist dann der Fall, wenn zur Bereitung von Bier Süßstoff im Sinne des erwähnten Gesetzes verwendet wird. Da solcher Süßstoff als Ersatzstoff für Malz im Sinne des Artikel 2 Abs. 3 MAG. und § 1 Abs. 3 der Malzaufschlag-Ausführungsbestimmungen zu erachten ist, begründet seine Verwendung zur Herstellung bierähnlicher

Getränke ebenfalls ein Vergehen gegen Artikel 51 MAG. (Abs. 4 daselbst). Die Verwendung von Süßstoff zur Herstellung bierähnlicher Getränke ist daher ebenso zu beurteilen, wie die Verwendung von Süßstoff zur Bereitung von Bier. Bei rechtlichem Zusammentreffen zwischen MAG. und Süßstoffgesetz ist letzteres anzuwenden. Die Frage, ob neben der Bestrafung nach dem Süßstoffgesetz auf Einziehung nach Artikel 51 Abs. 3 MAG. erkannt werden darf (vgl. oben unter a letzter Absatz) ist mit Rücksicht auf § 9 des Süßstoffgesetzes — möglicherweise können auch die Vorschriften des Vereinszollgesetzes Platz greifen (§ 7 des Süßstoffgesetzes) — von geringerer praktischer Bedeutung.

c) Rechtliches Zusammentreffen zwischen einer Hinterziehung des Malzaufschlags und Betrug ist nicht möglich, da Artikel 52 MAG. sich gegenüber § 263 RStrGB. als Spezialgesetz darstellt.

d) Möglich ist dagegen rechtliches Zusammentreffen zwischen einer Hinterziehung des Malzaufschlags und einer Urkundenfälschung (§§ 267 ff. RStrGB.). Beispielsweise liegt rechtliches Zusammentreffen zwischen Urkundenfälschung und Malzaufschlaghinterziehung dann vor, wenn jemand, der Bier zur Ausfuhr unmittelbar in das Zollausland angemeldet hat, das zur Ausfuhr bei einem Amt im Innern abgefertigte Bier in Bayern beläßt, fälschlich eine amtliche Ausgangsbestätigung anfertigt und auf Grund derselben Rückvergütung des Malzaufschlags beansprucht. Dagegen wird durch eine wissentlich falsche Anmeldung von Malz zum Schroten (Artikel 17, 37 MAG. §§ 34, 56 MAAusfB.) keine Urkundenfälschung begangen, da die Anmeldung (Anzeige), wie sie der Steuerbehörde gegenüber abgegeben wird, sich weder als öffentliche Urkunde noch als rechtserhebliche Privaturkunde darstellt. Ebensowenig liegt eine Urkundenfälschung dann vor, wenn der Müller oder der Inhaber einer eigenen Malzmühle das Gewicht des geschroteten Malzes bzw. den Stand des Zählwerks der selbsttätigen Wägevorrichtung in das Mühlbuch (Artikel 26, 31, 36 MAG.), oder ein gewerblicher Brauer bzw. dessen Vertreter (Artikel 13 MAG.) die Mengen des für die einzelnen Sude verwendeten Malzes oder der daraus gewonnenen Bierwürze bzw. deren Extraktgehalt in das Sudbuch (Artikel 45 MAG.) falsch einträgt; denn in diesen Fällen liegt keine verfälschte Urkunde vor, sondern es ist der Urkunde ein unwahrer Inhalt gegeben. Eine derartige Falschbeurkundung ist aber gemäß § 348 RStrGB. nur strafbar, wenn sie von einem B e a m t e n im Rahmen seiner Dienstesobliegenheiten begangen wird. In solchen Fällen hat daher, sofern nicht eine Hinterziehung des Malzaufschlags vorliegt, lediglich die Strafe des Artikel 58 MAG. einzutreten. Wohl aber kann eine Urkundenfälschung dann vorliegen, wenn der Müller, Betriebsinhaber usw. die Beurkundung eines Steuerbeamten auf der Anmeldung, im Mühlbuch oder Sudbuch verfälscht oder fälschlich anfertigt. Dem Malzschein kommt die Eigenschaft einer öffentlichen Urkunde zu. Wer den nach Artikel 17 MAG. wesentlichen Inhalt des Malzscheins in rechtswidriger Absicht verfälscht oder fälschlich anfertigt und von diesem verfälschten oder fälschlich angefertigten Malzschein Gebrauch macht, begeht daher eine Urkundenfälschung. Eine derartige Urkundenfälschung trifft jedoch nicht rechtlich zusammen mit einem Vergehen nach Art. 58 Ziff. 1 MAG., da letztere Bestimmung, wie sich aus den Worten „sofern diese Änderungen nicht nach dem Strafgesetzbuche strafbar sind" klar ergibt, zum Reichsstrafgesetzbuch im Verhältnis der Subsidiarität steht.

e) Im Verhältnis der Subsidiarität stehen ferner zueinander die Bestimmungen in Artikel 59 Ziff. 1 MAG. und § 333 RStrGB., ferner Artikel 59 Ziff. 2 und § 113 RStrGB. Infolgedessen ist eine Idealkonkurrenz dieser Bestimmungen untereinander ausgeschlossen.

f) Idealkonkurrenz einzelner Strafbestimmungen des MAG. untereinander ist denkbar. Beispielsweise trifft eine Zuwiderhandlung nach Artikel 58 Ziffer 2 mit einer solchen nach Artikel 58 Ziffer 3 des Gesetzes und eine Zuwiderhandlung nach Artikel 58 Ziffer 5 mit einer solchen nach Artikel 58 Ziffer 6 rechtlich zusammen, wenn Malz zur Nachtzeit unter Benützung eines für eine andere Malzmühle oder für einen anderen Tag gültigen Malzscheins in eine öffentliche Malzmühle gebracht bzw. dort übernommen usw. wird; ferner trifft eine Zuwiderhandlung nach Artikel 58 Ziffer 7 mit einer solchen nach Artikel 58 Ziffer 9 rechtlich zusammen, wenn in einer öffentlichen Malzmühle ohne selbsttätige Wägevorrichtung das Ergebnis der vorgenommenen Verwiegung in das Mühlbuch erst eingetragen wird, nachdem mit dem Schroten des Malzes bereits begonnen worden ist.

Dagegen können Zuwiderhandlungen gegen Artikel 58 MAG. nicht mit solchen nach Artikel 60 dieses Gesetzes und Zuwiderhandlungen gegen Artikel 58 oder Artikel 60 MAG. nicht mit einer Malzaufschlaghinterziehung rechtlich zusammentreffen, da hier Subsidiarität herrscht.

12. Anwendbar ist auf dem Gebiete des Malzaufschlagstrafwesens auch die Bestimmung in § 74 RStrGB., welche die strafrechtliche Bedeutung der Realkonkurrenz oder des sachlichen Zusammentreffens behandelt.

Wenn zwar der Tatbestand verschiedener Ziffern des Artikel 53 MAG. erfüllt ist, die Hinterziehung des Malzaufschlags aber hienach jeweils als vollbracht anzunehmen ist, sich auf eine und dieselbe aufschlagpflichtige Malzmenge bezieht, so treffen nicht mehrere Hinterziehungen sachlich zusammen, sondern es liegt eine Malzaufschlaghinterziehung vor, da die einzelnen Ziffern des Artikel 53 nicht mehrere selbständige Vergehen behandeln, durch die Verwirklichung des Tatbestandes mehrerer Ziffern des Artikel 53 im gegebenen Fall vielmehr nur in mehrfacher Beziehung der Beweis erbracht ist, daß eine Hinterziehung begangen worden ist.

13. Endlich haben auch die §§ 75 und 79 des Reichsstrafgesetzbuchs auf dem Gebiete des Malzaufschlagstrafwesens, soweit sie hier überhaupt von Bedeutung werden können, Anwendung zu finden.

Strafe für Verwendung unzulässiger Stoffe bei der Bierbereitung und für verbotswidrigen Handel mit Bierauszügen und dergleichen.

Art. 51.

[1] **Wer andere als die nach Artikel 2 zulässigen Stoffe zur Bereitung von Bier verwendet oder dem fertigen, zum Absatze bestimmten Biere zusetzt oder solche Stoffe zu verwenden oder zuzusetzen unternimmt, verfällt in eine Geldstrafe von 50 *M* bis 10000 *M*.**

² Die Strafe ist schon dann verwirkt, wenn unzulässige Ersatz- oder Zusatzstoffe in eine unter Steueraufsicht stehende Räumlichkeit (Artikel 49 Abs. 1) eingebracht oder darin vorgefunden werden, sofern nicht nachgewiesen wird, daß diese Stoffe ausschließlich zu anderen Zwecken als zur Bierbereitung bestimmt sind und verwendet werden.

³ Neben der Geldstrafe ist auf Einziehung der Ersatz- oder Zusatzstoffe oder des mit solchen Stoffen bereiteten oder versetzten Bieres und der Umschließungen, soweit diese Gegenstände vorhanden sind, zu erkennen ohne Rücksicht darauf, wem diese Gegenstände gehören. Sind die Gegenstände nicht mehr vorhanden oder stehen der Einziehung tatsächliche Hindernisse entgegen, so ist dem Schuldigen die Erlegung des Wertes der Gegenstände und, wenn dieser nicht zu ermitteln ist, die Zahlung einer Geldsumme von 10 bis 5000 *M* aufzuerlegen.

⁴ Die Strafbestimmungen in Abs. 1 und 3 finden auch auf Zuwiderhandlungen gegen ein nach Artikel 2 Abs. 3 erlassenes Verbot sowie auf die Verbreitung von Zubereitungen der im Artikel 2 Abs. 4 bezeichneten Art Anwendung. Im letzteren Falle sind auch die verbotswidrig in Verkehr gebrachten Zubereitungen einzuziehen.

Bemerkungen: Zu Art. 51.

1. Über die nach Artikel 2 zulässigen Stoffe und deren notwendige Beschaffenheit sowie über den Begriff „Bereitung von Bier" vgl. Artikel 2 und die Bemerkung hiezu.

2. Die Verwendung unzulässiger Stoffe zur Bierbereitung ist auch dann verboten, wenn das betreffende Bier nicht zum Absatz bestimmt ist, sondern beispielsweise als Haustrunk dienen soll. Dagegen ist der Zusatz anderer als der nach Artikel 2 zulässigen Stoffe zum fertigen Bier dann nicht strafbar, wenn das fertige Bier nicht zum Absatz, sondern zum Genuß im Haushalt desjenigen, der den Zusatz vornimmt, bestimmt ist. Unter „Absatz" im Sinne des Artikel 51 ist nur die Abgabe zum Zwecke des menschlichen Genusses, nicht aber die Abgabe zu gewerblichen Zwecken beispielsweise zur Essigbereitung oder die Verwendung zur Viehfütterung zu verstehen.

3. Artikel 51 Abs. 1 MAG. unterscheidet ausdrücklich die vollendete Verwendung bzw. den vollendeten Zusatz unzulässiger Stoffe von dem U n t e r n e h m e n der Verwendung bzw. des Zusatzes solcher Stoffe. Diese Unterscheidung ist darin begründet, daß die vollendete Zuwiderhandlung gegen das Verbot der Verwendung bzw. des Zusatzes unzulässiger Stoffe gemäß Artikel 61 MAG. strafbar ist, gleichviel, ob die Handlung vorsätzlich oder fahrlässig begangen worden ist, während das Unternehmen, das an sich auch die völlige Verwirklichung des strafrechtlichen Tatbestandes mit umfassen würde (vgl. die Bem. 3 zu Artikel 52), nur als vorsätzliches und wissentliches Handeln, denkbar ist (vgl. Bem. 2 zu Artikel 52).

Das „Unternehmen" begreift nicht nur den Versuch (§ 43 RStrGB.) in sich, sondern umfaßt darüber hinaus auch noch gewisse unmittelbare Vorbereitungshandlungen. Von diesem Gesichtspunkt aus ist in Artikel 51 Abs. 2 das Einbringen unzulässiger Ersatz- oder Zusatzstoffe in eine unter Steueraufsicht stehende Räumlichkeit vorbehaltlich des Nachweises, daß diese Stoffe ausschließlich zu anderen Zwecken als zur Bierbereitung bestimmt sind oder verwendet werden, strafbar, obwohl das bloße Einbringen solcher Stoffe in eine derartige Räumlichkeit noch keine Handlung ist, die einen Anfang der Ausführung der Verwendung oder des Zusatzes unzulässiger Stoffe zur Bierbereitung usw. darstellt. Gelingt der in Artikel 51 Abs. 2 MAG. zugelassene Exkulpationsbeweis, so tritt eine Bestrafung nicht ein, weil dann der Beweis erbracht ist, daß bei dem Täter die in dem Begriff des „Unternehmens" liegenden subjektiven Momente nicht vorhanden waren. Die Bestimmung in Artikel 51 Abs. 2 entspricht einer im Jahre 1884 in der Kammer der Abgeordneten gegebenen Anregung (vgl. Verh. d. K. d. Abg. 1883/84 BeilBd. II S. 334; StenB. Bd. II S. 589 und Bd. III S. 390 Verh. d. K. d. RR. 1883/84 Prot. Bd. II S. 850 ff.).

4. Über Idealkonkurrenz zwischen Artikel 51 MAG. und den Bestimmungen des Nahrungsmittelgesetzes und des Süßstoffgesetzes sowie über die Frage der Anwendbarkeit des Artikel 51 Abs. 3 in diesen Fällen vgl. Allgemeine Bemerkung 11 zum III. Abschnitt (Strafbestimmungen).

5. Die Strafbestimmungen des Artikel 51 finden nicht Anwendung bei Übertretung des in Artikel 2 Abs. 5 des Gesetzes ausgesprochenen Verbots des Wasserzusatzes; in solchen Fällen ist vielmehr nur eine Strafe nach Artikel 60 MAG. auszusprechen (vgl. auch den Bericht des Ausschusses d. K. d. Abg. Beilage 803 zu den Verh. d. K. d. Abg. 1909/10 S. 187). Jedoch kann unter Umständen in dem Wasserzusatz zu einem zur Ausfuhr bestimmten Bier eine Malzaufschlaghinterziehung liegen (vgl. Bem. 5 zu Artikel 52).

Begriff der Malzaufschlaghinterziehung.

Art. 52.

Wer es unternimmt, den Malzaufschlag dem Staate vorzuenthalten oder einen Erlaß oder eine Vergütung des Malzaufschlags in einem Betrage zu erlangen, der nicht oder nur in geringerer Höhe zu beanspruchen war, macht sich der Hinterziehung des Malzaufschlags schuldig.

Bemerkungen: Zu Art. 52.

1. Die Begriffsbestimmung der Malzaufschlaghinterziehung ist der Zoll- und Steuergesetzgebung des Deutschen Reichs, insbesondere den Biersteuergesetzen in Württemberg und Baden nachgebildet. Einzelne Fälle der Malzaufschlaghinterziehung, und zwar die schwereren und häufigeren sind in Artikel 53 besonders hervorgehoben, um die Anwendung des Gesetzes zu erleichtern; die Aufzählung ist daher nicht erschöpfend.

2. Das **„Unternehmen"** ist nur denkbar als vorsätzliches Handeln oder Unterlassen. Bei bloßer Fahrlässigkeit des Täters ist, auch wenn der Malzaufschlag tatsächlich vorenthalten oder eine unberechtigte Vergütung des Malzaufschlags erlangt worden ist, eine Hinterziehung des Malzaufschlags begrifflich unmöglich. Aber nicht nur vorsätzlich muß der Täter gehandelt haben, sondern auch wissentlich. Der Täter muß das Bewußtsein gehabt haben, daß sein Handeln oder Unterlassen den Erfolg haben werde oder könne, daß der Malzaufschlag vorenthalten oder daß ein ungerechtfertigter Erlaß eine ungerechtfertigte Vergütung oder eine Übervergütung des Malzaufschlags erlangt werde (vgl. das Urteil des Reichsgerichts Slg. 43 S. 70ff.). Hat der Täter eine Aufschlagpflicht nicht als gegeben erachtet, gleichviel ob das Bewußtsein der Aufschlagpflicht durch einen Irrtum über Tatsachen oder durch einen Irrtum über die Bestimmungen des MAG., also durch einen Rechtsirrtum, ausgeschlossen war, so ist eine Hinterziehung ausgeschlossen (vgl. das auf dem Gebiet des Salzsteuergesetzes ergangene Urteil des Reichsgerichts vom 8. November 1907 (Amtsblatt 1909 S. 1444).

3. Das **Unternehmen** umfaßt sowohl die vorsätzliche Vollendung der Vorenthaltung bzw. Erlangung eines ungerechtfertigten Erlasses, einer ungerechtfertigten Vergütung bzw. einer Übervergütung des Malzaufschlags, wie auch den Versuch (§ 43 RStrGB.) einer solchen Handlung, wie nicht minder die vorsätzliche Begehung von Handlungen, die sich als unmittelbare Vorbereitungshandlungen zum Vorenthalten des Malzaufschlags bzw. zur Erlangung eines ungerechtfertigten Erlasses, einer ungerechtfertigten Vergütung oder einer Übervergütung des Malzaufschlags darstellen.

4. „**Vorenthalten**" ist nicht gleichbedeutend mit „Nichtzahlen". In dem Begriff Vorenthalten liegt einerseits, daß das Malzaufschlagaufkommen beeinträchtigt wird, sei es, daß der Malzaufschlag überhaupt nicht, oder zu einem geringeren Betrage, oder zu einem niedrigeren Satze, oder ohne einen nach Artikel 5 zutreffenden Zuschlag oder mit einer unberechtigten Gewichtsbegünstigung (Artikel 6) zur Erhebung kommt. Das Vorenthalten ist aber andererseits nur dann möglich, wenn diese Beeinträchtigung bewirkt wird durch eine Handlung des Täters, die diesem durch das MAG. oder die hiezu erlassenen Ausführungsbestimmungen verboten ist, oder durch das Unterlassen einer Handlung, zu deren Vornahme der Täter durch das MAG. oder durch die hiezu erlassenen Ausführungsbestimmungen verpflichtet ist. Nicht erforderlich ist es, daß der Täter selbst zur Entrichtung des Malzaufschlags verpflichtet ist, vorenthalten ist vielmehr der Malzaufschlag schon dann, wenn überhaupt eine Verpflichtung zur Entrichtung des Malzaufschlags bestand und verletzt wurde. Es ist auch nicht erforderlich, daß die malzaufschlagpflichtige Person an dem Vorenthalten des Malzaufschlags selbst beteiligt ist oder überhaupt etwas davon weiß.

Durch eine Zuwiderhandlung gegen ein Verbot oder Gebot des MAG. und der hiezu erlassenen Ausführungsbestimmungen, das nur für den Brauer und dessen Betriebsgehilfen erlassen ist, kann (bei Vorliegen der übrigen Voraussetzungen [s. oben]) eine Malzaufschlaghinterziehung auch nur durch den Brauer (bzw. seinen Vertreter) oder dessen Betriebsgehilfen begangen werden; enthält eine Bestimmung des MAG. oder der Ausführungsbestimmungen ein lediglich für den Inhaber einer öffentlichen Malzmühle oder dessen Betriebsgehilfen bindendes Gebot oder Verbot, so kann durch eine Übertretung dieser Vorschrift eine Hinterziehung des Malzaufschlags nur durch den Müller (bzw.

seinen Vertreter) oder seine Betriebsgehilfen begangen werden; gilt eine derartige Bestimmung des MAG. oder der Ausführungsbestimmungen für jedermann (z. B. Artikel 16, Artikel 43 MAG.), so kann von jeder beliebigen Person durch die Nichtbeachtung dieser Vorschrift eine Hinterziehung des Malzaufschlags verübt werden.

Die Nichtentrichtung des von der Steuerbehörde richtig festgestellten Malzaufschlagbetrags innerhalb der vorgeschriebenen Zeit (Artikel 7 und 8 ist regelmäßig keine Hinterziehung des Malzaufschlags, denn abgesehen davon, daß, im Falle das Beitreibungsverfahren zur Befriedigung der Staatskasse führt, eine Beeinträchtigung des Malzaufschlagaufkommens überhaupt nicht vorliegen dürfte, liegt bei versehentlicher Unterlassung der Zahlung ein fahrlässiges und kein vorsätzliches Handeln vor, während bei Zahlungsunfähigkeit des Malzaufschlagpflichtigen die Beeinträchtigung der Staatskasse nicht auf ein schuldhaftes Unterlassen der Zahlung seitens des Pflichtigen sondern auf einen außerhalb des MAG. liegenden Umstand, nämlich die schlechte Vermögenslage des Aufschlagschuldners, zurückzuführen ist.

5. Ebenso wie das „Vorenthalten" des Malzaufschlags setzt auch das „Erlangen eines Erlasses oder einer Vergütung des Malzaufschlags in einem Betrage, der nicht oder nur in geringerer Höhe zu beanspruchen war", voraus, daß das Malzaufschlagaufkommen beeinträchtigt wird, und erfordert außerdem die Verletzung eines dem Täter durch das MAG. bzw. die Ausführungsbestimmungen auferlegten Gebots oder Verbots. Dabei muß jedoch nicht notwendig eine Zuwiderhandlung gegen solche Vorschriften des Gesetzes oder der Ausführungsbestimmungen vorliegen, die sich unmittelbar auf den Erlaß oder die Vergütung des Malzaufschlags beziehen. Beispielsweise liegt eine Hinterziehung des Malzaufschlags dann vor, wenn ein Brauer vorsätzlich nach Feststellung des Extraktgehalts der Stammwürze im Gärkeller dem zur Ausfuhr bestimmten Bier Wasser zusetzt (Artikel 2 Abs. 5) und unter Verschweigen dieses Umstandes bei der Ausfuhr des Bieres Rückvergütung des Malzaufschlags beansprucht (vgl. § 4 der Malzaufschlag-Vergütungsordnung und § 66 Abs. 3 und 6 der MAAusfB.).

6. Wegen Idealkonkurrenz zwischen Malzaufschlaghinterziehung und Betrug sowie Urkundenfälschung, ferner Idealkonkurrenz mit anderen Strafbestimmungen des MAG. vgl. Allgemeine Bemerkungen 11c bis f zu dem III. Abschnitt (Strafbestimmungen).

Art. 53.

Die Hinterziehung des Malzaufschlags wird insbesondere dann als vollbracht angenommen:

1. **wenn Malz in eine zum Schroten von Malz nicht zugelassene Mühle oder ohne den vorgeschriebenen Malzschein in eine Malzmühle gebracht wird;**
2. **wenn die Menge des in eine öffentliche Malzmühle gebrachten Malzes die im Malzschein angegebene Menge um mehr als 5 vom Hundert übersteigt;**
3. **wenn das für einen malzaufschlagfreien Zweck geschrotete**

Malz zur Bierbereitung verwendet oder an einen Dritten abgegeben wird;

4. wenn bei einem Antrag auf Vergütung oder Erlaß des Malzaufschlags die malzaufschlagpflichtige Malzmenge oder die Menge des aus steuerpflichtigem Malze gewonnenen Erzeugnisses zu hoch angegeben oder wenn zur Erlangung einer Vergütung oder eines Erlasses des Malzaufschlags, der nicht oder in geringerem Maße zu beanspruchen war, sonstige wahrheitswidrige Angaben gemacht werden, die geeignet sind, zu einer Verkürzung des Malzaufschlags zu führen;
5. wenn in einer öffentlichen Malzmühle ohne selbsttätige Wägevorrichtung die Verwiegung des Malzes unterlassen wird oder wenn in einer öffentlichen mit einer selbsttätigen Wägevorrichtung versehenen Malzmühle Malz auf einen mit einer selbsttätigen Wägevorrichtung nicht versehenen Mahlgang gebracht wird;
6. wenn in einer öffentlichen Mühle Malz zum Schroten ohne den vorgeschriebenen Malzschein übernommen oder auf dem Malzschein oder in das Mühlbuch ein zu niedriges Gewicht für das geschrotete Malz eingetragen oder der Eintrag auf dem Malzschein oder im Mühlbuch ganz unterlassen wird;
7. wenn eine Malzmühle mit selbsttätiger Wägevorrichtung in ihrer regelmäßigen Tätigkeit derart gestört oder, wenn auf eine derartige Mühle so eingewirkt wird, daß das Gewicht des zum Schroten auf die Mühle gebrachten Malzes vom Zählwerk entweder gar nicht oder zu gering angegeben wird;
8. wenn eine Malzmühle mit selbsttätiger Wägevorrichtung deren Zählwerk das Gewicht des Malzes nicht oder zu niedrig angibt, zum Schroten von Malz benützt wird, obwohl dieser Umstand bekannt war;
9. wenn ein Bierbrauer durch Erholung oder Benützung eines auf den Namen eines anderen lautenden Malzscheins durch unrichtige Führung des Mühlbuchs oder durch sonstige unrichtige Angaben bewirkt, daß der von ihm geschuldete Malzaufschlag nach einem niedrigeren als dem der Vorschrift des Gesetzes entsprechenden Satze berechnet wird;
10. wenn ein Bierbrauer Malz für seinen Betrieb durch einen anderen schroten und zu einem niedrigeren als

dem für ihn geltenden Satze versteuern läßt oder wenn ein Bierbrauer geschrotetes Malz von einem anderen bezieht, das dieser zu einem niedrigeren als dem für den Bezieher zutreffenden Malzaufschlagsatze versteuert hat;

11. wenn Bier, das unter Inanspruchnahme des ermäßigten Malzaufschlagsatzes von 10 *M* für den Doppelzentner (Artikel 5 Abs. 5) nur für den Hausbedarf bereitet worden ist, an nicht zum Haushalt gehörige Personen gegen Entgelt abgegeben wird.

Bemerkungen: Zu Art. 53.

1. Wegen der Schwierigkeit des Nachweises der Hinterziehung des Malzaufschlages, namentlich was die subjektiven Voraussetzungen anlangt, hat das MAG., um gewisse häufig vorkommende Fälle der Malzaufschlaghinterziehung sicherer zu treffen, in Artikel 53 eine Reihe von vereinfachten Tatbeständen aufgestellt, bei deren Erfüllung durch das Gesetz die nach Artikel 55 widerlegbare Vermutung begründet wird, daß eine Malzaufschlaghinterziehung (Artikel 52) begangen worden ist.

2. Über Realkonkurrenz der einzelnen Ziffern des Artikel 53 unter sich vgl. Allgemeine Bemerkung 12 zum Abschnitt III (Strafbestimmungen).

3. Zu Ziffer 1: Welche Mühlen zum Schroten von Malz zugelassen sind, bestimmt Artikel 16 (öffentliche und eigene Malzmühlen). Die Zulassung wird jeweils nur dem Inhaber der Malzmühle für seine Person erteilt (Artikel 16, 33 § 33 der MAAusfB.). Ein Malzschein ist vorgeschrieben für alle Fälle, in denen Malz auf einer öffentlichen Malzmühle geschrotet wird; für das Schroten von Malz auf eigenen Malzmühlen ist ein Malzschein vorgeschrieben durch Artikel 40 in Verbindung mit § 60 der MAAusfB.:

a) wenn der Inhaber einer eigenen Malzmühle zur Vorausbezahlung des Malzaufschlages verpflichtet ist,

b) wenn auf einer eigenen Malzmühle mit Genehmigung der Steuerbehörde außer aufschlagpflichtigem Malz auch aufschlagfreies Malz geschrotet wird (vgl. Artikel 35),

c) wenn eine eigene Malzmühle mit Genehmigung der Steuerbehörde von verschiedenen Personen auf eigene Rechnung benützt wird (vgl. Artikel 35),

d) wenn auf einer eigenen Malzmühle neben Gerstenmalz auch Weizenmalz (unter Inanspruchnahme der Steuerbegünstigung des Art. 6 Abs. 2) geschrotet wird,

e) wenn auf einer eigenen Malzmühle Malz geschrotet wird, das zur Herstellung bierähnlicher Getränke (vgl. § 1 Abs. 2 der MAAusfB.) bestimmt ist. (Vgl. auch die Bemerkungen zu Artikel 40.)

Über den notwendigen Inhalt des Malzscheins vgl. Artikel 17.

4. Zu Ziffer 2: Diese Strafbestimmung bezieht sich auf das in Artikel 19 Abs. 2 ausgesprochene Verbot. Dieses Verbot gilt sowohl für öffentliche Malzmühlen mit, wie für solche ohne selbsttätige Wägevorrichtung; Ausnahmen sind unzulässig.

5. Zu Ziffer 3: Hiedurch wird die Zuwiderhandlung gegen das in Artikel 4 Abs. 3 ausgesprochene Verbot strafrechtlich getroffen. Da auf Grund des Artikel 1 Abs. 2 durch § 8 Abs. 3 der MAAusfB. auch die Verwendung von aufschlagfreiem Malz zur Herstellung bierähnlicher Getränke verboten ist, fällt auch diese Handlung unter die Strafbestimmung des Artikel 53 Ziffer 3. Außerdem trifft letztere Bestimmung aber auch die Übertretung der Vorschrift in Artikel 43 Abs. 1, soweit es sich um Malz handelt, das für einen aufschlagfreien Zweck geschrotet worden ist, und soweit nicht auf Grund des Artikel 43 Abs. 2 eine ausnahmsweise Zulassung seitens der Steuerbehörde erfolgt ist.

6. Zu Ziffer 4: Hier kann es sich um einen Antrag auf Rückvergütung des Malzaufschlags bei der Ausfuhr von Bier nach Artikel 9 oder um einen Antrag auf Erlaß oder Vergütung des Malzaufschlags nach Artikel 10 handeln. Da nach § 4 der Malzaufschlagvergütungsordnung die Rückvergütung des Malzaufschlags nach der Malzverwendung erfolgt, die im Sudbuche für das vorhergegangene Kalendervierteljahr für einen Hektoliter der betreffenden Biersorte festgestellt worden ist, die Sudbuchführung durch den Brauer erfolgt (§ 66 der MAAusfB.), und derjenige, der das Bier ausführt, in der Ausfuhranmeldung (Muster 2 zur Malzaufschlagvergütungsordnung) die Gattung des Bieres genau nach der Bezeichnung im Sudbuche (§ 5 Abs. 2 der Malzaufschlagvergütungsordnung) sowie die Menge des ausgeführten Bieres von jeder Sorte (vgl. auch § 5 Abs. 3 der Malzaufschlagvergütungsordnung) angeben muß, so ist bei der Ausfuhr von Bier die Verwirklichung des in Artikel 53 Abs. 4 angegebenen Tatbestandes in mannigfacher Weise möglich. Beispielsweise kann eine derartige falsche Angabe darin bestehen, daß der Brauer, der Bier ausführt, im Sudbuch die Menge der Ausschlagwürze des später zur Ausfuhr gelangenden Bieres zu nieder angibt, daß er die Biersorten bei der Sudbuchführung nicht vorschriftsmäßig ausscheidet, daß er in der Ausfuhranmeldung eine unzutreffende Biersorte oder, wenn er ein Gemisch mehrerer im Sudbuche vorkommenden Biersorten ausführt, die mit der höheren Malzverwendung hergestellte Biersorte angibt, daß er die Menge des auszuführenden Bieres im ganzen oder den tatsächlichen Inhalt der einzelnen Gefäße falsch anmeldet. Wird Bier von einem Nichtbrauer ausgeführt (vgl. § 5 Abs. 4 der Malzaufschlagvergütungsordnung), so kann eine solche Zuwiderhandlung auch darin liegen, daß er eine andere Brauerei als Herstellerin des Bieres bezeichnet. Über Hinterziehung begangen durch Wasserzusatz zu dem zur Ausfuhr bestimmten Bier nach Feststellung des Extraktgehalts bzw. der Menge der Ausschlagwürze vgl. Bemerkung 5 zu Artikel 52. Über Malzaufschlaghinterziehung durch Fälschung der Ausgangsbestätigung (Idealkonkurrenz mit Urkundenfälschung) vgl. Allgem. Bemerkung 11 d zum III. Abschnitt (Strafbestimmungen).

Bei einem Gesuch um Erlaß oder Vergütung des Malzaufschlags nach Artikel 10 müssen die unrichtigen Angaben bei der Erbringung des dem Pflichtigen nach Artikel 10 Abs. 3 auferlegten Nachweises der für den Erlaß oder die Vergütung geforderten Voraussetzungen gemacht werden.

Der Nachweis, daß die unrichtigen Angaben zu einer Verkürzung des Malzaufschlags tatsächlich geführt haben, ist nicht gefordert; es genügt, wenn diese Angaben hiezu geeignet sind. Ist nur letzteres erwiesen und erfolgt eine Bestrafung wegen Hinterziehung, so ist die Strafe aus Artikel 54 Abs. 2 zu entnehmen.

7. Zu Ziffer 5: In den Fällen des Artikel 53 Ziffer 5 (vgl. Artikel 28) kann als Täter nur der Inhaber der öffentlichen Mühle (Müller) bzw. seine Betriebsgehilfen in Betracht kommen, da die Feststellung des steuerpflichtigen Gewichts in einer öffentlichen Malzmühle und die Sorge für die Einhaltung der für das Schroten von Malz selbst, soweit es in einer öffentlichen Malzmühle stattfindet, im Interesse der Steuersicherheit erlassenen Vorschriften dem Müller obliegt.

8. Zu Ziffer 6: Auch hier kann als Täter nur der Inhaber der öffentlichen Malzmühle (Müller) bzw. dessen Betriebsgehilfe in Betracht kommen (vgl. Artikel 27, 28 Abs. 4).

9. Zu Ziffer 7: Wegen Übertretung des Artikel 53 Ziff. 7 kann jede beliebige Person mit der Hinterziehungsstrafe belegt werden (vgl. die Bemerkung 4 zu Artikel 52).

10. Zu Ziffer 8: Diese Bestimmung ist darin begründet, daß nach Artikel 39 Beschädigungen und Unregelmäßigkeiten der Malzmühle oder der selbsttätigen Wägevorrichtung angezeigt werden müssen, und die beschädigte Mühle bis zum Eintreffen des Steuerbeamten nicht benützt werden darf.

11. Zu Ziffer 9 und 10: Durch diese Strafbestimmungen soll die Erhebung des Malzaufschlags zu dem nach Artikel 5 zutreffenden Satze gesichert werden. Hiebei handelt es sich nicht nur um den eigentlichen Satz des Malzaufschlags, sondern auch um die Zuschläge, die allenfalls nach Artikel 5 zu erheben sind. Hieher gehört auch die steuerliche Begünstigung des Artikel 6 Abs. 2, wenn gleich es sich hier streng genommen nicht um den zutreffenden Satz, sondern um das zutreffende Gewicht handelt.

12. Zu Ziffer 11: Diese Bestimmung bezieht sich auf Artikel 5 Abs. 5.

Strafe der Hinterziehung. Art. 54.

1 Wer eine Hinterziehung des Malzaufschlags begeht, hat eine Geldstrafe verwirkt, die dem Vierfachen des vorenthaltenen oder zu Ungebühr beanspruchten Malzaufschlags gleichkommt, mindestens aber 30 *M* beträgt.

2 Kann der Betrag des vorenthaltenen oder zu Ungebühr beanspruchten Malzaufschlags nicht festgestellt werden, so tritt eine Geldstrafe von 30 *M* bis 10000 *M* ein.

3 Neben der Geldstrafe tritt, wenn die Hinterziehung durch Benützung einer nicht genehmigten eigenen Mühle oder einer sonstigen zum Schroten von Malz geeigneten Vorrichtung verübt worden ist, die Einziehung der Mühle oder der Vorrichtung ein; auf die Einziehung finden die Strafbestimmungen in Artikel 51 Abs. 3 Anwendung.

4 Unabhängig von der Geldstrafe ist, abgesehen vom Falle

des Abs. 2, der vorenthaltene Malzaufschlag nachzuentrichten oder die widerrechtlich bezogene Vergütung zurückzuerstatten.

Bemerkungen: Zu Art. 54.

1. Begehen mehrere eine Malzaufschlaghinterziehung gemeinsam, so beträgt für jeden einzelnen die Geldstrafe das Vierfache des vorenthaltenen oder zu Ungebühr beanspruchten Malzaufschlags bzw. mindestens 30 Mk.

2. Der Betrag des vorenthaltenen oder zu Ungebühr beanspruchten Malzaufschlags richtet sich nach dem Satze, der für den betreffenden Brauereibetrieb zutrifft, bzw. der zutreffen würde, wenn das Schroten des Malzes bei der Steuerbehörde ordnungsmäßig angemeldet worden wäre. Welcher Satz einschließlich der allenfalls zu erhebenden Zuschläge hienach zugrunde zu legen ist, bemißt sich nach Artikel 5 MAG.

Steuerliche Begünstigungen, wie sie z. B. durch Artikel 5 Abs. 5 oder Artikel 6 Abs. 2 MAG. vorgesehen sind, dürfen hiebei jedoch ebensowenig berücksichtigt werden wie gegebenenfalls der Umstand, daß in Ansehung des Malzes, für welches der Malzaufschlag hinterzogen worden ist, nachträglich die Voraussetzungen für eine Rückvergütung nach Artikel 9 oder einen Erlaß oder eine Vergütung des Malzaufschlags nach Artikel 10 eingetreten sind.

3. Ist die Strafe aus Artikel 54 Abs. 2 zu entnehmen, so ist beim Strafmaß zu berücksichtigen, daß hier die Strafe gleichzeitig eine Entschädigung der Staatskasse für den vorenthaltenen Malzaufschlag bildet. Die Strafe ist daher regelmäßig im fünffachen Betrage des mutmaßlich hinterzogenen Malzaufschlags festzusetzen.

4. Auf die Einziehung nach Artikel 54 Abs. 3 muß zutreffendenfalls neben der Geldstrafe im Urteil (Strafbescheid, Strafbefehl) erkannt werden.

Die Einziehung hat nach Artikel 51 Abs. 3 ohne Rücksicht darauf zu erfolgen, wem die Mühle oder sonstige Vorrichtung gehört, ferner hat nach dieser Bestimmung an Stelle der Einziehung der Werterstaz bzw. die Zahlung einer schätzungsweise dem Wert entsprechenden Geldsumme zu treten, wenn die Mühle oder sonstige Vorrichtung nicht mehr vorhanden ist oder der Einziehung tatsächliche Hindernisse entgegenstehen.

5. über die Frage der Zulässigkeit der Einziehung bei Idealkonkurrenz vgl. Allgem. Bemerkung 11 zum III. Abschnitt (Strafbestimmungen).

Art. 55.

Kann der Angeschuldigte nachweisen, daß er eine Hinterziehung des Malzaufschlags nicht habe verüben können oder daß eine solche nicht beabsichtigt gewesen sei, so trifft ihn die Strafe des Artikels 58.

Bemerkungen: Zu Art. 55.

1. Damit durch die in Artikel 53 aufgestellte Rechtsvermutung der freie richterliche Beweis nicht aufgehoben oder eingeschränkt wird, läßt Artikel 55 den Nachweis zu, daß im einzelnen Falle eine Hinterziehung nicht habe verübt werden können oder nicht beabsichtigt gewesen sei. Gelingt dieser Nachweis, so tritt an die Stelle der Hinterziehungsstrafe eine Geldstrafe. Völlige Straffreiheit eintreten zu lassen, war in diesem Falle mit Rücksicht darauf nicht angängig, daß sich die in Artikel 53 bezeichneten Handlungen, abgesehen von der Malzaufschlaghinterziehung, schon an sich als Zuwiderhandlungen gegen Bestimmungen des MAG. darstellen. (Begründung zu Artikel 53 mit 57 des Gesetzentwurfs.)

2. Artikel 55 enthält keine Umkehrung der Beweislast. Die Strafe ist daher, wenn einer der in den einzelnen Ziffern des Artikel 53 aufgestellten Tatbestände erwiesen ist, nicht nur dann aus Artikel 58 zu entnehmen, wenn der Angeschuldigte selbst Tatsachen erweist, die erkennen lassen, daß er eine Hinterziehung des Malzaufschlags nicht habe verüben können oder daß eine solche nicht beabsichtigt gewesen sei, sondern auch dann, wenn der Richter oder die im Verwaltungsstrafverfahren erkennende Steuerbehörde auf Grund der gepflogenen Erhebungen selbständig zu diesem Ergebnis gelangt. (Vgl. die auf dem Gebiet des Vereinszollgesetzes ergangenen Entscheidungen des Reichsgerichts Slg. 23 S. 332, Slg. 35 S. 238.)

3. Wird der in Artikel 55 bezeichnete Nachweis erbracht, so liegt eine Hinterziehung überhaupt nicht vor, sei es weil die objektiven Voraussetzungen oder die subjektiven Voraussetzungen (vorsätzliches und wissentliches Handeln) fehlen. Daher bezieht sich Artikel 55 nur auf die Fälle, in denen das Gesetz an die Erfüllung eines vereinfachten Tatbestandes die Rechtsvermutung knüpft, daß eine Hinterziehung vollbracht worden sei (Artikel 53).

4. Eine Hinterziehung des Malzaufschlags ist insbesondere auch dann nicht beabsichtigt, wenn der Täter nachweisbar eine Aufschlagpflicht nicht als gegeben erachtet hat, gleichviel ob das Bewußtsein der Aufschlagpflicht durch einen Irrtum über Tatsachen oder durch einen Irrtum über die Bestimmungen des MAG., also durch einen Rechtsirrtum ausgeschlossen war. (Vgl. das auf dem Gebiet des Salzsteuergesetzes ergangene Urteil des Reichsgerichts vom 8. November 1907, ABl. 1909 S. 1444.)

Strafe des Rückfalls.

Art. 56.

[1] Im Falle der Wiederholung einer Malzaufschlaghinterziehung nach vorhergegangener Bestrafung wird die Strafe auf den achtfachen Betrag des vorenthaltenen oder zu Ungebühr beanspruchten Malzaufschlags bestimmt. Diese Strafe soll jedoch in keinem Falle weniger als 60 *M* betragen.

[2] Kann der Betrag des vorenthaltenen oder zu Ungebühr beanspruchten Malzaufschlags nicht festgestellt werden, so tritt eine Geldstrafe von 60 *M* bis 20000 *M* ein.

[3] Jeder fernere Rückfall zieht Gefängnisstrafe bis zu einem Jahr nach sich. Doch kann nach richterlichem Ermessen mit Berücksichtigung aller Umstände des Vergehens und der voraus-

gegangenen Fälle auf Haft oder auf Geldstrafe nicht unter dem Doppelten der für den ersten Rückfall angedrohten Geldstrafe erkannt werden.

Art. 57.

¹ Die Straferhöhung wegen Rückfalls tritt auch dann ein, wenn die frühere Strafe nur teilweise verbüßt oder ganz oder teilweise erlassen ist.

² Sie ist ausgeschlossen, wenn seit der Verbüßung oder dem Erlasse der letzten Strafe bis zur Begehung der neuen Malzaufschlaghinterziehung drei Jahre verflossen sind.

³ Teilnehmer an einer Malzaufschlaghinterziehung unterliegen der Straferhöhung wegen Rückfalls nur so weit, als sie sich selbst eines Rückfalls schuldig gemacht haben.

Bemerkungen: Zu Art. 56 und 57.

1. Die Strafe des Rückfalls ist entgegen der Bestimmung in Artikel 79 des MAG. vom $\frac{\text{16. Mai 1868}}{\text{10. Dezember 1889,}}$ woselbst alle nach Artikel 66 bis 78 dieses Gesetzes strafbaren Zuwiderhandlungen mit der Rückfallstrafe bedroht waren, im jetzigen Gesetze nur mehr für Malzaufschlaghinterziehungen vorgesehen. Die Straferhöhung auf das Doppelte, die Artikel 79 des früheren Gesetzes für jeglichen Rückfall androhte, erschien nur für den ersten Rückfall angemessen. Jeder weitere Rückfall ist, um eine gewohnheitsmäßige Malzaufschlaghinterziehung tunlichst zu verhüten, in der Regel mit einer Freiheitsstrafe zu belegen. Für besonders leichte Fälle ist jedoch dem richterlichen Ermessen überlassen, an Stelle der Freiheitsstrafe eine Geldstrafe auszusprechen.

Wie in Artikel 79 des früheren Gesetzes ist auch in Artikel 57 des geltenden Gesetzes vorgesehen, daß die Straferhöhung des Rückfalls nicht eintritt, wenn seit Begehung der letzten Malzaufschlaghinterziehung 3 Jahre verstrichen sind. Diese Frist soll jedoch nicht, wie in Artikel 79 des früheren Gesetzes bestimmt ist, mit dem Tage der Verurteilung, sondern mit dem Tage der Verbüßung oder des Erlasses der Strafe beginnen (zu vgl. § 245 des Reichsstrafgesetzbuchs). (Begründung zu Artikel 53 mit 57 des Gesetzentwurfs.)

2. Über den Betrag des vorenthaltenen Malzaufschlags vgl. die Bemerkung 2 zu Art. 54.

3. In den Fällen des Artikel 63 (strafrechtliche Verantwortlichkeit) tritt die Straferhöhung wegen Rückfalls beim Betriebsinhaber bzw. strafrechtlich verantwortlichen Vertreter nur dann ein, wenn die Voraussetzungen der Artikel 56 und 57 in dessen Person vorliegen. (Vgl. Allgemeine Bemerkung 9 zum III. Abschnitt (Strafbestimmungen).

Bestrafung von Ordnungswidrigkeiten.

Art. 58.

Eine Geldstrafe von 1 *M* bis 300 *M* ist verwirkt, sofern nicht eine Hinterziehung vorliegt:

1. wenn an dem Inhalt eines Malzscheins Änderungen vorgenommen werden, sofern diese Änderungen nicht nach dem Strafgesetzbuche strafbar sind;
2. wenn Malz zur Nachtzeit (Artikel 20) in eine öffentliche Malzmühle gebracht oder von da zurückgebracht wird;
3. wenn Malz in eine andere als die im Malzscheine bezeichnete Malzmühle oder an einem anderen als dem im Malzschein angegebenen Tage in die Malzmühle gebracht wird;
4. wenn im Falle des Artikels 27 Abs. 4 die vorgeschriebene Anzeige bei der Steuerbehörde unterlassen wird;
5. wenn Malz auf einer öffentlichen Malzmühle zur Nachtzeit (Artikel 20) zum Schroten angenommen, geschrotet oder verabfolgt wird;
6. wenn Malz in einer öffentlichen Malzmühle mit einem auf eine andere Malzmühle lautenden Malzschein oder an einem anderen als dem im Malzscheine bezeichneten Tage zum Schroten übernommen wird;
7. wenn in einer öffentlichen Malzmühle ohne selbsttätige Wägevorrichtung mit dem Schroten des Malzes begonnen wird, bevor die Verwiegung des Malzes vollständig beendet oder der vorgeschriebene Eintrag auf dem Malzschein und im Mühlbuche vollzogen ist;
8. wenn in einer öffentlichen Malzmühle Malz verbotswidrig aufbewahrt wird;
9. wenn den Vorschriften über die Führung des Mühlbuchs zuwidergehandelt wird;
10. wenn der amtliche Verschluß einer Mühle mit selbsttätiger Wägevorrichtung oder einer Vorrichtung, deren Benützung zum Schroten von Malz verboten ist, eigenmächtig abgenommen oder fahrlässig verletzt wird;
11. wenn eine durch Zufall eingetretene Störung einer selbsttätigen Wägevorrichtung oder eine durch Zufall eingetretene Verletzung des an einer Malzmühle mit selbsttätiger Wägevorrichtung angebrachten amtlichen Verschlusses nicht nach Vorschrift angezeigt wird;
12. wenn zum Besitz einer eigenen Malzmühle oder zum Besitz oder zur Benützung einer sonstigen zum Schroten geeigneten Vorrichtung die vorgeschriebene Genehmigung der Steuerbehörde nicht eingeholt wird oder wenn die bei der Genehmigung festgesetzten Bedingungen nicht eingehalten werden;

13. wenn die für den gleichzeitigen Betrieb einer öffentlichen Malzmühle und einer Bierbrauerei geltenden Vorschriften nicht eingehalten werden;

14. wenn in einer Brauerei das Sudbuch nicht nach Vorschrift geführt wird;

15. wenn die Vorschriften über den Verkehr mit geschrotetem Malze (Art. 43) nicht eingehalten werden.

Bemerkungen: Zu Art. 58.

1. Eine erschöpfende Aufführung der Zuwiderhandlungen gegen das vorliegende Gesetz, die sich als Ordnungswidrigkeiten darstellen, ist in den Artikeln 58 mit 60 nicht beabsichtigt. Es sind vielmehr einzelne Zuwiderhandlungen, insbesondere solche, die gegen wichtigere Vorschriften verstoßen oder zu Steuerhinterziehungen führen können, unter eine besondere Strafbestimmung gestellt und mit einer höheren Strafe (300 Mk. Höchststrafe) als die übrigen Verfehlungen gegen das Gesetz und die Vollzugsvorschriften (150 Mk. Höchststrafe) bedroht. Hiemit soll die Anwendung der Strafbestimmungen erleichtert und namentlich den beteiligten Betriebsinhabern und deren Gehilfen ihre hauptsächlichsten Verpflichtungen deutlich vor Augen gestellt werden. (Begründung zu Artikel 58 mit 60 des Entwurfs.)

2. Zu Ziffer 1: Artikel 58 Ziffer 1 steht zu den Bestimmungen des Reichsstrafgesetzbuchs im Verhältnis der Subsidiarität; daher ist Idealkonkurrenz mit Urkundenfälschung ausgeschlossen (vgl. Allgemeine Bemerkung 11e zum III. Abschnitt [Strafbestimmungen]). Eine Urkundenfälschung kann in Ansehung des Malzscheins (außer von einem Beamten) nur begangen werden durch fälschliche Anfertigung oder Verfälschung des dem Malzschein nach Artikel 17 wesentlichen Inhalts oder einer von einem Steuerbeamten sonst auf dem Malzschein niedergelegten Beurkundung. (Vgl. a. a. O.)

Soweit der Müller selbst Einträge auf dem Malzschein zu machen hat (Artikel 28 Abs. 4), ist er auch zur Vornahme einer beispielsweise durch ein Schreibversehen veranlaßten Änderung seines Eintrags berechtigt (vgl. die Bemerkungen zu Artikel 18); in solchen Fällen liegt selbstverständlich auch keine nach Artikel 58 Abs. 1 strafbare Handlung vor.

3. Zu Ziffer 2 und 3: Diese Strafbestimmungen beziehen sich auf Artikel 18 Abs. 1 und Artikel 20 MAG. Falls nach Artikel 20 Abs. 2 des Gesetzes eine Ausnahme bewilligt ist (§ 37 und § 92 Abs. 2 MAAusfB.), tritt selbstredend eine Strafe nach Artikel 58 Ziffer 2 nicht ein. Die Ziffern 2 und 3 des Artikel 58 können miteinander ideell konkurrieren. (Vgl. Allgemeine Bemerkung 11f zum III. Abschnitt [Strafbestimmungen].)

4. Zu Ziffer 4, 5 und 6: Zuwiderhandlungen hingegen können, da es sich um Verpflichtungen handelt, die dem Müller auferlegt sind (vgl. Artikel 27 Abs. 1, 3 und 4 und Artikel 29 Abs. 2), nur von diesem oder seinen Betriebsgehilfen begangen werden. Zwischen Ziffer 5 und 6 ist Idealkonkurrenz möglich. (Vgl. Allgemeine Bemerkung 11f zum III. Abschnitt [Strafbestimmungen].)

5. Zu Ziffer 7 und 8: Artikel 58 Ziffer 7 bezieht sich auf die Überwachungsvorschrift in Artikel 28 Abs. 4. Darin, daß in Artikel 28 Abs. 1 dem Müller auferlegt ist, das Gewicht des Malzes vor dem Schroten durch Verwiegung festzustellen und in Artikel 28 Abs. 4 vorgeschrieben ist, daß das Ergebnis der Verwiegung von dem Müller sofort und noch vor Verbringung des Malzes auf den Mahlgang auf dem Malzschein und im Mühlbuch vermerkt wird, liegt auch das Verbot, mit dem Schroten des Malzes zu beginnen, bevor die Verwiegung vollständig beendet ist oder der vorgeschriebene Eintrag auf dem Malzschein und im Mühlbuch vollzogen ist. Wenn das Reingewicht des mit einem Malzschein in die Mühle eingebrachten Malzes durch mehrere Einzelverwiegungen ermittelt wird (§ 17 Abs. 2 MAAusfB.), so ist die Verwiegung des Malzes erst nach der letzten Einzelverwiegung vollständig beendet, wie ja auch der Vermerk über das Ergebnis der Verwiegung auf dem Malzschein erst durch die Unterschrift des Müllers unter dem Gesamtergebnis der einzelnen Verwiegungen vollständig wird, während in das Mühlbuch ohnehin nur das Gesamtergebnis der einzelnen Verwiegungen einzutragen ist (vgl. Muster 15 und 16 zu den MAAusfB.). Ziffer 8 des Artikel 58 bezieht sich auf das Verbot in Artikel 25 Abs. 1 und trifft nicht zu, wenn Ausnahmen nach Artikel 25 Abs. 2 (vgl. auch § 41 MAAusfB.) zugelassen sind.

Zuwiderhandlungen nach Artikel 58 Ziffer 7 oder 8 können nur von dem Inhaber einer öffentlichen Malzmühle (Müller) oder dessen Betriebsgehilfen begangen werden.

6. Zu Ziffer 9: Die Vorschriften über die Führung des Mühlbuchs in öffentlichen Malzmühlen sind in Artikel 26, 28 Abs. 4 und 31 Abs. 2 (§ 42 Abs. 1, § 45 MAAusfB.), die Vorschriften über die Führung des Mühlbuchs in eigenen Malzmühlen in Artikel 36 (§ 55 Abs. 1, § 59 Abs. 1 MAAusfB.) enthalten. Artikel 58 Ziffer 9 trifft aber nur insoweit zu als nicht der Tatbestand des Artikel 53 Ziffer 6 gegeben ist. Zur Führung des Mühlbuchs gehört auch der fristgemäße Abschluß. Dagegen liegt nicht ein Vergehen nach Artikel 58 Ziffer 9 sondern eine Übertretung nach Artikel 60 vor, wenn das Mühlbuch nicht auf dem von der Steuerbehörde bestimmten Platz aufbewahrt, dem Steuerbeamten nicht auf Verlangen vorgelegt oder an die Steuerbehörde nicht rechtzeitig abgeliefert wird (Artikel 26 Abs. 2, Art. 36 Abs. 2).

7. Zu Ziffer 10: Der in Artikel 24 für öffentliche und in Artikel 34 (in Verbindung mit Artikel 24) für eigene Malzmühlen vorgesehene steueramtliche Verschluß der selbsttätigen Wägevorrichtungen wird nach Maßgabe des § 50 MAAusfB. angelegt. Es liegt in der Natur der Sache, daß ein steueramtlicher Verschluß regelmäßig nur von einem Steuerbeamten, in Ausnahmefällen allenfalls von einer dritten Person jedoch nur mit ausdrücklicher Genehmigung der Steuerbehörde geöffnet bzw. entfernt werden darf. Deshalb ist in Artikel 58 Ziffer 10 die eigenmächtige Abnahme sowie die fahrlässige Verletzung eines solchen Verschlusses unter Strafe gestellt. Das gleiche gilt für den Verschluß von Vorrichtungen, deren Benützung zum Schroten von Malz verboten ist. Als eine derartige Vorrichtung kann in Betracht kommen:

a) eine öffentliche oder eigene Malzmühle, deren selbsttätige Wägevorrichtung eine Störung oder Beschädigung aufweist, oder deren Mühlwerk eine derartige Beschädigung erlitten hat, daß es einer nicht sofort ausführbaren Ausbesserung unterzogen werden muß. Es kommt hier ein Verschluß des Triebwerks (§ 59 Abs. 4 MAAusfB.) oder ein Verschluß nach § 59 Abs. 6 MAAusfB. in Frage. (Vgl. Artikel 31 Abs. 3 und Artikel 39.)

b) Futterschrotmühlen oder sonstige zum Schroten von Malz geeignete Vorrichtungen (Grünmalzquetschmaschinen, Hausmühlen usw.) im Besitz des Inhabers eines Brauereibetriebs innerhalb einer Entfernung von 5 km vom Betriebsort, da der Besitz und die Benützung solcher Vorrichtungen den Inhabern von Brauereibetrieben an sich verboten ist und im Einzelfall von der Steuerbehörde genehmigt werden muß (Artikel 42). Der Verschluß besteht bei Quetschmaschinen in der Anlegung eines Steuerbleis an den Quetschwalzen oder am Antriebsrad, bei Futterschrot- und Hausmühlen in der Anlegung von Steuerbleien am Probensammler (§§ 62 Abs. 3, 63 Abs. 2 MAAusfB.). Im Fall der Beschädigung einer Futterschrot- oder Hausmühle sowie im Fall der Beschädigung des Probensammlers ist § 59 MAAusfB. sinngemäß anzuwenden (§ 63 Abs. 5 MAAusfB.).

c) Andere zum Schroten von Malz geeignete Vorrichtungen, deren Benützung auf Grund des Artikel 41 von der Steuerbehörde untersagt worden ist. In der durch das Gesetz der Steuerbehörde erteilten Ermächtigung zur Untersagung der Benützung liegt auch die Ermächtigung, die Nichtbenützung durch Maßnahmen, die für den Besitzer nicht lästig sind, z. B. durch Anlegung eines Steuerbleis zu sichern.

8. Zu Ziffer 11: Die Anzeigepflicht ist in Artikel 31 Abs. 3 und Artikel 39 aufgestellt. Nach diesen Bestimmungen besteht eine Anzeigepflicht ohne Rücksicht darauf, ob die Beschädigung usw. auf ein vorsätzliches oder fahrlässiges Handeln des Betriebsinhabers, seiner Betriebsgehilfen oder dritter Personen oder auf einen bloßen Zufall zurückzuführen ist. Die Bestimmung in Artikel 58 Ziffer 11 trifft jedoch nur dann zu, wenn die Beschädigung durch einen Zufall, also ohne vorsätzliches oder fahrlässiges Handeln des Betriebsinhabers oder seiner Betriebsgehilfen, entstanden ist. Sie trifft dann nicht zu, wenn derjenige, dem die Anzeigepflicht wegen Störung der selbsttätigen Wägevorrichtung oblag, fernerhin die Malzmühle zum Schroten von Malz benützt hat, weil ihn dann die Hinterziehungsstrafe (Artikel 53 Ziffer 8) bzw. die Strafe des Artikel 58 auf Grund des Artikel 55 trifft. Hat der Betriebsinhaber oder sein Betriebsgehilfe die Störung oder Beschädigung nicht wahrgenommen, so tritt eine Strafe selbst dann nicht ein, wenn das Nichtwahrnehmen auf eine Fahrlässigkeit des Anzeigepflichtigen zurückzuführen ist.

9. Zu Ziffer 12 und 13: Ziffer 12 bezieht sich, was die eigenen Malzmühlen anlangt, auf Artikel 16 Ziffer 2, im übrigen hauptsächlich auf die Vorschrift in Artikel 42, Ziffer 13 auf die Vorschrift in Artikel 25.

10. Zu Ziffer 14: Die Vorschriften über die Führung des Sudbuchs sind im wesentlichen in Artikel 45 und § 66 MAAusfB. enthalten.

11. Zu Ziffer 15: Wird Malz, das für einen malzaufschlagfreien Zweck geschrotet worden ist, an einen Dritten abgegeben, so tritt, soferne nicht der in Artikel 55 vorgesehene Nachweis erbracht wird, die Strafe der Hinterziehung ein. (Artikel 53 Ziffer 3.)

Art. 59.

Eine Geldstrafe von 1 *M* bis 300 *M* ist verwirkt:

1. wenn einem zur Wahrnehmung der Steueraufsicht verpflichteten Beamten oder seinen Angehörigen wegen einer auf die Erhebung oder Überwachung des Malzaufschlags bezüglichen amtlichen Handlung oder Unterlassung einer solchen Geschenke oder andere Vorteile angeboten, versprochen oder gewährt werden, sofern nicht der Tatbestand der Bestechung nach § 333 des Reichsstrafgesetzbuchs vorliegt;
2. wenn ein zur Wahrnehmung der Steueraufsicht verpflichteter Beamter durch Handlungen oder Unterlassungen eines anderen an der rechtmäßigen Ausübung seines Amtes in Bezug auf den Malzaufschlag behindert wird, sofern nicht der Tatbestand einer nach § 113 des Reichsstrafgesetzbuchs strafbaren Widersetzlichkeit gegeben ist.

Bemerkungen: Zu Art. 59.

1. Die Bestimmungen in Artikel 59 stehen zu den Bestimmungen in § 333 bzw. § 113 des Reichsstrafgesetzbuchs im Verhältnis der Subsidiarität.

2. Als Beamte kommen nur Beamte im Sinn des Beamtengesetzes in Betracht. Von den Beamten des äußeren Dienstes sind hauptsächlich zur Wahrnehmung der Steueraufsicht verpflichtet die Oberzollinspektoren bzw. deren Vertreter, die Steuerinspektoren und Steueroberkontrolleure sowie die mit der Wahrnehmung der Dienste eines Steueroberkontrolleurs beauftragten Zolloberkontrolleure, ferner die Steuerverwalter und Steuerrevisoren sowie im Grenzbezirk die Grenzoberkontrolleure, die Grenzoberaufseher und Grenzaufseher.

3. War sich der Täter der Beamteneigenschaft oder der Verpflichtung des betreffenden Beamten zur Wahrnehmung der Steueraufsicht nicht bewußt und beruht dieser Irrtum auf Fahrlässigkeit, so ist der Täter gleichwohl im Hinblick auf Artikel 61 (vgl. Allgemeine Bemerkung 10 zum III. Abschnitt) nach Artikel 59 strafbar.

Art. 60.

Einer Geldstrafe von 1 *M* bis 150 *M* unterliegen Zuwiderhandlungen gegen andere Bestimmungen dieses Gesetzes sowie gegen die zum Vollzuge dieses Gesetzes erlassenen und öffentlich oder den Beteiligten besonders bekannt gemachten Vorschriften, sofern nicht die Strafe der Malzaufschlaghinterziehung verwirkt ist.

Bemerkungen: Zu Art. 60.

Die Strafe des Artikel 60 (Übertretung) tritt nur dann ein, wenn keine andere Strafbestimmung des MAG. zutrifft.

Strafbarkeit.

Art. 61.

Die Strafbestimmungen der Art. 51, 58, 59, 60 sind anzuwenden, gleichviel ob die Handlung vorsätzlich oder fahrlässig begangen wurde.

Bemerkungen: Zu Art. 61.

1. Über das Verhältnis des Artikel 61 zu Artikel 51 vgl. die Bemerkung zu Artikel 51 Abs. 1.

2. Unter Fahrlässigkeit im Sinne des Artikel 61 ist, da es sich bei den hier in Betracht kommenden Strafbestimmungen (Artikel 51, 58, 59, 60) größtenteils um Ordnungswidrigkeiten handelt, nicht ein besonders grobes Versehen, Fahrlässigkeit im eigentlichen Sinn, die Vorhersehbarkeit des Erfolges voraussetzt, sondern jede schuldhafte Vernachlässigung der durch das Gesetz begründeten Pflichten zu verstehen (vgl. die Entsch. des Reichsgerichts in Strafsachen Slg. 43 S. 70ff.).

Zwangsmaßregeln.

Art. 62.

Unbeschadet der nach Art. 58 bis 60 verwirkten Geldstrafen kann die Steuerbehörde die Beobachtung der Anordnungen, die auf Grund der Bestimmungen des Gesetzes und der dazu erlassenen Verwaltungsbestimmungen getroffen worden sind, durch Androhung und Einziehung von Geldstrafen bis zum Betrage von 500 *M* erzwingen. Die Steuerbehörde kann auch eine vorgeschriebene Einrichtung, wenn sie nicht getroffen wird, auf Kosten des Pflichtigen herstellen lassen; die Einziehung der hiedurch erwachsenen Auslagen erfolgt in dem Verfahren über die Beitreibung von Staatsgefällen.

AusfB. zu Art. 62.

Zwangsmaßregeln.

§ 79. Die in Artikel 62 des Gesetzes vorgesehenen Zwangsmaßregeln werden vom Hauptzollamt angeordnet. Die Zwangsmaßregeln sind erst dann anzuwenden, wenn trotz wiederholter Aufforderung die getroffenen Anordnungen nicht beachtet oder die vorgeschriebenen Einrichtungen nicht hergestellt werden.

Bemerkungen: Zu Art. 62.

Die Begründung des Entwurfs bemerkt hiezu:

Diese Bestimmung ist dem Reichsbrausteuergesetze (§ 50) und dem Branntweinsteuergesetze (§ 134), beide vom 15. Juli 1909, nachgebildet. Sie ist neben der Strafvorschrift in Artikel 60 geboten, um jederzeit die ungehinderte Durchführung der Überwachungsbestimmungen und Verwaltungsvorschriften zu sichern.

Strafrechtliche Verantwortlichkeit.

Art. 63.

[1] Inhaber der unter das Malzaufschlaggesetz fallenden Betriebe sind für die von ihren Angehörigen oder Bediensteten

begangenen Übertretungen des Gesetzes und der zum Vollzuge dieses Gesetzes erlassenen und öffentlich oder den Beteiligten besonders bekannt gemachten Vorschriften strafrechtlich verantwortlich, falls sie nicht nachweisen, daß die strafbare Handlung ohne ihr Wissen und gegen ihren Willen verübt worden ist.

² Bei juristischen Personen, Handelsgesellschaften, Genossenschaften und Vereinen ist jeder Vertreter nach Maßgabe des Abs. 1 strafrechtlich verantwortlich.

³ Wird der Betriebsinhaber oder dessen Vertreter bestraft, so ist die Mitwirkung der Angehörigen oder der Bediensteten nicht strafbar.

⁴ Die strafrechtliche Verantwortlichkeit des Betriebsinhabers oder des Vertreters (Abs. 2) kann mit Genehmigung der Steuerbehörde dritten Personen übertragen werden.

AusfB. zu Art. 63.

Strafrechtliche Verantwortlichkeit.

§ 80. Auf die Übertragung der strafrechtlichen Verantwortlichkeit auf dritte Personen finden die Bestimmungen in § 29 Abs. 3 und 4 entsprechende Anwendung.

Bemerkungen: Zu Art. 63.

1. Aus der Begründung zu Artikel 63 des Gesetzentwurfs ist anzuführen:

Der in Artikel 52 des MAG. vom $\frac{\text{16. Mai 1868}}{\text{10. Dezember 1889}}$ niedergelegte Grundsatz, daß der „Betriebsberechtigte" für die in seinem Betriebe begangenen Übertretungen des Gesetzes strafrechtlich verantwortlich ist, auch wenn die strafbare Handlung nicht von ihm selbst begangen worden, hat sich beim Gesetzesvollzuge bewährt. Die Anwendung dieses Grundsatzes hat der Steuerverwaltung nicht nur die Durchführung des Strafverfahrens erleichtert, sondern auch eine milde Handhabung ihrer Strafbefugnis ermöglicht. Dieser Grundsatz dürfte daher auch beizubehalten sein.

Bei juristischen Personen, wie Staat, Gemeinden, Stiftungen, Klöstern und bei Personenmehrheiten, wie Handelsgesellschaften (offene Handelsgesellschaft, Kommanditgesellschaft, Aktiengesellschaft, Kommanditgesellschaft auf Aktien und Gesellschaft mit beschränkter Haftpflicht), Genossenschaften (mit unbeschränkter oder beschränkter Haftpflicht oder mit unbeschränkter Nachschußpflicht) und Vereinen, wird die strafrechtliche Verantwortlichkeit nur den oder die jeweiligen Vertreter treffen können.

Aus dem Grundsatze, daß der Betriebsinhaber oder der Vertreter für die im Betriebe verübten Gesetzesverletzungen strafrechtlich verantwortlich ist, ist zu folgern, daß seine Angehörigen und Bediensteten wegen ihrer strafbaren Tätigkeit im Betriebe nicht mehr als Teilnehmer bestraft werden können. Dieser Gedanke hat in Artikel 63 Abs. 4 Ausdruck gefunden.

Manche Betriebsinhaber sind nicht in der Lage, den Betrieb selbst zu leiten. Solchen Betriebsinhabern soll, um sich vor unverschuldeter Untersuchung und Bestrafung zu sichern, die Ermächtigung erteilt werden, unter Zustimmung der Steuerverwaltung die strafrechtliche Verantwortlichkeit auf ihren Geschäftsführer zu übertragen.

2. Zu den unter das MAG. fallenden Betrieben gehören alle jene Betriebe, die nach Artikel 47 der Steueraufsicht unterstehen. Bierhändler und Wirte gehören trotz der Bestimmung in Artikel 2 Abs. 5 nicht zu diesen Betrieben.

3. Über die Führung des Nachweises, daß die strafbare Handlung ohne Wissen des Betriebsinhabers und gegen seinen Willen verübt worden ist, gilt das gleiche wie zu Artikel 55 (vgl. Bemerkung 2 daselbst).

4. Über die strafrechtliche Verantwortlichkeit im Fall der Teilnahme vgl. Allgemeine Bemerkung 9 zum III. Abschnitt (Strafbestimmungen), ebendort auch über Straferhöhung wegen Rückfalls und Strafminderung wegen jugendlichen Alters bei strafrechtlicher Verantwortlichkeit.

5. Unterbleibt eine Bestrafung des Betriebsinhabers oder seines Vertreters lediglich aus tatsächlichen Gründen, beispielsweise weil er vor Erlaß des Urteils (Strafbescheid, Strafbefehl) stirbt, oder sich der Strafverfolgung durch die Flucht entzieht usw., so bleibt trotzdem die Mitwirkung der Angehörigen oder der Bediensteten straflos. Denn der Grund für die Straflosigkeit der als Teilnehmer in Frage kommenden Angehörigen oder Bediensteten des Betriebsinhabers ist die strafrechtliche Verantwortlichkeit des letzteren, die strafrechtliche Verantwortlichkeit entfällt aber einzig und allein durch den Nachweis, daß die strafbare Handlung ohne Wissen und gegen den Willen des Betriebsinhabers usw. begangen worden ist.

Verjährung.

Art. 64.

Die Strafverfolgung von Zuwiderhandlungen gegen die in Art. 2 getroffenen Vorschriften (Art. 51) und von Malzaufschlaghinterziehungen (Art. 52 und 53) verjährt in drei Jahren, die Strafverfolgung von Zuwiderhandlungen, die nach Art. 58 bis 60 mit Geldstrafen bedroht sind, verjährt in einem Jahre, von dem Tage an gerechnet, an dem sie begangen sind.

Bemerkungen: Zu Art. 64.

Für die Verjährung der Strafverfolgung von Zuwiderhandlungen gegen das Verbot der Verwendung von Ersatzstoffen usw. (Artikel 51) sowie von Malzaufschlaghinterziehungen (Artikel 52 und 53) ist die dreijährige Frist des Artikels 64 des früheren Gesetzes beibehalten. Für die Verjährung der Strafverfolgung von Ordnungswidrigkeiten ist in gleicher Weise wie in den Reichssteuergesetzen eine Frist von einem Jahre bestimmt.

Strafverfahren.

Art. 65.

Auf das Strafverfahren wegen der Zuwiderhandlungen gegen das Malzaufschlaggesetz und die zum Vollzuge des Gesetzes erlassenen Verwaltungsvorschriften kommen die Bestimmungen in Anwendung, nach denen sich das Verfahren wegen Zuwiderhandlung gegen die Zollgesetze bestimmt.

Bemerkungen: Zu Art. 65.

1. Artikel 90 des MAG. vom $\frac{\text{18. Mai 1868}}{\text{10. Dezember 1889}}$ hat bezüglich des Strafverfahrens in Malzaufschlagstrafsachen im allgemeinen die gleichen Bestimmungen getroffen wie Artikel 85 des Ausführungsgesetzes zur Reichsstrafprozeßordnung vom 18. August 1879 über das Verfahren in Zollstrafsachen. An dieser Regelung ist im geltenden Gesetze festgehalten, der Einfachheit halber aber lediglich die Anwendbarkeit der Bestimmungen ausgesprochen, die für das Verfahren in Zollsachen gelten.

Über die Verwendung der aus Malzaufschlagstrafsachen eingegangenen Gelder hat Artikel 65 Abs. 3 des früheren Gesetzes bestimmt, daß ein Dritteil der Armenkasse der Gemeinde, in deren Bezirk die Übertretung begangen worden ist, ein Dritteil dem Unterstützungsvereine für die Hinterbliebenen des niederen Aufschlagpersonals und ein Dritteil der Staatskasse zufließen soll. An die Stelle des genannten Unterstützungsvereins ist vom Jahre 1877 ab der Pensionsverein des K. B. instabilen Aufschlag- und Zollpersonals und an dessen Stelle seit der Finanzperiode 1896 und 1897 die Staatskasse getreten, so daß nunmehr der Staatskasse aus den Malzaufschlagstrafgeldern zwei Dritteile zufließen. Das nunmehrige Gesetz sieht eine Bestimmung über die Verteilung oder Verwendung der aus Malzaufschlagstrafsachen fließenden Gelder überhaupt nicht mehr vor; diese fallen jetzt zum ganzen Betrage der Staatskasse zu. Eine Beteiligung der Gemeinden an diesen Strafgeldern ist mit Rücksicht darauf nicht mehr vorgesehen worden, daß ein innerer Grund für eine derartige Beteiligung in keiner Richtung besteht und daß nach den bisherigen Erfahrungen die Einnahmen, welche den Gemeinden aus diesen Strafgeldern zukommen würden, nur geringe sind. (Begründung zu Artikel 65 und 66 des Gesetzentwurfs.)

2. Artikel 65 hat keine materiell strafrechtliche sondern rein prozessuale Bedeutung. Das Verfahren wegen Zuwiderhandlung gegen die Zollgesetze ist in Bayern durch Artikel 85 bis 94 des Bayerischen Gesetzes zur Ausführung der Reichsstrafprozeßordnung vom 18. August 1879 geregelt. Hiezu ist die Königlich Allerhöchste Verordnung vom 1. Oktober 1879, das Verfahren in Zollstrafsachen betreffend (GVBl. S. 1379 ff., ABl. S. 453 ff.), sowie die gemeinschaftliche Bekanntmachung der K. Staatsministerien der Justiz und der Finanzen vom 2. Oktober 1879, das Verfahren in Zoll- und Aufschlagstrafsachen betr. [Zoll-Strafanweisung] (GVBl. S. 1379 ff., ABl. S. 455 ff.), ergangen. Die bezeichnete Allerhöchste Verordnung enthält in § 1 Ziffer 2, die gemeinschaftliche Ministerial-Bekanntmachung in § 25 Ziffer 1 Bestimmungen, die sich ausschließlich auf das Malzaufschlagstrafverfahren beziehen und ihre gesetzliche Grundlage in Artikel 20 Ziffer 21 des oben erwähnten bayerischen Ausführungsgesetzes zur Reichsstrafprozeßordnung finden.

Jene Bestimmungen treffen, soweit sie von den Vorschriften über das Zollstrafverfahren abweichen, lediglich für die Steuerbehörden giltige Anordnungen bzw. enthalten sie gegenüber dem Zollstrafverfahren eine Beschränkung der Zuständigkeit zum Erlaß von Strafbescheiden und zur Strafumgangnahme.

Die Bezeichnung der Hauptzollämter als Oberaufschlagämter ist jedoch weggefallen, an Stelle der Aufschlageinnehmereien sind die Steuerämter und Steuerstellen getreten, der früheren Polette entspricht jetzt der Malzschein; die Bestimmung in § 25 Ziffer 1 unter g der obenbezeichneten gemeinsamen Ministerial-Bekanntmachung ist nunmehr gegenstandslos geworden, nachdem das MAG. vom 18. März 1911 einen gerichtlichen Ausspruch über die Zulässigkeit von Beschränkungen im Gewerbsbetrieb nicht mehr zuläßt.

Art. 66.

Sind die auf Grund der Art. 51, 54, 56, 58 bis 60 erkannten Geldstrafen uneinbringlich, so erfolgt deren Umwandlung in Freiheitsstrafen gemäß §§ 28, 29 des Strafgesetzbuchs; hierbei darf die Freiheitsstrafe ein Jahr nicht überschreiten.

Bemerkungen: Zu Art. 66.

Gemäß Artikel 92 des Bayerischen Gesetzes zur Ausführung der Reichsstrafprozeßordnung vom 18. August 1879 erfolgt die Vollstreckung von rechtskräftigen Strafbescheiden auf dem Wege des administrativen Zwangsvollzuges; zuständig hiefür ist das Hauptzollamt, welches den Strafbescheid erlassen hat. (Vgl. § 19 der gemeinschaftlichen Bekanntmachung der K. Staatsministerien der Justiz und der Finanzen vom 2. Oktober 1879 [GVBl. S. 1379 ff., ABl. S. 453 ff.] und die Bemerkungen zu Artikel 65 des Gesetzes). Die Bestimmungen über den administrativen Zwangsvollzug sind enthalten in der Bekanntmachung des K. Staatsministeriums der Finanzen vom 27. Dezember 1899 Nr. 29531, die Vorschriften über die Beitreibung der Staatsgefälle betreffend (ABl. 1900 S. 8 ff.).

Ist die Beitreibung der Geldstrafe nach diesen Vorschriften ganz oder teilweise ohne Erfolg geblieben, so ist sie uneinbringlich, und es ist beim zuständigen Amtsgericht die Umwandlung der Geldstrafe in eine Freiheitsstrafe zu beantragen (§ 463 der Reichsstrafprozeßordnung). Hiezu ist durch § 21 der oben erwähnten Ministerial-Bekanntmachung vom 2. Oktober 1879 (Zollstrafanweisung) vorgeschrieben, daß das Hauptzollamt die Akten samt dem Strafbescheide der zuständigen Staatsanwaltschaft (Amtsanwalt) zu übersenden habe.

Strafe bei Verfehlungen gegen die Vorschriften über die Erhebung der Übergangsabgabe für Bier und geschrotetes Malz.

Art. 67.

¹ Die Bestrafung der Verfehlungen gegen die Vorschriften über die Erhebung der Übergangsabgabe vom Biere und ge-

schroteten Malze erfolgt nach den Vorschriften über die Bestrafung der Zollhinterziehungen (§§ 135 ff. des Vereinszollgesetzes vom 26. September 1869) und der Zollordnungswidrigkeiten (§ 152 daselbst).

[2] Wer bei einem Gesuch um Vergütung oder Erlaß der Übergangsabgabe die abgabepflichtige Bier- oder Malzmenge wissentlich zu hoch angibt oder wer zur Erlangung einer Vergütung oder eines Erlasses der Abgabe in einem Betrage, der nicht oder nur in geringerer Höhe zu beanspruchen war, sonstige wahrheitswidrige Angaben macht, welche geeignet sind eine Verkürzung der Übergangsabgabe herbeizuführen, wird nach den Bestimmungen des Malzaufschlaggesetzes bestraft.

Bemerkungen: Zu Art. 67.

1. Die Begründung zu Artikel 67 des Gesetzentwurfs bemerkt hiezu: Bezüglich der Bestrafung von Verfehlungen gegen die Vorschriften über den abgabenpflichtigen Übergangsverkehr ist der gegenwärtige Rechtszustand (Artikel 19 des Ausführungsgesetzes zur Reichsstrafprozeßordnung vom 18. August 1879) im Entwurfe beibehalten.

Bezüglich der wahrheitswidrigen Angaben bei einem Gesuch um Vergütung oder Erlaß der Übergangsabgabe erscheint es zweckmäßiger, die nämlichen Straffolgen wie für die gleichartigen Verfehlungen gegen das MAG. (Artikel 53 Ziffer 4) eintreten zu lassen, nachdem auf derartige Verfehlungen die Strafbestimmungen des Vereinszollgesetzes nicht leicht angewendet werden könnten.

2. Bezüglich der Vorschriften über die Erhebung der Übergangsabgabe vom Biere und geschroteten Malze vgl. die Bemerkungen zu Artikel 11 des Gesetzes und § 28 der MAAusfB.

3. Artikel 67 hat nur materiellrechtliche Bedeutung. Das prozessuale Verfahren bei Verfehlungen gegen die Vorschriften über die Erhebung von Übergangsabgaben hat seine Grundlage in Artikel 96 des Bayerischen Gesetzes zur Ausführung der Reichsstrafprozeßordnung vom 18. August 1879; hienach gelten hiefür die in Artikel 85 Abs. 1 dann in den Artikeln 86 bis 94 des genannten Ausführungsgesetzes enthaltenen Bestimmungen sowie jene des Vereinszollgesetzes vom 26. September 1869, welche sich auf das Verfahren im Verwaltungswege beziehen. Das Vereinszollgesetz verweist hinsichtlich des Strafverfahrens in § 165 auf die Landesgesetze. Für das gerichtliche Verfahren sind demzufolge nunmehr die reichsrechtlichen Bestimmungen (Reichsstrafprozeßordnung) maßgebend, für das Verwaltungsstrafverfahren in Bayern die vorerwähnten Bestimmungen des Ausführungsgesetzes zur Reichsstrafprozeßordnung und die (im Ausführungsgesetz ohnehin in Bezug genommenen) Bestimmungen der Reichsstrafprozeßordnung über das Verwaltungsstrafverfahren. Eigene Vorschriften über das Verwaltungsstrafverfahren besitzt das Vereinszollgesetz nur in geringem Umfange (§§ 126 und 127).

4. Die näheren Bestimmungen über den Erlaß oder die Vergütung der Übergangsabgabe enthält § 15 der Anweisung betr. die Erhebung und Kontrollierung der Übergangsabgaben, sowie die Ausfertigung und Erledigung der Übergangsscheine (Übergangssteuerregulativ) vom 12. Juni 1882 (ABl. S. 243). Hienach kommt ein Erlaß oder eine Vergütung der Übergangsabgabe hauptsächlich in Frage für Bier, welches aus dem freien Verkehr Bayerns nach einem anderen Vereinsstaate versendet worden ist und unverkauft oder wegen Nichtannahme seitens des Adressaten von dort zurückkommt. Nach der Entschließung des K. Staatsministeriums der Finanzen vom 5. Juni 1904 Nr. 13641 ist in Fällen, in denen das Bier aus dem Inland gegen Malzaufschlagrückvergütung ausgeführt worden ist, bei der Wiedereinfuhr Übergangssteuerfreiheit nur gegen Erstattung der bezogenen Steuervergütung zu gewähren.

5. Bier, das auf Bestellung aus Bayern in das Zollausland versendet worden ist und von dort zurückkommt, kann auf Grund des § 113 Vereinszollgesetzes vom Eingangszoll freigelassen werden. (Vgl. auch ABl. 1909 S. 756ff.) Jedoch ist auch hier die bei der Ausfuhr allenfalls gewährte Malzaufschlagrückvergütung zu erstatten.

IV. Abschnitt.

Gemeindlicher Malzaufschlag.

Allgemeine Bemerkungen.

1. Bereits in der Begründung zu Abteilung III des MAG. vom 16. Mai 1868 (Verh. d. K. d. Abg. 1867/68 BeilBd. II S. 46) ist bemerkt, daß der Lokalmalzaufschlag (Bierpfennig) in Bayern die beträchtlichste und zugleich wohltätigste Quelle des indirekten gemeindlichen Einkommens und das Auskunftsmittel bilde, ohne welches in vielen Fällen die Ordnung des gemeindlichen Schuldenwesens und die Bestreitung außerordentlicher größerer Ausgaben kaum zu ermöglichen wäre. Die Bedeutung des gemeindlichen Malz- und Bieraufschlages für den Haushalt der Gemeinden in Bayern hat seitdem erheblich zugenommen. Dies ergibt sich insbesondere daraus, daß in der vorerwähnten Begründung die Zahl der Gemeinden, in welchen der gemeindliche Malz- und Bieraufschlag im Jahre 1867 erhoben wurde, mit 231 angegeben ist, während nach der Äußerung eines Regierungskommissärs im besonderen Ausschusse der K. d. Abg. zur Beratung des geltenden MAG. die Zahl der Gemeinden, in denen der gemeindliche Malz- und Bieraufschlag genehmigt worden ist, im Jahre 1910: 3327 betragen hat (Ausschußbericht S. 227).

2. Die rechtliche Grundlage für die Erhebung des gemeindlichen Malz- und Bieraufschlages in Bayern bilden Artikel 40 und 41 der Gemeindeordnung für die Landesteile diesseits des Rheins vom 29. April 1869 (GesBl. 1866/69 S. 865) sowie Artikel 31 und 32 des Gesetzes, die Gemeindeordnung für die Pfalz betreffend (GesBl. 1866/69 S. 1009). Hienach sind die Gemeinden zur Erhebung von Verbrauchssteuern befugt, soweit nicht Gesetze oder Staatsverträge entgegenstehen. Die Einführung des gemeindlichen Malz- oder Bieraufschlags oder dessen Erhöhung bedarf der Genehmigung des betreffenden Staatsministeriums. Diese Genehmigung wird vom K. Staatsministerium des Innern nach vorgängigem Benehmen mit dem K. Staatsministerium der Finanzen erteilt.

3. Von seiten der K. Staatsregierung ist wiederholt erklärt worden, daß die Erträgnisse des gemeindlichen Malz- und Bieraufschlages regelmäßig nicht für laufende Ausgaben Verwendung finden, sondern als Hilfsquelle für außerordentliche Bedürfnisse, für größere gemeindliche Unternehmungen, welche einen bedeutenden Kostenaufwand erfordern, oder auch zur Tilgung von Schulden, die für solche Zwecke aufzunehmen sind, dienen soll (v. Kahr, Bayerische Gemeindeordnung Bd. I S. 438). Die Genehmigung zur Erhebung des gemeindlichen Malz- oder Bieraufschlages ist nicht davon abhängig, daß in der betreffenden Gemeinde Umlagen überhaupt oder in einer bestimmten Höhe erhoben werden. Nach Artikel 39 Abs. 2 der rechtsrheinischen Gemeindeordnung und nach Artikel 30 Abs. 2 der pfälzischen Gemeindeordnung dürfen Gemeindeumlagen, Verbrauchssteuern und sonstige örtliche Abgaben allerdings erst dann erhoben werden, wenn die in Abs. 1 der erwähnten Artikel aufgeführten Einnahmen zur Deckung der gesetzlichen Ausgaben nicht hinreichen. Dagegen besteht zwischen den in Abs. 2 a. a. O. aufgeführten Einnahmequellen: Gemeindeumlagen, Verbrauchssteuern und sonstige örtliche Abgaben keine gesetzliche Reihenfolge in dem Sinne, daß z. B. erst nach Erschöpfung der Umlagen Verbrauchssteuern eingeführt werden dürfen. Der gemeindliche Malz- und Bieraufschlag ist daher, wie ein Regierungskommissär im besonderen Ausschusse sowie im Plenum d. K. d. Abg. (Ausschußbericht S. 226, StenBer. Bd. IX S. 453) ausgeführt hat, im Vergleich zu den Umlagen nicht eine subsidiäre sondern eine koordinierte Einnahmequelle.

4. Die Beschlußfassung über die Einführung oder Forterhebung des gemeindlichen Malz- und Bieraufschlages steht in Bayern rechts des Rheins in Gemeinden mit städtischer Verfassung dem Magistrate unter Zustimmung der Gemeindebevollmächtigten, in Landgemeinden der Gemeindeversammlung, in der Pfalz dem Gemeinderate zu. Die gemeindlichen Beschlüsse sind mit den Verhandlungen und Belegen seitens der K. Bezirksämter und der unmittelbaren Stadtmagistrate direkt dem K. Staatsministerium des Innern vorzulegen (Entschließung des K. Staatsministeriums des Innern vom 1. Mai 1898, Amtsblatt dieses K. Staatsministeriums S. 279). Hiebei ist nach dieser Entschließung insbesondere folgendes zu beachten: Seitens der K. Bezirksämter sind zur Instruierung der Vorlagen die Direktiven der im Amtsblatte 1893 S. 172 veröffentlichten Ministerialentschließung vom 10. Juli 1893, Vereinfachung der gemeindlichen Geschäftsführung betr. sowie der durch die K. Regierungen Kammern des Innern bekannt gegebenen autographierten Ministerialentschließung vom 24. Februar 1894 über den Lokalmalz- und Bieraufschlag genau einzuhalten. Bei jeder Neueinführung, Erhöhung oder Forterhebung des Lokalmalz- und Bieraufschlages ist nach Anordnung der Ministerialentschließung vom 8. November 1897 den beteiligten Brauereiinteressenten Gelegenheit zu geben, etwaige Erinnerungen dagegen vorzubringen.

5. Die Höhe, bis zu welcher der gemeindliche Malz- und Bieraufschlag erhoben werden darf, ist durch die Reichsgesetzgebung beschränkt. Artikel IV Abs. 2 des Gesetzes wegen Änderung des Brausteuergesetzes vom 15. Juli 1909 — RGBl. S. 695 — bestimmt: „Die Grenze, bis zu der das Bier für Rechnung von Gemeinden besteuert werden darf, wird auf 65 Pf. für 1 hl Bier festgesetzt. Soweit auf Grund der bisherigen Vorschriften Gemeinden vor dem 1. Oktober 1908 höhere Ab-

gaben von den Braustoffen oder dem Biere erhoben haben, dürfen diese höheren Abgaben bis auf weiteres forterhoben werden, falls nicht durch die Landesgesetzgebung ein anderes bestimmt wird" Diese Bestimmung ist an Stelle des Artikel 5 II § 7 Abs. 5 des Zollvereinigungsvertrages vom 8. Juli 1867 getreten, demzufolge die für Rechnung von Kommunen oder Korporationen zur Erhebung kommenden Abgaben von Bier in Ansehung ihres Betrages der Beschränkung unterliegen sollten, daß sie den Satz von 20 v. H. des für die Staatssteuern in § 2 a. a. O. verabredeten Maximalsatzes nicht überschreiten dürfen. Da letzterer sich auf 1 Rtlr. 15 Sgr. für die Ohm zu 120 Quart Preußisch = 3,275 Mk. für 1 hl Bier berechnete, betrug die Grenze für die gemeindlichen Biersteuern nach dem Zollvereinigungsvertrage $\frac{327{,}5 \times 20}{100} = 65{,}5$ Pf. für 1 hl Bier. Durch Artikel IV Abs. 1 des genannten Gesetzes wegen Änderung des Brausteuergesetzes ist die in Artikel 5 II § 2 Abs. 2 des Zollvereinigungsvertrages für die staatliche Besteuerung des Bieres festgesetzte Grenze beseitigt worden. Um diese staatliche Steuerquelle vor einer zu weitgehenden Inanspruchnahme außerhalb der staatlichen Besteuerung zu schützen, ist die im Zollvereinigungsvertrage für die gemeindliche Besteuerung des Bieres festgesetzte Höchstgrenze durch Artikel 4 Abs. 2 des mehrerwähnten Gesetzes im Betrage von 65 Pf. für 1 hl Bier aufrecht erhalten worden (vgl. Begründung zu Artikel IV des Entwurfs eines Gesetzes wegen Änderung des Brausteuergesetzes Verh. d. Reichstags Bd. 248 Nr. 995). Im Gesetzentwurfe war neben der Höchstgrenze von 65 Pf. für 1 hl Bier auch eine Höchstgrenze von 2,60 Mk. für den Doppelzentner Malz vorgesehen. Dies hätte einer Malzverwendung von 25 kg für 1 hl Bier entsprochen. Um die Möglichkeit zu bieten, auch einer geringeren Malzverwendung als 25 kg für 1 hl Bier bei Bemessung des gemeindlichen Malzaufschlags Rechnung tragen zu können, ist vom Reichstage in Artikel IV Abs. 2 lediglich eine Höchstgrenze für die auf das Bier entfallende Steuer mit 65 Pf. für 1 hl festgesetzt worden (zu vgl. 17. Bericht der 32. Reichstagskommission Verh. d. Reichstags Bd. 256 Nr. 1451 S. 78). Infolgedessen ist für die Höhe, bis zu welcher ein gemeindlicher Aufschlag von dem zur Bierbereitung verwendeten Malze erhoben werden darf, die Höhe der Malzverwendung maßgebend, die für die Herstellung eines Hektoliters Bier stattfindet. Dies kann selbstverständlich nicht für jeden einzelnen Fall ermittelt werden, sondern es muß eine in den tatsächlichen Verhältnissen begründete durchschnittliche Malzverwendung angenommen werden. Würde diese z. B. 20 kg für 1 hl Bier betragen, so würde als Höchstgrenze des gemeindlichen Malzaufschlags für 1 dz Malz der Satz von $\frac{65 \times 100}{20}$ = 3,25 Mk. in Betracht kommen. In Bayern wird der gemeindliche Malzaufschlag hauptsächlich im Betrage von 1,90 Mk. für 1 dz Malz erhoben. Dieser Satz ist aus Anlaß der Einführung der Gewichtsteuer durch Umrechnung aus dem Satze von 1 Mk. für 1 hl Malz entstanden (§ 81 Abs. 3 der MAAusfB.). In den Gemeinden, in welchen der gemeindliche Malzaufschlag nach dem Satze von 1,90 Mk. für 1 dz erhoben wird, beträgt der Bieraufschlag in der Regel 60 Pf. vom Hektoliter des eingeführten Bieres. Das Verhältnis des Malzaufschlags zum Bieraufschlag entspricht in diesem Falle einer Malzverwendung von etwa 31 kg für 1 hl Bier. Der bisherige Satz von 1,40 Mk. für 1 hl

Malz berechnet sich nunmehr auf 2,65 Mk. für 1 dz Malz; diesem Satze liegt bei einem Bieraufschlage von 65 Pf. vom Hektoliter eine Malzverwendung von etwa 25 kg zugrunde. Höhere Sätze als 1,40 Mk. für 1 hl Malz waren in Bayern etwa 12 Gemeinden genehmigt (zu / vgl. die Erklärung des bayerischen Bundesratsbevollmächtigten auf S. 68 des 17. Berichts der 32. Reichstagskommission Verh. d. Reichstags Bd. 256 Nr. 1451). Dieser, der sogenannte doppelte Malzaufschlag, betrug 1,95 Mk. für 1 hl Bier; infolge der Einführung der Gewichtssteuer beträgt er nunmehr 3,65 Mk. für 1 dz Malz. Der Bieraufschlag in diesen Gemeinden beträgt 1,20 und 1,30 Mk. für 1 hl eingeführtes Bier. Die Erhebung dieses hohen Bieraufschlags war auf Grund des Art. 5 II § 7 Abs. 5 des Zollvereinigungsvertrages zulässig, nachdem diese Sätze den beteiligten Gemeinden vor dem 8. Juli 1867 bewilligt worden waren; nunmehr dürfen diese Sätze auf Grund des Artikel IV Abs. 2 des Gesetzes wegen Änderung des Brausteuergesetzes vom 15. Juli 1909 forterhoben werden, da sie vor dem 1. Oktober 1908 bereits bestanden haben. Der gemeindliche Malzaufschlag von 3,65 Mk. für 1 dz entspricht bei einem Bieraufschlage von 1,20 Mk. oder 1,30 Mk. für 1 hl einer Malzverwendung von 32 kg bzw. 33 kg für 1 hl Bier. Auf die Fortgewährung der vor dem 1. Oktober 1908 bewilligten höheren Abgaben haben die beteiligten Gemeinden keinen unentziehbaren Rechtsanspruch; dies ergibt sich aus dem Schlußsatze in Artikel IV Abs. 2 a. a. O. „falls nicht durch die Landesgesetzgebung ein anderes bestimmt wird".

6. Eine weitere Beschränkung des gemeindlichen Bierbesteuerungsrechtes bilden ferner die Bestimmungen in Artikel 5 II § 7 Abs. 1 und § 3 des Zollvereinigungsvertrages insoferne, als hiedurch der Grundsatz gegenseitiger Gleichmäßigkeit der Behandlung anderer Vereinsstaaten, wie er für die Staatssteuern zur Anwendung kommt, auch auf die gemeindlichen Abgaben erstreckt ist. Nach diesem Grundsatze darf das in eine Gemeinde eingeführte Bier unter keinem Vorwande höher oder in einer lästigeren Weise als das in der Gemeinde erzeugte Bier versteuert werden; d. h. der gemeindliche Malzaufschlag und der gemeindliche Bieraufschlag müssen in einem in der durchschnittlichen Malzverwendung für 1 hl Bier begründeten Verhältnisse zueinander stehen. Wird in einer Gemeinde kein örtlicher Malzaufschlag erhoben, obwohl sich in der Gemeinde eine Brauerei befindet, so darf auch von dem in die Gemeinde eingeführten Biere kein Bieraufschlag erhoben werden; wird in einer Gemeinde, in welcher der Bieraufschlag erhoben wird, und in der sich bisher keine Brauerei befunden hat, eine Brauerei errichtet, so ist entweder ein dem Bieraufschlag entsprechender örtlicher Malzaufschlag zu erheben oder der Bieraufschlag aufzuheben (Artikel 5 II § 3a des Zollvereinigungsvertrages). Ferner wäre es im Hinblick auf diese Bestimmung des Zollvereinigungsvertrages unzulässig mit dem gemeindlichen Malzaufschlag nur Malz für eine bestimmte Bierart, z. B. obergäriges Bier, zu belegen, den gemeindlichen Bieraufschlag dagegen von allen in die Gemeinde eingeführten Biere (obergäriges und untergäriges) zu erheben. Von dem durch eine Gemeinde durchgeführten Biere darf ein gemeindlicher Aufschlag nicht erhoben werden (Art. 5 II § 1 des Zollvereinigungsvertrages.) Von dem aus dem Zollauslande eingeführten Biere und geschrotetem Malze, das dem tarifmäßigen Eingangszolle unterlegen hat, darf der gemeindliche Bier- und Malzaufschlag erhoben werden, da die Bestimmung in Artikel 5 I des Zollvereinigungsvertrages, wonach von allen bei der Einfuhr mit mehr als 15 Groschen vom Zentner (3 Mk. von 100 kg) belegten ausländischen Erzeugnissen keine weitere Abgabe irgendwelcher Art, sei es für Rechnung des Staates oder für Rechnung von Kommunen und Korporationen erhoben werden darf, gemäß dem Gesetze vom 27. Mai 1885, Abänderung des Zollvereinigungsvertrages vom 8. Juli 1867 betreffend (RGBl. 1885 S. 109) auf Mehl und andere Mühlenfabrikate, ferner insoweit es sich um die Besteuerung für Rechnung von Kommunen und Korporationen handelt, auf Bier keine Anwendung findet.

7. Die Aufschlagpflichtigen haben einen verwaltungsrechtlichen Anspruch darauf, daß die gemeindlichen Verbrauchsabgaben den Grundsätzen des Zollvereinigungsvertrages und der Gemeindeordnung entsprechen, sie haben jedoch keinen Anspruch auf Festsetzung des Verhältnisses des Bieraufschlages zum Lokalmalzaufschlage durch Feststellung bezüglich der einzelnen Importe (VGH. Slg. 16, 175).

8. Ortschaften (Ortsgemeinden) ist die Erhebung von Verbrauchssteuern nicht gestattet; ebensowenig ist es den politischen Gemeinden gestattet, die Erhebung von Verbrauchssteuern auf einen Teil des Gemeindebezirks zu beschränken (v. Kahr, Gemeindeordnung Bd. I S. 417).

9. Wird der gemeindliche Malz- oder Bieraufschlag neu eingeführt, so trifft die neue Verbrauchsabgabe nur diejenigen aufschlagpflichtigen Gegenstände, die vom Zeitpunkte des Inkrafttretens der betreffenden Aufschlagsordnung neu zugehen, es müßte denn eine rechtsgültige Übergangsvorschrift etwas anderes bestimmen (VGH. Slg. 16, 22). Gemeinden, welchen die Erhebung des Lokalmalzaufschlags gestattet ist, dürfen von dem Biere, das vor der Zeit dieser Genehmigung gebraut und nach diesem Termine ausgeschenkt worden ist, den Lokalmalzaufschlag nicht erheben (VGH. Slg. 12, 161).

10. Wenn eine Gemeinde vor Ablauf der Bewilligungsperiode zur Erhebung des Lokalmalzaufschlages um die Bewilligung zur Forterhebung dieses Gefälles nachgesucht hat, die ministerielle Genehmigung hiefür jedoch erst längere Zeit nach Ablauf der früheren Bewilligungsperiode, aber mit der Bestimmung erteilt worden ist, daß sich die Neubewilligung der Gefällserhebung unmittelbar an die frühere Genehmigung anzuschließen habe, so erleidet die Verpflichtung zur Entrichtung des Aufschlags keine Unterbrechung (VGH. Slg. 7, 81).

11. Angelegenheiten, welche die Verpflichtung zur Entrichtung des gemeindlichen Malz- und Bieraufschlages betreffen, sind gemäß Artikel 8 Ziffer 31 des Gesetzes vom 8. August 1878 über den Verwaltungsgerichtshof Verwaltungsrechtssachen.

Art. 68.

Die in diesem Gesetze für die Erhebung und Sicherung des staatlichen Malzaufschlags geltenden Vorschriften finden auch auf den gemeindlichen Malzaufschlag Anwendung.

AusfB. zu Art. 68.

Aufschlagsätze.

§ 81. [1] Vom 1. April 1910 an bemißt sich der gemeindliche Malzaufschlag nach dem Gewichte des zur Bierbereitung verwendeten Malzes.

[2] Die bis zum 1. April 1910 für 1 hl Malz gültigen Sätze sind auf den Doppelzentner Malz in der Weise umzurechnen, daß für 1 hl Malz ein Gewicht von 53,5 kg in Ansatz gebracht wird.

[3] Der hienach sich ergebende Betrag ist auf die nächste durch 5 teilbare Zahl aufzurunden. Bei dieser Umrechnung ergibt sich z. B. für den Satz des sogen. einfachen Malzaufschlags von 1 Mk. vom Hektoliter Malz künftig für 1 dz Malz nach dem Verhältnis

$$53{,}5 : 100 = 100 : x;\ x = \frac{10\,000}{53{,}5} = 186{,}916 = 1{,}90 \text{ Mk.}$$

[4] Die Sätze für den gemeindlichen Bieraufschlag bleiben unverändert.

Erhebung des gemeindlichen Malzaufschlags.

§ 82. [1] Neben dem staatlichen Malzaufschlage hat das Steueramt für Rechnung derjenigen Gemeinden, denen die Erhebung des gemeindlichen Malzaufschlags bewilligt ist, den gemeindlichen Malzaufschlag von dem im Gemeindebezirke steuerbar gewordenen Malze einzuheben.

[2] Ist der staatliche Malzaufschlag vorauszubezahlen, so ist mit diesem zugleich der gemeindliche Malzaufschlag zu erheben.

[3] Die Erhebung darf nur nach dem Aufschlagsatz und für den Zeitraum erfolgen, für den die Bewilligung erteilt ist. Über die erteilten Bewilligungen hat das Steueramt ein Verzeichnis zu führen und auf dem laufenden zu erhalten, in dem für jede Gemeinde Aufschlagsatz und Erhebungszeitraum anzugeben sind.

[4] Auf die Berechnung und Erhebung des gemeindlichen Malzaufschlags finden die §§ 21 bis 25 entsprechende Anwendung. Pfennigbruchteile, die sich bei der Berechnung ergeben, bleiben außer Ansatz.

[5] Die Abrechnungen über den Anfall und die Zusammenstellung der Einnahmen und Ausgaben an gemeindlichem Malzaufschlag in einem Vierteljahre sind nach Muster 24 und 25 anzufertigen. Die Abrechnungen sind dem Hauptzollamte bis zum 16. und von diesem der K. Generaldirektion bis zum 26. des auf das Kalendervierteljahr folgenden Monats in zweifacher Ausfertigung vorzulegen.

Muster 24.
Muster 25

[6] Der abrechnungsmäßige Anfall an gemeindlichem Malzaufschlag ist nach Abzug etwaiger Rückstände und Nachlässe sowie der Verwaltungskosten (§ 83) an die Gemeinde unter Beifügung einer besonderen Ausfertigung der Abrechnung gegen Empfangsbestätigung abzuliefern. Die Kosten der Übersendung des gemeindlichen Malzaufschlags hat die bezugsberechtigte Gemeinde zu tragen. Die Empfangsbestätigung ist der dem Hauptzollamte vorzulegenden Abrechnung beizufügen.

Vergütung für die Verwaltungskosten.

§ 83. [1] Für die auf Grund des Artikel 68 des Malzaufschlaggesetzes stattfindende Erhebung und Sicherung des gemeindlichen Malzaufschlags haben die Gemeinden nach Schluß jedes Kalendervierteljahrs eine Vergütung an den Staat zu leisten.

[2] Die Vergütung beträgt bei einem Jahresertrage des gemeindlichen Malzaufschlags:

bis zu	10000 Mk.		3 v. H.,
von mehr als	10000 Mk.	bis 50000 Mk.	2 ½ v. H.,
" " "	50000 Mk.	" 150000 Mk.	2 v. H.

der Roheinnahme.

3 Der der Festsetzung zu Grunde zu legende Jahresertrag wird nach dem Durchschnitte des Rohanfalls berechnet, der sich in den der Bewilligungsperiode unmittelbar vorhergehenden drei Kalenderjahren ergeben hat oder ergeben hätte.

4 Der Jahresertrag ist von zehn zu zehn Jahren nachzuprüfen, falls nicht schon früher Änderungen am Erhebungssatz oder an der Bewilligungsdauer eintreten.

5 Für Gemeinden mit einem Jahresertrage des gemeindlichen Malzaufschlags von mehr als 150000 Mk. setzt das Staatsministerium der Finanzen im Einverständnisse mit dem Staatsministerium des Innern die Vergütung fest, sobald dies gemäß Abs. 4 veranlaßt ist.

6 Der Berechnung der Vergütung ist die Solleinnahme des Kalendervierteljahrs an gemeindlichem Malzaufschlag unter Abzug von Rückständen und Nachlässen zu Grunde zu legen; Pfennigbeträge bleiben insoweit außer Ansatz, als sie nicht durch fünf teilbar sind.

Bemerkungen: Zu Art. 68.

1. Diese Bestimmung gilt allgemein für das ganze Königreich, mithin auch für die Erhebung und Sicherung des gemeindlichen Malzaufschlags in der Pfalz. Nach Artikel 94 des MAG. vom 16. Mai 1868 / 10. Dezember 1889 waren die Bestimmungen in Artikel 82 mit 88 dieses Gesetzes über den Lokalmalzaufschlag auf die Pfalz nicht anwendbar; sie sind jedoch regelmäßig bei der Genehmigung der Erhebung des gemeindlichen Malzaufschlags in pfälzischen Gemeinden durch Entschließung des K. Staatsministeriums des Innern für anwendbar erklärt worden. Nunmehr besteht in dieser Hinsicht ein Unterschied zwischen den Gemeinden in Bayern rechts des Rheins und in der Pfalz nicht mehr.

2. Artikel 68 betrifft nur die Erhebung und Sicherung des gemeindlichen Malzaufschlags. Die Vorschriften über Erhebung und Sicherung des gemeindlichen Bieraufschlags werden durch Ortsstatut erlassen. Die Einhebung des gemeindlichen Bieraufschlags erfolgt durch Organe der Gemeinde.

3. Aus der Anwendbarkeit der Bestimmungen des MAG. auf die Erhebung des gemeindlichen Malzaufschlags ergibt sich im Hinblick auf Artikel 1 zunächst, daß nur das zur Bearbeitung in der Gemeinde bestimmte Malz die Grundlage für diese Abgabe bilden kann und daher die Erhebung einer Abgabe von dem in der Gemeinde hergestellten fertigen Biere unzulässig wäre.

4. Darüber ob der gemeindliche Malzaufschlag von allem in der Gemeinde zur Bierbereitung bestimmten Malze oder etwa nur von dem Malze, das zur Bereitung von obergärigem oder untergärigem Bier bestimmt ist, entscheidet die Genehmigungsentschließung. Die Gewährung von Ausnahmen für bestimmte Personen ist nach der Gemeindeordnung nicht zulässig. Eine etwaige Befreiung des Malzes, welches die Begünstigung des Artikel 5 Abs. 5 des Gesetzes genießt (Bereitung von Bier zum

Hausbedarf) vom gemeindlichen Malzaufschlage wäre daher nicht angängig, denn aus dem Wesen der Verbrauchssteuer folgt, daß diese den Verbrauch allgemein und gleichmäßig treffen muß (v. Kahr, Gemeindeordnung Bd. I S. 422).

5. Von dem zur Bereitung bierähnlicher Getränke bestimmten Malze kann der gemeindliche Malzaufschlag erhoben werden, soferne dies in der Genehmigungsentschließung ausdrücklich ausgesprochen; es muß aber in diesem Falle auch von den in die Gemeinde eingeführten bierähnlicher Getränken im Sinne des § 1 Abs. 2 der MAAusfB. der Bieraufschlag erhoben werden.

6. Der Eintritt der Steuerpflicht für den gemeindlichen Malzaufschlag sowie die Person des Steuerpflichtigen bemessen sich nach Artikel 3 und 7 des Gesetzes.

7. Wird im Falle des Artikel 4 Abs. 2 für Malz, das zu aufschlagfreien Zwecken bestimmt ist, der staatliche Malzaufschlag wegen Nichteinhaltung der Überwachungsvorschriften zum höchsten Steuersatze erhoben, so unterliegt dieses nicht auch dem gemeindlichen Malzaufschlage, da hiefür die Erhebung des gemeindlichen Malzaufschlags nicht genehmigt ist. Wurde dagegen aufschlagfreies Malz dem Verbote des Artikel 4 Abs. 3 entgegen zur Bierbereitung verwendet, dann würde es auch dem gemeindlichen Malzaufschlage unterliegen.

8. Wird die Vergünstigung des Artikel 6 Abs. 2 des Gesetzes, daß bei der Verarbeitung von Weizenmalz ein Doppelzentner Weizenmalz gleich neun Zehntel Doppelzentner Gerstenmalz zu rechnen ist, für den staatlichen Malzaufschlag in Anspruch genommen, dann erstreckt sie sich ohne weiteres auch auf den gemeindlichen Malzaufschlag. Ebenso wirkt ein gemäß Artikel 6 Abs. 3 des Gesetzes für Malz, das eine wesentliche Gewichtsverminderung erfahren hat, eintretender Gewichtszuschlag auch für den gemeindlichen Malzaufschlag.

9. Die Beitreibung von Rückständen des gemeindlichen Malzaufschlags erfolgt nicht durch die staatlichen Behörden, sondern ist den Gemeinden überlassen. Die Steuerbehörden haben Rückstände an gemeindlichem Malzaufschlage der beteiligten Gemeinde anzuzeigen; ebenso ist die beteiligte Gemeinde sofort zu verständigen, wenn ein Ausfall am Malzaufschlage zu befürchten ist (§ 25 Abs. 2 MAAusfB.). Die Beitreibung rückständiger gemeindlicher Malzaufschlaggefälle erfolgt durch die Gemeinden nach Artikel 57 und 48 der rechtsrheinischen, bzw. Artikel 38 der pfälzischen Gemeindeordnung. Bei der Zwangsvollstreckung in die dem Betriebe der Bierbrauerei dienenden Bräuhäuser usw. genießt der gemeindliche Malzaufschlag das gleiche Vorrecht wie der staatliche Malzaufschlag (Artikel 24 des Ausführungsgesetzes zur Grundbuchordnung und zum Gesetz über die Zwangsversteigerung s. Bemerkung 4 zu Artikel 8 Abs. 3). Das gleiche gilt falls der Pflichtige in Konkurs gerät gemäß § 61 Ziffer 2 der Konkursordnung.

10. Wird der staatliche Malzaufschlag auf Grund des Artikel 10 erlassen, so tritt auch ohne weiteres ein Nachlaß für den in Betracht kommenden gemeindlichen Malzaufschlag ein; in diesen Fällen ist vor Genehmigung des Erlasses die Erklärung der beteiligten Gemeinde einzuheben, ob sie mit der Nachlaßgewährung einverstanden ist (§ 27 Abs. 6 der MAAusfB.). Vgl. im übrigen Bemerkung 8 zu Artikel 10 Abs. 1.

11. Die Verjährung des gemeindlichen Malzaufschlags richtet sich gemäß Artikel 12 des Gesetzes nach Artikel 124 und 125 des Ausführungsgesetzes zum BGB. Für die Verjährung des Bieraufschlags kommen ebenfalls die beiden letztgenannten Gesetzesartikel in Betracht.

Zu § 82 der MAAusfB.

Vereinzelt kommt der Fall vor, daß der Malzaufschlagpflichtige (Artikel 7) außerhalb des Bezirks der Steuerbehörde seines Wohnortes Bier in einer zur Erhebung des gemeindlichen Malzaufschlags berechtigten Gemeinde braut, die im Bezirk eines anderen Steueramtes gelegen ist. Der gemeindliche Malzaufschlag wird mit dem staatlichen Malzaufschlag erhoben (§ 82 Abs. 1 der MAAusfB.). Die Erhebung des staatlichen Malzaufschlags erfolgt aber, wie sich aus Artikel 8 Abs. 3 des Gesetzes und § 21 der MAAusfB. ergibt, durch die zur Ausstellung der Malzscheine für den betreffenden Pflichtigen zuständige Steuerbehörde, d. i. gemäß Artikel 17 durch die Steuerbehörde des Wohnortes des Pflichtigen. Infolgedessen hat auch in diesen Fällen die Steuerbehörde des Wohnorts des Pflichtigen den gemeindlichen Malzaufschlag mit dem staatlichen Malzaufschlag zu erheben, obwohl der gemeindliche Malzaufschlag für eine Gemeinde erhoben wird, die nicht im Bezirk des Steueramtes des Wohnsitzes des Pflichtigen gelegen ist. Wie sich aus Artikel 69 des Gesetzes ergibt, wird nämlich der gemeindliche Malzaufschlag von dem innerhalb einer Gemeinde erzeugten Bieres erhoben; es ist also hiefür nicht maßgebend der Ort an dem der Pflichtige wohnt, oder der Ort an dem das Malz geschrotet wird, sondern der Ort der Erzeugungsstätte des Bieres, der Brauerei. Nachdem die Abrechnung über den Anfall an gemeindlichem Malzaufschlag und die Zusammenstellung der Einnahmen und Ausgaben an gemeindlichem Malzaufschlag durch das Steueramt erfolgt, in dessen Bezirk die Gemeinde gelegen ist, so wird in Fällen der vorliegenden Art das einhebende Steueramt, in dessen Bezirk der Wohnort des Pflichtigen liegt, dem Steueramte, in dessen Bezirk die Gemeinde, für welche der Malzaufschlag erhoben wird, gelegen ist, die erhobenen Malzaufschlagbeträge rechtzeitig zu übersenden haben unter Beifügung der erforderlichen Mitteilungen.

Zu § 83 der MAAusfB.

Eine Nachprüfung des der Verwaltungskostenvergütung zugrunde zu legenden Jahresertrags und damit auch eine Prüfung der Frage, ob eine anderweite Regelung der Verwaltungskostenvergütung einzutreten habe, erfolgt entweder von zehn zu zehn Jahren oder dann, falls Änderungen am Erhebungssatz oder an der Bewilligungsdauer eintreten. Aus anderen als den vorerwähnten Anlässen erfolgt eine anderweite Regelung der festgesetzten Verwaltungskostenvergütung auch dann nicht, wenn diese nach dem Jahresertrage begründet wäre.

Vergütung des gemeindlichen Malz- und Bieraufschlags bei der Ausfuhr von Bier.

Art. 69.

Wird aus einer Gemeinde, in welcher von dem zur Bierbereitung innerhalb der Gemeinde bestimmten Malze oder vom

eingeführten Biere ein Aufschlag erhoben wird, Bier in Gebinden ausgeführt, so ist hiefür der Aufschlag zurückzuvergüten. Wird Bier in Flaschen aus Bayern ausgeführt, so ist hiefür ebenfalls der gemeindliche Malz- oder Bieraufschlag zurückzuvergüten. Die näheren Anordnungen, insbesondere über die Mindestmenge des Bieres, für welche bei der Ausfuhr eine Vergütung beansprucht werden kann, dann über die Höhe der Vergütung werden im Verwaltungsweg erlassen.

AusfB. zu Art. 69.

Rückvergütung des gemeindlichen Malz- und Bieraufschlags.

§ 84. [1] Wird Bier in Gebinden in Sendungen von mindestens zehn Litern aus dem Gemeindebezirk ausgeführt, so ist der gemeindliche Malz- und Bieraufschlag rückzuvergüten.

[2] Das Gleiche gilt, wenn Bier in Flaschen in Sendungen von mindestens dreißig Litern aus Bayern ausgeführt wird.

[3] Bei der Rückvergütung darf die Gemeinde 6 v. H. als Ersatz für die Verwaltungskosten in Abzug bringen.

[4] Die Rückvergütung des Malzaufschlags bemißt sich nach der Malzmenge, die in der Braustätte zur Herstellung der ausgeführten Biersorte durchschnittlich verwendet wird. Der Berechnung des Durchschnitts werden die Feststellungen im Sudbuche für das letzte Kalendervierteljahr vor der Ausfuhr zu Grunde gelegt, in dem diese Biersorte in der Braustätte hergestellt worden ist. Hat eine solche Herstellung in einem früheren Kalendervierteljahre nach dem Inkrafttreten des Gesetzes nicht stattgefunden, so tritt an dessen Stelle das Kalendervierteljahr der Ausfuhr. Rückvergütungen, die vor dem 1. Juli 1910 fällig werden, bemessen sich nach den bisherigen Vorschriften.

[5] Bei der Ausfuhr sind Menge und Sorte des auszuführenden Bieres der Gemeindebehörde anzuzeigen. Die Erstattung dieser Anzeige ist Voraussetzung des Anspruchs auf Rückvergütung.

[6] Die Steuerämter sind verpflichtet, den zur Erhebung des Malzaufschlags ermächtigten Gemeinden für die zur Gemeinde gehörigen Brauer sofort nach Abschluß des Sudbuchs (§ 56) die für die Bemessung der Rückvergütung maßgebenden Sudbuchabschlüsse mitzuteilen.

[7] Die Gemeindebehörden sind verpflichtet, für unbedingte Geheimhaltung dieser Mitteilungen Sorge zu tragen.

[8] Die Gemeinden können sich mit den Beteiligten über anderweitige Regelung der Rückvergütung durch kündbare Verträge einigen.

Bemerkungen: Zu Art. 69.

1. Bei der Ausfuhr von Bier in Gebinden aus einer Gemeinde entsteht ein Anspruch auf Rückvergütung des von diesem Biere erhobenen gemeindlichen Malz- und Bieraufschlags. In Artikel 69 des Gesetzentwurfs war vorgesehen, daß eine Rückvergütung des gemeindlichen

Aufschlags auch bei der Ausfuhr von Bier in Flaschen gewährt werden solle. Dieser Anregung wurde im Landtage nicht stattgegeben und zwar mit Rücksicht auf die Interessen der Kleinbrauer und, um der weiteren Ausdehnung des Flaschenbierhandels entgegen zu wirken (Ausschußbericht S. 219). Für den bayerischen Bierexport außerhalb Bayerns wurde indessen ein Anspruch auf die Vergütung des gemeindlichen Malz- und Bieraufschlags bei der Ausfuhr von Bier in Flaschen gewährt.

2. Der gemeindliche Malzaufschlag wird nur für das Bier vergütet, von dem er erhoben worden ist, nämlich von dem innerhalb der Gemeinde erzeugten Biere. Die Rückvergütung bemißt sich nach den gleichen Grundsätzen, wie die Vergütung des staatlichen Malzaufschlags, das ist nach der Malzverwendung, die für das ausgeführte Bier stattgefunden hat. Die Höhe dieser Malzverwendung wird nach den Feststellungen im Sudbuche (Artikel 45) für das letzte Kalendervierteljahr vor der Ausfuhr bemessen. Derjenige, welcher die Rückvergütung in Anspruch nimmt, hat Menge und Sorte des auszuführenden Bieres anzugeben; die Feststellungen des Sudbuchs werden den Gemeinden von den Steuerbehörden mitgeteilt. Aus dem Gesagten ergibt sich, daß nach diesem Verfahren eine Rückvergütung des gemeindlichen Malzaufschlags nur für Biersorten erfolgen kann, für welche die Malzverwendung durch das Sudbuch ausgewiesen ist. Wird Nachbier (Scheps) ausgeführt, das aus dem versteuertem Malze nicht als primäres Erzeugnis sondern neben anderem Biere hergestellt worden ist, so wird für dieses Nachbier gemäß Ziffer 8 der Anleitung zum Gebrauche des Sudbuchs (Muster 21 zu den MAAusfB.) die Malzverwendung im Sudbuche nicht angegeben, sondern es wird lediglich auf die Malzmenge des Hauptsudes verwiesen. Da die gesamte versteuerte Malzmenge bereits bei Feststellung der Malzverwendung für den Hauptsud berücksichtigt und daher auch bei der Ausfuhr des im Hauptsud erzeugten Bieres voll zurückvergütet werden würde, kann für das neben dem Hauptsude hergestellte Nachbier eine besondere Rückvergütung nicht gewährt werden. (Zu vgl. auch VGH. Slg. 1 S. 458.) Wird Dünnbier im Hauptsud als primäres Erzeugnis aus dem versteuerten Malze hergestellt, so ist hiefür die Rückvergütung des gemeindlichen Malzaufschlags nach der Malzmenge zu gewähren, welche das Sudbuch ausweist. Wird eine Biersorte ausgeführt, für welche aus dem Sudbuche eine bestimmte Malzverwendung nicht ohne weiteres festgestellt werden kann, was z. B. bei Bier der Fall ist, das durch Verschneiden von Lagerbier mit Starkbier hergestellt wurde, so besteht auch hiefür der Anspruch auf Rückvergütung des gemeindlichen Malzaufschlags, da in den Fällen des Artikel 69 der Malzaufschlag zurückzuvergüten ist. Es wird jedoch in diesem Falle die Malzverwendung zur Herstellung der dünner eingebrauten Biersorte zugrunde zu legen sein. Gegebenenfalls kann für die Rückvergütung des gemeindlichen Malzaufschlags für derartiges Bier eine besondere Regelung im Vertragswege gemäß § 84 Abs. 8 der MAAusfB. erfolgen.

3. Für die Berechnung der Rückvergütung des gemeindlichen Malzaufschlags bei der Ausfuhr von Bier hat das K. Staatsministerium des Innern die nachstehende Bekanntmachung vom 19. März 1911 Nr. 3030 K 3 erlassen (ABl. der K. Staatsministerien des Äußern und des Innern 1911 S. 172).

„Die Art, wie die Rückvergütung des gemeindlichen Malzaufschlags für ausgeführtes Bier zu berechnen ist (Malzaufschlaggesetz vom 18. März

1910 Artikel 69 und Ministerial-Bekanntmachung vom 24. März 1910 § 84 — GVBl. S. 113 und MABl. S. 287), hat zu Zweifeln Anlaß gegeben.

Im Einverständnisse mit dem Staatsministerium der Finanzen wird deshalb in Anlehnung an die Vorschriften über die Rückvergütung des staatlichen Malzaufschlags (ABl. der K. Generaldirektion der Zölle und indirekten Steuern 1910 S. 327) folgendes verfügt:

Zur Berechnung der Rückvergütung ist zunächst zu ermitteln, wieviel Malz zur Herstellung der Gesamtmenge des ausgeführten Bieres verwendet worden ist. Maßgebend hiefür ist die durch das Sudbuch festgestellte durchschnittliche Malzverwendung für die ausgeführte Biersorte.

Ist so ermittelt, wieviel Doppelzentner Malz zur Herstellung der Gesamtmenge des ausgeführten Bieres verwendet worden sind, dann wird hieraus unter Zugrundelegung des Aufschlagsatzes und unter Abzug der Verwaltungskosten die Rückvergütung berechnet.

Beispiel:

Eine Brauerei hat 4376,48 hl Bier aus der Gemeinde ausgeführt. Nach den Feststellungen im Sudbuche beträgt der durchschnittliche Malzverbrauch für die ausgeführte Biersorte 21,31 kg für das Hektoliter. Der Satz des gemeindlichen Malzaufschlags beträgt 1 Mk. 90 Pf.

Die gesamte Malzverwendung zur Herstellung des ausgeführten Bieres beträgt 4376,48 × 21,31 = 932,63 Doppelzentner. Diese Summe ist nun mit dem Malzaufschlagsatze zu vervielfältigen:

932,63 × 1,9 =	1772 Mk.;
hievon ab 6% Verwaltungskosten =	106 Mk. 32 Pf.,
ergibt eine Rückvergütung von . . .	1665 Mk. 68 Pf.

Unzulässig wäre es, zunächst die Rückvergütung für 1 hl des ausgeführten Bieres zu berechnen und sodann hieraus unter Weglassung der Pfennigbruchteile die Gesamtrückvergütung zu berechnen."

4. Eine Rückvergütung des gemeindlichen Bieraufschlags findet nur für Bier statt, das dem gemeindlichen Bieraufschlag unterlegen hat. Die Höhe der Rückvergütung des gemeindlichen Bieraufschlags bemißt sich nach dem Satze, der in der betreffenden Gemeinde vom eingeführten Biere erhoben wird.

Bestrafung der Hinterziehung des gemeindlichen Bieraufschlags.

Art. 70.

[1] **Wer es unternimmt, bei der Einfuhr von Bier in einem Gemeindebezirk den gemeindlichen Bieraufschlag zu hinterziehen oder bei der Ausfuhr von Bier aus einem Gemeindebezirk eine Vergütung des gemeindlichen Malz- oder Bieraufschlags zu erlangen, die entweder nicht oder nur in geringerer Höhe zu beanspruchen war, unterliegt einer Geldstrafe, die dem Vierfachen des vorenthaltenen oder zu Ungebühr beanspruchten Aufschlagsbetrags gleichkommt, mindestens aber 3 *M* beträgt.**

[2] Diese Strafe wird im ersten Wiederholungsfalle verdoppelt.

[3] Jeder weitere Rückfall zieht Gefängnisstrafe bis zu 3 Monaten nach sich. Doch kann nach richterlichem Ermessen auf Haft oder auf Geldstrafe nicht unter dem Doppelten der für den ersten Rückfall angedrohten Geldstrafe erkannt werden.

[5] Neben der Strafe ist der hinterzogene Aufschlag nachzuentrichten oder die widerrechtlich bezogene Vergütung zu ersetzen.

Bemerkungen: Zu Art. 70.

1. Diese Bestimmung bezieht sich nur auf die Hinterziehung des gemeindlichen Bieraufschlags sowie auf die Hinterziehung des gemeindlichen Malzaufschlags, die durch die Inanspruchnahme einer ungerechtfertigten Vergütung begangen wird. Der Grund hiefür liegt darin, daß in diesen Fällen die Erhebung und Sicherung des gemeindlichen Aufschlags den Gemeindebehörden obliegt. Soweit die den staatlichen Steuerbehörden obliegende Erhebung und Sicherung des gemeindlichen Malzaufschlags (Artikel 68) in Frage steht, kommt den Gemeinden eine Strafbefugnis nicht zu. Bei Hinterziehung des staatlichen Malzaufschlags sowie beim Unternehmen, einen ungerechtfertigten Erlaß des staatlichen Malzaufschlags nach Maßgabe des Artikel 10 zu erlangen, tritt eine gesonderte Bestrafung hinsichtlich des gemeindlichen Malzaufschlags nicht ein, auch wird das Strafausmaß durch eine Rücksichtnahme auf die gleichzeitige Hinterziehung des gemeindlichen Malzaufschlags nicht beeinflußt. Die Nachentrichtung des vorenthaltenen gemeindlichen Malzaufschlags hat jedoch einzutreten.

2. Die Hinterziehung des gemeindlichen Bieraufschlags wird nach den Grundsätzen der Artikel 54 und 56 geahndet; jedoch ist gegenüber diesen Vorschriften für die Strafe der Steuerhinterziehung der Mindestbetrag der Strafe und für den Rückfall das Höchstmaß der zulässigen Freiheitsstrafe gegenüber dem früheren MAG. herabgesetzt worden.

3. Die Bestrafung nach Artikel 70 setzt in subjektiver Beziehung voraus, daß der Täter vorsätzlich und wissentlich gehandelt hat. Tatsächlicher oder rechtlicher Irrtum über die Aufschlagpflicht sowie über den Ausspruch auf Ausfuhrvergütung schließen die Bestrafung nach Artikel 70 aus.

Das Unternehmen umfaßt nicht nur den Versuch, sondern auch unmittelbare Vorbereitungen. In objektiver Beziehung erfordert Artikel 70, daß das Unternehmen darauf abzielt, das Aufkommen an gemeindlichem Bieraufschlag zu beeinträchtigen oder eine ungerechtfertigte Vergütung oder eine Übervergütung des gemeindlichen Malz- oder Bieraufschlags bei der Ausfuhr von Bier aus dem Gemeindebezirk zu erlangen und daß dieser Erfolg durch die Verletzung einer der für die Erhebung des Bieraufschlags bzw. für die Vergütung des gemeindlichen Malz- oder Bieraufschlags geltenden Bestimmungen (worunter insbesondere auch die zur Sicherung des gemeindlichen Malz- und Bieraufschlags erlassenen ortspolizeilichen Vorschriften fallen) erreicht oder zu erreichen gesucht worden ist. Das bloße Nichtentrichten des Aufschlags für das bei der Einfuhr vorschriftsmäßig angemeldete Bier ist keine Hinterziehung. (Vgl. hiezu die Bemerkungen zu Artikel 52.)

4. Wenn eine Bestrafung nach Artikel 70 nicht eintreten kann, aber eine wenn auch nur fahrlässige Zuwiderhandlung gegen die zur Sicherung des gemeindlichen Malz- und Bieraufschlags erlassenen ortspolizeilichen Vorschriften vorliegt, so tritt die Strafe des Artikel 71 ein.

5. Auf die Verschärfung der Hinterziehungsstrafe nach Artikel 70 wegen Rückfalls (Abs. 2 und 3 daselbst) haben die Bestimmungen in Artikel 57 Anwendung zu finden.

Sicherung des gemeindlichen Malz- und Bieraufschlags.

Art. 71.

Zuwiderhandlungen gegen die zur Sicherung des gemeindlichen Malz- und Bieraufschlags erlassenen ortspolizeilichen Vorschriften unterliegen einer Geldstrafe von 1 *M* bis 50 *M*.

AusfB. zu Art. 71.

Ortspolizeiliche Vorschriften zur Kontrolle und Sicherung des gemeindlichen Malzaufschlags.

§ 85. Ortspolizeiliche Vorschriften zur Kontrolle und Sicherung des gemeindlichen Malzaufschlags haben künftig auf Grund der Artikel 41/32 beider Gemeindeordnungen zu ergehen. Soweit die bisherigen Vorschriften sachlich fortbestehen können, ist jedoch eine Neuerlassung entbehrlich.

Bemerkungen: Zu Art. 71.

1. In Artikel 71 des Entwurfs war entsprechend der Bestimmung in Artikel 86 MAG. vom $\frac{\text{16. Mai 1868}}{\text{10. Dezember 1889}}$ bestimmt, daß zur Sicherung des gemeindlichen Malz- und Bieraufschlages ortspolizeiliche Vorschriften erlassen werden können. Bei der zweiten Lesung des Entwurfs im besonderen Ausschusse der K. d. Abg. ist der Abs. 1 in Artikel 71 des Entwurfs mit Rücksicht darauf gestrichen worden, daß es einer ausdrücklichen Ermächtigung der Gemeinden zum Erlaß von ortspolizeilichen Vorschriften behufs Sicherung des gemeindlichen Malz- und Bieraufschlags nicht mehr bedürfe, nachdem diese Ermächtigung bereits in Artikel 41 Abs. 3 der Gemeindeordnung ausgesprochen ist (s. Ausschußbericht S. 318/19 und StenB. zu den Verh. d. K. d. Abg. 1909/10 Bd. IX S. 456). Zugleich ist von der Kammer der Abgeordneten der Wunsch ausgesprochen worden, es möge von Aufsichtswegen darauf hingewirkt werden, daß in allen Gemeinden, in welchen der gemeindliche Malz- oder Bieraufschlag erhoben wird, ortspolizeiliche Vorschriften erlassen werden, die eine Ausdehnung des gemeindlichen Malz- und Bieraufschlags auf alle Verbraucher — nicht nur Wirte und Brauer — in der Gemeinde ermöglichen.

2. Vor dem Inkrafttreten des geltenden MAG. sind im rechtsrheinischen Bayern die ortspolizeilichen Vorschriften zur Sicherung des gemeindlichen Malz- und Bieraufschlages auf Grund von Artikel 86 des MAG. vom $\frac{\text{16. Mai 1868}}{\text{10. Dezember 1889}}$ erlassen worden. Diese Vorschriften gelten nunmehr als auf Grund von Artikel 41 Abs. 3 der Gemeindeordnung erlassen (zu vgl. § 85 MAAusfB.). Für die Pfalz hatte die

Vorschrift in Artikel 76 des früheren MAG. gemäß Artikel 94 a. a. O. keine Geltung. Es sind daher dort auch früher schon die in Betracht kommenden ortspolizeilichen Vorschriften auf Grund von Artikel 32 der Gemeindeordnung für die Pfalz erlassen worden.

3. Zu den zur Sicherung des gemeindlichen Malzaufschlags erlassenen ortspolizeilichen Vorschriften gehören auch die Vorschriften über die Rückvergütung des gemeindlichen Malzaufschlags (s. auch Artikel 69 letzter Satz) und das Urteil des Bayer. Oberst. Landesgerichts vom 26. April 1900 Slg. I S. 71).

Strafverfahren.

Art. 72.

[1] In den Fällen der Artikel 70, 71 finden die Vorschriften des Artikels 65 mit der Maßgabe Anwendung, daß die dort den Steuerbehörden eingeräumten Befugnisse von den Gemeindebehörden ausgeübt werden.

[2] Die auf Grund der Artikel 70, 71 erkannten Geldstrafen fließen in die Gemeindekasse.

Bemerkung: Zu Art. 72.

Diese Bestimmung entspricht den Vorschriften in Artikel 88 und 92 des MAG. vom $\frac{\text{16. Mai 1868}}{\text{10. Dezember 1889}}$. Es regelt sich daher auch künftig das Strafverfahren wegen Hinterziehung des gemeindlichen Bieraufschlags sowie wegen Zuwiderhandlungen gegen die zur Sicherung des gemeindlichen Malz- und Bieraufschlags erlassenen ortspolizeilichen Vorschriften nicht nach Artikel 97 des bayerischen Ausführungsgesetzes zur Reichsstrafprozeßordnung sondern nach Artikel 85 ff. dieses Gesetzes jedoch mit der Maßgabe, daß die dort den Steuerbehörden eingeräumten Befugnisse von den Gemeindebehörden ausgeübt werden.

Statistik. AusfB.

§ 86. [1] Die Steuerämter haben für ihren Bezirk auf Grund der vierteljährlichen Abrechnungen, der Brauerei- und Mühlenverzeichnisse, der Mühlbücher, Sudbücher usw. Jahresübersichten nach den Mustern 26 mit 31 anzufertigen und dem Hauptzollamte bis zum 25. März jeden Jahres vorzulegen. Das Hauptzollamt prüft die Übersichten der Steuerämter und veranlaßt deren allenfallsige Ergänzung oder Berichtigung. Auf Grund dieser Übersichten fertigt das Hauptzollamt seinerseits entsprechende Übersichten für den ganzen Hauptamtsbezirk sowie eine weitere Übersicht nach Muster 32, diese auf Grund von Übersichten der beteiligten Unterbehörden, an und legt diese bis längstens 25. April der Generaldirektion der Zölle und indirekten Steuern vor. Die K. Generaldirektion der Zölle und indirekten Steuern fertigt sodann die Übersichten für das gesamte Verwaltungsgebiet an. Je ein Abdruck der Übersichten ist dem K. Staatsministerium der Finanzen vorzulegen; die Übersichten nach Muster 26 mit 30 und 32 sind im Amtsblatte der K. Generaldirektion der Zölle und indirekten Steuern zu veröffentlichen.

Muster 26 bis 31.

Muster 32

[2] Bei Aufstellung der Übersichten sind die auf den Mustern gegebenen Gebrauchsanleitungen zu beachten.

V. Abschnitt.

Übergangsvorschriften.

Ersatz der Kosten für die erstmalige Anschaffung von selbsttätigen Wägevorrichtungen.

Art. 73.

[1] Die Kosten für die erstmalige Einrichtung von selbsttätigen Wägevorrichtungen an den Malzmühlen, die beim Inkrafttreten des Gesetzes in Betrieb und mit genehmigten Meßvorrichtungen versehen sind, werden auf die Staatskasse übernommen.

[2] Die Kosten für die erstmalige Anbringung von selbsttätigen Wägevorrichtungen an Malzmühlen, die beim Inkrafttreten des Gesetzes zwar mit einer genehmigten Meßvorrichtung versehen, aber nicht in Betrieb sind, sowie für eigene Malzmühlen, die nach Inkrafttreten des Gesetzes neu aufgestellt werden, werden auf die Staatskasse nur dann übernommen, wenn binnen einem Jahre nach Inkrafttreten des Gesetzes der Betrieb wieder dauernd aufgenommen oder die Genehmigung zur Benützung einer eigenen Malzmühle bei der zuständigen Steuerbehörde beantragt wird.

[3] Die näheren Anordnungen über die Beschaffung und Anbringung von selbsttätigen Wägevorrichtungen für Malzmühlen werden von der Steuerverwaltung erlassen.

[4] Die Übernahme der Kosten für die Beschaffung einer selbsttätigen Wägevorrichtung durch den Staat ist davon abhängig, daß die von der Steuerverwaltung getroffenen Anordnungen eingehalten werden.

AusfB. zu Art. 73.

Ersatz der Kosten für die erstmalige Anschaffung von selbsttätigen Wägevorrichtungen.

§ 87. Inhaber von Malzmühlen, die beim Inkrafttreten des Gesetzes in Betrieb und mit genehmigten Meßvorrichtungen versehen sind, haben die Meßvorrichtungen durch die ihnen zugewiesene selbsttätige Wägevorrichtung zu ersetzen. Der Zeitpunkt und die näheren Anordnungen für die Aufstellung der selbsttätigen Wägevorrichtung werden von der Generaldirektion der Zölle und indirekten Steuern festgesetzt.

§ 88. [1] Als Kosten für die erstmalige Anschaffung von selbsttätigen Wägevorrichtungen werden von der Staatskasse übernommen:

a) die Kosten für die selbsttätige Wägevorrichtung nebst den notwendigen Zubehörstücken (Gewichte, Mantel usw.) und für das Zwischenstück;

b) die Kosten für die Verbringung der Wägevorrichtung bis an den Aufstellungsort;
c) die Kosten für die Aufstellung der Wägevorrichtung;
d) die Kosten für die steuerliche Verschließung der Wägevorrichtung.

[2] Dagegen gehören zu den von der Staatskasse zu bestreitenden Kosten nicht die Kosten für die Anschaffung der Stelluhr, d. i. einer Vorrichtung, welche die Wage nach Verwiegung und Entleerung einer vorher eingestellten Anzahl Füllungen selbsttätig stillstellt.

Gewährung von Zuschüssen zu den Kosten für die Beschaffung von Malzkästen.

§ 89. Für Braustätten, in denen im Kalenderjahr 1909 nicht mehr als 500 Hektoliter Malz zur Bierbereitung verwendet worden sind, kann dem Brauereibesitzer auf Antrag ein Zuschuß zu den nachweisbar entstandenen Kosten für Malzkästen (Behälter zum Aufbewahren von Malz) gewährt werden, die aus Anlaß der Einführung der Gewichtsteuer neu beschafft worden sind. Der Zuschuß wird in der Regel nur bis zur Hälfte der entstandenen Kosten gewährt. Anträge um Gewährung von Zuschüssen können nur dann Berücksichtigung finden, wenn sie spätestens bis zum 1. April 1911 bei der zuständigen Hebestelle eingereicht sind. Die Entscheidung erfolgt jeweils durch das K. Staatsministerium der Finanzen.

Bemerkungen: Zu Art. 73 Abs. 1.

1. Infolge des Übergangs zur Besteuerung des zur Bierbereitung bestimmten Malzes nach dem Gewichte statt wie früher nach dem Hohlmaße und im Hinblick auf die Bestimmungen in Artikel 24 und 34 des Gesetzes war es notwendig geworden, die bisher an den Malzmühlen angebrachten Meßvorrichtungen durch selbsttätige Wägevorrichtungen zu ersetzen. Da eine Umwandlung der vorhandenen Meßvorrichtungen in selbsttätige Wägevorrichtungen nicht angängig war, mußten vollständig neue Wägevorrichtungen aufgestellt werden. Die Meßvorrichtungen waren seinerzeit von den Brauern oder Müllern auf eigene Kosten beschafft worden. Da für den Übergang zur Gewichtssteuer neben anderen Gründen auch die Vorteile bestimmend waren, welche die Gewichtsteuer für die Steuererhebung und das Steueraufkommen bietet, wäre es unbillig gewesen, den beteiligten Gewerbtreibenden die Kosten für die Beschaffung der aus Anlaß des Übergangs zur Gewichtsteuer erforderlichen Wägevorrichtungen zu überbürden. Nach Artikel 73 des Gesetzentwurfs sollten die Kosten für die erstmalige „Anbringung" von selbsttätigen Wägevorrichtungen an den Malzmühlen vom Staate übernommen werden. Bei Beratung des Gesetzentwurfs im besonderen Ausschusse der Kammer der Abgeordneten wurde angeregt, es sollten auch die Kosten, die für bauliche Veränderungen aus Anlaß der Anbringung der Wägevorrichtungen sich ergeben, auf die Staatskasse übernommen werden. Von Seite der K. Staatsregierung wurde hierauf bemerkt, daß nicht beabsichtigt sei, auch Kosten für bauliche Veränderungen auf die Staatskasse zu übernehmen, im übrigen wurde bezweifelt, daß die Anbringung der selbsttätigen Wägevorrichtungen bauliche Veränderungen in den betreffenden Betriebsräumen notwendig machen werden.

Der Ausschuß bestand indessen auf seiner Anregung und gab seiner Absicht dadurch Ausdruck, daß er in Artikel 73 Abs. 1 an Stelle des Wortes „Anbringung" das Wort „Einrichtung" setzte. Hienach werden auch die Kosten für bauliche Veränderungen, die infolge der Anbringung einer selbsttätigen Wägevorrichtung auf einer Malzmühle etwa notwendig werden sollten, von der Staatskasse zu übernehmen sein. Selbstverständlich kann es sich hiebei nur um jene baulichen Veränderungen handeln, die ausschließlich infolge der Anbringung der Wägevorrichtung entstanden sind, unbedingt erforderlich waren und gemäß Artikel 73 Abs. 3 des Gesetzes von der Steuerbehörde angeordnet worden sind. Für bauliche Veränderungen, die aus Gründen der Betriebsverbesserung erfolgen, oder die vom Betriebsinhaber freiwillig, ohne Anordnung der Steuerbehörde vorgenommen worden sind, können nicht auf die Staatskasse übernommen werden (Ausschußbericht S. 238).

2. Für alle am Tage des Inkrafttretens des Gesetzes (1. April 1910) in Betrieb befindlichen Malzmühlen mit Meßvorrichtungen werden die Kosten für die Anbringung der selbsttätigen Wägevorrichtungen vom Staate übernommen, also auch dann, wenn in einem Betrieb mehrere Malzmühlen mit Meßvorrichtungen aufgestellt waren. In Artikel 73 Abs. 3 des Gesetzentwurfs war in Aussicht genommen, daß für eine Betriebsstätte nur die Kosten für die erstmalige Anbringung e i n e r selbsttätigen Wägevorrichtung vom Staate übernommen werden sollten. Dieser Bestimmung des Entwurfs lag die Erwägung zugrunde, daß in derartigen Fällen e i n e Malzmühle mit Meßvorrichtung für die Zwecke der Steuerverwaltung genüge, und daß die Aufstellung mehrerer Malzmühlen mit Meßvorrichtung in einem Betriebe vom Inhaber nur im eigenen Interesse zur Betriebsvereinfachung und Betriebsbeschleunigung erfolge. Diese Bestimmung des Gesetzentwurfs wurde indessen bei Beratung im Ausschusse der Kammer der Abgeordneten gestrichen (s. Ausschußbericht S. 235 und StenBer. zu den Verh. d. K. d. Abg. 1910 Bd. IX S. 457).

Zu Art. 73 Abs. 2.

1. Da die Aufstellung von eigenen Malzmühlen in Brauereien vom Standpunkte der Steueraufsicht aus nur erwünscht sein kann, soll den Brauern, die innerhalb eines Jahres nach Inkrafttreten des Gesetzes um die Genehmigung zur Aufstellung einer eigenen Malzmühle nachsuchen, durch Übernahme der Kosten der selbsttätigen Wägevorrichtung auf den Staat entgegengekommen werden. Für Malzmühlen mit Meßvorrichtung, die zur Zeit des Inkrafttretens des Gesetzes nicht in Betrieb sind, wird eine selbsttätige Wägevorrichtung auf Staatskosten nur dann beschafft, wenn der Betrieb der Malzmühle binnen einem Jahre nach dem Inkrafttreten des Gesetzes wieder dauernd aufgenommen wird. Der Müller muß das Vorliegen dieser Voraussetzung entsprechend nachweisen.

2. Bei eigenen Malzmühlen, die nach Inkrafttreten des Gesetzes neu aufgestellt werden, genügt es für die Übernahme der Kosten der selbsttätigen Wägevorrichtung durch den Staat, wenn um die Genehmigung zur Aufstellung der eigenen Malzmühle binnen eines Jahres nach dem Inkrafttreten des Gesetzes bei der zuständigen Steuerbehörde (Hebestelle § 51 Abs. 1 der MAAusfB.) nachgesucht ist. Daraus, daß diese Genehmigung gemäß Artikel 33 Abs. 2 und § 51 Abs. 1 der MAAusfB. vor Aufstellung der Malzmühle zu erholen ist, ergibt sich, daß eine Aufstellung oder der Betrieb der eigenen Malzmühle innerhalb der in Artikel 73 Abs. 2 bezeichneten Frist für die Übernahme der Kosten der selbsttätigen Wägevorrichtung durch den Staat nicht Voraussetzung ist. Bei ruhenden Malzmühlen dagegen muß innerhalb der bezeichneten Frist der Betrieb tatsächlich dauernd wieder aufgenommen worden sein; es genügt nicht, wenn lediglich die Absicht, den Betrieb der Malzmühle wieder dauernd aufzunehmen, der Hebestelle angezeigt worden ist, ohne daß eine Inbetriebnahme erfolgt wäre.

3. Das MAG. vom 18. März 1910 ist gemäß Artikel 76 Abs. 1 am 1. April 1910 in Kraft getreten; die in Artikel 73 Abs. 2 bestimmte Frist ist daher am 31. März 1911 abgelaufen.

Zu Art. 73 Abs. 4.

Die früher an den Malzmühlen angebrachten Meßvorrichtungen verbleiben den bisherigen Eigentümern. Die Bestimmung in Artikel 73 Abs. 4 des Entwurfs, daß die Meßvorrichtungen, die durch selbsttätige Wägevorrichtungen ersetzt worden sind, in das Eigentum des Staates übergehen sollen, ist von der Kammer der Abgeordneten gestrichen worden (Ausschußbericht S. 240 und 320. StenBer. zu den Verh. d. K. d. Abg. 1910 Bd. IX S. 457).

Zu § 89 der MAAusfB.

Bei der Erörterung der Frage, ob die bisherige Besteuerung des zur Bierbereitung bestimmten Malzes nach dem Hohlmaße beibehalten oder ob zur Gewichtsteuer übergegangen werden soll, ist wiederholt darauf hingewiesen worden, daß das Malz bei ungeeigneter Lagerung Feuchtigkeit aufnehme und hiedurch eine Gewichtszunahme, die eine steuerliche Mehrbelastung zur Folge habe, erfahre. Es wurde hervorgehoben, daß gerade in kleinen Brauereien die Vorrichtungen zum Lagern des Malzes oft sehr ungenügend seien und angeregt, es möchte diesen Brauern die Beschaffung von Malzkästen zur trockenen Aufbewahrung des Malzes erleichtert werden (Ausschußbericht S. 35 f., 41, 47 und 49, StenBer. zu d. Verh. d. K. d. Abg. 1910 Bd. IX S. 380). Der K. Staatsminister der Finanzen erklärte sich bereit, Zuschüsse zu diesem Zwecke zu gewähren (StenBer. z. d. Verh. d. K. d. Abg. 1910 Bd. IX S. 401) und bei Beratung des Postulats im außerordentlichen Budget wegen der Kosten für die Beschaffung der selbsttätigen Wägevorrichtungen wurde ein Betrag von 100 000 Mk. ausgeworfen, aus dem Kleinbrauern, die sich aus Anlaß der Einführung der Gewichtsteuer Vorrichtungen zur trockenen Aufbewahrung des Malzes beschaffen, Zuschüsse gewährt werden können (StenBer. z. d. Verh. d. K. d. Abg. 1910 Bd. IX S. 880). Voraussetzung für die Gewährung derartiger Zuschüsse ist, daß die Vorrichtungen zur trockenen Aufbewahrung des Malzes tatsächlich aus Anlaß der Einführung der Gewichtsteuer beschafft worden sind.

Einstweilige Fortbenützung von Malzmühlen mit Meßvorrichtungen.

Art. 74.

[1] Bis zur Beschaffung einer selbsttätigen Wägevorrichtung haben die Inhaber von Malzmühlen mit genehmigten Meß-

vorrichtungen die an diesen Mühlen beim Inkrafttreten des Gesetzes vorhandenen Meßvorrichtungen fortzubenützen. Während dieser Zeit wird das steuerpflichtige Gewicht des auf diesen Mühlen geschroteten Malzes auf Grund Anzeige der Meßvorrichtung in der Weise ermittelt, daß für jeden von der Meßvorrichtung angezeigten Hektoliter Malz ein Gewicht von 53,50 kg in Ansatz gebracht wird.

² Die Steuerverwaltung ist ermächtigt, für die einstweilige Weiterbenützung von Malzmühlen mit Meßvorrichtung die erforderlichen Anordnungen zu treffen.

³ Zuwiderhandlungen gegen diese Anordnungen werden, sofern sie sich als Malzaufschlaghinterziehungen darstellen, nach Art. 54 bis 56, sofern sie sich als Ordnungswidrigkeiten darstellen, nach Art. 58 dieses Gesetzes bestraft.

AusfB.

§ 90. ¹ Soweit Malzmühlen mit Meßvorrichtungen nach dem Inkrafttreten des Gesetzes einstweilen fortbenützt werden dürfen, sind alle auf diesen Mühlen zur Verarbeitung kommenden Malzmengen in den einschlägigen Büchern und Belegen (Malzverbrauchbuch, Einschreibbuch, Malzscheinen, Anzeigen, Mühlbuch usw.) unter entsprechender Abänderung des Vordrucks zunächst nach dem ermittelten Hohlmaße vorzutragen. Am Schlusse des Vierteljahrs oder, wenn die Meßvorrichtung im Laufe des Vierteljahrs durch eine selbsttätige Wägevorrichtung ersetzt wird, sogleich nach Aufstellung und Zulassung der Wägevorrichtung, ist das Gewicht der gesamten nach dem Hohlmaß ermittelten Malzmenge in der Weise zu ermitteln, daß für einen Hektoliter Malz ein Gewicht von 53,5 kg in Ansatz gebracht wird. Bruchteile eines Kilogramms, die sich bei der Umrechnung ergeben, bleiben außer Ansatz.

² Im Falle der Vorauszahlung des Malzaufschlags hat die Hebestelle bei Erholung des Malzscheins das steuerpflichtige Gewicht des Malzes zunächst aus der angemeldeten Malzmenge zu berechnen und hierüber auf der Rückseite des Malzscheins das Erforderliche zu vermerken. Diese Berechnung ist nach Rückleitung des Malzscheins erforderlichenfalls nach dem Ergebnisse der Vermessung in der Mühle zu berichtigen.

³ Für die Eintragung im Sudbuch ist das Gewicht einer Malzschüttung durch Umrechnung in der in Abs. 1 angegebenen Weise zu ermitteln.

⁴ Bei Verprobungen und Beschädigungen der Meßvorrichtung finden die bisherigen Vorschriften insoweit Anwendung, als sie sich auf die Vornahme der Vermessungen sowie auf die Zusammensetzung und den steuerlichen Verschluß der Meßvorrichtung beziehen.

⁵ Nach der Aufstellung und Zulassung einer selbsttätigen Wägevorrichtung sind die in der Betriebsstätte etwa noch vorhandenen Malzmühlen mit Meßvorrichtung unter Verschluß zu setzen.

Bemerkungen: Zu Art. 74 Abs. 1.

Es war nicht möglich, sogleich beim Inkrafttreten des Gesetzes sämtliche Meßvorrichtungen durch selbsttätige Wägevorrichtungen zu ersetzen. Im Hinblick auf die großen in Betracht kommenden Malzmengen war es auch nicht angängig, während der Übergangszeit das steuerpflichtige Gewicht des Malzes durch Verwiegung auf Dezimalwagen festzustellen. Es ergab sich daher die Notwendigkeit, zunächst die vorhandenen Meßvorrichtungen fortbenützen zu lassen und für jeden von der Meßvorrichtung angezeigten Hektoliter Malz ein einheitliches Durchschnittsgewicht festzusetzen. Als solches wurden in Artikel 74 des Entwurfs 52,50 kg angenommen. Dieses war zwar unter dem durchschnittlichen Hektolitergewichte von 53,4 kg, wie es bei den im Jahre 1905 von der K. Staatsregierung gepflogenen umfangreichen Erhebungen ermittelt wurde (Anlage I zur Denkschrift über die Erhebung des Malzaufschlags nach dem Gewichte vom 10. Dezember 1905 (Verh. d. K. d. Abg. 1905/06 BeilBd. I S. 853 ff.), doch glaubte die K. Staatsregierung zur Verminderung von Härten, die sich namentlich bei Verwendung leichten Malzes ergeben könnten, das Durchschnittsgewicht von 52,5 kg annehmen zu sollen (Begründung zu Artikel 74 des Gesetzentwurfs). Bei Beratung des Gesetzentwurfs im Ausschusse der Kammer der Abgeordneten wurde jedoch ein durchschnittliches Hektolitergewicht von 53,50 kg eingesetzt, weil dieses den tatsächlichen Verhältnissen näher komme (Ausschußbericht S. 240/2).

Bierlieferungsverträge.

Art. 75.

[1] Soweit beim Inkrafttreten dieses Gesetzes Verträge über Lieferung von Bier durch Brauer oder Bierhändler bestehen, ist der Abnehmer verpflichtet, dem Brauer oder Bierhändler einen Zuschlag zum Hektoliterpreis in dem Betrage zu zahlen, um den der Malzaufschlag für 1 Hektoliter des in der Brauerei hergestellten Bieres erhöht wird. Gegenüber Bierhändlern besteht diese Verpflichtung jedoch nur insoweit, als der Bierhändler dem Brauer einen erhöhten Hektoliterpreis zu entrichten hat. Der Berechnung ist der durchschnittliche Malzverbrauch der Brauerei in den Jahren 1907, 1908 und 1909, ein Hektolitergewicht des Malzes von 53,50 kg und — vorbehaltlich des Nachweises einer höheren Malzverwendung — eine Malzverwendung von 20 kg für einen Hektoliter Bier zu Grunde zu legen.

[2] Soweit beim Inkrafttreten dieses Gesetzes ein Bierabnehmer vertraglich verpflichtet ist, bestimmte Ausschankpreise des von einer Brauerei bezogenen Bieres einzuhalten ist, ist der Abnehmer berechtigt, eine dem erhöhten Bezugspreise entsprechende Erhöhung der Ausschankpreise für Bier eintreten zu lassen.

[3] Die Vorschriften der Abs. 1 und 2 finden keine Anwendung, wenn ausdrückliche Vertragsbestimmungen entgegenstehen.

Bemerkungen: Zu Art. 75 Abs. 1.

1. Diese Vorschrift soll die Überwälzung der Erhöhung des Malzaufschlags auf den Verbrauch auch in den Fällen sichern, in denen zur Zeit des Inkrafttretens des Gesetzes vertragsmäßige Vereinbarungen über die Lieferung von Bier zwischen den Brauern oder Bierhändlern und ihren Abnehmern bestehen. Hiemit ist die Eigenschaft des Malzaufschlags als eine auf das Bier gelegte Verbrauchssteuer deutlich zum Ausdruck gebracht.

2. Im Gesetzentwurf war im Anschlusse an die Bestimmungen in § 63 des Brausteuergesetzes vom 15. Juli 1909 (RGBl. S. 792) und in Artikel II des württembergischen Gesetzes vom 16. August 1909, betr. die Änderung des Biersteuergesetzes vom 4. Juli 1900, lediglich vorgesehen, daß die Brauer einen Zuschlag zum Hektoliterpreis des Bieres in dem Betrage erheben können, um den der Malzaufschlag für 1 hl des in der Brauerei hergestellten Bieres erhöht wird. Für die Berechnung sollte der Betriebsumfang der Brauerei zur Zeit des Vertragsabschlusses maßgebend sein. Artikel 75 des Entwurfs erfuhr bei der Beratung in den beiden Kammern des Landtags mehrfache Änderungen. Zunächst wurde im Ausschusse der Kammer der Abgeordneten beschlossen, die Berechnung der Höhe des Zuschlags zum vertragsmäßigen Bierpreise nicht vom Betriebsumfang im Zeitpunkte des Vertragsabschlusses sondern vom durchschnittlichen Malzverbrauche der Brauerei in den Jahren 1907, 1908 und 1909 abhängig sein zu lassen. Diese Änderung erfolgte mit Rücksicht darauf, daß bei Verträgen, die vor langer Zeit abgeschlossen worden sind, die Berechnung nach dem Betriebsumfang der Brauerei zur Zeit des Vertragsabschlusses zu Härten führen könne (Ausschußbericht S. 244/6). Auf Antrag der K. Staatsregierung erhielt der Ausschußbeschluß im Plenum der Kammer der Abgeordneten eine Fassung, durch die auch den Bierhändlern ermöglicht werden sollte, ihren Abnehmern gegenüber entgegen etwa bestehenden Lieferungsverträgen entsprechende Zuschläge auf die vertragsmäßigen Preise zu machen, jedoch nur insoweit als der Bierhändler selbst einen erhöhten Preis dem Brauer zu zahlen hat (Ausschußbericht S. 321 u. StenBer. z. d. Verh. d. K. d. Abg. 1910 Bd. IX S. 458). Die wesentlichste Änderung erhielt Artikel 75 des Gesetzentwurfs bei der Beratung in der Kammer der Reichsräte. Auf Antrag des Reichsrats Grafen von Preysing-Lichtenegg-Moos wurde nämlich bestimmt, daß der Berechnung des durch die Malzaufschlagerhöhung begründeten Zuschlags zum vertragsmäßigen Bierpreise außer den durchschnittlichen Malzverbrauch der Jahre 1907, 1908 und 1909 ein Hektolitergewicht des Malzes von 53,5 kg und eine Malzverwendung von mindestens 20 kg für 1 hl Bier zugrunde gelegt werden soll (Verh. d. K. d. RR. 1909/10 BeilBd. 5 S. 287). Durch diese Fassung des Artikel 75 sind erhebliche Schwierigkeiten vermieden und ist die Abgleichung zwischen der früheren und künftigen Malzaufschlagsbelastung des vom Brauer verkauften Bieres wesentlich erleichtert worden. Die rechtliche Grundlage, diese in das Zivilrecht eingreifenden Bestimmungen im Wege der bayerischen Gesetzgebung treffen zu können, war in Artikel 18 des Einführungsgesetzes zum Handelsgesetzbuche gegeben. Artikel VI Abs. 4 des Gesetzes wegen Änderung des Brausteuergesetzes vom 15. Juli 1909 (RGBl. S. 695 ff.) hätte nur die Möglichkeit gewährt, Vorschriften im Sinne des Artikel VI dieses Gesetzes zu treffen.

Die Bestimmungen in Artikel 75 des MAG. vom 18. März 1910 weichen jedoch von diesen Vorschriften ab.

3. Für die Bierlieferungsverträge kommt Artikel 13 des Bayerischen Ausführungsgesetzes zum Bürgerlichen Gesetzbuche in Betracht.

4. Beispiel für die Berechnung des Zuschlags zum Bierpreise, den der Brauer von seinem Abnehmer auf Grund von Artikel 75 erheben darf:

Die zum ermäßigten Malzaufschlagsatze von 5 Mk für 1 hl zugelassene Brauerei hat in den Jahren 1907, 1908 und 1909 durchschnittlich 5000 hl oder den Hektoliter zu 53,5 kg gerechnet 2675 dz Malz verbraucht. Nach dem MAG. vom $\frac{\text{16. Mai 1868}}{\text{10. Dezember 1889}}$ waren für 5000 hl Malz an Malzaufschlag zu entrichten: Je 5 Mk. für 2000 hl = 10000 Mk. und je 6 Mk. für 3000 hl = 18000 Mk., d. i. insgesamt 28000 Mk. Dieser Betrag auf 2675 dz verteilt ergibt eine Belastung von 10,47 Mk. für 1 dz Malz und für 20 kg Malz oder 1 hl Bier eine Belastung von 10,47 Mk. × 0,20 = 2,09 Mk. unter der Herrschaft des früheren MAG. Nach Artikel 5 des MAG. vom 18. März 1910 beträgt der Malzaufschlag bei einem Gesamtmalzverbrauch von 2675 dz im Kalenderjahre 17 Mk. für jeden Doppelzentner und hiemit für 20 kg oder 1 hl Bier 17 Mk. × 0,20 = 3,40 Mk. Die für die betreffende Brauerei infolge des MAG. vom 18. März 1910 eingetretene Erhöhung des Malzaufschlags beträgt sonach 3,40 — 2,09 = 1,31 Mk. für 1 hl Bier. Um diesen Betrag kann der vertragsmäßig vereinbarte Bierpreis vom Brauer auf Grund des Artikel 75 erhöht werden.

5. Eine Bierpreiserhöhung nach Artikel 75 Abs. 1 kann natürlich nur für Bier gefordert werden, das tatsächlich den erhöhten Malzaufschlagsätzen des Gesetzes vom 18. März 1910 unterlegen hat, mithin nur für Bier, für welches das Malz nach der Verkündung des Gesetzes (18. März 1910) geschrotet worden ist.

6. Die nach Artikel 75 gerechtfertigte Bierpreiserhöhung ist unabhängig davon, ob in der betreffenden Gegend eine allgemeine Bierpreiserhöhung eintritt oder nicht.

7. Artikel 75 gewährt, wie sich schon aus dem Wortlaute ergibt, nur die Möglichkeit, die Erhöhung des Malzaufschlags, der durch das Gesetz vom 18. März 1910 eingetreten ist, abzuwälzen. Die Erhöhung der Übergangsabgabe von Bier, die als eine Folge des genannten Gesetzes eingetreten ist, könnte auf Grund des Artikel 75 von dem außerbayerischen Brauer auch dann nicht dem Bierpreise zugeschlagen werden, wenn zur Zeit des Inkrafttretens ein Vertrag über Lieferung von Bier zwischen diesem Brauer und dem bayerischen Abnehmer vorliegen würde, und der Brauer sich in diesem Vertrage ausdrücklich verpflichtet hätte, die Übergangsabgabe bei der Einfuhr des Bieres in Bayern zu tragen. Die Beschränkung des Artikel 75 Abs. 1 auf den Malzaufschlag rechtfertigt sich daraus, daß diese auf das Bier gelegte Verbrauchsabgabe gemäß Artikel 1 und 7 des Gesetzes von dem zur Bierbereitung bestimmten Malze beim Hersteller des Bieres erhoben wird, und erst von diesem in der Form der Erhöhung des Bierpreises auf den Verbraucher abgewälzt werden kann. Die Übergangsabgabe dagegen wird gemäß Artikel 11 Abs. 1 von dem über die Landesgrenze eingeführten

Biere erhoben; sie ist vom Einbringer zu entrichten. Es besteht daher vom Standpunkte des MAG. aus für den außerbayerischen Brauer kein Anlaß, die Übergangsabgabe für Bier, das er nach Bayern absetzt, zu entrichten. Hat er sich freiwillig hiezu vertragsmäßig verpflichtet, so muß er auch für etwaige Erhöhungen der Übergangsabgabe aufkommen.

Zu Art. 75 Abs. 3.

Als eine ausdrückliche Vertragsbestimmung im Sinne dieser Vorschrift ist die Vereinbarung anzusehen, daß auch im Falle einer Steuererhöhung eine Erhöhung des Abnahmepreises des Bieres nicht eintreten soll.

Inkrafttreten und Vollzug des Gesetzes.

Art. 76.

1 Dieses Gesetz tritt am 1. April 1910 in Kraft.

2 Gleichzeitig treten die Gesetze über den Malzaufschlag vom 16. Mai 1868 / 8. Dezember 1889 und vom 24. Mai 1896 und die hiezu ergangenen Vollzugsvorschriften außer Geltung. Soweit in anderen Gesetzen auf die Bestimmung dieser Gesetze verwiesen ist, treten an deren Stelle die Bestimmungen des gegenwärtigen Gesetzes.

3 Für das in der Zeit vom Tage der Verkündung dieses Gesetzes bis zum 1. April 1910 zum Zwecke der Erzeugung von Bier geschrotete Malz wird der Malzaufschlag gemäß Art. 5 Abs. 1, 2 und 5 sowie Art. 74 Abs. 1 dieses Gesetzes erhoben.

4 Mit dem Vollzuge dieses Gesetzes werden, soweit nicht anderes bestimmt ist, die beteiligten Ministerien beauftragt.

AusfB. zu Art. 76.

Berechnung des Gesamtmalzverbrauchs in einem Brauereibetrieb im Kalenderjahr 1910.

§ 91. 1 Die Bemessung des nach dem Malzaufschlaggesetze vom 18. März 1910 im Kalenderjahr 1910 für einen Brauereibetrieb anzuwendenden Malzaufschlagsatzes erfolgt nach dem Gewichte des im ganzen Jahre in diesem Betriebe steuerbar gewordenen Malzes mit der Maßgabe, daß, insoweit eine Ermittelung der steuerpflichtigen Malzmenge nach dem Hohlmaße stattgefunden hat, für ein Hektoliter Malz ein Gewicht von 53,5 kg in Ansatz zu bringen ist.

2 Der im Jahre 1910 vorläufig anzuwendende Malzaufschlagsatz (§ 9 Abs. 1) ist nach dem Malzverbrauche des Jahres 1909 oder des letzten Betriebsjahrs festzusetzen, wobei für 1 hl des geschroteten Malzes 53,5 kg in Ansatz zu bringen sind.

Aufrechterhaltung von Genehmigungen usw.

§ 92. 1 Für die beim Inkrafttreten des Malzaufschlaggesetzes in Betrieb befindlichen und nach dem Malzaufschlaggesetz unter Steueraufsicht stehenden Bierbrauereien und anderen Betriebsstätten mit Malzverbrauch, Malzmühlen und sonstigen zum Schroten von

Malz geeigneten Vorrichtungen, deren Besitz und Betrieb nach Artikel 42 des Gesetzes der Genehmigung bedarf, sowie für deren Inhaber gelten die nach dem Malzaufschlaggesetz erforderlichen Voraussetzungen für den Besitz und Betrieb als erfüllt.

[2] Ausnahmen von den Vorschriften in Artikel 20 Abs. 1 und Artikel 25 Abs. 1 des Malzaufschlaggesetzes sind ohne besondere Genehmigung der Steuerbehörde insoweit zugelassen, als solche Ausnahmen beim Inkrafttreten des Malzaufschlaggesetzes auf Grund der Vorschriften in Artikel 20 Abs. 1 und Artikel 37 Abs. 1 und 2 des Gesetzes über den Malzaufschlag vom $\frac{\text{16. Mai 1868}}{\text{8. Dezember 1889}}$ zugelassen waren. Die hiefür bisher angeordneten Überwachungsmaßnahmen bleiben aufrecht erhalten.

Berechnung des steuerpflichtigen Gewichts des in der Zeit vom Tage des Inkrafttretens des Malzaufschlaggesetzes bis zum 1. April 1910 geschroteten Malzes.

§ 93. Für das in der Zeit vom Tage der Verkündung des Malzaufschlaggesetzes (18. März 1910) an bis zum 1. April 1910 zum Zwecke der Erzeugung von Bier geschrotete Malz ist, gleichviel ob das Malz auf Malzmühlen mit oder ohne Meßvorrichtung geschrotet wird, das steuerpflichtige Gewicht des Malzes nach dem Ergebnisse der Hohlmaßmessung in der Mühle in der Weise zu berechnen, daß für einen Hektoliter Malz ein Gewicht von 53,5 kg in Ansatz gebracht wird.

Gegeben zu München, den 18. März 1910.

Luitpold,

Prinz von Bayern,
des Königreichs Bayern Verweser.

Dr. Frhr. v. Podewils. Dr. v. Miltner. Dr. v. Wehner.
v. Frauendorfer. v. Pfaff. Frhr. v. Horn. v. Brettreich.

Auf Allerhöchsten Befehl:
Der Ministerialrat
im K. Staatsministerium des Innern:
Knözinger.

K. Steueramt *Burgpreppach.*

Muster 1.
(MAAusfBest. § 10 Abs. 1).

Anmeldung

des

Schuhmachers Christian Weber

in *Burgpreppach* Hs.-Nr. *14.*

zur Bereitung von Bier für den Hausbedarf.

Der Unterzeichnete beabsichtigt im Jahre 19*11* nur für seinen Hausbedarf Bier zu bereiten und hiezu im ganzen nicht mehr als 5 Doppelzentner Malz zu verwenden. Er beansprucht hiefür den ermäßigten Malzaufschlagsatz von 10 *M* für 1 dz und erklärt, daß er das unter Inanspruchnahme der Steuerermäßigung hergestellte Bier nur im eigenen Haushalte verbrauchen oder unentgeltlich abgeben will und daß er nicht mit Bier handelt.

Burgpreppach, 9. Januar 19*11.*

Christian Weber,

Schuhmacher.

K. Steuer*amt Burgpreppach.*

Muster 2.
(MAAusfBest. § 10 Abs. 4).

Braubuch

des

Hausbrauers *Christian Weber, Schuhmacher*

in *Burgpreppach,* Hs.-Nr. *14*

für das *1.* Vierteljahr 19*11.*

Anleitung zum Gebrauche.

1. Wer die Ermäßigung des Malzaufschlags für das zur Bereitung von Bier für seinen Hausbedarf verwendete Malz (Artikel 5 Abs. 5 des Gesetzes) in Anspruch nimmt (Hausbrauer), hat dies bei Erholung des ersten Malzscheins im Kalenderjahre bei der Hebestelle schriftlich anzuzeigen. Hiebei ist unter Anwendung eines amtlichen Vordrucks die Erklärung abzugeben, daß im Kalenderjahre nicht mehr als 5 Doppelzentner Malz verwendet und das unter Inanspruchnahme der Steuerermäßigung hergestellte Bier nur im Haushalte des Anmelders verbraucht oder unentgeltlich abgegeben werden soll, ferner daß der Anmelder nicht mit Bier handelt.
2. Die Abgabe von Bier, das für den Hausgebrauch unter Inanspruchnahme des ermäßigten Malzaufschlagsatzes hergestellt ist, an nicht zum Haushalte gehörige Personen gegen Entgelt oder der Handel mit Bier ohne vorherige Anzeige haben neben dem Verluste des Anrechts auf die Steuerermäßigung die Einleitung des Strafverfahrens zur Folge.

(Fortsetzung siehe letzte Seite.)

Lfde. Nr.	Monat und Tag des Malzschrotens	Verwendete Malzmenge kg	Erzeugte Biermenge in Litern	Bemerkungen
1	2	3	4	5
	Biervorrat aus dem vorigen Vierteljahr:		—	
1	*15. Januar*	*95*	*570*	
2	*21. Februar*	*95*	*570*	
	zusammen	*190*	*1140*	
	Bier-Vorrat am Schlusse des Vierteljahrs		*430*	
	Daher Bierverbrauch		*710*	

Ich versichere, daß die vorstehend bezeichnete Biermenge von *710* Litern in meinem Haushalte verbraucht oder unentgeltlich abgegeben worden ist.

Burgpreppach, 31. März 1911.

Christian Weber,
Schuhmacher.

3. Vorübergehend angenommene Arbeiter oder Dienstleute werden als zum Haushalte gehörig nur dann angesehen, wenn sie im Haushalte verköstigt werden.

4. Hausbrauer haben über die Menge und den Verbrauch des von ihnen hergestellten Bieres Aufschreibungen unter Benützung des innen bezeichneten Vordrucks zu führen.

5. Wenn ein Hausbrauer im Laufe des Kalenderjahrs mehr als insgesamt 5 Doppelzentner Malz zur Bierbereitung verwenden oder Bier an nicht zum Haushalte gehörige Personen gegen Entgelt abgeben oder mit Bier handeln will, so hat er der Hebestelle vorher schriftlich Anzeige zu erstatten.

6. Die Anmeldungen bilden Belege zum Braubuche für das erste Viertel des Kalenderjahrs bzw. für das Vierteljahr des Betriebsbeginns.

K. Steueramt *Vohenstrauss.*

Muster 3.
(MAAusfBest. § 20 Abs. 1).

Malzverbrauchbuch *A*

(für untergäriges Bier)

4. Vierteljahr 19*11.*

Dieses Buch enthält *fünfzehn* Blätter, die mit einer angesiegelten Schnur durchzogen sind.

Waldsassen, den *17. September* 19*11.*

(Siegel.) *Bühlmann,*
Steueroberkontrolleur.

Anleitung zum Gebrauche.

1. Jede Steuerstelle hat nach Maßgabe des jeweiligen Bedürfnisses folgende Malzverbrauchbücher in vierteljährigen Zeitabschnitten zu führen:

ein Malzverbrauchbuch	A	für	untergäriges Bier,
" "	B	"	obergäriges Bier,
" "	C	"	bierähnliche Getränke,
" "	D	"	aufschlagfreie Zwecke.

2. Für jeden malzverbrauchenden Betrieb ist eine besondere Abteilung mit besonderer Ziffer anzulegen.

3. Wird eine Braustätte von mehreren für eigene Rechnung brauenden Personen (z. B. Kommunbrauern) gemeinsam benützt und ist für die Höhe des Steuersatzes nicht die in der Braustätte insgesamt, sondern die von jedem einzelnen Brauberechtigten verarbeitete Malzmenge entscheidend, so sind die einzelnen Brauer stets am Schlusse des Malzverbrauchbuchs oder in einem besonderen Anhange hiezu in unmittelbar aufeinander folgenden

(Fortsetzung siehe letzte Seite.)

Abteilung *1: Bayer Andreas, Brauereibesitzer* in *Roggenstein.*

Laufende Nr.	Angemeldete Malzmenge dz	Angemeldete Malzmenge kg	Tag der Malzschrotung	Reingewicht des Malzes dz	Reingewicht des Malzes kg	a) Abzug nach Art. 6 Abs. 2 b) Zuschlag nach Art. 6 Abs. 3 v. H.	a) Abzug nach Art. 6 Abs. 2 b) Zuschlag nach Art. 6 Abs. 3 kg	Daher steuerpflichtiges Gewicht dz	Daher steuerpflichtiges Gewicht kg	Bemerkungen
1	2		3	4		5	6	7		8
			Oktober							
1	*10*	—	*2.*	*10*	*20*	—	—	*10*	*20*	1. Der Durchschnittsmalzverbrauch nach Artikel 5 Abs. 3 des Gesetzes beträgt gemäß Entschließung der K. Generaldirektion der Zölle und indirekten Steuern vom *20* Mai 19*10* Nr. *26071*: *1356 dz 16 kg.*
2	*10*	--	*3.*	*10*	---	*b) 10*	*100*	*11*	--	
3	*5*	—	*6.*	*5*	—	—	—	*5*	—	
4	*5*	*50*	*7.*	*5*	*60*	*b) 10*	*56*	*6*	*16*	
5	*5*	—	*8.*	*4*	*95*	—	—	*4*	*95*	
			ꝛc.	ꝛc.						2. Malzverbrauch im Vorjahre: *1030,50 dz.*
			ꝛc.	ꝛc.						3. in den früheren Vierteln des lfd. Jahres: *960 dz.*
Summe für Oktober:				*117*	*59*	—	*258*	*120*	*17*	4. für das in den früheren Vierteln des lfd. Jahres steuerbar gewordene Malz wurde der Malzaufschlag nach dem Satze von *15 M* erhoben.
			ꝛc.	ꝛc.						
			ꝛc.	ꝛc.						*5. Wegen Beschädigung der eigenen Malzmühle wurde das Malz vom 3. bis 10. November auf der öffentlichen Malzmühle des Johann Hauser in Roggenstein geschrotet.*
„ „ Dezember:				*137*	*97*	—	*326*	*141*	*23*	
hiezu „ „ November:				*115*	*34*	—	*266*	*118*	—	
„ „ „ Oktober:				*117*	*59*	—	*258*	*120*	*17*	
zusammen:				*370*	*90*	--	*850*	*379*	*40*	

Abteilung *2: Franke Adolf, Brauereibesitzer* in *Vohenstrauss.*

Laufende Nr.	Angemeldete Malzmenge		Tag der Malzschrotung	Reingewicht des Malzes		a) Abzug nach Art. 6 Abs. 2 b) Zuschlag nach Art. 6 Abs. 3		Daher steuerpflichtiges Gewicht		Bemerkungen
	dz	kg		dz	kg	v. H.	kg	dz	kg	
1	2		3	4		5	6	7		8
			Oktober							
1	*20*	–	*1.*	–	–	–	–	–	–	1. Der Durchschnittsmalzverbrauch nach Art. 5 Abs. 3 des Gesetzes beträgt gemäß Entschließung der K. Generaldirektion der Zölle und indirekten Steuern vom ***20. Mai** 1910* Nr. ***26071:** 4416 dz 50 kg.*
2	*15*	–	*2.*	–	–	–	–	–	–	
3	*20*	–	*3.*	–	–	–	–	–	–	
4	*15*	–	*4.*	*69*	*95*	–	–	*69*	*95*	
5	*20*	–	*5.*	–	–	–	–	–	–	
6	*20*	–	*7.*	–	–	–	–	–	–	2. Malzverbrauch im Vorjahre: ***3976,52 dz.***
7	*20*	–	*8.*	–	–	–	–	–	–	
8	*20*	–	*9*	*82*	–	–	–	*82*	–	3. in den früheren Vierteln des laufenden Jahres: ***3112,50 dz.***
9	*20*	–	*10.*	–	–	–	–	–	–	
			ꝛc.	ꝛc						4. für das in den früheren Vierteln des laufenden Jahres steuerbar gewordene Malz wurde der Malzaufschlag nach dem Satze von ***18 M*** erhoben.
			ꝛc.	ꝛc.						

Stand des Zählwerkes am 31. Dezember 1911: 405160 kg
„ „ „ „ 30. September 1911: 305610 „
ergibt 99550 kg

Bei den Prüfungen der selbsttätigen Wägevorrichtung im abgelaufenen Vierteljahre schritt das Zählwerk vor am

14. Oktober 1911 um 200 kg
13. November „ „ 100 „
11. Dezember „ „ 100 „

daher sind abzusetzen 400 kg.

Hienach ergibt sich ein steuerpflichtiges Gewicht von 99150 kg, womit die in Spalte 7 des Mühlbuchs vorgetragene Menge genau übereinstimmt.

5. Bei Ermittlung der steuerpflichtigen Gesamtmalzmenge und des hienach anzuwendenden Steuersatzes ist eine Malzmenge von 8,72 dz, für welche auf Grund Entschliessung der Generaldirektion der Zölle und indirekten Steuern vom 10. Oktober 1911 Nr. 18576 der Malzaufschlag nach dem Satze von 18 M nachgelassen wurde, ausser Ansatz zu lassen.

Abteilungen vorzutragen. Ist für die Höhe des Steuersatzes die von den Brauberechtigten insgesamt verbrauchte Malzmenge maßgebend (vgl. Artikel 5 Abs. 9 Satz 2 des Gesetzes), so ist für die betreffende Braustätte nur eine Abteilung anzulegen, in dieser aber für jeden einzelnen Brauer eine besondere Unterabteilung zu eröffnen.

4. Wird ein Malzschein erholt, so sind die Spalten 2, 3 und 5 bei Ausstellung des Malzscheins, die Spalten 4, 6 und 7 nach Rücklieferung des Malzscheins zur Hebestelle und zwar die Spalte 4 nach dem Ergebnisse der Verwiegung in der Mühle auszufüllen. Wird ein Malzschein nicht erholt, so sind die Spalten 2, 3 und 5 beim Eintreffen der Anzeigen (§ 56 der MAAusfBest.), die Spalten 4, 6 und 7 auf Grund des Eintrags im Notizbuche (§ 57 der MAAusfBest.) auszufüllen. Für Brauer, welche Malzscheine zu erholen haben, sind die Spalten 4, 6 und 7 monatlich aufzurechnen. Bei den Brauern, welche von der Erholung von Malzscheinen befreit sind, ist im Malzverbrauchbuch am Vierteljahresschluß ein Auszug aus dem Mühlbuch in der Weise vorzutragen, daß vom Stande der Zähluhr am letzten Tage des Vierteljahrs der Stand der Zähluhr am letzten Tage des vorausgegangenen Vierteljahrs abgezogen wird und von dem Unterschiede der beiden Zählwerksanzeigen diejenigen Gewichtsmengen abgesetzt werden, um welche das Zählwerk bei den Prüfungen und Reinigungen der selbsttätigen Wägevorrichtung im abgelaufenen Vierteljahre fortgeschritten ist. Die hienach verbleibende Restmenge muß mit der in Spalte 7 des Mühlbuchs nachgewiesenen Endsumme genau übereinstimmen. Diese bildet für das abgelaufene Vierteljahr das steuerpflichtige Gesamtgewicht, sofern letzteres keinem Zuschlage wegen außergewöhnlicher Gewichtsverminderung unterliegt. Etwaige Zuschläge wären nach den Vorträgen des Mühlbuchs besonders zu berechnen und dem vorstehend ermittelten Gewichte zuzuzählen.

5. Die Hebestelle hat die Einträge im Malzverbrauchbuche mit den ihr am Vierteljahresschlusse zurückgelieferten Mühlbüchern sowie mit den Einträgen im Notizbuch über die Malzschrotungen auf Eigenmalzmühlen bzw. mit den Einträgen auf den Malzscheinen genau zu vergleichen und etwaige Unterschiede zu beheben.

6. Belege zum Malzverbrauchbuche bilden die Mitteilungen anderer Hebestellen über den Malzverbrauch von Brauereien (§ 13), die erledigten Malzscheine (§ 46 Abs. 5), die Betriebsanzeigen von Besitzern eigener Malzmühlen (§ 56) und die Notizbücher über die Malzschrotungen auf eigenen Malzmühlen (§ 57).

K. Steueramt *Vohenstrauss.*

Muster 4.
(MAAusfBest. § 21 Abs. 2.)

Abrechnung

über den Anfall an

staatlichem Malzaufschlage

für das *4.* Vierteljahr 19*11*.

Laufende Nummer	Des Aufschlagpflichtigen: Name	Wohnort	a) Malzverbrauch im Vorjahre; b) Durchschnittsmalzverbrauch gemäß Artikel 5 Abs. 3 des Gesetzes	Malzverbrauch: in den früheren Vierteljahren des laufenden Jahres		Malzverbrauch: im abgelaufenen Vierteljahre		Aufschlagsatz: bisher	Aufschlagsatz: für das abgelaufene Vierteljahr	Aufschlagsatz: für die Malzmenge von		Aufschlaganfall für das abgelaufene Vierteljahr: einzeln		Aufschlaganfall für das abgelaufene Vierteljahr: zusammen	
				dz	kg	dz	kg	M	M	dz	kg	M	Pf.	M	Pf.
1	2	3	4	5		6		7	8	9		10		11	
A. Für unter-															
1	Bayer Andreas	Roggenstein	a) 1030,50	960	—	379	40	15	15,50	379	40	5880	70	5880	70
			b) 1356,16												
2	Franke Adolf	Vohenstrauß	a) 3976,52	3112	50	991	50	18	18	896	22	16131	96	17894	64
			b) 4416,50	ab 8	72				18,50	95	28	1762	68		
				3103	78										
3	Klupp Otto	„	a) 991,20	522	—	271	25	15	15	271	25	4068	75	4068	75
			b) 1126,23												
4	Kühles Therese	„	a) 2272,12	1647	30	451	—	16,50	16	352	70	5643	20	7265	15
			b) 2418,86						16,50	98	30	1621	95		
5	Renkl Franz	„	a) 916,15	710	—	440	—	16	16,50	440	—	7260	—	7260	—
			b) 1160,15												
	Hiezu laut Malzverbrauchbuch B Abt. 2:		*a) 98,10* *b) 106,50*	*70*	—	*29*	—								
	„ „ „ A „ 1: des Steueramts Schwandorf:		*a) 861,91* *b) 990,80*	*796*	—	*221*	—								
	Ziff. 5 zusammen:		*a) 1876,17* *a) 2257,56*	*1576*	—	*690*	—								
	Summe A:			6943	08	2533	15	—	—	—	—	42369	24	42369	24
B. Für ober-															
1	Anthofer Wilh.	Vohenstrauß	a) 1378,50	787	30	20	40	15,50	15	20	40	306	—	306	—
			b) 1514,13												
2	Renkl Franz	„	a) 98,10												
			b) 106,50	70	—	29	—	16	16,50	29	—	478	50	478	50
	Hiezu laut Malzverbrauchbuch A Abt. 5:		*a) 916,16* *b) 1160,26*	*710*	—	*440*	—								
	„ „ „ A „ 1:		*a) 861,91* *b) 990,80*												
	des Steueramts Schwandorf:			*796*	—	*221*	—								
	Ziff. 2 zusammen:		*a) 1876,16* *b) 2257,56*	*1576*	—	*690*	—								
	Summe B:			857	30	49	40	—	—	—	—	784	50	784	50
	Hiezu „ A:			6943	08	2533	15	—	—	—	—	42369	24	42369	24
	Gesamtsumme:			7800	38	2588	55	—	—	—	—	43153	74	43153	74

Vohenstrauß, 2. Januar 1912.

a) Hiezu Stundung aus dem .... Viertel-jahr 19 b) Hievon ab als gestundet		Ergibt		Für die früheren Vierteljahre: nachzuerheben wegen a) Übergangs in eine höhere Klasse b) Überschreitung der Grenze in Art. 5, Abs. 3 des Gesetzes		Für die früheren Vierteljahre: zurückzahlen wegen Ueberganges in eine niedrigere Klasse		Daher Erhebungs-Soll für das abgelaufene Vierteljahr		Hievon sind vorausbezahlt		Daher sind noch zu erheben		Daher sind noch zurückzuzahlen		Bemerkungen
M	Pf.	M	Pf.	M	Pf.	M	Pf.	M	Pf.	M	Pf.	M	Pf.	M	Pf.	
12		13		14		15		16		17		18		19		20
...järiges Bier.																
...) 2940	35	2940	35	a) 480	—	-		3420	35	—	—	3420	35	—	—	
8947	32	8947	32	—	—	—		8947	32	—	—	8947	32	—	—	Zu 2: Gesamtmalzverbrauch 1911: 4104 dz. Hievon haben 8 dz 72 kg, für welche auf Grund Entschließung vom 10. April 1911 Nr. 28576 der Malzaufschlag nach dem Satze von 18 M nachgelassen wurde, außer Ansatz zu bleiben.
899	75	3169	—	—	—	—	—	3169	—	3169	—	—	—	—	—	
... Spalte	17															
3541	65	3723	50	—	—	823	65	2899	85	2899	85	—	—	—	—	
... Spalte	17															
3630	—	3630	—	a) 355	—	—	—	3985	—	—	—	3985	—	—	—	
19959	07	22410	17	a) 835	—	823	65	22421	52	6068	85	16352	67	—	—	
...gärige Bier.																
—	—	306	—	—	—	393	65	87	65	—	—	—	—	87	65	
—	—	478	50	a) 35	—	—	—	513	50	—	—	513	50	—	—	
—	—	784	50	a) 35	—	393	65	425	85	—	—	513	50	87	65	
19959	07	22410	17	a) 835	—	823	65	22421	52	6068	85	16352	67	—	—	
19959	07	23194	67	a) 870	—	1217	30	22847	37	6068	85	16866	17	87	65	

K. Steueramt

Dick, Steuerverwalter

K. Steuer ....

Muster 5.
(MAAusfBest. § 21 Abs. 2).

Vergleichende Übersicht

über den

Malzverbrauch und die Malzaufschlag-Solleinnahme

im

..........Vierteljahr 19....

und

..........Vierteljahr 19....

Anleitung zum Gebrauche.

1. In Spalte 1, 2, 5 und 6 sind die in Spalte 6 und 16 der Abrechnung (Muster 4) ausgewiesenen Ziffern summarisch zu übernehmen.

2. In Spalte 7 sind allenfallsige erhebliche Mehrungen oder Minderungen im Malzverbrauch gegenüber dem gleichen Vierteljahre des Vorjahrs kurz zu begründen.

Malzverbrauch im ....Vierteljahr				Daher im ....Vierteljahr 19				Erhebungssoll an staatlichem Malzaufschlag im Vierteljahr				Bemerkungen
19		19		mehr		weniger		19		19		
dz	kg	dz	kg	dz	kg	dz	kg	*M*	*Pf.*	*M*	*Pf.*	
1		2		3		4		5		6		7

K. Hauptzollamt .....

Muster 6.
(MAAusfBest. § 21 Abs. 7).

Vergleichende Übersicht

über

die Ergebnisse der Bierbesteuerung

im

Vierteljahr 19

und

Vierteljahr 19

Laufende Nummer	Steueramt	Malzverbrauch im Vierteljahr		Daher im Vierteljahr 19......		Erhebungssoll an staatlichem Malzaufschlag im Vierteljahr		Übergangsabgabe im Vierteljahr	
		19	19	mehr	weniger	19	19	19	19
		dz | kg	dz | kg	dz | kg	dz | kg	*M* | *Pf.*	*M* | *Pf.*	*M* | *Pf.*	*M* | *Pf.*
1	2	3	4	5	6	7	8	9	10
	Zusammen:								
	ab			......					
Daher im Vierteljahr 19	mehr								
	weniger								

Daher im Vierteljahr 19				Malzaufschlag-Rückvergütung im Vierteljahr				Daher im Vierteljahr 19				Begründung erheblicher Abweichungen zwischen den Ziffern für das abgelaufene Vierteljahr und denen für das gleiche Vierteljahr des Vorjahrs
mehr		weniger		19		19		mehr		weniger		
M	Pf.	M	Pf.	M	Pf.	M	Pf.	M	Pf.	M	Pf.	
11		12		13		14		15		16		17

K. Hauptzollamt ....

Muster 7.
(MAAusfBest. § 21 Abs. 7).

Zusammenstellung

der

Einnahmen an staatlichem Malzaufschlage

für das .... Vierteljahr 19 ....

Anleitung zum Gebrauche:

Die Zusammenstellung ist übereinstimmend mit den Abrechnungen der Steuerämter in 3 Abteilungen:

A für untergäriges Bier,
B für obergäriges Bier,
C für bierähnliche Getränke

anzufertigen.

[Seite 2]

Laufende Nummer	Steueramt	Malzverbrauch im abgelaufenen Vierteljahr		Aufschlaganfall		a) Hiezu Stundung aus dem Vierteljahr 19 b) Hievon ab als gestundet		Ergibt	
		dz	kg	*M*	*Pf.*	*M*	*Pf.*	*M*	*Pf.*
1	2	3		4		5		6	

[Seite 3]

Für die früheren Vierteljahre				Daher Erhebungs-Soll		Bemerkungen
nachzuerheben wegen a) Übergangs in eine höhere Klasse b) Überschreitung der Grenze in Art. 5, Abs. 3 des Gesetzes		zurückzuzahlen wegen Überganges in eine niedrigere Klasse				
M	*Pf*	*M*	*Pf.*	*M*	*Pf.*	
7		8		9		10

K. Steuer

Muster 8.
(MAAusfBest. § 22 Abs. 1).

Berechnung

des

für das Vierteljahr 19

vom .... in ....

geschuldeten Malzaufschlags.

I. Staatlicher Malzaufschlag.

a) Für dz kg Malz nach dem Satze von M für 1 dz	M	Pf.
b) Für dz kg Malz nach dem Satze von M für 1 dz	M	Pf.
zusammen	M	Pf.
Hiezu die Stundung aus dem Vierteljahr 19 :	M	Pf.
Hievon ab als gestundet		
Ergibt	M	Pf.
Wegen Überganges in eine höhere Klasse sind nachzuzahlen	M	Pf.
Wegen Überschreitung der Grenze in Art. 5 Abs. 3/4 des Gesetzes sind nachzuzahlen	M	Pf.
Wegen Überganges in eine niedrigere Klasse sind zurückzuzahlen	M	Pf.
Daher Erhebungssoll für das Vierteljahr 19	M	Pf.
Hievon sind vorausbezahlt	M	Pf.
Daher sind noch zu entrichten . . .	M	Pf.

II. Gemeindlicher Malzaufschlag.

Für dz kg Malz nach dem Satze von M für 1 dz	M	Pf.
Hiezu die Stundung aus dem Vierteljahr 19 :	M	Pf.
Hievon ab als gestundet		
Ergibt	M	Pf.
Hievon sind vorausbezahlt	M	Pf.
Daher sind noch zu entrichten . . .	M	Pf.
Hiezu staatlicher Malzaufschlag nach Ziff. I .	M	Pf.
Daher Gesamtaufschlagschuldigkeit . .	M	Pf.

Diesen Betrag wollen Sie am den 19 mittags Uhr, jedenfalls aber bis zum 19 einzahlen.

Allenfallsige Erinnerungen gegen die Berechnung der Malzaufschlagschuld wollen Sie binnen der nächsten drei Tage bei der unterfertigten Stelle erheben.

Die Einzahlung kann erfolgen in barem oder mit Postanweisung sowohl beim Steueramt als beim K. Hauptzollamt .... und außerdem im Giroverkehre beim bezeichneten Hauptzollamte.

........, den 19

K. Steuer ....

An

in

[Seite 1]

Muster 9.
(MAAusfBest. § 24 Abs. 3).

K. Steuer..............................

....

Verzeichnis

der Aufschlagpflichtigen, welche zur Vorausbezahlung des Malzaufschlags verpflichtet sind.

Anleitung zum Gebrauche.

1. Das Verzeichnis ist für mehrere Jahre fortlaufend zu führen. Nicht mehr gültige Vorträge sind zu durchstreichen.
2. Schriftstücke, welche auf die Verpflichtung zur Vorauszahlung Bezug haben (hauptamtlich Verfügungen, Erklärungen des Pflichtigen usw.) sind dem Verzeichnis als Belege in Urschrift oder in beglaubigter Abschrift anzufügen.

[Seite 2]

Lfd. Nr.	Des Aufschlagpflichtigen		Grund der Vorauszahlung	Bemerkungen
	Name und Stand	Wohnort		
1	2	3	4	5

Hauptzollamt ....

Muster 10.
(MAAusfBest. § 27 Abs. 7).

Nachweisung

über das

Malzaufschlagnachlaßgesuch

des

.... zu ....

[Seite 2]

Namen und Wohnort des Gesuchstellers	Zeit des Vorfalls			Menge des Malzes		Nachlaßbetrag			
						Staatlicher Malzaufschlag nach dem Satze zu ... *M* .. *Pf.*		Gemeindlicher Malzaufschlag nach dem Satze zu ... *M* .. *Pf.*	
	Jahr	Monat	Tag	dz	kg	*M*	*Pf.*	*M*	*Pf.*

[Seite 3]

Kurze Darstellung des Sachverhalts, welcher dem Nachlaßgesuche zu Grunde liegt, und Antrag des Amtes.	Hinweis auf die betr. Verhandlungen Beilage Nr.

Muster 11.
(MAAusfBest. § 27 Abs. 8).

Nachlaßschein.

Gemäß Entschließung der K. Generaldirektion der Zölle und indirekten Steuern vom .... Nr.
wurde Ihnen auf Grund Ihrer Anzeige vom
ein Nachlaß an

staatlichem Malzaufschlag im Betrage von	*M*	*Pf.*
gemeindlichem „ „ „ „	*M*	*Pf.*
zusammen	*M*	*Pf.*

— m. W. .... — bewilligt.

Vorstehender Betrag kann gegen Rückgabe dieses Scheines bei der nächsten Zahlung von Malzaufschlag statt barer Zahlung in Anrechnung gebracht oder beim nächsten gesetzlichen Zahlungstermin (Artikel 8 des Malzaufschlaggesetzes) bar abgehoben werden.

, den 19

K. Hauptzollamt

(Siegel)

(Unterschrift)

An

in

Anrechnungsbestätigung.

Umstehender Betrag ist $\frac{\text{mir}}{\text{uns}}$ von dem ....amt in .... auf fälligen Malzaufschlag angerechnet worden.

.................................., den .... 19..

(Unterschrift)

Quittung.

Umstehender Betrag ist $\frac{\text{mir}}{\text{uns}}$ von dem ....amt in .... bar ausbezahlt worden.

.................................., den 19

(Unterschrift)

Buchungsvermerk.

Der $\frac{\text{angerechnete}}{\text{zurückbezahlte}}$ Betrag ist gebucht im Kassebuch unter Nr. ....

....

K. Steuer ....

Muster 12.
(MAAusfBest. § 30 Abs. 1).

Brauereiverzeichnis.

Anleitung zum Gebrauche.

1. Das Brauereiverzeichnis ist in 3 Abteilungen zu führen, und zwar
   Abteilung A: Brauereien, in welchen untergäriges Bier hergestellt wird,
   " B: Brauereien, in welchen obergäriges Bier hergestellt wird,
   " C: Brauereien, in welchen bierähnliche Getränke hergestellt werden.
2. Innerhalb jeder Abteilung sind die einzelnen Betriebe unter fortlaufenden Nummern vorzutragen. Wird eine Braustätte von mehreren für eigene Rechnung brauenden Personen gemeinsam benützt, so sind die einzelnen Brauer bei der betreffenden Braustätte in Unternummern aufzuführen; bei Kommunbrauberechtigten ist in Spalte 2 auch die Hausnummer anzugeben.
3. In Spalte 7 sind insbesondere Angaben zu machen über weitere Brauereien und deren steuerliche Behandlung (Artikel 5 Abs. 8 des Gesetzes), Mühlen oder sonstige zum Schroten von Malz geeignete Vorrichtungen des Betriebsinhabers unter Hinweis auf Abteilung und Nummer des Brauerei- oder Mühlenverzeichnisses, über die Aufstellung eines Vertreters oder die Übertragung der strafrechtlichen Verantwortlichkeit auf eine dritte Person (Artikel 13 und 63 des Gesetzes), über die Verpflichtung zur Vorausbezahlung des Malzaufschlags, über den Durchschnittsmalzverbrauch der Jahre 1907, 1908 und 1909 usw.
4. Das Brauereiverzeichnis ist derart anzulegen, daß es zum Nachtrage der Veränderungen für eine längere Reihe von Jahren ausreicht. Zu diesem Zwecke sollen auf einem Blatte in der Regel nicht mehr als zwei Betriebe vorgetragen werden.
5. Für jeden Betrieb ist ein besonderer Akt anzulegen, in welchem alle auf ihn Bezug habenden Schriftstücke zu sammeln sind.

[Seite 2]

Lfd. Nr.	Ortschaft, in welcher sich der Betrieb befindet	Entfernung vom Amtssitze km	Name, Stand und Wohnort des Eigentümers und des etwaigen Pächters	Tag des Betriebsbeginns
1	2	3	4	5

[Seite 3]

Bezeichnung der Mühle, auf welcher das Malz geschrotet wird	Bemerkungen
6	7

K. Steuer..............................

Muster 13.
(MAAusfBest. § 30 Abs. 1).

Mühlenverzeichnis.

Anleitung zum Gebrauche.

1. Das Mühlenverzeichnis ist in 3 Abteilungen zu führen, und zwar
   Abteilung A: Malzmühlen mit selbsttätiger Wägevorrichtung,
   „ B: „ ohne selbsttätige „
   „ C: Andere zum Schroten von Malz geeignete unter Steueraufsicht stehende Vorrichtungen.
2. Innerhalb jeder Abteilung sind die einzelnen Mühlen unter fortlaufenden Nummern vorzutragen.
3. Bei Malzmühlen mit selbsttätiger Wägevorrichtung ist in Spalte 8 anzugeben, für wie viele kg Malz das Wägegefäß eingerichtet ist.
4. In Spalte 10 sind insbesondere Angaben zu machen über Brauereien, Malzmühlen und sonstige zum Schroten von Malz geeignete Vorrichtungen, die sich außerdem noch im Besitze des Mühleninhabers befinden, unter Hinweis auf Abteilung und Nummer des Brauerei- oder Mühlenverzeichnisses, über die Aufstellung eines Vertreters oder die Übertragung der strafrechtlichen Verantwortlichkeit auf eine dritte Person (Artikel 13 und 63 des Gesetzes) usw.
5. Das Mühlenverzeichnis ist derart anzulegen, daß es zum Nachtrage von Veränderungen für eine längere Reihe von Jahren ausreicht. Zu diesem Zwecke sollen auf einem Blatte in der Regel nicht mehr als zwei Mühlen vorgetragen werden.
6. Für jede Mühle ist ein besonderer Akt anzulegen, in welchem alle auf die Mühle Bezug habenden Schriftstücke zu sammeln sind.

[Seite 2]

Lfd. Nr.	Ortschaft, in welcher sich die Mühle befindet	Entfernung vom Amtssitze kg	Bezeichnung der Mühle (eigene, Genossenschafts- oder öffentliche Mühle)	Name, Stand und Wohnort des Eigentümers und des etwaigen Pächters	Aufstelungsort der Mühle
1	2	3	4	5	6

[Seite 3]

Bewegende Kraft zum Betriebe der Mühle	Art der selbsttätigen Wägevorrichtung (des Probensammlers)	Tag der Zulassung	Bemerkungen
7	8	9	10

Muster 14.
(MAAusfBest. § 34 Abs. 1).

Einschreibbuch

des/der .... in ....

über

die zur Herstellung von ....

bestimmten Malzmengen.

Anleitung zum Gebrauche.

1. Das Einschreibbuch ist bei jeder Erholung eines Malzscheins mit den vorgeschriebenen Eintragungen versehen der Hebestelle vorzulegen.
2. Wer mehrere malzverbrauchende Geschäfte gleichzeitig betreibt, hat für jedes Geschäft ein besonderes Einschreibbuch zu führen.
3. Vor jeder Erholung eines Malzscheins hat der Anmeldende die Spalten 1—6 entsprechend auszufüllen; die Spalten 7 und 8 werden von der Hebestelle ausgefüllt.
4. Soll Weizenmalz unter Inanspruchnahme der Begünstigung in Artikel 6 Abs. 2 des Gesetzes oder Malz, welche eine wesentliche Gewichtsverminderung im Sinne des Art. 6 Abs. 3 des Malzaufschlaggesetzes erfahren hat, geschrotet werden, so ist dies in Spalte 9 besonders anzugeben.
5. Abänderungen oder Streichungen sind dem Anmeldenden nur vor Vollziehung der Eintragung durch die Hebestelle gestattet, nach vollzogener Anmeldung dürfen Änderungen nur durch die Hebestelle auf Antrag oder mit Zustimmung des Anmeldenden vorgenommen werden. Die ursprünglichen Eintragungen müssen lesbar bleiben.
6. Das Einschreibbuch kann für mehrere Jahre geführt werden; in Spalte 1 ist jedoch zu Beginn jeden Kalenderjahres mit der fortlaufenden Numerierung neu zu beginnen.
7. Das Einschreibbuch ist an dem von der Hebestelle zu bestimmenden Orte sorgfältig aufzubewahren und den Aufsichtsbeamten auf Verlangen jederzeit vorzulegen.

Laufende Nr.	Reingewicht des Malzes dz	kg	Zahl der Säcke	Benennung der Mühle	Tag (des Malzschrotens)	Monat (des Malzschrotens)	Malzverbrauchbuch Abt.	Nr.	Unterschrift des Steuerbeamten	Bemerkungen
1	2		3	4	5	6	7		8	9

Muster 15.
(MAAusfBest. § 35 Abs. 1).

<table>
<tr>
<td>

Malzschein.

Malzverbrauchbuch Abt. Nr.

Auf Grund dieses Malzscheins können für Rechnung des/der

in .... auf der öffentlichen/eigenen Malzmühle ohne/mit selbsttätiger Wägevorrichtung

des/der .... in

am 19 dz ..... kg

.... -Malz mit/ohne Gewichtszuschlag

von .... v. H. in Säcken zur

Herstellung von ....

geschrotet werden.

den 19

K. Steuer

(Siegel)

Von der Mühle zurückerhalten

am .... 19....

</td>
<td>

Ergebnis der Verwiegung auf der Mühle:

a) (für Mühlen mit selbsttätiger Wägevorrichtung)

Stand des Zählwerkes:

nach } dem kg
vor } Schroten kg

daher Reingewicht des Malzes: kg,

b) (für Mühlen ohne selbsttätige Wägevorrichtung)

Rohgewicht des Malzes:

Sack dz kg
" dz kg
" ....dz kg
" dz kg
" dz kg
" dz kg
" dz ....kg
" dz kg
" dz kg

Zusammen
Säcke mit dz kg

Gewicht der
leeren Säcke dz kg

Daher Reingewicht des Malzes: dz kg

den 19

</td>
</tr>
</table>

K. Steuer ....

Muster 16.
(MAAusfBest. §§ 42 Abs. 1 und 55 Abs. 1).

Mühlbuch

für die .... Malzmühle
.... selbsttätige Wägevorrichtung

des

....

in

....

für das Vierteljahr 19

Dieses Buch enthält ...... Blätter, die mit einer angesiegelten Schnur durchzogen sind.

..., den ...... 19......

Anleitung zum Gebrauche.

1. Für jede Mühle bzw. für jeden Mahlgang, der zum Schroten von Malz bestimmt ist, ist ein besonderes Mühlbuch zu führen.

2. Auf öffentlichen Mühlen sind die Spalten 1 bis 4 und gegebenenfalls auch 5 oder 7 stets vor der Verbringung des Malzes auf den Mahlgang auszufüllen; auf eigenen Malzmühlen erfolgt die Ausfüllung der Spalten 1 bis 4 stets gleichzeitig und in Übereinstimmung mit den nach § 56 der Ausführungsbestimmungen einzureichenden Anzeigen bzw. in Übereinstimmung mit den etwa erholten Malzscheinen vor dem Schroten des Malzes. Auf Mühlen mit selbsttätiger Wägevorrichtung sind die Eintragungen in den Spalten 6 und 7 sofort nach Beendigung der Malzschrotung auszufüllen. Die Einträge in Spalte 7 sind fortlaufend aufzurechnen.

3. Wird Weizenmalz unter Inanspruchnahme der Begünstigung in Artikel 6 Abs. 2 des Gesetzes oder Malz, das eine wesentliche Gewichtsverminderung im Sinne des Artikel 6 Abs. 3 des Gesetzes erfahren hat, geschrotet, so ist dies in Spalte 8 zu vermerken.

4. Ergeben sich auf einer öffentlichen Mühle wegen besonderer Umstände im Schroten oder im Zurückbringen des Malzes aus der Mühle Verzögerungen, so hat der Müller hierüber unter Angabe des Grundes

in Spalte 8 Vormerkung zu machen. Tritt in einer Malzmühle mit selbsttätiger Wägevorrichtung eine Störung oder Beschädigung der Mühle oder der selbsttätigen Wägevorrichtung ein, so ist sofort nach Wahrnehmung der Störung oder der Beschädigung der Stand des Zählwerkes unter einer erläuternden Bemerkung im Mühlbuch einzutragen und der Hebestelle Anzeige zu erstatten.

5. Änderungen und Streichungen von Eintragungen sind in Spalte 8 zu vermerken. Die ursprünglichen Eintragungen müssen lesbar bleiben.

6. Das Mühlbuch ist an dem von der Hebestelle bestimmten Platze reinlich und unbeschädigt aufzubewahren. Am Schlusse des Vierteljahrs ist das Mühlbuch vom Inhaber der Mühle oder dessen Vertreter unter Angabe des Tages abzuschließen, wobei der Stand des Zählwerkes gegebenenfalls in das Mühlbuch für das nächste Vierteljahr zu übertragen ist. Das Mühlbuch ist spätestens an dem auf den Vierteljahrsschluß folgenden Wochentage der Hebestelle abzuliefern.

7. Wird auf der Mühle Malz zu verschiedenen Verwendungszwecken (z. B. zur Bereitung von untergärigem und obergärigem Biere) oder für verschiedene Personen geschrotet, so ist der für jeden Verwendungszweck oder für jede Person treffende Gesamtmalzverbrauch von der Hebestelle nach Abschluß des Mühlbuchs in besonderer Ausscheidung festzustellen.

[Seite 2]

Lfde. Nummer	Name und Wohnort desjenigen, für dessen Rechnung das Malz geschrotet wird.	Angemeldete Malzmenge dz kg	Tag des Malzschrotens	Stand des Zählwerkes vor dem Malzschroten	Stand des Zählwerkes nach dem Malzschroten	Menge des geschroteten Malzes dz kg	Bemerkungen des Inhabers der Mühle	Bemerkungen des Steuerbeamten
1	2	3	4	5	6	7	8	9

Bescheinigungen der Steuerbeamten

[Seite 3]

über den

Rückempfang der Malzscheine.

Bezeichnung der zurückempfangenen Malzscheine nach der laufenden Nummer des Mühlbuchs	Tag des Rückempfanges	Unterschrift des Steuerbeamten

Muster 17.
(MAAusfBest. § 56 Abs. 3).

(Vorderseite)

An

d .... K. Steuer ....

in

____

(Rückseite)

Der Unterzeichnete zeigt hiemit an, daß er auf seiner eigenen Malzmühle zur Erzeugung von *untergärigem Biere* nachstehende Malzmengen schroten wird:

1.	am	*2. Oktober*	*10* dz	— kg
2.	„	*3*	„	*10* dz	— kg
3.	„	*6.*	„	*5* dz	— kg
4.	„	*7.*	„	*5* dz	*50* kg
5.	„	*8.*	„	*5* dz	— kg
6.	„			dz	— kg
7.	„			dz	— kg
8.	„			dz	— kg

Roggenstein, den *30. September* 19*11*.

Andreas Bayer,
Brauereibesitzer.

(Von der Hebestelle auszufüllen.)
Malzverbrauchbuch *A* Abt. *1* Nr. *1/5*.

Muster 18.
(MAAusfBest. § 57 Abs. 1).

(Titelseite.)

Notizbuch

über

das auf der Eigenmalzmühle

des *Paul Müller* in *Wiesen*

im *3.* Vierteljahr 19*10*

geschrotete Malz.

Anleitung zum Gebrauche.

1. Die Sp. 1/3 und 5 sind bei jeder Nachschau in der Mühle nach Maßgabe der Einträge im Mühlbuche, Sp. 4 aber gleichzeitig mit der Ergänzung des Malzverbrauchbuchs auszufüllen.
2. Etwaige Abweichungen zwischen den Einträgen in Sp. 2/3 wären in Sp. 5 kurz zu erläutern.

(Textseite.)

Tag der Nachschau	Zählwerksanzeige bei der Nachschau	Menge des seit der letzten Nachschau geschroteten Malzes	Malzverbrauchbuch Abt.	Malzverbrauchbuch Nr.	Bemerkungen und Namensbeischrift des Steuerbeamten
1	2	3	4	4	5
	kg	kg			
	3685	*am Schlusse des II. Vierteljahres 1910*			
5. VII.	*4860*	*1175*	*6*	*1*	*Greiner St. V.*
12. „	*6660*	*1800*	*„*	*2*	*Heiler St. R.*
18. „	*9055*	*2115*	*„*	*3*	*Bei der heutigen ordentlichen Prüfung der selbsttätigen Wägevorrichtung rückte das Zählwerk um 280 kg vor* *Greiner St. V.* *Heiler St. R.*
24. „	*10880*	*1825*	*„*	*4*	*Heiler St. R.*
		ꝛc. ꝛc.			

Muster 19.
(MAAusfBest. § 63 Abs. 3).

Verhandlung

über

die Prüfung des Probensammlers

an der Futterschrot- (Haus-)mühle des ....

.... **in** ....

System .... **Modell** .... **Fabrik-Nr.** ....

In Gegenwart der Unterzeichneten. ...., **den** .... **19** ....

Der Probensammler an der ....

....

aufgestellten Futterschrot- (Haus-)mühle des

....

.... **in** ....

wurde heute einer Prüfung unterzogen, wobei sich folgendes ergab:

Der nach dem System ....

....

hergestellte Probensammler entspricht in allen Teilen der amtlichen Zeichnung und Beschreibung.

Derselbe ist mit der Mühle derart verbunden, daß von jeder auf der Mühle bearbeiteten Frucht einzelne Körner in unbearbeitetem Zustande dem Probesammler zugeführt werden müssen und ohne Verletzung des amtlichen Verschlusses weder ein Eingriff in die Probenabsonderungsvorrichtung noch in den Sammelkasten möglich ist.

Anmerkung: Nichtzutreffendes ist zu ändern; Fehlendes zu ergänzen.

[Seite 2]

Zur genauen Feststellung hierüber wurden im Beisein der Unterzeichneten .... kg .... auf der Mühle geschrotet, wobei sich ergab, daß die Probenabsonderungsvorrichtung ihre Aufgabe vollständig und gleichmäßig erfüllt.

Der Probesammler wurde hierauf an nachverzeichneten Stellen durch Anlegung von Bleien amtlich verschlossen (wieder verschlossen) nämlich:

1. ....

....

2. ....

....

3. ....

....

Dem Mühlbesitzer wurde eröffnet, daß die Benützung der Mühle vor erteilter hauptamtlicher Genehmigung verboten ist,

oder:

daß der Fortbenützung der Mühle kein Hindernis im Wege steht.

[Seite 3]

Nr. ....

Vorgelegt dem K. Steueramte / der K. Steueroberkontrolle

zur weiteren Verfügung.

.... den .... 19 ..

K. Steuer ....

K. Steuer ....

Muster 20.
(MAAusfBest. § 63 Abs. 4).

Verzeichnis

der Prüfungen des Probensammlers

an der

Futterschrot- (Haus-) Mühle des ....

in ....

Das Verzeichnis ist für mehrere Jahre anzulegen.

Ausgeschriebene Verzeichnisse sind zu den Akten der Hebestelle zu nehmen.

Das Verzeichnis ist bei der Mühle an dem vom Steuerbeamten zu bestimmenden Orte aufzubewahren.

[Seite 2]

Lfde. Nummer	Der Prüfung			Bezeichnung der im Sammelkasten vorgefundenen und daraus entfernten Früchte	War im Probenraume noch Platz für weitere Fruchtkörner? ja? nein?	Angaben über amtlicher Verschlüsse		Unterschrift des Mühlbesitzers und des Steuerbeamten
	Tag	Monat	Jahr			Befund und Abnahme	Wiederanlegung	
1	2	3	4	5	6	7	8	9

K. Steuer ....

Muster 21.
(MAAusfBest. § 66 Abs. 1).

Sudbuch

für

die Brauerei .... in ....

für

das ....Vierteljahr 19 ..

Dieses Buch enthält Blätter, die mit einer angesiegelten Schnur durchzogen sind.

.... den 19....

Anleitung zum Gebrauche.

1. Gewerbliche Bierbrauer haben ein Sudbuch in vierteljährigen Zeitabschnitten zu führen. Wird eine Brauerei von mehreren für eigene Rechnung brauenden Personen gemeinsam benützt, so ist für jeden Brauer eine eigene Abteilung im Sudbuch einzurichten.
2. Für jede Biersorte ist im Sudbuch eine Unterabteilung einzurichten; die in der Brauerei hergestellten verschiedenen Biersorten und gegebenenfalls die die Braustätte benützenden Brauer sind auf Seite 2 unter Hinweis auf die Seite des Sudbuchs einzeln aufzuführen.
3. Für jeden einzelnen Biersud ist im Sudbuch eine besondere Eintragung zu machen. Als Gewicht des eingemaischten Malzes ist das auf der Mühle ermittelte steuerpflichtige Gewicht — das ermittelte Reingewicht zuzüglich eines etwaigen Zuschlags (Artikel 6 Abs. 3 des Gesetzes) — anzugeben.
4. Die Bestimmung des Extraktgehalts der Würze hat durch den Brauer mit Hilfe eines amtlich geeichten Saccharometers nach Balling bei einer Temperatur der Würze von + 17,5° C (+ 14° R) zu erfolgen. *Ist die Temperatur nicht die angegebene Normaltemperatur, so ist die an der Spindel angebrachte Anleitung zur Berichtigung der Saccharometeranzeige zu berücksichtigen. An Stelle eines amtlich geeichten Saccharometers kann auch ein Saccharometer verwendet werden, das von der Wissenschaftlichen Station für Brauerei in München oder der Brautechnischen Versuchsstation Weihenstephan oder der Versuchsanstalt für Bierbrauerei in Nürnberg geprüft ist.*)* Menge und Extraktgehalt der

---

*) Satz 2 und 3 der Ziffer 4 gestrichen, s. ABl. 1911 S. 88.

Ausschlagwürze sind unmittelbar vor dem Ablassen aus der Sudpfanne, der Extraktgehalt der Anstellwürze entweder im Sammelbottich oder wo ein solcher fehlt, in den Gärbottichen spätestens in 10 Stunden nach der Befüllung zu ermitteln.

5. Der Eintrag im Sudbuch hat sobald als möglich, jedenfalls noch am Tage der Ermittlung zu erfolgen.

6. Änderungen der Einträge sind in Spalte 9 zu bestätigen. Die ursprünglichen Eintragungen müssen lesbar bleiben.

7. Das Sudbuch ist an dem von der Hebestelle bestimmten Platze reinlich und unbeschädigt aufzubewahren am Schlusse des Vierteljahrs vom Brauer unter Beifügung des Tages abzuschließen und spätestens am ersten auf den Vierteljahrschluß folgenden Werktag an die Hebestelle zurückzuliefern.

8. Wenn von einer Malzmenge sowohl Bier als Nachbier (Scheps) hergestellt wird, so ist das Nachbier als besondere Biersorte in eigener Unterabteilung vorzutragen. Hiebei sind die Spalten 4 und 7 unausgefüllt zu lassen und ist in Spalte 9 auf die Malzmenge des Hauptsuds hinzuweisen.

[Seite 2]

Verzeichnis der die Brauerei benützenden Brauer und der erzeugten Biersorten.

[Seite 3]

Abteilung Nr.

Laufende Nummer	Tag und Stunde der Einmaischung	Hinweis auf die Nr. des Mühlbuchs	Steuerpflichtiges Gewicht des Malzes für jeden Biersud kg	Der Ausschlagwürze Menge hl	Der Ausschlagwürze Extraktgehalt v. H.	Sudhausausbeute v. H.	Der Anstellwürze Extraktgehalt v. H.	Bemerkungen
1	2	3	4	5	6	7	8	9

[Seite 1]

K. ....

Muster 22.
(MAAusfBest. § 66 Abs. 6).

Anschreibung der Sudbuchsabschlüsse.

Anleitung.

Die vierteljährigen Abschlüsse der Sudbücher sind für jede Brauerei und für jede in der Brauerei erzeugte Biersorte gesondert vorzutragen.

Für jedes Kalenderjahr sind die Spalten 2, 3 und 9 aufzurechnen.

In den Spalten 4 und 6 ist der Jahresdurchschnitt festzustellen; für Spalte 10 ist das Jahresergebnis aus Spalte 2 und 9 zu berechnen.

[Seite 2]

Abteilung Nr.

Angabe des Vierteljahrs	Steuerpflichtiges Gesamtgewicht des eingemaischten Malzes	Der Ausschlagwürze		Sudhausausbeute	Der Anstellwürze durchschnittlicher Extraktgehalt	Abzug für Schwund		Gesamtmenge des fertigen Bieres	Durchschnittliche Malzmenge für ein hl Bier	Bemerkungen
		Gesamtmenge hl	durchschnittlicher Extraktgehalt v. H.	v. H.	v. H.	v. H.	hl	hl		
1	2	3	4	5	6	7	8	9	10	11

K. Steuer.......................................

Muster 23.
(MAAusfBest. § 69 Abs. 4).

Vermessungsverhandlung.

Verhandelt .... den 19

Heute wurde in der hiesigen Brauerei des Herrn ....

.... die Sudpfanne (Nr. ....) vermessen.

Zunächst überzeugten sich die Anwesenden, daß die Sudpfanne vollständig leer ist und alle Ablauföffnungen und etwa vorhandenen Dampfventile geschlossen sind.

Die Sudpfanne hat nachstehende Form:

In dieselbe ist eine Dampfschlange ....

.... eingebaut. Zur Vermessung

Wasser von + °C (+ °R) benützt.

Die Vermessung erfolgte mittels einer amtlich geeichten 20 l Kanne (mittels einer amtlich geeichten Eichvorrichtung).

Nach Einfüllung je eines Hektoliters Wasser in die Sudpfanne wurde zugewartet, bis der Wasserspiegel vollständig ruhig geworden war, und dann der Stand desselben an dem vom Brauereibesitzer zu diesem Zwecke bereit gehaltenen Meßstabe genau und deutlich eingekerbt sowie der Abstand eines jeden Teilstrichs vom Boden der Sudpfanne bzw. vom vorhergehenden Teilstriche genau abgemessen und nachstehend eingetragen.

Der aus hartem Holze gefertigte Meßstab wurde stets an derselben Stelle eingeführt, welche durch eine am Rande der Sudpfanne angebrachte Marke (Steuerblei) kenntlich gemacht ist. Zur gleichmäßigen Einführung des Meßstabs dient eine an der Sudpfanne befindliche Führungsklammer.

Bemerkung: Nichtzutreffendes ist zu streichen, Fehlendes zu ergänzen.

Oder:

Der Meßstab wurde am Rande der Sudpfanne an der (durch ein Steuerblei) besonders kenntlich gemachten Stelle eingehängt.

Die Vermessung wurde solange fortgesetzt, bis die Sudpfanne einen vollen Hektoliter Wasser nicht mehr zu fassen vermochte.

Das Ergebnis der Vermessung war folgendes:

1. hl:	Abstand	vom	Boden der Sudpfanne		....	mm
2. „	„	„	vorhergehenden	Teilstriche	....	„
3. „	„	„	„	„	....	„
4. „	„	„	„	„	....	„
5. „	„	„	„	„	....	„
6. „	„	„	„	„	....	„
7. „	„	„	„	„	....	„
8. „	„	„	„	„	....	„
9. „	„	„	„	„	....	„
10 „	„	„	„	„	....	„

usw.*)

Im ganzen wurden daher eingemessen: .... hl

(m. W. ....).

Zum Zwecke der Nachprüfung wurde sodann vor der Sudpfanne auf die Brücke einer vorher geprüften Dezimalwage ein Faß (............) aufgestellt und die Wage mit dem Fasse genau austariert. Hierauf wurde der Ablaßhahn der Sudpfanne geöffnet, das Faß (.....................) nahe bis an den Rand mit dem aus der Sudpfanne auslaufenden Wasser befüllt und das Gewicht des Wassers nachstehend eingetragen. Vor jeder weiteren Befüllung des Fasses (.....................) wurde die Wage neuerdings genau austariert und sorgfältig darauf geachtet, daß das Faß (.....................) vollständig leer war. Die ganze in der Sudpfanne enthaltene Wassermenge wurde ohne Verlust in das vorbezeichnete Gefäß übergeleitet.

*) Bemerkung: Nötigenfalls ist ein leerer Bogen einzuheften.

Die Nachwiegung des aus der Sudpfanne abgelassenen Wassers ergab bei der

1. Füllung des Fasses (..........) .... kg
2. " " " .... "
3. " " " .... "
4. " " " .... "
5. " " " .... "
6. " " " .... "
7. " " " .... "

usw.

das sind zusammen .... kg

oder .... hl .... l (m. W. ....)

Es beträgt also das Ergebnis der Vermessung .... hl l

" " " Verwiegung .... hl l

Hienach ergaben sich bei der Verwiegung $\frac{\text{mehr}}{\text{weniger}}$ .... hl l d. i. .... v. H. der eingemessenen Wassermenge.

Die nasse Vermessung war daher zu wiederholen (vgl. anl. Verhandlung).

Oder:

Nachdem der Unterschied 3 v. H. der durch Vermessung festgestellten Wassermenge nicht übersteigt, wurde die Vermessung als beendet erklärt, der Meßstab zur Verhütung von Vertauschungen mit einem Steuerblei versehen und der mitunterzeichnete Brauereibesitzer (Vertreter des Brauereibesitzers) aufgefordert, den Meßstab den amtlichen Einkerbungen entsprechend binnen .... Tagen mit einer genauen und deutlichen Einteilung nach Hektolitern zu versehen, sowie diese Einteilung und das am Meßstab angebrachte Steuerblei stets unversehrt zu erhalten und den Meßstab am gleichen Platze, nämlich .... aufzubewahren.

Z. A. u.

N. N. Brauereibesitzer.

N. N. Braumeister.

N. Steuerrevisor. N. Steuerverwalter.

Muster 24.
(MAAusfBest. § 82 Abs. 5).

Abrechnung

d ....

über den Anfall an

gemeindlichem Malzaufschlage

der Gemeinde ....

für das ...... Vierteljahr 19 ......

Einnahmen									
Abteilung des Malzverbrauchsbuchs	Name und Wohnort des Aufschlagpflichtigen	Steuerpflichtiges Gewicht des Malzes		Hieraus berechnet sich die Aufschlag-Schuld nach dem Satze zu ... *M* ... *Pf.* auf		a) Hiezu Stundung aus dem ... Vierteljahr 19 ... b) Hievon ab als gestundet		Ergibt Erhebungs-Soll für das laufende Vierteljahr	
		dz	kg	*M*	*Pf.*	*M*	*Pf.*	*M*	*Pf.*

Ausgaben Vortrag	einzeln M	einzeln Pf.	im ganzen M	im ganzen Pf.
I. Ausstände.				
II. Nachlässe.				
III. Verwaltungskosten.				
Gemäß Entschließung der K. Generaldirektion der Zölle und indirekten Steuern vom wurden erhoben:				
a) von der wirklichen Einnahme für das Vierteljahr 19 zu *M* *Pf.* %				
b) von den einbezahlten Rückständen aus dem Vierteljahr 19 zu *M* *Pf.* %				
Summe				
IV. Abgleichung.				
a) Die Einnahmen für das Vierteljahr 19 betragen *M* *Pf.*				
Die Ausgaben für das Vierteljahr 19 betragen *M* *Pf.*				
verbleibt Ablieferungsschuld für das Vierteljahr 19 *M* *Pf.*				
b) Die einbezahlten Rückstände aus dem Vierteljahr 19 betragen *M* *Pf.*				
Die Ausgaben hiefür betragen *M* *Pf.*				
verbleibt Ablieferungsschuld an einbezahlten Rückständen aus dem Vierteljahr 19 *M* *Pf.*				
welche (a und b) laut anliegender Quittung vom gutgemacht wurden.				
den 19				
K.				

Muster 25.
(MAAusfBest. § 82 Abs. 5).

Zusammenstellung

der

Einnahmen und Ausgaben

an

gemeindlichem Malzaufschlag

im Bezirke

des Kgl. Hauptzollamts ....

für das .... Vierteljahr 19 ....

[Seite 2]

Laufende Nummer	Namen der Gemeinde und des Steueramts	Erhebungs-Satz für 1 dz Malz		Malzverbrauch im ..... Vierteljahr 19		Hienach Soll-Einnahme für das .. Vierteljahr 19						Rückstände	
						Aufschlag-Betrag		a) Hiezu Stundung aus dem Vierteljahre 19 b) Hievon ab als gestundet		Daher Aufschlag-Erhebungs-Soll für das .. Vierteljahr 19			
		M	*Pf.*	dz	kg	*M*	*Pf.*	*M*	*Pf.*	*M*	*Pf.*	*M*	*Pf.*

[Seite 3]

Nachlässe		Daher wirkliche Einnahme im .. Vierteljahr 19		Einnahme an Rückständen aus früheren Vierteljahren 2c.		Ausgaben an Verwaltungskosten und zwar:				Betrag der Ablieferung an die Gemeinden und zwar an Einnahmen				Bemerkungen
						aus der wirklichen Einnahme im Vierteljahr 19		aus den Einnahmen an Rückständen aus früheren Vierteljahren		für das .. Vierteljahr 19		an Rückständen aus früheren Vierteljahren		
M	*Pf.*	*M*	*Pf.*	*M*	*Pf.*	*M*	*Pf.*	*M*	*Pf.*	*M*	*Pf.*	*M*	*Pf.*	

.... Bezirk ....

Muster 26.
(MAAusfBest. § 86 Abs. 1).

Übersicht

über

die aufschlagpflichtigen Gewerbe

für

das Jahr 19..........

Anleitung zum Gebrauche.

1. In den Spalten 2 und 4 sind außer den Kommunbrauern alle übrigen Brauer vorzutragen, welche eine Braustätte gemeinsam benützen und von denen jeder für sich den Malzaufschlag entrichtet; demgemäß sind in den Spalten 7 und 13 außer den Kommunbrauereien alle übrigen Braustätten einzustellen, die in gemeinsamer Benützung mehrerer je für sich aufschlagpflichtiger Brauer stehen.
2. In den Spalten 2 bis 9, 17 und 18 dann 23 sind nur jene Aufschlagpflichtigen und Betriebsstätten vorzutragen, welche im Laufe des Jahres gebraut haben bzw. in Betrieb gestanden sind.
3. Tritt während des Jahres ein Wechsel in der Person des Besitzers eines Betriebs oder eines Kommunbraurechts ein, so ist in den Spalten 2 bis 6, 17 und 18 nur ein Brauer vorzutragen.
4. Brauer und Braustätten, von welchen bzw. in welchen neben untergärigem auch obergäriges Bier bereitet wird, sind in den einschlägigen Spalten sowohl für untergäriges wie für obergäriges Bier einzustellen. Die Zahl solcher Brauer ist unter dem Ziffervortrag noch mit roter Tinte besonders zu vermerken.
5. Die Zahl der „übrigen" Brauer in den Spalten 3 und 5 muß mit jener der „übrigen" Braustätten in Spalte 8 stets übereinstimmen. Wenn daher ein Brauer mehrere Braustätten an einem oder an verschiedenen Orten im Besitze hat, so ist derselbe in der Spalte 3 oder 5 so oft vorzutragen, als Betriebsstätten desselben in Spalte 8 eingestellt sind.

6. Die Zahl der Aktienbrauereien und der Malzverbrauch derselben ist in den Spalten 3 und 8 und dann 10 und 14 noch unter der Linie mit roter Tinte gesondert zu vermerken.
7. Wenn im Laufe des Jahres eine Braustätte ihre Eigenschaft wechselt, z. B. aus einer Privat- in eine Aktienbrauerei oder aus einer Kommun- in eine Privatbraustätte oder umgekehrt verwandelt wird, so ist dieselbe in der Übersicht nur einmal und zwar mit jener Eigenschaft vorzutragen, welche ihr am Ende des Jahres zukommt.
8. Die Spalten 16 und 21 sind nach dem Sudbuch auszufüllen.
9. Das in einer Brauerei erzeugte Nachbier (Erzeugnis jenes Nachsuds, zu welchem Malz nicht weiter zugesetzt wird) ist in Spalte 16 stets gesondert unter der Linie vorzutragen.
10. Die Malz- und Biermengen sowie die Mengen bierähnlicher Getränke sind in vollen Doppelzentnern und Hektolitern anzuschreiben. Mengen unter 50 kg oder 50 Liter sind außer Betracht zu lassen, solche von 50 kg oder 50 Liter und darüber auf einen vollen Doppelzentner oder Hektoliter aufzurunden.
11. Die Summe der Spalten 15, 19 und 20 dann 24 muß, von kleinen Abweichungen infolge der Abrundung abgesehen, mit der Gesamtmenge des Malzverbrauchs nach den Vierteljahrsabrechnungen übereinstimmen.
12. Die Ziffernvorträge der Übersicht sind mit den gleichartigen Ziffern des Vorjahrs abzugleichen. Auffällige Verschiedenheiten (insbesondere auch in der Gußführung) sind kurz zu begründen.
13. Jene Malzmengen, welche zu aufschlagfreien Zwecken verwendet wurden, sind noch nachrichtlich besonders zu vermerken.
14. Der Übersicht ist noch folgende Zusammenstellung anzufügen:

Malzverbrauch in Brauereien für untergäriges Bier (Spalte 15)	.... dz	
Malzverbrauch in Brauereien für obergäriges Bier (Spalte 19 und 20)	dz	
Malzverbrauch für bierähnliche Getränke (Spalte 24) .	.... dz	
Summe	.... dz	
Nach den Vierteljahrsabrechnungen	dz	...... kg
Abweichung infolge der Abrundung	dz	kg

[Seite 2]

Bezirk	A. Untergäriges										
	Zahl der					Zahl der			Malzverbrauch der		
	gewerblichen		nicht gewerblichen		zusammen	Kommunen	übrigen	zusammen	gewerblichen	nicht gewerblichen	zusammen
	Kommunen	übrigen	Kommunen	übrigen							
	Brauer		Hausbrauer			Braustätten			Brauer		
									dz	dz	dz
1	2	3	4	5	6	7	8	9	10	11	12

[Seite 3]

Bier				B. Obergäriges Bier					Gesamt-Verbrauch an Braumalz (Sp. 12, 19 u. 20)	C. Bierähnliche Getränke		
Malzverbrauch			Bier-Erzeugung	Zahl der		Malzverbrauch der		Bier-Erzeugung		Zahl	Malzverbrauch	Erzeugung
in Kommunen	in den übrigen	zusammen		gewerblichen	nicht gewerblichen	gewerblichen	nicht gewerblichen					
Braustätten				Brauer		Brauer				der Betriebe		
dz	dz	dz	hl			dz	dz	hl	dz		dz	hl
13	14	15	16	17	18	19	20	21	22	23	24	25

..................Bezirk.....................................

Muster 27.
(MAAusfBest. § 86 Abs. 1).

Übersicht
über die Bierbrauer
ausgeschieden in Gruppen
nach der Höhe des Malzverbrauchs

für das Jahr 19

[Seite 2]

Bezirk	Zahl der Bierbrauer	Hievon sind Kommunbrauer	Von den in Spalte 2 vorgetragenen																	
			bis 50 dz		von 51 dz bis 100 dz		von 101 dz bis 150 dz		von 151 dz bis 200 dz		von 201 dz bis 250 dz		von 251 dz bis 350 dz		von 351 dz bis 500 dz		von 501 dz bis 1000 dz		von 1001 dz bis 1500 dz	
			Brauer	Malzmenge dz	Brauer	Malzmenge dz	Brauer	Malzmenge dz	Brauer	Malzmenge dz	Brauer	Malzmenge dz	Brauer	Malzmenge dz	Brauer	Malzmenge dz	Brauer	Malzmenge dz	Brauer	Malzmenge dz
1	2	3	4		5		6		7		8		9		10		11		12	

[Seite 3]

Bierbrauern haben Malz verbraucht																						
von 1501 dz bis 2000 dz		von 2001 dz bis 2500 dz		von 2501 dz bis 3000 dz		von 8001 dz bis 3500 dz		von 3501 dz bis 4000 dz		von 4001 dz bis 4500 dz		von 4501 dz bis 5000 dz		von 5001 dz bis 6000 dz		von 6001 dz bis 10000 dz		von 10001 dz bis 50000 dz		über 50000 dz		Gesamtmalzmenge
Brauer	Malzmenge dz	Brauer	Malzmenge dz	Brauer	Malzmenge dz	Brauer	Malzmenge dz	Brauer	Malzmenge dz	Brauer	Malzmenge dz	Brauer	Malzmenge dz	Brauer	Malzmenge dz	Brauer	Malzmenge dz	Brauer	Malzmenge dz	Brauer	Malzmenge dz	dz
13		14		15		16		17		18		19		20		21		22		23		24

............Bezirk......

Muster 28.
(MAAusfBest. § 86).

Übersicht

über

die Malzmühlen und andere zum Schroten von Malz geeignete Vorrichtungen

sowie

über die auf den Malzmühlen geschroteten Malzmengen

für das Jahr 19......

Anleitung zum Gebrauche.

1. In Spalte 2/3 sind nur jene Malzmühlen und Malzmengen nachzuweisen, welche zu aufschlagpflichtigen Zwecken benützt und verwendet worden sind; Malzmühlen, welche während des Jahres geruht haben oder auf welchen nur aufschlagfreies Malz geschrotet worden ist, sind einschließlich der zu aufschlagfreien Zwecken verwendeten Malzmengen in Spalte 21 vorzumerken.
2. Die Summen der Spalten 8 und 10 bzw. 9 und 11, müssen mit den Ziffern in Spalte 6 bzw. 7, ferner die Summen der Spalten 15 und 16 mit den Summen der Spalten 18 bis 20 übereinstimmen.
3. Malzmengen unter 50 kg bleiben außer Ansatz; Malzmengen von 50 kg und darüber sind auf einen vollen Doppelzentner aufzurunden.
4. In den Spalten 3, 5, 7, 9, 11 und 13 sind sämtliche auf Mühlen innerhalb des Bezirkes geschroteten aufschlagpflichtigen Mengen vorzutragen, auch wenn ein Teil derselben außerhalb des Bezirkes verwendet worden ist. Daselbst sind gegebenenfalls auch jene Malzmengen aufzurechnen, welche auf Malzmühlen mit selbsttätiger Wägevorrichtung zu wenig angezeigt und auf Grund besonderer Verfügung zur Versteuerung gezogen worden sind.
5. Der Übersicht ist noch folgende Ausscheidung beizufügen:

Gesamtmalzverbrauch (Sp. 7 + 13)	dz.
Hiezu die im Bezirke de.... Steuer ...... geschrotete im diesseitigen Bezirke verwendete Malzmenge von	dz.
d. s. zus.	dz.
Hievon ab die im diesseitigen Bezirke geschrotete, aber im Bezirke de ... Steuer ...... verwendete Malzmenge von	dz.
daher Restmenge	dz.

Diese Restmenge muß mit dem Gesamtmalzverbrauch in den Spalten 22 und 24 der Übersicht Muster 26, von kleinen Abweichungen wegen der Abrundung abgesehen, übereinstimmen.

[Seite 2]

Bezirk	In Betrieb gestandene Malzmühlen mit selbsttätiger Wägevorrichtung									
	Öffentliche		Eigenmühlen		zusammen		Die selbsttätigen Wägevorrichtungen sind hergestellt nach dem System			
							Chronos		Riedinger	
	Zahl	Malzverbrauch dz	Zahl	Malzverbrauch dz	Zahl	Malzverbrauch dz	Zahl	Malzverbrauch dz	Zahl	Malzverbrauch dz
1	2	3	4	5	6	7	8	9	10	11

[Seite 3]

In Betrieb gestandene öffentliche Malzmühlen ohne selbsttätige Wägevorrichtung		Zahl der unter Steueraufsicht stehenden				An den in den Spalten 15 und 16 aufgeführten Futterschrot- und Hausmühlen sind angebracht Probensammler nach dem System			Bemerkungen
Zahl	Malzverbrauch dz	Grünmalz-Quetschmaschinen	Futterschrotmühlen	Hausmühlen	anderen zum Malzschroten geeigneten Vorrichtungen	L. A. Riedinger	Zorn	nach anderen Systemen	
						Zahl			
12	13	14	15	16	17	18	19	20	21

[Seite 1]

.... Bezirk ....

Muster 29.
(MAAusfBest. § 6 Abs. 1).

Übersicht

über die

Biereinfuhr nach Bayern

für das

Jahr 19..........

Anleitung zum Gebrauche.

Die Einfuhrmengen und Vergütungsbeträge sind in ganzen Hektolitern bzw. Kilogrammen und Markbeträgen anzuschreiben. Mengen unter 50 Liter bzw. 500 g und Beträge unter 50 Pf. sind außer Betracht zu lassen, Mengen und Beträge von 50 Liter (500 g) bzw. 50 Pf. und darüber sind auf ein volles Hektoliter (Kilogramm) und eine volle Mark aufzurunden.

[Seite 2]

.... Bezirk	Bier-Einfuhr aus den Staaten des deutschen Zollgebiets								Übergangs-Steuer		Bier-Einfuhr aus dem Zoll-Auslande gegen Verzollung	Bemerkungen
	aus dem Gebiete der Brausteuer-Gemeinschaft		aus Württemberg, Baden und Elsaß-Lothringen		zusammen							
	hl	l	hl	l	hl	l			M	Pf.	kg	
1	2		3		4				5		6	7

....................Bezirk....................

Muster 30.
(MAAusfBest. § 86 Abs. 1).

Übersicht

über die

Einnahmen an Braumalzaufschlag

nach Aufschlagsätzen

für das Jahr 19..........

Anleitung zum Gebrauche.

1. Dem Vortrage des Malzverbrauchs und des Aufschlags in den Spalten 2 bis 18 sind die einschlägigen Ziffern der Vierteljahrs-Abrechnungen zu Grunde zu legen. Demnach sind in die Spalten 2 bis 14 jene Aufschlagbeträge einzustellen, die sich aus den Abrechnungen ergeben, und nicht jene, die sich aus den in diesen Spalten abgerundet vorgetragenen Malzmengen durch Vervielfältigung mit dem treffenden Aufschlagsatze berechnen.
2. Malzverbrauch und Aufschlag sind in vollen Doppelzentnern und Markbeträgen anzuschreiben. Mengen unter 50 kg und Beträge unter 50 Pfennig sind außer Betracht zu lassen, Mengen und Beträge von 50 kg bzw. 50 Pfennig und darüber sind auf einen vollen Doppelzentner und eine volle Mark aufzurunden.
3. Malzmengen, die den um 10 oder 25 v. H. erhöhten Aufschlagsätzen unterlegen haben (Artikel 5 Abs. 3 und 6 des Gesetzes), sind nebst den treffenden Aufschlagbeträgen in der Spalte für jene Aufschlagsätze vorzutragen, welche die Grundlage für die Erhöhung gebildet haben. Sie sind dort in die auf der Linie vorgetragenen Zahlen mit einzurechnen, außerdem aber noch unter der Linie mit roter Tinte unter Angabe des betreffenden Hundertsatzes besonders ersichtlich zu machen.

Bezirk	Der Anfall an Brau- nach dem										
	10 *M*		15 *M*		15 *M* 50 *Pf.*		16 *M*		16 *M* 50 *Pf.*		17 *M*
	Malz-verbrauch	Aufschlag	Malz-verbrauch	Aufschlag	Malz-verbrauch	Aufschlag	Malz-verbrauch	Aufschlag	Malz-verbrauch	Aufschlag	Malz-verbrauch
	dz	*M*	dz	*M*	dz	*M*	dz	*M*	dz	*M*	dz
1	2		3		4		5		6		7

malzaufschlag beträgt Satze zu												
	17 *M* 50 *Pf.*		18 *M*		18 *M* 50 *Pf.*		19 *M*		19 *M* 50 *Pf.*		20 *M*	
Aufschlag	Malzverbrauch	Aufschlag	Malzverbrauch	Aufschlag	Malzverbrauch	Aufschlag	Malzverbrauch	Aufschlag	Malzverbrauch	Aufschlag	Malzverbrauch	Aufschlag
M	dz	*M*	dz	*M*	dz	*M*	dz	*M*	dz	*M*	dz	*M*
	8		9		10		11		12		13	

Zusammen (Summe der Spalten 2 mit 13)		Zum Aufschlaganfall Sp. 14 kommt die Stundung aus dem vierten Vierteljahr 19....	Summe der Einnahmen Sp. 14 u. 15	Von der Einnahme Sp. 16 ist abzuziehen die Nachborge aus dem vierten Vierteljahre des laufenden Jahres	Hienach beträgt die wirkliche Einnahme an Braumalzaufschlag	Bemerkungen
Malzverbrauch	Aufschlag					
dz	M	M		M	M	
14		15	16	17	18	19

Muster 31.
(MAAusfBest. § 86 Abs. 1).

Übersicht

über

den Extraktgehalt der Anstellwürzen der im Jahre 19 . . erzeugten Biermengen, ausgeschieden in Gruppen nach der Höhe des Malzverbrauchs.

Extraktgehalt der Anstellwürzen in Hundertteilen	Brauereigruppen, ausgeschieden nach der Höhe																			
	bis 50 dz		von 51 dz bis 100 dz		von 101 dz bis 150 dz		von 151 dz bis 200 dz		von 201 dz bis 250 dz		von 251 dz bis 350 dz		von 351 dz bis 500 dz		von 501 dz bis 1000 dz		von 1001 dz bis 1500 dz		von 1501 dz bis 2000 dz	
	Brauer	Biermenge hl	Brauer	Biermenge hl	Brauer	Biermenge hl	Brauer	Biermenge hl	Brauer	Biermenge hl	Brauer	Biermenge hl	Brauer	Biermenge hl	Brauer	Biermenge hl	Brauer	Biermenge hl	Brauer	Biermenge hl
1	2		3		4		5		6		7		8		9		10		11	
unter 6																				
6–6,5																				
über 6,5–7																				
„ 7–7,5																				
„ 7,5–8																				
„ 8–8,5																				
„ 8,5–9																				
„ 9–9,5																				
„ 9,5–10																				
„ 10–10,5																				
„ 10,5–11																				
„ 11–11,5																				
„ 11,5–12																				
„ 12–12,5																				
„ 12,5–13																				
„ 13–13,5																				
„ 13,5–14																				
„ 14–14,5																				
„ 14,5–15																				
„ 15–15,5																				
„ 15,5–16																				
„ 16–16,5																				
„ 16,5–17																				
„ 17–17,5																				
„ 17,5–18																				
„ 18–18,5																				
„ 18,5–19																				
„ 19																				

des Malzverbrauchs im Kalenderjahre																				Gesamt-Biermenge hl
von 2001 dz bis 2500 dz		von 2501 dz bis 3000 dz		von 3001 dz bis 3500 dz		von 3501 dz bis 4000 dz		von 4001 dz bis 4500 dz		von 4501 dz bis 5000 dz		von 5001 dz bis 6000 dz		von 6001 dz bis 10000 dz		von 10001 dz bis 50000 dz		über 50000 dz		
Brauer	Biermenge hl	Brauer	Biermenge hl	Brauer	Biermenge hl	Brauer	Biermenge hl	Brauer	Biermenge hl	Brauer	Biermenge hl	Brauer	Biermenge hl	Brauer	Biermenge hl	Brauer	Biermenge hl	Brauer	Biermenge hl	
12		13		14		15		16		17		18		19		20		21		22

.... Bezirk ....

Muster 32.
(MAAusfBest. § 86).

Übersicht

über die

Bierausfuhr aus Bayern

für das Jahr 19

Anleitung zum Gebrauche.

1. Obergäriges Bier und die hierauf treffenden Vergütungen sind gesondert unter der Linie vorzutragen.
2. Die Einträge in den Spalten 5 und 6 müssen mit den betreffenden Summen der monatlichen Zusammenstellungen (Muster 7 zur MAVO.) übereinstimmen. Die Ausfüllung der Spalte 6 obliegt lediglich den Hauptzollämtern.
3. Die Ausfüllung der Spalten 7 bis 10 erfolgt durch jene Zoll- und Steuerbehörden, welche Übergangs- oder Transportscheine über Biersendungen ausfertigen, welche ohne Anspruch auf Malzaufschlagvergütung ausgehen, ferner von jenen Grenzzollbehörden, bei denen statistische Anmeldescheine für die Ausfuhr solcher Biersendungen in das Zollausland abgegeben werden. Zu diesem Zwecke haben die bezeichneten Behörden Aufschreibungen zu führen, in welchen die in Rede stehenden Biersendungen fortlaufend zu vermerken sind. Hiebei werden, wenn in den Übergangs-, Transport- oder Anmeldescheinen nur die Gewichte der Biersendungen angegeben sind, die Litermengen im Falle der Versendung von Bier in Gebinden mit Hilfe der Tafel X zur Berechnung der Übergangsabgabe von Bier und bei der Versendung von Bier in Flaschen und Kistenverpackung mit Hilfe der Tafel XI festgestellt.
4. Die Ausfuhrmengen und Vergütungsbeträge sind in ganzen Hektolitern und Markbeträgen anzuschreiben. Mengen unter 50 Liter und Beträge unter 50 Pf. sind außer Betracht zu lassen. Mengen und Beträge von 50 Liter bzw. 50 Pf. und darüber sind auf ein volles Hektoliter und eine volle Mark aufzurunden.

[Seite 2]

Bezirk	Bier-Ausfuhr gegen Malzaufschlag-Vergütung							Betrag der Malzaufschlagvergütung für die in Spalte 5 bezeichnete Biermenge
	in das Gebiet der Brausteuergemeinschaft		nach Württemb. Baden u. Elsaß-Lothringen		in das Zoll-Ausland		zusammen	
	in Fässern	in Flaschen	in Fässern	in Flaschen	in Fässern	in Flaschen		
	hl	hl	hl	hl	hl	hl	hl	M
1	2		3		4		5	6

[Seite 3]

Bier-Ausfuhr ohne Malzaufschlag-Vergütung							Bemerkungen
in das Gebiet der Brausteuergemeinschaft		nach Württemberg, Baden und Elsaß-Lothringen		in das Zoll-Ausland		zusammen	
in Fässern	in Flaschen	in Fässern	in Flaschen	in Fässern	in Flaschen		
hl	hl	hl	hl	hl	hl	hl	
7		8		9		10	11

Anlage A.
(MAAusfBest. § 26).

Malzaufschlag-Vergütungsordnung (MAVO).

I. Allgemeine Bestimmungen.

§ 1.

[1] Wer im Inlande hergestelltes Bier oder bierähnliche Getränke in außerbayerisches Gebiet, mit welchem eine Aufschlaggemeinschaft nicht besteht, ausführt, hat bei Einhaltung der hiefür gegebenen steuerlichen Vorschriften Anspruch auf Rückvergütung des Malzaufschlags.

[2] Der Betrag der Rückvergütung darf den Malzaufschlag, welcher für die zur Herstellung des ausgeführten Bieres oder bierähnlicher Getränke verwendete Malzmenge entrichtet worden ist, in keinem Falle übersteigen.

[3] Die nachstehend für die Ausfuhr von Bier getroffenen Anordnungen haben auf die Ausfuhr bierähnlicher Getränke sinngemäß Anwendung zu finden.

Bemerkungen: Zu § 1.

1. Zu § 1 Abs. 1 ist entsprechend der vom K. Staatsminister der Finanzen bei Beratung des Gesetzentwurfs im Landtage abgegebenen Erklärung (zu vgl. die Bemerkung 1 zu Artikel 9) ein Anspruch auf Rückvergütung des Malzaufschlags bei der Ausfuhr von Bier, das in Bayern aus versteuertem Malze hergestellt ist, ausdrücklich anerkannt.

2. Die Malzaufschlagrückvergütung wird nur gewährt für Bier und bierähnliche Getränke, die in Bayern hergestellt worden sind, da nur diese dem Malzaufschlag unterlegen haben. Die Bestimmungen der MAVO. beziehen sich daher nicht auf Bier, das der Übergangsabgabe oder dem Eingangszoll unterlegen hat.

3. Wegen der außerbayerischen Gebiete, mit welchen eine Aufschlaggemeinschaft besteht, vergleiche die Bemerkung 5 zu Artikel 1 Abs. 1.

4. Die Bestimmung in § 1 Abs. 2 entspricht den Vereinbarungen in Artikel 5 II § 5 des Zollvereinigungsvertrages vom 8. Juli 1867 s. Bemerkung 4 zu Artikel 9.

§ 2.

[1] Aufschlagrückvergütung für ausgeführtes Bier wird nur gewährt, wenn die in einer Ladung von demselben Versender zusammen ausgeführte Biermenge mindestens 10 Liter beträgt.

Gehören zu einer Ladung mehrere in verschiedenen Anmeldungen aufgeführte Sendungen des gleichen Absenders, so ist in den einzelnen Anmeldungen auf die übrigen zu der gleichen Ladung gehörigen Anmeldungen unter Beifügung der Anmeldebuchnummer ausdrücklich hinzuweisen.

² Zur Ausfuhr von Bier mit Anspruch auf Malzaufschlagrückvergütung dürfen nur geeichte Fässer, auf denen der Eichstempel, das Jahr der Eichung und der Raumgehalt nach Maßgabe der eichamtlichen Vorschriften deutlich angegeben sind, oder Flaschen verwendet werden.

³ Bei der Ausfuhr von Bier in Flaschen dürfen in das einzelne Packstück nur Flaschen von gleicher Größe verpackt werden. Ausnahmen hievon kann in besonderen Bedürfnisfällen das Hauptzollamt unter Anwendung der etwa erforderlichen Maßregeln widerruflich bewilligen.

⁴ Die Fässer müssen spundvoll, die Flaschen bis in den Hals hinein gefüllt sein.

⁵ Die Vergütung findet erst statt, nachdem der Nachweis der wirklich erfolgten Ausfuhr und, soweit vorgeschrieben, der Nachweis des Einganges im Lande der Bestimmung geführt worden ist.

Bemerkungen: Zu § 2.

1. Eine Vorschrift, wonach bei der Ausfuhr von Bier in Flaschen in ein Packstück nur eine Sorte Bier verpackt werden dürfe, enthält die MAVO. nicht. Das Vorhandensein mehrerer Biersorten in einem Packstück schließt daher eine Rückvergütung des Malzaufschlags nicht aus. In solchen Fällen muß lediglich gemäß § 5 Abs. 3 der MAVO. für jede in dem Packstück befindliche Biersorte eine besondere Ausfuhranmeldung angegeben werden und auf den einzelnen Flaschen mittels Etikette usw. die Biersorte in Übereinstimmung mit den Ausfuhranmeldungen angegeben sein, damit die Ausfuhranmeldungen auf ihre Richtigkeit geprüft werden können.

2. Ein besonderer Bedürfnisfall im Sinne des § 2 Abs. 3 wird insbesondere dann anzuerkennen sein, wenn der Besteller der Biersendung die Lieferung von Flaschen verschiedener Größe verlangt hat.

3. Die Vorschriften über den Nachweis der wirklich erfolgten Ausfuhr sowie über den etwaigen Nachweis des Einganges im Lande der Bestimmung finden sich in § 10 MAVO.

§ 3.

¹ Brauer dürfen gegen Malzaufschlagvergütung nur Bier ausführen, das in ihrer eigenen Brauerei erzeugt worden ist.

² Nichtbrauer (Wirte, Spediteure, Agenten, Händler u. dgl.), die Bier mit Anspruch auf Rückvergütung des Malzaufschlags

ausführen wollen, haben außer den allgemeinen nachstehende besondere Bedingungen zu erfüllen:

a) Über den Bezug und Wiederverkauf von Bier sind nach näherer Anordnung des Hauptzollamts, in dessen Bezirk der Nichtbrauer sein Geschäft betreibt, fortlaufende Aufschreibungen zu führen, welche den Oberbeamten der Steuerverwaltung nebst den übrigen einschlägigen Geschäftsbüchern auf Verlangen jederzeit vorzulegen sind.

b) Die Brauerei, aus welcher das zur Ausfuhr bestimmte Bier bezogen werden soll, und jeder Wechsel in der Bezugsstätte ist dem Hauptzollamt vorher anzuzeigen.

c) Die Biersendungen dürfen nur in den Originalfässern oder Flaschen jener Brauerei ausgehen, aus welcher das Bier stammt. Die Fässer und Flaschen müssen die Bezeichnung der Brauerei aufweisen.

d) Es darf nicht zu gleicher Zeit Bier aus verschiedenen Brauereien bezogen oder auf Lager gehalten werden.

³ Ausnahmen von den Bestimmungen in Abs. 2 Buchstabe c und d kann in unbedenklichen Fällen das Hauptzollamt unter Anordnung der etwa erforderlichen Sicherungsmaßregeln gestatten; in Zweifelsfällen ist die Entscheidung der K. Generaldirektion der Zölle und indirekten Steuern zu erholen.

Bemerkungen: Zu § 3.

Die in § 3 Abs. 2a vorgeschriebenen „fortlaufenden Aufschreibungen" haben Privatpersonen, die Bier nicht gewerbsmäßig sondern nur gelegentlich ausführen, selbstverständlich nicht zu führen.

II. Grundlage der Rückvergütung.

Grundlage der Rückvergütung. **§ 4.**

¹ Für das innerhalb eines Kalendervierteljahrs ausgeführte Bier erfolgt die Rückvergütung des Malzaufschlags nach der Malzverwendung, die im Sudbuche für das vorhergegangene Kalendervierteljahr für einen Hektoliter der betreffenden Biersorte festgestellt worden ist, und unter Anwendung des Malzaufschlagsatzes, der für die Brauerei, aus welcher das Bier stammt, im Kalenderjahre der Ausfuhr zutrifft. Ist die ausgeführte Biersorte in dem der Ausfuhr vorhergegangenen Kalendervierteljahr in der Brauerei nicht hergestellt worden, so ist die Malzverwendung in dem Kalendervierteljahre maßgebend, in dem die Biersorte letztmals in der Brauerei hergestellt worden ist.

²Übersteigt die festgestellte Malzverwendung für einen Hektoliter Bier 25 Kilogramm, so ist für das in andere deutsche Brausteuergebiete ausgeführte Bier der Bemessung der Rückvergütung lediglich eine Malzverwendung von 25 Kilogramm für einen Hektoliter Bier zugrunde zu legen. Auf das in das Zollausland ausgeführte Bier findet diese Beschränkung keine Anwendung.

Bemerkungen: Zu § 4.

1. Nach den hier gegebenen Grundlagen bemißt sich die Rückvergütung des Malzaufschlags für ausgeführtes Bier nach folgenden Faktoren:

a) nach der Menge des ausgeführten Bieres, wie sie in dem Verfahren bei der Bierausfuhr (§§ 7, 8 und 9 MABO.) festgestellt worden ist.

b) nach der Menge des Malzes in kg, die zur Herstellung eines Hektoliters der ausgeführten Biersorte nach Maßgabe des Sudbuches in dem der Ausfuhr vorhergegangenen Vierteljahr verwendet worden ist (§ 14 Abs. 2 MABO.).

c) nach den für die Brauerei, aus welcher das Bier stammt, im Kalenderjahre der Ausfuhr zutreffenden Malzaufschlagsatze, der auf die Malzmenge, wie sie sich nach den Feststellungen zu a und b berechnet, angewendet wird.

2.*) Eine Ausnahme von dem unter b erwähnten Grundsatze enthält die Bestimmung in § 4 Abs. 2 Satz 1 MABO. mit Rücksicht auf die Vereinbarungen in Ziffer 4 des Bundesratsbeschlusses vom 1. Juni 1907 — § 475 der Protokolle — (ZBl. 1907 S. 282, ABl. S. 265). Diese Vereinbarung ist mit Rücksicht darauf getroffen worden, daß nach dem im erwähnten Bundesratsbeschlusse weiter ausgesprochenen Grundsatze die Bemessung der Übergangsabgabe in den einzelnen deutschen Brausteuergebieten der Höchstsatz der in ihnen geltenden Steuerstaffel sowie eine Malzverwendung von 25 kg für 1 hl Bier zugrunde gelegt werden soll und zwar gleichviel, ob das eingeführte Bier tatsächlich mit einer geringeren oder höheren Malzverwendung hergestellt worden ist. Würde nun für Bier das mit einer höheren Malzverwendung als 25 kg für 1 hl hergestellt worden ist, bei der Ausfuhr in andere deutsche Brausteuergebiete die innere Steuer im Herstellungslande nach der tatsächlich erfolgten Malzverwendung vergütet, während im Einfuhrgebiete nur eine Malzverwendung von 25 kg für 1 hl der Bemessung der Übergangsabgabe zugrunde gelegt wird, so würde dies als Ausfuhrprämie wirken. Um dies zu verhindern, ist für die Ausfuhr von Bier in andere deutsche Brausteuergebiete die Bestimmung in § 4 Abs. 2 getroffen worden. Für das in das Zollausland ausgeführte Bier wird die Vergütung des Malzaufschlags zum vollen Betrage nach Maßgabe der tatsächlichen Malzverwendung gewährt.

3. Die Malzverwendung ist für jede ausgeführte Biersorte aus dem Sudbuch festzustellen. Ist die betreffende Biersorte weder in dem

*) Die Bestimmung in § 4 Abs. 2 wird vom 1. Oktober 1911 an hinfällig; vgl. hiewegen den Nachtrag.

der Ausfuhr vorhergegangenen Kalendervierteljahr noch überhaupt früher in der betreffenden Brauerei hergestellt worden, so ist in gleicher Weise, wie dies in § 74 Abs. 4 der MAAusfB. hinsichtlich der Rückvergütung des gemeindlichen Malzaufschlags angeordnet ist, die Malzverwendung der Bemessung der Malzrückvergütung zugrunde zu legen, die sich aus dem Sudbuche für die betreffende Biersorte im Kalendervierteljahr der Ausfuhr ergibt.

III. Verfahren bei der Bierausfuhr.

Ausfuhranmeldung.

§ 5.

¹ Wer Bier mit Anspruch auf Rückvergütung des Malzaufschlags ausführen will, hat der Hebestelle seines Bezirkes oder einer zur Annahme der Anmeldung ermächtigten Bierabfertigungsstelle vorher eine Bierausfuhranmeldung und zwar bei der Ausfuhr in Fässern nach Muster 1 und bei der Ausfuhr in Flaschen nach Muster 2 einzureichen. Muster 1. Muster 2.

² Die Ausfüllung der Anmeldungen hat nach Maßgabe des Vordrucks zu geschehen. Die Gattung des Bieres ist genau nach der Bezeichnung der einzelnen Biersorten im Sudbuche (Muster 21 zu den MAAusfBest.) anzugeben. Der Angabe der Braustätte (Sp. 4 in Muster 1 und Sp. 6 in Muster 2) bedarf es nur, wenn das Bier von einem Nichtbrauer ausgeführt wird.

³ Werden mehrere Biersorten gleichzeitig ausgeführt, so ist für jede dieser Biersorten eine gesonderte Anmeldung einzureichen.

⁴ Wird Bier von einem Nichtbrauer ausgeführt, so ist der Anmeldung in der Regel ein auf die Biersendung bezüglicher Auszug aus der Rechnung des Brauers beizufügen. Die Hebestelle X. hat diesen Auszug mit der gleichzeitig vorzulegenden Rechnung zu vergleichen, im Falle der Uebereinstimmung zu beglaubigen und der Anmeldung anzustempeln. Wenn der Nichtbrauer am Orte der Braustätte wohnt, aus welcher das auszuführende Bier stammt, so hat an Stelle des Auszugs aus der Rechnung eine Bestätigung des Brauers auf der Anmeldung zu treten, daß das Bier aus seiner Brauerei stammt.

⁵ Einer gleichzeitigen Vorführung des ausgehenden Bieres bedarf es nicht.

§ 6.

Die Hebestelle (Bierabfertigungsstelle) prüft die vorgelegten Bierausfuhranmeldungen, führt nötigenfalls deren Ergänzung oder Berichtigung, namentlich auch hinsichtlich des in Aussicht

genommenen Ausfertigungs-, Ausgangs- oder Übergangsschein-Empfangsamts herbei, trägt die Anmeldungen in ein nach
Muster 3. Muster 3 in Monatsabschnitten zu führendes Anmeldebuch ein, füllt auf den Anmeldungen die Nummer des Anmeldebuchs und den Eintragungsvermerk („Gesehen 2c. 2c.") aus und gibt sodann dieselben, sofern die Abfertigung der Biersendung nicht von ihr selbst vorzunehmen ist, dem Anmelder zurück.

Abfertigung der Biersendungen.

§ 7.

¹ Zur Abfertigung des zur Ausfuhr mit dem Anspruch auf Rückvergütung angemeldeten Bieres und zur Ausgangsbescheinigung sind die Hauptzollämter, Zollämter, Nebenzollämter und Übergangsstellen befugt.

² Den Steuerämtern und Steuerstellen wird nach Bedürfnis die Ermächtigung zur Bierabfertigung und Ausgangsbescheinigung erteilt.

§ 8.

¹ Die Abfertigung kann entweder bei einem Amte im Innern oder beim Ausgangsamte vorgenommen werden.

² Zu diesem Zwecke ist das Bier mit der dazu gehörigen Anmeldung dem Abfertigungsamte vorzuführen.

³ Die Abfertigung besteht in der Prüfung von Zahl, Zeichen, Nummer, Literinhalt und Gattung des auszuführenden Bieres. Das Abfertigungsamt hat sich davon zu überzeugen, ob die Fässer spundvoll und vorschriftsmäßig geeicht sind, sowie ob die Flaschen bis in den Hals hinein gefüllt sind.

⁴ Bei den Fässern ist die amtliche Eiche als Literinhalt anzunehmen.

⁵ Die Ermittlung des Literinhalts der einzelnen Flaschen von gleicher Größe kann probeweise erfolgen. Die jedesmalige Prüfung des Rauminhalts der Flaschen kann unterbleiben, wenn die Brauerei, aus der die Flaschen stammen, bei dem Abfertigungsamte Proben der von ihr benutzten Flaschen unter Angabe ihres vom Abfertigungsamte nachzuprüfenden Rauminhalts hinterlegt und sich verpflichtet, andere Flaschen als solche von der Art der hinterlegten Proben für die Bierausfuhr nicht zu benutzen. In diesem Falle kann die Abfertigung auf die Feststellung, daß die auszuführenden Flaschen den hinterlegten Proben entsprechen, beschränkt und, wenn dies zutrifft, der angegebene Inhalt als richtig angenommen werden.

6 Die Feststellung der Gattung des auszuführenden Bieres hat lediglich probeweise zu erfolgen. Es genügt hiebei, wenn bei Versendern, welche wöchentlich mindestens dreimal Bier mit Anspruch auf Rückvergütung des Malzaufschlags ausführen, für jede Biersorte monatlich eine Probe, welche 1/4 Liter nicht übersteigen darf, entnommen und nach Aussehen und Geschmack geprüft wird (Geschmacksprobe). In Zweifelsfällen ist eine Probe in zwei Flaschen von je 3/4 Liter Inhalt zu entnehmen. Die Flaschen sind von den Abfertigungsbeamten vor der Probenahme auf vollständige Reinheit zu prüfen, bis auf einen Leerraum von 2—3 cm zu befüllen und hierauf amtlich zu versiegeln. Der Brauereibesitzer oder sein Vertreter kann ebenfalls ein Siegel anlegen. Die Hebestelle hat die Proben mit einer Bezettelung zu versehen, aus der die Hebestelle, die Brauerei, der Tag der Probenahme, die angemeldete Biersorte sowie der für diese nach dem Sudbuche zutreffende durchschnittliche Extraktgehalt der Anstellwürze zu ersehen sind. Die Proben sind sodann mit der Post der Technischen Prüfungs- und Lehranstalt der Verwaltung der Zölle und indirekten Steuern zur Untersuchung einzusenden. Werden aus einer Brauerei verschiedene Biersorten ausgeführt, so ist auch in unverdächtigen Fällen vierteljährig eine Probe in zwei Flaschen zu je 3/4 Liter Inhalt der vorbezeichneten Anstalt zur Untersuchung einzusenden. Die Proben sind in solchen Fällen hauptsächlich den Biersorten, die mit einer höheren Malzverwendung hergestellt sind, zu entnehmen. In anderen als den vorgenannten Fällen bestimmt das Hauptzollamt die Zahl der Probeentnahmen. Die Weiterabfertigung und Versendung des Bieres darf durch die technische Untersuchung der Proben nicht aufgehalten werden. Die Technische Prüfungs- und Lehranstalt teilt das Ergebnis der Untersuchung dem Hauptzollamte zur weiteren Veranlassung mit.

7 Nach Beendigung der Revision werden die Packstücke und Gebinde, welche zur Ausfuhr in das Zollausland bestimmt sind, unter Verschluß gelegt; bei den nach anderen deutschen Brausteuergebieten bestimmten Sendungen erfolgt die Anlegung eines Verschlusses nur auf Antrag des Versenders, soweit nicht die Sendung bereits gemäß § 9 Abs. 3 unter Verschluß gelegt worden ist. Ganze Eisenbahnwagenladungen werden dagegen stets unter Verschluß gesetzt; derselbe erfolgt durch Bleie oder Kunstschlösser.

8 Das Ergebnis der Abfertigung, die Anlegung der Ver-

schlüsse, die Gestellungsfrist usw. sind in die Ausfuhranmeldung einzutragen.

⁹ Wird hierauf ein Übergangsschein ausgefertigt, so ist die Bierausfuhranmeldung, welche an die Stelle der zweiten Übergangsscheinausfertigung tritt, vom Ausfertigungsamte zurückzubehalten, bis der Erledigungsschein vom Empfangsamt eintrifft. Im Übergangsscheine wie in der Bierausfuhranmeldung ist gegenseitig auf die einschlägige Buchnummer zu verweisen. Nach Eintreffen des Erledigungsscheins wird auf der Bierausfuhranmeldung die Ausfuhrbescheinigung erteilt, in welcher auch der Tag der Erledigung des Übergangsscheins, welcher in solchen Fällen als Ausfuhrtag gilt, anzugeben ist; die erledigte Ausfuhranmeldung wird sodann unter Vormerkung des Tages der Rückgabe im Übergangsscheinausfertigungsbuch an den Versender zurückgegeben.

¹⁰ Wird dagegen ein Übergangsschein nicht ausgefertigt, so ist das Bier mit der nach Abs. 8 bescheinigten Ausfuhranmeldung binnen der vom Abfertigungsbeamten in Spalte 9 bzw. 12 der Anmeldung festzusetzenden, den jeweiligen Verkehrsverhältnissen anzupassenden Frist dem in der Anmeldung bezeichneten Ausgangsamte zur Ausgangsabfertigung vorzuführen.

§ 9.

¹ Wird das zur Ausfuhr angemeldete Bier in Kisten usw. verpackt, so kann auf Antrag des Versenders die Revision der Sendung und die Verschlußanlage an der Verpackungsstelle erfolgen. In diesem Falle ist die Anmeldung bei der zuständigen Hebestelle, abgesehen von dringenden Fällen, spätestens 24 Stunden vor der Verpackung einzureichen sowie Ort, Tag und Stunde der Verpackung in der Anmeldung genau anzugeben.

² Die Revision wird an der Verpackungsstelle auf Grund der bei der Hebestelle eingereichten Anmeldung nach Maßgabe des § 8 vorgenommen.

³ Die Sendungen sind sodann, auch wenn ein diesbezüglicher Antrag nicht gestellt worden ist, sogleich an der Verpackungsstelle unter steueramtlichen Einzelverschluß zu setzen; von der Anlage dieses Beschlusses darf nur dann abgesehen werden, wenn die Kisten usw. in Gegenwart des Steuerbeamten mit sogenanntem Patentverschlusse versehen werden. Der Versender hat das zur Verschlußanlage nötige Material zu beschaffen und die erforderlichen Hilfsdienste zu leisten.

[4] Der Steuerbeamte hat die Ergebnisse der Revision und die etwaige Verschlußanlage in der Bierausfuhranmeldung genau zu vermerken. Hierauf ist die Anmeldung dem Versender zur Vorlage bei den weiter darin bezeichneten Ämtern zurückzugeben.

[5] Erscheint zu der in der Anmeldung angegebenen Zeit kein Steuerbeamter an der Verpackungsstelle, so kann die Verpackung ohne amtliche Überwachung erfolgen.

[6] In dem Falle des Abs. 1 bis 4 kann die Prüfung beim Abfertigungsamte, sofern der angelegte steueramtliche oder Patentverschluß unverletzt ist, auf die Festsetzung der Art, Zahl, Zeichen und Nummer der einzelnen Packstücke beschränkt werden.

Ausgangs-(Eingangs-)Bescheinigung.

§ 10.

[1] Bei unmittelbarer Ausfuhr in das Zollausland hat sich die beim Ausgangsamte vorzunehmende Ausgangsabfertigung beim Versand einzelner Fässer oder Packstücke auf die Vergleichung nach Zahl, Zeichen und Nummer derselben und Abnahme des amtlichen Verschlusses, beim Versand in Eisenbahnwagenladungen auf die Prüfung und Abnahme des amtlichen Verschlusses zu beschränken. Eine weitergehende Revision nach § 8 hat nur bei unverschlossenen oder mit verletztem Verschluß ankommenden Sendungen stattzufinden. In allen Fällen ist sodann der Ausgang des Bieres über die Grenze amtlich zu überwachen und die Ausfuhranmeldung mit den der Sachlage und dem Vordruck entsprechenden Ausgangsbescheinigungen zu versehen.

[2] Im Falle der unmittelbaren Ausfuhr in das Zollausland — außer nach Österreich-Ungarn — genügt zur Erlangung der Malzaufschlagrückvergütung die vorerwähnte Ausgangsbescheinigung auf die Bierausfuhranmeldung. In den übrigen Fällen bedarf es zur Erlangung der Rückvergütung noch der Eingangsbescheinigung, welche von der Grenz-, Zoll- oder Steuerbehörde des benachbarten Staates oder in den Fällen des § 8 Abs. 9 von der inländischen Abfertigungsstelle auf Grund des Erledigungsscheins auf der Ausfuhranmeldung erteilt wird.

[3] Die vollständig erledigten Ausfuhranmeldungen sind sodann dem Warenführer bezw. in dem Falle des § 8 Abs. 9 dem Versender zurückzugeben.

Vereinfachtes Abfertigungsverfahren.

§ 11.

¹ Bei dem mit Anspruch auf Malzaufschlagrückvergütung nach anderen Staaten des deutschen Zollgebiets auszuführenden Biere kann mit Ermächtigung der K. Generaldirektion der Zölle und indirekten Steuern, sofern die Ausfuhr nicht mittels der Eisenbahn stattfindet, von der Vorführung des Bieres zum Zwecke der Revision und Verschlußanlage unter nachstehenden Bedingungen abgesehen werden:

a) Der Versender hat über das auszuführende Bier, abgesehen von dringenden Fällen, mindestens einen halben Tag vor der Absendung der Bezirkshebestelle eine Ausfuhranmeldung in zwei bezw. nach näherer Anordnung der K. Generaldirektion der Zölle und indirekten Steuern in drei Ausfertigungen zur Eintragung in das Anmeldebuch und Beifügung der Nummer des Anmeldebuchs sowie des amtlichen Vermerkes „Gesehen usw." einzureichen und die Biersendung stets von einer Ausfertigung der mit dem amtlichen Vermerke versehenen Anmeldung begleiten zu lassen. In besonderen Fällen kann seitens der K. Generaldirektion der Zölle und indirekten Steuern in stets widerruflicher Weise gestattet werden, die Ausfuhranmeldungen erst gleichzeitig mit der Versendung des Bieres der Bezirkssteuerstelle zu übermitteln.

b) Die Steuerbeamten sind befugt, die Richtigkeit der Anmeldung sowie die Erfüllung der vorschriftsmäßigen Bedingungen der Malzaufschlagrückvergütung durch Revision der Biersendungen jederzeit zu prüfen.

c) Behufs Feststellung der Rückvergütung hat der Versender eine der Ausfuhranmeldung beizufügende Bescheinigung der Steuerstelle des außerbayerischen Grenzeintrittsortes oder des Bestimmungsorts über den Eingang des Bieres sowie über die entrichtete Übergangsabgabe beizubringen. Der Berechnung der Rückvergütung wird diejenige Biermenge, von welcher die Übergangsabgabe entrichtet worden ist, falls aber diese Menge größer ist als die angemeldete, nur die letztere zugrunde gelegt.

² Die bereits früher erteilten Ermächtigungen (Abs. 1) bleiben bis zum etwaigen Widerruf in Kraft.

Abfertigungs- u. Ausgangsbuch. **§ 12.**

[1] Die Ämter im Innern führen über die von ihnen vorgenommenen Abfertigungen ein Abfertigungsbuch nach Muster 4 und die Ausgangsämter, welche die Abfertigung zur Ausfuhr vollziehen, ein Ausgangsbuch nach Muster 5; die Spalten 11 bis 13 des letzteren sind nur dann auszufüllen, wenn eine Abfertigung bei einem anderen Amte noch nicht stattgefunden hat.

Muster 4. Muster 5.

[2] Beide Bücher sind wie das Anmeldebuch (Muster 3) am letzten Tage jeden Monats abzuschließen und dem vorgesetzten Hauptzollamt unmittelbar zu übersenden (§ 13 Abs. 4).

IV. Festsetzung der Vergütungsbeträge.

Bierausfuhrnachweisungen. **§ 13.**

[1] Hat der Versender die mit Ausfuhrbescheinigung versehenen Anmeldungen zurückerhalten, so übergibt er dieselben vor Schluß des Monats seiner Bezirkshebestelle.

[2] Sofort nach Schluß des Monats fertigt die Anmeldestelle eine Nachweisung nach Muster 6 an, in welcher die im Laufe des Monats übergebenen Anmeldungen, ausgeschieden nach Brauern und Nichtbrauern, vorzutragen sind. Für jeden Versender sind die Anmeldungen nach der Reihenfolge der Nummern des Anmeldebuchs vorzutragen und zwar ausgeschieden zunächst nach Biersorten und bei den einzelnen Biersorten nach den Kalendervierteljahren, in denen die Ausfuhr des Bieres erfolgt ist. Für jeden Versender sind die einzelnen Unterabteilungen aufzurechnen.

Muster 6.

[3] Ist Bier von Nichtbrauern ausgeführt worden, welches aus einer außerhalb des Hauptzollamtsbezirkes des Versenders gelegenen Brauerei stammt, so hat die Anmeldestelle über diese Biermengen für jeden in Betracht kommenden Hauptzollamtsbezirk gesonderte Nachweisungen anzufertigen.

[4] Diese Nachweisungen sind mit den dazugehörigen Anmeldungen innerhalb 8 Tagen nach Monatsschluß dem einschlägigen Hauptzollamt unmittelbar zu übersenden.

Zusammenstellung über die ausgeführten Biermengen. **§ 14.**

[1] Das Hauptzollamt fertigt auf Grund der eingelaufenen Nachweisungen eine Zusammenstellung nach Muster 7 an und legt dieselbe in doppelter Ausfertigung mit sämtlichen Nachweisungen und deren Beilagen spätestens bis zum 15. Tage

Muster 7.

nach Monatsschluß mit einem Ausweis über die Anlagen der K. Generaldirektion der Zölle und indirekten Steuern vor.

[2] In der Zusammenstellung sind die ausgeführten Biermengen nach der in § 13 Abs. 2 angegebenen Einteilung auszuscheiden, wobei für jeden Versender nur die Summen der Unterabteilungen nach der alphabetischen Reihenfolge der einzelnen Anmeldestellen vorzutragen sind. In Spalte 10 der Zusammenstellung ist die Malzverwendung für einen Hektoliter Bier einzustellen, die aus den Anschreibungen über die Sudbuchabschlüsse (MAAusfBest. § 66 Abs. 6) sich für das Kalendervierteljahr ergeben hat, das dem Kalendervierteljahr, in dem die Ausfuhr des Bieres erfolgt ist, unmittelbar vorausgegangen ist oder das gemäß § 4 Abs. 1 Satz 2 in Betracht zu ziehen ist.

[3] Erhöht oder mindert sich innerhalb eines Kalenderjahrs für eine Brauerei der der Malzaufschlagberechnung vorläufig zugrunde gelegte Malzaufschlagsatz (§ 9 Abs. 2 MAAusfBest.), so erhöht oder mindert sich auch für die gesamte aus der Brauerei in diesem Kalenderjahr ausgeführte Biermenge die Rückvergütung. Insoweit hienach für das in diesem Jahre ausgeführte Bier eine Erhöhung der Rückvergütung einzutreten hat, ist die erforderliche Nachrückvergütung in die nächste Zusammenstellung einzusetzen. Im Falle des Artikel 5 Abs. 2 und 3 des Malzaufschlaggesetzes findet eine Erhöhung der Rückvergütung insoweit statt, als im Brauereibetriebe Malz zum höheren Satze steuerbar geworden ist. Hat eine Minderung der Rückvergütung einzutreten, so ist der bisher zuviel gewährte Betrag an Rückvergütung in der nächsten Zusammenstellung abzusetzen oder — soweit dies nicht möglich ist — vom Versender in bar zu erheben.

[4] Die Beträge an Rückvergütung des Malzaufschlags, die sich für den einzelnen Versender in einer Zusammenstellung ergeben, sind aufzurechnen. Pfennigbeträge sind soweit wegzulassen, als sie nicht durch 5 teilbar sind.

Bemerkungen: Zu § 14 Abs. 3.

1. Eine Erhöhung des für eine Brauerei der Malzaufschlagberechnung vorläufig zugrunde gelegten Malzaufschlagsatzes tritt ein, wenn der Malzverbrauch der Brauerei innerhalb eines Kalenderjahres die der Anwendung des vorläufigen Malzaufschlagsatzes zugrunde liegende Malzmenge derart überschreitet, daß gemäß Artikel 5 Abs. 1 MAG. die Anwendung eines höheren als des vorläufigen Malzaufschlagsatzes einzutreten hat; ferner wenn der Malzverbrauch in einem Brauereibetrieb den gemäß § 9 Abs. 4 der MAAusfB. für den Betrieb festgesetzten Durchschnittsmalzverbrauch um mehr als 10 v. H. oder 5 v. H. überschritten hat. Die in den vorerwähnten Fällen eintretende Erhöhung des vorläufig angewendeten Malzaufschlagssatzes wirkt entweder für den gesamten Malzverbrauch der Brauerei im betreffenden Kalenderjahre oder nur für einen Teil dieses Malzverbrauches. Der gesamte Malzverbrauch unterliegt dem höheren Malzaufschlagsatze, wenn die für den vorläufigen Malzaufschlagsatz zutreffende Steuerstaffel, sofern sie die erste Staffel des Artikel 5 Abs. 1 ist, um mehr als 50 Doppelzentner, in den übrigen Fällen des Artikel 5 Abs. 1 um mehr als 100 Doppelzentner überschritten wird, so daß die Erleichterung des Artikel 5 Abs. 2 nicht Anwendung finden kann. Tritt für den gesamten Malzverbrauch einer Brauerei im Kalenderjahre eine Erhöhung des vorläufigen Malzaufschlagsatzes ein, so ist dieser erhöhte Malzaufschlagsatz auch der Berechnung der Rückvergütung für die gesamte von der Brauerei im betreffenden Kalenderjahre ausgeführte Biermenge zugrunde zu legen. Eine Erhöhung des vorläufig angewendeten Malzaufschlages für nur einen Teil des Malzverbrauchs der Brauerei im Kalenderjahre erfolgt in den Fällen des Artikel 5 Abs. 2 und 3 MAG., d. i. wenn entweder die dem vorläufigen Malzaufschlagsatze entsprechende Steuerstaffel um nicht mehr als 50 oder 100 dz überschritten wird, oder wenn der der Brauerei zugewiesene Durchschnittsmalzverbrauch um mehr als 10 v. H. oder 5 v. H. überschritten wird. In beiden Fällen findet der höhere Malzaufschlagsatz nur auf jene Malzmenge Anwendung, welche die betreffende Steuerstaffel oder den Durchschnittsmalzverbrauch überschreitet. Liegt eine derartige teilweise Erhöhung des Malzaufschlags gemäß Artikel 5 Abs. 2 und 3 vor, so tritt eine Erhöhung der Rückvergütung insoweit ein, als im Brauereibetriebe Malz zu dem höheren Satze überhaupt steuerbar geworden ist, d. h. es wird ohne Rücksicht darauf, ob das ausgeführte Bier dem erhöhten Malzaufschlagsatze unterlegen hat oder nicht, die erhöhte Rückvergütung für jene Biermenge gewährt, die nach der aus dem Sudbuche festgestellten Malzverwendung der dem erhöhten Malzaufschlagsatze überhaupt unterlegenen Malzmenge entspricht.

Beispiel 1: Für eine Brauerei mit einem Durchschnittsmalzverbrauche von 1550 dz ist im Jahre 1911 auf Grund eines Malzverbrauches von 1400 dz im Jahre 1910 ein vorläufiger Malzaufschlagsatz von 15,50 Mk. für 1 dz angewendet worden. Der tatsächliche Malzverbrauch der Brauerei hat im Jahre 1911: 1620 dz betragen, wovon auf den Monat Dezember 1911: 150 dz entfallen sind. Ausgeführt hat die Brauerei im Jahre 1911: 5000 hl Bier — davon 500 hl im Dezember 1911 — mit einer aus dem Sudbuche festgestellten Malzverwendung von 20 kg für 1 hl Bier, mithin mit einer Malzverwendung von 5000 × 20 kg = 1000 dz. Da im Dezember 1911 die dem vorläufigen Malzaufschlagsatze von 15,50 Mk. entsprechende zweite Staffel des Artikel 5 Abs. 1 MAG. um mehr als 100 dz überschritten worden ist, hat für den gesamten Malzverbrauch der Brauerei im Jahre 1911 der Malzaufschlagsatz von 16 Mk. zur Anwendung zu kommen. Was die Rückvergütung anlangt, so hat für die im Dezember 1911 ausgeführte Biermenge von 500 hl = 100 dz die Rückvergütung nach dem Satze von 16 Mk. für 1 dz zu erfolgen, gleichzeitig ist für die übrigen im Jahre 1911 ausgeführten Biermengen von 4500 hl = 900 dz der Unterschiedsbetrag zwischen dem vorläufigen Satze von 15,50 Mk. und dem endgültigen Satze von 16 Mk. mit 0,50 Mk. für 1 dz nachzuvergüten.

Beispiel 2: Der tatsächliche Malzverbrauch der im Beispiel 1 aufgeführten Brauerei hat im Jahre 1911: 1550 dz betragen, wovon auf den Monat Dezember 150 dz entfallen sind. Die Brauerei hat im Jahre 1911 und zwar ausschließlich in der Zeit vom 1. Januar bis 30. November 5000 hl Bier zu je 20 kg Malzverwendung ausgeführt. Da im Dezember 1911 die dem vorläufigen Malzaufschlagsatze von 15,50 Mk. entsprechende zweite Staffel des Artikel 5 Abs. 1 MAG. nur um 50 dz überschritten worden ist, hat gemäß Artikel 5 Abs. 2 des Gesetzes nur für die überschreitenden 50 dz der höhere Malzaufschlagsatz von 16 Mk. für 1 dz einzutreten. Für das dieser Malzmenge entsprechende ausgeführte Bier, nämlich 250 hl zu je 20 kg Malzverwendung hat nun eine Erhöhung der vorläufig geleisteten Rückvergütung von 15,50 Mk. auf 16 Mk., d. i. um 0,50 Mk. für 1 dz des verwendeten Malzes einzutreten, und zwar ohne Rücksicht darauf, daß hierunter Bier nicht enthalten sein konnte, das im Monat Dezember 1911 aus dem zum höheren Malzaufschlagsatze versteuerten Malze hergestellt worden ist.

Beispiel 3: Der tatsächliche Malzverbrauch der im Beispiel 1 aufgeführten Brauerei hat im Jahre 1911: 1700 dz betragen, wovon 300 dz auf den Monat Dezember entfallen sind. Die Bierausfuhr der Brauerei im Jahre 1911 war die gleiche wie im Beispiel 1, mit der dort angegebenen Malzverwendung. Im Dezember 1911 ist die dem vorläufigen Malzaufschlagsatze von 15,50 Mk. entsprechende zweite Staffel des Artikel 5 Abs. 1 um mehr als 100 dz nämlich um 300 dz überschritten worden; demgemäß kommt für den gesamten Malzverbrauch der Brauerei im Jahre 1911 der endgültige regelmäßige Satz von 16 Mk. zur Anwendung. Außerdem ist auch der Durchschnittsmalzverbrauch der Brauerei von 1550 dz um mehr als 10 v. H. nämlich um 250 dz überschritten worden, so daß sich für die letztere den Durchschnittsmalzverbrauch überschreitende Menge der Malzaufschlagsatz von 16 Mk. um 10 v. H. = 1,60 Mk. auf 17,60 Mk. erhöht. Dies hat für die Rückvergütung des Malzaufschlags für das von der Brauerei ausgeführte Bier, die zunächst auf Grund des Satzes von 15,50 Mk. für 1 dz Malz geleistet worden ist, folgende Wirkung: Für die im Dezember 1911 ausgeführten 500 hl Bier = 100 dz Malz ist der Malzaufschlag nach dem Satze von 17,60 Mk. für 1 dz zurückzuvergüten; außerdem hat für das in früheren Monaten ausgeführte Bier und zwar für 750 hl = 150 dz eine nachträgliche Vergütung von 17,60 — 15,50 = 2,10 Mk. für 1 dz Malz und für den Rest von 3750 hl = 750 dz eine nachträgliche Vergütung von 16 — 15,50 = 0,50 Mk. für 1 dz Malz einzutreten.

2. Eine Minderung des vorläufig angewendeten Malzaufschlagsatzes tritt ein, wenn der Malzverbrauch einer Brauerei in einem Kalenderjahre so weit hinter der dem vorläufigen Malzaufschlagsatze zugrunde liegenden Malzmenge zurückbleibt, daß eine niedrigere Steuerstaffel des Artikel 5 Abs. 1 zur Anwendung zu kommen hat. In diesem Falle mindert sich für den gesamten Malzverbrauch der Brauerei im betreffenden Kalenderjahre der Malzaufschlagsatz und damit auch für die gesamte von der Brauerei in diesem Kalenderjahre ausgeführte Biermenge die Rückvergütung in entsprechender Weise.

Vergütungsscheine.

§ 15.

[1] **Nach Prüfung der Zusammenstellung (Muster 7) und deren Beilagen gibt die K. Generaldirektion der Zölle und indirekten**

Steuern eine Ausfertigung derselben nebst den Nachweisungen an das Hauptzollamt mit der Ermächtigung zurück, für die in der Zusammenstellung für jeden Versender ausgewiesenen Vergütungsbeträge Malzaufschlagvergütungsscheine nach Muster 8 auszustellen.

² Die Vergütungsscheine sind vom Hauptzollamt auszufertigen und den beteiligten Hebestellen gegen Empfangsbescheinigung hinauszugeben; diese haben die Scheine alsbald an die Versender gegen Empfangsbestätigungen auszuhändigen.

§ 16.

¹ Die Vergütungsscheine der Brauer werden bei Einzahlung von Malzaufschlag statt baren Geldes angenommen; die Scheine der Nichtbrauer sowie jener Brauer, welche keine ordentliche Stundung genießen, werden auf Verlangen bar eingelöst.

² Die Hauptzollämter sind ermächtigt, auch den übrigen Brauern die Vergütungsscheine für die beiden letzten Monate eines jeden Vierteljahrs auf Verlangen bar einzulösen, die Scheine für den zweiten Monat eines jeden Vierteljahrs aber nur dann, wenn dieselben zum Zeitpunkte der Zahlung des Malzaufschlags für dieses Vierteljahr den Brauern noch nicht behändigt worden sind.

³ Die Annahme der Vergütungsscheine zur baren Einlösung oder an Zahlungs Statt findet durch die Hauptzollämter nur innerhalb eines halben Jahres, vom Tage der Ausstellung an gerechnet, statt.

§ 17.

Die Anrechnung und Bareinlösung der Vergütungsscheine der Brauer erfolgt nur durch das Steueramt oder das Hauptzollamt, in deren Bezirk die Brauerei sich befindet, aus welcher die im Vergütungsschein angegebene Biermenge stammt. Die Bareinlösung der Vergütungsscheine der Nichtbrauer kann bei jedem Hauptzollamt oder Steueramt erfolgen.

§ 18.

Im Falle des Verlustes eines Vergütungsscheins ist ein gerichtliches Aufgebotsverfahren unzulässig. Die K. Generaldirektion der Zölle und indirekten Steuern kann an Stelle von verlorenen, innerhalb der Gültigkeitsfrist bei einer Zoll- oder

Steuerstelle eingelösten sowie von erweislich zugrunde gegangenen Vergütungsscheinen die Ausfertigung neuer Scheine und deren nachträgliche Einlösung genehmigen.

Übergangsvorschriften.

§ 19.

Die Rückvergütung des Malzaufschlags nach Maßgabe dieser Ordnung wird für das vom 1. Mai 1910 an ausgeführte Bier geleistet. Für Bier, das vor diesem Zeitpunkt zur Ausfuhr gelangt, wird die Rückvergütung nach den bisherigen Bestimmungen gewährt. Für Bier, das in den Monaten Mai und Juni 1910 zur Ausfuhr gelangt, ist die Rückvergütung des Malzaufschlags nach der Malzverwendung zu bemessen, die sich aus der für das Sudjahr 1908/09 festgestellten durchschnittlichen Ausbeute an Bier aus 1 hl Malz bei Annahme eines Hektolitergewichts des Malzes von 53,5 kg berechnet.

Anmeldebuch Nr. ....

Muster 1.
Zur Anlage A.
(MAVO. § 5 Abs. 1.)

Anmeldung

zur Ausfuhr von Bier in Fässern.

D...... unterzeichnete (Brauereibesitzer) .... in ....
melde . hiemit de .... zu ...., daß .... beabsichtig ....,
das nachstehend näher angegebene inländische Bier in Fässern innerhalb
.... Tage . (oder: am ....) de .... zu ....
zur Abfertigung zu stellen und über d .... zu ....
(oder: mit Übergangsschein auf d .... zu ....)
an .... in .... auszuführen.

Die Verpackung der Fässer wird erfolgen am ....
Vor-/Nach- mittags .... Uhr.

D........ Unterzeichnete .... beantrag .... nach erfolgter Ausfuhr
und auf Grund der desfallsigen Bescheinigung ..... die angeordnete Rückvergütung des Malzaufschlags zu gewähren.

Angabe des Versenders				Revisionsbefund					
Zeichen und Nummer der einzelnen Fässer	Gattung des Bieres	Rauminhalt der Fässer nach der Eiche	Braustätte, aus welcher das Bier stammt	Nummer des Abfertigungs- Buches	Nummer des Übergangsschein-Ausfertigungs-(Transportschein-) Buches	Zahl, Zeichen und Nummern der Fässer	Gattung des Bieres	Rauminhalt nach der Eiche	Bemerkungen: a) über probeweise Ermittlung des Inhalts der Fässer, b) über Anlage des Verschlusses, c) die Frist zur Vorführung beim Ausgangsamt
1	2	3	4	5		6	7	8	9
		hl | l						hl | l	

.... den .... 19 ....

Unterschrift des Versenders:

....

Gesehen

.... den .... 19 ....

Kgl. ....

....

(Siegel.)

Für die Richtigkeit der Ermittlungen

.... den .... 19 ..

Kgl. ....

(Siegel.)

Bemerkung: Spalte 4 ist nur von Nichtbrauern auszufüllen; Literbruchteile bleiben außer Ansatz.

Aus- beziehungsweise Eingangsbescheinigung.

Daß die übenbezeichneten .... Fässer, welche zusammen nach der amtlichen Feststellung ...... hl ... l Bier enthalten, am ... ten .... 19 ... vor-/nach-/mittags ... Uhr dem Grenzaufseher .... zur Begleitung an die Grenze übergeben worden sind, wird bescheinigt.

.... den ... ten .... 19 ...

Ausgangsbuch
Nr. .... Kgl. ....
(Siegel.)

Daß die übenbezeichneten .... Fässer, welche zusammen nach der amtlichen Feststellung ... hl .. l Bier enthalten, am .. ten .... 19 .. vor-/nach-/mittags .... Uhr nach selbstgenommener Überzeugung über die Grenze ausgegangen sind, wird bescheinigt.

.... den ... ten .... 19 ...

Ausgangsbuch
Nr. .... Kgl. ....
(Siegel.)

Daß die übenbezeichneten ... Fässer, welche zusammen nach der amtlichen Feststellung .... hl ... l Bier enthalten, heute vor-/nach-/mittags ... Uhr in der Richtung gegen die ...... Grenze von hier abgegangen sind, wird mit dem Bemerken bescheinigt, daß dieselben innerhalb .. Stunden bei der gegenüberliegenden Abfertigungsstelle zu .... behufs der Eingangsbescheinigung vorzuführen sind.

.... den ... ten .... 19 ...

Ausgangsbuch
Nr. .... Kgl. ....
(Siegel.)

Daß die übenbezeichneten ... Fässer mit .... hl ... l Bier gefüllt heute vor-/nach-/mittags ... Uhr hier eingegangen sind, wird bescheinigt.
Die Übergangssteuer ist mit .... *M* ... *Pf.* entrichtet worden.

.... den ... ten 19 ...
(Siegel.)

Insoweit die angegebenen Ausfuhrbescheinigungen für die betreffenden Verkehrsverhältnisse nicht genügen, sind dieselben den letzteren entsprechend abzuändern.

Insoweit die angegebenen Ausfuhrbescheinigungen für die betreffenden Verkehrs-Verhältnisse nicht genügen, sind dieselben den letzteren entsprechend abzuändern.

Die übenbezeichneten .... Fässer sind in den Güterwagen Nr. .... der .... Bahn verladen, welcher heute vor-/nach-/mittags ... Uhr mit .... Schlössern Serie .... verschlossen, der Eisenbahnverwaltung zur Vorführung innerhalb .... Tagen bei dem .... Amte zu .... übergeben worden ist.

.... den ... ten .... 19 ...

Kgl. ....

(Siegel.)

Der bezeichnete Güterwagen ist am ... ten .... 19 .. vor-/nach-/mittags .. Uhr hier eingetroffen und nach Abnahme des unverletzten Verschlusses sofort über die Grenze ausgegangen.

.... den ... ten .... 19 ...

Ausgangsbuch Nr. ....

Kgl. ....

(Siegel.)

Auf Grund des vom .... -Amte .... am .... 19 .. ausgestellten Erledigungsscheines über den diesamtlichen am .... 19 .. erledigten Übergangsschein Nr. ...... vom ... ten .... 19 .. wird bestätigt, daß die übenbezeichneten ..... Fässer in .... richtig eingegangen sind.

.... den ... ten .... 19 ...

Kgl. ....

(Siegel.)

Anmeldebuch Nr. ......

Muster 2.
Zur Anlage A.
(MABO. § 5 Abs. 1.)

Anmeldung

zur Ausfuhr von Bier in Flaschen.

D . . unterzeichnete (Brauereibesitzer) . . . . in . . . . melde . hiemit de . . . . zu . . . ., daß . . beabsichtig . ., das nachstehend näher angegebene inländische Bier in Flaschen innerhalb . . . . Tage (oder: am . . . .) de . . . . zu . . . . zur Abfertigung zu stellen und über d . . . . zu . . . . (oder: mit Übergangsschein auf d . . . . zu . . . .) an . . . . in . . . . auszuführen.

Die Verpackung der Flaschen wird erfolgen am . . . . vor=/nach=/mittags . . . Uhr.

D . . Unterzeichnete . beantrag . . , ... nach erfolgter Ausfuhr und auf Grund der desfallsigen Bescheinigung die angeordnete Rückvergütung des Malzaufschlags zu gewähren.

[Zu Seite 1]

Angabe des Versenders						Revisionsbefund					
Benennung, Zeichen und Nummer der einzelnen Packstücke	Gattung des Bieres	Zahl der im Packstück befindlichen Flaschen gleicher Größe	Menge des in der einzelnen Flasche befindlichen Bieres	Gesamtmenge des Bieres in allen Flaschen von gleicher Größe	Braustätte, aus welcher das Bier stammt	des Abfertigungs- / des Übergangsschein Ausfertigungs- (Transportschein)- Buches	Benennung, Zeichen und Nummer der einzelnen Packstücke	Zahl der im Packstück befindlichen Flaschen gleicher Größe	Gattung und Menge des in der einzelnen Flasche befindlichen Bieres	Gesamtmenge des Bieres in Flaschen von gleicher Größe	Bemerkungem: a) über probeweise Ermittlung des Inhalts der Flaschen, b) über Anlage des Verschlusses, c) die Frist zur Vorführung beim Ausgangsamte
1.	2.	3.	4.	5.	6.	7.	8.	9.	10.	11.	12.
			l	hl | l					l	hl | l	

. . . . den . . . . 19 . .

Unterschrift des Versenders:

. . . .

Gesehen

. . . . den . . . . 19 . .

Kgl. . . . .

(Siegel.) . . . .

Für die Richtigkeit der Ermittlungen

. . . . den . . . . 19 . .

Kgl. . . . .

(Siegel.)

Bemerkungen: Spalte 6 ist nur von Nichtbrauern auszufüllen; Literbruchteile bleiben in Sp. 5 und 11 außer Ansatz.

Aus- beziehungsweise Eingangsbescheinigung.

Daß die übenbezeichneten . . . . . Packstücke, welche zusammen nach der amtlichen Feststellung . . . . hl . . . . . l Bier enthalten, am . . . ten . . . . 19 . . vor-/nach-/mittags . . . . Uhr dem Grenzaufseher . . . . zur Begleitung an die Grenze übergeben worden sind, wird bescheinigt.

. . . . den . . ten . . . . 19 . .

Ausgangsbuch
Nr. . . . . Kgl. . . . .
(Siegel.)

Daß die übenbezeichneten . . . . . Packstücke, welche zusammen nach der amtlichen Feststellung . . . . hl . . . . . l Bier enthalten, am . . . ten . . . . 19 . . . vor-/nach-/mittags . . . . . Uhr nach selbstgenommener Überzeugung über die Grenze ausgegangen sind, wird bescheinigt.

. . . . den . . ten . . . . 19 . .

Ausgangsbuch
Nr. . . . . Kgl. . . . .
(Siegel.)

Daß die übenbezeichneten . . . . Packstücke, welche zusammen nach der amtlichen Feststellung . . . . hl . . . . l Bier enthalten, heute vor-/nach-/mittags . . . . Uhr in der Richtung gegen die . . . . Grenze von hier abgegangen sind, wird mit dem Bemerken bescheinigt, daß dieselben innerhalb . . . . Stunden bei der gegenüberliegenden Abfertigungsstelle zu . . . . behufs Eingangsbescheinigung vorzuführen sind.

. . . . den . . ten . . . . 19 . .

Ausgangsbuch
Nr. . . . . Kgl. . . . .
(Siegel.)

Daß die übenbezeichneten . . . Packstücke mit . . . hl . . l Bier gefüllt heute vor-/nach-/mittags . . Uhr hier eingegangen sind, wird bescheinigt.

Die Übergangssteuer ist mit . . . . . *M* . . . *Pf.* entrichtet worden.

. . . . den . . ten . . . . 19 . .

(Siegel.)

Insoweit die angegebenen Ausfuhrbescheinigungen für die betreffenden Verkehrs-Verhältnisse nicht genügen, sind dieselben den letzteren entsprechend abzuändern.

Die übenbezeichneten . . . Packstücke sind in den Güterwagen Nr. . . . der . . . . Bahn verladen, welcher heute vor-/nach-/mittags . . Uhr mit Schlössern Serie . . . verschlossen, der Eisenbahnverwaltung zur Vorführung innerhalb . . . . . . Tagen bei dem . . . . Amte zu . . . . übergeben worden ist.

. . . . den . . ten . . . . 19 . .

Kgl. . . . .

(Siegel.)

Der bezeichnete Güterwagen ist am . . . ten . . . . 19 . . vor-/nach-/mittags . . Uhr hier eingetroffen und nach Abnahme des unverletzten Verschlusses sofort über die Grenze ausgegangen.

. . . . den . . ten . . . . 19 . .

Ausgangsbuch
Nr. . . . .

Kgl. . . . .

(Siegel.)

Auf Grund des vom . . . . -Amte . . . . am . . . . 19 . . ausgestellten Erledigungsscheines über den diesamtlichen am . . . . 19 . . erledigten Übergangsschein Nr. . . . . vom . . ten . . . . 19 . . wird bestätigt, daß die übenbezeichneten . . . Packstücke . . . . richtig eingegangen sind.

. . . . den . . ten . . . . 19 . .

Kgl. . . . .

(Siegel.)

Insoweit die angegebenen Ausfuhrbescheinigungen für die betreffenden Verkehrs-Verhältnisse nicht genügen, sind dieselben den letzteren entsprechend abzuändern.

Hauptzollamtsbezirk ....

Muster 3.
Zur Anlage A.
(MABO. § 6.)

Anmelde-Buch

de

K. .... zu ....

für den Monat 19

über

Bier, welches mit Anspruch auf Rückvergütung des Malzaufschlags ausgeführt werden soll.

Dieses Buch enthält Blätter, welche mit einer angesiegelten Schnur durchzogen sind.

, den 19

[Seite 2 und 3]

Fortlaufende Nr.	Tag der Anmeldung	Des Versenders			Anzahl der		Des Bieres		Die Abfertigung soll stattfinden bei dem Amte zu	Ausländisches Gebiet, wohin die Sendung bestimmt ist
		Name	Stand	Wohnort	Fässer	Flaschen	Menge in Litern	Gattung		
1	2	3	4	5	6		7	8	9	10*)

*) In Spalte 10 ist stets das Bestimmungsland anzugeben.

Hauptzollamtsbezirk ....

Muster 4.
Zur Anlage A.
(MABO. § 12 Abs. 1.)

Abfertigungsbuch

de

....

über

Bier, welches mit dem Anspruch auf Rückvergütung des Malzaufschlags ausgeführt wird

für den Monat .... 19.........

Dieses Buch enthält ....Blätter, welche mit einer angesiegelten Schnur durchzogen sind.

.................., den .... 19......

[Seite 2]

Laufende Nummer	Der Gestellung des Bieres zur Abfertigung		Des Warenführers Name und Wohnort	Des Versenders			Des Empfängers	
				Name und Stand	Wohnort		Name und Stand	Wohnort und Land
					zu	im Steuerbezirk		
	Monat	Tag						
1	2		3	4	5	6	7	8

[Seite 3]

Revisionsbefund						Die Anmeldung ist überwiesen			Bemerkungen
Gesamtzahl der Packstücke (Fässer, Kisten 2c.)	Zeichen und Nummer der einzelnen Packstücke (Fässer, Kisten 2c.	Gesamtzahl der Flaschen	Des Bieres			dem Ausgangsamte zu	am		
			Gattung	Menge			Tag	Monat	
9	10	11	12	13		14	15		16
				hl	l				

Hauptzollamtsbezirk ....

Muster 5.
Zur Anlage A.
(MABO. § 12 Abs. 1.)

Ausgangsbuch

de......

R. ....

über

Bier, welches mit dem Anspruch auf Rückvergütung des Malzaufschlags ausgeführt wird,

für den Monat .... 19 ......

Dieses Buch enthält Blätter, welche mit einer angesiegelten Schnur durchzogen sind.

...., den .... 19 ....

....

[Seite 2]

Lfde. Nr.	Der Ausgangsabfertigung		Des Warenführers Name und Wohnort	Des Versenders			Des Empfängers	
				Name und Stand	Wohnort		Name und Stand	Wohnort und Land
	Monat	Tag			zu	im Steuerbezirk		
1	2		3	4	5	6	7	8

[Seite 3]

Die Hauptabfertigung des Bieres hat stattgefunden beim Amte	Revisionsbefund						Die Anmeldung ist überwiesen			Bemerkungen
	Gesamtzahl der Packstücke	Zeichen und Nummer der einzelnen Packstücke	Gesamtzahl der Flaschen	des Bieres			dem Eingangsamte zu	am		
				Gattung	Menge			Tag	Monat	
9	10	11	12	13	14		15	16		17
					hl	l				

K. Steuer ....

Muster 6.
Zur Anlage A.
(MABO. § 13 Abs. 2.)

Nachweisung

über

Versendung von inländischem Biere in außerbayerisches Gebiet

mit Anspruch

auf Rückvergütung des Malzaufschlags

aus dem Bezirke

d .... K. Steuer ....

für den Monat 19 ..... .

Mit .... Anmeldungen
und .... Anmeldebüchern.

[Seite 2]

Laufende Nr.	des Versenders			Das Bier stammt aus der Brauerei		Das Bier ist laut amtlicher Bescheinigung	
	Name	Stand	Wohnort	des	zu	a) aus Bayern ausgeführt worden am	b) in außerbayerisches Gebiet eingeführt worden am
1	2	3	4	5	6	7	8

[Seite 3]

Sorte des ausgeführten Bieres	Menge des ausgeführten Bieres in				Gesamtmenge des ausgeführten Bieres		Bemerkungen
	a) Fässern		b) Flaschen				
	hl	l	hl	l	hl	l	
9	10		11		12		13

K. Hauptzollamt ....

Muster 7.
Zur Anlage A.
(MABO. § 14 Abs. 1).

Zusammenstellung

des

K. Hauptzollamts ....

über

Malzaufschlagrückvergütung für ausgeführtes Bier .

für den Monat .... 19 ....

[Seite 2]

Laufende Nr.	Des Versenders: Name	Stand	Wohnort	Das Bier stammt aus der Brauerei: des	zu	Hebestelle bei welcher das Bier zur Ausfuhr angemeldet worden ist:
1	2	3	4	5	6	7

[Seite 3]

Sorte des ausgeführten Bieres	Malzverwendung nach dem Sudbuchabschluß: im Kalendervierteljahre	für 1 hl der ausgeführten Biersorte: kg	Menge des ausgeführten Bieres: hl	l	Malzverwendung für das ausgeführte Bier (berechnet aus Spalte 9 und 10): dz	kg	Der für die Brauerei im Kalenderjahre der Ausfuhr zutreffende Malzaufschlagsatz: *M*	Betrag der Malzaufschlagrückvergütung (berechnet aus Spalte 11 und 12): *M*	*Pf.*	Bemerkungen
8	9		10		11		12	13		14

Muster 8.
Zur Anlage A.
(MAVO. § 15 Abs. 1).

Malzaufschlagvergütungsschein.

De .... in ....
sind für aus Bayern ausgeführtes Bier nach Nr. .... der Zusammenstellung des unterfertigten Hauptzollamts für den Monat .... 19...... an Malzaufschlag zu vergüten .... *M* .... *Pf.*
(m. W. ....)

Dieser Betrag kann von dem obengenannten Versender bei der nächsten Bezahlung von Malzaufschlag statt barer Zahlung in Anrechnung gebracht oder vom .... 19 ..... an beim unterfertigten Amte oder bei .... bar eingelöst werden.

Die Gültigkeit dieses Scheines erlischt am .... 19......

Im Falle des Verlustes des Scheines ist ein gerichtliches Aufgebotsverfahren unzulässig.

.... den .... 19 ....

K. Hauptzollamt.

(Amtssiegel.) ....

Bemerkung: Nichtzutreffendes ist zu durchstreichen.

Anrechnungsbestätigung.

Vorstehender Betrag ist $\frac{\text{mir}}{\text{uns}}$ von dem ....
in .... auf die Malzaufschlagschuldigkeit für das
..........Vierteljahr 19.......... angerechnet worden.

.... den .... 19 ....

....

Quittung.

Umstehender Betrag ist $\frac{\text{mir}}{\text{uns}}$ von dem ....
in .... bar ausbezahlt worden.

.... den .... 19 ..

....

Buchungsvermerk.

Der Vergütungsschein ist bei de ....
in .... am .... 19.......... abgegeben worden.
Der darin ausgewiesene Betrag ist gebucht worden im ....
....

....

K. ....

....

Anlage B.
(MAAusfBest. §§ 51, 53 und 59).

Anleitung zur Prüfung der selbsttätigen Wägevorrichtungen auf Malzmühlen.

I. Prüfung neu aufgestellter Wägevorrichtungen.

1 Die Prüfung hat damit zu beginnen, daß sich die Anwesenden zunächst davon überzeugen, ob die Wägevorrichtung geeicht ist und in leerem Zustande richtig einspielt. Nichtgeeichte Wägevorrichtungen sind nicht zuzulassen.

2 Spielt die Wägevorrichtung nicht richtig ein, so ist das Gleichgewicht durch Zulegen oder Herausnehmen von Bleistückchen in der in der Beschreibung der Wägevorrichtung angegebenen Weise herzustellen.

3 Spielt die leere Wage genau ein, so erfolgt die Prüfung der einzelnen Füllungen.

4 Die Prüfung der einzelnen Füllungen geschieht zunächst nach Maßgabe der in der Beschreibung der Wägevorrichtung gegebenen Anleitung, wobei die Mühle in Gang zu setzen ist. Steht die Wägevorrichtung nach der Befüllung nicht im Gleichgewichte, so ist das am Regulierhebel angebrachte Laufgewicht soweit nach der dem Ausschlag der Wagzunge entgegengesetzten Seite zu verschieben, bis die Zunge genau einspielt.

5 Die zur Prüfung der einzelnen Füllungen verwendeten Malzmengen sind mittels des genau einzustellenden Prüfungsschiebers in ein neben der Wage aufzustellendes Gefäß abzuleiten.

6 Die Einstellung des Prüfungsschiebers hat mit aller Sorgfalt zu geschehen, um das Herabfallen einzelner Malzkörner auf die Mühle zu verhüten.

7 Spielt die befüllte Wägevorrichtung genau ein, so sind mehrere einzelne Füllungen bei gleichzeitigem Gange des Mühlwerkes nachzuprüfen. Spielt bei einer Füllung die Wägevorrichtung nicht genau ein, so sind auf der Seite des Malzbehälters oder der Gewichtsschale soviele Gewichtsstücke an der hiefür bestimmten Stelle aufzulegen, als zur Herstellung des Gleichgewichts notwendig ist. Die Menge der zu diesem Zwecke aufgelegten Gewichtsstücke ist für jede Einzelfüllung in der Prüfungsverhandlung sorgfältig zu verzeichnen. Die zur Ausgleichung erforderlichen Gewichte haben die Steuerbeamten mit sich zu führen. Jede Füllung wird mittels des Prüfungsschiebers in das neben der Wage aufgestellte Gefäß entleert.

8 Die Nachprüfung der einzelnen Füllungen kann beendigt werden, wenn bei 30 unmittelbar aufeinanderfolgenden Nachwiegungen die Gesamtabweichung vom Sollgewichte bei je 10 Füllungen

bei der 5 kg Wägevorrichtung nicht mehr als 50 g,
" " 10 kg " " " " 100 g und
" " 20 kg " " " " 200 g

beträgt und außerdem jede Einzelfüllung vom Durchschnittsunterschiede der zusammengehörigen 10 Füllungen um nicht mehr als

25 g bei der 5 kg Wägevorrichtung,
30 g " " 10 kg " und
40 g " " 20 kg "

abweicht. Kommen größere Unterschiede vor, so ist die Wage neuerdings durch Verschiebung des Laufgewichts zu regulieren und die Nachprüfung solange fortzusetzen, bis die vorstehend verlangte Übereinstimmung bei 30 unmittelbar aufeinanderfolgenden Füllungen erreicht ist.

9 Bei jeder Entleerung des Malzbehälters ist genau darauf zu achten, ob das Zählwerk richtig fortschreitet; außerdem ist zu prüfen, ob die Sicherheitsvorrichtungen ihre Aufgabe vollständig erfüllen.

10 Haben sich auch in dieser Hinsicht Beanstandungen nicht ergeben oder sind diese behoben worden, so erfolgt als Abschluß der Prüfung die Nachwiegung größerer Malzmengen auf der Dezimalwage bei gleichzeitigem Gange des Mühlwerkes. Die zu dieser Nachwiegung verwendete Dezimalwage ist auf zuverlässige Genauigkeit in folgender Weise zu prüfen: man stellt die Dezimalwage zunächst lotrecht ein, überzeugt sich, ob die Wage im Gleichgewichte steht, stellt nötigenfalls das Gleichgewicht durch Auflegen von Bleistückchen auf die Schale oder Verschieben des Laufgewichts her und tariert sodann die Wage mit geeichten größeren Gewichten aus, indem man z. B. 10 kg auf die Brücke und 1 kg auf die Gewichtsschale stellt und zusieht, ob die Wage genau einspielt. Die genau austarierte Wage muß beim Auflegen von 50 g auf die Brücke noch einen merkbaren Ausschlag geben. Wagen, welche diesen Anforderungen nicht entsprechen, sind zurückzuweisen.

11 Zum Auffangen der einzelnen Füllungen der Wägevorrichtungen ist ein Gefäß zu verwenden, welches mindestens 12 Entleerungen des Malzbehälters der 5 kg Wägevorrichtung und mindestens 6 Entleerungen des Malzbehälters bei der 10 oder der 20 kg Wägevorrichtung aufzunehmen vermag. Die Dezimalwage ist mit dem leeren Gefäße genau auszutarieren, d. h. es sind auf die Wagschale und zwar zur Vermeidung von Irrungen in einem besondern Behälter (einer Schachtel, Schale u. dgl.), so viele Gewichtsstücke (gegebenen Falles auch Bleistücke) zu legen, als zur Herstellung des Gleichgewichts notwendig ist.

12 Die Nachwiegung hat in folgender Weise zu geschehen: Je 10 Entleerungen des Malzbehälters der 5 kg Wägevorrichtung oder je 5 Entleerungen der 10 und 20 kg Wägevorrichtung werden in dem hiezu bestimmten Gefäße (Abs. 11) aufgefangen und genau verwogen. Dies wird fünf Mal wiederholt. Die Unterschiede zwischen dem auf der Dezimalwage ermittelten Gewichte des Malzes und der Anzeige des Zählwerkes der selbsttätigen Wägevorrichtung sind aufzurechnen; sodann ist festzustellen, welcher Unterschied hienach auf je 1 kg der vom Zählwerk angezeigten Malzmenge entfällt. Beträgt dieser Unterschied nicht mehr als 3 g, so ist die Prüfung der Wage als abgeschlossen zu betrachten. Ergeben sich

größere Unterschiede, so ist die Prüfung erforderlichen Falles unter Wiederholung der Einzelverwiegungen und neuerlicher Regulierung der Wägevorrichtung so lange fortzusetzen, bis die gebotene Übereinstimmung erzielt ist. Kann diese Übereinstimmung nicht erzielt werden, so ist die Wägevorrichtung zurückzuweisen bezw. deren Ausbesserung durch die Fabrik zu veranlassen.

13 Hat die Prüfung zu einem vollständig befriedigenden Ergebnisse geführt, so ist die Wägevorrichtung und die Mühle amtlich zu verschließen.

14 Über die Aufstellung und Prüfung der Wägevorrichtung und der Mühle ist eine Verhandlung nach Muster 1 aufzunehmen und dem Hauptzollamte vorzulegen (§ 51 Abs. 6 der AusfBest.). (Muster 1)

15 Der in der Prüfungsverhandlung festgestellte Stand des Zählwerkes bei Beendigung der Verprobung ist von der Hebestelle im Mühlbuche vorzumerken.

II. Ordentliche Nachprüfung der selbsttätigen Wägevorrichtungen.

1 Zur Prüfung sind die Verschlußdeckel abzunehmen, sodann ist der Prüfungsschieber einzuführen.

2 Hierauf sind die inneren Teile der Wägevorrichtung und der Mühle mittels geeigneter vom Inhaber der Mühle bereit zu haltender Werkzeuge (Handfeger, Handblasebalg usw.) reinigen zu lassen.

3 Nach Vollendung der Reinigung sind zur Prüfung der Tätigkeit der Wägevorrichtung mindestens 10 Einzelfüllungen in der in Ziff. I Abs. 7 angegebenen Weise nachzuwiegen, wobei auf den richtigen Gang der Wägevorrichtung und des Zählwerkes sowie das zuverlässige Eingreifen der Sicherheitsvorrichtungen zu achten ist. Ergeben sich keinerlei Beanstandungen und keine größeren als die in Ziff. I Abs. 8 zugelassenen Unterschiede, so folgt die Nachwiegung größerer Malzmengen auf einer vorher genau zu prüfenden Dezimalwage in der in Ziff. I Abs. 10/12 angegebenen Weise. Hiebei genügt es, wenn bei der 5 kg Wägevorrichtung 100 kg und bei der 10 und 20 kg Wägevorrichtung je 200 kg nachgewogen werden. Ergeben sich auch hiebei keinerlei Beanstandungen und keine größeren als die in Ziff. I Abs. 12 zugelassenen Unterschiede, so ist die Prüfung zu beendigen und die Mühle nach Wiederanlage des amtlichen Verschlusses zur Fortbenützung freizugeben.

4 Der Stand des Zählwerkes nach der Prüfung ist im Mühlbuche vorzumerken.

5 Ergeben sich größere als die in Ziff. I Abs. 8 und 12 zugelassenen Unterschiede, so ist zunächst eine eingehende Prüfung nach Maßgabe der Vorschriften unter Ziff. I vorzunehmen; kann auch durch diese Prüfung eine befriedigende Tätigkeit der Wägevorrichtung nicht erzielt werden oder hat sich schon bei der nach Ziff. II Abs. 3 vorgenommenen Prüfung gezeigt, daß die Sicherheitsvorrichtungen oder sonstige Teile der selbsttätigen Wägevorrichtung ihre Aufgabe nicht mehr vollständig erfüllen, so ist die Wägevorrichtung als beschädigt zu erklären und weiter nach § 59 AusfBest. zu verfahren.

6 Über die Prüfung ist eine Verhandlung nach Muster 2 aufzunehmen und dem Hauptzollamte vorzulegen, welches dieselbe nach erfolgter Prüfung an die Hebestelle zurückgibt. (Muster 2).

III. Reinigungsprüfung der selbsttätigen Wägevorrichtungen.

[1] Bei den gemäß § 53 Abs. 2 der MAAusfBest. vorzunehmenden Reinigungsprüfungen sind nach Abnahme der Verschlußdeckel und nach Einführung des Prüfungsschiebers 10 Entleerungen des Malzbehälters der Wägevorrichtung nach vorheriger Prüfung der Dezimalwage in der in Ziff. I Abs. 10/12 angegebenen Weise nachzuwiegen. Ergeben sich hiebei keinerlei Beanstandungen und keine größeren als die in Ziff. I Abs. 12 zugelassenen Unterschiede, so ist die Prüfung zu beenden und die Mühle nach Wiederanlage des amtlichen Verschlusses zur Fortbenützung freizugeben.

[2] Ergeben sich größere Unterschiede oder sonstige Beanstandungen, so ist das Triebrad der Mühle amtlich zu verschließen und dem Bezirksoberkontrolleur oder, wenn ein solcher nicht vorhanden ist, dem Steueramtsvorstande sofort Anzeige zu erstatten. Der Oberkontrolleur oder Steueramtsvorstand hat hienach sobald als möglich zunächst eine Nachprüfung der selbsttätigen Wägevorrichtung nach den Vorschriften unter Ziff. II und nötigenfalls weiter nach den Vorschriften unter Ziff. I oben vorzunehmen.

[3] Das Ergebnis jeder Reinigungsprüfung ist etwa in nachstehender Weise in den Spalten 5/6 des Mühlbuchs zu vermerken: „Bei der heutigen Reinigungsprüfung der Malzsteuerwage wurden 10 Entleerungen des Malzbehälters auf der vorher geprüften Dezimalwage nachgewogen und hiebei ein Reingewicht von 50 kg 80 g ermittelt.

Zählwerksanzeige	nach der Verwiegung	5885 kg
	vor der „	5835 „
	daher Sollgewicht	50 kg.

Das Zählwerk zeigte hienach zu wenig an 80 g, d. s. auf je 1 kg = 1,6 g. Nachdem sich auch sonstige Beanstandungen nicht ergaben, wurde die Mühle wieder amtlich verschlossen und freigegeben.

Oder:

Nachdem hiernach der Unterschied gegenüber der Zählwerksanzeige mehr als 3 g für 1 kg beträgt, wurde das Triebrad der Mühle durch Anlegen eines Steuerbleies gesichert und dem mitunterfertigten Mühlbesitzer die unverletzte Erhaltung dieses Verschlusses ausdrücklich zur Pflicht gemacht.

Hausen, den 5. Juli 1910.

Franz Meiler
Mühlbesitzer.

Fröhlich
K. Steuerrevisor.

Muster 1.
Zur Anlage B.
(MAAusfBest. §§ 51, 53 u. 59).

Verhandlung

über

die Prüfung der in der *Bierbrauerei* des
Herrn ***Franz Meiler*** in ***Hausen***
neu aufgestellten selbsttätigen Wägevorrichtung.

System: *Chronos* Modell: *1909* Größe Nr. *2* Fabrik Nr. *1640.*

Hausen, den *10. März* 19*10.*

In Gegenwart der Unterzeichneten wurde *heute* in obiger *Brauerei* eine selbsttätige Wägevorrichtung aus der Fabrik *C. Reuther & Reisert* in *Hennef a/Sieg* . . . .
neu aufgestellt.

Die Aufstellung der Wägevorrichtung gab zu . . . .
Erinnerungen *keinen* Anlaß.

Die Wägevorrichtung ist mit dem Zwischenstück, dieses mit der Schrotmühle und letztere mit dem Boden derart fest verbunden, daß nach Anlegung der amtlichen Verschlüsse kein Malz auf die Schrotwalzen gelangen kann, ohne vorher den Malzbehälter der Wägevorrichtung zu durchlaufen.

Die Wägevorrichtung steht genau lotrecht.

Sämtliche Teile der Wägevorrichtung stimmen mit der von der Fabrik gelieferten Beschreibung und Zeichnung überein.

Zunächst wurde geprüft, ob die Wägevorrichtung vorschriftsmäßig geeicht ist und die leere Wägevorrichtung genau einspielt. Letzteres war *nicht* der Fall.

Es wurden daher an der Gewichtsschale solange Bleistückchen herausgenommen / zugelegt, bis die Zunge der Wägevorrichtung genau einspielte.

Hierauf wurde das Mühlwerk in Gang gesetzt und mit der Prüfung einzelner Füllungen begonnen, wobei die Wägevorrichtung so lange reguliert wurde, bis die Zunge wieder genau einspielte.

Das zur Prüfung der einzelnen Füllungen benützte Malz wurde mittels des sorgfältig eingeführten Prüfungsschiebers ebenso wie bei der weiteren Prüfung der Wägevorrichtung in ein neben der Malzmühle aufgestelltes Gefäß entleert.

Anmerkung: Nichtzutreffendes ist entsprechend zu ändern, Fehlendes zu ergänzen.

Hierauf wurde zur Nachwägung einzelner Füllungen übergegangen Dabei wurden auf der Malzgefäß- oder auf der Gewichtsseite immer so viel kleine Gewichtsstücke aufgelegt, als zum genauen Einspielen der Wägevorrichtung erforderlich waren.

Das Ergebnis war folgendes:

Lfd. Nr.	Abweichung gegenüber dem											
	Sollgewicht g	Durchschnittsunterschied g	Sollgewicht g	Durchschnittsunterschied g	Sollgewicht g	Durchschnittsunterschied g	Sollgewicht g	Durchschnittsunterschied g	Sollgewicht g	Durchschnittsunterschied g	Sollgewicht g	Durchschnittsunterschied g
1	+ 12	—	— 5	2	+ 6	3	— 3	6				
2	— 20	32*)	— 5	2	— 7	10	+ 4	1				
3	+ 10	2	— 3	—	+ 8	5	+ 5	2				
4	+ 25	13	+ 4	7	+ 1	2	+ 5	2				
5	— 11	23	— 2	1	—	3	+ 2	1				
6	+ 5	7	— 4	1	+11	8	+ 2	1				
7	+ 48	36*)	—10	7	+ 4	1	+ 5	2				
8	+ 12	—	— 2	1	+ 6	3	+ 2	1				
9	+ 26	14	— 4	1	— 1	4	+ 9	6				
10	+ 10	2	— 1	2	— 1	4	—	3				
Sa.	+148		—36		+36		+34					
d. i.	— 31		+ 4		— 9		— 3					
Durchschnittsunterschied	= —117*)		—52		+27		+31					
	= —12		= — 3		= + 3		= + 3					

*) *Daher reguliert.*

Nachdem hiernach bei 30 unmittelbar aufeinander folgenden Füllungen die erforderliche Übereinstimmung erzielt worden ist, auch das Zählwerk jede Entleerung des Malzbehälters richtig anzeigte und die Sicherheitsvorrichtungen ihre Aufgabe vollständig erfüllen, wurde zur Nachwiegung größerer Malzmengen bei fortgesetztem Gange des Mühlwerkes geschritten.

Je 5 Füllungen des Malzbehälters wurden mittels des Prüfungsschiebers in ein auf der Brücke einer gut gehenden, vorher genau geprüften und austarierten, neben der Wägevorrichtung aufgestellten Dezimalwage stehendes Gefäß entleert und verwogen, wobei sorgfältig darauf geachtet wurde, daß kein Malzkorn daneben fiel.

Hierbei ergab sich folgendes:

Zahl der Entleerungen	Stand des Zählwerkes vor Beginn der Nachwiegungen auf der Dezimalwage	nach Beendigung	Daher Anzeige des Zählwerkes kg	Abweichung des Gewichts des Malzes auf der Dezimalwage gegen die Anzeige des Zählwerkes g
5	810	860	50	+ 10
5	860	910	50	— 35
5	910	960	50	— 10
5	960	1010	50	— 40
5	1010	1060	50	— 30
25			250	+ 10
				— 115
				105
				d. s. 0,42 g für je 1 kg der Zählwerksanzeige.

Nachdem hiernach auch in dieser Richtung die erforderliche Übereinstimmung erzielt war, wurde die Prüfung beendigt und die Wägevorrichtung mit den Verschlußdeckeln umgeben, welche die Wägevorrichtung auf allen Seiten so fest umschließen, daß ohne Lösung oder sichtbare Verletzung des amtlichen Verschlusses ein Eingriff in das Innere der Wägevorrichtung unmöglich ist.

Hierauf wurde die Wägevorrichtung durch Anlegung eines Steuerschlosses der Serie *642* verschlossen.

Außerdem wurden Bleiverschlüsse angelegt an folgenden Stellen:

. . . . *1 Blei am Einlauftrichter* . . . .
. . . . *1 „ an der Prüfungsschieberklappe* . . . .
. . . *je 1 „ „ den beiden Deckeln des Mühlgehäuses.*

Der Mühlbesitzer wurde besonders darauf aufmerksam gemacht, daß die Benützung der Mühle vor Erteilung der hauptamtlichen Genehmigung verboten ist.

[Dem Mühlbesitzer wurde hierauf eröffnet, daß der Fortbenützung der Mühle kein Hindernis mehr im Wege stehe.]

Der Stand des Zählwerkes bei Beendigung der Verprobung war *1060* kg.

Franz ***Meiler****, Mühlbesitzer.*

Karl ***Stöhr****, Malzbrecher.*

Johann ***Becher****,* Monteur der Fabrik *C. Reuther & Reisert.*

Fröhlich*, K. Steuerrevisor.*

Fürther*, K. Steuerverwalter.*

Heller*, K. Steueroberkontrolleur.*

Nr. ....

G. R. mit .... Beilage .... vorgelegt dem K. Hauptzollamt .... zur weiteren Verfügung.

.................................., den .... 19....

K. Steueramt.

Nr. ....

Verfügung des Hauptzollamts.

Mit .... Beilage .... zurück an das K. Steueramt .... zur Weiterleitung an die K. Steuerstelle .... mit dem Bemerken, daß die Prüfung vorstehender Verhandlungen zu .... Erinnerungen Anlaß gab.

....

....

....

.................................., den .... 19....

K. Hauptzollamt.

N. N.

Muster 2.
Zur Anlage B.
(MAAusfBest. §§ 51, 53 u. 59.)

Verhandlung

über

die ordentliche Reinigung der in der

Brauerei des *Herrn* ***Franz Meiler*** in ***Hausen***

aufgestellten selbsttätigen Wägevorrichtung.

System: *Riedinger* Modell *1910* Fabrik Nr. *1640*.

Hausen, den *3. November* 19*10*.

In Gegenwart der Unterzeichneten wurde heute die *zweite* ordentliche Prüfung der in obiger *Brauerei* aufgestellten Wägevorrichtung vorgenommen.

Die äußere Besichtigung der Wägevorrichtung und der damit verbundenen Malzmühle gab zu . . . . . . Erinnerungen *keinen* Anlaß.

Die Ummantelung und der steueramtliche Verschluß befanden sich in *gutem* Zustand und zeigten *keinerlei* Spuren einer gewaltsamen Öffnung oder des Versuchs einer solchen.

Hierauf wurde das Steuerschloß Serie *642* sowie das Blei an der Prüfungsschieberklappe abgenommen, der Prüfungsschieber sorgfältig eingeführt und die Wage entstaubt.

Die innere Besichtigung der Wägevorrichtung ergab, daß dieselbe noch genau lotrecht steht und die einzelnen Teile derselben keine wahrnehmbare Veränderung erlitten haben.

Die im Malzbehälter der Wägevorrichtung vorgefundene Malzmenge wurde nach Vervollständigung der Füllung entleert, hierauf das Mühlwerk in Gang gesetzt und mit der Nachwägung einzelner Füllungen

---

Anmerkung: Nichtzutreffendes ist entsprechend zu ändern, Fehlendes zu ergänzen.

begonnen. Hiebei wurden auf das Malzgefäß- oder auf der Gewichts-seite immer soviel kleine Gewichtsstücke aufgelegt, als zum genauen Einspielen der Wägevorrichtung erforderlich waren.

Das Ergebnis war folgendes:

Lfde. Nr.	Abweichung gegenüber dem			
	Sollgewicht g	Durchschnitts-unterschied g	Sollgewicht g	Durchschnitts-unterschied g
1	+ 5	2		
2	+ 3	—		
3	— 2	5		
4	+ 4	1		
5	+ 6	3		
6	+ 1	2		
7	—	3		
8	— 3	6		
9	+ 9	6		
10	+ 4	1		
Sa.	+ 32 — 5			
d. i. Durch-schnitts-unterschied	+ 27 + 3			

Nachdem hienach bei 10 unmittelbar aufeinander folgenden Füllungen die erforderliche Übereinstimmung sich ergeben hat, auch das Zählwerk jede Entleerung des Malzbehälters der Wägevorrichtung richtig anzeigt und die Sicherheitsvorrichtung ihre Aufgabe vollständig erfüllen, wurde zur Nachwiegung größerer Malzmengen bei fortgesetztem Gange des Mühlwerkes geschritten.

Je 5 Füllungen des Malzbehälters wurden mittels des Prüfungsschiebers in ein auf der Brücke einer gutgehenden, vorher genau geprüften und austarierten, neben der Wägevorrichtung aufgestellten Dezimalwage stehendes Gefäß entleert und verwogen, wobei sorgfältig darauf geachtet wurde, daß kein Malzkorn daneben fiel.

Hiebei ergab sich folgendes:

Zahl der Entleerungen	Stand des Zählwerkes vor Beginn der Nachwiegungen auf der Dezimalwage	Stand des Zählwerkes nach Beendigung der Nachwiegungen auf der Dezimalwage	Daher Anzeige des Zählwerkes	Abweichung des Gewichts des Malzes auf der Dezimalwage von der Zählwerksanzeige
5	215620	215670	50	+ 50
5	215670	215720	50	— 10
5	215720	215770	50	+ 40
5	215770	215820	50	— 20
20			200	+ 90
				— 30
				+ 60
				d. s. 0,3 g für je 1 kg der Zählwerksanzeige.

Nachdem hienach auch in dieser Richtung die erforderliche Übereinstimmung erzielt war, wurde die Prüfung beendet, die Wägevorrichtung nach Herausnahme des Prüfungsschiebers und Anbringung der Verschlußdeckel mit einem Steuerschlosse Serie *642* sowie die Prüfungsschieberklappe mit einem Steuerblei wieder verschlossen und die Mühle zur Fortbenützung freigegeben.

(Oder:

Nachdem sich bei den Nachwiegungen größere als die zulässigen Unterschiede ergaben, wurde eine eingehende Prüfung nach Ziff. I der Anlage B der AusfBest. vorgenommen und hierüber eine weitere Verhandlung nach Muster 1 angefertigt.

Oder:

Nachdem sich hiebei ergab, daß ....

....

....

....

wurde die Wägevorrichtung als beschädigt erklärt, das Triebrad der Malzmühle durch Anlegen eines Steuerbleis gegen fernere Benützung gesichert und dem Mühlbesitzer die unverletzte Erhaltung dieses Verschlusses ausdrücklich zur Pflicht gemacht.)

Der Stand des Zählwerkes nach Abschluß der Prüfung d. s. *215820* kg wurde im Mühlbuche vorgemerkt.

(Der mitunterzeichnete Brauerei- und Mühlbesitzer erklärt, sein Malz bis zur Behebung der Beschädigung auf der .... Malzmühle des .... in .... schroten zu wollen.)

Karl Stöhr,
Malzbrecher.

Fürther,
K. Steuerverwalter.

Fröhlich,
K. Steuerrevisor.

Nr. ....

Vorgelegt dem K. Hauptzollamt ....
zur weiteren Verfügung.

...., den .... 19......

K. Steuer ....

....

Nr. ....

Verfügung des Hauptzollamts.

An d ...... K. Steuer ....

ohne Erinnerung

oder: mit nachstehenden Erinnerungen zurück:

....

....

....

....

...., den .... 19......

K. Hauptzollamt

....

Anlage C.
(MAAusfBest. § 71 Abs. 2.)

Hilfstafel zur Berechnung der Ausbeute an Extrakt aus der Ausschlagwürze:

Saccharometer Anzeige bei +17,5°C (S)	Spezifisches Gewicht der Würze (D)	(F) 0,96 × S × D	Saccharometer Anzeige bei +17,5°C (S)	Spezifisches Gewicht der Würze (D)	(F) 0,96 × S × D	Saccharometer Anzeige bei +17,5°C (S)	Spezifisches Gewicht der Würze (D)	(F) 0,96 × S × D
1	2	3	1	2	3	1	2	3
			3,0	1,0120	2,91	6,0	1,0240	5,90
0,1	1,0004	0,10	3,1	24	3,01	6,1	44	6,00
0,2	08	0,19	3,2	28	3,11	6,2	48	6,10
0,3	12	0,29	3,3	32	3,21	6,3	52	6,20
0,4	16	0,38	3,4	36	3,31	6,4	56	6,30
0,5	20	0,48	3,5	40	3,41	6,5	60	6,40
0,6	24	0,58	3,6	44	3,51	6,6	65	6,50
0,7	28	0,67	3,7	48	3,60	6,7	69	6,60
0,8	32	0,77	3,8	52	3,70	6,8	73	6,71
0,9	36	0,87	3,9	56	3,80	6,9	77	6,81
1,0	1,0040	0,96	4,0	1,0160	3,90	7,0	1,0281	6,91
1,1	44	1,06	4,1	64	4,00	7,1	85	7,01
1,2	48	1,16	4,2	68	4,10	7,2	89	7,11
1,3	52	1,25	4,3	72	4,20	7,3	93	7,21
1,4	56	1,35	4,4	76	4,30	7,4	97	7,31
1,5	60	1,45	4,5	80	4,40	7,5	1,0311	7,42
1,6	64	1,55	4,6	84	4,50	7,6	6	7,52
1,7	68	1,64	4,7	88	4,60	7,7	10	7,62
1,8	72	1,74	4,8	92	4,70	7,8	14	7,72
1,9	76	1,84	4,9	96	4,80	7,9	18	7,83
2,0	1,0080	1,94	5,0	1,0200	4,90	8,0	1,0322	7,93
2,1	84	2,03	5,1	04	5,00	8,1	26	8,03
2,2	88	2,13	5,2	08	5,10	8,2	30	8,13
2,3	92	2,23	5,3	12	5,20	8,3	34	8,23
2,4	96	2,33	5,4	16	5,30	8,4	38	8,34
2,5	1,0100	2,42	5,5	20	5,40	8,5	42	8,44
2,6	04	2,52	5,6	24	5,50	8,6	47	8,54
2,7	08	2,62	5,7	28	5,60	8,7	51	8,65
2,8	12	2,72	5,8	32	5,70	8,8	55	8,75
2,9	16	2,82	5,9	36	5,80	8,9	59	8,85

Saccharometer Anzeige bei + 17,5°C (S)	Spezifisches Gewicht der Würze (D)	(F) 0,96 × S × D	Saccharometer Anzeige bei + 17,5°C (S)	Spezifisches Gewicht der Würze (D)	(F) 0,96 × S × D	Saccharometer Anzeige bei + 17,5°C (S)	Spezifisches Gewicht der Würze (D)	(F) 0,96 × S × D
1	2	3	1	2	3	1	2	3
9,0	1,0363	8,95	12,0	1,0488	12,08	15,0	1,0614	15,28
9,1	67	9,06	12,1	92	12,19	15,1	18	15,39
9,2	71	9,16	12,2	96	12,29	15,2	23	15,50
9,3	75	9,26	12,3	1,0501	12,40	15,3	27	15,61
9,4	79	9,37	12,4	5	12,51	15,4	31	15,72
9,5	83	9,47	12,5	9	12,61	15,5	36	15,83
9,6	88	9,57	12,6	13	12,72	15,6	40	15,93
9,7	92	9,68	12,7	17	12,82	15,7	44	16,04
9,8	96	9,78	12,8	22	12,93	15,8	48	16,15
9,9	1,0400	9,88	12,9	26	12,04	15,9	53	16,26
10,0	1,0404	9,99	13,0	1,0530	13,14	16,0	1,0657	16,37
10,1	8	10,09	13,1	34	13,25	16,1	61	16,48
10,2	12	10,20	13,2	38	13,35	16,2	66	16,59
10,3	17	10,30	13,3	43	13,46	16,3	70	16,70
10,4	21	10,40	13,4	47	13,57	16,4	74	16,81
10,5	25	10,51	13,5	51	13,67	16,5	79	16,92
10,6	29	10,61	13,6	55	13,78	16,6	83	17,02
10,7	33	10,72	13,7	59	13,89	16,7	87	17,13
10,8	38	10,82	13,8	64	14,00	16,8	91	17,24
10,9	42	10,93	13,9	68	14,10	16,9	96	17,35
11,0	1,0446	11,03	14,0	1,0572	14,21	17,0	1,0700	17,46
11,1	50	11,14	14,1	76	14,32	17,1	4	17,57
11,2	54	11,24	14,2	80	14,42	17,2	9	17,68
11,3	59	11,35	14,3	85	14,53	17,3	13	17,79
11,4	63	11,45	14,4	89	14,64	17,4	18	17,90
11,5	67	11,56	14,5	93	14,75	17,5	22	18,01
11,6	71	11,66	14,6	97	14,85	17,6	26	18,12
11,7	75	11,77	14,7	1,0601	14,96	17,7	31	18,23
11,8	80	11,87	14,8	6	15,07	17,8	35	18,34
11,9	84	11,98	14,9	10	15,18	17,9	40	18,46
18,0	1,0744	18,57	18,6	1,0770	19,23			
18,1	48	18,68	18,7	75	19,34			
18,2	53	18,79	18,8	79	19,45			
18,3	57	18,90	18,9	84	19,57			
18,4	62	19,01	19,0	88	19,68			
18,5	66	19,12						

Anhang.

I.

Dienstanweisung für die Steueroberkontrolleure.

§ 1.

1. Zur Überwachung des örtlichen Aufsichtsdienstes hinsichtlich des Malzaufschlages und der in den Bereich der Verwaltung der Zölle und indirekten Steuern fallenden Reichsabgaben sind nach Bedürfnis innerhalb der Bezirke der Hauptzollämter Steueroberkontrollen gebildet, die mit Steueroberkontrolleuren besetzt werden.

2. Den Steueroberkontrolleuren werden durch die K. Generaldirektion der Zölle und indirekten Steuern besondere Dienstbezirke zugewiesen.

§ 2.

1. Den Steueroberkontrolleuren obliegen die im Malzaufschlaggesetze und in den im § 1 bezeichneten Reichsabgabegesetzen bzw. in den hiezu ergangenen Ausführungsbestimmungen und sonstigen Vollzugsvorschriften den Oberkontrolleuren zugewiesenen oberamtlichen Dienstaufgaben, soweit hiezu nicht nach den bestehenden Bestimmungen andere Beamte, wie insbesondere die Steueramtsvorstände, herangezogen werden.

2. Die Oberzollinspektoren sind befugt, die Steueroberkontrolleure unbeschadet ihres ordentlichen Aufsichtsdienstes im Bedarfsfalle auch zu sonstigen, Oberbeamten zufallenden Dienstgeschäften heranzuziehen.

§ 3.

1. Die Steueroberkontrolleure sind als beauftragte Beamte des vorgesetzten Hauptzollamtes anzusehen. Sie haben den Anweisungen des Hauptzollamtes Folge zu leisten, im übrigen je-

doch in eigener Verantwortlichkeit die ihnen obliegenden Geschäfte nach den bestehenden Bestimmungen wahrzunehmen.

2. Den Steueroberkontrolleuren sind innerhalb ihres dienstlichen Wirkungskreises die Steuerämter und Steuerstellen ihres Bezirkes und die daselbst aufgestellten Beamten sowie bezüglich des äußeren Dienstes auch die Beamten der mit einer Zollbehörde vereinigten Steuerhebestellen untergeordnet. Die hiernach den Steueroberkontrolleuren unterstellten Beamten sind verpflichtet, den von Steueroberkontrolleuren innerhalb der Grenzen ihrer Zuständigkeit erteilten Anordnungen Folge zu leisten.

§ 4.

Die Steueroberkontrolleure haben sich zu den wichtigeren Vorlagen der ihnen untergeordneten Dienststellen in Malzaufschlag- und Reichsabgabeangelegenheiten zu äußern.

Es sind ihnen daher diese Vorlagen nach Maßgabe der über deren Auswahl vom Oberzollinspektor zu treffenden näheren Bestimmungen vom Hauptzollamte vor der hauptamtlichen Entscheidung mitzuteilen. Der Oberzollinspektor kann anordnen, daß derartige Vorlagen von den Unterbehörden den Bezirkssteueroberkontrolleuren unmittelbar zu unterbreiten und erst von letzteren — mit dem abzugebenden Gutachten versehen — an das Hauptzollamt einzusenden sind.

§ 5.

1. Die Steueroberkontrolleure haben gelegentlich ihrer Bezirksbereisungen auch die Geschäftsführung, einschließlich der Kassaführung, bei den ihnen untergeordneten Amtsstellen nach Anordnung des K. Oberzollinspektors einer zeitweisen Prüfung zu unterziehen. Solche Geschäftsprüfungen sind bei den geschäftsvolleren und insbesonders bei den mit Zollabfertigungsbefugnissen ausgestatteten Steuerämtern im Laufe eines Jahres in der Regel zweimal, bei den übrigen Steuerämtern einmal im Jahre vorzunehmen. Inwieweit Geschäftsprüfungen durch die Steueroberkontrolleure auch bei anderen Unterbehörden ihres Dienstbezirkes vorzunehmen sind, bestimmt der K. Oberzollinspektor.

2. Bei den Geschäftsprüfungen sich ergebende Erinnerungen wesentlicher Natur sind in den bei den Unterstellen aufliegenden fortlaufenden Geschäftsprüfungsverhandlungen einzutragen, von welchen ein, auch die Beantwortung enthaltender Auszug binnen

8 Tagen seitens der Unterstellen dem Hauptzollamte vorzulegen ist.

§ 6.

1. Die Dienstaufgabe der Steueroberkontrolleure bezüglich der Leitung und Überwachung des äußeren Steuerdienstes und bezüglich der Nachschau in den der Steueraufsicht unterstehenden Gewerbebetrieben richtet sich nach den in den einschlägigen Gesetzen, Ausführungsbestimmungen und anderweitigen Anordnungen gegebenen Vorschriften.

2. Die Steueroberkontrolleure haben hiernach die in diesen Vorschriften den Oberkontrolleuren zugewiesenen Amtshandlungen, soweit diese nicht anderen Beamten übertragen sind, wahrzunehmen. Im besonderen obliegt ihnen die Vornahme der ordentlichen und außerordentlichen Bestandsaufnahmen in den Branntweinreinigungsanstalten und in den von einem Steuerverwalter oder Steuerrevisor verwalteten Branntwein- und anderen Steuer- oder Zollagern.

3. Die Steueroberkontrolleure haben ferner die den Beamten der Steuerämter, Steuerhebestellen und Steuerstellen übertragenen Steuerabfertigungen, insbesondere die Abfertigungen in den Brennereien und Branntweinlagern, dann die von diesen Beamten vorzunehmenden Gerätevermessungen und Probebrennen entsprechend zu überwachen und sich tunlichst oft an diesen Abfertigungen und Amtshandlungen zu beteiligen.

§ 7.

Die Steueroberkontrolleure haben bei ihren äußeren Dienstverrichtungen die für die Zolloberkontrolleure vorgeschriebene Dienstmütze zu tragen oder eine vom Oberzollinspektor ausgestellte Ausweiskarte bei sich zu führen.

§ 8.

Die Steueroberkontrolleure am Sitze eines Hauptzollamtes oder Zollamtes haben in dessen Räumen ihren Arbeitsplatz zu nehmen und dort auch ihre Amtsakten unterzubringen sowie die amtlichen Einläufe zu empfangen.

Der Oberzollinspektor kann nach Lage der örtlichen Verhältnisse abweichende Bestimmung treffen.

§ 9.

Die Steueroberkontrolleure haben ein Einlaufbuch und ein Dienstleistungstagebuch, ersteres in Jahresabschnitten, das Dienstleistungstagebuch in Vierteljahrsabschnitten, zu führen.

Von einer Durchführung der den Steueroberkontrolleuren am Hauptamtsitze nach § 4 mitgeteilten hauptamtlichen Schriftstücke im Einlaufbuche der Steueroberkontrolleure ist abzusehen; es ist überhaupt auf möglichste Vereinfachung und Einschränkung des schriftlichen Verkehrs mit diesen Steueroberkontrolleuren Bedacht zu nehmen.

Im Dienstleistungstagebuche sind die täglich verrichteten Dienstgeschäfte nach Art und Dauer — die inneren Dienstgeschäfte jedoch ohne Aufführung der bearbeiteten einzelnen Angelegenheiten — vorzutragen und auch die bei den einzelnen Dienstreisen bestrittenen Reisekosten und die (nicht mit der Eisenbahn) zurückgelegten Wegstrecken vorzumerken.

Das Dienstleistungstagebuch ist nach Ablauf des betreffenden Vierteljahres dem Oberzollinspektor vorzulegen. Sind bei den Bezirksbereisungen wichtigere, nicht bereits durch Sonderberichte zur Kenntnis des Oberzollinspektors gebrachte Wahrnehmungen gemacht worden, so ist hierüber gleichzeitig zu berichten.

Der Oberzollinspektor kann anordnen, daß ihm die von den Steueroberkontrolleuren am Sitze des Hauptzollamtes beabsichtigten auswärtigen Dienstverrichtungen für einen Zeitraum bis zu einer Woche jeweils vorher anzuzeigen sind.

§ 10.

In Krankheitsfällen und bei sonstiger Verhinderung hat die Stellvertretung des Steueroberkontrolleurs in der Regel ein anderer, am gleichen oder an einem benachbarten Dienstorte befindlicher Steueroberkontrolleur zu übernehmen. Ist diese Art der Stellvertretung nicht angängig, so kann die Stellvertretung einem Zolloberkontrolleur, für einzelne Dienstgeschäfte und in der Regel nur innerhalb seines Amtsbezirks auch einem Steuerverwalter übertragen werden. Die entsprechende Anordnung hat im einzelnen Falle der Oberinspektor, soweit veranlaßt, auf Grund einzuholender Entscheidung der K. Generaldirektion der Zölle und indirekten Steuern, zu treffen.

§ 11.

1. Den Steueroberkontrolleuren werden Entschädigungen für den Dienstaufwand bei auswärtigen Dienstverrichtungen nach Maßgabe der bestehenden besonderen Bestimmungen gewährt.

Bei den Dienstreisen sind als Beförderungsmittel die vorhandenen allgemeinen Fahrgelegenheiten zu benützen. Die Benützung eines eigenen Gefährtes ist nur bei Nichtermöglichung der Benützung von allgemeinen Fahrgelegenheiten und auch in diesem Falle in der Regel nur bei Zurücklegung von Wegstrecken von mehr als 15 km an einem Tage gestattet. Im Falle für kürzere Wegstrecken wegen besonderer Umstände (wie bei ungünstiger Witterung, Unpäßlichkeit u. dgl.) eigenes Gefährt benützt werden muß, ist das Bedürfnis in der Kostenaufrechnung zu begründen.

2. Die anzusprechenden Vergütungen sind vierteljährlich aufzurechnen. Zur Bestreitung der Reiseauslagen innerhalb eines Vierteljahres können von den Hauptzollämtern auf Verlangen angemessene Vorschüsse gewährt werden.

Den zur Prüfung und Zahlungsanweisung einzusendenden Vergütungsaufrechnungen sind die Dienstleistungstagebücher beizulegen.

3. Sind an Stelle der Einzelnvergütungen für den äußeren Dienstaufwand Bauschentschädigungen gewährt, so haben die Oberzollinspektoren die fortdauernde Angemessenheit dieser Bauschentschädigungen an der Hand der Dienstleistungstagebücher von Zeit zu Zeit zu prüfen und veranlaßtenfalls eine Neuregelung derselben in Antrag zu bringen.

4. Im Falle einer Stellvertretung geht der Anspruch auf Entschädigung für den äußeren Dienstaufwand auf den stellvertretenden Beamten über, auf die Steuerverwalter jedoch nur dann, wenn sie zu Stellvertretungen außerhalb ihres Amtsbezirkes herangezogen werden. Sind dem Steueroberkontrolleur, dessen Stelle durch einen Vertreter versehen wird, Bauschentschädigungen ausgesetzt, so kann derselbe mit seinem Stellvertreter über die Vergütung für Stellvertretung freie Vereinbarung treffen, worüber dann dem Oberzollinspektor Anzeige zu erstatten ist, andernfalls unterliegen die Bauschentschädigungen für die Zeit einer die Staatskasse belastenden Stellvertretung dem Einzuge.

§ 12.

Die vorstehenden Bestimmungen finden nach Maßgabe der von der K. Generaldirektion im einzelnen Falle erlassenen Bestimmung auch auf Zolloberkontrolleure Anwendung, denen in einem Hauptzollamtsbezirke mangels der Bestellung eines Steueroberkontrolleurs die ständige Wahrnehmung der Dienstaufgaben eines Steueroberkontrolleurs als ordentliche Dienstesaufgabe übertragen wird.

München, den 22. Januar 1911.

K. Generaldirektion der Zölle und indirekten Steuern.

Der K. Präsident:
v. Höchstetter.

II.

Anleitung zur Festsetzung des Schwundes der Brauereien.

Königl. General-Direktion der Zölle und indirekten Steuern.

Die Festsetzung des Schwundes einer Brauerei, d. i. der Gesamtverlust vom Ausschlagen der Würze aus der Sudpfanne bis zum Abfüllen des Bieres im Lagerkeller (MAAusfBest. § 71 Abs. 3) ist von besonderer Wichtigkeit, weil von der zuverlässigen Feststellung des Schwundes die richtige Ermittelung der erzeugten Biermenge und der zu einem Hektoliter Bier verwendeten Malzmenge abhängt, was namentlich für die an der Bierausfuhr beteiligten Brauereien und die Berechnung der Malzaufschlagrückvergütung von großer Bedeutung ist.

Nach den neueren wissenschaftlichen Beobachtungen und praktischen Erfahrungen darf angenommen werden, daß der Schwund in den verschiedenen Brauereibetrieben in der Regel zwischen 14—26 v. H. der heißen Ausschlagwürze schwankt und sich in nachstehender Weise zusammensetzt:

1. Zusammenziehung der heißen Würze durch Abkühlung und Würzeverdrängung durch den Hopfen	4— 4 v. H.
2. Verdunstung	5— 9 v. H.
3. Verlust durch Hopfen- und Kühlgeläger und Benetzung	1— 3 v. H.
4. Verlust vom Gärkeller bis zum Ausstoß . .	4—10 v. H.
zusammen	14—26 v. H.

Im allgemeinen kann als Anhaltspunkt dienen, daß der Gesamtschwund

in sehr guten Betrieben nicht mehr als 16 v. H.
in guten Betrieben " " " 18 " "
in mittelmäßigen Betrieben " " " 20 " "
in schlechten Betrieben mehr als 20 v. H.

der heißen Ausschlagwürze beträgt. Bei der Unterscheidung

der Brauereien ist sowohl die Brauereieinrichtung als die Betriebsleitung und die mehr oder minder sorgsame Arbeitsweise zu berücksichtigen. Keinesfalls kann die Größe des Betriebs für sich allein als ein genügend zuverlässiges Unterscheidungsmerkmal erachtet werden.

Der unter Ziffer 1 angegebene Schwund durch Zusammenziehen der heißen Würze und Würzeverdrängung durch den Hopfen ist für alle Brauereien gleich; er stellt eine einfache Volumenveränderung mit gleichbleibendem Extrakt der Würze dar.

Der unter Ziffer 2 bezeichnete Schwund durch Verdunstung bedeutet ebenfalls keinen Extraktverlust, sondern nur einen Wasserverlust und ist abhängig von der Art und Zeitdauer der Abkühlung der heißen Würze.

Brauereien, welche zum Abkühlen der heißen Würze besondere Kühlapparate benützen, haben einen geringeren Verdunstungsschwund als Brauereien, welche die Würze sehr lange auf dem Kühlschiff stehen lassen. Bei Brauereien, welche ohne Kühlschiff arbeiten, scheidet der Schwund durch Verdunstung in der Regel fast ganz aus.

Den besten Anhaltspunkt zur Beurteilung des durch Verdunstung entstandenen Schwundes bietet der Vergleich der Saccharometeranzeigen der Ausschlag- und der Anstellwürze bei $+ 17{,}5\,^{\circ}C$; je größer der Unterschied zwischen diesen beiden Anzeigen ist, desto größer muß auch der Verdunstungsschwund sein, da die Würze im gleichen Verhältnis der Wasserverdunstung extraktreicher wird.

Der Verdunstungsschwund läßt sich deshalb aus der Menge der Ausschlagwürze und dem Extraktgehalt der Ausschlag- und Anstellwürze unter Benützung der Hilfstafel zur Berechnung der Ausbeute an Extrakt aus der Ausschlagwürze (Anlage C der MAAusfBest.) berechnen. Bedeutet V den Verdunstungsschwund in Hundertteilen, F_1 den der Saccharometeranzeige der Ausschlagwürze und F_2 den der Saccharometeranzeige der Anstellwürze entsprechenden Faktor aus vorbezeichneter Anlage C (Spalte 1 und 3) so ist $V = 96 \cdot \frac{F_2 - F_1}{F_2}$.

Der Verlust durch Hopfen- und Kühlgeläger kann durch Auspressen nach vorherigem Übergießen mit heißem Wasser sowie durch Ausspritzen des Hopfens und Verwendung von Trubsäcken, noch mehr aber durch Benützung von Filter- oder

Trubpressen wesentlich vermindert und sehr wohl bis auf 1 v. H. herabgedrückt werden.

Der Schwund vom Gärkeller bis zum Ausstoß kann durch Auspressen des Vor- und Unterzeugs sowie des Zeugs und des Faßgelägers ebenfalls erheblich vermindert werden, besonders aber auch durch sorgfältiges Arbeiten beim Abfüllen des Bieres. Eine weitere Abminderung dieses Verlustes haben diejenigen Brauereien zu verzeichnen, welche ohne Fuhrfaß arbeiten und ihr Bier durch eine Rohrleitung aus den Gärbottichen direkt in den Lagerkeller überführen können. Bei sehr gutem Betrieb kann man vom Anstellen der Würze im Gärkeller bis zum Ausstoß mit einem Verlust von 4—5 v. H. rechnen; bei gutem bis mittlerem Betrieb beträgt dieser Verlust 6—8 v. H., bei schlechtem Betrieb über 8—10 v. H.

Zur Herbeiführung eines gleichheitlichen Verfahrens bei Festsetzung der Schwundsätze erscheint es angezeigt, für jeden Steueramts-, Oberkontroll- und Hauptzollamtsbezirk Übersichten nach dem anliegenden Muster über die Feststellung der Schwundsätze für die einzelnen Brauereien und die hiefür in Betracht kommenden Anhaltspunkte anzufertigen. Die Übersichten der Hauptzollämter sind alle 3 Jahre jeweils mit den Malzaufschlagbüchern und -Belegen des 3. Vierteljahres der K. Generaldirektion zur Einsichtnahme vorzulegen.

Übersicht

über

die Feststellung der Schwundsätze

für die Brauereien

im Bezirke

des K. Steueramts ....

der K. $\frac{\text{Steuer-}}{\text{Grenz-}}$ Oberkontrolle ....

des K. Hauptzollamts ....

Bemerkung:

In Spalte 5 ist anzugeben, ob der Betrieb als ein sehr guter, guter, mittelmäßiger oder schlechter anzusehen ist.

[Seite 2]

Lfd. Nr.	Name des Brauereibesitzers	Ort der Brauerei	Gesamtmalzverbrauch im Vorjahre dz	Art des Betriebs	der erzeugten Biersorten			Art und Zeitdauer der Abkühlung der Würze
					Art	durchschnittlicher Extraktgehalt der Ausschlag- Würze im Vorjahre	durchschnittlicher Extraktgehalt der Anstell- Würze im Vorjahre	
1	2	3	4	5	6	7	8	9

[Seite 3]

Wird: a) der Hopfen, b) das Kühlgeläger, c) das Gärgeläger, d) das Faßgeläger ausgepreßt?	Werden Fuhrfässer zum Lagerkeller benützt?	Schwundsatz nach		Wurde hiegegen Beschwerde eingelegt?	Endgültig festgesetzter Schwundsatz	Bemerkungen
		dem Antrag des Oberkontrolleurs oder Steueramtsvorstandes	der hauptamtlichen Festsetzung			
10	11	12	13	14	15	16

III.

Allgemeines Ausschreiben der K. Generaldirektion der Zölle und indirekten Steuern vom 21. Juli 1911 Nr. 24691[a] Saccharometer betreffend.

Um bei den Bierwürzeuntersuchungen eine tunlichste Übereinstimmung zwischen den auf aräometrischem Wege mittels der amtlichen Saccharometer und den mit dem Pyknometer erzielten Ergebnissen herbeizuführen, hat das K. Staatsministerium der Finanzen mit Entschließung vom 14. Juli 1911 Nr. 21816 genehmigt, daß die Saccharometeranzeige bis auf weiteres am Kapillaritätsmeniskus nicht unten sondern oben abgelesen wird.

Demgemäß ist künftig die Angabe der amtlichen Saccharometer — an Stelle des in § 70 Absatz 7 der Malzaufschlag-Ausführungsbestimmungen vorgeschriebenen Verfahrens — nicht an derjenigen Linie abzulesen, in welcher der Flüssigkeitsspiegel die Spindel schneidet, sondern am oberen Rande des kleinen Flüssigkeitswulstes, der sich um die Spindel bildet. Liegt die Ablesungslinie zwischen zwei Skalenstrichen, so ist die niedrigere Anzeige zu wählen. In der gleichen Weise ist seitens der Brauer bei der Benützung von Saccharometern zu verfahren, die von der K. Normaleichungs-Kommission geeicht sind oder die zwar noch von den Brauereiversuchsanstalten geprüft worden sind, aber von den amtlichen Saccharometern um mehr als 0,1 v. H. abweichen. Brauer, die noch von den Brauereiversuchsanstalten geprüfte und von den amtlichen Saccharometern um mehr als 0,1 v. H. abweichende Saccharometer fortbenützen, haben nach wie vor die Ablesung am unteren Rande des kleinen Flüssigkeitswulstes vorzunehmen, der sich um die Spindel bildet; hiebei ist — soweit nicht durch die verschiedene Art der Ablesung der Unterschied gegenüber den amtlichen Saccharometern auf 0,1 v. H. oder weniger zurückgeführt wird — die im Allgemeinen Ausschreiben vom 21. Februar 1911 Nr. 7546 Ia, Saccharometer betr. (Amtsblatt Seite 87), vorgeschriebene Berichtigung vorzunehmen.

Nachtrag.

Der Bundesrat hat in der Sitzung vom 22. Juni 1911 (ZBl. 1911 S. 397) beschlossen:

An die Stelle des Bundesratsbeschlusses vom 1. Juni 1907, Regelung der Übergangssteuerfrage für die deutschen Brausteuergebiete betreffend, Zentralblatt für 1907 S. 282, treten folgende Bestimmungen:

Die bei der Ausfuhr von Bier in andere Brausteuergebiete zu gewährende Brausteuervergütung und die Übergangsabgabe für Bier sind in den einzelnen Brausteuergebieten nach folgenden Grundsätzen gleichmäßig zu regeln:

1. Die Brausteuervergütung soll grundsätzlich in vollem Betrage nach Maßgabe der für das ausgeführte Bier verwendeten Malzmenge gewährt werden und gemäß Artikel 5 II § 4 b des Zollvereinigungsvertrages vom 3. Juli 1867 nicht die Natur und Wirkung einer Ausfuhrprämie haben.
2. Die Übergangsabgabe soll unter Anwendung des Höchstsatzes der im Einfuhrgebiete geltenden regelmäßigen Steuerstaffel nach der Malzmenge erhoben werden, die im Herstellungslande der Rückvergütung der Steuer bei der Ausfuhr des Bieres zugrunde gelegt wird. Die hiernach für jede Biersendung zutreffende Malzmenge ist von der Steuerbehörde des Ausfuhrlandes im Abfertigungspapier in Kilogramm anzugeben. Bei der Berechnung der Übergangsabgabe ist in den ersten 2 Jahren nach dem 1. Oktober 1911 mindestens eine Malzmenge von 22 kg, für die spätere Zeit mindestens eine Malzmenge von 21,5 kg für 1 hl Bier zugrundezulegen. Wird Bier ohne steueramtliche Angabe der Malzverwendung in ein Brausteuergebiet eingeführt, so wird für die Berechnung der Übergangsabgabe eine Malzverwendung von 30 kg für 1 hl Bier angenommen.

3. Bei der Berechnung der Übergangsabgabe sind Bruchteile von Kilogramm auf halbe Kilogramm nach oben abzurunden.

Die diesen Grundsätzen entsprechende Regelung der Brausteuervergütung und der Bierübergangsabgabe tritt am 1. Oktober 1911 in Kraft.

Die Bundesstaaten haben dem Reichskanzler (Reichsschatzamt) mitzuteilen, in welcher Weise den vorstehenden Grundsätzen entsprechend die Vorschriften über die Gewährung der Brausteuervergütung und über die Erhebung der Übergangsabgabe in ihren Gebieten geregelt worden sind.

Diese Mitteilungen sind dem Ausschuß des Bundesrats für Zoll- und Steuerwesen zur Prüfung und weiteren Entschließung vorzulegen.

Bemerkungen:

Während bisher nach dem Bundesratsbeschlusse vom 1. Juni 1907 der Berechnung der Übergangsabgabe in den einzelnen deutschen Brausteuergebieten eine feste Malzverwendung für 1 hl Bier — 25 kg — zugrunde gelegt worden ist, stellt Ziffer 2 der nunmehrigen Regelung den Grundsatz an die Spitze, daß die Übergangsabgabe im Einfuhrgebiete nach der Malzverwendung erhoben werden soll, die im Herstellungslande der Rückvergütung der Steuer bei der Ausfuhr des Bieres zugrunde gelegt wird, d. i. gemäß Ziffer 1 der neuen Regelung die tatsächliche Malzverwendung, wie sie für das ausgeführte Bier stattgefunden hat. Es kann einem Zweifel nicht unterliegen, daß dieser Grundsatz der Absicht des Zollvereinigungsvertrages, wonach die Übergangsabgabe für das in ein deutsches Brausteuergebiet aus einem anderen deutschen Brausteuergebiete eingeführte Bier einen Ausgleich für die im Einfuhrgebiete bestehende innere Steuer bilden soll, in jeder Hinsicht Rechnung trägt. Denn in allen deutschen Brausteuergebieten erfolgt nunmehr die Besteuerung des Bieres nach dem Gewichte des dazu verwendeten Malzes. Allerdings wird in den einzelnen Gebieten die innere Steuer abgestuft nach verschiedenen Sätzen erhoben, die je nach der Höhe des Gesamtmalzverbrauches der einzelnen Brauerei im Kalenderjahre ansteigen, während die Bemessung der Übergangsabgabe stets nach dem höchsten Satze der im Einfuhrgebiete geltenden regelmäßigen Steuerstaffel erfolgt. Von der Anwendung der höchsten Steuerstufe für die Bemessung der Übergangsabgabe wird jedoch schon mit Rücksicht darauf nicht abgesehen werden können, daß es steuertechnisch nicht durchführbar wäre, der Übergangsabgabe jeweils den Satz zugrunde zu legen, der für den Malzverbrauch der einführenden Brauerei im Ausfuhrgebiet der nach der Steuerstaffel des Einfuhrgebietes zutreffen würde. Der in Ziffer 2 des Bundesratsbeschlusses vom 22. Juni 1911 an die Spitze gestellte Grundsatz hat aber in diesem Bundesratsbeschlusse insoferne eine wesentliche Einschränkung erfahren, als er gemäß Ziffer 2 Satz 3 nur in den Fällen zur Anwendung kommt, in denen die Malzverwendung für 1 hl des eingeführten Bieres eine bestimmte Grenze übersteigt. Als unterste Grenze der Malzverwendung sind für die Zeit nach dem 1. Oktober 1911 bis 30. September 1913 22 kg und für die Zeit nach dem 1. Oktober 1913 21,5 kg angenommen worden. Diese Abschwächung des aufgestellten Grundsatzes wird wohl darauf zurückzuführen sein, daß der Bundesrat bemüht war, die Interessen des Braugewerbes in den einzelnen deutschen Brausteuergebieten gegen einander abzugleichen.

Der Grundsatz, daß die Berechnung der Übergangsabgabe nach der tatsächlichen Malzverwendung zu erfolgen hat, greift nur dann Platz, wenn die für jede Biersendung zutreffende Malzverwendung von der Steuerbehörde des Ausfuhrlandes im Abfertigungspapiere angegeben ist. Fehlt eine derartige Angabe, so erfolgt die Berechnung der Übergangsabgabe für die betreffende Biersendung auf Grund einer Malzverwendung von 30 kg für 1 hl Bier ohne Rücksicht auf die Malzverwendung, die tatsächlich im Herstellungslande für das Bier stattgefunden hat.

Nach der nunmehr beschlossenen Regelung ergeben sich vom 1. Oktober 1911 ab folgende Übergangsabgabesätze in den deutschen Brausteuergebieten:

I. Wenn die für die Biersendung zutreffende Malzverwendung von der Steuerbehörde des Ausfuhrlandes im Abfertigungspapier angegeben ist, berechnet sich der Mindestbetrag der Übergangsabgabe für 1 hl Bier für die Zeit vom 1. Oktober 1911 bis 30. September 1913 in der Brausteuergemeinschaft und in Bayern auf 4,40 Mk., in Württemberg auf 4,84 Mk., in Bade und Elsaß-Lothringen auf 5,06 Mk., für die Zeit vom 1. Oktober 1913 an in der Brausteuergemeinschaft und in Bayern auf 4,30 Mk., in Württemberg auf 4,73 Mk., in Baden und Elsaß-Lothringen auf 4,94 Mk. Für Bier mit einer höheren Malzverwendung als 22 kg bzw. 21,5 kg für 1 hl berechnet sich die Übergangsabgabe je nach der im Abfertigungspapiere von der Steuerbehörde des Ausfuhrlandes angegebenen auf halbe Kilogramm nach oben aufgerundeten Malzverwendung und dem Höchstsatze der im Einfuhrgebiete geltenden Steuerstaffel. Dieser beträgt in der Brausteuergemeinschaft und in Bayern 20 Mk., in Württemberg 22, in Baden und Elsaß-Lothringen 23 Mk. für 1 dz Malz.

II. Wird Bier ohne steueramtliche Angabe der Malzverwendung in ein Brausteuergebiet eingeführt, so ergeben sich vom 1. Oktober 1911 ab folgende Übergangsabgabesätze: in der Brausteuergemeinschaft und in Bayern 6 Mk., in Württemberg 6,60 Mk., in Baden und Elsaß-Lothringen 6,90 Mk. für 1 hl.

Für die in Bayern zum Vollzuge des MAG. ergangenen Vorschriften sind durch den Bundesratsbeschluß vom 22. Juni 1911 folgende Änderungen veranlaßt:

1. Die K. Verordnung vom 19. März 1910 (GVBl. S. 141) wird mit Wirkung vom 1. Oktober 1911 an insoweit sie sich auf die Erhebung der Übergangsabgabe vom Bier bezieht, nach Maßgabe der Grundsätze in Ziffer 2 und 3 des Bundesratsbeschlusses vom 22. Juni 1911 abzuändern sein.

2. Nachdem der Bundesratsbeschluß vom 22. Juni 1911 für die Bemessung der Übergangsabgabe eine einheitliche feste Malzverwendung nicht mehr vorsieht und daher auch bezüglich der Malzverwendung, die der Rückvergütung der inneren Steuer bei der Ausfuhr des Bieres aus einem deutschen Brausteuergebiete in ein anderes zugrunde gelegt wird, eine Höchstgrenze nicht mehr festgesetzt hat, wird die Bestimmung in § 4 Abs. 2 der MAVO. zu streichen sein. Es ist daher vom 1. Oktober 1911 an auch für das aus Bayern in die übrigen deutschen Brausteuergebiete ausgeführte Bier die Rückvergütung des Malzaufschlags allgemein nach der Bestimmung in § 4 Abs. 1 a. a. O., d. i. nach der Malzverwendung, die im Sudbuche für das der Ausfuhr vorhergegangene Kalendervierteljahr für einen Hektoliter der betreffenden Biersorte festgestellt worden ist, zu gewähren.

Bestimmte Grundsätze, nach denen die Malzmenge, die im Herstellungslande der Rückvergütung der Steuer bei der Ausfuhr des Bieres zugrunde gelegt wird, zu ermitteln ist, enthält der Bundesratsbeschluß vom 22. Juni 1911 nicht. Es kommen daher hiefür lediglich die Bestimmungen des Zollvereinigungsvertrages vom 8. Juli 1867 (vgl. Anm. 4 zu Art. 9 Abs. 1) in Betracht, die durch die Vereinbarung in Ziffer 1 des Bundesratsbeschlusses vom 22. Juni 1911 noch dahin ergänzt sind, daß die Brausteuer grundsätzlich im vollen Betrage zurückvergütet werden soll. Im Zollvereinigungsvertrage war nämlich den Vertragsstaaten gegenseitig die Befugnis eingeräumt, bei der Ausfuhr von Bier den gesetzlichen Betrag der inneren Steuer ganz oder teilweise zurückzuerstatten. Würde nun in einem Brausteuergebiete von dieser Befugnis in der Weise Gebrauch gemacht werden, daß die Ausfuhrvergütung für Bier nach einer niedrigeren Malzverwendung gewährt würde, als sie tatsächlich stattgefunden hat, so würde bei Annahme dieser Malzverwendung für die Berechnung der Übergangsabgabe eine Benachteiligung des Einfuhrgebietes sich ergeben. Mit Rücksicht hierauf bestand Veranlassung in Ziffer 1 des Bundesratsbeschlusses vom 22. Juni 1911 auszusprechen, daß die Brausteuervergütung zum vollen Betrage zu gewähren ist.

Die den neuen Grundsätzen entsprechende Regelung der Brausteuervergütung und der Bierübergangsabgabe tritt am 1. Oktober 1911 in Kraft; daraus folgt, daß die Worte „nach dem 1. Oktober d. h." in Ziffer 2 der Grundsätze gleich bedeutend sind mit „vom 1. Oktober 1911 an".

Bierähnliche Getränke sind nach der Entschließnng des K. Staatsministeriums der Finanzen vom 24. März 1910 Nr. 9851 — ABl. S. 395 — in bezug auf die Übergangsabgabe wie Bier zu behandeln; es tritt daher auch für diese die Bemessung der Übergangsabgabe nach Ziffer 2 und 3 der neuen Grundsätze ein.

Sachregister.

(Die Zahlen bedeuten die Seite.)

B.

F.

G.

H.

N.

W.

Z.

Allfeld, Dr. Ph., Univ.-Prof. in Erlangen.

Die Strafgesetzgebung des Deutschen Reichs. Sammlung aller Reichsgesetze strafrechtlichen und strafprozessualen Inhalts mit einem Gesamtregister. Für den akademischen Gebrauch und die Praxis. Vollständige Ausgabe mit 2 Nachträgen. gr. 8°. (IX u. 1349 S.) 152 Gesetze. 1903.

In Halbfr. geb. Mk. 11.50

Preis des Nachtrages allein (IV, 428 S.) In Halbl. geb. Mk. 4.—

Buchert, Karl, Rat d. K. b. Verwaltungsgerichtshofes,

Sammlung in der Praxis oft angewandter Verwaltungsgesetze nebst einer Anzahl derartiger Verordnungen 2c. für Bayern. In einem Bande unter Berücksichtigung aller bisheriger Aenderungen nach dem nunmehr gültigen Texte mit Beifügung eines Sachregisters zusammengestellt. 3. vermehrte und ergänzte Auflage. gr. 8°. Mit I. Anhang geb. (VIII, 1264 S.) 1911. In Halbfr. geb. Mk. 12.50

== Der Nachtrag mit der „Reichsversicherungsordnung" (ca. 18 Bogen) erscheint im September 1911 und wird kostenlos nachgeliefert. ==

Jaeger, Dr. E., Geh. Hofrat, Professor der Rechte in Leipzig.

Reichszivilgesetze. Eine Sammlung der wichtigsten Reichsgesetze über Bürgerliches Recht und Rechtspflege. Für den Gebrauch auf der Hochschule und in der Praxis. Mit systematischem, alphabetischem und chronologischem Gesamtregister. 3. Auflage von Jaeger, BGB. mit Nebengesetzen.

Reichsausgabe:	Gr. 8°.	1600 S.	Geb. Mk. 8.—
Ausgabe für Preußen:	Gr. 8°.	1840 S.	Geb. Mk. 11.—
„ „ Bayern:	Gr. 8°.	1765 S.	Geb. Mk. 11.—
„ „ Sachsen:	Gr. 8°.	1828 S.	Geb. Mk. 12.—
„ „ Baden:	Gr. 8°.	1890 S.	Geb. Mk. 14.—

Die 3. Auflage ist auf dünnes, leichtes Papier gedruckt, so daß die Bände handlich sind, obwohl sie dem Inhalte nach um ein Drittel bis zur Hälfte gewachsen sind. Die Schrift ist die gleiche wie bisher. Jaegers Reichszivilgesetze enthalten **alle für das Privatrecht wichtigen Gesetze.**

Schmitt, Gottfried, Reichsgerichtsrat.

Justizgesetze, Bayerische. Sammlung der in den Jahren 1818 bis 1904 erlassenen Landesgesetze für die Rechtspflege nach dem Stande am Ende des Jahres 1904. gr. 8°. (VIII, 1464 S.) 1904. Ermäßigt.

Geb. in Hlbfr. Mk. 8.—

J. Schweitzer Verlag (Arthur Sellier) **München** und **Berlin.**

FSC
www.fsc.org
MIX
Papier | Fördert gute Waldnutzung
FSC® C083411

Kolibri 360 GmbH
Ferdinand-Jühlke-Straße 7
99095 Erfurt, Deutschland
produktsicherheit@kolibri360.de